（2012—2017）

国内外数学奥林匹克试题精选

代数部分

本册主编　娄姗姗

ZHEJIANG UNIVERSITY PRESS
浙江大学出版社

图书在版编目（CIP）数据

国内外数学奥林匹克试题精选：2012—2017. 代数
部分 / 娄姗姗主编. —杭州：浙江大学出版社，2020.9
　　ISBN 978-7-308-20550-4

　　Ⅰ.①国… 　Ⅱ.①娄… 　Ⅲ.①中学数学课—高中—竞
赛题　Ⅳ.①G634.605

中国版本图书馆 CIP 数据核字（2020）第 167927 号

GUONEIWAI SHUXUE
AOLINPIKE SHITI JINGXUAN(2012—2017)
DAISHU BUFEN

国内外数学奥林匹克试题精选（2012—2017）　代数部分
本册主编　　娄姗姗

责任编辑　杨晓鸣
文字编辑　李　琰
责任校对　陈　宇
封面设计　刘依群
出版发行　浙江大学出版社
　　　　　　（杭州市天目山路 148 号　邮政编码 310007）
　　　　　　（网址：http://www.zjupress.com）
排　　版　杭州星云光电图文制作有限公司
印　　刷　浙江省临安曙光印务有限公司
开　　本　787mm×1092mm　1/16
印　　张　33.25
字　　数　738 千
版 印 次　2020 年 9 月第 1 版　2020 年 9 月第 1 次印刷
书　　号　ISBN 978-7-308-20550-4
定　　价　88.00 元

出版说明

    国际数学奥林匹克(International Mathematical Olympiad,简称 IMO)是世界上规模和影响最大的中学生数学学科竞赛活动,旨在服务于全世界学习数学、喜欢数学、热爱数学的青少年;服务于世界各地致力于青少年数学思维培养与奥数早期教育的机构与人士;服务于世界各地致力于青少年文化交流与素质培养的机构与人士.一年一度的国际数学奥林匹克,吸引了无数数学爱好者的参与.这项活动激发了学生学习数学的兴趣,发现了一批数学好苗子.事实上,有许多数学奥林匹克金牌选手都成了日后都成了数学大家,数学家陶哲轩就是一个鲜活的例子.

    各个国家和地区为了备战国际数学奥林匹克,都做了一系列前期准备工作,比如选拔选手、组织专家授课等.这些前期活动产生了许多优秀的试题,不少试题都是国际一流的数学家所出,有着深刻的数学背景,或代表着数学前沿性、基础性的问题,具有相当大的启发性、引导性.数学奥林匹克试题已不局限于中学数学的内容,试题难度也越来越大,主要考查学生对数学本质的洞察力和创造力.试题范围虽然从来没有正式规定,但主要为数论、组合数学、数列、不等式、函数方程和几何等.

    为了满足广大师生以及数学爱好者的需求,我们将 2012—2017 年各个国家和地区的预选赛试题及 IMO 试题结集出版,并分为代数、几何、数论和组合数学四册,希望读者能喜欢.由于各国记录竞赛的方式不同,书中部分题目来源标有年份和届数,部分只标其一.

数学符号说明

1. $[x]$、$\lfloor x \rfloor$ 表示不超过实数 x 的最大整数,$\lceil x \rceil$ 表示不小于实数 x 的最小整数.

2. $\{x\} = x - [x]$.

3. $|A|$ 表示有限集合 A 的元素个数.

4. $[a,b]$ 表示正整数 a 与 b 的最小公倍数,(a,b) 表示正整数 a 与 b 的最大公约数.

5. $\mathbf{Z}$ 表示整数集;$\mathbf{N}$ 表示自然数集;$\mathbf{Q}$ 表示有理数集;$\mathbf{R}$ 表示实数集;$\mathbf{C}$ 表示复数集.

6. $\sum$ 表示轮换对称和,$\prod$ 表示轮换对称积.

7. $p^\alpha \parallel q$ 表示 $p^\alpha \mid q$,且 $p^{\alpha+1} \nmid q (p, q \in \mathbf{Z}^+, \alpha \in \mathbf{N})$.

8. $\mathrm{ord}_p q$ 表示整数 q 关于素数 p 的最高次幂,$\deg f$ 表示多项式 f 的次数,

$$\mathrm{sgn}(x) = \begin{cases} 1, & x > 0; \\ 0, & x = 0; \\ -1, & x < 0. \end{cases} v_p(a) \text{ 表示整数 } a \text{ 的素因数分解中 } p \text{ 的次数.}$$

9. 勒让德符号:$\left(\dfrac{d}{p}\right) = \begin{cases} 1, & d \text{ 是模 } p \text{ 的二次剩余}; \\ -1, & d \text{ 是模 } p \text{ 的二次非剩余}; \\ 0, & p \mid d. \end{cases}$

目　录

　　证明:若一个正整数的最高位的数与最低位的数相差 5,则将该数倒序,得到的数与原数的差为 45 的倍数.

(2012—2013,匈牙利数学奥林匹克)

证明　不妨设 $n = \overline{a_1 a_2 \cdots a_n}, s(n) = a_1 + a_2 + \cdots + a_n, n' = \overline{a_n a_{n-1} \cdots a_1}$.

由 $n \equiv s(n) (\bmod 9), n' \equiv s(n')(\bmod 9), s(n) = s(n')$,知 $n \equiv n'(\bmod 9)$.

故 $9 \mid (n - n')$.

由 $n - n' \equiv a_n - a_1 \equiv 0 (\bmod 5)$,知 $5 \mid (n - n')$.

又 $(9,5) = 1$,则 $45 \mid (n - n')$.

　　给定两个大于 10 的正整数 m,n,其位数相同,且 $m = 3n$.为了由 n 得到 m,需将 n 的某一位数字加 2,而将其余各位数字均分别加上一个奇数数字.试问: n 的末位数可能是多少?试给出一切可能的答案.

(2013,第 39 届俄罗斯数学奥林匹克)

解　由于 $m = 3n$,则 $a = m - n = 2n$ 为偶数.

由题意,知数 a 由若干个奇数数字和一个数字 2 组成.于是, a 的末位数为 2.从而,作为其一半的 n 的末位数只可能为 1 或 6.

但 n 的末位数不可能为 1(若不然,当将其乘以 2 时,个位数的乘积不会向十位数进位,故 $a = 2n$ 的个位数字和十位数字均为偶数,此与事实不符).从而, n 的末位数只可能为 6.

注:满足题中条件的正整数 m,n 是存在的.例如, $m = 48, n = 16$.

事实上,这种正整数有无穷多对,其中, n 的首位数均为 1 或 2,后面跟着若干个 5 或 6(也可以不跟),末位数为 6.

　　有三个正整数满足其中任意两个数的和的末位数均等于第三个数的末位数.这三个数的乘积曾被写在黑板上,但是,除了该乘积的末尾三位数字外,其余各位数字均被人擦掉了.试问:留在黑板上的三位数字可能是多少?试找出一切可能的答案.

(2013,第 39 届俄罗斯数学奥林匹克)

解　000,250,500 或 750.

设所给的三个正整数为 a,b,c.

由题意,知数 $a+b-c,b+c-a,c+a-b$ 均为 10 的倍数. 故其和 $a+b+c$ 也为 10 的倍数.

又 $a+b+c=(a+b-c)+2c$,则 $2c$ 也为 10 的倍数.

由此,知 c 的个位数为 0 或 5.

类似地,a,b 的个位数均为 0 或 5.

又 $a+b+c$ 为 10 的倍数,则 $a+b+c$ 为偶数. 从而,a,b,c 三个数中至少有一个为偶数. 由此,知三个数中有一个为 10 的倍数,其余两个为 5 的倍数. 从而,其乘积为 250 的倍数. 这表明,其乘积的末三位数字只能为 250,500,750 或 000.

下面四个例子表明,这几种情况均存在:

$10\times10\times10=1000,5\times5\times10=250,5\times5\times20=500,5\times5\times30=750.$

求非负实数 a,使代数式 $a^3-a^2-2\sqrt{a}$ 的值最小.

(2013,克罗地亚数学竞赛)

解 当 $a=1$ 时,$a^3-a^2-2\sqrt{a}=-2$.

只需证明:-2 为最小值,即对于任意的 $a\geqslant0$,均有 $a^3-a^2-2\sqrt{a}\geqslant-2$.

注意到,$a^3-a^2-2\sqrt{a}+2=a^2(a-1)-2(\sqrt{a}-1)=(\sqrt{a}-1)(a^2(\sqrt{a}+1)-2)$.

若 $a\geqslant1$,则 $a^2(\sqrt{a}+1)-2\geqslant2-2=0$,且 $\sqrt{a}-1\geqslant0$. 结论成立.

若 $0\leqslant a<1$,则 $a^2(\sqrt{a}+1)-2<2-2=0$,且 $\sqrt{a}-1<0$. 结论仍成立.

设 x 为实数,使得四个数 $x-\sqrt{2},x-\dfrac{1}{x},x+\dfrac{1}{x},x^2+2\sqrt{2}$ 中恰有三个为整数. 试求出所有这样的 x.

(2014,第 40 届俄罗斯数学奥林匹克)

解 记 $a=x-\sqrt{2},b=x-\dfrac{1}{x},c=x+\dfrac{1}{x},d=x^2+2\sqrt{2}$.

易知,b,c 不可能均为整数.

若不然,$b+c=2x$ 为整数,则 x 为有理数. 如此,a,d 均不为整数(因为它们均是无理数与有理数之和,所以,均是无理数). 故题中四个数中就只有两个整数,与题意矛盾.

于是,b 与 c 之一为整数,a 与 d 均为整数. 从而,$x=\sqrt{2}+a$(a 为整数).

故 $d=(\sqrt{2}+a)^2+2\sqrt{2}=(a^2+2)+(2a+2)\sqrt{2}\in\mathbf{Z}\Rightarrow2a+2=0.$

因此,$a=-1,x=\sqrt{2}-1$.

经验证,知 $a=-1,b=-2,d=3$ 为整数,而 $c=2\sqrt{2}$ 为无理数.

设实数 x,y,z 满足 $x+yz,y+zx,z+xy$，均为有理数，且 $x^2+y^2=1$. 证明：xyz^2 也为有理数.

（2014，第 40 届俄罗斯数学奥林匹克）

证明 由题意知

$$(x+yz)(y+zx)=xy+(x^2+y^2)z+xyz^2=(z+xy)+xyz^2\in\mathbf{Q}.$$

而 $z+xy\in\mathbf{Q}$，则 $xyz^2=(x+yz)(y+zx)-(z+xy)\in\mathbf{Q}$.

已知 $x+y+z=13,xyz=72$，且 $\dfrac{1}{x}+\dfrac{1}{y}+\dfrac{1}{z}=\dfrac{3}{4}$. 求表达式 $x^2+y^2+z^2$ 的值.

（2014，芬兰高中数学竞赛）

解 由已知条件得

$$169=(x+y+z)^2=x^2+y^2+z^2+2(xy+yz+zx)$$

$$=x^2+y^2+z^2+2xyz\left(\frac{1}{z}+\frac{1}{x}+\frac{1}{y}\right)=x^2+y^2+z^2+144\times\frac{3}{4}$$

$$=x^2+y^2+z^2+108.$$

故 $x^2+y^2+z^2=169-108=61$.

沿着圆周写 300 个正数. 试问：能否除了其中一个数之外，其余的每个数均等于它的两个邻数的差？

（2015，第 41 届俄罗斯数学奥林匹克）

解 不可能.

假设存在所说的情况. 则其中最大的数不可能等于其两个邻数的差. 这表明，除了最大的数之外，其余每个数均等于其两个邻数的差，且最大的数只出现一次. 将最大的数记作 m. 设 d 为其中最小的数之一.

考虑位于 d 与 m 之间的两段圆弧之一上的各个数.

假设它们依次为 $d=a_0,a_1,\cdots,a_k=m$.

下面用数学归纳法证明：对 $i=0,1,\cdots,k-1$，均有 $a_i\leqslant a_{i+1}$.

当 $i=0$ 时，显然成立（因为 $a_0=d$ 是最小的数）.

假设对 $i<k$ 已经证得 $a_{i-1}\leqslant a_i$.

由 $a_0,a_1,\cdots,a_k$ 均为正数，且 a_i 等于其两个邻数的差，则

$$a_i=a_{i+1}-a_{i-1}\Rightarrow a_{i+1}-a_i=a_{i-1}>0\Rightarrow a_{i+1}>a_i.$$

故知断言成立，且还顺便证明了对一切 $i=0,1,\cdots,k-1$，均有 $a_{i+1}=a_i+a_{i-1}$.

类似地，对位于 d 与 m 之间的另一段圆弧上的各个数 $d=b_0,b_1,\cdots,b_l=m$，也有

$$b_0\leqslant b_1\leqslant\cdots\leqslant b_l,b_{i+1}=b_i+b_{i-1}(i=0,1,\cdots,l-1).$$

据题中条件,对于 $a_0 = b_0 = d$,应有 $d = |a_1 - b_1|$.

为确定起见,不妨设 $d = b_1 - a_1$.由此知 $a_2 = a_1 + a_0 = b_1 > a_1$.

再设数列 $a_0, a_1, \cdots,$ 和 $b_0, b_1, \cdots,$ 分别满足递推式:

$$a_{i+1} = a_i + a_{i-1}, b_{i+1} = b_i + b_{i-1},$$

且 $a_0 = b_0, a_1 < b_1$.

接下来证明:对于一切 $i = 0, 1, \cdots,$ 均有 $a_i < b_i \leqslant a_{i+1}$.

对于 $i = 1$,前面已证得 $a_1 < b_1 = a_2$.

对于 $i = 2$,由关系式 $b_0 = a_0 \leqslant a_1 < b_1 = a_2$,得

$$a_2 = a_1 + a_0 < b_1 + b_0 = b_2 \leqslant a_2 + a_1 = a_3.$$

假设对于 $i < j$,均已证得 $a_i < b_i \leqslant a_{i+1}$.只需证明当 $i = j$ 时,也有 $a_j < b_j \leqslant a_{j+1}$.

注意到 $a_{j-2} < b_{j-2} \leqslant a_{j-1} < b_{j-1} \leqslant a_j$.

故 $a_j = a_{j-1} + a_{j-2} < b_{j-1} + b_{j-2} = b_j \leqslant a_j + a_{j-1} = a_{j+1}$.

如此,$b_0 = a_0 \leqslant a_1 < b_1 \leqslant a_2 < b_2 \leqslant \cdots$.

这表明,要使 $a_k = b_l$ 成立,仅当 $l = k+1$ 时才可能.此时,圆周上共有 $l + k = 2k + 1$ 个数,即为奇数个数,但事实上圆周上一共有 300 个数,是偶数个数,矛盾.

注:若将 300 换成任何一个奇数,则满足要求的数均能存在,其中有两个最小的数,且相邻.

因此,在任何正确的解答中,均必须用到"300 为偶数"这一事实.

"所有的数均为正数"这一条件是必须的,否则,存在合适的数,如 $0, 0, \cdots, 0$ 或 $0, 1, 1, 0, 1, 1, \cdots, 0, 1, 1$.

> 求不超过 $10^k (k \in \mathbf{Z}^+)$ 的自然数中满足以下条件的 n 的个数:
>
> (1) $3 \mid n$;
>
> (2) n 的各位数码均属于集合 $\{2, 0, 1, 5\}$.
>
> (2015,越南数学奥林匹克)

解 由 $3 \nmid 10^k$,则只考虑包含不超过 k 位数字的数(从 0 到 $\underbrace{99\cdots9}_{k个}$).

记 $S = \{2, 0, 1, 5\}$.考虑 $\overline{a_1 a_2 \cdots a_k}(a_i \in S)$ 形式的数(不足位数补 0).

由于 $3 \mid \overline{a_1 a_2 \cdots a_k}$ 当且仅当

$$3 \mid (a_1 + a_2 + \cdots + a_k), \quad ①$$

则只需求出满足条件 ① 的数组 $(a_1, a_2, \cdots, a_k)$ 的个数.

考虑多项式 $P(x) = (x^2 + 1 + x + x^5)^k = \sum x^{a_1 + a_2 + \cdots + a_k}$.

而满足条件 ① 的数组 $(a_1, a_2, \cdots, a_k)$ 的个数等于 $P(x)$ 中次数为 3 的倍数的项的系数之和,记为 T.

记 $P(x) = \sum_{j=0}^{5k} a_j x^j, \varepsilon = e^{\frac{2\pi i}{3}}$.则 $\varepsilon^3 = 1$.

故 $T = \sum_{j=0}^{\left[\frac{5k}{3}\right]} a_{3j} x^{3j} = \frac{P(1) + P(\varepsilon) + P(\varepsilon^2)}{3} = \frac{4^k + \varepsilon^k + \varepsilon^{2k}}{3}$.

因此, $T = \begin{cases} \dfrac{4^k - 1}{3}, & 3 \nmid k; \\ \dfrac{4^k + 2}{3}, & 3 \mid k. \end{cases}$

设 S 为所有不包含数码 0 的两位数所组成的集合. 若集合 S 中的两个两位数对应的最大的数码相等,最小的数码相差为 1,则称这两个两位数为"朋友数",例如,68 和 85 为朋友数,78 和 88 为朋友数,而 58 和 75 不为朋友数. 若集合 S 的子集 T 满足 T 中的任意两个数均不为朋友数,求 $|T|$ 的最大值.

(2015,澳大利亚数学奥林匹克)

解 将集合 S 中的两位数排列如下:

$$11$$
$$21,22,12$$
$$31,32,33,23,13$$
$$41,42,43,44,34,24,14$$
$$51,52,53,54,55,45,35,25,15$$
$$61,62,63,64,65,66,56,46,36,26,16$$
$$71,72,73,74,75,76,77,67,57,47,37,27,17$$
$$81,82,83,84,85,86,87,88,78,68,58,48,38,28,18$$
$$91,92,93,94,95,96,97,98,99,89,79,69,59,49,39,29,19$$

观察到,在同一行中任意相邻的两个数为朋友数. 于是,集合 S 的子集 T 不能包含任意一行中的任意相邻两数.

注意到,在第 i 行上有 $2i - 1$ 个元素,在第 i 行上可以选择的非朋友数的最大个数为 $i(1 \leqslant i \leqslant 9)$,这表明,集合 T 最多包含 $1 + 2 + \cdots + 9 = 45$ 个元素.

此外,$|T| = 45$ 当且仅当在第 i 行上间隔取 i 个数. 从而,集合 T 唯一确定,即把每行的第偶数个数字去掉.

下面证明:集合 T 中不包含朋友数.

注意到,一些不相邻的数也可能为朋友数,例如,31 和 23 就是不相邻的朋友数. 因为在集合 T 中两个两位数的最小数码均是奇数,所以,在每组最大数码相同的两个两位数中最小的数码的差值为偶数,即集合 T 中的任意两个两位数不可能为朋友数. 故集合 T 中不包含朋友数.

综上,$|T|_{\max} = 45$.

设大于 100 的三个正整数 a,x,y 满足 $y^2-1=a^2(x^2-1)$. 求 $\dfrac{a}{x}$ 的最小值.

(第 41 届俄罗斯数学奥林匹克)

解 注意到, $y^2=a^2x^2-a^2+1<(ax)^2 \Rightarrow a^2x^2-a^2+1=y^2 \leqslant (ax-1)^2 \Rightarrow \dfrac{a}{x} \geqslant 2$.

对于任意的 $x>100,a=2x,y=2x^2-1$ 均满足条件.

从而, $\dfrac{a}{x}$ 的最小值为 2.

若一个正整数可以表示成两个相差为 1 的正整数的积,则称此正整数为"几乎平方数". 证明:每一个几乎平方数均为两个几乎平方数的比.

(第 41 届俄罗斯数学奥林匹克)

证明 注意到, $n(n+1)=\dfrac{(n^2+2n)(n^2+2n+1)}{(n+1)(n+2)}$.

设 $a,b,c \in \mathbf{Z}, \dfrac{ab}{c}+\dfrac{bc}{a}+\dfrac{ca}{b} \in \mathbf{Z}$. 证明: $\dfrac{ab}{c},\dfrac{bc}{a},\dfrac{ca}{b} \in \mathbf{Z}$.

(2016,第 47 届奥地利数学奥林匹克)

证明 令 $u=\dfrac{ab}{c},v=\dfrac{bc}{a},w=.\dfrac{ac}{b}$.

由已知得 $u+v+w \in \mathbf{Z}$.

故 $uw+uv+vw=a^2+b^2+c^2 \in \mathbf{Z},uvw=abc \in \mathbf{Z}$.

由韦达定理,知有理数 u,v,w 为三次整系数多项式 x^3+px^2+qx+r 的根.

由多项式的首项系数为 1,知这三个根均为整数.

在黑板上写有 $N(N \geqslant 3)$ 个自然数的数组. 下面按照如下规则修改该数组:设 s 为当前这些数的算术平均数,将所有不大于 $s-1$ 的数均加 1,不小于 $s+1$ 的数均减 1,其他的数均不变. 证明:经过有限次调整后,黑板上的数就不会改变了.

(2016,白俄罗斯数学奥林匹克)

证明 设 S_i 为第 i 次调整之后所有数的算术平均数, M_i,m_i 表示此时的最大数、最小数.

下面证明:若 $M_i-m_i \geqslant 2$,则 $M_{i+1}-m_{i+1} < M_i-m_i$. ①

事实上,由 $M_i-m_i \geqslant 2$,知区间 (m_i,M_i) 中至少包含一个正整数. 则 $|m_i-S_i| \geqslant 1$ 或 $|M_i-S_i| \geqslant 1$ 中至少一个成立 $(S_i \in (m_i,M_i))$.

若恰有一个不等式成立,则 $M_{i+1}-m_{i+1}=M_i-m_i-1$;

若两个不等式均成立,则 $M_{i+1}-m_{i+1}=M_i-m_i-2$.

从而,不等式①成立.

因为在 i 递增的过程中,M_i-m_i 递减,所以,经过有限步之后,$M_i-m_i=1$ 或 0.

若 $M_i-m_i=0$,则所有的数均相等,且等于它们的平均数.从而,第 i 次变化后所有的数均不会改变.

若 $M_i-m_i=1$,则黑板上就只有两个数值 m_i 和 M_i,且均为 m_i+1.因此,算术平均值 $S_i\in(m_i,m_i+1)$.由题意,知第 i 次变化后所有的数均不会改变.

证明:$\left[\dfrac{251}{\dfrac{1}{\sqrt[3]{252}-5\sqrt[3]{2}}-10\sqrt[3]{63}}+\dfrac{1}{\dfrac{251}{\sqrt[3]{252}+5\sqrt[3]{2}}+10\sqrt[3]{63}}\right]^3$ 为整数,并求其值.

（2016,爱尔兰数学奥林匹克）

解 令 $a^3=252,b^3=250$.

则原式 $=\left[\dfrac{\dfrac{a^3+b^3}{2}}{\dfrac{a^3-b^3}{2(a-b)}-ab}+\dfrac{\dfrac{a^3-b^3}{2}}{\dfrac{a^3+b^3}{2(a+b)}+ab}\right]^3=\left(\dfrac{a^3+b^3}{a^2+b^2-ab}+\dfrac{a^3-b^3}{a^2+b^2+ab}\right)^3$

$=(a+b+a-b)^3=8a^3=2016$.

设整数 $n>1$.证明:存在一个大于 n^n 的正整数 m,使得 $\dfrac{n^m-m^n}{n+m}$ 为正整数.

（2016,塞尔维亚数学奥林匹克）

证明 先证明:若 $m>n\geqslant 3$,则 $n^m>m^n$,即 $\dfrac{n^m-m^n}{n+m}>0$.

令 $f(x)=\dfrac{\ln x}{x}$.

注意到,当 $x>\mathrm{e}$ 时,$f'(x)=\dfrac{1-\ln x}{x^2}<0$.

则 $f(x)$ 在区间 $(\mathrm{e},+\infty)$ 上单调递减.

故 $\dfrac{\ln n}{n}>\dfrac{\ln m}{m}\Rightarrow m\ln n>n\ln m\Rightarrow n^m=\mathrm{e}^{m\ln n}>\mathrm{e}^{n\ln m}=m^n$.

当 $n=2$ 时,取 $m=10$ 即可.

假设 $n>2$.

则 $n^m-m^n\equiv n^m-(-n)^n=n^n(n^{m-n}-(-1)^n)(\bmod m+n)$.

取 $m=kn^n-n(k\in\mathbf{Z}^+)$,从而,$m+n=kn^n$.

故 $(m+n)\mid(n^m-m^n)\Leftrightarrow k\mid(n^{m-n}-(-1)^n)$.

（1）当 n 为奇数时,$n^{m-n}-(-1)^n$ 为偶数,取 $k=2$ 即可,此时,$m=2n^n-n$.

(2) 当 n 为偶数时, $n^{m-n}-(-1)^n=n^{m-n}-1$ 可被 $n-1$ 整除,取 $k=n-1$ 即可,此时, $m=(n-1)n^n-n$.

---

(1) 在一条人行道上用粉笔写了 999 个整数的一个排列.这些数不必按递增顺序,且允许相同.梅琳用红色粉笔从左到右圈了其中 500 个数,圈出的数字恰为 $1,2,$$\cdots,500$.然后,约翰用蓝色粉笔从左到右圈出 500 个数,圈出的数字恰为 $500,499,$$\cdots,1$.证明:这 999 个数字的排列中的中间数既被圈了红色又被圈了蓝色.

(2) 梅琳和约翰穿过马路,在人行道上发现 999 个整数的另一个排列.梅琳用红色粉笔从左到右圈了其中 500 个数,圈出的数字恰为 $1,2,\cdots,500$.然后,约翰用绿色粉笔从左到右圈出 500 个数,不一定与梅琳圈出的数相同,且圈出的数字恰为 $1,2,$$\cdots,500$.证明:存在一个数字不同于 999 个数字的排列中的中间数,且此数既被圈了红色又被圈了绿色.

(2016,第 55 届荷兰数学奥林匹克)

证明 (1) 为了方便叙述,将用红色粉笔圈出的数字称为红数,蓝数类似.于是,一些数字可以既为红数又为蓝数.

因为在人行道上有 999 个数,其中有 500 个红数,500 个蓝数,所以,由抽屉原理,知至少有一个数是双色数.

考虑双色数 k.

由于红数从左到右组成的排列为 $1,2,\cdots,500$,则双色数 k 的左边的红数为 $1\sim k-1$,右边的红数为 $k+1\sim 500$.蓝数是相反的顺序:从左到右组成的排列为 $500,499,\cdots,1$,双色数 k 左边的蓝数为 $500\sim k+1$,右边的蓝数为 $k-1\sim 1$.

接下来考虑双色数两边的数的个数.

左边的红数为 $1\sim k-1$,蓝数为 $500\sim k+1$,则左边至少有 499 个不同的数;右边的红数为 $k+1\sim 500$,蓝数为 $k-1\sim 1$,则右边至少有 499 个不同的数.

由于路面上只有 $999=499+1+499$ 个数字,通过上面的分析,知双色数恰在排列的中间位置.

(2) 类似(1).

由抽屉原理,知至少有一个双色数.

若双色数不止一个,则其中一个不在排列的中间位置.故有一个双色数满足要求.

若只有一个双色数,设其为 k.考虑双色数两边的数的个数.

左边的红数为 $1\sim k-1$,绿数为 $k-1\sim 1$.因为这些数中没有双色数,所以,左边至少有 $2(k-1)$ 个不同的数.

右边的红数为 $k+1\sim 500$,绿数为 $500\sim k+1$.因为这些数中没有双色数,所以,至少有 $2(500-k)$ 个不同的数.又 $2(k-1)+1+2(500-k)=999$,故已经考虑了所有的数.

在双色数的左边恰有 $2(k-1)$ 个数,右边恰有 $2(500-k)$ 个数.而 $2(k-1)$ 为偶数,不等于 499.因此,双色数不是排列中的中间数.

求 $\dfrac{2^2+1}{2^2-1}+\dfrac{3^2+1}{3^2-1}+\cdots+\dfrac{100^2+1}{100^2-1}$ 的值.

(2016,克罗地亚数学竞赛)

解 令 $S=\displaystyle\sum_{k=2}^{100}\dfrac{k^2+1}{k^2-1}$.

注意到,对于每个 $k\geqslant 2$,有 $\dfrac{2}{k^2-1}=\dfrac{2}{(k-1)(k+1)}=\dfrac{1}{k-1}-\dfrac{1}{k+1}$.

故 $S=\displaystyle\sum_{k=2}^{100}\dfrac{k^2-1+2}{k^2-1}=\sum_{k=2}^{100}\left(1+\dfrac{2}{k^2-1}\right)=99+\sum_{k=2}^{100}\left(\dfrac{1}{k-1}-\dfrac{1}{k+1}\right)$

$=99+1+\dfrac{1}{2}-\dfrac{1}{100}-\dfrac{1}{101}=\dfrac{1014849}{10100}$.

$1,2,\cdots,2016$ 写在第一行,后面的每一行均由前一行连续两个数之和组成. 例如,第二行的数字为 $3,5,\cdots,4031$. 若最后一行有一个数,求这个数.

(2016,克罗地亚数学竞赛)

解 由数学归纳法可证明:第 n 行的数是公差为 2^{n-1} 的等差数列.

当 $n=2$ 时,第二行为连续的奇数.

假设当 $n-1$ 时,结论成立.

令 x,y,z 为第 $n-1$ 行的三个相邻的项. 则 $x+y,y+z$ 为第 n 行的相邻的项.

由归纳假设,知 $y-x=z-y=2^{n-2}$.

故 $(y+z)-(x+y)=(z-y)+(y-x)=2^{n-2}+2^{n-2}=2^{n-1}$.

令 a_n 为第 n 行的第一个数.

对于所有的 $n\in\{1,2,\cdots,2016\}$,均有 $a_n=a_{n-1}+a_{n-1}+2^{n-2}=2a_{n-1}+2^{n-2}$.

应用此关系且注意到 $a_1=1$,易知,$a_n=(n+1)2^{n-2}$.

因此,所求的数为 $a_{2016}=2^{2014}\times 2017$.

求 $\dfrac{1}{1009}+\dfrac{1}{1010}+\cdots+\dfrac{1}{2016}$ 小数点后的第一位数字.

(2016,中国香港代表队选拔考试)

解 令 $a_n=\displaystyle\sum_{k=1}^{n}\dfrac{1}{n+k}$.

则 $a_1=\dfrac{1}{2}=0.5,a_2=\dfrac{7}{12},a_3=\dfrac{37}{60}\approx 0.617>0.6$.

注意到,$a_{n+1}-a_n=\dfrac{1}{(2n+1)(2n+2)}>0$. 于是,对于 $n\geqslant 3$,有 $a_n>a_3>0.6$.

用数学归纳法证明:当 $n \geqslant 3$ 时,$a_n \leqslant 0.7 - \dfrac{1}{4n}$.

当 $n = 3$ 时,$a_3 = \dfrac{37}{60} = 0.7 - \dfrac{1}{12}$.

假设 $a_n \leqslant 0.7 - \dfrac{1}{4n}$.

由 $a_{n+1} = a_n + \dfrac{1}{(2n+1)(2n+2)} < 0.7 - \dfrac{1}{4n} + \dfrac{1}{2n(2n+2)} = 0.7 - \dfrac{1}{4(n+1)}$,则 $0.6 < a_n < 0.7$.

因此,所求的小数点后第一位数字是 6.

证明:(1) 对于每个正整数 n,均存在分数 $\dfrac{a}{b}$(a,b 为整数),满足

$$0 < b \leqslant \sqrt{n} + 1,\text{且}\sqrt{n} \leqslant \dfrac{a}{b} \leqslant \sqrt{n+1};$$

(2) 存在无穷多个正整数 n,使得不存在分数 $\dfrac{a}{b}$(a,b 为整数),满足

$$0 < b \leqslant \sqrt{n},\text{且}\sqrt{n} \leqslant \dfrac{a}{b} \leqslant \sqrt{n+1}.$$

(第 57 届 IMO 预选题)

证明 (1) 对于每个正整数 n,存在唯一的正整数 r,使得 $r^2 \leqslant n < (r+1)^2$.

设 $n = r^2 + s$. 则 $0 \leqslant s \leqslant 2r$.

据 s 的奇偶性,分两种情况讨论.

(i) s 为偶数.

考虑分数 $\dfrac{r^2 + \dfrac{s}{2}}{r} = r + \dfrac{s}{2r}$.

设 $a = r^2 + \dfrac{s}{2},b = r$. 则 $0 < b = r \leqslant \sqrt{n}$.

由 $n = r^2 + s \leqslant \left(\dfrac{a}{b}\right)^2 = r^2 + s + \left(\dfrac{s}{2r}\right)^2 \leqslant r^2 + s + 1 = n + 1$

$\Rightarrow \sqrt{n} \leqslant \dfrac{a}{b} \leqslant \sqrt{n+1}$.

(ii) s 为奇数.

考虑分数 $\dfrac{(r+1)^2 - r + \dfrac{s-1}{2}}{r+1} = r + 1 - \dfrac{2r+1-s}{2(r+1)}$.

设 $a = (r+1)^2 - r + \dfrac{s-1}{2},b = r+1$. 则 $0 < b = r + 1 \leqslant \sqrt{n} + 1$.

由 $n = r^2 + s = (r+1)^2 - (2r+1-s)$

$$\leqslant (r+1)^2 - (2r+1-s) + \left(\frac{2r+1-s}{2(r+1)}\right)^2 = \left(\frac{a}{b}\right)^2$$

$$\leqslant (r+1)^2 - (2r+1-s) + 1 = n+1$$

$$\Rightarrow \sqrt{n} \leqslant \frac{a}{b} \leqslant \sqrt{n+1}.$$

(2) 只需证明:对于每个正整数 r,不存在分数 $\frac{a}{b}$(a,b 为整数)满足 $b \leqslant \sqrt{r^2+1}$,使得 $\sqrt{r^2+1} \leqslant \frac{a}{b} \leqslant \sqrt{r^2+2}$.

假设存在分数 $\frac{a}{b}$ 满足上述条件.

由 $b \leqslant \sqrt{r^2+1} < r+1 \Rightarrow b \leqslant r$

$$\Rightarrow (br)^2 < b^2(r^2+1) \leqslant a^2 \leqslant b^2(r^2+2) \leqslant b^2r^2 + 2br < (br+1)^2.$$

上式表明,a^2 在两个连续的完全平方数之间,矛盾.

因此,存在无穷多个正整数 $n = r^2+1$,使得不存在满足条件的分数.

求所有的正整数 $n(n \geqslant 2)$,使得存在 $a \in \mathbf{R}$,满足 $a + \sqrt{2} \in \mathbf{Q}$,$a^n + \sqrt{2} \in \mathbf{Q}$.

(2017,第 68 届罗马尼亚国家队选拔考试)

解 $n = 2$.

当 $n = 2$ 时,取 $a = \frac{1}{2} - \sqrt{2}$,有 $a + \sqrt{2} = \frac{1}{2} \in \mathbf{Q}$,$a^2 + \sqrt{2} = \frac{9}{4} \in \mathbf{Q}$.

假设 $n \geqslant 3$ 时,存在 $a \in \mathbf{R}$,使得 $a + \sqrt{2} = q \in \mathbf{Q}$,$a^n + \sqrt{2} \in \mathbf{Q}$.

则 $a = q - \sqrt{2} \Rightarrow a^n + \sqrt{2} = (q - \sqrt{2})^n + \sqrt{2} \in \mathbf{Q}$

$$\Rightarrow \sum_{k=0}^{\left[\frac{n-1}{2}\right]} C_n^{2k+1} \cdot 2^k q^{n-2k-1} - 1 = 0. \qquad ①$$

若 n 为偶数,则 q^{n-2k-1} 与 q 同号.故 $q > 0$.

设 $q = \frac{b}{a}$($a,b \in \mathbf{Z}^+$,$(a,b) = 1$).

故 $q = \frac{b}{a}$ 为整系数方程 $\sum_{k=0}^{\left[\frac{n-1}{2}\right]} C_n^{2k+1} \cdot 2^k x^{n-2k-1} - 1 = 0$ 的一个有理根.此方程首项系数为 $C_n^1 = n$,常数项为 -1.于是,$a \mid n$,$b \mid 1$.

从而,$1 \leqslant a \leqslant n$,$b = 1$,$\frac{1}{n} \leqslant q \leqslant 1$.

故 $\sum_{k=0}^{\left[\frac{n-1}{2}\right]} C_n^{2k+1} \cdot 2^k q^{n-2k-1} \geqslant \sum_{k=0}^{\left[\frac{n-1}{2}\right]} C_n^{2k+1} \cdot 2^k \left(\frac{1}{n}\right)^{n-2k-1}$

$$> C_n^{n-1} \cdot 2^{\frac{n-2}{2}} \left(\frac{1}{n}\right)^{n-2\times\frac{n-2}{2}-1} = 2^{\frac{n-2}{2}} \geqslant 2 > 1,$$

代数部分

与式 ① 矛盾.

若 n 为奇数,则

$$\sum_{k=0}^{\left[\frac{n-1}{2}\right]} C_n^{2k+1} \cdot 2^k q^{n-2k-1} - 1 = \sum_{k=0}^{\left[\frac{n-3}{2}\right]} C_n^{2k+1} \cdot 2^k q^{n-2k-1} + C_n^n \cdot 2^{\frac{n-1}{2}} - 1$$

$$\geqslant C_n^n \cdot 2^{\frac{n-1}{2}} - 1 = 2^{\frac{n-1}{2}} - 1 \geqslant 1,$$

也与式 ① 矛盾.

对于实数组 $(a_1, a_2, \cdots, a_n)$,若对所有的 $0 < k \leqslant n$,满足 $a_1 + a_2 + \cdots + a_k$ 与 $a_k + a_{k+1} + \cdots + a_n$ 均为负数,或均为非负数,则称为"稳定数组".例如,$(3, -1, 2)$ 为稳定数组,因为 $3 \geqslant 0, 3 + (-1) + 2 \geqslant 0, 3 + (-1) \geqslant 0, (-1) + 2 \geqslant 0, 3 + (-1) + 2 \geqslant 0, 2 \geqslant 0$.

证明:在任意稳定数组 $(a_1, a_2, \cdots, a_n)(a \geqslant 3)$ 中,若所有项交替为负数和非负数(不确定 a_1 为负数还是非负数),则一定存在连续三项(与原数组顺序不变)构成一个稳定数组.

(2017,爱沙尼亚数学奥林匹克)

证明 考虑数组中绝对值最小的那些项.若绝对值最小的项中存在一项为负数,不妨设为 a_i,则 a_i 与其任一相邻项之和非负.

由于 $(a_1, a_2, \cdots, a_n)$ 为稳定数组,于是,a_i 不是第一项也不是最后一项.

因为 $a_{i-1} + a_i, a_i + a_{i+1}, a_{i-1} + a_i + a_{i+1}$ 均为非负数,所以,a_{i-1}, a_i, a_{i+1} 可构成一个稳定数组.

若绝对值最小的项均为非负数,则任取其中一项设为 a_i.类似地,$a_{i-1} + a_i, a_i + a_{i+1}, a_{i-1} + a_i + a_{i+1}$ 均为负数,则 a_{i-1}, a_i, a_{i+1} 可构成一个稳定数组.

给定两个正整数 a, n.证明:

(1) 存在 n 个正整数 $a_1, a_2, \cdots, a_n$,使得 $1 + \dfrac{1}{a} = \prod\limits_{i=1}^{n}\left(1 + \dfrac{1}{a_i}\right)$;

(2) 只有有限个正整数组 $(a_1, a_2, \cdots, a_n)$ 满足 $1 + \dfrac{1}{a} = \prod\limits_{i=1}^{n}\left(1 + \dfrac{1}{a_i}\right)$.

(2017,罗马尼亚数学奥林匹克)

证明 (1) 取 $a_k = na + k - 1(k = 1, 2, \cdots, n)$,则

$$\prod_{i=1}^{n}\left(1 + \frac{1}{a_i}\right) = \prod_{i=1}^{n} \frac{na + i}{na + i - 1} = \frac{a + 1}{a} = 1 + \frac{1}{a}.$$

(2) 证明更强的命题:

对于 $\gamma \in \mathbf{Q}^+$,至多只有有限个有序正整数组 $(a_1, a_2, \cdots, a_n)$,使得

$$\gamma = \prod_{i=1}^{n}\left(1+\frac{1}{a_i}\right).$$ ①

对 n 用数学归纳法.

当 $n=1$ 时,使得 $\gamma_1 = 1+\frac{1}{a_1}$ 成立的正整数 a_1 要么不存在,要么只有一个.

结论成立.

假设 $n-1(n\geq 2)$ 时,命题成立.

下面考虑取 n 时的情况.

当 $\gamma \leq 1$ 时,显然不存在正整数组 $(a_1,a_2,\cdots,a_n)$ 满足式 ①.

当 $\gamma > 1$ 时,若存在正整数组 $(a_1,a_2,\cdots,a_n)$ 满足式 ①,不妨设 $a_1 = \min\{a_1,a_2,\cdots,a_n\}$.

则 $\gamma \leq \left(1+\frac{1}{a_1}\right)^n$,$a_1 \leq \frac{1}{\gamma^{\frac{1}{n}}-1}$. 记 $M = \left[\dfrac{1}{\gamma^{\frac{1}{n}}-1}\right]$.

故 $a_1 \in \{1,2,\cdots,M\}$,即 a_1 的值只有有限个.

对于 a_1 的每个取值,由归纳假设,知均只有有限多个正整数组 $(a_2,a_3,\cdots,a_n)$,满足

$$\gamma \cdot \frac{a_1}{1+a_1} = \prod_{i=2}^{n}\left(1+\frac{1}{a_i}\right) \Rightarrow \gamma = \prod_{i=1}^{n}\left(1+\frac{1}{a_i}\right).$$

因此,取 n 时命题成立.

求所有的三元整数组 (a,b,c),使得 $\dfrac{a}{b+c},\dfrac{b}{c+a},\dfrac{c}{a+b}$ 均为整数.

(2017,第 66 届保加利亚数学奥林匹克)

解 若 a,b,c 中有一个为 0,不妨设 $a=0$,则 $\dfrac{c}{b},\dfrac{b}{c}$ 均为整数. 故 b,c 非零,且 $|c| \leq$ $|b|$,$|b| \leq |c|$,有 $c = \pm b$. 同时,$b+c$ 为 $\dfrac{a}{b+c}$ 的分母,于是,$b+c \neq 0$. 故 $b=c$.

从而,可得到符合要求的三元数组 $(0,c,c)(c\in \mathbf{Z},c\neq 0)$ 及其轮换.

下面考虑 $abc \neq 0$ 的情况.

假设 a,b,c 中至少有两个为正数. 若所有三项均为正数,则分子为 $\min\{a,b,c\}$ 的分式的值在 $0 \sim 1$ 之间,不可能为整数.

假设 a,b 为正数,$c = -d(d>0)$ 为负. 则 $\dfrac{a}{d-b},\dfrac{b}{d-a},\dfrac{d}{a+b}$ 均为整数.

由最后一项可推出 $d \geq a+b$.

从而,第一项的分母为正.

又由于其为整数,则 $a \geq d-b \Rightarrow d \leq a+b$. 故 $d = a+b(c=-a-b)$.

因此,得到不含零的三元数组 (a,b,c),使得 $a+b+c=0$. 所有这些三元数组使得每一个分式的值均为 -1.

综上,所求三元数组有两类:一类是 $(0,c,c)(c\in \mathbf{Z},c\neq 0)$ 及其轮换;另一类是不含数字 0 的三元数组 (a,b,c),满足 $a+b+c=0$.

代数部分

二　　集合

设 P 为所有 2012 元数组 $(x_1,x_2,\cdots,x_{2012})$ 构成的集合，其中，对于每个 $i(1\leqslant i\leqslant 2012)$，$x_i\in\{1,2,\cdots,20\}$．

若对于每个 $(x_1,x_2,\cdots,x_{2012})\in A$，任意满足 $y_i\leqslant x_i(1\leqslant i\leqslant 2012)$ 的 $(y_1,y_2,\cdots,y_{2012})$ 也属于 A，则称集合 $A\subset P$ 为"递减的"；若对于每个 $(x_1,x_2,\cdots,x_{2012})\in B$，任意满足 $y_i\geqslant x_i(1\leqslant i\leqslant 2012)$ 的 $(y_1,y_2,\cdots,y_{2012})$ 也属于 B，则称集合 $B\subset P$ 为"递增的"．

求 $f(A,B)=\dfrac{|A\bigcap B|}{|A||B|}$ 的最大值，其中，A，B 分别为非空递减、递增的集合．

（2012，第 20 届土耳其数学奥林匹克）

解 $f(A,B)_{\max}=\dfrac{1}{20^{2012}}$．

考虑更一般的情况，即 P 为 n 元数组构成的集合．

若 $A=B=P$，则 $f(A,B)=\dfrac{1}{20^n}$．

接下来对 n 用数学归纳法证明：$f(A,B)\leqslant\dfrac{1}{20^n}$．

当 $n=1$ 时，要使 $f(A,B)$ 取最大值，则 $A\bigcap B\neq\varnothing$．

设 $A=\{1,2,\cdots,a+c\}$，$B=\{20-b-c+1,\cdots,20\}(a+b+c=20,c>0)$．

则 $|A\bigcap B|=c$，$|A|=a+c$，$|B|=b+c$，

$$f(A,B)=\frac{c}{(a+c)(b+c)}=\frac{1}{20+\frac{ab}{c}}\leqslant\frac{1}{20}.$$

假设 $n-1$ 时结论成立．

对于 n，设 $A=\bigcup\limits_{i=1}^{20}A_i$，其中，$A_i$ 是由集合 A 中最后一元为 i 的元素构成的集合．则 $|A|=\sum\limits_{i=1}^{20}|A_i|$，可将 A_i 视为由其元素的前 $n-1$ 元数组构成的集合，且 $A_1\subset A_2\subset\cdots\subset A_{20}$．

设 $B=\bigcup\limits_{i=1}^{20}B_i$，其中，$B_i$ 是由集合 B 中最后一元为 i 的元素构成的集合．则 $|B|=\sum\limits_{i=1}^{20}|B_i|$，可将 B_i 视为由其元素的前 $n-1$ 元数组构成的集合，且 $B_1\supset B_2\supset\cdots\supset B_{20}$．

故 $|A\bigcap B|=\sum\limits_{i=1}^{20}|A_i\bigcap B_i|\leqslant\dfrac{1}{20^{n-1}}\sum\limits_{i=1}^{20}|A_i||B_i|$

$$\leqslant \frac{1}{20^{n-1}} \times \frac{1}{20}\Big(\sum_{i=1}^{20} |A_i|\Big)\Big(\sum_{i=1}^{20} |B_i|\Big) = \frac{1}{20^n}|A||B|,$$

其中,第一个不等式用的是归纳假设,第二个不等式用的是切比雪夫不等式.

因此,$f(A,B) \leqslant \dfrac{1}{20^n}$.

正整数 $x_1, x_2, \cdots, x_n (n \in \mathbf{Z}^+)$ 满足 $x_1^2 + x_2^2 + \cdots + x_n^2 = 111$. 求 $S = \dfrac{x_1 + x_2 + \cdots + x_n}{n}$ 的最大可能值.

(第八届中国北方数学奥林匹克邀请赛)

解　由于 $111 \equiv 7 \pmod 8$,且 $x^2 \equiv 0, 1, 4 \pmod 8 (n \in \mathbf{N})$,故 $n \geqslant 4$.

(1) 当 $n = 4$ 时,$S \leqslant \sqrt{\dfrac{x_1^2 + x_2^2 + x_3^2 + x_4^2}{4}} = \dfrac{2\sqrt{111}}{4} < \dfrac{22}{4}$.

取 $(5,5,5,6)$ 为一组解,此时 $S = \dfrac{21}{4}$.

(2) 当 $n \geqslant 5$ 时,$\dfrac{x_1 + x_2 + \cdots + x_n}{n} \leqslant \sqrt{\dfrac{x_1^2 + x_2^2 + \cdots + x_n^2}{n}} \leqslant \sqrt{\dfrac{111}{5}} < \dfrac{21}{4}$.

综上,S 的最大值为 $\dfrac{21}{4}$.

---

(1) 是否存在正整数集的二元子集 $A_1, A_2, \cdots$,使得每个正整数恰出现在一个子集中,且对于每个正整数 n,A_n 的元素之和等于 $1391 + n$?

(2) 是否存在正整数集的二元子集 $A_1, A_2, \cdots$,使得每个正整数恰出现在一个子集中,且对于每个正整数 n,A_n 的元素之和等于 $1391 + n^2$?

(2012—2013,第 30 届伊朗数学奥林匹克)

解　(1) 假设存在 $A_i = \{x_i, y_i\}$,且 $x_i + y_i = 1391 + i (i = 1, 2, \cdots)$.

则 $1391 \times 2087 = 1391^2 + 1391 \times 696$

$$= \sum_{i=1}^{1391} (x_i + y_i) = x_1 + x_2 + \cdots + x_{1391} + y_1 + y_2 + \cdots + y_{1391}$$

$$\geqslant 1 + 2 + \cdots + 2 \times 1391 = 1391 \times 2783,$$

矛盾.

(2) 用归纳的方法构造 $A_i (i = 1, 2, \cdots)$.

设 $A_1 = \{1, 1391\}$.假设 $A_1, A_2, \cdots, A_k$ 已构造,设 x_{k+1} 是 $A_i (1 \leqslant i \leqslant k)$ 中未出现的最小正整数.则

$$x_{k+1} \leqslant 2k + 1,\ 且\ y_{k+1} = 1391 + (k+1)^2 - x_{k+1} \geqslant 1391 + k^2.$$

因为每个 $A_i (1 \leqslant i \leqslant k)$ 的元素之和最大为 $1391 + k^2$,所以,y_{k+1} 也不属于每个

$A_i (1 \leqslant i \leqslant k)$.

于是,设 $A_{k+1} = \{x_{k+1}, y_{k+1}\}$,则能保证每个正整数恰出现在一个子集中.

> (1) 是否能将 $\mathbf{Z}$ 分拆成三个非空子集 A,B,C,使得 $A+B, B+C, C+A$ 两两不交?
>
> (2) 是否能将 $\mathbf{Q}$ 分拆成三个非空子集 A,B,C,使得 $A+B, B+C, C+A$ 两两不交?
>
> (第53届IMO预选题)

解 (1) 能将 $\mathbf{Z}$ 分拆成三个非空子集:

$A = \{3k \mid k \in \mathbf{Z}\}, B = \{3k+1 \mid k \in \mathbf{Z}\}, C = \{3k+2 \mid k \in \mathbf{Z}\}$.

(2) 不能.

假设能将 $\mathbf{Q}$ 分拆成三个非空子集 A,B,C 且满足条件.则对于所有的 $a \in A, b \in B, c \in C$,有

$$a+b-c \in C, b+c-a \in A, c+a-b \in B. \quad \text{①}$$

事实上,由 $(A+B) \bigcap (A+C) = \varnothing$,则 $a+b-c \notin A$.

类似地,$a+b-c \notin B$.

于是,$a+b-c \in C$.

类似地,得结论 ① 的另外两个类似的结论.

故 $A+B \subset C+C, B+C \subset A+A, C+A \subset B+B$.

对于任意的 $a, a' \in A, b \in B, c \in C$,由结论 ① 得 $a'+c-b \in B$.

由 $a \in A, c \in C$,结合结论 ① 得 $a+a'-b = a+(a'+c-b)-c \in C$.

于是,$A+A \subset B+C$.

类似地,$B+B \subset C+A, C+C \subset A+B$.

故 $A+B = C+C, B+C = A+A, C+A = B+B$.

不失一般性,假设 $0 \in A$.则 $B = \{0\}+B \subset A+B, C = \{0\}+C \subset A+C$.

又 $B+C$ 与 $A+B$ 和 $A+C$ 均不交,且 B 和 C 不交,则 $B+C$ 包含于 $\mathbf{Q}/(B \bigcup C) = A$.

又因为 $B+C = A+A$,所以,$A+A \subset A$.

而 $A = \{0\}+A \subset A+A$,这表明,$A = A+A = B+C$.

于是,$A+B+C = A+A+A = A$,且由 $B+B = C+A$ 和 $C+C = A+B$,知 $B+B+B = C+A+B = A, C+C+C = A+B+C = A$.

特别地,对于任意的 $r \in \mathbf{Q} = A \bigcup B \bigcup C$,均有 $3r \in A$.

由于 $B \neq \varnothing$,任取 $b \in B$,设 $r = \dfrac{b}{3} \in \mathbf{Q}$.则 $b = 3r \in A$,矛盾.

> 设 $x \geqslant 5, y \geqslant 6, z \geqslant 7$,且 $x^2 + y^2 + z^2 \geqslant 125$.求 $x+y+z$ 的最小值.
>
> (2013,阿根廷数学奥林匹克)

解 当 $x=5, y=6, z=8$ 时,$x+y+z$ 的最小值为19.

下面证明:对于满足题意的任意 x, y, z,均有 $x+y+z \geqslant 19$.

若不等式 $x \geqslant 6, y \geqslant 7, z \geqslant 8$ 中有一个成立时，均有 $x+y+z \geqslant (5+6+7)+1=19$.

假设 $x<6, y<7, z<8$.

设 $u=x-5, v=y-6, w=z-7$. 则 $0 \leqslant u, v, w<1$.

由 $x^2+y^2+z^2 \geqslant 125$，得

$125 \leqslant (u+5)^2+(v+6)^2+(w+7)^2$

$=u^2+v^2+w^2+10u+12v+14w+5^2+6^2+7^2$.

而 $0 \leqslant u, v, w<1$，则 $u^2 \leqslant u, v^2 \leqslant v, w^2 \leqslant w$.

由上面的不等式得 $11u+13v+15w \geqslant 15$.

因为 $u, v, w \geqslant 0$，所以，$15(u+v+w) \geqslant 11u+13v+15w \geqslant 15$.

于是，$u+v+w \geqslant 1$.

故 $x+y+z=(u+v+w)+(5+6+7) \geqslant 1+(5+6+7)=19$.

已知正整数 $n \geqslant 2$. 定义集合 T 为

$T=\{(i, j) \mid 1 \leqslant i<j \leqslant n, i, j \in \mathbf{Z}$, 且 $i \mid j\}$.

对于任意满足 $x_1+x_2+\cdots+x_n=1$ 的非负实数 $x_1, x_2, \cdots, x_n$，求 $\sum\limits_{(i, j) \in T} x_i x_j$ 的最大值（表示为关于 n 的函数）.

（2013，第 26 届韩国数学奥林匹克）

解 设 $\sum\limits_{(i, j) \in T} x_i x_j$ 的最大值为 $M(n)$.

下面证明：$M(n)=\dfrac{[\log_2 n]}{2([\log_2 n]+1)}$.

设 $k=[\log_2 n]$，取 $x_{2^0}=x_{2^1}=\cdots=x_{2^k}=\dfrac{1}{k+1}$，其余的 $x_i=0$.

则 $x_1+x_2+\cdots+x_n=1$，且 $\sum\limits_{(i, j) \in T} x_i x_j=\dfrac{1}{(k+1)^2} \mathrm{C}_{k+1}^2=\dfrac{k}{2(k+1)}$.

于是，$M(n) \geqslant \dfrac{[\log_2 n]}{2([\log_2 n]+1)}$.

考虑能够得到 $M(n)$ 的 $x_1, x_2, \cdots, x_n$，且使得满足 $x_i=0$ 的 i 的个数最多. 在这种情况下，若 $x_a, x_b \neq 0$，且 $a<b$，则 $(a, b) \in T$.

事实上，若 $(a, b) \notin T$，则令 $x_a'=x_a-\varepsilon, x_b'=x_b+\varepsilon, x_i'=x_i(i \neq a, b)$.

故 $x_1'+x_2'+\cdots+x_n'=1$ 仍然成立. 于是，$\sum\limits_{(i, j) \in T} x_i' x_j'$ 为关于 ε 的线性函数.

对于 $\varepsilon=x_a$ 或 $-x_b$，有 $\sum\limits_{(i, j) \in T} x_i' x_j' \geqslant \sum\limits_{(i, j) \in T} x_i x_j$.

这与满足 $x_i=0$ 的 i 的个数最多矛盾.

设 $C=\{i \mid x_i>0\}$.

若 $i, j \in C$，且 $i<j$，则 $(i, j) \in T$.

于是，若 $C=\{i_1, i_2, \cdots, i_t\}$，且 $i_1<i_2<\cdots<i_t$，则对于所有的 $l=2,3,\cdots,t$，均有

$i_l \geqslant 2i_{l-1}$.

从而，$n \geqslant i_t \geqslant 2^{t-1}i_1 \geqslant 2^{t-1}$.

这表明，$t-1 \leqslant \log_2 n$，即 $|C| \leqslant k+1$.

由柯西不等式得

$$\sum_{(i,j) \in T} x_i x_j = \frac{1}{2}\left(\left(\sum_{i \in C} x_i\right)^2 - \sum_{i \in C} x_i^2\right) \leqslant \frac{1}{2}\left(1 - \frac{1}{|C|}\right)\left(\sum_{i \in C} x_i\right)^2$$

$$\leqslant \frac{1}{2}\left(1 - \frac{1}{k+1}\right) = \frac{k}{2(k+1)}.$$

特别地，$M(n) \leqslant \dfrac{[\log_2 n]}{2([\log_2 n]+1)}$.

综上，$M(n) = \dfrac{[\log_2 n]}{2([\log_2 n]+1)}$.

对于正整数 n，已知 $f:\{1,2,\cdots,n\} \to \{1,2,\cdots,n\}$ 为一一映射. 定义集合 A,B,C,D 为

$A = \{i \mid i > f(i)\}$，$B = \{(i,j) \mid i < j \leqslant f(j) < f(i)$ 或 $f(j) < f(i) < i < j\}$，

$C = \{(i,j) \mid i < j \leqslant f(i) < f(j)$ 或 $f(i) < f(j) < i < j\}$，

$D = \{(i,j) \mid i < j,$ 且 $f(i) > f(j)\}$.

证明：$|A| + 2|B| + |C| = |D|$.

（2013，第 26 届韩国数学奥林匹克）

证明 对 $|D|$ 用数学归纳法.

若 $|D| = 0$，则 f 为恒等映射. 于是，$A = B = C = \varnothing$.

从而，$|A| = |B| = |C| = 0$，结论成立.

假设对于所有一一映射的 f，当 $|D| < k(k \in \mathbf{Z}^+)$ 时，结论成立.

对于满足条件的映射 f 及其对应的 A_f, B_f, C_f, D_f，若 $|D_f| = k$，则存在 $i \in \{1,2,\cdots,n-1\}$，使得 $f(i) > f(i+1)$.

定义函数 $g(j) = \begin{cases} f(i+1), & j = i; \\ f(i), & j = i+1; \\ f(j), & \text{其他.} \end{cases}$

对于映射 g，也可定义集合 A_g, B_g, C_g, D_g.

因为 $|D_g| = |D| - 1 = k - 1 < k$，所以，由归纳假设有 $|A_g| + 2|B_g| + |C_g| = |D_g|$.

下面分五种情况.

(1) 若 $f(i+1) > i$，且 $f(i) > i+1$，则

$(|A_f|, |B_f|, |C_f|, |D_f|) = (|A_g|, |B_g|+1, |C_g|-1, |D_g|+1)$.

(2) 若 $f(i+1) = i$，且 $f(i) > i$，由

$|\{j \mid j < i,$ 且 $i+1 < f(j)\}| = |\{j \mid f(j) < i,$ 且 $i+1 < j\}|$，

则 $(|A_f|, |B_f|, |C_f|, |D_f|) = (|A_g|+1, |B_g|, |C_g|, |D_g|+1)$.

(3) 若 $f(i+1) < i$，且 $f(i) > i$，则对 $f^{-1}(i) < i$ 和 $f^{-1}(i) > i$ 两种情况均有

$$(|A_f|,|B_f|,|C_f|,|D_f|)=(|A_g|,|B_g|,|C_g|+1,|D_g|+1).$$

(4) 若 $f(i+1)<i$，且 $f(i)=i$，由

$$|\{j\mid j<i,\text{且}i+1<f(j)\}|=|\{j\mid f(j)<i,\text{且}i+1<j\}|+1,$$

则 $(|A_f|,|B_f|,|C_f|,|D_f|)=(|A_g|-1,|B_g|+1,|C_g|,|D_g|+1).$

(5) 若 $f(i+1)<i$，且 $f(i)<i$，则

$$(|A_f|,|B_f|,|C_f|,|D_f|)=(|A_g|,|B_g|+1,|C_g|-1,|D_g|+1).$$

上述五种情况结论均成立.

能否将全体正整数集划分为一系列互不相交的子集 $A_1,A_2,\cdots$，使得对于任意的 k，子集 A_k 中的所有元素之和等于 $k+2013$？

(2013，第 39 届俄罗斯数学奥林匹克)

解 不可能.

假设存在所说的划分. 若子集 A_k 包含多于一个元素，则称为"大集".

用数学归纳法证明：对于任意的正整数 n，均可以找到 n 个大集.

对 $n=1$，考虑包含 1 的子集 A_{k_1}. 由于其中的元素之和为 $k_1+2013>1$，则其至少还含有一个别的元素. 从而，其为大集.

假设已经找出大集 $A_{k_1},A_{k_2},\cdots,A_{k_m}(k_1<k_2<\cdots<k_m)$. 则 $k_m+2013\notin A_{k_m}$.

这表明，k_m+2013 属于其他某个集合 $A_{k_{m+1}}$，其元素之和为 $k_{m+1}+2013>k_m+2013$.

故集合 $A_{k_{m+1}}$ 中至少还有一个别的元素.

从而，$A_{k_{m+1}}$ 也是大集，且 $k_{m+1}>k_m$.

设 $k_1<k_2<\cdots<k_{2014}$ 为某 2014 个大集的角标.

接下来考虑子集 $A_1,A_2,\cdots,A_{k_{2014}}$. 在其并集中含有不少于 $k_{2014}+2014$ 个互不相同的正整数. 这表明，其中存在一个数 $d\geqslant k_{2014}+2014$.

因为集合 $A_1,A_2,\cdots,A_{k_{2014}}$ 中的元素之和均小于 d，所以，d 不可能属于其中的任何一个. 此为矛盾.

设 a,b 为正整数，有限整数集 A,B 满足：

(1) A 与 B 不相交；

(2) 若 $i\in A$，则 $i+a\in A$，若 $i\in B$，则 $i-b\in B$.

证明：$a|A|=b|B|$.

(2013，第 25 届亚太地区数学奥林匹克)

证明 设 $A'=\{n-a\mid n\in A\},B'=\{n+b\mid n\in B\}$.

由 (2)，知 $A\cup B\subseteq A'\cup B'$.

再由 (1)，知 $|A\cup B|\leqslant|A'\cup B'|\leqslant|A'|+|B'|=|A|+|B|=|A\cup B|$.

于是，$A\cup B=A'\cup B'$，且 A' 与 B' 没有相同的元素.

代数部分

对于每一个有限整数集 X,记 $\sum X=\sum\limits_{x\in X}x$.

则 $\sum A+\sum B=\sum(A\cup B)=\sum(A'\cup B')=\sum A'+\sum B'$

$=\sum A+a\,|\,A\,|+\sum B-b\,|\,B\,|$.

因此,$a\,|\,A\,|=b\,|\,B\,|$.

已知集合 $A_i(i=1,2,\cdots,160)$ 满足 $|\,A_i\,|=i$.按如下步骤选取这些集合中的元素组成新集合 $M_1,M_2,\cdots,M_n$.

【第一步】 从集合 $A_1,A_2,\cdots,A_{160}$ 中选出一些集合,并去掉这些集合中相同个数的元素,且这些元素组成集合 M_1;

【第二步】 在剩下的集合中继续重复第一步,得到集合 M_2;

…

继续如上步骤至集合 $A_1,A_2,\cdots,A_{160}$ 均变成空集,定义新的集合为 $M_3,M_4,\cdots,M_n$.

求 n 的最小值.

(2013,第30届希腊数学奥林匹克)

解 假设第一步在所选集合中选取了 k_1 个元素,第二步在余下的集合中选取了 k_2 个元素,依此类推,第 n 步选取了 k_n 个元素.则 $|\,A_i\,|=i(i=1,2,\cdots,160)$ 必为 $k_1,k_2,\cdots,k_n$ 中若干数之和.

注意到,集合 $\{k_1,k_2,\cdots,k_n\}$ 的子集的所有元素之和最多有 2^n 个.

于是,$2^n\geqslant 160$.从而,$n\geqslant 8$.

接下来说明:$n=8$ 是可以取到的.

第一步去掉每个集合 $A_{81},A_{82},\cdots,A_{160}$ 中的80个元素.于是,集合 M_1 中的元素个数为 $|\,M_1\,|=80\times 80=6400$.

去掉这80个元素后,记余下集合为 $A'_{81},A'_{82},\cdots,A'_{160}$,集合 A_i 与 $A'_{80+i}(i=1,2,\cdots,80)$ 均包含 i 个元素.

第二步去掉每个集合 $A_{41},A_{42},\cdots,A_{80},A'_{121},A'_{122},\cdots,A'_{160}$ 中的40个元素.

于是,集合 M_2 中的元素个数为 $|\,M_2\,|=80\times 40=3200$.

继续上述方式.

于是,集合 M_3 中的元素个数为 $|\,M_3\,|=80\times 20=1600$.

类似地,$|\,M_4\,|=800$.

第五步操作后,有32组:$A_i^{(k)}(k=1,2,\cdots,32,i=1,2,3,4,5)$,且 $|\,A_i^{(k)}\,|=i$.

第六步,将从有3,4,5个元素的集合中各取三个元素,得到 $|\,M_6\,|=32\times 9=288$,此时,非空集合有64组,每组中有一个的元素为一个,另一个的元素为两个.

第七步,在每个集合中取一个元素,得到 M_7,则 $|\,M_7\,|=128$,余下64个单元素集合,这些元素构成 M_8,于是,$|\,M_8\,|=64$.

综上,n 的最小值为8.

已知正整数 $n > 1$，$\mathscr{A}$ 为集合 $\{1,2,\cdots,2n\}$ 的所有 n 元子集构成的集合族．求 $\max\limits_{S\in\mathscr{A}}\ \min\limits_{\substack{x,y\in S\\x\neq y}}[x,y]$．

（2013，罗马尼亚国家队选拔考试）

解 $6\left(\left[\dfrac{n}{2}\right]+1\right)(n\neq 4)$ 或 $24(n=4)$．

记 S 为集合族 $\mathscr{A}$ 中的一个集合．

首先证明：当 $n\neq 4$ 时，$\min\limits_{\substack{x,y\in S\\x\neq y}}[x,y]\leqslant 6\left(\left[\dfrac{n}{2}\right]+1\right)$．

显然，当 $n=2$ 时，该不等式成立．

当 $n\geqslant 3$ 时，对于每个 $x\in S$，选正整数 m_x，使 $n < m_x x\leqslant 2n$．

再考虑集合 $S'=\{m_x x\mid x\in S\}$．

若 $|S'| < n$，由于 S 是 n 元子集，故存在 $x,y\in S$ 使得 $m_x x = m_y y$．于是，$[x,y]\leqslant 2n$．

若 $|S'|=n$，则 $S'=\{n+1,n+2,\cdots,2n\}$，集合 S' 中最小的偶数为 $2\left(\left[\dfrac{n}{2}\right]+1\right)$，且当 $n=3$ 或 $n\geqslant 5$ 时，$3\left(\left[\dfrac{n}{2}\right]+1\right)\in S'$，其与 $2\left(\left[\dfrac{n}{2}\right]+1\right)$ 的最小公倍数恰为 $6\left(\left[\dfrac{n}{2}\right]+1\right)$．

此外，当 $n=4$ 时，$\min\{[x,y]\mid x,y\in\{5,6,7,8\},x\neq y\}=24$．

最后用反证法证明：对于任意的 $1\leqslant i < j\leqslant n$，有 $[n+i,n+j]\geqslant 6\left(\left[\dfrac{n}{2}\right]+1\right)$．

若存在 i,j 使得 $[n+i,n+j] < 6\left(\left[\dfrac{n}{2}\right]+1\right)$．

由 $[n+1,n+2]=(n+1)(n+2)\geqslant 6\left(\left[\dfrac{n}{2}\right]+1\right)$，于是，$j\geqslant 3$．

从而，$n+j > 2\left(\left[\dfrac{n}{2}\right]+1\right)$．

故 $[n+i,n+j]=2(n+j)=m(n+i)$（正整数 $m\geqslant 2$）．

若 $m=3$，则 $n+i$ 一定是小于 $2\left(\left[\dfrac{n}{2}\right]+1\right)$ 的偶数，矛盾．

若 $m\geqslant 4$，则 $n+i < \dfrac{3\left(\left[\dfrac{n}{2}\right]+1\right)}{2}\leqslant n+1$，不可能．

因此，所求的值符合要求．

已知整数 $h(h \geqslant 3)$，集合 X 是由所有不小于 $2h$ 的正整数组成的. 设 S 为集合 X 的一个非空子集，且满足

(1) 若 $a+b \in S(a,b \geqslant h)$，则 $ab \in S$；

(2) 若 $ab \in S(a,b \geqslant h)$，则 $a+b \in S$.

证明：$S = X$.

(2013，印度国家队选拔考试)

证明 设 $f: X \to \{0,1\}$，$f(x) = 1$ 当且仅当 $x \in S$.

故 $f(a+b) = f(ab)(a,b \geqslant h)$.

若 $a \geqslant h+2$，则

$$f(2a-1) = f(a+a-1) = f(a^2-a) = f(a^2+a-2a) = f(a^3-2a^2)$$
$$= f(a^2(a-2)) = f(a^2+a-2) = f((a-1)(a+2)) = f(2a+1).$$

对于 $n \geqslant 2h$，令 $a+b = n, a-b = 0$ 或 1.

则 $ab > n$，且 $f(n) = f(a+b) = f(ab)$.

故对于每个 n，均有大于 n 的某个数 $f(ab) = f(n)$ 相同.

从而，必有某个 $t \geqslant 2h+4$，且 $f(t) = f(n)$.

(i) 若 t 为奇数，则 $t = 2a-1, a \geqslant h+2, f(n) = f(2a-1)$.

(ii) 若 t 为偶数，当 $t = 4k$ 时，则

$$f(n) = f(t) = f((2k-1)+(2k+1)) = f((2k-1)(2k+1)) = f(4k^2-1).$$

取 $a = 2k^2$ 即可.

当 $t = 2(2k+1)$ 时，则

$$f(n) = f(t) = f((2k+1)+(2k+1)) = f((2k+1)^2) = f((4k^2+4k+2)-1).$$

取 $a = 2k^2+2k+1$ 即可.

综上，必有某个 $f(2a-1) = f(n)$.

而所有 $f(2a-1) = f(2a+1)$，故所有 $f(n)$ 相同，即 $S = X$.

已知 A 为由 101 个不大于 1000 的不同的非负整数组成的集合. 证明：集合 $\{|x-y| \mid x,y \in A, x \neq y\} \bigcap \{1,2,\cdots,100\}$ 至少含 10 个元素.

(第 39 届俄罗斯数学奥林匹克)

证明 设 A 由 $a_0 < a_1 < \cdots < a_{100}$ 组成. 十个数 $a_{10}-a_0, a_{20}-a_{10}, \cdots, a_{100}-a_{90}$ 的和为 $a_{100}-a_0 \leqslant 1000$，故其中之一不大于 100.

设 $a_{10i+10} - a_{10i} \leqslant 100$. 则

$$0 < a_{10i+1} - a_{10i} < a_{10i+2} - a_{10i} < \cdots < a_{10i+10} - a_{10i} \leqslant 100,$$

即为满足要求的十个差.

对于大于 1 的整数 n,定义集合 $D(n) = \{a - b \mid n = ab, a, b \in \mathbf{Z}^+, a > b\}$.

证明:对于任意大于 1 的整数 k,总存在 k 个互不相同且大于 1 的整数 $n_1, n_2, \cdots$, n_k,使得 $D(n_1) \bigcap D(n_2) \bigcap \cdots \bigcap D(n_k)$ 的元素个数不小于 2.

(2013,第 29 届中国数学奥林匹克)

证明　设 $a_1, a_2, \cdots, a_{k+1}$ 为 $k+1$ 个不同的正奇数,且其中任意一个数小于其他 k 个数的乘积(如 $a_1 = 3, a_2 = 5, \cdots, a_{k+1} = 2k+3$). 记 $N = a_1 a_2 \cdots a_{k+1}$.

对于 $i = 1, 2, \cdots, k+1$,取 $x_i = \dfrac{1}{2}\left(\dfrac{N}{a_i} + a_i\right)$, $y_i = \dfrac{1}{2}\left(\dfrac{N}{a_i} - a_i\right)$.

则 $x_i^2 - y_i^2 = N$.

又 $a_i a_j < N$ 及 $\dfrac{N}{a_i} > a_i$,知 $(x_i, y_i)(1 \leqslant i \leqslant k+1)$ 是 $x^2 - y^2 = N$ 的 $k+1$ 组不同的正整数解.

不妨设 $x_{k+1} = \min\{x_1, x_2, \cdots, x_{k+1}\}$.

对每个 $i \in \{1, 2, \cdots, k\}$,由 $x_i^2 - y_i^2 = x_{k+1}^2 - y_{k+1}^2$,得

$(x_i + x_{k+1})(x_i - x_{k+1}) = x_i^2 - x_{k+1}^2 = y_i^2 - y_{k+1}^2 = (y_i + y_{k+1})(y_i - y_{k+1})$.

令 $n_i = (x_i + x_{k+1})(x_i - x_{k+1}) = (y_i + y_{k+1})(y_i - y_{k+1})$.

则 $2x_{k+1} = (x_i + x_{k+1}) - (x_i - x_{k+1}) \in D(n_i)$,

$2y_{k+1} = (y_i + y_{k+1}) - (y_i - y_{k+1}) \in D(n_i)$.

因为 $x_{k+1} > y_{k+1}$,所以,$2x_{k+1}, 2y_{k+1}$ 为 $D(n_1) \bigcap D(n_2) \bigcap \cdots \bigcap D(n_k)$ 中的两个不同的元素.

设 $x_k \in [-2, 2](k = 1, 2, \cdots, 2013)$,且 $x_1 + x_2 + \cdots + x_{2013} = 0$. 试求 $M = x_1^3 + x_2^3 + \cdots + x_{2013}^3$ 的最大值.

(第九届北方数学奥林匹克邀请赛)

解　由 $x_i \in [-2, 2](i = 1, 2, \cdots, 2013)$,知 $x_i^3 - 3x_i = (x_i - 2)(x_i + 1)^2 + 2 \leqslant 2$.

当且仅当 $x_i = 2$ 或 -1 时,上式等号成立.

注意到,$\displaystyle\sum_{i=1}^{2013} x_i = 0$. 故 $M = \displaystyle\sum_{i=1}^{2013} x_i^3 = \sum_{i=1}^{2013}(x_i^3 - 3x_i) \leqslant \sum_{i=1}^{2013} 2 = 4026$.

当 $x_1, x_2, \cdots, x_{2013}$ 中有 671 个取值为 2,有 1342 个取值为 -1 时,上式等号成立.

因此,M 的最大值为 4026.

证明:对于任意由 2000 个不同实数构成的集合,存在实数 $a, b(a > b)$ 和 c, $d(c > d)$,且 $a \neq c$ 或 $b \neq d$,使得 $\left|\dfrac{a - b}{c - d} - 1\right| < \dfrac{1}{100000}$.

(第 54 届 IMO 预选题)

证明 对于任意由 $n(n=2000)$ 个不同实数构成的集合 S,设这 n 个数中任意两个不同数的差的绝对值分别为 $D_1,D_2,\cdots,D_m$,且 $D_1 \leqslant D_2 \leqslant \cdots \leqslant D_m$. 则 $m = \dfrac{n(n-1)}{2}$.

重新调节比例的尺度,可假设集合 S 中两个不同数的差的绝对值中最小的一个 $D_1 = 1$,且设 $D_1 = 1 = y - x(x,y \in S)$.

显然,$D_m = v - u$,其中,u,v 分别为集合 S 中的最小数、最大数.

若存在 $i \in \{1,2,\cdots,m-1\}$,使得 $\dfrac{D_{i+1}}{D_i} < 1 + 10^{-5}$,由 $0 \leqslant \dfrac{D_{i+1}}{D_i} - 1 < 10^{-5}$,知所证不等式成立.

否则,对于每一个 $i = 1,2,\cdots,m-1$,均有 $\dfrac{D_{i+1}}{D_i} \geqslant 1 + \dfrac{1}{10^5}$.

故 $v - u = D_m = \dfrac{D_m}{D_1} = \dfrac{D_m}{D_{m-1}} \cdot \dfrac{D_{m-1}}{D_{m-2}} \cdot \cdots \cdot \dfrac{D_3}{D_2} \cdot \dfrac{D_2}{D_1} \geqslant \left(1 + \dfrac{1}{10^5}\right)^{m-1}$.

又对于任意正整数 n,均有 $\left(1 + \dfrac{1}{n}\right)^n \geqslant 1 + n \cdot \dfrac{1}{n} = 2$,且

$$m - 1 = \dfrac{n(n-1)}{2} - 1 = 1000 \times 1999 - 1 > 19 \times 10^5,$$

则 $\left(1 + \dfrac{1}{10^5}\right)^{m-1} > \left(\left(1 + \dfrac{1}{10^5}\right)^{10^5}\right)^{19} \geqslant 2^{19} = 2^9 \times 2^{10} > 500 \times 1000 > 2 \times 10^5$.

于是,$v - u = D_m > 2 \times 10^5$.

从而,u,v 中至少有一个(不妨记为 z)与 x 的差的绝对值至少为 $\dfrac{v-u}{2} > 10^5$,即 $|x - z| > 10^5$.

因为 $y - x = 1$,所以,当 $z = v$ 时,有 $z > y > x$;当 $z = u$ 时,有 $y > x > z$.

若 $z > y > x$,取 $a = z,b = y,c = z,d = x(b \neq d)$,得

$$\left|\dfrac{a-b}{c-d} - 1\right| = \left|\dfrac{z-y}{z-x} - 1\right| = \left|\dfrac{x-y}{z-x}\right| = \dfrac{1}{z-x} < 10^{-5};$$

若 $y > x > z$,取 $a = y,b = z,c = x,d = z(a \neq c)$,得

$$\left|\dfrac{a-b}{c-d} - 1\right| = \left|\dfrac{y-z}{x-z} - 1\right| = \left|\dfrac{y-x}{x-z}\right| = \dfrac{1}{x-z} < 10^{-5}.$$

综上,要证明的结论成立.

设集合 $A,B \subseteq \mathbf{Z}^+$. 已知集合 A 中任意两个不同元素之和均为集合 B 中的元素,且 B 中任意两个不同元素(大数除以小数)之商均为 A 中的元素. 求 $A \cup B$ 中元素个数的最大值.

(2011,第 52 届荷兰国家队选拔考试)

解 假设集合 A 中至少含三个元素,不妨记为 $a < b < c$.

则集合 B 中三个不同的元素为 $a + b < a + c < b + c$.

于是，集合 A 中含元素 $\dfrac{b+c}{a+c}$，且为整数.

故 $(a+c)\mid(b+c)\Rightarrow(a+c)\mid((b+c)-(a+c))\Rightarrow(a+c)\mid(b-a)$.

由 $a<b$，知 $a+c\leqslant b-a\Rightarrow c\leqslant b-2a<b$，与 $c>b$ 矛盾.

从而，集合 A 中至多有两个元素.

假设集合 B 中至少含四个元素，不妨记为 $a<b<c<d$.

则集合 A 中三个不同的元素为 $\dfrac{d}{a},\dfrac{d}{b},\dfrac{d}{c}$. 但这与集合 A 中至多有两个元素矛盾. 于是，集合 B 中至多有三个元素.

从而，$A\bigcup B$ 中至多有五个元素，且是可以实现的.

例如，$A=\{2,4\}$，$B=\{3,6,12\}$.

易知，$2+4=6\in B$，$\dfrac{12}{6}=\dfrac{6}{3}=2\in A$，$\dfrac{12}{3}=4\in A$.

因此，集合 A,B 满足条件.

综上，$A\bigcup B$ 中的元素个数的最大值为 5.

求最小的正整数 n，使得 $n=\displaystyle\sum_{a\in A}a^2$，其中，$A$ 为正整数构成的有限集合，且

$$\sum_{a\in A}a=2014.$$

（2014，芬兰高中数学竞赛）

解 假设正整数 a,b,c 满足 $a=b+c$. 则 $a^2=b^2+c^2+2bc>b^2+c^2$.

于是，对于任何一个由正整数构成的集合且使平方和为最小，则该集合中最小的元素为 1 或 2.

若 $a+2<b$，则

$a+1<b-1$，$(a+1)^2+(b-1)^2=a^2+b^2+2(a-b)+2<a^2+b^2$，

即对应着最小的平方和集合中，将项按递增顺序排列得到一个数列，相邻的两项差最大为 2，且差为 2 最多出现一次.

假设差为 2 出现两次，不妨假设 $a<b$，有两次差为 2 的数列为 $a,a+2,\cdots,b,b+2$，对于另一个数列 $a+1,a+2,\cdots,b,b+1$，有

$(a+1)^2+(a+2)^2+\cdots+b^2+(b+1)^2<a^2+(a+2)^2+\cdots+b^2+(b+2)^2$.

矛盾.

而 $\displaystyle\sum_{k=1}^{63}k=32\times63=2016$，则满足题意的唯一集合为 $A=\{1,3,\cdots,63\}$.

由平方和公式，得 $\displaystyle\sum_{a\in A}a^2=\dfrac{63\times64\times127}{6}-2^2=85340$.

已知 $x_1, x_2, \cdots, x_{2014} \in \{1, 0, -1\}$. 求 $\displaystyle\sum_{1 \leqslant i < j \leqslant 2014} x_i x_j$ 的最小可能值.

(2014,克罗地亚数学竞赛)

解 注意到, $2 \displaystyle\sum_{1 \leqslant i < j \leqslant 2104} x_i x_j = \left(\sum_{i=1}^{2014} x_i\right)^2 - \sum_{i=1}^{2014} x_i^2$.

令 $A = \left(\displaystyle\sum_{i=1}^{2014} x_i\right)^2, B = \displaystyle\sum_{i=1}^{2014} x_i^2$.

要使 $\displaystyle\sum_{1 \leqslant i < j \leqslant 2104} x_i x_j$ 取最小值,只需取 A 的最小值的同时取 B 的最大值.

显然, $A \geqslant 0$.

当在 x_i 中取 1 的数目与取 -1 的数目相同时, $A = 0$ 为最小值.

例如, $x_1 = x_2 = \cdots = x_{1007} = 1, x_{1008} = x_{1009} = \cdots = x_{2014} = -1$.

显然, $B \leqslant 1^2 + 1^2 + \cdots + 1^2 = 2014$.

若 x_i 中没有取 0 时, $B = 2014$ 为最大值.

例如, $x_1 = x_2 = \cdots = x_{1007} = 1, x_{1008} = x_{1009} = \cdots = x_{2014} = -1$.

对于上述 $x_1, x_2, \cdots, x_{2014}$ 的值, A 取最小值且 B 取最大值可达到.

故 $\left(\displaystyle\sum_{1 \leqslant i < j \leqslant 2104} x_i x_j\right)_{\min} = \left(\dfrac{A - B}{2}\right)_{\min} = -1007$.

代数部分

求所有的正整数 n,使得存在两两不同的正实数 $a_1, a_2, \cdots, a_n$,满足
$$\left\{a_i + \frac{(-1)^i}{a_i} \,\middle|\, i = 1, 2, \cdots, n\right\} = \{a_i \mid i = 1, 2, \cdots, n\}.$$

(2014,第 22 届土耳其数学奥林匹克)

解 当 n 为偶数时,若存在满足条件的正实数 $a_1, a_2, \cdots, a_n$,则存在 $\{1, 2, \cdots, n\}$ 的一个排列 $\{\sigma(1), \sigma(2), \cdots, \sigma(n)\}$,使得对于每个 $i = 1, 2, \cdots, n$,均有 $a_i + \dfrac{(-1)^i}{a_i} = a_{\sigma(i)}$.

故 $a_i^2 - a_i a_{\sigma(i)} = (-1)^{i+1}$.

将上式乘以 2,并对 $i = 1, 2, \cdots, n$ 求和,得 $\displaystyle\sum_{i=1}^{n} (a_i - a_{\sigma(i)})^2 = 0$.

由 $a_i - a_{\sigma(i)} = 0$,知 $\dfrac{(-1)^i}{a_i} = 0$,矛盾.

显然, $n \neq 1$.

若 n 为大于 1 的奇数,设 $a_1 = 1 + x (x > 0)$. 对于 $i = 1, 2, \cdots, n$,设 $a_{i+1} = a_i + \dfrac{(-1)^i}{a_i}$.

只要证存在正实数 x,使得 $a_{n+1} = a_1$,且 $a_1, a_2, \cdots, a_n$ 为两两不同的正实数.

若 i 为奇数,且 $a_i > 1$,则
$$a_{i+2} = a_{i+1} + \frac{(-1)^{i+1}}{a_{i+1}} = a_i + \frac{(-1)^i}{a_i} + \frac{(-1)^{i+1}}{a_i + \frac{(-1)^i}{a_i}}$$

$$= a_i + \frac{1}{a_i(a_i^2 + (-1)^i)} = a_i + \frac{1}{a_i(a_i^2 - 1)} > a_i.$$

于是，由数学归纳法得 $1 < a_1 < a_3 < \cdots < a_n$.

若 i 为偶数，且 $a_i > 0$，则

$$a_{i+2} = a_i + \frac{1}{a_i(a_i^2 + (-1)^i)} = a_i + \frac{1}{a_i(a_i^2 + 1)} > a_i.$$

又 $a_2 = a_1 - \dfrac{1}{a_1} = 1 + x - \dfrac{1}{1+x} = \dfrac{x^2 + 2x}{1+x} > 0$，于是，由数学归纳法得

$0 < a_2 < a_4 < \cdots < a_{n+1}$.

从而，只要证明存在正实数 x，使得 $a_{n+1} = a_1$.

则 $0 < a_2 < a_4 < \cdots < a_{n+1} = a_1 < a_3 < \cdots < a_n$.

因为当 $x \to 0^+$ 时，$a_2 \to 0^+$，所以，$\dfrac{1}{a_2(a_2^2 + 1)} - \dfrac{1}{1+x} \to +\infty$.

由 $a_{n+1} - a_1 \geqslant a_4 - a_1 = a_2 + \dfrac{1}{a_2(a_2^2 + 1)} - a_1 = \dfrac{1}{a_2(a_2^2 + 1)} - \dfrac{1}{1+x}$，知

$a_{n+1} - a_1 \to +\infty$.

于是，存在 $x_1 > 0$，使得 $a_{n+1} > a_1$.

对于每个偶数 i，有 $a_{i+2} = a_i + \dfrac{1}{a_i(a_i^2 + 1)} < a_i + \dfrac{1}{a_i^3} \leqslant a_i + \dfrac{1}{a_2^3}$.

因为 $a_2 = x + \dfrac{x}{1+x} > x$，所以，$a_{n+1} < a_2 + \dfrac{n-1}{2a_2^3} < a_2 + \dfrac{n-1}{2x^3}$.

由 $a_1 - a_{n+1} > a_1 - a_2 - \dfrac{n-1}{2x^3} = \dfrac{1}{1+x} - \dfrac{n-1}{2x^3} = \dfrac{2x^3 - (n-1)(1+x)}{2x^3(1+x)}$，知当 x 足

够大时，$\dfrac{2x^3 - (n-1)(1+x)}{2x^3(1+x)} > 0$.

于是，存在 $x_2 > 0$，使得 $a_{n+1} < a_1$.

因为 $a_{n+1} - a_1$ 是关于正实数 x 的连续函数，所以，由零点存在定理，知存在 $x > 0$，使得 $a_{n+1} = a_1$.

> 确定是否存在正整数 $a_1, a_2, \cdots, a_k$，满足
>
> (1) $a_1 < a_2 < \cdots < a_k$；
>
> (2) 所有的和式 $a_i + a_j (1 \leqslant i < j \leqslant k)$ 互不相同；
>
> (3) 令 $S = \{a_i + a_j \mid 1 \leqslant i < j \leqslant k\}$，$S$ 中含 1000 个连续整数？
>
> (2014，第 31 届阿根廷数学奥林匹克)

解 存在满足题意的 k 个正整数.

将题中的 1000 换成 $n(n \in \mathbf{Z}^+)$，使命题一般化，用数学归纳法证明：可通过适当地选取满足条件(1)、(2)的正整数，使 S 中含有至少 n 个连续正整数.

取 $a_1 = 1, a_2 = 2, a_3 = 4$，则 $5, 6 \in S$. 命题对 $n = 1, 2$ 成立.

假设正整数 $a_1, a_2, \cdots, a_k$ 满足 (1)、(2)，且 S 中含有 n 个连续正整数 $c, c+1$，

$\cdots,c+n-1.$

若存在 $a_i + a_j = c+n$,则归纳已经完成.

下面假设不存在 $a_i + a_j = c+n$.

记 $m = a_k$.则 $2m + a_1 < 2m + a_2 < \cdots < 2m + a_k$.

记 $b_i = 2m + a_i$.则 C_k^2 个和式 $b_i + b_j$ 的值显然互不相同,这些和式的值组成集合 $T = \{ b_i + b_j \mid 1 \leqslant i < j \leqslant k \}$.

T 中已包含了 $4m+c, 4m+c+1, \cdots, 4m+c+n-1$ 这 n 个连续正整数.但 $4m+c+n \notin T$(否则,$c+n \in S$).

由 $2m < 2m + a_i < 3m (i = 1,2,\cdots,k)$,知 $4m < (2m + a_i) + (2m + a_j) < 6m$.

考虑下面的 $k+2$ 个数:$1 < 2m + a_1 < 2m + a_2 < \cdots < 2m + a_k < 4m + c + n - 1$.

由 $1 + (2m + a_i) < 4m < (2m + a_j) + (2m + a_l)$,

$(2m + a_i) + (2m + a_j) < 6m < (2m + a_l) + (4m + c + n - 1)$,

$1 + (4m + c + n - 1) \neq (2m + a_i) + (2m + a_j)$,

其中,$\{i,j,l\} \subset \{1,2,\cdots,k\}$.故上述 $k+2$ 个数中任意两数得到的和互不相等,且 $n+1$ 个连续正整数 $4m+c, 4m+c+1, \cdots, 4m+c+n$ 均能表示成这 $k+2$ 个数中的两个数之和.

定义 S 为所有形如 $a_0 + 10a_1 + 10^2 a_2 + \cdots + 10^n a_n (n = 0,1,\cdots)$ 的数的集合,其中,

(1) a_i 为整数,$0 \leqslant a_i \leqslant 9 (i = 0,1,\cdots,n)$,$a_n \neq 0$;

(2) $a_i < \dfrac{a_{i-1} + a_{i+1}}{2} (i = 1,2,\cdots,n-1)$.

求集合 S 中的最大数.

(2014,澳大利亚数学奥林匹克)

解 设 $b_i = a_{i+1} - a_i (i = 0,1,\cdots)$.

条件(2)等价于 $b_0, b_1, b_2, \cdots$ 是严格递增数列.

引理 至多三个 b_i 是正的,至多三个 b_i 是负的.

证明 假设有四个 b_i 是正的.

若 b_s 是这样的 b_i 中最小的一个,则 $b_s \geqslant 1, b_{s+1} \geqslant 2, b_{s+2} \geqslant 3, b_{s+3} \geqslant 4$.

故 $a_{s+4} - a_s = b_s + b_{s+1} + b_{s+2} + b_{s+3} \geqslant 1 + 2 + 3 + 4 = 10$.

这与 a_{r+4}, a_r 均为一位数且它们至多差 9 矛盾.

仿照上面的讨论可证明没有四个 b_i 是负的.

引理得证.

引理表明 $n \leqslant 7$.

若 $n = 7$,则一定有 $b_0 < b_1 < b_2 < 0, b_3 = 0, 0 < b_4 < b_5 < b_6$.

由于 b_i 为不同整数,$b_0 \leqslant -3, b_1 \leqslant -2, b_2 \leqslant -1$,则

$a_0 \leqslant 9, a_1 = a_0 + b_0 \leqslant 9 - 3 = 6$,

$a_2 = a_1 + b_1 \leqslant 6 - 2 = 4, a_3 = a_2 + b_2 \leqslant 4 - 1 = 3$.

类似地,有 $b_6 \geqslant 3, b_5 \geqslant 2, b_4 \geqslant 1$.

故 $a_7 \leqslant 9, a_6 = a_7 - b_6 \leqslant 9 - 3 = 6, a_5 = a_6 - b_5 \leqslant 6 - 2 = 4$,

$a_4 = a_5 - b_4 \leqslant 4 - 1 = 3$.

这表明,S 中没有超过 96433469 的数.

易验证 96433469 在 S 中.

故 96433469 是 S 中最大的数.

对于下面给定的由正整数构成的集合 M,是否可以将 M 分拆成一些不相交的子集,且使得每一个子集中均存在一个元素,该元素是此集合中其他所有元素的和:

(1)$M = \{1, 2, \cdots, 20\}$;

(2)$M = \{1, 2, \cdots, 30\}$?

(2015,第 65 届白俄罗斯数学奥林匹克)

解 (1) 这样的分拆是存在的,如表 1.

(2) 注意到,每一个子集中所有元素之和为偶数.

从而,集合 M 中所有的元素之和必为偶数.但集合 $M = \{1, 2, \cdots, 30\}$ 中所有元素之和为 $\dfrac{(1+30)30}{2} = 31 \times 15$(奇数).

因此,这样的分拆是不可能的.

表　1

20	19	18	17	16	15
14	12	10	13	11	9
6	7	8	4	5	1,2,3

求所有的正整数 n($n < 24$),使得集合 $M = \{n, n+1, \cdots, 24\}$ 能被分拆成一些不相交的子集,且每个子集中均存在一个元素,该元素是此集合中其他所有元素的和.

(2014,第 65 届白俄罗斯数学奥林匹克)

解 $n = 1, 4$.

将满足要求的分拆的每个子集中等于其他所有元素之和的元素 a 称为"主元".

因为在任何一个子集中,元素均不同,且其中总有一个主元,所以,每个子集中均至少含有三个元素.

设 k 是满足要求的分拆的子集个数.

因为在初始的集合 $M = \{n, n+1, \cdots, 24\}$ 中共有 $25 - n$ 个元素,所以,$k \leqslant \dfrac{25-n}{3}$.

显然,集合 M 中的所有元素之和

$$S(n) = \frac{(n+24)(25-n)}{2} \text{(偶数)},$$

$$S(n) \leqslant 2(24 + 23 + \cdots + (25-k)) = (24 + 25 - k)k = (49-k)k$$

$$\leqslant \left(49 - \frac{25-n}{3}\right)\frac{25-n}{3} = \frac{(122+n)(25-n)}{9}$$

（最后一个不等式成立是因为 $k \leqslant \dfrac{25-n}{3} < \dfrac{49}{2}$，而当 $x \leqslant \dfrac{49}{2}$ 时，函数$(49-x)x$ 递增）.

故 $\dfrac{(n+24)(25-n)}{2} \leqslant \dfrac{(122+n)(25-n)}{9} \Leftrightarrow 9(n+24) \leqslant 2(122+n) \Leftrightarrow n \leqslant 4$.

对于 $n=2$ 和 $n=3$，有

$$S(2) = \frac{(2+24)(25-2)}{2} = 13 \times 23(\text{奇数}),$$

$$S(3) = \frac{(3+24)(25-3)}{2} = 27 \times 11(\text{奇数}).$$

因此，满足题意的分拆不存在.

表1，表2依次为 $n=1$，$n=4$ 时满足题目要求的分拆.

表 1

24	23	22	21	20	19	18	3
17	15	13	11	16	14	12	2
7	8	9	10	4	5	6	1

表 2

24	23	22	21	20	19	18
17	15	13	11	16	14	12
7	8	9	10	4	5	6

> 求所有的正整数 $n(n<60)$，使得集合 $M = \{n, n+1, \cdots, 60\}$ 能被分拆成一些不相交的子集，且每个子集中均存在一个元素，该元素是此集合中其他所有元素的和.
>
> （2014，第65届白俄罗斯数学奥林匹克）

解 $n = 1, 4, 5$.

将满足要求的分拆的每个子集中等于其他所有元素之和的元素 a 称为"主元".

因为在任何一个子集中，元素均不同，且其中总有一个主元，所以，每个子集中均至少含有三个元素.

设 k 是满足要求的分拆的子集个数.

又在初始的集合 $M = \{n, n+1, \cdots, 60\}$ 中共有 $61-n$ 个元素，从而，$k \leqslant \dfrac{61-n}{3}$.

显然，集合 M 中的所有元素之和

$$S(n) = \frac{(n+60)(61-n)}{2}(\text{偶数}),$$

$$S(n) \leqslant 2(60+59+\cdots+(61-k)) = (60+61-k)k = (121-k)k$$

$$\leqslant \left(121 - \frac{61-n}{3}\right)\frac{61-n}{3} = \frac{(302+n)(61-n)}{9}$$

（最后一个不等式成立是因为 $k \leqslant \dfrac{61-n}{3} \leqslant \dfrac{121}{2}$，而当 $x \leqslant \dfrac{121}{2}$ 时，函数$(121-x)x$ 递增）.

故 $\dfrac{(n+60)(61-n)}{2} \leqslant \dfrac{(302+n)(61-n)}{9}$

$\Leftrightarrow 9(n+60) \leqslant 2(302+n) \Leftrightarrow 7n \leqslant 64 \Leftrightarrow n \leqslant 9$.

因为 $S(n) = \dfrac{(n+60)(61-n)}{2}(\text{偶数})$，所以，$n = 4m$ 或 $4m+1$，即 $n \in \{1, 4, 5, 8, 9\}$.

若 $n=9$，则 $S(9)=\dfrac{(9+60)(61-9)}{2}=69\times26=1794$.

子集个数 k 满足 $k\leqslant\dfrac{61-9}{3}=17\dfrac{1}{3}$，得 $k\leqslant17$. 于是，对于这 k 个子集的所有元素之和不大于 $(121-k)k\leqslant104\times17=1768<S(9)$，矛盾.

类似地，若 $n=8$，则 $S(8)=1802,k=\left[\dfrac{53}{3}\right]=17$，而 $1768<S(8)$，矛盾.

剩下的 $n=1,4,5$ 是可以的. 表1，表2依次为 $n=4,n=5$ 时满足题目要求的分拆.

表　1

60	59	58	57	56	55	54	53	52	51	50	49	48	47	46	45	44	28
43	41	39	37	35	33	31	29	27	42	40	38	36	34	32	30	26	16
17	18	19	20	21	22	23	24	25	9	10	11	12	13	14	15	8,6,4	7,5

表　2

60	59	58	57	56	55	54	53	52	51	50	49	48	47	46	45	44	26
43	41	39	37	35	33	31	29	27	42	40	38	36	34	32	30	28	8,6
17	18	19	20	21	22	23	24	25	9	10	11	12	13	14	15	16	7,5

若把 $\{1,2,3\}$ 添加到 $n=4$ 时的情况，就得到了 $n=1$ 时的情况.

设 n 为正整数. 求最小的正整数 $m(m>n)$，使得集合 $M=\{n,n+1,\cdots,m\}$ 能被分拆成不相交的子集，且每个子集中存在一个数等于此子集中其他元素的和.

（2014，第 65 届白俄罗斯数学奥林匹克）

解　$m=7n-4$.

设集合 M 被分拆为 k 个不相交的子集 $M_1,M_2,\cdots,M_k$ 满足题目的要求. 将满足要求的分拆的每个子集中等于其他所有元素之和的元素 a 称为"主元".

因为在任何一个子集中，元素均不同，且其中总有一个主元，所以，每个子集中均至少含有三个元素.

又集合 M 中总共有 $m-n+1$ 个元素，则 $k\leqslant\dfrac{m-n+1}{3}$.

显然，集合 M 中所有元素之和为 $S=\dfrac{(n+m)(m-n+1)}{2}$.

考虑每个子集中元素的和.

若 a_i 为子集 M_i 的主元，则 M_i 的所有元素和就是 $2a_i$.

显然，所有子集的元素之和小于或等于

$$2(m+(m-1)+\cdots+(m-k+1))=(m+m-k+1)k$$

$$\leqslant\left(2m+1-\dfrac{m-n+1}{3}\right)\dfrac{m-n+1}{3}=\dfrac{(5m+n+2)(m-n+1)}{9}.$$

最后一个不等式成立是因为 $k\leqslant\dfrac{m-n+1}{3}\leqslant\dfrac{m+1}{3}\leqslant\dfrac{2m+1}{2}$.

故 $S\leqslant\dfrac{(5m+n+2)(m-n+1)}{9}$

$$\Leftrightarrow \frac{(n+m)(m-n+1)}{2} \leqslant \frac{(5m+n+2)(m-n+1)}{9}$$

$$\Leftrightarrow 9(n+m) \leqslant 2(5m+n+2) \Leftrightarrow m \geqslant 7n-4.$$

下表为 $m=7n-4$ 时，满足题目要求的分拆.

表 1

M_1	M_2	$\cdots$	$\cdots$	$\cdots$	$\cdots$	$\cdots$	$\cdots$	$\cdots$	$\cdots$	$\cdots$	M_{2n-1}
$7n-4$	$7n-5$	$7n-6$	$\cdots$	$6n-2$	$6n-3$	$6n-4$	$6n-5$	$6n-6$	$\cdots$	$5n-1$	$5n-2$
$5n-3$	$5n-5$	$5n-7$	$\cdots$	$3n+1$	$3n-1$	$5n-4$	$5n-6$	$5n-8$	$\cdots$	$3n+2$	$3n$
$2n-1$	$2n$	$2n+1$	$\cdots$	$3n-3$	$3n-2$	n	$n+1$	$n+2$	$\cdots$	$2n-3$	$2n-2$

设 x,y 为正实数. 求 $x+y+\frac{|x-1|}{y}+\frac{|y-1|}{x}$ 的最小值.

(2014,中国西部数学邀请赛)

解 记 $f(x,y)=x+y+\frac{|x-1|}{y}+\frac{|y-1|}{x}$.

若 $x\geqslant 1, y\geqslant 1$，则 $f(x,y)\geqslant x+y\geqslant 2$；

若 $0<x\leqslant 1, 0<y\leqslant 1$，则 $f(x,y)=x+y+\frac{1-x}{y}+\frac{1-y}{x}\geqslant x+y+1-x+1-y=2.$

否则，不妨设 $0<x<1<y$.

故 $f(x,y)=x+y+\frac{1-x}{y}+\frac{y-1}{x}=y+\frac{1}{y}+\frac{xy-x}{y}+\frac{y-1}{x}$

$$=y+\frac{1}{y}+(y-1)\left(\frac{x}{y}+\frac{1}{x}\right)\geqslant 2\sqrt{y\cdot\frac{1}{y}}+0=2.$$

因此，对于任意的 $x>0, y>0$，有 $f(x,y)\geqslant 2$.

又 $f(1,1)=2$，故所求最小值为 2.

给定正整数 n，设 $a_1,a_2,\cdots,a_n$ 为非负整数序列，若其中连续若干项(可以只有一项)的算术平均值不小于 1，则称这些项组成一条"龙"，其中第一项称为"龙头"，最后一项称为"龙尾". 已知 $a_1,a_2,\cdots,a_n$ 中每一项均为龙头或者龙尾. 求 $\sum_{i=1}^{n}a_i$ 的最小值.

(2014,中国西部数学邀请赛)

解 $\sum_{i=1}^{n}a_i$ 的最小值为 $\left[\frac{n}{2}\right]+1$.

首先给出构造：当 $n=2k-1$ 时，令 $a_k=k$，其他项为 0；当 $n=2k$ 时，令 $a_k=k$，$a_{2k}=1$，其他项为 0.

容易验证，此时数列中每一项均为龙头或者龙尾，且 $\sum_{i=1}^{n}a_i=\left[\frac{n}{2}\right]+1$.

接下来用数学归纳法证明:对满足要求的数列 $a_1, a_2, \cdots, a_n$,均有 $\sum\limits_{i=1}^{n} a_i \geqslant \left[\dfrac{n}{2}\right] + 1$.

当 $n = 1$ 时,结论显然成立.

假设结论对所有小于 n 项的数列成立,考虑 n 项的数列 $a_1, a_2, \cdots, a_n$,其中每一项均为龙头或龙尾.

设以 a_1 为龙头的最长的龙有 t 项,若 $t \geqslant \left[\dfrac{n}{2}\right] + 1$,则结论成立.

若 $t \leqslant \left[\dfrac{n}{2}\right]$,由 $a_1, a_2, \cdots, a_t$ 为最长的龙知 $a_1 + a_2 + \cdots + a_t = t$,且 $a_{t+1} = 0$.

令 $b_1 = a_{t+1} + a_{t+2} + \cdots + a_{2t}, b_2 = a_{2t+1}, b_3 = a_{2t+2}, \cdots, b_{n-2t+1} = a_n$.

下面证明:在数列 $b_1, b_2, \cdots, b_{n-2t+1}$ 中,对 $1 \leqslant i \leqslant n - 2t + 1$,$b_i$ 均为龙头或龙尾.

若 a_{i+2t-1} 为龙头,则 b_i 也为龙头;

若 a_{i+2t-1} 为龙尾,则存在正整数 m 使得 $a_m + a_{m+1} - \cdots + a_{i+2t-1} \geqslant i + 2t - m$.

对 m 的值分类讨论如下.

(1) 当 $m \geqslant 2t + 1$ 时,有

$$b_{m-2t+1} + b_{m-2t+2} + \cdots + b_i = a_m + a_{m+1} + \cdots + a_{i+2t-1} \geqslant i + 2t - m,$$

于是,b_i 为龙尾;

(2) 当 $t + 1 \leqslant m \leqslant 2t$ 时,有

$$b_1 + b_2 + \cdots + b_i \geqslant a_m + a_{m+1} + \cdots + a_{i+2t-1} \geqslant i + 2t - m \geqslant i,$$

可得 b_i 为龙尾;

(3) 当 $m \leqslant t$ 时,有

$$b_1 + b_2 + \cdots + b_i = a_1 + a_2 + \cdots + a_{i+2t-1} - t \geqslant i + 2t - m - t \geqslant i,$$

同样可得 b_i 也为龙尾.

于是,在数列 $b_1, b_2, \cdots, b_{n-2t+1}$ 中,由归纳假设知 $\sum\limits_{i=1}^{n-2t+1} b_i \geqslant \left[\dfrac{n-2t+1}{2}\right] + 1$.

故 $\sum\limits_{i=1}^{n} a_i = t + \sum\limits_{i=1}^{n-2t+1} b_i \geqslant t + \left[\dfrac{n-2t+1}{2}\right] + 1 \geqslant \left[\dfrac{n}{2}\right] + 1$.

结论对 n 项数列也成立.

综上,$\sum\limits_{i=1}^{n} a_i$ 的最小值为 $\left[\dfrac{n}{2}\right] + 1$.

设 $x, y, z, w \in \mathbf{R}$,且 $x + 2y + 3z + 4w = 1$. 求 $s = x^2 + y^2 + z^2 + w^2 + (x + y + z + w)^2$ 的最小值.

(第十届北方数学奥林匹克邀请赛)

解 注意到,$1 = 2(x + y + z + w) - x + 0y + z + 2w$.

则 $1^2 \leqslant (2^2 + (-1)^2 + 0^2 + 1^2 + 2^2)((x + y + z + w)^2 + x^2 + y^2 + z^2 + w^2)$.

故 $s \geqslant \dfrac{1^2}{2^2 + (-1)^2 + 0^2 + 1^2 + 2^2} = \dfrac{1}{10}$.

①

当 $y=0$，且 $\dfrac{x+y+z+w}{2}=-x=z=\dfrac{w}{2}$，即 $x=-\dfrac{1}{10}$，$y=0$，$z=\dfrac{1}{10}$，$w=\dfrac{1}{5}$ 时．

式 ① 等号成立．

从而，s 的最小值为 $\dfrac{1}{10}$．

> 　　若对于一个非空正实数集 S 中的任何两个不同元素 a，b，数 a^b 或 b^a 中至少有一个在 S 中，则称 S 为"强大的"．
> 　　(1) 请举一个四元强大集的例子；
> 　　(2) 证明：不存在元素超过四个的有限强大集．
>
> 　　　　　　　　　　　　　　　（2014—2015，第 32 届伊朗数学奥林匹克）

(1) **解** $\left\{1,\dfrac{1}{2},\dfrac{1}{4},\dfrac{1}{16}\right\}$．

(2) **证明** 先证明一个引理．

引理 有限强大集不能既有大于 1 又有小于 1 的元素．

证明 假设 a 为集合 S 中的最小元素，b 为集合 S 中大于 1 的最小元素，$a<1<b$．

注意到，$a^b<a<1$，而 a 为集合 S 中的最小元素，故 $a^b\notin S$．

又 $1=b^0<b^a<b$，而 b 为集合 S 中大于 1 的最小元素，故 $b^a\notin S$，矛盾．

引理得证．

由引理，知集合 S 中的所有元素均在区间 $[1,+\infty)$ 或区间 $(0,1]$ 上．

若均在区间 $[1,+\infty)$ 上，显然，可以在集合 S 中添入 1．

不妨设 $S=\{1=a_1<a_2<\cdots<a_n\}$．

对于 $i\geqslant 2$，$a_n^{a_i}>a_n\Rightarrow a_i^{a_n}\in S$．

注意到，$a_1<a_2<a_2^{a_n}<\cdots<a_{n-1}^{a_n}\in S$，对应可知 $a_i^{a_n}=a_{i+1}$．

因为 $n>3$，所以，$a_2<a_{n-1}\Rightarrow a_2<a_2^{a_{n-1}}<a_2^{a_n}=a_3\Rightarrow a_2^{a_{n-1}}\notin S$．

但 $a_{n-1}<a_n^{a_2}<a_n^{a_n}=a_n\Rightarrow a_n^{a_2}\notin S$，矛盾．

于是，当 $n>3$ 时，集合 S 中的所有元素均在区间 $(0,1]$ 上．

记 $S=\{a_1<a_2<\cdots<a_n=1\}$（同样可以添入 1），类似地，

$a_{n-1}<a_{n-1}^{a_i}<a_{n-1}^0=1(2\leqslant i\leqslant n-2)$．

从而，$a_{n-1}^{a_i}\notin S\Rightarrow a_i^{a_{n-1}}\in S$．

注意到，$a_1<a_1^{a_{n-1}}<a_2^{a_{n-1}}<\cdots<a_{n-2}^{a_{n-1}}<1$．

对应可知 $a_i^{a_{n-1}}=a_{i+1}(2\leqslant i\leqslant n-2)$．

记 $a_{n-1}=a$，代入前面的关系式得 $a_{n-2}=a^{\frac{1}{a}}$，$a_{n-3}=a^{\frac{1}{a^2}}$．

由 $a_{n-1}=a_{n-2}^{a_{n-2}}<a_{n-2}^{a_{n-2}^3}<a_{n-2}^0=1$，知 $a_{n-2}^{a_{n-2}^3}\notin S$．于是，$a_{n-2}^{a_{n-3}}\in S$．

而 $a_{n-2}=a_{n-3}^{a_{n-3}}<a_{n-3}^{a_{n-2}}<a_{n-3}^0=1$，则 $a_{n-3}^{a_{n-2}}=a_{n-1}$，即 $\left(a^{\frac{1}{a^2}}\right)^{a^{\frac{1}{a}}}=a$．

化简得 $a^{a^{\frac{1}{a}-2}}=a\Rightarrow a^{\frac{1}{a}-2}=1$. 由于 $a\neq 1$,故 $a=\dfrac{1}{2}$.

于是,$a_{n-1}=\dfrac{1}{2}$,$a_{n-2}=\dfrac{1}{4}$,$a_{n-3}=\dfrac{1}{16}$.

而 $a_{n-4}=\dfrac{1}{256}\in S$,$a_{n-3}^{a_{n-4}}$,$a_{n-4}^{a_{n-3}}\notin S$,因此,至多只能有四个元素.

设正整数 x,y,z 满足 $\dfrac{x(y+1)}{x-1}$,$\dfrac{y(z+1)}{y-1}$,$\dfrac{z(x+1)}{z-1}$ 的值均为整数.求 xyz 的最大可能值.

(2014—2015,匈牙利数学奥林匹克)

解 易知,$x-1,y-1,z-1>0$.从而,$x,y,z\geqslant 2$.

不妨设 x 最小.

由 $(x-1,x)=1$ 及 $\dfrac{x(y+1)}{x-1}\in \mathbf{Z}$,知 $(x-1)\mid(y+1)\Rightarrow y+1>x-1$.

类似地,$(y-1)\mid(z+1)$,$(z-1)\mid(x+1)$.

故 $z+1\geqslant y-1$,$x+1\geqslant z-1\Rightarrow y+1\leqslant z+3\leqslant x+5$.

又 $(x-1)\mid((y+1)-(x-1))$,且 $y+1>x-1$,故

$0<(y+1)-(x-1)\leqslant(x+5)-(x-1)=6\Rightarrow x-1\leqslant 6\Rightarrow x\leqslant 7$

$\Rightarrow z\leqslant x+2\leqslant 9\Rightarrow y\leqslant z+2\leqslant 11\Rightarrow xyz\leqslant 7\times 9\times 11=693$.

当 $x=7,y=11,z=9$ 时,$\dfrac{y+1}{x-1}=2$,$\dfrac{z+1}{y-1}=1$,$\dfrac{x+1}{z-1}=1$.

因此,xyz 的最大可能值为 693.

记 A 为含有有限个实数的集合.定义:

$S=\{x+y\mid x,y\in A\}$,$D=\{x-y\mid x,y\in A\}$.

证明:$|A||D|\leqslant |S|^2$.

(2015,罗马尼亚数学奥林匹克)

证明 可构造一个单射 $f:A\times D\to S\times S$.

方式如下:对于 $a\in A$,$d\in D$,定义 $f(a,d)=(a+x_d,a+y_d)$,其中 $x_d,y_d\in A$ 且为满足 $x_d-y_d=d$ 中使 x_d 最大的.

显然,对于给定的 d,x_d,y_d 存在且唯一.

若 $f(a,d)=f(a',d')$,则 $a+x_d=a'+x_{d'}$,$a+y_d=a'+y_{d'}$.

故 $x_d-y_d=x_{d'}-y_{d'}$.从而,$d=d'$,$a=a'$.由此知 f 为单射.

故 $|A||D|\leqslant |S\times S|=|S|^2$.

代数部分

记 A 为含有 $t(t \in \mathbf{R}^+)$ 的实数集,使得存在一个实数集 B(与 A 有关), $|B| \geq 4$, $AB = \{ab \mid a \in A, b \in B\}$ 的元素构成一个有限长等差数列. 求集合 A 所有可能的情况.

(2015,第 66 届罗马尼亚国家队选拔考试)

解 所求的集合为 $\{t\}, \{-t, t\}, \{0, t\}, \{-t, 0, t\}$.

只需取 $B = \{-1, 0, 1, 2\}$ 即可验证.

下面假设集合 A, B 符合题意且 $|A| \geq 2$.

显然, A, B 的元素个数均必须有限.

记 $d(d \geq 0)$ 为集合 AB 中等差数列的公差,任取 $x, x' \in A(x \neq x')$, $y, y' \in B(y \neq y')$.

由于 xy, xy' 为等差数列中的项,于是,

$$xy - xy' = nd(n \in \mathbf{Z}) \Rightarrow x = n\frac{d}{y - y'} (d \neq 0).$$

这表明,集合 A 中的任意元素均为 $\dfrac{d}{y - y'}$ 的整数倍.

从而,将集合 A 中的每个元素除以 $\dfrac{d}{y - y'}$,使得 A 中的每个元素均可化为整数.

类似地,对集合 B 中的元素作除以 $\dfrac{d}{x - x'}$ 的处理,使得均化为整数.

接下来,可将集合 A 中的元素除以整体的公约数,使得整体互素,对集合 B 也作类似处理.

记集合 A 中绝对值最大的元素为 a',不妨设 $a' > 0$. 否则,将所有元素乘以 -1 即可.

类似地,记集合 B 中绝对值最大的元素为 $b' > 0$.

下面证明: $A = \{-1, 1\}, \{0, 1\}, \{-1, 0, 1\}$.

因为集合 B 中的元素整体互素,而 $d \mid (x - x')y(x, x' \in A, x \neq x', y \in B)$,所以, $d \mid (x - x')$.

类似地, $d \mid (y - y')$.

而 $|B| \geq 4$,故 $b' > d$.

由于 $a'b' - d \in AB$,可设 $a'b' - d = ab(a \in A, b \in B)$.

而 $ab = a'b' - d \geq b' - d > 0$,若 $|a| \neq a'$,则

$$a'b' - d = ab = |a||b| \leq (a' - 1)b' < a'b' - d,矛盾.$$

故 $|a| = a', d = a'b' - |a||b| = (b' - |b|)a' \geq a'$.

又集合 A 中所有元素模 d 相同,则 $A = \{-d, 0, d\}, \{a', a' - d\}(d \geq a' > |a' - d|)$.

对于前一种情况,有 $A = \{-t, 0, t\}$.

对于后一种情况,若为 $\{0, d\}$,则对应的 $A = \{0, t\}$. 除此以外,由 $|a| = a' > |a' - d|$,则 $a = a', d = a'(b' - |b|) \Rightarrow a' \mid d \Rightarrow a' \leq \dfrac{d}{2}$.

若 d 为偶数,则可取 $\left\{-\dfrac{d}{2}, \dfrac{d}{2}\right\}$,对应的 $A = \{t, -t\}$;若 $a' < \dfrac{d}{2}$,则 $|a' - d| > a'$,矛盾.

现有 335 个两两不同的正整数,其和为 100000.求奇数个数的最大值、最小值.

（2015,德国数学竞赛）

解 设奇数个数为 n.则偶数个数为 $335-n$.

设这些正奇数为 $a_1,a_2,\cdots,a_n$;正偶数为 $b_1,b_2,\cdots,b_{335-n}$.则

$a_1+a_2+\cdots+a_n+b_1+b_2+\cdots+b_{335-n}=100000$.

故 $0\equiv a_1+a_2+\cdots+a_n\equiv n(\bmod 2)$.从而,$n$ 为偶数.

当 $a_i=2i-1(i=1,2,\cdots,314),b_i=2i(i=1,2,\cdots,20),b_{21}=984$ 时,满足条件.

此时,$n=314$.

假设 $n\geqslant 316$.则

$a_1+a_2+\cdots+a_n+b_1+b_2+\cdots+b_{335-n}$

$\geqslant 1+3+\cdots+2n-1+2+4+\cdots+2(335-n)$

$=n^2+(335-n)(336-n)=2n^2-671n+112560$

$\geqslant 2\times 316^2-671\times 316+112560=100236>100000$.

矛盾.

故 n 的最大值为 314.

当 $a_i=2i-1(i=1,2,\cdots,20),b_i=2i(i=1,2,\cdots,314),b_{315}=690$ 时,满足条件.

此时,$n=20$.

假设 $n\leqslant 18$.则

$a_1+a_2+\cdots+a_n+b_1+b_2+\cdots+b_{335-n}\geqslant 2n^2-671n+112560$

$\geqslant 2\times 18^2-671\times 18+112560=101130>100000$.

矛盾.

故 n 的最小值为 20.

若存在整数 $a_1,a_2,\cdots,a_n$ 满足 $a_1+a_2+\cdots+a_n=a_1a_2\cdots a_n=n$,则称正整数 n 为"光滑的".试确定所有光滑的正整数.

（第 54 届德国数学奥林匹克）

解 (1)1 是光滑的,取 $a_1=1$ 即可.

(2) 若 $8\mid n$,则 n 是光滑的.

设 $n=8k(k\in\mathbf{Z}^+)$.取

$a_1=a_2=\cdots=a_{6k-2}=1,a_{6k-1}=a_{6k}=\cdots=a_{8k-2}=-1,a_{8k-1}=4k,a_{8k}=2$.

则 $a_1+a_2+\cdots+a_n=1\times(6k-2)-2k+4k+2=8k=n$,

$a_1a_2\cdots a_n=1^{6k-2}\times(-1)^{2k}\times 4k\times 2=8k=n$.

(3) 若 $4\mid n$,则 n 是光滑的.

设 $n=4k$（k 为正奇数）.取

$a_1=a_2=\cdots=a_{3k}=1,a_{3k+1}=a_{3k+2}=\cdots=a_{4k-2}=-1,a_{4k-1}=2k,a_{4k}=-2$.

则 $a_1 + a_2 + \cdots + a_n = 1 \times 3k - (k-2) + 2k - 2 = 4k = n$,

$a_1 a_2 \cdots a_n = 1^{3k} \times (-1)^{k-2} \times 2k \times (-2) = 4k = n$.

（4）若 $2 \mid n$, 则 n 不是光滑的.

假设存在满足条件的整数 $a_1, a_2, \cdots, a_n$.

由 $a_1 a_2 \cdots a_n = n$, 知这些数恰有一个为偶数, 其余均为奇数. 则在 $a_1 + a_2 + \cdots + a_n = n$ 中, 左边为奇数, 右边为偶数, 矛盾.

故假设不成立. 从而, n 不是光滑的.

（5）若 $n \equiv 1 \pmod 4$, 则 n 是光滑的.

设 $n = 4k + 1 (k \in \mathbf{Z}^+)$. 取

$a_1 = a_2 = \cdots = a_{2k} = 1, a_{2k+1} = a_{2k+2} = \cdots = a_{4k} = -1, a_{4k+1} = n$.

则 $a_1 + a_2 + \cdots + a_n = 2k \times 1 + 2k \times (-1) + n = n$,

$a_1 a_2 \cdots a_n = 1^{2k} \times (-1)^{2k} n = n$.

（6）若 $n \equiv 3 \pmod 4$, 则 n 不是光滑的.

假设存在满足条件的整数 $a_1, a_2, \cdots, a_n$.

由 $a_1 a_2 \cdots a_n = n$, 知 $a_1, a_2, \cdots, a_n$ 均为奇数.

不妨设 $a_1 \equiv a_2 \equiv \cdots \equiv a_m \equiv 3 \pmod 4, a_{m+1} \equiv a_{m+2} \equiv \cdots \equiv a_n \equiv 1 \pmod 4$.

则 $3^m \equiv n \equiv 3 \pmod 4$. 从而, m 为奇数.

设 $m = 2l + 1 (l \in \mathbf{N})$.

则 $n = a_1 + a_2 + \cdots + a_n = a_1 + a_2 + \cdots + a_m + a_{m+1} + a_{m+2} + \cdots + a_n$

$\equiv 3(2l+1) + n - (2l+1) = n + 4l + 2 \equiv n + 2 \pmod 4$.

矛盾. 故假设不成立. 从而, n 不是光滑的.

综上, 所有光滑的正整数为模 4 余 0 或 1 的正整数.

对于满足 $\sum\limits_{i=1}^{2015} x_i = 2014$ 的 2015 个非负实数 $x_1, x_2, \cdots, x_{2015}$, 求 $\sum\limits_{i=1}^{2015} x_i^i$ 的最小值.

（2015, 第 23 届朝鲜数学奥林匹克）

解 当 $i \in \{2, 3, \cdots, 2015\}$ 时, 由均值不等式得

$x_i^i + (i-1) i^{\frac{i}{1-i}} \geqslant i \sqrt[i]{x_i^i (i^{\frac{i}{1-i}})^{i-1}} = x_i$

$\Rightarrow \sum\limits_{i=1}^{2015} x_i^i = x_1 + \sum\limits_{i=2}^{2015} (x_i^i + (i-1) i^{\frac{i}{1-i}}) - \sum\limits_{i=2}^{2015} (i-1) i^{\frac{i}{1-i}}$

$\geqslant x_1 + \sum\limits_{i=2}^{2015} x_i - \sum\limits_{i=2}^{2015} (i-1) i^{\frac{i}{1-i}} = 2014 - \sum\limits_{i=2}^{2015} (i-1) i^{\frac{i}{1-i}}$,

当 $x_1 = 2014 - \sum\limits_{i=2}^{2015} (i-1) i^{\frac{1}{1-i}}, x_i = i^{\frac{1}{1-i}} (i = 2, 3, \cdots, 2015)$ 时, 上式等号成立.

因此, 所求的最小值为 $2014 - \sum\limits_{i=2}^{2015} (i-1) i^{\frac{i}{1-i}}$.

设 $S=\{A_1,A_2,\cdots,A_n\}(n\geqslant 2)$，其中，$A_1,A_2,\cdots,A_n$ 为 n 个互不相同的有限集合，满足对于任意 $A_i,A_j\in S$，均有 $A_i\bigcup A_j\in S$，若 $k=\min\limits_{1\leqslant i\leqslant n}|A_i|\geqslant 2$. 证明：存在 $x\in\bigcup\limits_{i=1}^{n}A_i$，使得 x 属于 $A_1,A_2,\cdots,A_n$ 中的至少 $\dfrac{n}{k}$ 个集合.

（2015，全国高中数学联合竞赛）

证明　不妨设 $|A_1|=k$.

设在 $A_1,A_2,\cdots,A_n$ 中与 A_1 不相交的集合有 s 个，重新记为 $B_1,B_2,\cdots,B_s$；设包含 A_1 的集合有 t 个，重新记为 $C_1,C_2,\cdots,C_t$.

由已知条件，得 $B_i\bigcup A_1\in S$，即 $B_i\bigcup A_1\in\{C_1,C_2,\cdots,C_t\}$.

于是，得到一个映射 $f:\{B_1,B_2,\cdots,B_s\}\to\{C_1,C_2,\cdots,C_t\}$，$f(B_i)=B_i\bigcup A_1$.

显然，f 为单射. 从而，$s\leqslant t$.

设 $A_1=\{a_1,a_2,\cdots,a_k\}$. 在 $A_1,A_2,\cdots,A_n$ 中除去 $B_1,B_2,\cdots,B_s,C_1,C_2,\cdots,C_t$ 后，在剩下的 $n-s-t$ 个集合中，设包含 $a_i(1\leqslant i\leqslant k)$ 的集合有 x_i 个，由于剩下的 $n-s-t$ 个集合中每个集合与 A_1 的交非空，即包含某个 a_i，从而，

$$x_1+x_2+\cdots+x_k\geqslant n-s-t. \qquad ①$$

不妨设 $x_1=\max\limits_{1\leqslant i\leqslant k}x_i$.

则由式 ① 知 $x_1\geqslant\dfrac{n-s-t}{k}$，即在剩下的 $n-s-t$ 个集合中，包含 a_1 的集合至少有 $\dfrac{n-s-t}{k}$ 个.

又由于 $A_1\subseteq C_i(i=1,2,\cdots,t)$，故 $C_1,C_2,\cdots,C_t$ 均包含 a_1.

因此，包含 a_1 的集合个数至少为 $\dfrac{n-s-t}{k}+t=\dfrac{n-s+(k-1)t}{k}\geqslant\dfrac{n-s+t}{k}\geqslant\dfrac{n}{k}$.

给定正整数 n，实数 $x_1,x_2,\cdots,x_n$ 满足 $\sum\limits_{k=1}^{n}x_k$ 为整数. 记 $d_k=\min\limits_{m\in\mathbf{Z}}|x_k-m|$ $(1\leqslant k\leqslant n)$. 求 $\sum\limits_{k=1}^{n}d_k$ 的最大值.

（2015，中国西部数学邀请赛）

解　不妨设 $x_1,x_2,\cdots,x_n\in(0,1]$. 否则，对 $x_i(i=1,2,\cdots,n)$ 作一个整数的平移变换，不影响问题的结论.

记 $\sum\limits_{i=1}^{n}x_i=t$. 于是，$0\leqslant t\leqslant n(t\in\mathbf{Z}^+)$.

不妨设 $x_1,x_2,\cdots,x_k\leqslant\dfrac{1}{2}$，$x_{k+1},x_{k+2},\cdots,x_n>\dfrac{1}{2}$.

则 $\sum\limits_{i=1}^{n}d_i=\sum\limits_{i=1}^{k}x_i+\sum\limits_{i=k+1}^{n}(1-x_i)=2\sum\limits_{i=1}^{k}x_i+n-k-t.$

代数部分

注意到,$\sum\limits_{i=1}^{k} x_i \leqslant \dfrac{k}{2}, \sum\limits_{i=1}^{k} x_i = t - \sum\limits_{i=k+1}^{n} x_i \leqslant t - \dfrac{n-k}{2}$.

故 $\sum\limits_{i=1}^{n} d_i \leqslant \min\{k, 2t-n+k\} + n - k - t = \min\{n-t, t\} \leqslant \left[\dfrac{n}{2}\right]$.

当 n 为奇数时,取 $x_1 = x_2 = \cdots = x_{n-1} = \dfrac{1}{2}, x_n = 0$;当 n 为偶数时,取 $x_1 = x_2 = \cdots = x_n = \dfrac{1}{2}$.均有 $\sum\limits_{i=1}^{n} d_i = \left[\dfrac{n}{2}\right]$.

综上,所求最大值为 $\left[\dfrac{n}{2}\right]$.

对于任意给定的整数 m, n,记 $A(m, n) = \{x^2 + mx + n \mid x \in \mathbf{Z}\}$. 问:是否一定存在互不相同的三个整数 $a, b, c \in A(m, n)$,使得 $a = bc$?证明你的结论.

(第 12 届中国东南地区数学奥林匹克)

解 先证明:对于任意整数 n,集合 $A(0, n), A(1, n)$ 具有题目所述性质.

事实上,取充分大的整数 r,使得 $0 < r < r+1 < n + r(r+1)$.

令 $a = (n + r(r+1))^2 + n, b = r^2 + n, c = (r+1)^2 + n$.

则 $a, b, c \in A(0, n), b < c < a$,且

$a = n^2 + (2r(r+1)+1)n + r^2(r+1)^2 = (n + r^2)(n + (r+1)^2) = bc$.

因此,$A(0, n)$ 具有题目所述性质.

类似地,取充分大的整数 r,使得 $0 < r-1 < r < n + r^2 - 1$.

令 $a = (n + r^2 - 1)(n + r^2) + n, b = (r-1)r + n, c = r(r+1) + n$.

则 $a, b, c \in A(1, n), b < c < a$,且

$a = n^2 + 2r^2 n + (r^2 - 1)r^2 = (n + r(r-1))(n + r(r+1)) = bc$.

因此,$A(1, n)$ 也具有题目所述性质.

再证明:对于任意整数 k, n,集合 $A(2k, n), A(2k+1, n)$ 具有题目所述性质.

事实上,由于 x 取遍一切整数当且仅当 $x_1 = x + k$ 取遍一切整数,而

$x^2 + 2kx + n = (x+k)^2 - k^2 + n = x_1^2 + (n - k^2)$,

$x^2 + (2k+1)x + n = (x+k)(x+k+1) - k(k+1) + n = x_1^2 + x_1 + (n - k^2 - k)$,

知 $A(2k, n) = A(0, n - k^2), A(2k+1, n) = A(1, n - k^2 - k)$,

即 $A(2k, n), A(2k+1, n)$ 均有题目所述性质.

综上,对于任意整数 m, n,一定存在互不相同的三个整数 $a, b, c \in A(m, n)$,使得 $a = bc$.

注:上述解法表明,存在无穷多个三元子集 $\{a, b, c\} \subseteq A(m, n)$,使得 $a = bc$.

> 若将集合 $S=\{1,2,\cdots,16\}$ 任意划分为 n 个子集合,则必存在某个子集,该子集中存在元素 a,b,c(可以相同),满足 $a+b=c$.求 n 的最大值.
>
> **注**:若集合 S 的子集 $A_1,A_2,\cdots,A_n$ 满足如下条件:
>
> $(1)A_i \neq \varnothing(i=1,2,\cdots,n)$;
>
> $(2)A_i \bigcap A_j = \varnothing$;
>
> $(3)\bigcup\limits_{i=1}^{n} A_i = S$,
>
> 则称 $A_1,A_2,\cdots,A_n$ 为集合 S 的一个划分.
>
> (第11届中国北方数学奥林匹克)

解 首先,当 $n=3$ 时,假设存在集合的划分不满足条件.于是,必有一个子集至少有六个元素,不妨设为 $A=\{x_1,x_2,\cdots,x_6\}(x_1<x_2<\cdots<x_6)$.

则 $x_6-x_1,x_6-x_2,\cdots,x_6-x_5 \notin A$,其中,必有三个元素属于另一个子集合.

设 $x_6-x_i,x_6-x_j,x_6-x_k \in B(1\leqslant i<j<k\leqslant 5)$.

则 $x_j-x_i,x_k-x_j,x_k-x_i \notin A \bigcup B$,但也不能均属于第三个集合,矛盾.故 $n=3$ 满足条件.

其次,当 $n=4$ 时,划分 $\{1\},\{2,3\},\{4,5,6,7,16\},\{8,9,\cdots,15\}$ 不满足题目条件.

综上,$n_{\max}=3$.

注:$\{1,4,7,10,13,16\},\{2,3,8,9,14,15\},\{5,6\},\{11,12\}$ 等也可以.

> 已知正实数 a,b,c 满足 $abc=1$.求 $\dfrac{a^3+8}{a^3(b+c)}+\dfrac{b^3+8}{b^3(c+a)}+\dfrac{c^3+8}{c^3(a+b)}$ 的最小值.
>
> (2015,中国香港代表队选拔考试)

解 设 $x=\dfrac{1}{a},y=\dfrac{1}{b},z=\dfrac{1}{c}$.则 $xyz=1$.

由均值不等式得

$$a^3+2=a^3+1+1 \geqslant 3\sqrt[3]{a^3 \times 1 \times 1}=3a$$

$$\Rightarrow \frac{a^3+8}{a^3(b+c)} \geqslant \frac{3a+6}{a^3(b+c)}=\frac{3x}{y+z}+\frac{6x^2}{y+z}. \qquad ①$$

类似地,$\dfrac{b^3+8}{b^3(c+a)} \geqslant \dfrac{3y}{z+x}+\dfrac{6y^2}{z+x}$, ②

$$\frac{c^3+8}{c^3(a+b)} \geqslant \frac{3z}{x+y}+\frac{6z^2}{x+y}. \qquad ③$$

由柯西不等式得

$$\frac{x}{y+z}+\frac{y}{z+x}+\frac{z}{x+y}=(x+y+z)\left(\frac{1}{y+z}+\frac{1}{z+x}+\frac{1}{x+y}\right)-3 \geqslant \frac{3}{2},$$

$$\frac{x^2}{y+z}+\frac{y^2}{z+x}+\frac{z^2}{x+y} \geqslant \frac{(x+y+z)^2}{2(x+y+z)} \geqslant \frac{3}{2}.$$

再由式①,②,③,知当且仅当 $a=b=c=1$ 时,题中代数式取得最小值 $\dfrac{27}{2}$.

> 设 n 为固定的正整数. 对于 $-1 \leqslant x_i \leqslant 1 (i=1,2,\cdots,2n)$,求 $\displaystyle\sum_{1 \leqslant r < s \leqslant 2n}(s-r-n)x_r x_s$ 的最大值.
>
> (第 56 届 IMO 预选题)

解 设 $Z=\displaystyle\sum_{1 \leqslant r < s \leqslant 2n}(s-r-n)x_r x_s$.

对于 $i=1,2,\cdots,2n$,因为 Z 关于每个变量 $x_i(-1 \leqslant x_i \leqslant 1)$ 均是线性的,所以,Z 的最大值在 $x_i=-1$ 或 1 时取到. 于是,只需考虑 $x_i \in \{-1,1\}(i=1,2,\cdots,2n)$ 的情况.

对于 $i=1,2,\cdots,2n$,设 $y_i=\displaystyle\sum_{r=1}^{i}x_r-\sum_{r=i+1}^{2n}x_r$. 则

$$y_i^2=\sum_{r=1}^{2n}x_r^2+\sum_{1 \leqslant r < s \leqslant i}2x_r x_s+\sum_{i+1 \leqslant r < s \leqslant 2n}2x_r x_s-\sum_{1 \leqslant r \leqslant i < s \leqslant 2n}2x_r x_s$$

$$=2n+\sum_{1 \leqslant r < s \leqslant i}2x_r x_s+\sum_{i+1 \leqslant r < s \leqslant 2n}2x_r x_s-\sum_{1 \leqslant r \leqslant i < s \leqslant 2n}2x_r x_s, \qquad ①$$

其中,最后一个等式用到的是 $x_r \in \{-1,1\}$.

注意到,对于每一个 $r < s$,当 $i=1,2,\cdots,r-1,s,s+1,\cdots,2n$ 时,式 ① 中 $x_r x_s$ 的系数为 2;当 $i=r,r+1,\cdots,s-1$ 时,式 ① 中 $x_r x_s$ 的系数为 -2. 这表明,在 $\displaystyle\sum_{i=1}^{2n}y_i^2$ 中 $x_r x_s$ 的系数为 $2(2n-s+r)-2(s-r)=4(n-s+r)$.

于是,式 ① 对于 $i=1,2,\cdots,2n$,求和得

$$\sum_{i=1}^{2n}y_i^2=4n^2+\sum_{1 \leqslant r < s \leqslant 2n}4(n-s+r)x_r x_s=4n^2-4Z. \qquad ②$$

从而,只需求 $\displaystyle\sum_{i=1}^{2n}y_i^2$ 的最小值.

因为 $x_r \in \{-1,1\}$,所以,y_i 为偶数.

由于 $y_i-y_{i-1}=2x_i=\pm 2$,则对于 $i=2,3,\cdots,2n$,y_{i-1},y_i 为相邻的两个偶数. 从而,$y_{i-1}^2+y_i^2 \geqslant 4$.

这表明,$\displaystyle\sum_{i=1}^{2n}y_i^2=\sum_{j=1}^{n}(y_{2j-1}^2+y_{2j}^2) \geqslant 4n$. \qquad ③

结合式②,③得

$$4n \leqslant \sum_{i=1}^{2n}y_i^2=4n^2-4Z \qquad ④$$

$$\Rightarrow Z \leqslant n(n-1).$$

当下标 i 为奇数时,取 $x_i=1$;当下标 i 为偶数时,取 $x_i=-1$. 则式 ③ 的等号成立. 从而,式 ④ 的等号也成立.

因此,Z 的最大值为 $n(n-1)$.

若实数 x,y,z 满足 $x^2+y^2+z^2=1$,求 $(x^2-yz)(y^2-zx)(z^2-xy)$ 的最大值.

(2016,第 29 届韩国数学奥林匹克)

解 设 $f(x,y,z)=(x^2-yz)(y^2-zx)(z^2-xy)$.

由 $f(x,0,z)=-x^3z^3$,知 f 的最大值为正实数.

由于 f 关于 x,y,z 对称,且 $f(x,y,z)=f(-x,-y,-z)$,不妨假设

$x\geqslant y\geqslant z,x+y+z\geqslant 0$.

于是,$x^2-yz>0$.

若 f 在 (x,y,z) 取得最大值,则

$f(x,y,z)-f(x,-y,-z)=-2x(x^2-yz)(y^3+z^3)\geqslant 0\Rightarrow y^3+z^3\leqslant 0$.

若 $z=0$,则 $y=0$.于是,$f(x,y,z)=0$.

从而,必有 $z<0\Rightarrow y^2-zx>0$.

因为 $f(x,y,z)>0$,所以,$z^2-xy>0$.

由均值不等式得

$$f(x,y,z)\leqslant\left(\frac{(x^2-yz)+(y^2-zx)+(z^2-xy)}{3}\right)^3=\left(\frac{\frac{3}{2}-\frac{1}{2}(x+y+z)^2}{3}\right)^3\leqslant\frac{1}{8}.$$

当 $x^2-yz=y^2-zx=z^2-xy>0$,且 $x+y+z=0$ 时,上式等号成立.

特别地,取 $x=\dfrac{1}{2},y=\dfrac{\sqrt{5}-1}{4},z=-\dfrac{\sqrt{5}+1}{4}$ 时,$f(x,y,z)=\dfrac{1}{8}$.

因此,f 的最大值为 $\dfrac{1}{8}$.

设正实数 a,b,c 满足 $(a+c)(b^2+ac)=4a$.求 $b+c$ 的最大可能值以及取得最大值时的三元组 (a,b,c).

(2016,第 65 届捷克和斯洛伐克数学奥林匹克)

解 注意到,

$4a=(a+c)(b^2+ac)=a(b^2+c^2)+c(a^2+b^2)$

$\geqslant a(b^2+c^2)+2cab=a(b+c)^2$ ①

$\Rightarrow b+c\leqslant 2$.

从而,$b+c$ 的最大值为 2,当且仅当 $a=b$ 时,式 ① 等号成立.

结合已知条件,此时,$0<a=b<2$,且 $c=2-a$.

设 $n \in \mathbf{Z}^+$. 考虑一个含有 $2n$ 项的数列,其中每个数为 $0,-1$ 或 1. 现将数列中的数两两相乘,再将这些乘积相加,这样得到的值称为"和积值". 例如,取 $n=2$, 数列为 $0,1,1,-1$, 则两两乘积为 $0 \times 1, 0 \times 1, 0 \times(-1), 1 \times 1, 1 \times(-1), 1 \times(-1)$, 和积值为 $0+0+0+1+(-1)+(-1)=-1$.

显然,该数列的和积值小于数列 $0,0,0,0$ 的和积值 0.

对于 $n \in \mathbf{Z}^+$, 求含有 $2n$ 项的数列的最小和积值.

注:需要证明不存在更小的和积值.

(2016,第 55 届荷兰数学奥林匹克)

解 假设数列中有 x 个 1, y 个 -1. 则有 $2n-x-y$ 个 0.

下面用 x, y 表示和积值.

在和积值中,有六种不同类型的项:

$1 \times 1, 1 \times(-1),(-1) \times(-1), 1 \times 0,(-1) \times 0, 0 \times 0$.

因为后三种乘积是 0, 所以,只有前三种对和积值有影响.

$1 \times 1=1$ 型的项数等于从 x 个 1 中选两个的选法数,为 $\dfrac{x(x-1)}{2}$.

类似地,$(-1) \times(-1)=1$ 型的项数为 $\dfrac{y(y-1)}{2}$, $1 \times(-1)=-1$ 型的项数为 xy.

综上,得到和积值

$$S=\frac{x(x-1)}{2} \times 1+\frac{y(y-1)}{2} \times 1+xy(-1)=\frac{(x-y)^2-(x+y)}{2} \geqslant \frac{0-2n}{2}=-n.$$

当 $x=y=n$ 时,$x-y=0$, 且 $-(x+y)=-2n$, 此时,和积值 S 取得最小值 $-n$.

设正整数 $a_1, a_2, \cdots, a_{31}, b_1, b_2, \cdots, b_{31}$ 满足

(1)$a_1<a_2<\cdots<a_{31} \leqslant 2015$, $b_1<b_2<\cdots<b_{31} \leqslant 2015$;

(2)$a_1+a_2+\cdots+a_{31}=b_1+b_2+\cdots+b_{31}$.

求 $S=|a_1-b_1|+|a_2-b_2|+\cdots+|a_{31}-b_{31}|$ 的最大值.

(第 31 届中国数学奥林匹克)

解 定义集合 $A=\{m \mid a_m>b_m, 1 \leqslant m \leqslant 31\}$, $B=\{n \mid a_n<b_n, 1 \leqslant n \leqslant 31\}$.

令 $S_1=\sum\limits_{m \in A}(a_m-b_m)$, $S_2=\sum\limits_{m \in B}(b_m-a_m)$. 则 $S=S_1+S_2$.

又由条件(2),知 $S_1-S_2=\sum\limits_{m \in A \cup B}(a_m-b_m)=0 \Rightarrow S_1=S_2=\dfrac{S}{2}$.

当 $A=\varnothing$, $S=2S_1=0$.

以下设 $A \neq \varnothing$, 则 $B \neq \varnothing$. 此时,$|A|$, $|B|$ 为正整数,且 $|A|+|B| \leqslant 31$.

记 $u=a_k-b_k=\max\limits_{m \in A}\{a_m-b_m\}$, $v=b_l-a_l=\max\limits_{n \in B}\{b_n-a_n\}$.

下面证明:$u+v \leqslant 1984$.

不失一般性,设 $1 \leqslant k<l \leqslant 31$. 则

$u+v=a_k-b_k+b_l-a_l=b_{31}-(b_{31}-b_l)-b_k-(a_l-a_k).$

由条件(1),有 $b_{31}\leqslant 2015,b_{31}-b_l\geqslant 31-l,b_k\geqslant k,a_l-a_k\geqslant l-k.$

故 $u+v\leqslant 2015-(31-l)-k-(l-k)=1984.$

又显然 $S_1\leqslant u|A|,S_2\leqslant v|B|$,从而,

$$1984\geqslant u+v\geqslant \frac{S_1}{|A|}+\frac{S_2}{|B|}\geqslant \frac{S_1}{|A|}+\frac{S_2}{31-|A|}$$

$$=\frac{S}{2}\cdot\frac{31}{|A|(31-|A|)}\geqslant\frac{31S}{2\times15\times16}$$

$$\Rightarrow S\leqslant\frac{2\times15\times16}{31}\times1984=30720.$$

若取 $(a_1,a_2,\cdots,a_{16},a_{17},a_{18},\cdots,a_{31})=(1,2,\cdots,16,2001,2002,\cdots,2015)$,

$(b_1,b_2,\cdots,b_{31})=(961,962,\cdots,991)$,

则条件(1),(2)均满足,此时,$S=2S_1=2\times16\times960=30720.$

综上,S 的最大值为 30720.

若非负实数 a,b,c 满足 $(a+b)(b+c)(c+a)\neq0$,求

$$\left(\sum a\right)^{2016}\left(\sum\frac{1}{a^{2016}+b^{2016}}\right)$$

的最小值.

(2016,中国台湾数学奥林匹克选训营)

解 先证明一个引理.

引理 设 x,y,z 为非负实数,满足 $xy+yz+zx=1$.证明:

$$\frac{1}{x+y}+\frac{1}{y+z}+\frac{1}{z+x}\geqslant\frac{5}{2}.$$

证明 显然,x,y,z 中至多有一个为 0.

由对称性,不妨设 $x\geqslant y\geqslant z\geqslant0$,则 $x>0,y>0,z\geqslant0,xy\leqslant1.$

(1)当 $x=y$ 时,$x^2\leqslant1.$

由 $xy+yz+zx=1$,得 $x^2+2zx=1\Rightarrow z=\frac{1-x^2}{2x}.$

而 $\frac{1}{x+y}+\frac{1}{y+z}+\frac{1}{z+x}=\frac{1}{2x}+\frac{2}{z+x}=\frac{1}{2x}+\frac{2}{\frac{1-x^2}{2x}+x}=\frac{1}{2x}+\frac{4x}{1+x^2}$,只要证

$\frac{1}{2x}+\frac{4x}{1+x^2}\geqslant\frac{5}{2}$,即 $1+9x^2-5x-5x^3\geqslant0$,即 $(1-x)(5x^2-4x+1)\geqslant0.$

上式显然成立.当且仅当 $x=y=1,z=0$ 时,上式等号成立.

(2)令 $x=\cot A,y=\cot B,\angle A,\angle B$ 为锐角.以 $\angle A,\angle B$ 为内角构造 $\triangle ABC.$

则 $\cot C=-\cot(A+B)=\frac{1-\cot A\cdot\cot B}{\cot A+\cot B}=\frac{1-xy}{x+y}=z\geqslant0\Rightarrow\angle C\leqslant90°.$

由 $x\geqslant y\geqslant z\geqslant0$,知 $\cot A\geqslant\cot B\geqslant\cot C\geqslant0.$

故 $\angle A \leqslant \angle B \leqslant \angle C \leqslant 90°$,即 $\triangle ABC$ 为非钝角三角形.

下面采用调整法.

对于任一个以 $\angle C$ 为最大角的非钝角 $\triangle ABC$,固定最大角 $\angle C$,将 $\triangle ABC$ 调整为以 $\angle C$ 为顶角的等腰 $\triangle A'B'C$,其中,

$$\angle A' = \angle B' = \frac{\angle A + \angle B}{2},且设 \ t = \cot\frac{A+B}{2} = \tan\frac{C}{2}.$$

记 $f(x,y,z) = \dfrac{1}{x+y} + \dfrac{1}{y+z} + \dfrac{1}{z+x}.$

由(1),知 $f(t,t,z) \geqslant \dfrac{5}{2}.$

接下来证明 $f(x,y,z) \geqslant f(t,t,z)$,即

$$\frac{1}{x+y} + \frac{1}{y+z} + \frac{1}{z+x} \geqslant \frac{1}{2t} + \frac{2}{t+z}, \tag{①}$$

即只要证 $\left(\dfrac{1}{x+y} - \dfrac{1}{2t}\right) + \left(\dfrac{1}{y+z} + \dfrac{1}{z+x} - \dfrac{2}{t+z}\right) \geqslant 0.$ ②

先证明:$x+y \geqslant 2t.$ ③

只要证

$$\cot A + \cot B \geqslant 2\cot\frac{A+B}{2} \Leftrightarrow \frac{\sin(A+B)}{\sin A \cdot \sin B} \geqslant \frac{2\cos\dfrac{A+B}{2}}{\sin\dfrac{A+B}{2}}$$

$$\Leftrightarrow \sin^2\frac{A+B}{2} \geqslant \sin A \cdot \sin B \Leftrightarrow 1 - \cos(A+B) \geqslant 2\sin A \cdot \sin B$$

$$\Leftrightarrow \cos(A-B) \leqslant 1.$$

上式显然成立.

注意到,在 $\triangle A'B'C$ 中,$t^2 + 2zt = 1$. 则 $\dfrac{2}{t+z} = \dfrac{2(t+z)}{(t+z)^2} = \dfrac{2(t+z)}{1+z^2}.$

而在 $\triangle ABC$ 中,$\dfrac{1}{y+z} + \dfrac{1}{z+x} = \dfrac{x+y+2z}{(y+z)(z+x)} = \dfrac{x+y+2z}{1+z^2}.$

于是,式 ② 成为 $(x+y-2t)\left(\dfrac{1}{1+z^2} - \dfrac{1}{2t(x+y)}\right) \geqslant 0,$ ④

只要证 $\dfrac{1}{1+z^2} - \dfrac{1}{2t(x+y)} \geqslant 0,$ ⑤

即证 $2t(x+y) \geqslant 1+z^2.$

注意到,式 ③ 以及 $z = \dfrac{1-t^2}{2t}$,只要证

$$4t^2 \geqslant 1 + \left(\frac{1-t^2}{2t}\right)^2 \Leftrightarrow 15t^4 \geqslant 1 + 2t^2 \Leftrightarrow t^2(15t^2 - 2) \geqslant 1. \tag{⑥}$$

由最大角 $\angle C$ 满足 $60° \leqslant \angle C \leqslant 90°$,而 $t = \cot\dfrac{A+B}{2} = \tan\dfrac{C}{2}$,则 $\dfrac{1}{\sqrt{3}} \leqslant t \leqslant 1.$

故 $t^2(15t^2 - 2) \geqslant \dfrac{1}{3}\left(15 \times \dfrac{1}{3} - 2\right) = 1.$

于是,式 ⑥ 成立.从而,式 ⑤ 得证.由式 ③、⑤ 得式 ④ 成立.

因此,式 ① 成立,即 $f(x,y,z) \geqslant f(t,t,z)$.

引理得证.

不妨设 $\sum a^{2016}b^{2016} = 1$.则 $\sum \dfrac{1}{a^{2016}+b^{2016}} \geqslant \dfrac{5}{2}$.

进一步,由米尔黑德(Muirhead)不等式,有 $\sum a^i b^{4032-i} \geqslant \sum a^{2016}b^{2016}$.

故 $\left(\sum a\right)^{4032} \geqslant \sum \left(a^{4032} + 3a^{1344}b^{1344}c^{1344}\right) + \sum\limits_{i=1}^{2015} C_{4032}^i \left(\sum a^i b^{4032-i}\right) + C_{4032}^{2016} \sum a^{2016}b^{2016}$

$\geqslant \sum a^{2688}b^{1344} + \sum\limits_{i=1}^{2016} C_{4032}^i \left(\sum a^i b^{4032-i}\right) + C_{4032}^{2016} \sum a^{2016}b^{2016}$

$\geqslant 2^{4032} \sum a^{2016}b^{2016} = 2^{4032}$,

其中,倒数第二步是三次舒尔不等式,最后一步是米尔黑德不等式.

结合之前的引理,知最小值为 5×2^{2015},当 $a = 0, b = c = 1$ 时取到.

附:米尔黑德不等式 设正实数 $a_1, a_2, a_3, b_1, b_2, b_3$ 满足

$a_1 \geqslant a_2 \geqslant a_3 \geqslant 0, b_1 \geqslant b_2 \geqslant b_3 \geqslant 0$,

$a_1 \geqslant b_1, a_1 + a_2 \geqslant b_1 + b_2, a_1 + a_2 + a_3 = b_1 + b_2 + b_3$.

则对于任何正实数 x, y, z,均有 $\sum x^{a_1} y^{a_2} z^{a_3} \geqslant \sum x^{b_1} y^{b_2} z^{b_3}$.

对正整数 n,要将 $\{1,2,\cdots,n\}$ 分解为两个无交的集合 A 与 B 之并,使得 A 中全体元素的和等于 B 中全体元素的乘积.问:当 n 分别等于 $2016, 2017$ 时,上述分解是否存在?

(2016—2017,匈牙利数学奥林匹克)

解 当 $n = 2016, 2017$ 时,题中的分解均存在.

事实上,可以证明:当 $n \geqslant 5$ 时,均可将 $\{1,2,\cdots,n\}$ 表示为符合要求的两集合之并.具体构造如下.

(i) 若 n 为奇数,则取 $B = \left\{1, \dfrac{n-1}{2}, n-1\right\}, A = \{1,2,\cdots,n\}\backslash B$.

故集合 B 中全体元素之积为 $\dfrac{(n-1)^2}{2}$,集合 A 中全体元素之和为

$\dfrac{n(n+1)}{2} - 1 - \dfrac{n-1}{2} - (n-1) = \dfrac{(n-1)^2}{2}$,

两者相等.

(ii) 若 n 为偶数,则取 $B = \left\{1, \dfrac{n-2}{2}, n\right\}, A = \{1,2,\cdots,n\}\backslash B$.

故集合 B 中全体元素之积为 $\dfrac{n(n-2)}{2}$,集合 A 中全体元素之和为

$\dfrac{n(n+1)}{2} - 1 - \dfrac{n-2}{2} - n = \dfrac{n(n-2)}{2}$,

两者相等.

已知实数 x,y,z 满足：$x+y+z=4$，$\dfrac{1}{x}+\dfrac{1}{y}+\dfrac{1}{z}=\dfrac{1}{3}$．求 $x^3+y^3+z^3+xyz$ 的最大值和最小值．

（2017，爱沙尼亚数学奥林匹克）

解 64 既为最大值又为最小值．

注意到，

$$(x+y+z)^3=x^3+y^3+z^3+3(x^2y+xy^2+y^2z+yz^2+z^2x+zx^2)+6xyz,$$

$$3(x+y+z)\left(\frac{1}{x}+\frac{1}{y}+\frac{1}{z}\right)xyz=3(x+y+z)(xy+yz+zx)$$

$$=3(x^2y+xy^2+y^2z+yz^2+z^2x+zx^2)+9xyz.$$

则 $(x+y+z)^3-3(x+y+z)\left(\dfrac{1}{x}+\dfrac{1}{y}+\dfrac{1}{z}\right)xyz=x^3+y^3+z^3-3xyz$．

又 $x+y+z=4$，$\dfrac{1}{x}+\dfrac{1}{y}+\dfrac{1}{z}=\dfrac{1}{3}$，故

$$64-4xyz=x^3+y^3+z^3-3xyz\Rightarrow x^3+y^3+z^3+xyz=64.$$

因此，$x^3+y^3+z^3+xyz$ 有唯一值 64．

事实上，当 $x=1$，$y=\dfrac{3-3\sqrt{3}}{2}$，$z=\dfrac{3+3\sqrt{3}}{2}$ 时，满足条件．

已知实数 x,y,z,w 满足 $x^2+y^2+z^2+w^2+x+3y+5z+7w=4$．求 $x+y+z+w$ 的最大值．

（2017，克罗地亚数学竞赛）

解 原方程等价于

$$\left(x+\frac{1}{2}\right)^2+\left(y+\frac{3}{2}\right)^2+\left(z+\frac{5}{2}\right)^2+\left(w+\frac{7}{2}\right)^2=25.$$

由均值不等式得

$$\frac{\left(x+\frac{1}{2}\right)+\left(y+\frac{3}{2}\right)+\left(z+\frac{5}{2}\right)+\left(w+\frac{7}{2}\right)}{4}$$

$$\leqslant\sqrt{\frac{\left(x+\frac{1}{2}\right)^2+\left(y+\frac{3}{2}\right)^2+\left(z+\frac{5}{2}\right)^2+\left(w+\frac{7}{2}\right)^2}{4}}$$

$$\Rightarrow\left(x+\frac{1}{2}\right)+\left(y+\frac{3}{2}\right)+\left(z+\frac{5}{2}\right)+\left(w+\frac{7}{2}\right)\leqslant 10$$

$$\Rightarrow x+y+z+w\leqslant 2.$$

当 $x=2$，$y=1$，$z=0$，$w=-1$ 时，以上各式等号均成立．

因此，$x+y+z+w$ 的最大值为 2．

给定正数 a,b,c,对于 $x,y,z \in [0,1]$,求
$$f = |ax+by-cz| + |ax-by+cz| + |-ax+by+cz|$$
的最大值.

(2017,第 57 届乌克兰数学奥林匹克)

解　对于某组 (x,y,z),记 $A=ax$,$B=by$,$C=cz$.

不妨设 $A \geqslant B \geqslant C$.则
$$f = |A+B-C| + |A-B+C| + |-A+B+C|$$
$$= A+B-C+A-B+C+|-A+B+C| = 2A + |-A+B+C|.$$

当 $A \geqslant B+C$ 时,$f = 2A+A-B-C = 3A-B-C \leqslant 3A$;

当 $A < B+C$ 时,$f = 2A+B+C-A = A+B+C \leqslant 3A$.

于是,总有 $f \leqslant 3A$.

故对于确定的 (x,y,z),$f \leqslant 3\max\{A,B,C\}$.

又当 x,y,z 在区间 $[0,1]$ 变化时,$A=ax \leqslant a$,$B=bx \leqslant b$,$C=cx \leqslant c$.

从而,$f \leqslant 3\max\{a,b,c\}$.

而当 x,y,z 中有两个为 0,一个为 1 时,上式等号成立.

因此,$f_{\max} = 3\max\{a,b,c\}$.

将 16 个数 $\dfrac{1}{2002},\dfrac{1}{2003},\cdots,\dfrac{1}{2017}$ 分成两组,每组八个数.记其中一组的八个数之和为 A,另一组的八个数之和为 B.请给出一种分组方案,使得 $|A-B|$ 最小,并说明理由.

(第 16 届中国女子数学奥林匹克)

解　换个描述方式:记 $M=2002$,把集合 $T=\{0,1,\cdots,15\}$ 分成两个互补的八元子集 A,B.记
$$A' = \sum_{t \in A} \frac{1}{t+M}, B' = \sum_{t \in B} \frac{1}{t+M},$$
目的是将 $|A'-B'|$ 最小化.

对非负整数 m,记集合 A,B 的元素的 m 次方之和分别为
$$A_m = \sum_{t \in A} t^m, B_m = \sum_{t \in B} t^m,$$
其中,$A_0 = B_0 = 8$ 为元素个数.

注意到,
$$A_1+B_1 = \sum_{t=0}^{15} t = 120, A_2+B_2 = \sum_{t=0}^{15} t^2 = 1240, A_3+B_3 = \sum_{t=0}^{15} t^3 = 14400.$$

于是,$|A'-B'|$ 的大小与 $|A_0-B_0|$,$|A_1-B_1|$,$\cdots$,$|A_m-B_m|$,$\cdots$ 的大小有关,且存在唯一的正整数 k,使得

$A_0 = B_0, A_1 = B_1, \cdots, A_{k-1} = B_{k-1},$ 但 $A_k \neq B_k$.

若找到一个 $k+1$ 次首一多项式 $G_k(t) = t^{k+1} + \sum_{i=0}^{k} g_{k,i} t^i$ 满足对每个 $t \in T$,均有

$$C_k^- \leqslant G_k(t) \leqslant C_k^+,$$

其中,下界 $C_k^- \leqslant 0$,上界 $C_k^+ \geqslant 0$,且上下界之差 $C_k = C_k^+ - C_k^-$ 不是很大,就可以对 $|A' - B'|$ 做如下估计.

下面考虑多项式 $G_k(t)$ 除以一次多项式 $t + M$ 的结果,应该得到余式为常数多项式 $R_k = G_k(-M)$,以及商式为 k 次首一多项式

$$\frac{G_k(t) - G_k(-M)}{t + M} = t^k + \sum_{i=0}^{k-1} c_{k,i} t^i \ (c_{k,k-1}, \cdots, c_{k,0} \ \text{为固定的系数}).$$

此时,$\dfrac{G_k(t)}{t + M} = \dfrac{G_k(t) - G_k(-M)}{t + M} + \dfrac{G_k(-M)}{t + M} = t^k + \sum_{i=0}^{k-1} c_{k,i} t^i + \dfrac{R_k}{t + M} \in \left[\dfrac{C_k^-}{M}, \dfrac{C_k^+}{M} \right].$

用上式分别对于集合 A, B 中的八个元素求和得

$$8 \times \frac{C_k^-}{M} \leqslant A_k + \sum_{i=0}^{k-1} c_{k,i} A_i + R_k A' \leqslant 8 \times \frac{C_k^+}{M}, 8 \times \frac{C_k^-}{M} \leqslant B_k + \sum_{i=0}^{k-1} c_{k,i} B_i + R_k B' \leqslant 8 \times \frac{C_k^+}{M}.$$

以上两式相减,并由已知 $A_i = B_i (i = 0, 1, \cdots, k-1)$,得

$$-8 \times \frac{C_k}{M} \leqslant (A_k - B_k) + R_k (A' - B') \leqslant 8 \times \frac{C_k}{M}$$

$$\Leftrightarrow \frac{1}{|R_k|} \left(|A_k - B_k| + \frac{8 C_k}{M} \right) \geqslant |A' - B'| \geqslant \frac{1}{|R_k|} \left(|A_k - B_k| - \frac{8 C_k}{M} \right).$$

若 $k = 1, A_1 \neq B_1$,由奇偶性知 $|A_1 - B_1|$ 至少为 2. 取多项式 $G_1(t) = t(t - 15)$ 满足对于任意的 $t \in T$,有 $-56 \leqslant G_1(t) \leqslant 0$,其上下界之差 $C_1 = 56$,

余数 $R_1 = M(M + 15) = 2002 \times 2017$.

则 $|A' - B'| \geqslant \dfrac{1}{|R_1|} \left(|A_1 - B_1| - \dfrac{8 C_1}{M} \right) \geqslant \dfrac{2 - \dfrac{1}{4}}{R_1} > \dfrac{2}{5} \times 10^{-6}$,差比较大.

若 $k = 2, A_2 \neq B_2$,由奇偶性知 $|A_2 - B_2|$ 至少为 2. 取多项式 $G_2(t) = t(t - 11)^2$ 满足对于任意的 $t \in T$,有 $0 \leqslant G_2(t) \leqslant 240$,其上下界之差 $C_2 = 240$,

余数 $R_2 = -M(M + 11)^2 = -2002 \times 2013^2$.

则 $|A' - B'| \geqslant \dfrac{1}{|R_2|} \left(|A_2 - B_2| - \dfrac{8 C_2}{M} \right) \geqslant \dfrac{2 - 1}{R_2} > \dfrac{3}{25} \times 10^{-9}$,差也比较大.

若 $k = 3, A_3 \neq B_3$,注意到,$6 \mid (t^3 - t) \Rightarrow 6 \mid (t - 1)t(t + 1)$.

于是,$\dfrac{A_3 - A_1}{6}, \dfrac{B_3 - B_1}{6}$ 均为整数. 而两者之和为偶数,故两者之差也为偶数.

又 $A_1 = B_1$,从而,$A_3 - B_3$ 必为 12 的倍数,$|A_3 - B_3|$ 至少为 12.

取多项式

$G_3(t) = t(t - 7)(t - 8)(t - 15)$ 满足对于任意的 $t \in T$,有 $-28^2 \leqslant G_3(t) \leqslant 0$,其上下界之差 $C_3 = 784$,

余数 $R_3 = M(M + 7)(M + 8)(M + 15) = 2002 \times 2009 \times 2010 \times 2017$.

则 $|A'-B'|\geqslant\dfrac{1}{|R_3|}\left(|A_3-B_3|-\dfrac{8C_3}{M}\right)\geqslant\dfrac{12-8\times\dfrac{2}{5}}{R_3}>\dfrac{1}{2}\times10^{-12}$,

差还是比较大.

由前知只有 $A_1=B_1,A_2=B_2,A_3=B_3$,才可能使差 $|A'-B'|$ 变得更小.

考虑 $0,1,\cdots,15$ 的二进制表示中含奇数个 1 还是偶数个 1 来给出一个分组:

$$A=\{0,3,5,6,9,10,12,15\},B=\{1,2,4,7,8,11,13,14\};\qquad①$$

这个分组满足 $A_1=B_1,A_2=B_2,A_3=B_3$,同时,$A_4-B_4=1536$.

取多项式 $G_4(t)=t(t-5)^2(t-13)(t-14)$ 满足对于任意的 $t\in T$,有 $0\leqslant G_4(t)\leqslant3000$,其上下界之差 $C_4=3000$,

余数 $R_4=-M(M+5)^2(M+13)(M+14)=-2002\times2007^2\times2015\times2016$.

则 $|A'-B'|\leqslant\dfrac{1}{R_4}\left(|A_4-B_4|+\dfrac{8C_4}{M}\right)<\dfrac{1536+8\times\dfrac{3}{2}}{R_4}<50\times10^{-15}$,

差比较小了.

最后证明:当分组满足 $A_1=B_1,A_2=B_2,A_3=B_3$ 时,分组 ① 是唯一的方式.

观察立方数模 9 的余数的特点,即当 t 模 3 余 $0,1,2$ 时,t^3 模 9 的余数分别为 $0,1,-1$,$(t+1)^3$ 模 9 的余数分别为 $1,-1,0$.

由 $\displaystyle\sum_{t=0}^{15}t^3\equiv0(\bmod\ 9)$,知 $\displaystyle\sum_{t\in A}t^3=\sum_{t\in B}t^3\equiv0(\bmod\ 9)$;

由 $\displaystyle\sum_{t=0}^{15}(t+1)^3\equiv1(\bmod\ 9)$,知 $\displaystyle\sum_{t\in A}(t+1)^3=\sum_{t\in B}(t+1)^3\equiv5(\bmod\ 9)$.

设 A 组中模 3 余 $0,1,2$ 的元素个数分别为 a_0,a_1,a_2,B 组中模 3 余 $0,1,2$ 的元素个数分别为 b_0,b_1,b_2.则

$a_1-a_2\equiv0(\bmod\ 9),a_0-a_1\equiv5(\bmod\ 9),b_1-b_2\equiv0(\bmod\ 9),b_0-b_1\equiv5(\bmod\ 9)$.

由于 a_0,a_1,a_2,b_0,b_1,b_2 均为 $0\sim6$ 的整数,故 $a_1=a_2,b_1=b_2$,且 a_0-a_1 与 b_0-b_1 只能为 5 或 -4.

又 $(a_0-a_1)+(b_0-b_1)=1$,则 a_0-a_1,b_0-b_1 恰有一个为 5,一个为 -4.

不妨设 $a_0-a_1=5$.

从而,$a_0=6,a_1=a_2=1$,即集合 A 包含了集合 T 中的六个 3 的倍数 $\{0,3,6,9,12,15\}$.此时,可算得集合 A 中其他两个数之和为 15,平方和为 125,它们为 $\{5,10\}$.

故集合 $A=\{0,3,5,6,9,10,12,15\}$.

因此,满足 $A_1=B_1,A_2=B_2,A_3=B_3$ 的分组方式是唯一的(在两组可交换的意义下).

设 S 为正实数集,满足:

(1) $1\in S$,且对于任意的 $x,y\in S$,有 $x+y,xy\in S$;

(2) 存在 S 的一个子集 P,使得 $S\backslash\{1\}$ 中的数均能唯一表示成 P 中若干数(可以相同)的乘积(两种写法若只有因子顺序不同,则视为同一种).

问:S 是否一定为正整数集?

(2017,中国西部数学邀请赛预选题)

解 不一定.

取 $S = \{f(\pi) \mid f$ 为整系数多项式,且对于任意的 $x > 0$,均有 $f(x) > 0\}$.

易知,集合 S 满足条件(1).

接下来证明集合 S 满足条件(2).

取 $P = \{f(\pi) \in S \mid f$ 在 $\mathbf{Z}[x]$ 上不可约$\}$.

对集合 S 中的任一元素 $f(\pi)$,f 可以分解成首项系数为正的若干不可约整系数多项式的乘积 $f = f_1 f_2 \cdots f_n$.

则 $f(\pi) = f_1(\pi) f_2(\pi) \cdots f_n(\pi)$.

由于 f 没有正实根,其任一因子 f_i 均没有正实根,且 f_i 首项系数为正,于是,对于所有的 $x > 0$,均有 $f_i(x) > 0$.

从而,$f_i(\pi) \in P$.

下面证明分解的唯一性.

设 $f(\pi) = f_1(\pi) f_2(\pi) \cdots f_n(\pi) = g_1(\pi) g_2(\pi) \cdots g_m(\pi)$.

则整系数多项式 $f_1 f_2 \cdots f_n - g_1 g_2 \cdots g_m$ 有根 π,但 π 为超越数,故 $f_1 f_2 \cdots f_n - g_1 g_2 \cdots g_m$ 恒为 0,即 $f_1 f_2 \cdots f_n = g_1 g_2 \cdots g_m$.

于是,由整系数多项式唯一分解定理,知 $g_1, g_2, \cdots, g_m$ 为 $f_1, f_2, \cdots, f_n$ 的排列.

故 $f(\pi) = f_1(\pi) f_2(\pi) \cdots f_n(\pi) = g_1(\pi) g_2(\pi) \cdots g_m(\pi)$ 为同一种分解.

取 $f(x) = x$,知 $\pi \in S$.

因此,S 不为正整数集.

设实数 $a_1, a_2, \cdots, a_{2017}$ 满足

$$a_1 = a_{2017}, \quad |a_i + a_{i+2} - 2a_{i+1}| \leqslant 1 (i = 1, 2, \cdots, 2015).$$

记 $M = \max\limits_{1 \leqslant i < j \leqslant 2017} |a_i - a_j|$. 求 M 的最大值.

(第 14 届中国东南地区数学奥林匹克)

解 设 $|a_{i_0} - a_{j_0}| = \max\limits_{1 \leqslant i < j \leqslant 2017} |a_i - a_j| = M (1 < i_0 < 2017)$.

则 $(a_{i_0} - a_{i_0 - 1})(a_{i_0} - a_{i_0 + 1}) \geqslant 0$.

由条件得

$$|a_{i_0} - a_{i_0 - 1}| \leqslant 1, |a_{i_0} - a_{i_0 + 1}| \leqslant 1, \min\{|a_{i_0} - a_{i_0 - 1}|, |a_{i_0} - a_{i_0 + 1}|\} \leqslant \frac{1}{2}.$$

(1)$j_0 = 1$ 或 2017.

(i) 当 $i_0 = 1009$ 时,

若 $|a_{i_0} - a_{i_0 - 1}| \leqslant \frac{1}{2}$,则 $|a_{i_0} - a_1| \leqslant \sum\limits_{i=0}^{2017} \left(\frac{1}{2} + i\right) = \frac{1008^2}{2}$;

若 $|a_{i_0} - a_{i_0 + 1}| \leqslant \frac{1}{2}$,则 $|a_{i_0} - a_{2017}| \leqslant \frac{1008^2}{2}$.

(ii) 当 $i_0 < 1009$ 时,若 $|a_{i_0} - a_{i_0 - 1}| \leqslant 1$,则 $|a_{i_0} - a_1| \leqslant \sum\limits_{i=1}^{2017} i \leqslant \frac{1008^2}{2}$.

(iii) 当 $i_0 \geqslant 1010$ 时，$|a_{2017} - a_{i_0}| \leqslant \sum_{i=1}^{2017} i \leqslant \dfrac{1008^2}{2}$.

(2) $1 < j_0 < 2017$，设 $1 < i_0 < j_0 < 2017$.

(i) 当 $j_0 - i_0 = 1008$ 时，

若 $|a_{j_0} - a_{j_0 - 1}| \leqslant \dfrac{1}{2}$ 或 $|a_{i_0} - a_{i_0 + 1}| \leqslant \dfrac{1}{2}$，则 $|a_{j_0} - a_{i_0}| \leqslant \dfrac{1008^2}{2}$；

若 $|a_{i_0} - a_{i_0 - 1}| \leqslant \dfrac{1}{2}$，则

$|a_{j_0} - a_{i_0}| = |a_{i_0} - a_1| + |a_{2017} - a_{j_0}|$

$\leqslant \dfrac{(i_0 - 1)^2}{2} + \dfrac{(2017 - j_0)(2018 - j_0)}{2} \leqslant \dfrac{1008^2}{2}$；

若 $|a_{j_0} - a_{j_0 + 1}| \leqslant \dfrac{1}{2}$，则

$|a_{j_0} - a_{i_0}| = |a_{i_0} - a_1| + |a_{2017} - a_{j_0}| \leqslant \dfrac{(i_0 - 1)i_0}{2} + \dfrac{(2017 - j_0)^2}{2} \leqslant \dfrac{1008^2}{2}$.

(ii) 当 $|j_0 - i_0| < 1008$ 时，则 $|a_{j_0} - a_{i_0}| \leqslant \dfrac{1007 \times 1008}{2} < \dfrac{1008^2}{2}$.

(iii) 当 $|j_0 - i_0| > 1008$ 时，则

$|a_{j_0} - a_{i_0}| = |a_{i_0} - a_1| + |a_{2017} - a_{j_0}|$

$\leqslant \dfrac{(i_0 - 1)^2}{2} + \dfrac{(2017 - j_0)^2}{2} \leqslant \dfrac{(2016 - j_0 + i_0)^2}{2} \leqslant \dfrac{1008^2}{2}$.

以上表明，$M \leqslant \dfrac{1008^2}{2}$.

取 $a_n = \dfrac{(1009 - n)^2}{2}$ $(n = 1, 2, \cdots, 2017)$，则 $n_{1009} - a_1 = \dfrac{1008^2}{2}$.

此时，$M = \dfrac{1008^2}{2}$.

因此，所求 M 的最大值为 $\dfrac{1008^2}{2}$.

给定正整数 $n \geqslant 2$. 已知非负实数 $a_1, a_2, \cdots, a_n$ 满足 $a_1 + a_2 + \cdots + a_n = 1$. 求 $a_1^2 + a_2^2 + \cdots + a_n^2 + \sqrt{a_1 a_2 \cdots a_n}$ 的最大值.

（2017，中国北方希望之星数学邀请赛）

解 当 $n = 2$ 时，

$a_2^2 + a_2^2 + \sqrt{a_1 a_2} = (a_1 + a_2)^2 - 2a_1 a_2 + \sqrt{a_1 a_2} = 1 - 2a_1 a_2 + \sqrt{a_1 a_2}$.

令 $\sqrt{a_1 a_2} = t$.

则 $a_1^2 + a_2^2 + \sqrt{a_1 a_2} = 1 - 2t^2 + t = \dfrac{9}{8} - 2\left(t - \dfrac{1}{4}\right)^2 \leqslant \dfrac{9}{8}$.

令 $t = \dfrac{1}{4}$，即 $a_{1,2} = \dfrac{2 \pm \sqrt{3}}{4}$ 时，上式可取到最大值 $\dfrac{9}{8}$.

当 $n = 3$ 时,不妨设 a_3 最大.

于是,$a_3 \geqslant \dfrac{1}{3}$,$a_3 > \dfrac{\sqrt{a_3}}{2}$.

则 $\sqrt{a_1 a_2 a_3} = 2\sqrt{a_1 a_2} \cdot \dfrac{\sqrt{a_3}}{2} \leqslant (a_1 + a_2) a_3 = a_1 a_3 + a_2 a_3$.

故 $a_1^2 + a_2^2 + a_3^2 + \sqrt{a_1 a_2 a_3} \leqslant a_1^2 + a_2^2 + a_3^2 + a_1 a_3 + a_2 a_3 \leqslant (a_1 + a_2 + a_3)^2 = 1$.

令 $a_1 = 1, a_2 = a_3 = 0$ 时,上式可取到最大值 1.

当 $n \geqslant 4$ 时,$\sqrt{a_1 a_2 \cdots a_n} \leqslant \sqrt{a_1 a_2 a_3 a_4} \leqslant \dfrac{1}{2}(a_1 a_2 + a_3 a_4)$.

则 $a_1^2 + a_2^2 + \cdots + a_n^2 + \sqrt{a_1 a_2 \cdots a_n} \leqslant a_1^2 + a_2^2 + \cdots + a_n^2 + \dfrac{1}{2}(a_1 a_2 + a_3 a_4)$

$\leqslant (a_1 + a_2 + \cdots + a_n)^2 = 1$.

令 $a_1 = 1, a_2 = a_3 = \cdots = a_n = 0$ 时,上式可取到最大值 1.

综上,当 $n = 2$ 时,最大值为 $\dfrac{9}{8}$;当 $n \geqslant 3$ 时,最大值为 1.

给定正整数 $n(n > 1)$,n 个实数 $x_1, x_2, \cdots, x_n$ 满足 $x_1, x_2, \cdots, x_n \in [0, n]$,且
$x_1 x_2 \cdots x_n = (n - x_1)(n - x_2) \cdots (n - x_n)$.

试确定 $y = x_1 + x_2 + \cdots + x_n$ 的最大值.

(第 13 届中国北方数学奥林匹克)

解 最大值为 $n^2 - n$.

令 $y_k = \dfrac{x_k}{n}(k = 1, 2, \cdots, n)$.

于是,$y_k \in [0, 1]$,$\displaystyle\prod_{k=1}^{n} y_k = \prod_{k=1}^{n}(1 - y_k)$.

若存在 $y_k = 0$,则 $\displaystyle\prod_{k=1}^{n} y_k \leqslant n - 1$.

若对任意的 $1 \leqslant k \leqslant n$,有 $y_k > 0$,则 $y_k < 1$.

令 $z_k = \dfrac{y_k}{1 - y_k}(k = 1, 2, \cdots, n)$.

于是,$y_k = \dfrac{z_k}{1 + z_k}$,且 $\displaystyle\prod_{k=1}^{n} z_k = 1$.

不妨设 $z_1 \leqslant z_2 \leqslant \cdots \leqslant z_n$. 则 $z_1 z_2 \leqslant 1$.

故 $\displaystyle\sum_{k=1}^{n} y_k = \sum_{k=1}^{n} \dfrac{z_k}{1 + z_k} = \dfrac{z_1 + z_2 + 2 z_1 z_2}{1 + z_1 + z_2 + z_1 z_2} + \sum_{k=3}^{n} \dfrac{z_k}{1 + z_k} \leqslant n - 1$.

从而,$y = \displaystyle\sum_{k=1}^{n} x_k = n \sum_{k=1}^{n} y_k \leqslant n^2 - n$.

又当 $x_1, x_2, \cdots, x_n$ 中恰有 $n - 1$ 个为 n,1 个为 0 时,$y = n^2 - n$.

因此,所求最大值为 $n^2 - n$.

三　等式

给定正整数 $k(1 \leqslant k \leqslant n)$. 求最大的 $X = x_1 x_2 \cdots x_k + x_2 x_3 \cdots x_{k+1} + \cdots + x_{n+1} x_{n-k+2} \cdots x_n$, 使得 $x_1, x_2, \cdots, x_n$ 均为非负数, 满足 $x_1 + x_2 + \cdots + x_n = 1$.

（2012－2013,匈牙利数学奥林匹克）

解 若 $x_2, x_3, \cdots, x_{n-1}$ 已确定, 则 $x_1 + x_n$ 已确定.

若 $x_2 x_3 \cdots x_k \leqslant x_{n-k+1} x_{n-k+2} \cdots x_{n-1}$, 则显然当 $x_1 = 0$ 时, X 取最大值; 反之, 当 $x_n = 0$ 时, X 取最大值.

故当 $n > k$ 时, 总有 $x_1 = 0$ 或 $x_n = 0$ 时可以取到最大值. 问题转化为 $n-1$ 时的情况.

重复此过程直至 $n = k$, 则

$$x_1 + x_2 + \cdots + x_k = 1, X = x_1 x_2 \cdots x_k \leqslant \left(\frac{x_1 + x_2 + \cdots + x_k}{k}\right)^k = \frac{1}{k^k}.$$

从而, $X_{\max} = \dfrac{1}{k^k}$.

若正整数 x, y, z 满足 $y \geqslant 2$, 且 $x^2 - 3y^2 = z^2 - 3$, 则称三元数组 (x, y, z) 为"好的". 例如, $6 \geqslant 2, 19^2 - 3 \times 6^2 = 16^2 - 3$, 则 $(19, 6, 16)$ 为"三元好数组".

(1) 证明: 对每一个奇数 $x(x \geqslant 5)$, 均至少存在两组三元好数组 (x, y, z);

(2) 求出一组 x 为偶数的三元好数组 (x, y, z).

（2013,第 52 届荷兰数学奥林匹克）

(1) **证明** 因为奇数 $x \geqslant 5$, 所以, 设 $x = 2n+1$（整数 $n \geqslant 2$）.

将 $x = 5$ 代入题给等式, 知 $z \leqslant 5$.

若 $z = 5$, 则 $y = 1$, 与定义矛盾. 从而, z 最大为 4.

将 $z = 1, 2, 3, 4$ 分别代入, 计算 y 对应的值, 可得两组三元好数组

$(x, y, z) = (5, 2, 4), (5, 3, 1)$.

对 $x = 7$ 和 9 重复上面的计算, 也得到三元好数组, 并发现规律: 当 x 每增加 2 时, y 和 z 均增加 1.

由此, 当 $x = 2n+1$ 时, 猜测出 y, z 的一般表达式. 如

$(x, y, z) = (2n+1, n, n+2), (2n+1, n+1, n-1).$　　　①

经检验, 这两种情况下 $y \geqslant 2$, 且满足题给等式.

因此, 结论 ① 为两种不同的好数组.

(2) **解** 当 x 为偶数时, 将原方程改写为

$x^2 - z^2 = 3y^2 - 3 \Rightarrow (x-z)(x+z) = 3(y-1)(y+1)$.

对 y 代入不同的值进行试验.

若 $y = 4$,有 $(x-z)(x+z) = 3 \times 3 \times 5 = 5 \times 9 = 3 \times 15 = 1 \times 45$.

解得 $x = 7,9,23$,均为奇数,不合题意.

若 $y = 7$,解得 $(x,y,z) = (20,7,16)$ 满足条件.

若 $y = 9$,解得 $(x,y,z) = (32,9,28),(16,9,4)$ 满足条件.

鲍比先将一个苹果切成20块或14块,再将这些苹果块切成20块或14块.重复操作若干次.问:鲍比能否将苹果切成 $1! + 2! + \cdots + 2014!$ 块?

(2013,第64届白俄罗斯数学奥林匹克)

解 可以.

若鲍比将苹果切成20块,则苹果块数增加了19;若切成14块,则苹果块数增加了13. 于是,若鲍比总共将 x 块切成20块,将 y 块切成14块,则苹果变为 $1 + 19x + 13y$.

从而,原问题等价于:

是否存在自然数 x,y,使得 $1 + 19x + 13y = 1! + 2! + \cdots + 2014!$,即

$$19x + 13y = 2! + 3! + \cdots + 2014!?$$

将上式右边分组为

$2! + 3! + \cdots + 2014!$
$= (2! + 3! + 4! + 5!) + (6! + 8!) + (7! + 9! + 10!) + (11! + 12!) + (13! + 14! + \cdots + 2014!)$.

由 $2! + 3! + 4! + 5! = 8 \times 19$,

$6! + 8! = 6! \times (1 + 7 \times 8) = 6! \times 3 \times 19$,

$7! + 9! + 10! = 7! \times (1 + 8 \times 9 + 8 \times 9 \times 10) = 7! \times 793 = 7! \times 61 \times 13$,

$11! + 12! = 11! \times (1 + 12) = 11! \times 13$,

知每一组之和总能被13或19整除.

从而,右边的和式可以写为 $19x + 13y$.

因此,鲍比能将苹果切成 $1! + 2! + \cdots + 2014!$ 块.

求所有的实数 $x,y,z \geqslant 1$,满足

$$\min\{\sqrt{x + xyz}, \sqrt{y + xyz}, \sqrt{z + xyz}\} = \sqrt{x-1} + \sqrt{y-1} + \sqrt{z-1}. \quad ①$$

(2013,第42届美国数学奥林匹克)

解 设非负实数 a,b,c 满足 $x = 1 + a^2, y = 1 + b^2, z = 1 + c^2$.

假设 $c \leqslant a,b$.则式 ① 等价于 $(1+c^2)(1+(1+a^2)(1+b^2)) = (a+b+c)^2$.

由柯西-施瓦茨不等式得 $(a+b+c)^2 \leqslant (1+(a+b)^2)(c^2+1)$. ②

由以上两式得 $(1+a^2)(1+b^2) \leqslant (a+b)^2 \Leftrightarrow (ab-1)^2 \leqslant 0$.

从而,$ab=1$ 且式 ② 等号成立,即 $c(a+b)=1$.

反之,若 $ab=1$,且 $c(a+b)=1$,则式 ① 成立,

$$c=\frac{1}{a+b}<\frac{1}{b}=a,c<b.$$

因此,此题的解为:对于某些 $a>0$ 有 $x=1+a^2,y=1+\frac{1}{a^2},z=1+\left(\frac{a}{a^2+1}\right)^2$,及其置换.

已知 x,y 为实数,满足 $(x+\sqrt{x^2+1})(y+\sqrt{y^2+1})=1$. 证明:$x+y=0$.

(2013,克罗地亚数学竞赛)

证明 注意到,

$$\frac{1}{x+\sqrt{x^2+1}}=\frac{1}{x+\sqrt{x^2+1}}\cdot\frac{x-\sqrt{x^2+1}}{x-\sqrt{x^2+1}}=\frac{x-\sqrt{x^2+1}}{x^2-(x^2+1)}=-x+\sqrt{x^2+1}.$$

于是,$y+\sqrt{y^2+1}=-x+\sqrt{x^2+1}$.

类似地,$x+\sqrt{x^2+1}=-y+\sqrt{y^2+1}$.

将两式相加得 $x+y=-x-y\Rightarrow x+y=0$.

已知 $x,y\in\mathbf{R}$. 求表达式 $\sqrt{x^2+y^2+4(y+1)}+\sqrt{x^2+y^2-2(4x+y)+17}$ 的最小值.

(2014,第 58 届摩尔多瓦数学奥林匹克)

解 令 $E(x,y)=\sqrt{x^2+y^2+4(y+1)}+\sqrt{x^2+y^2-2(4x+y)+17}$,则

$$E(x,y)=\sqrt{x^2+(y+2)^2}+\sqrt{(x-4)^2+(y-1)^2}.$$

考虑坐标平面内的点 $A(0,-2),B(4,1)$ 及任意点 $M(x,y)$.

则 $E(x,y)=MA+MB\geqslant AB=5$.等号成立的条件是点 M 在线段 AB 上.

非零实数 $x_i,y_i(i=1,2,3),v_i=x_i+y_i$.假设以下条件成立:

(1)$x_1x_2x_3=-y_1y_2y_3$;

(2)$x_1^2+x_2^2+x_3^2=y_1^2+y_2^2+y_3^2$;

(3)v_1,v_2,v_3 满足三角形不等式;

(4)v_1^2,v_2^2,v_3^2 满足三角形不等式.

证明:x_1,x_2,x_3,y_1,y_2,y_3 有且仅有一个为负数.

(2014,印度国家队选拔考试)

证明 因为 v_1,v_2,v_3 满足三角形不等式,所以,均为正数.

假设 $x_1, x_2 < 0$. 则 $y_1 > -x_1, y_2 > -x_2$. 故 $|y_3| < |x_3|$. 于是,$x_3 > 0$,且 $y_3 < 0$.

设 $\alpha_i = \left| \dfrac{x_i}{y_i} \right|, \beta_i = y_i^2 - x_i^2 \ (i = 1, 2)$.

从而,$0 < \alpha_1, \alpha_2 < 1, \beta_1, \beta_2 > 0, \left| \dfrac{y_3}{x_3} \right| = \alpha_1 \alpha_2, x_3^2 - y_3^2 = \beta_1 + \beta_2$.

将 α_i, β_i 代入 x_i, y_i 的表达式得

$$v_i^2 = \frac{\beta_i(1 - \alpha_i)}{1 + \alpha_i} \ (i = 1, 2), v_3^2 = \frac{(\beta_1 + \beta_2)(1 - \alpha_1 \alpha_2)}{1 + \alpha_1 \alpha_2}.$$

又 $f(\alpha) = \dfrac{1 - \alpha}{1 + \alpha}$ 为区间 $(0, 1)$ 上的单减函数,故

$$v_3^2 = \frac{(\beta_1 + \beta_2)(1 - \alpha_1 \alpha_2)}{1 + \alpha_1 \alpha_2} = \frac{\beta_1(1 - \alpha_1 \alpha_2)}{1 + \alpha_1 \alpha_2} + \frac{\beta_2(1 - \alpha_1 \alpha_2)}{1 + \alpha_1 \alpha_2}$$

$$> \frac{\beta_1(1 - \alpha_1)}{1 + \alpha_1} + \frac{\beta_2(1 - \alpha_2)}{1 + \alpha_2} = v_1^2 + v_2^2,$$

矛盾. 从而,x_1, x_2, x_3 中最多有一个负数.

类似地,y_1, y_2, y_3 中最多有一个负数.

又 $x_1 x_2 x_3 = -y_1 y_2 y_3$,故命题得证.

设 $S = \displaystyle\sum_{i=1}^{50} \frac{1}{2i(2i-1)}, T = \sum_{i=51}^{100} \frac{1}{i(151 - i)}$. 计算 $\dfrac{S}{T}$.

(2014,第31届阿根廷数学奥林匹克)

解 设 $S_k = \displaystyle\sum_{i=1}^{k} \frac{1}{2i(2i-1)}, T_k = \sum_{i=k+1}^{2k} \frac{1}{i(3k+1-i)}$.

由 $\dfrac{1}{n(n+1)} = \dfrac{1}{n} - \dfrac{1}{n+1}$

$\Rightarrow S_k = \displaystyle\sum_{i=1}^{k} \left(\frac{1}{2i-1} - \frac{1}{2i} \right) = \sum_{j=1}^{2k} \frac{1}{j} - 2 \sum_{i=1}^{k} \frac{1}{2i} = \sum_{j=k+1}^{2k} \frac{1}{j}$.

由 $\dfrac{1}{uv} = \dfrac{1}{u+v} \left(\dfrac{1}{u} + \dfrac{1}{v} \right) \Rightarrow T_k = \dfrac{1}{3k+1} \displaystyle\sum_{i=k+1}^{2k} \left(\frac{1}{i} + \frac{1}{3k+1-i} \right) = \frac{2}{3k+1} \sum_{i=k+1}^{2k} \frac{1}{i}$.

从而,$\dfrac{S_k}{T_k} = \dfrac{3k+1}{2} \Rightarrow \dfrac{S}{T} = \dfrac{151}{2}$.

互不相等的三个非零实数 a, b, c 满足 $a + \dfrac{2}{b} = b + \dfrac{2}{c} = c + \dfrac{2}{a} = p \ (p \in \mathbf{R})$.

证明:$abc + 2p = 0$.

(2014,爱尔兰数学奥林匹克)

证明 由 $a + \dfrac{2}{b} = b + \dfrac{2}{c} \Rightarrow a - b = \dfrac{2}{c} - \dfrac{2}{b} \Rightarrow bc(a - b) = 2(b - c)$.

类似地，$ab(c-a)=2(a-b)$，$ac(b-c)=2(c-a)$.

三式相乘并结合$(a-b)(b-c)(c-a)\neq 0$，得$(abc)^2=8$.

又由$a+\dfrac{2}{b}=p=c+\dfrac{2}{a}$，得$pb=ab+2$，$pa=ac+2$.

作差得$p(a-b)=a(c-b)$.

类似地，$p(b-c)=b(a-c)$，$p(c-a)=c(b-a)$.

三式相乘并结合$(a-b)(b-c)(c-a)\neq 0$，得

$$p^3=-abc\Rightarrow p^6=(-abc)^2=8\Rightarrow p^2=2\Rightarrow abc=-p^3=-2p.$$

求所有的整数对(m,n)，满足

$$(n+101)(n+102)(n+103)(n+104)=(m+1)(m+2).$$

（2014，第63届立陶宛数学奥林匹克）

解　记$N=n+100$.

则原式$\Leftrightarrow(N+1)(N+2)(N+3)(N+4)=(m+1)(m+2)$

$\Leftrightarrow(N^2+5N+4)(N^2+5N+6)=(m+1)(m+2)$

$\Leftrightarrow(N^2+5N+5)^2-1=\left(m+\dfrac{3}{2}\right)^2-\dfrac{1}{4}$

$\Leftrightarrow 4(N^2+5N+5)^2-(2m+3)^2=3.$　　　　　①

记$x=N^2+5N+5$，$y=2m+3$. 则式①$\Leftrightarrow(2x+y)(2x-y)=3$.

故$(2x+y,2x-y)=(3,1),(1,3),(-1,-3),(-3,-1)$.

解得所有满足题意的

$(n,m)=(-101,-1),(-104,-1),(-101,-2),(-104,-2),(-102,-1)$,
$(-103,-1),(-102,-2),(-103,-2)$.

设$x_1,x_2,\cdots,x_{2015}$为实数，$y_1,y_2,\cdots,y_{2015}$为$x_1,x_2,\cdots,x_{2015}$的一个排列，满足$3y_1-x_1=2x_2$，$3y_2-x_2=2x_3,\cdots,3y_{2015}-x_{2015}=2x_1$. 证明：所有的$x_i$均相等.

（2014—2015，匈牙利数学奥林匹克）

证明　设x_i中最大值为M.

设$i_1<i_2<\cdots<i_n$为全部的i使得$y_i=M$.

若$n<2015$，则必存在j，使得$y_j=M$，$y_{j+1}\neq M$（下标按模2015理解）.

不妨设$i_n=j$，则$i_1\not\equiv i_n+1\pmod{2015}$.

对于$y_k=M$，$3y_k-x_k=2x_{k+1}$，有$3M=3y_k=2x_{k+1}+x_k\leqslant 2M+M=3M$.

故$x_{k+1}=x_k=M\Rightarrow x_{i_1}=x_{i_2}=\cdots=x_{i_n}=M$且$x_{i_n+1}=M$.

又$i_n+1\not\equiv i_1\pmod{2015}$，于是，$i_1,\cdots,i_n,i_n+1$两两模2015不同余，为$n+1$个$i$使得$x_i=M$，这与$y_i$中恰有$n$个$M$矛盾.

从而，$n=2015$，即x_i均相等.

已知正整数 $a_1, a_2, \cdots, a_n$ 满足 $\sum_{i=1}^{n} i a_i = 6n$，$\sum_{i=1}^{n} \dfrac{i}{a_i} = 2 + \dfrac{1}{n}$. 求正整数 n.

(2015,第53届荷兰国家队选拔考试)

解 由算术-调和平均不等式得

$$\frac{6n}{\frac{1}{2}n(n+1)} = \frac{a_1 + 2a_2 + \cdots + na_n}{\frac{1}{2}n(n+1)} \geqslant \frac{\frac{1}{2}n(n+1)}{\frac{1}{a_1} + \frac{2}{a_2} + \cdots + \frac{n}{a_n}} = \frac{\frac{1}{2}n(n+1)}{2 + \frac{1}{n}}.$$

注意到，$\dfrac{6n}{\frac{1}{2}n(n+1)} = \dfrac{12}{n+1} < \dfrac{12}{n}$，

$$\frac{\frac{1}{2}n(n+1)}{2 + \frac{1}{n}} = \frac{\frac{1}{2}n^2(n+1)}{2n+1} > \frac{\frac{1}{2}n^2(n+1)}{2n+2} = \frac{1}{4}n^2.$$

则 $\dfrac{12}{n} > \dfrac{1}{4}n^2 \Rightarrow n^3 < 48 \Rightarrow n \leqslant 3$.

当 $n = 1$ 时，$a_1 = 6$ 和 $\dfrac{1}{a_1} = 3$，矛盾. 于是，$n \neq 1$.

当 $n = 2$ 时，$a_1 + 2a_2 = 12$ 和 $\dfrac{1}{a_1} + \dfrac{2}{a_2} = 2 + \dfrac{1}{2}$ 无正整数解. 于是，$n \neq 2$.

当 $n = 3$ 时，得 $a_1 = 6, a_2 = 3, a_3 = 2$. 于是，$n = 3$ 满足条件.

综上，$n = 3$ 是唯一解.

已知实数 x, y, z 满足

$$\frac{1}{x} + \frac{1}{y} + \frac{1}{z} + x + y + z = 0, \qquad ①$$

且 $x, y, z \notin (-1, 1)$. 求 $x + y + z$ 的最大值.

(2015,第15届捷克—波兰—斯洛伐克数学竞赛)

解 将 (x, y, z) 替换为 $(-x, -y, -z)$，式 ① 仍成立，而 $x + y + z$ 恰改变符号.

由于 x, y, z 是对称的，且由式 ① 知它们是不同号的，不妨设 $x > 0, y > 0, z < 0$，而求 $V = |x + y + z|$ 的最大值.

将式 ① 转化为 $f(x) + f(y) = f(t)$，其中，$t = -z > 0$，$f(x) = x + \dfrac{1}{x}$，这里，$x, y, t \in I$(定义 $I = [1, +\infty)$).

又函数 f 是定义在 I 到区间 $[2, +\infty)$ 上一个递增的一一映射，故

$$f(t) = f(x) + f(y) = x + \frac{1}{x} + y + \frac{1}{y} > x + y + \frac{1}{x+y} = f(x+y).$$

于是，$t>x+y$. 从而，$x+y+z=x+y-t<0$.

接下来的目标是求 $V=|x+y+z|=t-x-y$ 的最大值.

将满足 $f(x)+f(y)=f(t)$ 的数组 $(x,y,t)\in I^3$ 称为"有效的". 其中一个有效的数组为 $(1,1,t_0)(t_0=2+\sqrt{3})$. 对于该数组，有 $V=\sqrt{3}$.

下面证明这就是最大值.

首先证明一个引理.

引理 若 (x,y,t)，(x,y',t') 均为有效的，且其第一分量 x 是一样的，第二分量满足 $y'<y$，则 $t-x-y<t'-x-y'$.

证明 注意到，$f(t)=f(x)+f(y)$，$f(t')=f(x)+f(y')(f(y')<f(y),y'<y)$.

故 $f(x)<f(t')<f(t)\Rightarrow 1<t'<t\Rightarrow 1<t'y'<ty$

$\Rightarrow f(x)=f(t)-f(y)=(t-y)\left(1-\dfrac{1}{ty}\right)=f(t')-f(y')=(t'-y')\left(1-\dfrac{1}{t'y'}\right)$.

由 $0<1-\dfrac{1}{t'y'}<1-\dfrac{1}{ty}\Rightarrow t-y<t'-y'\Rightarrow t-x-y<t'-x-y'$.

引理得证.

由引理及对称性，知对于第二分量相等的两个有效的数组 (x,y,t)，(x',y,t') 也是成立的.

于是，任意一个有效的数组 (x,y,t) 总可以调整为 $(x,1,t')$，进而再调整为 $(1,1,t_0)$，这样的调整使得 V 的值在递增或保持不变，直到最终取到最大值 $V=\sqrt{3}$（可看出当且仅当有效数组取到 $(1,1,2+\sqrt{3})$ 时，取得最大值 $V=\sqrt{3}$）.

从而，所求 $x+y+z$ 的最大值为 $\sqrt{3}$.

设 $a,x_1,x_2,\cdots,x_{13}$ 为整数，使得 $a=\prod\limits_{i=1}^{13}(1+x_i)=\prod\limits_{i=1}^{13}(1-x_i)$. 证明：

$$ax_1x_2\cdots x_{13}=0.$$

(2015，第 41 届俄罗斯数学奥林匹克)

证明 若有某个 x_i 等于 0，结论显然成立.

若某个 x_i 等于 ± 1，则 $a=0$. 结论也显然成立.

在其余情况下，对所有的 $i=1,2,\cdots,13$，均有 $|x_i|\geqslant 2$ 和 $(1+x_i)(1-x_i)=1-x_i^2<0$.

故 $0\leqslant a^2=\left(\prod\limits_{i=1}^{13}(1+x_i)\right)\left(\prod\limits_{i=1}^{13}(1-x_i)\right)<0$. 此为矛盾.

注：由题中所给的等式不能得出 $a=0$，即使在 x_i 不全为 0 时，a 也可能不等于 0. 例如，若 $x_1=-3,x_2=7,x_3=9,x_4=11$，而 $x_5=x_6=\cdots=x_{13}=0$，则

$a=(1-3)(1+7)(1+9)(1+11)=(1+3)(1-7)(1-9)(1-11)=-1920<0$.

已知正实数 a,b,c 满足 $ab + bc + ca = 16(a \geqslant 3)$. 求 $2a + b + c$ 的最小值.

(2015,第 64 届捷克和斯洛伐克数学奥林匹克)

解 注意到,

$$(a+b)(a+c) = a^2 + (ab + bc + ca) = a^2 + 16 \geqslant 3^2 + 16 = 25.$$

故 $2a + b + c \geqslant 2\sqrt{(a+b)(a+c)} \geqslant 10$.

当 $a = 3, b = 2, c = 2$ 时,上式等号成立.

求 $S_{99} = \sum\limits_{k=1}^{99} \dfrac{k(3k+1)}{(3k-1)(3k+2)}$.

(2015,阿根廷数学奥林匹克)

解 记 $n = 99$. 则

$$3S_n = \sum_{k=1}^{n} \frac{12k(3k+1)}{(6k-2)(6k+4)} = n + 8\sum_{k=1}^{n} \frac{1}{(6k-2)(6k+4)}$$

$$= n + 8 \times \frac{1}{6} \sum_{k=1}^{n} \left(\frac{1}{6k-2} - \frac{1}{6k+4} \right) = n + \frac{4}{3}\left(\frac{1}{4} - \frac{1}{6n+4} \right) = n + \frac{n}{3n+2}$$

$$\Rightarrow S_{99} = \frac{9900}{299}.$$

已知实数 x,y,z 满足 $x + y + z = xy + yz + zx = -1$. 证明:
$$(xy - z^2)(yz - x^2)(zx - y^2) = xyz - 1.$$

(2016,白俄罗斯数学奥林匹克)

证明 记 $xyz = a$. 则

$$(xy - z^2)(yz - x^2)(zx - y^2) = \left(\frac{a}{z} - z^2 \right)\left(\frac{a}{x} - x^2 \right)\left(\frac{a}{y} - y^2 \right)$$

$$= \frac{1}{a}(a - z^3)(a - x^3)(a - y^3)$$

$$= \frac{1}{a}\left(a^3 - a^2 \sum x^3 + a \sum x^3 y^3 - x^3 y^3 z^3 \right)$$

$$= A - Ba \left(A = \sum x^3 y^3, B = \sum x^3 \right).$$ ①

设 $\sum(xy^2 + x^2 y) = C$. 下面求出 A, B, C.

注意到,$\sum x^2 = \left(\sum x \right)^2 - 2\sum xy = 1 - 2(-1) = 3$,

$$B = \sum x^3 = \left(\sum x \right)\left(\sum x^2 \right) - C = (-1) \times 3 - C = -3 - C,$$ ②

$$C = \left(\sum x\right)\left(\sum xy\right) - 3xyz = -1(-1) - 3a = 1 - 3a.$$

由式 ② 有 $B = -3 - (1 - 3a) = 3a - 4.$

则 $\sum x^2 y^2 = \left(\sum xy\right)^2 - 2xyz\sum x = (-1)^2 - 2a(-1) = 2a + 1.$

故 $A = \left(\sum xy\right)\left(\sum x^2 y^2\right) - Cxyz = (-1)(2a+1) - (1-3a)a = 3a^2 - 3a - 1.$

将 A,B 代入式 ① 得 $A - Ba = 3a^2 - 3a - 1 - (3a-4)a = a - 1 = xyz - 1.$

设实数 a,b,c 均不为 0，且满足：

(1) $bz + cy = a$;　　　　　　　　　　　　①

(2) $cx + az = b$;　　　　　　　　　　　　②

(3) $ay + bx = c$.　　　　　　　　　　　　③

证明：$\dfrac{1 - x^2}{a^2} = \dfrac{1 - y^2}{b^2} = \dfrac{1 - z^2}{c^2}.$

(2016,爱尔兰数学奥林匹克)

证明 ①$\times a$ + ③$\times c$ - ②$\times b$ 得 $2cay = c^2 + a^2 - b^2 \Rightarrow y = \dfrac{c^2 + a^2 - b^2}{2ca}.$

类似地，$x = \dfrac{b^2 + c^2 - a^2}{2bc}$，$z = \dfrac{a^2 + b^2 - c^2}{2ab}.$

注意到，

$$1 - z^2 = (1-z)(1+z) = \dfrac{c^2 - (a-b)^2}{2ab} \cdot \dfrac{(a+b)^2 - c^2}{2ab}$$

$$= \dfrac{(b+c-a)(a+c-b)(a+b+c)(b+a-c)}{4a^2 b^2}$$

$$= \dfrac{4(s-a)(s-b)(s-c)s}{a^2 b^2}\quad(2s = a+b+c).$$

故 $\dfrac{1 - z^2}{c^2} = \dfrac{4(s-a)(s-b)(s-c)s}{a^2 b^2 c^2}.$

类似地，$\dfrac{1 - y^2}{b^2} = \dfrac{1 - x^2}{a^2} = \dfrac{4s(s-a)(s-b)(s-c)}{a^2 b^2 c^2}.$

因此，结论成立.

已知非零实数 x,y 满足 $x^3 + y^3 + 3x^2 y^2 = x^3 y^3$. 求 $\dfrac{1}{x} + \dfrac{1}{y}$ 的值.

(2017,第 55 届荷兰国家队选拔考试)

解 由已知方程得

$$x^3 + y^3 - x^3 y^3 = -3x^2 y^2,$$

$(x+y)^3 - x^3y^3 = x^3 + 3x^2y + 3xy^2 + y^3 - x^3y^3$

$= -3x^2y^2 + 3x^2y + 3xy^2 = 3xy(-xy + x + y).$ ①

应用立方差公式得

$(x+y)^3 - x^3y^3 = (x+y-xy)((x+y)^2 + xy(x+y) + (xy)^2)$

$= (x+y-xy)(x^2 + y^2 + 2xy + x^2y + xy^2 + x^2y^2).$ ②

对比式①,②得

$x + y - xy = 0,$ ③

或 $x^2 + y^2 + 2xy + x^2y + xy^2 + x^2y^2 = 3xy.$ ④

若式③成立,则 $\dfrac{1}{y} + \dfrac{1}{x} - 1 = 0 \Rightarrow \dfrac{1}{x} + \dfrac{1}{y} = 1.$

若式④成立,则

$0 = x^2 + y^2 - xy + x^2y + xy^2 + x^2y^2$

$= \dfrac{1}{2}(x-y)^2 + \dfrac{1}{2}x^2(y^2 + 2y + 1) + \dfrac{1}{2}y^2(x^2 + 2x + 1)$

$= \dfrac{1}{2}(x-y)^2 + \dfrac{1}{2}x^2(y+1)^2 + \dfrac{1}{2}y^2(x+1)^2$

$\Rightarrow x - y = y + 1 = x + 1 = 0 \Rightarrow x = y = -1.$

经验证, $x = y = -1$ 确为题给方程的解.

因此, $\dfrac{1}{x} + \dfrac{1}{y} = -2.$

综上,所求的可能值为 1 和 -2.

已知实数 x, y, z, w 满足 $\displaystyle\sum \frac{x}{y+z+w} = 1.$ ①

求 $\displaystyle\sum \frac{x^2}{y+z+w}$ 的值.

(2017,克罗地亚数学竞赛)

解 式① 两边同乘以 $x+y+z+w$ 得

$\displaystyle\sum \frac{x^2 + x(y+z+w)}{y+z+w} = x+y+z+w$

$\Rightarrow \displaystyle\sum \left(\frac{x^2}{y+z+w} + x \right) = x+y+z+w \Rightarrow \sum \frac{x^2}{y+z+w} = 0.$

已知正实数 x, y, z 满足 $16xyz = (x+y)^2(x+z)^2.$ ①

(1) 求 $x+y+z$ 的最大值 M;

(2) 证明:有无穷多正有理数三元组 (x, y, z) 满足式① 及 $x+y+z = M$.

(2017,第 48 届奥地利数学奥林匹克)

（1）**解**　由式①得

$$4\sqrt{xyz}=(x+y)(x+z)=x(x+y+z)+yz\geqslant 2\sqrt{xyz(x+y+z)}$$

$$\Rightarrow 2\geqslant\sqrt{x+y+z}.$$

当 $x(x+y+z)=yz$ 时，$x+y+z$ 取得最大值 $M=4$.

（2）**证明**　由（1）知 $M=4$ 且 $x(x+y+z)=yz\Rightarrow 4x=yz$.

令 $y=t$. 则

$$4x=t(4-x-t)\Rightarrow x=\frac{4t-t^2}{t+4},z=\frac{16-4t}{t+4}$$

$$\Rightarrow(x,y,z)=\left(\frac{4t-t^2}{t+4},t,\frac{16-4t}{t+4}\right).$$

由于 $t\in(0,4)$ 且 $t\in\mathbf{Q}$，故有无穷多三元正有理数组 (x,y,z) 满足条件.

已知 x,y,z 为两两不等的非零实数，且满足 $x^2-xy=y^2-yz=z^2-zx$.

（1）求 $\dfrac{x}{z}+\dfrac{y}{x}+\dfrac{z}{y}$ 的所有可能值；

（2）证明：$9xyz=-(x+y+z)^3$.

（2017，第 67 届白俄罗斯数学奥林匹克）

（1）**解**　设 $a=x^2-xy=y^2-yz=z^2-zx$. 则

$$x-y=\frac{a}{x},y-z=\frac{a}{y},z-x=\frac{a}{z}.$$

以上三式相加得 $\dfrac{a(xy+yz+zx)}{xyz}=0$.

于是，$a=0$（舍去，否则 $x=y=z$），或

$$xy+yz+zx=0. \qquad\qquad ①$$

$x^2-xy=y^2-yz$ 两边同乘以 $x+y$ 得

$$x(x-y)(x+y)=y^2(x+y)-yz(x+y). \qquad\qquad ②$$

由式①得 $z(x+y)=-xy$.

代入式②得 $x^3-xy^2=xy^2+y^3+xy^2$.

类似地，$y^3-yz^2=yz^2+z^3+yz^2,z^3-zx^2=zx^2+x^3+zx^2$.

以上三式相加得 $xy^2+yz^2+zx^2=0$.

式①两边同乘以 $x+y+z$ 得

$$0=(x+y+z)(xy+yz+zx)$$

$$=3xyz+x^2y+y^2z+z^2x+xy^2+yz^2+zx^2$$

$$=3xyz+x^2y+y^2z+z^2x$$

$$\Rightarrow x^2y+y^2z+z^2x=-3xyz$$

$$\Rightarrow\frac{x}{z}+\frac{y}{x}+\frac{z}{y}=-3.$$

（2）**证明**　$x^2-xy=y^2-yz$ 两边同减去 z^2-yz 得

$$x^2 - z^2 - xy + yz = y^2 - z^2$$
$$\Rightarrow (x^2 - z^2) - y(x - z) = y^2 - z^2$$
$$\Rightarrow (x - z)(x + z - y) = -(z - y)(y + z).$$

类似地,$(y - x)(y + x - z) = -(x - z)(z + x)$,
$$(z - y)(z + y - x) = -(y - x)(x + y).$$

以上三式相乘,并结合 $(x - y)(y - z)(z - x) \neq 0$,得

$$(x + z - y)(y + x - z)(z + y - x) = -(y + z)(z + x)(x + y). \qquad ③$$

记 $\sigma = x + y + z$. 故式 ③ 为

$$(\sigma - 2y)(\sigma - 2z)(\sigma - 2x) = -(y + z)(z + x)(x + y). \qquad ④$$

由式 ① 得 $z(x + y) = -xy$,$x(y + z) = -yz$,$y(z + x) = -zx$.

因为 $xyz \neq 0$,所以,由式 ④ 得

$$(\sigma - 2y)(\sigma - 2z)(\sigma - 2x) = -\frac{(y + z)x(z + x)y(x + y)z}{xyz}$$

$$\Rightarrow (\sigma - 2y)(\sigma - 2z)(\sigma - 2x) = -\frac{(-yz)(-zx)(-xy)}{xyz} = xyz.$$

将上式左边展开得

$$\sigma^3 - 2(x + y + z)\sigma^2 + 4(xy + yz + zx)\sigma - 8xyz = xyz.$$

结合式 ① 及 $\sigma = x + y + z$,得 $-(x + y + z)^3 = 9xyz$.

> 已知 n 为正整数,使得存在正整数 $x_1, x_2, \cdots, x_n$ 满足
> $$x_1 x_2 \cdots x_n (x_1 + x_2 + \cdots + x_n) = 100n.$$
> 求 n 的最大可能值.
>
> (2017,中国西部数学邀请赛)

解 n 的最大可能值为 9702.

显然,由已知等式得 $\displaystyle\sum_{i=1}^{n} x_i \geqslant n$. 故 $\displaystyle\prod_{i=1}^{n} x_i \leqslant 100$.

又等号无法成立,则 $\displaystyle\prod_{i=1}^{n} x_i \leqslant 99$.

而 $\displaystyle\prod_{i=1}^{n} x_i = \prod_{i=1}^{n} ((x_i - 1) + 1) \geqslant \sum_{i=1}^{n} (x_i - 1) + 1 = \sum_{i=1}^{n} x_i - n + 1$,

则 $\displaystyle\sum_{i=1}^{n} x_i \leqslant \prod_{i=1}^{n} x_i + n - 1 \leqslant n + 98 \qquad$ ①

$\Rightarrow 99(n + 98) \geqslant 100n \Rightarrow n \leqslant 99 \times 98 = 9702$.

取 $x_1 = 99, x_2 = x_3 = \cdots = x_{9702} = 1$,可使式 ① 等号成立.

四　　方程

> 欧洲某座城市的公共交通部门可预售7天的周票和30天的月票,周票价为7.03欧元,月票价为30欧元.黛布拉决定买2014—2016这三年(1096天)的所有票.问:怎样购买最划算?
>
> (2013,芬兰高中数学竞赛)

解 假设黛布拉买 m 张周票和 n 张月票,则 $7m+30n \geqslant 1096$.

票价总共为 $m \times 7.03+n \times 30=0.03m+7m+30n \geqslant 0.03m+1096$.

假设 $7m+30n=1096$.

而7与30互素,则由辗转相除法得

$30=4 \times 7+2,7=3 \times 2+1$

$\Rightarrow 1=7-3 \times 2=7-3(30-4 \times 7)=13 \times 7-3 \times 30$

$\Rightarrow 13 \times 1096 \times 7-3 \times 1096 \times 30=1096$.

对于任意整数 t,均有 $(13 \times 1096-30t) \times 7-(3 \times 1096-7t) \times 30=1096$.

故当 t 越大时 m 越小.

令 $13 \times 1096-30t \geqslant 0$,且 $-(3 \times 1096-7t) \geqslant 0$.

求得 t 的最大值为474,则 $m=13 \times 1096-30t=28$.

又 $3 \times 1096-7 \times 474=-30<0$,若黛布拉购买28张周票和30张月票,他必须花

$1096+28 \times 0.03=1096.84$.

对于其他的周票数 m 和月票数 n,m,n 为非负整数,有

$0.03m+7m+30n \geqslant 0.03m+1097 \geqslant 1097$.

综上,购买28张周票和30张月票最划算.

> 求满足下列方程组的三元实数组 (x,y,z):
> $$\begin{cases} x+y-z=-1, \\ x^2-y^2+z^2=1, \\ -x^3+y^3+z^3=-1. \end{cases}$$
>
> (2013,第52届荷兰数学奥林匹克)

解 将第一个方程改写为 $z=x+y+1$. ①

将式 ① 代入第二个方程得

$x^2-y^2+(x+y+1)^2=1 \Rightarrow 2x^2+2xy+2x+2y=0$

$\Rightarrow 2(x+y)(x+1)=0 \Rightarrow x+y=0$ 或 $x+1=0$.

下面分情况讨论.

(1) 若 $x+y=0$,则 $y=-x$.由方程 ① 得 $z=1$.

将 $y=-x,z=1$ 代入第三个方程得 $-x^3+(-x)^3+1^3=-1 \Rightarrow x=1$.

因此,$(x,y,z)=(1,-1,1)$.

(2) 若 $x+1=0$,则 $x=-1$.由方程 ① 得 $z=y$.

将 $x=-1,z=y$ 代入第三个方程得 $-(-1)^3+y^3+y^3=-1 \Rightarrow y=-1$.

因此,$(x,y,z)=(-1,-1,-1)$.

综上,得到两组解.

经检验,这两组解满足原方程组.

考虑右图的两座时钟.已知它们分别以某一固定速度转动,但这两座时钟均为次品.时钟甲比正常时间快 1%,时钟乙比正常时间快 5%.在某一时刻,两时钟均显示为 $2:00$.当两时钟再次显示同一时间时,表盘上显示为什么时间?

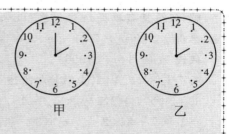

甲　　乙

(2013,第 52 届荷兰数学奥林匹克)

解 在 12 小时中,时钟甲和乙的时针总计分别多走了表盘一圈的 1% 和 5%.于是,在 12 小时内,时钟乙比时钟甲多走了正常时间的 $\dfrac{5}{100}-\dfrac{1}{100}=\dfrac{1}{25}$.经过 12×25 小时后,时钟乙的时针将比时钟甲的时针恰多走一整圈.此时,两座时钟第一次再次显示相同的时间.

在这 12×25 小时中,时钟甲的时针走完 $\dfrac{101}{100} \times 25=25\dfrac{1}{4}$ 圈.两座时钟将显示的同一时间为 $2+3=5$ 点钟.

设 a,b 为非零实数,使得方程 $a(x-a)^2+b(x-b)^2=0$ 有唯一解.证明:$|a|=|b|$.

(2013,第 39 届俄罗斯数学奥林匹克)

证明 当 a 与 b 符号相同时,若其均为正数,则 $a(x-a)^2 \geq 0,b(x-b)^2 \geq 0$.

此时,原方程 $a(x-a)^2+b(x-b)^2=0 \Leftrightarrow a(x-a)^2=0$,且 $b(x-b)^2=0$.

故 $x=a$,且 $x=b$.

由方程解的唯一性,知 $a=b$.

若 a 与 b 均为负数,则可类似讨论.

接下来设 a 与 b 不同号.

不妨设 $a>0,b<0$.此时,设 $a=c^2,b=-d^2(c>0,d>0)$.

利用平方差公式将原方程变形为

$$0 = a(x-a)^2 + b(x-b)^2 = c^2(x-c^2)^2 - d^2(x+d^2)^2$$
$$= (c(x-c^2) - d(x+d^2))(c(x-c^2) + d(x+d^2)).$$

若 $c \neq d$，由 $|c-d| < |c+d|$，$|c^3+d^3| > |c^3-d^3|$，则该方程有两个不同的解

$$x_1 = \frac{ac-bd}{c-d} = \frac{c^3+d^3}{c-d}, x_2 = \frac{ac+bd}{c+d} = \frac{c^3-d^3}{c+d}.$$

故 $|x_1| > |x_2|$.

这表明，为满足题中条件，必须 $c = d$. 由此知 $a = -b$.

是否存在这样的 2013 个互不相同的正整数，其中任意 2012 个数的和均不小于剩下来的数的平方？

（2013，第 39 届俄罗斯数学奥林匹克）

解 不存在.

假设存在这样的 2013 个正整数.

因为其互不相同，所以，其中最大的数不小于 2013. 将该数记作 a.

易知，所有其余 2012 个数的和不超过 $2012a$，而该数的平方为 $a^2 \geqslant 2013a$，大于其余 2012 个数的和，此为矛盾.

求所有的整数对 (a,b)，满足 $(b^2 + 7(a-b))^2 = a^3b$.

（2013，第 64 届白俄罗斯数学奥林匹克）

解 注意到，

$$(b^2 + 7(a-b))^2 = a^3b \Leftrightarrow b^4 + 14b^2(a-b) + 49(a-b)^2 = a^3b$$
$$\Leftrightarrow a^3b - b^4 - 14b^2(a-b) - 49(a-b)^2 = 0$$
$$\Leftrightarrow b(a^3 - b^3) - 14b^2(a-b) - 49(a-b)^2 = 0$$
$$\Leftrightarrow (a-b)(ba^2 + ab^2 + b^3 - 14b^2 - 49(a-b)) = 0. \qquad ①$$

若 $a = b$，式 ① 显然成立.

故当 $a = b = t(t \in \mathbf{Z})$ 时，方程恒成立.

当 $a \neq b$ 时，由式 ① 有 $ba^2 + ab^2 + b^3 - 14b^2 - 49(a-b) = 0$. $\qquad ②$

若 $b = 0$，则由式 ② 得 $a = 0$，即 $a = b = 0$，矛盾.

于是，$b \neq 0$.

将式 ② 看成关于 a 的一元二次方程得

$$ba^2 + (b^2 - 49)a + b^3 - 14b^2 + 49b = 0. \qquad ③$$

其判别式记为 $D(b)$，得

$$D(b) = (b^2 - 49)^2 - 4b(b^3 - 14b^2 + 49b)$$
$$= (b-7)^2((b+7)^2 - 4b^2) = -(b-7)^3(3b+7).$$

方程 ③ 有实根,当且仅当 $D(b) \geqslant 0$,解得 $b \in \left[-\dfrac{7}{3}, 7 \right]$,其中,包含的整数有 -2,$-1,0,1,2,3,4,5,6,7$.

因为 $b \neq 0$,且 $a_{1,2} = \dfrac{49 - b^2 \pm \sqrt{D(b)}}{2b}$,所以,为了使方程 ③ 有整数解,$D(b)$ 需为完全平方数,b 只能取 $-2,3,6,7$.

(1) 若 $b = -2$,则 $D(b) = 27^2$.故 $a_1 = -\dfrac{9}{2}$,$a_2 = -18$.

因此,$(a,b) = (-18, -2)$ 为满足要求的一组解.

(2) 若 $b = 3$,则 $D(b) = 2^{10}$.故 $a_1 = \dfrac{4}{3}$,$a_2 = 12$.

因此,$(a,b) = (12,3)$ 为满足要求的一组解.

(3) 若 $b = 6$,则 $D(b) = 5^2$.故 $a_1 = \dfrac{3}{2}$,$a_2 = \dfrac{2}{3}$.

此时,没有满足要求的解.

(4) 若 $b = 7$,则 $D(b) = 0$.故 $a_1 = a_2 = 0$.

因此,$(a,b) = (0,7)$ 为满足要求的一组解.

综上,满足题目要求的解为 $(a,b) = (t,t)(t \in \mathbf{Z})$,$(-18, -2)$,$(0,7)$,$(12,3)$.

已知正实数 a,b,c.求最大的实数 x,使得对于任意正实数 $p,q,r(p+q+r=1)$ 均有 $x \leqslant \min\left\{ \dfrac{ap}{q}, \dfrac{bq}{r}, \dfrac{cr}{p} \right\}$.

(2013,第 63 届白俄罗斯数学奥林匹克)

解 设 $x > 0$.将 $x \leqslant \dfrac{ap}{q}$,$x \leqslant \dfrac{bq}{r}$,$x \leqslant \dfrac{cr}{p}$ 相乘得 $x \leqslant \sqrt[3]{abc}$.

这表明,$\sqrt[3]{abc}$ 满足问题所涉及的情况.

下面证明:含有未知量 p,q,r 的方程组 $\begin{cases} \sqrt[3]{abc} = a\dfrac{p}{q}, \\ \sqrt[3]{abc} = b\dfrac{q}{r}, \\ p+q+r = 1 \end{cases}$ 有一组正实数解 (p,q,r).

在前两个方程中,用 q 来分别表示 p,r,然后在第三个方程中用这些表示对 p,r 进行代换.由此得到正实数解

$$p = \dfrac{yq}{a}, r = \dfrac{bq}{y}, q = \dfrac{1}{\dfrac{y}{a} + \dfrac{b}{y} + 1} \quad (y = \sqrt[3]{abc}).$$

求所有整数对 (a,b),满足 $\dfrac{a^2+1}{2b^2-3} = \dfrac{a-1}{2b-1}$. ①

(2013,第 62 届捷克和斯洛伐克数学奥林匹克)

解　显然,$a \neq 1$.

注意到,方程 ① $\Leftrightarrow \dfrac{a^2+1}{a-1} = \dfrac{2b^2-3}{2b-1}$.　　　　　②

于是,方程 ② 左边的分子为正.

当 $b=-1$ 时,方程 ① 为 $3a^2-a+4=0$,无实根;

当 $b=0$ 时,方程 ① 为 $a^2-3a+4=0$,无实根;

当 $b=1$ 时,方程 ① 为 $a^2+a=0 \Rightarrow a=-1,0$.

从而,$(0,1)$ 和 $(-1,1)$ 为方程 ① 的整数解.

假设 $2b^2-3>0$.

若 n 为 a^2+1 与 $a-1$ 的公约数,则 $n \mid (a^2+1-(a-1)(a+1)) \Rightarrow n \mid 2$;

若 n 为 $2b^2-3$ 与 $2b-1$ 的公约数,则 $n \mid ((2b-1)(2b+1)-2(2b^2-3)) \Rightarrow n \mid 5$.

因此,方程 ② 可化为以下四种情况.

(1) $\begin{cases} a^2+1=2b^2-3, \\ a-1=2b-1, \end{cases}$ 无实根;

(2) $\begin{cases} a^2+1=2(2b^2-3), \\ a-1=2(2b-1), \end{cases}$ 化简得 $3b^2-2b+2=0$,无实根;

(3) $\begin{cases} 5(a^2+1)=2b^2-3, \\ 5(a-1)=2b-1, \end{cases}$ 解得 $(a,b)=(0,-2)$;

(4) $\begin{cases} 5(a^2+1)=2(2b^2-3), \\ 5(a-1)=2(2b-1), \end{cases}$ 解得 $(a,b)=(-1,-2)$ 或 $(7,8)$.

综上,方程 ① 的整数根为 $(a,b)=(0,1),(-1,1),(0,-2),(-1,-2),(7,8)$.

一辆测试车在由不同的上坡、下坡、水平这三种路面组成(上坡和下坡路面与水平面夹角相同)的封闭环形跑道上进行测试,其中,每一条跑道的长度均为 600 米.记上坡速度为 v_s,水平速度为 v_p,下坡速度为 v_d.测试结果如下:

(1) 测试车的速度只取决于行驶的路面是上坡、水平还是下坡,且满足
$v_s < v_p < v_d$;

(2) v_s, v_p, v_d 的值均为整数(单位:米/秒);

(3) 测试车在任何跑道上均用 50 秒跑完全程.

求所有满足条件的三元数组 (v_s, v_p, v_d).

(2013,第 29 届意大利数学奥林匹克)

解　说明:解答过程中省略单位.

先考虑全部水平的 600 米封闭跑道的情况.

由测试结果(3),知 $\dfrac{600}{v_p}=50 \Rightarrow v_p=\dfrac{600}{50}=12$.

其次考虑一般的 600 米封闭跑道.设上坡路面总长度为 s,下坡路面总长度为 d,水平路面总长度为 p.显然,$s+d+p=600$.

又因为跑道是封闭的,所以,上升总高度与下降总高度相等,且上、下坡路面与水平路面的夹角相同.于是,$s = d$.

再考虑到各种可能的跑道情况及测试结果(3),知 $0 \leqslant s \leqslant 300$.

故 $p = 600 - s - d = 600 - 2s$.

于是,测试车跑完跑道所用时间可以表示为

$$\frac{s}{v_s} + \frac{p}{v_p} + \frac{d}{v_d} = \frac{s}{v_s} + \frac{600 - 2s}{12} + \frac{s}{v_d} = s\left(\frac{1}{v_s} + \frac{1}{v_d} - \frac{1}{6}\right) + \frac{600}{12} = 50$$

$$\Rightarrow s\left(\frac{1}{v_s} + \frac{1}{v_d} - \frac{1}{6}\right) = 0 \Rightarrow \frac{1}{v_s} + \frac{1}{v_d} = \frac{1}{6}(v_s \neq 0, v_d \neq 0)$$

$$\Rightarrow v_s v_d = 6(v_s + v_d) \Rightarrow (v_s - 6)(v_d - 6) = 36,$$

其中,v_d 为整数,且 $v_d > v_p = 12$.

从而,$v_d - 6$ 是 36 的约数,且 $v_d - 6 > 6$.

故 $v_d - 6 = 9, 12, 18, 36 \Rightarrow v_d = 15, 18, 24, 42$.

又 $v_s = 6 + \dfrac{36}{v_d - 6}$,则 $v_s = 10, 9, 8, 7$.

从而,满足题目条件的数组

$$(v_s, v_p, v_d) = (10, 12, 15), (9, 12, 18), (8, 12, 24), (7, 12, 42).$$

求 $y = 2x^2 + 5xy + 3y^2$ 的所有整数解.

（2013,第 30 届希腊数学奥林匹克）

解 原方程等价于 $(x + y - 1)(2x + 3y + 2) = -2$.

故 $(x + y - 1, 2x + 3y + 2) = (-1, 2), (1, -2), (2, -1), (-2, 1)$.

则 $(x, y) = (0, 0), (10, -8), (12, -9), (-2, 1)$.

对每一个确定的参数 a,求关于 x 的方程 $\sqrt{ax + \sqrt[3]{x}} = x^{2013}$ 的实数解的个数.

（2013,第 53 届乌克兰数学奥林匹克）

解 显然,$x \geqslant 0$.

对于任意的 $a \in \mathbf{R}, x = 0$ 为实数解.

接下来只需考虑 $x > 0$ 时的情况.

原方程等价于 $a = x^{4025} - x^{-\frac{2}{3}}$.

函数 $f(x) = x^{4025} - x^{-\frac{2}{3}}$ 在区间 $(0, +\infty)$ 上单调递增.

注意到,$\lim\limits_{x \to +0} f(x) = -\infty$,$\lim\limits_{x \to +\infty} f(x) = +\infty$.

因此,对于任意给定的参数 a,方程 $a = x^{4025} - x^{-\frac{2}{3}}$ 在区间 $(0, +\infty)$ 有且只有一个实数解.

综上,原方程有两个实数解.

求方程组 $\begin{cases} x^2 - y = z^2, \\ y^2 - z = x^2, \\ z^2 - x = y^2 \end{cases}$ 的所有实数解.

（2013，克罗地亚数学竞赛）

解 将三个方程相加得 $x + y + z = 0 \Rightarrow z = -x - y$.

代入第一个方程得

$x^2 - y = (-x - y)^2 \Rightarrow x^2 - y = x^2 + 2xy + y^2$

$\Rightarrow y(2x + y + 1) = 0 \Rightarrow y = 0$ 或 $2x + y + 1 = 0$.

(1) 若 $y = 0$, 则 $z = -x$.

由第二个方程得 $x(x - 1) = 0$. 于是, $x = 0$ 或 1.

从而, 方程组的解为 $(x, y, z) = (0, 0, 0), (1, 0, -1)$.

(2) 若 $2x + y + 1 = 0$, 则 $y = -2x - 1 \Rightarrow z = -x - y = x + 1$.

由第三个方程得 $x(x + 1) = 0$. 于是, $x = 0$ 或 -1.

从而, 方程组的解为 $(x, y, z) = (0, -1, 1), (-1, 1, 0)$.

因此, 原方程组的解为 $(x, y, z) = \{(0, 0, 0), (1, 0, -1), (0, -1, 1), (-1, 1, 0)\}$.

求满足下面四个方程的四元实数组 (a, b, c, d):

$\begin{cases} ab + c + d = 3, & ① \\ bc + d + a = 5, & ② \\ cd + a + b = 2, & ③ \\ da + b + c = 6. & ④ \end{cases}$

（2013，荷兰国家队选拔考试）

解 ② - ①, ④ - ③ 分别得

$2 = bc + a - (ab + c) = b(c - a) + a - c = (b - 1)(c - a)$,

$4 = da + c - (cd + a) = d(a - c) + c - a = (1 - d)(c - a)$.

显然, $c - a \neq 0$.

从而, $1 - d = 2(b - 1) \Rightarrow 3 = 2b + d$.

类似地, ② - ③, ④ - ① 分别得 $3 = (c - 1)(b - d), 3 = (1 - a)(b - d)$.

从而, $c - 1 = 1 - a \Rightarrow a + c = 2$.

① + ② 得

$8 = ab + c + d + bc + d + a = b(a + c) + (a + c) + 2d = 2b + 2 + 2d = 5 + d$.

于是, $d = 3$. 解得, $b = 0, c = 0, a = 2$.

综上, $(a, b, c, d) = (2, 0, 0, 3)$.

代数部分

设 a,b,c 为给定互异实数. 证明: 方程 $(x-a)(x-b)=x-c$, $(x-b)(x-c)=x-a$, $(x-c)(x-a)=x-b$ 中至少有两个实根.

(第 39 届俄罗斯数学奥林匹克)

证明 不妨设 $a<b<c$. 则 $f_1(x)=(x-b)(x-c)-(x-a)$, $f_2(x)=(x-c)(x-a)-(x-b)$, $f_3(x)=(x-a)(x-b)-(x-c)$.

注意到, 它们的二次项系数为正, 且 $f_2(c)=b-c<0$, $f_1(b)=a-b<0$.

故 $f_1=0$, $f_2=0$ 均有实根.

设实数 a,b 使得方程 $x^3-ax^2+bx-a=0$ 有三个正实根. 求 $\dfrac{2a^3-3ab+3a}{b+1}$ 的最小值.

(2013, 第十届中国东南地区数学奥林匹克)

解 设原方程的三个正实根分别为 x_1,x_2,x_3. 则由根与系数的关系得

$x_1+x_2+x_3=a$, $x_1x_2+x_2x_3+x_1x_3=b$, $x_1x_2x_3=a$.

故 $a>0$, $b>0$.

由 $(x_1+x_2+x_3)^2 \geqslant 3(x_1x_2+x_2x_3+x_1x_3) \Rightarrow a^2 \geqslant 3b$.

又 $a=x_1+x_2+x_3 \geqslant 3\sqrt[3]{x_1x_2x_3}=3\sqrt[3]{a} \Rightarrow a \geqslant 3\sqrt{3}$.

则 $\dfrac{2a^3-3ab+3a}{b+1}=\dfrac{a(a^2-3b)+a^3+3a}{b+1} \geqslant \dfrac{a^3+3a}{b+1} \geqslant \dfrac{a^3+3a}{\dfrac{a^2}{3}+1}=3a \geqslant 9\sqrt{3}$.

当 $a=3\sqrt{3}$, $b=9$, 即原方程的三个根均为 $\sqrt{3}$ 时, 上式等号成立.

综上, 所求的最小值为 $9\sqrt{3}$.

已知 a,b,c 是三个互异实数. 若在二次方程

$$\begin{cases} x^2+ax+b=0, & \text{①} \\ x^2+bx+c=0, & \text{②} \\ x^2+cx+a=0 & \text{③} \end{cases}$$

中任意两个均恰有一个公共根, 求 $a^2+b^2+c^2$ 的值.

(2013, 第四届陈省身杯全国高中数学奥林匹克)

解 由方程①, ②知其公共根为 $p=\dfrac{b-c}{b-a}$.

类似地, 方程②, ③, 方程①, ③的公共根分别为 $q=\dfrac{c-a}{c-b}$, $r=\dfrac{a-b}{a-c}$.

于是, $pqr=-1$.

若 p,q,r 中有两个相等, 不妨设 $p=q$, 则三个方程有公共根 p. 于是,

$$p = r \Rightarrow p = r = q = -1 \Rightarrow a = b = c,$$

矛盾.

下设 p, q, r 互异.则三个方程有形式

$$(x - p)(x - r) = 0, (x - p)(x - q) = 0, (x - q)(x - r) = 0.$$

于是,$a = -p - r = qr, b = -q - p = rp, c = -r - q = pq$.

故 $-2(p + q + r) = pq + qr + rp$,

$$-1 = (q + 1)(p + 1)(r + 1) = pq + qr + rp + p + q + r.$$

于是,$p + q + r = 1, pq + qr + rp = -2$.

则 $a^2 + b^2 + c^2 = 2(p^2 + q^2 + r^2 + pq + qr + rp) = 6$.

求方程 $x^2 + 4\left(\dfrac{x}{x - 2}\right)^2 = 45$ 的实根.

(2013—2014,匈牙利数学奥林匹克)

解 注意到,

$$x^2 + 4\left(\frac{x}{x - 2}\right)^2 = 45 \Rightarrow x^2(x - 2)^2 + 4x^2 = 45(x - 2)^2$$

$$\Rightarrow x^4 - 4x^3 - 37x^2 + 180x - 180 = 0 \Rightarrow (x - 3)(x - 6)(x^2 + 5x - 10) = 0$$

$$\Rightarrow x_1 = 3, x_2 = 6, x_{3,4} = \frac{-5 \pm \sqrt{65}}{2}.$$

验证知均为原方程的根.

某学生在一个月中得到老师的 17 次评分,每次的分数均为 2,3,4,5 中的一个数,且他的 17 次得分的算术平均值为整数.证明:有某个分数,该学生至多得了两次.

(2014,第 40 届俄罗斯数学奥林匹克)

证明 假设不然.则每个分数均至少得了三次.于是,该学生在 17 次得分中,12 次得分的和为 $2 \times 3 + 3 \times 3 + 4 \times 3 + 5 \times 3 = 42$,剩下 5 次的得分最少为 $2 \times 5 = 10$ 分,最多为 $5 \times 5 = 25$ 分.从而,该学生 17 次得分的总和在 52 分与 67 分之间.而在此范围内的正整数均不为 17 的倍数($3 \times 17 = 51, 4 \times 17 = 68$),此与题意矛盾.

已知 $x, y, z \in \mathbf{Z}$.解方程组 $\begin{cases} xy + z = 27, \\ x + yz = 22. \end{cases}$

(2014,第 58 届摩尔多瓦数学奥林匹克)

解 两式相减得

$$xy + z - x - yz = 5 \Rightarrow (y - 1)(x - z) = 5 \Rightarrow y - 1 = \pm 1, \pm 5.$$

由枚举法易知 $(x, y, z) = (4, 6, 3), (22, 0, 27)$.

求方程 $\dfrac{2x+2}{x^2+2x+2}+x^4-8x^2+17=0$ 的全体实数解.

(2014,第 58 届摩尔多瓦数学奥林匹克)

解 原方程变形为 $(x^2-4)^2+1=-\dfrac{2(x+1)}{(x+1)^2+1}$. ①

显然,式 ① 左边 $\geqslant 1$,而式 ① 右边 $\leqslant 1$.

从而,必有 $x^2=4$ 及 $-(x+1)=1$.因此,$x=-2$.

已知 $a\in\mathbf{R}$.求所有 a 的可能值,使得方程 $|ax-1|=ax^2+(1-2a)x+1$ 恰有一个实根.

(2014,第 58 届摩尔多瓦数学奥林匹克)

解 易知,对于任意的 $a\in\mathbf{R}$,$x=0$ 均为原方程的解.

若 $a=0$,则 $x=0$ 为原方程的唯一实根.

若 $a\neq 0$,设 $f_1(x)=ax-1$,$f_2(x)=-ax+1$,$g(x)=ax^2+(1-2a)x+1$.

则 $f_1(x)$ 与 $f_2(x)$ 之一和 $g(x)$ 在 $x=0$ 处相切,即

$g'(0)=f_1'(0)$ 或 $g'(0)=f_2'(0)\Rightarrow 1-2a=\pm a\Rightarrow a=1,\dfrac{1}{3}$.

(1) 若 $a=\dfrac{1}{3}$,则原方程化为 $x^2+x+3=|x-3|\Rightarrow x=0,-2$,与题目要求矛盾;

(2) 若 $a=1$,则原方程化为 $x^2-x+1=|x-1|\Rightarrow x=0$,符合题意.

综上,$a=0,1$.

求所有的实数对 (x,y) 满足 $\begin{cases} x+y^2=y^3, \\ y+x^2=x^3. \end{cases}$

(2014,克罗地亚数学竞赛)

解 将所给方程组相减并整理得 $(x-y)(-1+x+y)=(x-y)(x^2+xy+y^2)$.

则 $x-y=0$ 或 $x+y-1=x^2+xy+y^2$.

在后一种情况中,无解.

事实上,$x+y-1=x^2+xy+y^2\Leftrightarrow y^2+(x-1)y+x^2-x+1=0$. ①

式 ① 为关于 y 的二次方程,

$\Delta=(x-1)^2-4(x^2-x+1)=-3x^2+2x-3$

是关于 x 的二次多项式,其恒小于 0,即式 ① 无实数解.

在前一种情况中,$y=x$.

于是,原方程组化简为 $x+x^2=x^3\Rightarrow x(x^2-x-1)=0\Rightarrow x=0,\dfrac{1\pm\sqrt{5}}{2}$.

故 $(x,y) = (0,0),\left(\dfrac{1\pm\sqrt{5}}{2},\dfrac{1\pm\sqrt{5}}{2}\right).$

> 证明:对于每一个不小于 100 的整数 S,均存在一个使下面的故事必成立的整数 P.
> 　一位数学家问一位商店店主:"这个桌子、这个柜子和这个书架一共多少钱?"店主回答:"这些东西的价格均为正整数,桌子比柜子昂贵,柜子又比书架昂贵.三种物品价格之和为 S,价格的乘积为 P."数学家想了一会儿,抱怨道:"这些已知条件不足以推导出三种物品的价格."
>
> (2014,第 17 届地中海地区数学竞赛)

证明　构造两组数组 $(a,b,c) = (x,2y,3z),(y,2z,3x)$,满足 $a+b+c=S,abc=P$,
则 $x+2y+3z = y+2z+3x \Rightarrow y+z = 2x.$

设 $y = x-d,z = x+d.$

故两数组为 $(x,2(x-d),3(x+d)),(x-d,2(x+d),3x),$

$S = 6x+d,P = 6x(x+d)(x-d).$

取 d 为 $1\sim6$ 中的整数.由 $S\geqslant100 \Rightarrow x\geqslant16 \Rightarrow x>2d.$

从而,$0<x-d<x<2(x-d)<2(x+d)<3x<3(x+d)$,知此时有两组满足条件的数组.

> 已知 $x_1,x_2,x_3(x_1<x_2<x_3)$ 为方程
> $$x^3-3x^2+(a+2)x-a = 0(a\in\mathbf{R}) \qquad ①$$
> 的三个实数根.求 $4x_1-x_1^2+x_3^2$ 所有可能值.
>
> (2014,第 65 届白俄罗斯数学奥林匹克)

解　注意到,1 为方程 ① 的一个根.

则方程 $① \Leftrightarrow (x-1)(x^2-2x+a) = 0.$

故方程 ① 的另外两个实根为 $x^2-2x+a=0$ 的两个根,且两根之和为 2.

于是,必一根小于 1,另一根大于 1.

从而,$x_2 = 1,x_1,x_3$ 为方程 $x^2-2x+a=0$ 的两个根.

故 $4x_1-x_1^2+x_3^2 = (x_3+x_1)(x_3-x_1)+4x_1 = 2(x_3-x_1)+4x_1 = 2(x_3+x_1) = 4.$

> 已知 n 为给定的自然数.求整数 x,y,z,使得
> $$x^2+y^2+z^2 = 2^n(x+y+z). \qquad ①$$
>
> (2014,罗马尼亚数学奥林匹克)

解　当 $n=0$ 时,由 $x^2\geqslant x$ 对一切整数 x 成立.取等的条件是 $x\in\{0,1\}.$

于是,$x,y,z\in\{0,1\}.$

当 $n \geqslant 1$ 时,由 $2 \mid (x^2 + y^2 + z^2)$,知 x, y, z 三数中,要么恰有一个为偶数,要么三个均为偶数.

(1) 当 x, y, z 恰有一个为偶数时,不妨设

$x = 2x_1 + 1, y = 2y_1 + 1, z = 2z_1$($x_1, y_1, z_1$ 均为整数).

故 $4(x_1^2 + x_1 + y_1^2 + y_1 + z_1^2) + 2 = 2^{n+1}(x_1 + y_1 + z_1 + 1)$.矛盾.

(2) 当 x, y, z 均为偶数时,设 $x = 2x_1, y = 2y_1, z = 2z_1$($x_1, y_1, z_1$ 均为整数).

故 $x_1^2 + y_1^2 + z_1^2 = 2^{n-1}(x_1 + y_1 + z_1)$.

若 $n = 1$,则 $x_1, y_1, z_1 \in \{0, 1\}, x, y, z \in \{0, 2\}$.

若 $n > 1$,同上面的讨论,可设 $x = 2^n x_n, y = 2^n y_n, z = 2^n z_n$($x_n, y_n, z_n$ 均为整数).

故 $x_n^2 + y_n^2 + z_n^2 = x_n + y_n + z_n$.

因此,$x_n, y_n, z_n \in \{0, 1\}, x, y, z \in \{0, 2^n\}$.

求所有实数组 (x, y, z),满足

$$\begin{cases} x^3 + y^3 = 3y + 3z + 4, & \text{①} \\ y^3 + z^3 = 3z + 3x + 4, & \text{②} \\ z^3 + x^3 = 3x + 3y + 4. & \text{③} \end{cases}$$

(2014,德国数学奥林匹克)

解 ① + ② − ③ 得 $2y^3 = 6z + 4 \Rightarrow z = \dfrac{y^3 - 2}{3}$.

类似地,$x = \dfrac{z^3 - 2}{3}, y = \dfrac{x^3 - 2}{3}$.

令 $f(x) = \dfrac{x^3 - 2}{3}$.则 $x = f(f(f(x)))$.

考虑 $y = f(x)$ 的图象,如图 1 所示.

易知,$y = f(x)$ 与 $y = x$ 在点 $(-1, -1)$ 处相切.

于是,当 $x \leqslant 2$ 时,$f(x) \leqslant x$,且等号仅在 $x = -1$ 或 $x = 2$ 处成立;当 $x > 2$ 时,$f(x) > x$.

若 $x < 2$,且 $x \neq -1$,则

$f(f(f(x))) < f(f(x)) < f(x) < x$,

与 $x = f(f(f(x)))$ 矛盾.

若 $x > 2$,则

$f(f(f(x))) > f(f(x)) > f(x) > x$,

与 $x = f(f(f(x)))$ 矛盾.

从而,$x = 2$ 或 $x = -1$,即满足条件的三元组为 $(-1, -1, -1)$ 和 $(2, 2, 2)$.

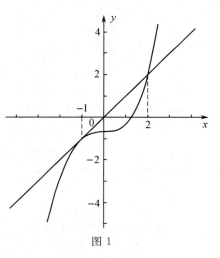

图 1

已知 n 为正整数,彼得和萨莎每人分别想好两个不超过 n 的正整数.若他们均将自己想的两数相加,发现得到的数被 n 除的余数相同,且他们均将自己想的两数相乘,发现得到的数被 n 除的余数相同.

(1) 对于 $n = 99$,彼得和萨莎想的两数是否一定相同?

(2) 对于 $n = 101$,彼得和萨莎想的两数是否一定相同?

(2014,爱沙尼亚数学奥林匹克)

解 (1) 不一定.

例如,彼得想的两个数为 1 和 21,而萨莎想的两个数为 10 和 12,和与积关于 99 的余数相等.

(2) 一定.

若彼得想的两个数为 a,b,而萨莎想的两个数为 c,d,则由题意知

$101 \mid (ab - cd), 101 \mid (a + b - c - d)$

$\Rightarrow 101 \mid (a(a + b - c - d) - (ab - cd)) \Rightarrow 101 \mid (a - c)(a - d)$.

由于 101 为素数,则 $101 \mid (a - c)$ 或 $101 \mid (a - d)$.

而 a,b,c,d 均为不超过 101 的正整数,故 $a = c$ 或 $a = d$.

不妨设 $a = c$,结合 $101 \mid (a + b - c - d)$,有 $b = d$.从而,$\{a,b\} = \{c,d\}$.

已知正整数 n 在黑板上写了一次,$n - 1$ 在黑板上写了两次,依次类推,每步正整数均减去 1,而其出现的次数为前一个数的两倍,直到 0 为止.证明:黑板上所有数的和小于 2^{n+1}.

(2014,爱沙尼亚数学奥林匹克)

证明 在黑板上写的数的和 $S_n = n + 2(n - 1) + 4(n - 2) + \cdots + 2^{n-1}$.

则 $2S_n = 2n + 2^2(n - 1) + 2^3(n - 2) + \cdots + 2^n$.

以上两式相减得

$S_n = 2^n + 2^{n-1} + \cdots + 2^3 + 2^2 + 2^1 - n = 2^{n+1} - (n + 2) < 2^{n+1}$.

求下列方程组的所有自然数解:

$$\begin{cases} x + y - z = 12, & \text{①} \\ x^2 + y^2 - z^2 = 12. & \text{②} \end{cases}$$

(2014,第 63 届立陶宛数学奥林匹克)

解 先考虑 $x \geqslant y$ 的情况.

由式 ① 得 $z = x + y - 12$.代入式 ② 得

$xy - 12x - 12y + 78 = 0 \Rightarrow (x - 12)(y - 12) = 66.$ ③

由 $x - 12 \geqslant y - 12 \geqslant -12$,知式 ③ 共有五组解:

$(x-12, y-12) = (66,1),(33,2),(22,3),(11,6),(-6,-11)$(舍去).

故原方程组所有解为

$$(x,y,z) = (78,13,79),(13,78,79),(45,14,47),(14,45,47),(34,15,37),$$
$$(15,34,37),(23,18,29),(18,23,29).$$

别佳和瓦夏同时往自己的计算器里输入一个相同的非零整数.每一时刻,别佳要么将自己的数增加 10,要么将其乘以 2014.与此同时,瓦夏则在第一种情况下将自己的数减去 10,在第二种情况下将自己的数除以 2014.试问:在一段时间之后,两人计算器中的数能否再次相等?

(2014,第六届欧拉数学竞赛)

解 有可能.

假设在重新得到相等的数之前,别佳是将自己的数乘以 2014,瓦夏是将自己的数除以 2014 的,这表明,他们手中的数均为负数,而且就绝对值而言,瓦夏的数是别佳的数的 2014^2 倍.假定这两个数是从开头的某个相同的数 n 经过 k 次"别佳加 10,瓦夏减 10"的运算后得到的.则

$$n - 10k = 2014^2(n+10k) \Rightarrow 10(2014^2+1)k = (1-2014^2)n.$$

故若令 $n = -10(2014^2+1)$,于是,当进行了 2014^2-1 次"别佳加 10,瓦夏减 10"的运算后,再作一次"别佳乘以 2014,瓦夏除以 2014"的运算,就可再次得到两个相等的数.

已知 n 为正偶数,实数 $c_1,c_2,\cdots,c_{n-1}$ 满足 $\sum_{i=1}^{n-1} |c_i-1| < 1$. 证明:方程 $2x^n + \sum_{i=1}^{n-1}(-1)^i c_i x^i + 2 = 0$ 无实根.

(2014,美国国家队选拔考试)

证明 设 $P(x) = 2x^n + \sum_{i=1}^{n-1}(-1)^i c_i x^i + 2$.

因为对于所有的整数 $i(1 \leqslant i \leqslant n-1)$, $c_i \in (0,2)$,所以,对于所有的 $x \leqslant 0$,有 $P(x) \geqslant 2 > 0$.

下面证明:对于所有的 $x > 0$,有 $P(x) > 0$.

设 $c_i = 1 + \varepsilon_i (i=1,2,\cdots,n-1)$.

则 $\sum_{i=1}^{n-1} |\varepsilon_i| < 1$,且对于 $x > 0$,有 $P(x) = \sum_{i=0}^{n}(-1)^i x^i + x^n + 1 + \sum_{i=1}^{n-1}(-1)^i \varepsilon_i x^i$.

因为对于 $x \geqslant 1$,有 $x^{n+1} - x \geqslant 0$;对于 $0 < x \leqslant 1$,有 $1-x \geqslant 0$,所以, $2x^{n+1} - x + 1 > 0$.故 $\sum_{i=0}^{n}(-1)^i x^i = \dfrac{x^{n+1}+1}{x+1} > \dfrac{1}{2} > 0$.

由三角形不等式,对于 $0 < x \leqslant 1$,有

$$\left| \sum_{i=1}^{n-1} (-1)^i \varepsilon_i x^i \right| \leqslant \sum_{i=1}^{n-1} |(-1)^i \varepsilon_i x^i| \leqslant \sum_{i=1}^{n-1} |\varepsilon_i| < 1. \qquad ①$$

则 $x^n + 1 + \sum_{i=1}^{n-1} (-1)^i \varepsilon_i x^i \geqslant x^n + 1 - \left| \sum_{i=1}^{n-1} (-1)^i \varepsilon_i x^i \right| > x^n > 0.$

对于 $x \geqslant 1$，类似于式 ① 中用 $\dfrac{1}{x}$ 代替 $x\left(\text{此时}, 0 < \dfrac{1}{x} \leqslant 1\right)$，有

$$\left| \sum_{i=1}^{n-1} (-1)^i \varepsilon_i \left(\frac{1}{x}\right)^{n-i} \right| \leqslant \sum_{i=1}^{n-1} \left|(-1)^i \varepsilon_i \left(\frac{1}{x}\right)^{n-i}\right| \leqslant \sum_{i=1}^{n-1} |\varepsilon_i| < 1.$$

则 $x^n + 1 + \sum_{i=1}^{n-1} (-1)^i \varepsilon_i x^i = x^n \left(1 + \left(\frac{1}{x}\right)^n + \sum_{i=1}^{n-1} (-1)^i \varepsilon_i \left(\frac{1}{x}\right)^{n-i}\right)$

$\geqslant x^n \left(1 + \left(\frac{1}{x}\right)^n - \left| \sum_{i=1}^{n-1} (-1)^i \varepsilon_i \left(\frac{1}{x}\right)^{n-i} \right|\right) > 1 > 0.$

综上，对于任意实数 x，均有 $P(x) > 0$.

因此，$P(x) = 0$ 无实根.

> 已知 a, b, c 为三个不同的非零实数. 若方程
> $$ax^3 + bx + c = 0, bx^3 + cx + a = 0, cx^3 + ax + b = 0$$
> 有一个公共的实根，证明：至少有一个方程有三个实根（可以是重根）.
>
> （2014，中国香港数学奥林匹克）

证明 设 t 为三个方程的公共根，即

$$at^3 + bt + c = 0, bt^3 + ct + a = 0, ct^3 + at + b = 0.$$

于是，$(a + b + c)(t^3 + t + 1) = 0.$

若 $t^3 + t + 1 = 0$，即 $t^3 = -(t + 1)$，则

$$at^3 + bt + c = 0 \Rightarrow (b - a)t + (c - a) = 0.$$

类似地，$bt^3 + ct + a = 0 \Rightarrow (c - b)t + (a - b) = 0.$

因为 a, b, c 互不相同，所以，由上面两个方程得

$\dfrac{c - a}{b - a} = \dfrac{a - b}{c - b}$，即 $(a - b)^2 + (b - c)^2 + (c - a)^2 = 0.$

由此得到 $a = b = c$，矛盾. 从而，必然有 $a + b + c = 0$.

由此，得到 $t = 1$ 为公共根.

又因为 a, b, c 是非零的，所以，存在两种情况.

【情况 1】 a, b, c 中的两个数是正的，记为 a, b.

考虑函数 $f(y) = by^3 + cy + a$.

由 $f(0) = a > 0$，而当 $y \to -\infty$ 时，$f(y) \to -\infty$，则 $f(x) = 0$ 至少有一个负数根.

又 1 也为 $f(x) = 0$ 的根，故 $f(x) = 0$ 至少有两个实根.

因为虚数根成对出现，所以，$f(x) = 0$ 必有三个实根.

【情况 2】 a, b, c 中的两个数是负的，记作 a, b.

同情况 1 的推理可得到多项式 $g(y) = -(by^3 + cy + a)$ 有三个实数根，即 $f(x) = 0$

有三个实根.

求方程 $\sqrt{1+\sqrt{1+x}} = \sqrt[3]{x}$ 的实数解.

（2015，芬兰高中数学竞赛）

解 令 $y = \sqrt{1+x}$. 则 $y \geqslant 1$，且 $x = y^2 - 1$.

于是，原方程变为

$$\sqrt{1+y} = \sqrt[3]{y^2-1} \Rightarrow (1+y)^3 = (y^2-1)^2 = (y+1)^2(1-y)^2$$

$$\Rightarrow 1+y = (1-y)^2 = 1 - 2y + y^2 \Rightarrow y^2 = 3y$$

$$\Rightarrow y = 3 \text{ 或 } y = 0(\text{舍去}) \Rightarrow x = 3^2 - 1 = 8.$$

求所有满足方程组的实数对 (x, y)：

$$\begin{cases} x^3 + 9x^2 y = 10, & \text{①} \\ y^3 + xy^2 = 2. & \text{②} \end{cases}$$

（第 54 届德国数学奥林匹克）

解 由 ②×27＋① 得 $(x+3y)^3 = 64 \Rightarrow x + 3y = 4$.

将 $x = 4 - 3y$ 代入式 ② 得

$$y^3 - 2y^2 + 1 = 0 \Rightarrow (y-1)(y^2 - y - 1) = 0$$

$$\Rightarrow y = 1 \text{ 或 } \frac{1 \pm \sqrt{5}}{2} \Rightarrow x = 1 \text{ 或 } \frac{5 \mp 3\sqrt{5}}{2}.$$

从而，所求实数对 $(x, y) = (1,1), \left(\dfrac{5 \pm 3\sqrt{5}}{2}, \dfrac{1 \mp \sqrt{5}}{2}\right)$.

对实数 $a, b(a \neq b)$，解关于实数 x, y, z 的方程组：

$$\begin{cases} 3x + z = 2y + a + b, \\ 3x^2 + 3xz = y^2 + 2(a+b)y + ab, \\ x^3 + 3x^2 z = y^2(a+b) + 2yab. \end{cases}$$

（2015，第 55 届乌克兰数学奥林匹克）

解 由前两个方程得 $\begin{cases} a+b = 3x + z - 2y, \\ ab = 3x^2 + 3y^2 - 6xy + 3xz - 2yz. \end{cases}$ ①

代入第三个方程得

$$x^3 - 4y^3 - 6x^2 y + 3x^2 z + 9xy^2 - 6xyz + 3y^2 z = 0$$

$$\Rightarrow (x-y)^2(x - 4y + 3z) = 0.$$

由此得到两种情况.

代数部分

（1）若 $x = y$，则方程组①为 $\begin{cases} a + b = x + z, \\ ab = xz. \end{cases}$ 解得 $(x,y,z) = (a,a,b),(b,b,a)$.

（2）若 $x = 4y - 3z$，则方程组①为 $\begin{cases} a + b = 10y - 8z, \\ ab = 27y^2 - 44yz + 18z^2. \end{cases}$

由 $\dfrac{1}{4}(a-b)^2 = (5y-4z)^2 - (27y^2 - 44yz + 18z^2) = -2(y-z)^2 \leqslant 0$

$\Rightarrow a = b$. 矛盾.

求 $\displaystyle\prod_{k=1}^{1008}(x - 2k + 1) = \prod_{k=1}^{1007}(x - 2k)$ 的不同实数解的个数.

（2015,澳大利亚数学奥林匹克）

解 令 $f(x) = p(x) - q(x)\left(p(x) = \displaystyle\prod_{k=1}^{1008}(x - 2k + 1), q(x) = \prod_{k=1}^{1007}(x - 2k)\right)$.

下面求 $f(x) = 0$ 不同的实数解的个数.

显然，$\deg f(x) = 1008$.

因为 $p(x)$ 是偶数个首一的一次多项式的乘积，$q(x)$ 是奇数个首一的一次多项式的乘积，所以，

$f(0) = 2015!! + 2014!! > 0, f(2016) = 2015!! - 2014!! > 0$.

当 $x = 2, 4, \cdots, 2014$ 时，$q(x) = 0$. 此时，$f(x) = p(x)$.

故 $f(2) = 1 \times (-1)(-3) \cdots (-2013) < 0, f(4) = 3 \times 1 \times (-1) \cdots (-2011) > 0$.

注意到，当 x 的值由 2 变化到 4 时，$f(x)$ 的符号发生了变化. 一般地，每当 x 增加 2，$f(x)$ 的符号就变化一次，一直到 $x = 2014$.

从而，$f(0) > 0$，$f(2) < 0$，$f(4) > 0$，$f(6) < 0$，$\cdots$，$f(2014) < 0$，$f(2016) > 0$.

又 $f(x)$ 为连续函数，由连续函数的零点存在定理，$f(x) = 0$ 在每个区间 $(0,2)$，$(2,4)$，$\cdots$，$(2014,2016)$ 上至少有一个实数解，知 $f(x) = 0$ 至少有 1008 个不同的实数解.

因为 $f(x)$ 是次数为 1008 的多项式，所以，$f(x) = 0$ 至多有 1008 个根.

综上，$f(x) = 0$ 恰有 1008 个不同的实数解.

求方程组的实数解：$\begin{cases} a(b^2 + c) = c(c + ab), \\ b(c^2 + a) = a(a + bc), \\ c(a^2 + b) = b(b + ca). \end{cases}$

（2015,第 64 届捷克和斯洛伐克数学奥林匹克）

解 原方程组可化为 $\begin{cases} ab(b - c) = c(c - a), & ① \\ bc(c - a) = a(a - b), & ② \\ ca(a - b) = b(b - c). & ③ \end{cases}$

若 $a = b$，由式③得 $b = 0$ 或 c. 若 $b = 0$，由式①得 $c = 0$ 或 a.

故 $a=b=c$.

下设 a,b,c 两两不同.

相乘得 $(abc)^2(a-b)(b-c)(c-a)=abc(a-b)(b-c)(c-a)$.

故 $abc=0$ 或 1.

若 $a=0$,由式①、③得 $b=c=0$.矛盾.

于是,$abc=1$.

不妨设 a 最大,则 $a>0$(否则,$a,b,c<0$),$a>b$.于是,$a(a-b)>0$.

又 $bc=\dfrac{1}{a}>0,c-a<0$,故 $bc(c-a)<0$,这与式②矛盾.

综上,$a=b=c$.

设 a,b,c,d 为四个不同的实数.若 a,b 为方程 $x^2-10cx-11d=0$ 的解,c,d 为方程 $x^2-10ax-11b=0$ 的解.求 $a+b+c+d$ 的值.

(2015,克罗地亚数学竞赛)

解 由韦达定理得 $a+b=10c,c+d=10a$.

两式相加得 $a+b+c+d=10(a+c)$.

因为 a 是方程 $x^2-10cx-11d=0$ 的解,且 $d=10a-c$,所以,

$$0=a^2-10ac-11d=a^2-10ac-11(10a-c)=a^2-110a+11c-10ac. \qquad ①$$

类似地,$c^2-110c+11a-10ac=0$. $\qquad ②$

① $-$ ② 得 $(a-c)(a+c-121)=0$.

因为 $a\neq c$,所以,$a+c=121$.

因此,$a+b+c+d=10\times121=1210$.

已知 n 为正整数.求所有的正实数 x,使得

$$\sum_{i=1}^{n}\frac{(i+1)^2}{x+i}+nx^2=nx+\frac{n(n+3)}{2}.$$

(2015,克罗地亚数学竞赛)

解 由于 $nx=\underbrace{x+\cdots+x}_{n\text{个}},\dfrac{n(n+3)}{2}=(1+2+\cdots+n)+n$,则原方程等价于

$$\sum_{i=1}^{n}\frac{(i+1)^2}{x+i}+nx^2-\sum_{i=1}^{n}x-\sum_{i=1}^{n}i-n=0$$

$$\Leftrightarrow \sum_{i=1}^{n}\left(\frac{(i+1)^2}{x+i}-x-i\right)+nx^2-n=0.$$

由于 $\dfrac{(i+1)^2}{x+i}-(x+i)=\dfrac{(i+1)^2-(x+i)^2}{x+i}=(1-x)\left(1+\dfrac{i+1}{x+i}\right)$,故原方程等价于

$$(1-x)\left(n+\sum_{i=1}^{n}\frac{i+1}{x+i}\right)+n(x^2-1)=0$$

$$\Leftrightarrow (1-x)\left(n+\sum_{i=1}^{n}\frac{i+1}{x+i}-n(x+1)\right)=0.$$

当 $x=1$ 时,原方程显然成立.

当 $x\neq 1$ 时,

$$n+\sum_{i=1}^{n}\frac{i+1}{x+i}=n(x+1)\Leftrightarrow\sum_{i=1}^{n}\frac{i+1}{x+i}=nx. \qquad ①$$

若 $0<x<1$,则式 ① 左边的 n 个分数中的每一项均大于 1.故式 ① 左边大于 n,而式 ① 右边却小于 n.矛盾.

若 $x>1$,式 ① 左边小于 n,右边却大于 n.矛盾.

因此,方程的解为 $x=1$.

> 求方程 $\dfrac{xyz}{w}+\dfrac{yzw}{x}+\dfrac{zwx}{y}+\dfrac{wxy}{z}=4$ 的所有整数解.
>
> （第 11 届中国北方数学奥林匹克）

解 注意到,$\dfrac{xyz}{w},\dfrac{yzw}{x},\dfrac{zwx}{y},\dfrac{wxy}{z}$ 四个式子符号相同,则其均为正数.

故由均值不等式得 $4=\dfrac{xyz}{w}+\dfrac{yzw}{x}+\dfrac{zwx}{y}+\dfrac{wxy}{z}\geqslant 4\sqrt[4]{(xyzw)^2}\geqslant 4.$

当且仅当 $xyzw=1,|x|=|y|=|z|=|w|=1$ 时,上式等号成立.

从而,方程的所有解为 $(x,y,z,w)=(1,1,1,1),(-1,-1,-1,-1),(-1,-1,1,1),(-1,1,-1,1),(-1,1,1,-1),(1,-1,-1,1),(1,-1,1,-1),(1,1,-1,-1),$

> 求所有的实数对 $(x,y)(x\neq y)$,使得 $\begin{cases}x^{100}-y^{100}=2^{99}(x-y),\\ x^{200}-y^{200}=2^{199}(x-y).\end{cases}$
>
> （2016,第 42 届俄罗斯数学奥林匹克）

解 $(x,y)=(2,0)$ 或 $(0,2)$.

为方便,记 $x=2a,y=2b$.于是,方程组变为

$(2a)^{100}-(2b)^{100}=2^{99}(2a-2b),(2a)^{200}-(2b)^{200}=2^{199}(2a-2b).$

消去两端 2 的方幂数得 $a^{100}-b^{100}=a^{200}-b^{200}=a-b\neq 0.$

于是,$a^{100}+b^{100}=1.$这表明,$|a|,|b|$ 均不大于 1.

若 $b=0$,则 $a^{100}=a\Rightarrow a=1.$

类似地,若 $a=0$,则 $b^{100}=b\Rightarrow b=1.$

故 $(x,y)=(2,0)$ 或 $(0,2)$.

下面假设 $ab\neq 0$.

于是，$|a|<1,|b|<1$.

考虑函数 $f(x)=x^{100}-x=x(x^{99}-1)$.

当 $x\in(-1,0)$ 时，$f(x)>0$；当 $x\in(0,1)$ 时，$f(x)<0$.

由 $a^{100}-b^{100}=a-b\Rightarrow f(a)=f(b)$.

故 a,b 同号，且

$$1=\frac{a^{100}-b^{100}}{a-b}=a^{99}+a^{98}b+a^{97}b^2+\cdots+b^{99}. \qquad ①$$

若 a,b 均为负数，则式 ① 右端小于 0，矛盾.

若 a,b 均为正数，则式 ① 右端大于 $a^{99}+b^{99}$. 故 $a^{99}+b^{99}<1$. 但 a,b 均为小于 1 的正数，从而，$a^{99}+b^{99}>a^{100}+b^{100}=1$，矛盾.

　　一台神秘机器包含由 2016 个整数组成的数列 $x_1,x_2,\cdots,x_{2016}$，其中除了一个数之外，其他的数均相等. 若向机器输入一个由 2016 个整数组成的数列 $y_1,y_2,\cdots,y_{2016}$，则机器会输出 $\sum\limits_{i=1}^{2016}x_iy_i$ 的值. 在第一次输入之后，还可以第二次，第三次输入，依次类推. 在下列情况中，分别至少需要多少次输入才能确定机器中的数字组合：

　　(1) 机器中的数字不同于其他数字的那个数为 0？

　　(2) 不知道机器中的数字不同于其他数字的那个数是多少？

(2016，第 32 届意大利数学奥林匹克)

　　解 在两种情况下均是需要两次输入即可确定机器中的数字组合.

　　要证明以上结论，只需要找到一种通过两次输入以确定机器中数字组合的方法. 同时，再证明即使已知那个与其他数字不同的数为 0，一次输入也是不够的即可.

　　设 u 为机器中出现了 2015 次的数字，d 为只出现一次的数字，t 为数字 d 的项数（即 $x_t=d$，当 $i\neq t$ 时，$x_i=u$）.

　　若输入 $y_1,y_2,\cdots,y_{2016}$，则机器会输出 $(S-y_t)u+y_td\left(S=\sum\limits_{i=1}^{2016}y_i\right)$.

　　(1) 第一次输入 $1,1,\cdots,1$. 则机器输出 $2015u$，此时，得到了 u 值.

　　接下来只需求出项数 t.

　　第二次输入 $1,2,\cdots,2016$. 则机器输出 $(S-t)u\left(S=\sum\limits_{i=1}^{2016}i\right)$.

　　因为机器的数字组合中的两个数字不同，所以，$u\neq0$. 由此可求出 t 的值.

　　下面证明：只用一次输入是不够的.

　　可证明对于每一个不同的输入，机器中均存在两个不同的数字组合，导致机器会输出相同的结果.

　　考虑一个输入：$y_1,y_2,\cdots,y_{2016}$（和为 S）.

　　若其中的两个数是相同的，$y_i=y_j$，易证，机器中存在两个不同的数字组合产生相同的输出结果.

从而,可假定输入的数字各不相同.

考虑 $i \neq j$,则 y_i, y_j 与 S 不同.

假定对于 $k \neq i, x_i = 0, x_k = S - y_j$,则输出的结果为 $(S - y_i)(S - y_j)$.

显然,若交换 i 与 j 的位置($x_j = 0$,对于 $k \neq j$,且 $x_k = S - y_i$),则输出的结果相同.

(2) 第一次输入 $1, -1, 1, -1, \cdots$,记输出的结果为 R.

注意到,记 $p = u - d$,则 $R = (-1)^t p$.

第二次输入 $y_1, y_2, \cdots, y_{2016}$ 满足:

(i) R 与 $S = \displaystyle\sum_{i=1}^{2016} y_i$ 互素(S 非 0);

(ii) 无任意两个 $y_i(-1)^i$ 模 S 相等.

例如,若选择 $y_1 = 1, y_i = |R|^i (i > 1)$(注意到,$p \neq 0$,于是,$R \neq 0$),则

$$R' = (S - y_t)u + y_t d = Su - y_t p = Su - y_t(-1)^t R.$$

由此,得到 $y_t(-1)^t$ 模 S 的剩余.

由于 R 与 S 互素,则 $y_t(-1)^t$ 模 S 的剩余可唯一确定.然而,没有任意两个 $y_i(-1)^i$ 模 S 相等,由 $y_t(-1)^t$ 的剩余可得 t.

由上面的方程可得 u,再由 $R = (-1)^t p$ 得到 p,最终得到 d.

设 α 为方程 $x^3 - 12x + 8 = 0$ 的一个根.证明:$2 - \dfrac{4}{\alpha}$ 也为方程的根.

(2016,白俄罗斯数学奥林匹克)

证明 设 $x = 2 - \dfrac{4}{\alpha}$.代入已知方程得

$$\left(2 - \frac{4}{\alpha}\right)^3 - 12\left(2 - \frac{4}{\alpha}\right) + 8 = 8\left(\left(1 - \frac{2}{\alpha}\right)^3 - 3\left(1 - \frac{2}{\alpha}\right) + 1\right)$$

$$= 8\left(1 - \frac{6}{\alpha} + \frac{12}{\alpha^2} - \frac{8}{\alpha^3} - 3 + \frac{6}{\alpha} + 1\right) = 8\left(-1 + \frac{12}{\alpha^2} - \frac{8}{\alpha^3}\right)$$

$$= -\frac{8}{\alpha^3}(\alpha^3 - 12\alpha + 8) = 0.$$

从而,$2 - \dfrac{4}{\alpha}$ 也为方程的一个根.

三名工人一起完成一项工程.开始时,第一名工人工作的时间为另两名工人一起工作完成整个工程的时间的一半;第二名工人工作的时间为另两名工人一起工作完成整个工程的时间的一半;最后,第三名工人工作的时间为另两名工人一起工作完成整个工程的时间的一半,此时他们能将整个工程完成.问:若一开始三名工人一起合作,则比现在完成的时间能快多少倍?

(2016,爱沙尼亚数学奥林匹克)

解 不妨设三名工人单位时间内完成整个工程的百分比为 x,y,z. 于是,第一名工人的工作时间是另两名工人一起工作完成整个工程的时间的一半,为 $\dfrac{1}{2(y+z)}$.

类似地,有 $\dfrac{1}{2(x+z)}$, $\dfrac{1}{2(x+y)}$.

而三人一起工作,单位时间能完成的工作量为 $\dfrac{1}{x+y+z}$.

由题意知

$$\frac{x}{2(y+z)}+\frac{y}{2(x+z)}+\frac{z}{2(x+y)}=1$$

$$\Rightarrow \frac{\dfrac{1}{2(y+z)}+\dfrac{1}{2(x+z)}+\dfrac{1}{2(x+y)}}{\dfrac{1}{x+y+z}}=\frac{x+y+z}{2(y+z)}+\frac{x+y+z}{2(x+z)}+\frac{x+y+z}{2(x+y)}$$

$$=\frac{1}{2}+\frac{x}{2(y+z)}+\frac{1}{2}+\frac{y}{2(x+z)}+\frac{1}{2}+\frac{z}{2(x+y)}=\frac{3}{2}+1=2.5.$$

因此,三人一开始合作比现在完成工作的时间要快 2.5 倍.

求方程组 $v_i=1+\dfrac{6v_i^2}{v_1^2+v_2^2+\cdots+v_{10}^2}\ (i=1,2,\cdots,10)$ 的所有实数解 $(v_1,v_2,\cdots,v_{10})$.

(2016,加拿大数学奥林匹克)

解 设 $s=v_1^2+v_2^2+\cdots+v_{10}^2$.

则对于 $i=1,2,\cdots,10$,有 $v_i=1+\dfrac{6v_i^2}{s}\Rightarrow 6v_i^2-sv_i+s=0$.

从而,每个 v_i 均为此二次方程的两个根之一.对于固定的 s,设这两个根为 a,b.

由韦达定理,知 $ab=\dfrac{s}{6}$.

若所有的 v_i 均相等,则 $s=10v_i^2$.

故对于 $i=1,2,\cdots,10$,均有 $v_i=1+\dfrac{6}{10}=\dfrac{8}{5}$.

否则,a,b 之一至少出现 5 次.不妨设 v_i 中 a 出现了 $5+k(0\leqslant k\leqslant 4)$ 次,剩下的 v_i 为 b,且出现了 $5-k$ 次,又所有的 v_i 均不小于 1,由均值不等式得

$$6ab=s=(5+k)a^2+(5-k)b^2\geqslant 2ab\sqrt{25-k^2}$$

$$\Rightarrow \sqrt{25-k^2}\leqslant 3\Rightarrow 25-k^2\leqslant 9\Rightarrow k^2\geqslant 16\Rightarrow k=4.$$

故 $6ab=9a^2+b^2\Rightarrow(b-3a)^2=0\Rightarrow b=3a$.

将 10 个方程相加得 $v_1+v_2+\cdots+v_{10}=16$.

则 $9a+b=16\Rightarrow 12a=16\Rightarrow a=\dfrac{4}{3},b=4$.

因此，$(v_1, v_2, \cdots, v_{10}) = \left(\dfrac{8}{5}, \dfrac{8}{5}, \cdots, \dfrac{8}{5}\right), \left(\dfrac{4}{3}, \dfrac{4}{3}, \cdots, \dfrac{4}{3}, 4\right).$

> 已知对于任意 n 个互不相同的实数两两求和有 $\dfrac{n(n-1)}{2}$ 种不同的求法. 求正整数 n，满足存在 $n(n \geqslant 3)$ 个互不相同的整数，使得这些数两两求和恰可构成 $\dfrac{n(n-1)}{2}$ 个连续的正整数.
>
> （2016，德国数学竞赛）

解 正整数 n 只能为 3，4.

当 $n = 3$ 时，取 1，2，3 即满足要求；

当 $n = 4$ 时，取 1，2，3，5 即满足要求.

当 $n > 5$ 时，若存在 n 个互不相同的实数 $a_1 < a_2 < \cdots < a_n$，使得其两两之和恰为 $\dfrac{n(n-1)}{2}$ 个连续正整数 $t+1, t+2, \cdots, t+\dfrac{n(n-1)}{2}$，则

$$a_1 + a_2 = t+1, a_1 + a_3 = t+2, a_n + a_{n-1} = t + \dfrac{n(n-1)}{2},$$

$$a_n + a_{n-2} = t + \dfrac{n(n-1)}{2} - 1.$$

于是，$a_3 = a_2 + 1, a_{n-1} = a_{n-2} + 1.$

这表明，$a_3 + a_{n-2} = a_2 + a_{n-1}.$

而当 $n > 5$ 时，$a_2, a_3, a_{n-2}, a_{n-1}$ 是 $a_1, a_2, \cdots, a_n$ 中四个互不相同的数，依题意知

$$a_3 + a_{n-2} \neq a_2 + a_{n-1},$$

矛盾.

当 $n = 5$ 时，若存在五个互不相同的实数 $a_1 < a_2 < \cdots < a_5$，使得其两两之和恰为 10 个连续正整数 $t+1, t+2, \cdots, t+10$，则

$$a_1 + a_2 = t+1, a_1 + a_3 = t+2, a_4 + a_5 = t+10, a_3 + a_5 = t+9.$$

于是，$a_4 - a_3 = a_3 - a_2 = 1.$

设 $a_3 = x.$ 则 $a_2 = x-1, a_4 = x+1, a_1 + a_4 = t+3.$

从而，分两种情况讨论.

（1）若 $a_1 + a_5 = t+4$，则 $a_5 = x+2.$

此时，$a_2 + a_5 = a_3 + a_4 = 2x+1$，矛盾.

（2）若 $a_2 + a_3 = t+4$，则 $t = 2x-5, a_1 = x-3, a_5 = x+4.$

此时，$a_1 + a_5 = a_3 + a_4 = 2x+1$，矛盾.

综上，正整数 n 只能为 3，4.

代数部分

求所有满足方程组

$$\begin{cases} xy + 1 = 2z, & ① \\ yz + 1 = 2x, & ② \\ zx + 1 = 2y, & ③ \end{cases}$$

的三元实数组 (x, y, z).

（2016，澳大利亚数学奥林匹克）

解 ①－② 得 $(x - z)(y + 2) = 0$.

②－③ 得 $(y - x)(z + 2) = 0$.

分四种情况讨论.

(1) $x = z$ 且 $y = x \Rightarrow x = y = z$.

代入式 ① 得 $(x - 1)^2 = 0$. 则 $x = y = z = 1$.

(2) $x = z$ 且 $z = -2 \Rightarrow x = z = -2$.

代入式 ③ 得 $y = \dfrac{5}{2}$.

(3) $y = -2$ 且 $y = x \Rightarrow x = y = -2$.

代入式 ① 得 $z = \dfrac{5}{2}$.

(4) $y = -2$ 且 $z = -2$.

代入式 ② 得 $x = \dfrac{5}{2}$.

故 $(x, y, z) = (1, 1, 1)$, $\left(-2, \dfrac{5}{2}, -2 \right)$ 及其轮换.

求所有的三元实数组 (x, y, z), 使得

$$\begin{cases} \dfrac{1}{x} + \dfrac{1}{y + z} = \dfrac{1}{3}, \\ \dfrac{1}{y} + \dfrac{1}{z + x} = \dfrac{1}{5}, \\ \dfrac{1}{z} + \dfrac{1}{x + y} = \dfrac{1}{7}. \end{cases}$$

（2016，克罗地亚数学竞赛）

解 由已知方程组得

$$\begin{cases} zx + xy = 3(x + y + z), & ① \\ xy + yz = 5(x + y + z), & ② \\ yz + zx = 7(x + y + z). & ③ \end{cases}$$

①＋②－③ 得 $2xy = x + y + z$.

类似地，$2yz = 9(x + y + z)$，$2zx = 5(x + y + z)$.

故 $x+y+z=2xy=\dfrac{2}{9}yz=\dfrac{2}{5}zx$.

由于 $x,y,z\neq 0$ 对于所给方程组成立,则 $9x=5y=z$.

将其代入式 ① 得 $x=\dfrac{59}{18}$.

类似地,$y=\dfrac{59}{10},z=\dfrac{59}{2}$.

因此,$(x,y,z)=\left(\dfrac{59}{18},\dfrac{59}{10},\dfrac{59}{2}\right)$.

求所有的三元正实数组 (x,y,z),使得

$$\begin{cases} x^3+2y^2+\dfrac{1}{4z}=1, \\[2mm] y^3+2z^2+\dfrac{1}{4x}=1, \\[2mm] z^3+2x^2+\dfrac{1}{4y}=1. \end{cases}$$

（2016,克罗地亚数学竞赛）

解 将已知三式相加得 $\displaystyle\sum\left(x^3+2x^2+\dfrac{1}{4x}\right)=3$.　　　　　　　　①

下面证明:对于所有的 $x>0$,均有 $x^3+2x^2+\dfrac{1}{4x}\geqslant 1$.

由于 $4x>0$,则上式等价于 $4x^4+8x^3+1\geqslant 4x\Leftrightarrow(2x^2+2x-1)^2\geqslant 0$.
显然成立.

为了证明式 ① 左边等于 3,则不等式等号成立的条件为 $2x^2+2x-1=0$.

解得 $x=\dfrac{-1+\sqrt{3}}{2}$(负值舍去).

类似地,唯一解为 $x=y=z=\dfrac{-1+\sqrt{3}}{2}$.

设 λ 为满足方程 $\lambda=\lambda^{\frac{2}{3}}+1$ 的正实数.证明:存在正整数 M,使得 $|M-\lambda^{300}|<4^{-100}$.

（2016,中国台湾数学奥林匹克选训营）

证明 令 $\lambda=t^{\frac{3}{2}}$.则 $t^3=(t+1)^2$,且 $\lambda^{300}=t^{450}$.
容易检验方程 $P(x)=x^3-(x+1)^2$ 只有唯一的零点 $x=t$.
又因为 $P(2)<0$,所以,$t>2$.
设 a,b 为方程 $P(x)=0$ 的另外两个根.

注意到，$|tab|=1$，且 a,b 为共轭复数. 故 $|a|=|b|=|t|^{-\frac{1}{2}}<2^{-\frac{1}{2}}$.

取 $M=a^{450}+b^{450}+t^{450}$.

由 a,b,t 是首一的整系数的三次方程 $P(x)=0$ 的三个根，且 $M>0$，得 M 为正整数，

且 $|M-\lambda^{300}|=|M-t^{450}|=|a^{450}+b^{450}|<2\times2^{-\frac{450}{2}}<\dfrac{1}{4^{100}}$.

已知整数 $a_0,a_1,\cdots,a_{10}$ 的和为 11. 问：方程 $a_0+a_1x+a_2x^2+\cdots+a_{10}x^{10}=1$ 最多有几个相异实根？

（2016—2017，匈牙利数学奥林匹克）

解 最多有 10 个实根.

由代数基本定理，知 10 次方程最多有 10 个相异实数根.

下面为有 10 个相异实数根的例子.

令 $f(x)=1+(x+9)\displaystyle\prod_{j=1}^{9}(jx-j+1)=a_0+a_1x+\cdots+a_{10}x^{10}$.

则 $a_0+a_1+\cdots+a_{10}=f(1)=11$.

而 $f(x)=1$ 恰有 10 个相异实数根，即 $x_0=-9,x_j=\dfrac{j-1}{j}(1\leqslant j\leqslant9)$.

求方程 $\dfrac{16}{3}x^4+\dfrac{1}{6x^2}=\sin\pi x$ 的全部实数解.

（2016—2017，匈牙利数学奥林匹克）

解 由均值不等式有

$$\frac{16}{3}x^4+\frac{1}{6x^2}=\frac{16}{3}x^4+\frac{1}{12x^2}+\frac{1}{12x^2}\geqslant3\left(\frac{16}{3}x^4\cdot\frac{1}{12x^2}\cdot\frac{1}{12x^2}\right)^{\frac{1}{3}}=1.$$

故原方程的任一解必满足 $\sin\pi x=1$，且 $\dfrac{16}{3}x^4=\dfrac{1}{12x^2}$.

由此，得原方程的解为 $x=\dfrac{1}{2}$.

在黑板上写有方程

$$(x-1)(x-2)\cdots(x-2016)$$
$$=(x-1)(x-2)\cdots(x-2016),\qquad ①$$

其中，等号两边各有 2016 个一次因式. 问：正整数 k 最小取何值时，可以在等号两边擦去这 4032 个一次因式中的 k 个，使得等号每一边均至少留下一个一次因式，且所得到的方程没有实数根？

（第 57 届 IMO）

解 2016.

若要使所得方程无实数根,则同一个一次因式在等号两边不能均有,至少删去其中一个.于是,总共至少需要删去 2016 个一次因式.

下面说明:若在式 ① 左边删去所有一次因式 $x-k(k\equiv 2,3\,(\bmod\,4))$,右边删去所有一次因式 $x-m(m\equiv 0,1\,(\bmod\,4))$,则所得方程

$$\prod_{j=0}^{503}(x-4j-1)(x-4j-4)=\prod_{j=0}^{503}(x-4j-2)(x-4j-3) \qquad ②$$

无实数根.

对实数 x 分情况来说明式 ② 不成立.

(1)$x=1,2,\cdots,2016$.

在此情况下,式 ② 一边等于零,另一边不等于零,不成立.

(2)$x\in(4k+1,4k+2)\bigcup(4k+3,4k+4)(k\in\{0,1,\cdots,503\})$.

对 $j\in\{0,1,\cdots,503\}$:

若 $j\neq k$,则 $(x-4j-1)(x-4j-4)>0,(x-4j-2)(x-4j-3)>0$;

若 $j=k$,则 $(x-4k-1)(x-4k-4)<0,(x-4k-2)(x-4k-3)>0$.

将这些不等式相乘,得式 ② 左边小于零,右边大于零,不成立.

(3)$x<1$ 或 $x>2016$ 或 $x\in(4k,4k+1)(k\in\{1,2,\cdots,503\})$.

对 $j\in\{0,1,\cdots,503\}$,有

$$0<(x-4j-1)(x-4j-4)<(x-4j-2)(x-4j-3).$$

将这些不等式相乘,得式 ② 左边小于右边,不成立.

(4)$x\in(4k+2,4k+3)(k\in\{0,1,\cdots,503\})$.

对 $j\in\{1,2,\cdots,503\}$,有

$$0<(x-4j+1)(x-4j-2)<(x-4j)(x-4j-1),$$

此外,$x-1>x-2>0,x-2016<x-2015<0$.

将这些不等式相乘得

$$\prod_{j=0}^{503}(x-4j-1)(x-4j-4)<\prod_{j=0}^{503}(x-4j-2)(x-4j-3)<0.$$

因此,式 ② 不成立.

综上,所需删去一次因式个数的最小值为 2016.

对于给定的实数 p,q,试确定方程组 $\begin{cases}x^2+py+q=0,\\ y^2+px+q=0\end{cases}$ 的实数解 (x,y) 的个数.

(2017,德国数学奥林匹克)

解 原方程组两式相减得

$$(x-y)(x+y-p)=0\Rightarrow y=x\text{ 或 }y=p-x.$$

将 $y=x$ 代入第一个方程得

$$x^2+px+q=0, \qquad ①$$

其判别式 $\Delta_1 = p^2 - 4q$.

故 $p^2 < 4q$ 时，方程① 无解；$p^2 = 4q$ 时，方程① 有一解；$p^2 > 4q$ 时，方程① 有两解.

将 $y = p - x$ 代入第一个方程得

$$x^2 - px + p^2 + q = 0, \qquad\qquad ②$$

其判别式为 $\Delta_2 = -3p^2 - 4q$.

故 $-3p^2 < 4q$ 时，方程② 无解；$-3p^2 = 4q$ 时，方程② 有一解；$-3p^2 > 4q$ 时，方程② 有两解.

考虑到 $-3p^2 \leqslant p^2$. 于是，

（1）当 $p = 0$ 时，有以下三种情况.

（i）若 $q > 0$，原方程组无解；

（ii）若 $q = 0$，原方程组只有一组解 $(x, y) = (0, 0)$；

（iii）若 $q < 0$，方程组有四组解.

（2）当 $p \neq 0$ 时，有以下五种情况.

（i）若 $4q > p^2$，原方程组无解；

（ii）若 $4q = p^2$，必有 $4q > -3p^2$，原方程组只有一组解；

（iii）若 $p^2 > 4q > -3p^2$，原方程组有两组解；

（iv）若 $4q = -3p^2$，原方程组有两组解；

（v）若 $4q < -3p^2$，原方程组有四组解.

求所有的四元整数组 (a, b, c, d)，使得
$$-a^2 + b^2 + c^2 + d^2 = 1, \qquad\qquad ①$$
$$3a + b + c + d = 1. \qquad\qquad ②$$

（2017，爱沙尼亚数学奥林匹克）

解 注意到，$-a^2 + b^2 + c^2 + d^2 = -2a(2a + b + c + d) + (a + b)^2 + (a + c)^2 + (a + d)^2$.

由式② 知 $2a + b + c + d = 1 - a$. 则

$$2a(a - 1) + (a + b)^2 + (a + c)^2 + (a + d)^2 = 1. \qquad\qquad ③$$

若 $a > 1$ 或 $a < 0$，则 $2a(a - 1)$ 为正偶数. 此时，式③ 的左边大于 1，矛盾.

若 $a = 0$，则 $b^2 + c^2 + d^2 = 1$.

故 b^2, c^2, d^2 中只有一个为 1，其他为 0.

不妨设 $b^2 = 1, c = d = 0$.

当 $b = -1$ 时，$(0, -1, 0, 0)$ 不满足式②；

当 $b = 1$ 时，$(0, 1, 0, 0)$ 满足式①、②.

故 $(0, 1, 0, 0), (0, 0, 1, 0), (0, 0, 0, 1)$ 均满足题意.

若 $a = 1$，则由式① 知 $b^2 + c^2 + d^2 = 2$.

于是，b^2, c^2, d^2 中恰有两个数为 1，剩余一个数为 0. 此时，只有当 b, c, d 中两个数为 -1，剩余一个数为 0 时，式② 才成立.

从而，$(1, 0, -1, -1), (1, -1, 0, -1), (1, -1, -1, 0)$ 均满足题意.

将 $1,2,\cdots,2017$ 分成 k 组,使得每组所有数之和为等差数列的连续 k 项.求满足题意的所有正整数 k.

(2017,爱沙尼亚数学奥林匹克)

解 $k=1,2,1009,2017$.

设等差数列的首项为 a,公差为 d.则所有项之和等于 $1,2,\cdots,2017$ 的和,即

$$\frac{2a+(k-1)d}{2}\cdot k=\frac{2017\times 2018}{2}$$

$$\Rightarrow(2a+(k-1)d)k=2017\times 2018=2\times 1009\times 2017$$

$$\Rightarrow k\mid 2\times 1009\times 2017.$$

由 $2,1009,2017$ 均为素数,且 $k\leqslant 2017$,知 $k=1,2,1009,2017$.

下面验证这些数均满足题意.

当 $k=1$ 时,所有数作为一组的划分显然满足条件.

当 $k=2$ 时,将 $1,2,\cdots,2017$ 任意划分成两组,则这两个组中的数之和一定为某个等差数列的连续两项.

当 $k=1009$ 时,可将每个偶数与比其大 1 的奇数结合作为一组,共有 1008 组,每组均含有两个整数.将剩余的 1 单独作为一组,此时,将 $1,2,\cdots,2017$ 总共分成了 1009 组,每组所有数之和为等差数列的连续 1009 项 $1,5,\cdots,4033$.

当 $k=2017$ 时,将每个数单独作为一组,共 2017 组,显然结论成立.

求满足方程组的一切实数 a,b,c:

$$\begin{cases}a+b+c=0, &①\\ a^2+b^2+c^2=1, &\\ a^3+b^3+c^3=4abc. &②\end{cases}$$

(2017,爱尔兰数学奥林匹克)

解 由方程 ① 有 $a^3+b^3+c^3=a^3+b^3-(a+b)^3=-3ab(a+b)=3abc$.

将上式代入方程 ② 得 $abc=0$.

不妨设 $c=0$.此时有 $\begin{cases}a+b=0,\\ a^2+b^2=1.\end{cases}$

解得 $a=\pm\dfrac{\sqrt{2}}{2},b=\mp\dfrac{\sqrt{2}}{2},c=0$.

经检验,满足方程 ②.

故 $(a,b,c)=\left(\pm\dfrac{\sqrt{2}}{2},\mp\dfrac{\sqrt{2}}{2},0\right)$.

$a=0$ 或 $b=0$ 时的解可对上述解作轮换得到.

综上,原方程组的全部解为 $(e,-e,0)\left(e=\pm\dfrac{\sqrt{2}}{2}\right)$ 及其轮换.

设整数 $n \geqslant 2$. 若 a, b, c 为整数, 证明: 方程组 $\begin{cases} n = a + b - c, \\ n = a^2 + b^2 - c^2 \end{cases}$ 有解且仅有有限组解.

(2017, 第 33 届意大利数学奥林匹克)

证明 由方程组得

$$n = a^2 + b^2 - (a + b - n)^2 = -2ab + 2an + 2bn - n^2$$

$$\Rightarrow (a - n)(b - n) = ab - na - nb + n^2 = \frac{n^2 - n}{2} = \frac{n(n - 1)}{2}.$$

注意到, $\frac{n(n-1)}{2}$ 为正整数, 且形如 $\frac{n(n-1)}{2} = xy$ 的方程有有限组整数解.

于是, 原方程组有有限组解 $(a, b, c) = (x + n, y + n, x + y + n)$.

令 $x = 1, y = \frac{n(n-1)}{2}$, 则原方程组至少存在一组解

$$(a, b, c) = \left(n + 1, \frac{n(n+1)}{2}, \frac{n(n+1)}{2} + 1 \right).$$

代数部分

设 k 为实参数. 试确定方程组

$$\begin{cases} x^2 + kxy + y^2 = z, & ① \\ y^2 + kyz + z^2 = x, & ② \\ z^2 + kzx + x^2 = y & ③ \end{cases}$$

的解的个数.

(2017, 第 66 届保加利亚数学奥林匹克)

解 分几种情况讨论.

假设 $x = y = z$. 则整个方程组化简为 $(k + 2)x^2 = x$.

对于任意的 k, 解为 $(0, 0, 0)$;

而当 $k \neq -2$ 时, 解为 $\left(\frac{1}{k+2}, \frac{1}{k+2}, \frac{1}{k+2} \right)$.

回到题给方程组.

① - ② 得 $(x^2 - z^2) + ky(x - z) = z - x$

$$\Rightarrow (x - z)(x + z + ky + 1) = 0. \quad ④$$

类似地, $(y - x)(y + x + kz + 1) = 0$. ⑤

若 $x \neq y \neq z \neq x$, 则方程 ④, ⑤ 化简为

$$x + z + ky + 1 = 0, \ y + x + kz + 1 = 0.$$

两式相减得 $(y - z)(k - 1) = 0 \Rightarrow k = 1 \Rightarrow x + y + z = -1$.

然而, 这是不可能的, 因为当 $k = 1$ 时,

$$z = x^2 + xy + y^2 = \left(x + \frac{y}{2} \right)^2 + \frac{3y^2}{4} \geqslant 0.$$

类似地，$x \geqslant 0, y \geqslant 0$.

则 $x + y + z \geqslant 0$.

故对于原方程的每一组解，均有两个未知数的值相等.

由于方程组是轮换的，则假设 $x \neq y = z$（$x = y = z$ 的情况已经解决）.

由方程 ④，得 $x + y + ky + 1 = 0 \Rightarrow x = -(k+1)y - 1$.

而原方程组退化为方程

$$(k+2)y^2 + (k+1)y + 1 = 0. \tag{⑥}$$

当 $k = -2$ 时，方程 ⑥ 有唯一解 $y = 1$. 得到 $(0,1,1)$ 及其轮换.

当 $k \neq -2$ 时，方程 ⑥ 是二次的，当且仅当

$$\Delta = (k+1)^2 - 4(k+2) = k^2 - 2k - 7 \geqslant 0$$

时，有实数解，得到 $k \notin (1 - 2\sqrt{2}, 1 + 2\sqrt{2})$.

当 $k = 1 \pm 2\sqrt{2}$ 时，有唯一解

$$y_0 = -\frac{k+1}{2(k+2)} = 1 \mp \sqrt{2}, \quad x_0 = \frac{(k+1)^2}{2(k+2)} - 1 = 1.$$

则包含 (x_0, y_0, y_0) 在内的三组轮换为原方程的解.

而对于 $k \in (-\infty, -2) \bigcup (-2, 1 - 2\sqrt{2}) \bigcup (1 + 2\sqrt{2}, +\infty)$，方程 ⑥ 有两个相异解

$$y_{1,2} = \frac{-k-1 \pm \sqrt{k^2 - 2k - 7}}{2(k+2)},$$

给出 x 的两个相异值 $x_{1,2} = -(k+1)y_{1,2} - 1$.

故原方程有六组解：(x_1, y_1, y_1) 的三个轮换及 (x_2, y_2, y_2) 的三个轮换.

综上，当 $k \in (-\infty, -2) \bigcup (-2, 1 - 2\sqrt{2}) \bigcup (1 + 2\sqrt{2}, +\infty)$ 时，方程组有八组解；

当 $k = -2$ 时，方程组有四组解；

当 $k = 1 \pm 2\sqrt{2}$ 时，方程组有五组解；

当 $k \in (1 - 2\sqrt{2}, 1 + 2\sqrt{2})$ 时，方程组有两组解.

是否存在八个两两不同的整数 a, b, c, d, e, f, g, h，使得方程

$$(x^2 + ax + b)(x^2 + cx + d)(x^2 + ex + f)(x^2 + gx + h) = 0$$

的解集为 $\{a, b, \cdots, h\}$？

（2017，第 57 届乌克兰数字奥林匹克）

解 不存在.

假设存在满足题意的整数 a, b, c, d, e, f, g, h. 分别令

$$x^2 + ax + b = 0, x^2 + cx + d = 0, x^2 + ex + f = 0, x^2 + gx + h = 0$$

的整数根为 x_1 和 x_2, x_3 和 x_4, x_5 和 x_6, x_7 和 x_8，其中，$\{a, b, \cdots, h\} = \{x_1, x_2, \cdots, x_8\}$.

由根与系数的关系有 $b = x_1 x_2, d = x_3 x_4, f = x_5 x_6, h = x_7 x_8$.

于是，$bdfh = x_1 x_2 \cdots x_8 = ab \cdots h$.

若 $bdfh \neq 0$，则 $aceg = 1$.

故 $a,c,e,g \in \{-1,1\}$,这与 $a,b,\cdots,h$ 为互不相等的整数矛盾.

从而,$bdfh = 0$.

不妨令 $h = 0$.则 $x^2 + gx + h = 0$ 的根为 $x_8 = 0$ 和 $x_7 = -g$.

此时,$abcdefg = x_1x_2x_3x_4x_5x_6x_7 = bdf(-g)$.

类似地,$bdfg \neq 0$.

故 $ace = -1$,即 $a,c,e \in \{-1,1\}$,这也与 a,c,e 两两不同矛盾.

因此,不存在满足题意的八个整数.

求所有的实数 a,使得存在两两不等的实数 x,y,z 满足

$$x - \frac{y}{z} - \frac{z}{y} = y - \frac{z}{x} - \frac{x}{z} = z - \frac{x}{y} - \frac{y}{x} = a.$$

(2017,第 67 届白俄罗斯数学奥林匹克)

解 记 $A = x - \dfrac{y}{z} - \dfrac{z}{y}, B = y - \dfrac{z}{x} - \dfrac{x}{z}, C = z - \dfrac{x}{y} - \dfrac{y}{x}$.

由已知得

$$0 = A - B = (x - y) + \frac{x-y}{z} - \frac{z(x-y)}{xy}$$

$$= (x - y)\left(1 + \frac{1}{z} - \frac{z}{xy}\right) = \frac{(x-y)(xyz + xy - z^2)}{xyz}.$$

因为 $x \neq y$,所以,$z^2 - xy - xyz = 0$.

类似地,$x^2 - yz - xyz = 0$.

故 $0 = (z^2 - xy - xyz) - (x^2 - yz - xyz) = (z - x)(x + y + z)$.

因为 $x \neq z$,所以 $x + y + z = 0$.

上式两边分别同时除以 x,y,z 得

$$1 + \frac{y}{x} + \frac{z}{x} = \frac{x}{y} + 1 + \frac{z}{y} = \frac{x}{z} + \frac{y}{z} + 1 = 0 \Rightarrow \frac{y}{z} + \frac{z}{y} + \frac{z}{x} + \frac{x}{z} + \frac{x}{y} + \frac{y}{x} = -3.$$

由 $3a = A + B + C$,有

$$a = \frac{1}{3}\left(x + y + z - \frac{y}{z} - \frac{z}{y} - \frac{z}{x} - \frac{x}{z} - \frac{x}{y} - \frac{y}{x}\right) = \frac{1}{3}(0 + 3) = 1.$$

易验证,当 $x = 4, y = -2 - \dfrac{2}{\sqrt{5}}, z = -2 + \dfrac{2}{\sqrt{5}}$ 时,满足题意且 $a = 1$.

在三个正整数的连乘积中,将每个乘数均减小 3.问:它们的乘积能否恰增大 2016?

(2017,第 43 届俄罗斯数学奥林匹克)

解 可以.

用两个 1 与 a 相乘,其答案为 a.三个乘数均减小 3 后应为

$(-2)^2(a-3) = 4a-12.$

令 $4a-12 = a+2016$，解得 $a = 676$.

在五个正整数的连乘积中，将每个乘数均减小 3. 问：它们的乘积能否恰增大为原来的 15 倍？

（2017，第 43 届俄罗斯数学奥林匹克）

解 可以.

用四个 1 与 a 相乘，其答案为 a. 五个乘数均减小 3 后变为

$(-2)^4(a-3) = 16a-48.$

令 $16a-48 = 15a$，解得 $a = 48$.

在七个正整数的连乘积中，将每个乘数均减小 3. 问：它们的乘积能否恰增大为原来的 13 倍？

（2017，第 43 届俄罗斯数学奥林匹克）

解 可以.

例子不唯一. 例如，乘积 $1^4 \times 29 \times 61 \times 64$ 在将每个乘数均减小 3 后变为 $(-2)^4 \times 26 \times 58 \times 61$，恰为原来的 13 倍.

假设前五个乘数均为 1、第六个为 2、剩下一个为 a，则连乘积为 $2a$. 将每个乘数均减少 3 后变为 $(-2)^5(-1)(a-3) = 32a-96.$

令 $32a-96 = 26a$，解得 $a = 16$.

于是，$1,1,1,1,1,2,16$ 可满足要求.

求所有的正数 $a, b, c \leqslant 1$，使得

$$\min\left\{\sqrt{\frac{ab+1}{abc}}, \sqrt{\frac{bc+1}{abc}}, \sqrt{\frac{ca+1}{abc}}\right\} = \sqrt{\frac{1-a}{a}} + \sqrt{\frac{1-b}{b}} + \sqrt{\frac{1-c}{c}}.$$

（2017，第 19 届菲律宾数学奥林匹克）

解 由对称性，不妨设 $a \leqslant b \leqslant c$.

设 $r, s, t \geqslant 0, a = \dfrac{1}{1+r^2}, b = \dfrac{1}{1+s^2}, c = \dfrac{1}{1+t^2}$.

则原式左边 $= \sqrt{\dfrac{ab+1}{abc}} = \sqrt{(1+t^2)(1+(1+r^2)(1+s^2))}.$

故原式变为 $\sqrt{(1+t^2)(1+(1+r^2)(1+s^2))} = r+s+t.$

由柯西不等式得

$(r+s+t)^2 \leqslant ((r+s)^2+1)(1+t^2)$

$$\Rightarrow (1+r^2)(1+s^2) \leqslant (r+s)^2 \Leftrightarrow (rs-1)^2 \leqslant 0,$$

当且仅当 $rs = 1$ 时,上式等号成立.

而当 $rs = 1$ 时,$(r+s+t)^2 = ((r+s)^2+1)(1+t^2)$.

化简得 $t(r+s) = 1$.

反之,若 $rs = 1$ 且 $t(r+s) = 1$,则 $t = \dfrac{1}{r+s}$,仍满足题中条件.

故该问题的解为 $a = \dfrac{1}{1+r^2}, b = \dfrac{1}{1+\dfrac{1}{r^2}}, c = \dfrac{\left(r+\dfrac{1}{r}\right)^2}{1+\left(r+\dfrac{1}{r}\right)^2} (r>0).$

---

66. 设 a,b,c 为实数,$a \neq 0$. 若一元二次方程 $2ax^2 + bx + c = 0$ 在区间 $[-1,1]$ 内有实数根,证明:

$$\min\{c, a+c+1\} \leqslant \max\{|b-a+1|, |b+a-1|\},$$

并确定上述不等式等号成立时,a,b,c 所满足的充分必要条件.

（第 14 届中国东南地区数学奥林匹克）

证明 注意到,$\max\{|b-a+1|, |b+a-1|\} = |b| + |a-1|$.

则要证的不等式等价于 $\min\{c, a+c+1\} \leqslant |b| + |a-1|$.   ①

据条件,知存在 $x_0 \in [-1,1]$,满足 $2ax_0^2 + bx_0 + c = 0$.

以下分 $a > 0$ 与 $a < 0$ 两种情况讨论.

(1) 当 $a > 0$ 时,由于

$$\min\{c, a+c+1\} = c = -2ax_0^2 - bx_0 \leqslant -bx_0 \leqslant |b| \leqslant |b| + |a-1|,$$

于是,式 ① 取到等号当且仅当

$$|a-1| = 0, -2ax_0^2 = 0, c = -bx_0 = |b|,$$

即 $a = 1, x_0 = 0, c = b = 0$.

(2) 当 $a < 0$ 时,由于

$$\min\{c, a+c+1\} \leqslant a+c+1 = a-2ax_0^2-bx_0+1$$
$$\leqslant a+(-2a)+|b|+1 = |b|+1-a = |b|+|a-1|,$$

于是,式 ① 仍成立,且式 ① 取到等号当且仅当

$$a+c+1 \leqslant c, -2ax_0^2 = -2a, -bx_0 = |b|.$$

则 $a \leqslant -1$,进而,$x_0^2 = 1$（且 x_0 与 b 异号）.

故 $2a - |b| + c = 2ax_0^2 + bx_0 + c = 0$.

由(1)、(2),知式 ① 成立（即原不等式得证）,且等号成立时 a,b,c 满足的充分必要条件为 $(a,b,c) = (1,0,0)$ 或 $a \leqslant -1, 2a - |b| + c = 0$.

代数部分

五　　多项式

求所有整系数多项式 $P(x)$,使得对于所有的正整数 n,均有

$$P(n!) = |P(n)|!.$$

（2012,第 20 届土耳其数学奥林匹克）

解　$P(x) = 1, P(x) = 2, P(x) = x.$

对于两个多项式 $P(x), Q(x)$,若有无穷多个 x 使得 $P(x) = Q(x)$,则对于每个 x,均有 $P(x) = Q(x)$.

取 $n = 1, 2$.则 $P(1) = |P(1)|!, P(2) = |P(2)|!.$

这表明,$P(1), P(2) \in \{1, 2\}.$

(1) 若 $P(2) = 1$,考虑到,对于每个正整数 n,均有 $P(n!) > 0.$

对于某个正整数 m,取 $n = m!$.则 $P(n!) = P(n)!.$

故 $(n! - 2) \mid (P(n!) - P(2)) = P(n)! - 1.$

当 $m \geqslant 2$ 时,$n! - 2$ 为偶数.

于是,$P(n)! - 1$ 也为偶数.

又 $P(n)!$ 为奇数,一定有 $P(n) \in \{0, 1\}$.则对于某个 $c \in \{0, 1\}$,有无穷多个 x,使得 $P(x) = c.$

从而,$P(x)$ 为常数.

因为 $P(2) = 1$,所以,对于每个 x 有 $P(x) = 1.$

(2) 若 $P(2) = 2$,且 $P(1) = 1$,则由

$(3! - 1) \mid (P(3!) - P(1)), (3! - 2) \mid (P(3!) - P(2)),$

知 $5 \mid (|P(3)|! - 1), 4 \mid (|P(3)|! - 2).$

于是,$|P(3)| = 3$.从而,$P(6) = P(3!) = |P(3)|! = 6.$

故 $P(6!) = 6!, P((6!)!) = (6!)!, \cdots.$

又由于对无穷多个 x 有 $P(x) = x$,因此,对于每个 x 均有 $P(x) = x.$

(3) 若 $P(2) = 2$,且 $P(1) = 2$,则由 $(3! - 1) \mid (P(3!) - P(1))$,知

$5 \mid (|P(3)|! - 2).$

于是,$|P(3)| = 2.$

从而,$P(6) = P(3!) = |P(3)|! = 2, P(6!) = 2, P((6!)!) = 2, \cdots.$

又由于对无穷多个 x 有 $P(x) = 2$,因此,对于每个 x 均有 $P(x) = 2.$

经验证,这些解满足条件.

代数部分

已知二次实系数多项式 x^2+ax+b 有两个实根的充分必要条件为判别式 a^2-4b ≥ 0，且判别式为关于 a,b 的多项式. 证明：对于四次多项式，上述结论不真，即不存在四元多项式 $P(a,b,c,d)$，使得四次实系数多项式 $x^4+ax^3+bx^2+cx+d$ 有四个实根的充分必要条件为 $P(a,b,c,d)\geq 0$.

（2012—2013，第 30 届伊朗数学奥林匹克）

证明 若设 $a=c=0$，则多项式 x^4+bx^2+d 有四个实根的充分必要条件为二次方程 $y^2+by+d=0$ 有两个非负实根.

于是，$P(0,b,0,d)\geq 0$ 当且仅当 $b\leq 0,d\geq 0$，且 $b^2-4d\geq 0$.

对于固定的 $b\leq 0$，设 $Q_b(d)=P(0,b,0,d)$. 则 $Q_b(d)\geq 0$ 当且仅当 $0\leq d\leq \dfrac{b^2}{4}$.

由 Q_b 的连续性，知 $Q_b\left(\dfrac{b^2}{4}\right)=0$. 这表明，对于所有的 $b\leq 0$，一元多项式 $P\left(0,b,0,\dfrac{b^2}{4}\right)=0$.

于是，此多项式 $P\left(0,b,0,\dfrac{b^2}{4}\right)$ 对于所有实数 b 恒等于 0.

从而，对于所有实数 b，多项式 $x^4+bx^2+\dfrac{b^2}{4}$ 有四个实根，矛盾.

若三元多项式 P 满足 $P(x,y,z)=P(y,z,x)$，则称多项式 P 为"循环的". 证明：存在三元循环的多项式 P_1,P_2,P_3,P_4，使得对于任意一个三元循环多项式 P，存在一个四元多项式 Q 满足

$$P(x,y,z)=Q(P_1(x,y,z),P_2(x,y,z),P_3(x,y,z),P_4(x,y,z)).$$

（2012—2013，第 30 届伊朗数学奥林匹克）

证明 对于任意一个三元循环的多项式 P，设

$$T(x,y,z)=P(x,y,z)+P(y,x,z),R(x,y,z)=P(x,y,z)-P(y,x,z),$$

则 T 为对称多项式，R 为反对称多项式.

由 $R(x,x,z)=0$，则 R 可以被 $x-y$ 整除.

类似地，R 也可以被 $y-z,z-x$ 整除.

于是，存在多项式 S，使得 $R(x,y,z)=(x-y)(y-z)(z-x)S(x,y,z)$，且 S 为对称多项式.

故 $P=\dfrac{1}{2}T+\dfrac{1}{2}(x-y)(y-z)(z-x)S$.

易知，每个三元对称多项式均能写为关于初等对称多项式

$$P_1=x+y+z,P_2=xy+yz+zx,P_3=xyz$$

的三元多项式的形式.

设 $P_4=(x-y)(y-z)(z-x)$. 则 P_1,P_2,P_3,P_4 均为三元循环的多项式.

因此，存在四元多项式 Q 满足

$$P(x,y,z)=Q(P_1(x,y,z),P_2(x,y,z),P_3(x,y,z),P_4(x,y,z)).$$

已知 f,g 为两个整系数非零多项式,且 $\deg f > \deg g$.若对于无穷多个素数 p,多项式 $pf+g$ 有一个有理根,证明:多项式 f 有一个有理根.

（第 53 届 IMO 预选题）

证明　因为 $\deg f > \deg g$,所以,对于足够大的 x,有 $\left|\dfrac{g(x)}{f(x)}\right| < 1$.

从而,存在一个正实数 R,使得对于所有的 $x(|x| > R)$,均有 $\left|\dfrac{g(x)}{f(x)}\right| < 1$.

故对所有这样的 x 和所有的素数 p,均有

$$|pf(x)+g(x)| \geqslant |f(x)|\left(p - \frac{|g(x)|}{|f(x)|}\right) > 0.$$

由上式,知多项式 $pf+g$ 的所有实根均属于区间 $[-R,R]$.

设 $f(x) = a_n x^n + a_{n-1}x^{n-1} + \cdots + a_0$,$g(x) = b_m x^m + b_{m-1}x^{m-1} + \cdots + b_0$,

其中,$n > m$,$a_n \neq 0$,$b_m \neq 0$.

分别用 $a_n^{n-1}f\left(\dfrac{x}{a_n}\right)$,$a_n^{n-1}g\left(\dfrac{x}{a_n}\right)$ 代替 $f(x)$,$g(x)$,则原问题化为 $a_n = 1$ 的情况.

于是,可假设 f 是首一的.从而,$pf+g$ 的首项系数为 p.

若 $r = \dfrac{u}{v}$（$(u,v)=1$,$v>0$）为 $pf+g$ 的一个有理根,则 $v=1$ 或 p.

若 $v=1$ 的情况有无穷多次,对于 $v=1$,则 $|u| \leqslant R$.

故存在整数 u,对应着无穷多个素数 p.

设不同的素数 p,q 对应着同一个 u.则多项式 $pf+g$ 和 $qf+g$ 有公共根 u.这表明,$f(u) = g(u) = 0$.

此情况中,f 和 g 有一个公共的整根.

若 $v=p$ 的情况有无穷多次,比较 $pf\left(\dfrac{u}{p}\right)$ 和 $g\left(\dfrac{u}{p}\right)$ 的分母中 p 的幂指数,得

$$m = n - 1.$$

于是,$pf\left(\dfrac{u}{p}\right) + g\left(\dfrac{u}{p}\right) = 0$ 可化为方程

$$(u^n + a_{n-1}pu^{n-1} + \cdots + a_0 p^n) + (b_{n-1}u^{n-1} + b_{n-2}pu^{n-2} + \cdots + b_0 p^{n-1}) = 0.$$

上述方程表明 $p \mid (u^n + b_{n-1}u^{n-1})$.

因为 $(u,p)=1$,所以,$p \mid (u + b_{n-1})$.

设 $u + b_{n-1} = pk$（k 为整数）.

又 $pf+g$ 的所有实根均属于区间 $[-R,R]$,于是,$\dfrac{|pk - b_{n-1}|}{p} = \dfrac{|u|}{p} \leqslant R$.

故 $|k| \leqslant R + \dfrac{|b_{n-1}|}{p} < R + |b_{n-1}|$.

从而,k 只有有限个取值.

由此,知存在整数 k,对于无穷多个素数 p,$\dfrac{pk - b_{n-1}}{p} = k - \dfrac{b_{n-1}}{p}$ 为 $pf+g$ 的根.

对于这些素数 p,得 $f\left(k-b_{n-1}\cdot\dfrac{1}{p}\right)+\dfrac{1}{p}g\left(k-b_{n-1}\cdot\dfrac{1}{p}\right)=0$.

则方程

$$f(k-b_{n-1}x)+xg(k-b_{n-1}x)=0 \qquad\qquad ①$$

有无穷多个解 $x=\dfrac{1}{p}$.

因为方程①左边是多项式,所以,方程①为恒等式,即对于所有的实数 x,方程①均成立.

特别地,将 $x=0$ 代入方程①,得 $f(k)=0$.于是,整数 k 为 f 的一个根.

综上,首一的多项式 f 总有一个整数根.

故原多项式 f 有一个有理根.

记 f 为 $\mathbf{R}\to\mathbf{R}$ 上的多项式,$f(x)=x^3+ax^2+bx+c$(a,b,c 为互不相同的非零整数,且 $f(a)=a^3$,$f(b)=b^3$).求 a,b 的值.

(2013,芬兰高中数学竞赛)

解 令 $g(x)=f(x)-x^3=ax^2+bx+c$.

由 $f(a)=a^3$,$f(b)=b^3$,则 $g(a)=g(b)=0$.

故 $g(x)=a(x-a)(x-b)\Rightarrow b=-a(a+b)$,$c=a^2b$

$\Rightarrow b=-\dfrac{a^2}{a+1}=-\dfrac{a^2-1+1}{a+1}=1-a-\dfrac{1}{a+1}$.

因为 b 是整数,所以,$a+1=\pm 1$.

又 $a\neq 0$,则 $a=-2$,$b=4$,$c=16$.

求所有满足以下条件的非零整系数多项式 $f(x)$:若正整数 m,n 使得 $f(m)f(n)\neq 0$,且 $f(m)\mid f(n)$,则 $m\mid n$.

(2013,第 21 届朝鲜数学奥林匹克)

解 注意到,

$$f(n)\mid(f(f(n)+n)-f(n))\Rightarrow f(n)\mid f(f(n)+n)\Rightarrow n\mid(f(n)+n)\Rightarrow n\mid f(n).$$

对于所有足够大的素数 p,由于 $p\mid f(p)$,则 $f(0)=0$.

设 $f(x)=x^k g(x)$($k\in\mathbf{Z}^+$),$g(0)\neq 0$,且 $|g(0)|=M$.

先证明一个引理.

引理 若 $g(x)$ 对所有的素数 $p>M$ 和所有的正整数 x,满足 $\mathrm{ord}_p g(x)<k$,则 $g(x)$ 为常数.

证明 假设 $\deg g\geqslant 1$.

由高斯定理,知存在 $h\in\mathbf{Z}[X]$,使得 $h=(g,g')$.

若 $\deg h\geqslant 1$,则 $g_1=\dfrac{g}{h}\in\mathbf{Z}[X]$($\deg g\geqslant 1$)满足引理的条件,且有限次应用此过程

后得 $(g_n, g'_n) = 1$.

于是, 可假设 $(g, g') = 1$.

从而, 存在适当的 $P(x), Q(x) \in \mathbf{Z}[X]$ 和正整数 $N(N > M)$, 使得

$$P(x)g(x) + Q(x)g'(x) \equiv N.$$

因为集合 $\{$素数 $p \mid$ 存在 $x \in \mathbf{N}, p \mid g(x)\}$ 是无穷集, 所以, 存在足够大的素数 $p > N$ 和正整数 x_1, 使得 $p \mid g(x_1)$. 从而, $p \nmid g'(x_1)$.

若有必要, 可再次选择 x_1, 使得 $\mathrm{ord}_p\, g(x_1)$ 取极大值.

设 $g(x_1) = p^a a ((a, p) = 1, \alpha < k)$.

由 $\dfrac{g(x_1 + i\, p^a) - g(x_1)}{p^a} \equiv i g'(x_1) \pmod{p}$

$\Rightarrow \dfrac{g(x_1 + i\, p^a)}{p^a} \equiv i g'(x_1) + a \pmod{p}$.

由 $(p, a) = (p, g'(x_1)) = 1$, 知存在适当的 i, 使得 $p \mid (i g'(x_1) + a)$.

故 $\mathrm{ord}_p\, g(x_1) < \mathrm{ord}_p\, g(x_1 + i\, p^a)$. 矛盾.

因此, 假设不成立.

引理得证.

若存在适当的素数 $p > M$ 和正整数 x_1, 使得 $\mathrm{ord}_p\, g(x_1) \geq k$, 则

$(p, x_1) = 1, g(x_1) = p^a a (\alpha \geq k, (p, a) = 1)$.

又 $f(p) = p^k g(p) = p^k b ((p, b) = 1)$, 且存在正整数 t, 使得

$g(p + bt) \neq 0$, 且 $p + bt \equiv x_1 \pmod{p^a}$.

故 $p^a \mid (g(p + bt) - g(x_1)) \Rightarrow p^k \mid g(p + bt)$, 且

$b \mid (g(p + bt) - g(p)) \Rightarrow p^k b \mid g(p + bt)$.

于是, $f(p) \mid f(p + bt) \Rightarrow p \mid (p + bt)$. 矛盾.

由引理, 知 g 为常量.

因此, 所求的多项式为 $f(x) = ax^k (k \in \mathbf{N}, a \in \mathbf{Z} \setminus \{0\})$.

求所有首项系数为 1 的实系数多项式 $P(x)$ 满足:

(1) $P(x)$ 非常数, 且其所有的根均为互不相同的实数;

(2) 若 a, b 为 $P(x)$ 的实数根, 则 $a + b + ab$ 也为 $P(x)$ 的实数根.

(2013, 第 10 届泰国数学奥林匹克)

解 设 $f(x) = x^2 + 2x$, 定义 $f^n = \underbrace{f \cdot f \cdots f}_{n\uparrow}$.

令 a 为多项式 $P(x)$ 的一个根. 则由条件 (2), 知 $a, f(a), f^2(a), \cdots$ 也为 $P(x)$ 的根. 接下来对 a 分类讨论.

(i) 若 $a > 0$, 则 $0 < a < f(a)$.

由函数 $f(x)$ 在区间 $(0, +\infty)$ 上单调递增, 故 $a < f(a) < f^2(a) < \cdots$.

(ii) 若 $-1 < a < 0$, 则 $-1 < f(a) < a < 0$.

由函数 $f(x)$ 在区间 $(-1,0)$ 上单调递增,故 $\cdots < f^2(a) < f(a) < a$.

(iii) 若 $-2 < a < -1$,则 $-1 < f(a) < 0$.

由(ii) 有 $\cdots < f^2(a) < f(a)$.

(iv) 若 $a < -2$,则 $f(a) > 0$.

由(i) 有 $f(a) < f^2(a) < \cdots$.

由上述讨论,知若 $a \notin \{-2,-1,0\}$,则 $P(x)$ 有无穷多个互不相同的实数根,这是不可能的. 于是,$a \in \{-2,-1,0\}$.

易验证,符合性质的 $P(x)$ 为 $x, x+1, x(x+1), x(x+2), x(x+1)(x+2)$.

设实系数多项式 $P(x) = x^{2013} + a_{2012}x^{2012} + \cdots + a_1 x + a_0$. 若 $P(x)$ 的所有根可表示为 $-b_{1006}, -b_{1005}, \cdots, -b_1, 0, b_1, \cdots, b_{1005}, b_{1006}$,其中,$\prod_{i=1}^{1006} b_i = 1(b_i \in \mathbf{R}^+, i \in \{1, 2, \cdots, 1006\})$. 证明:$a_3 a_{2011} \geqslant 1012036$.

(2013,第 10 届泰国数学奥林匹克)

证明 由题意,知 0 为 $P(x)$ 的一个根. 则 $a_0 = 0$.

故 $P(x) = x(x^{2012} + a_{2012}x^{2011} + \cdots + a_2 x + a_1)$.

又 $P(x)$ 的所有根为 $-b_{1006}, -b_{1005}, \cdots, -b_1, 0, b_1, \cdots, b_{1005}, b_{1006}$,故

$$x^{2012} + a_{2012}x^{2011} + \cdots + a_2 x + a_1 = (x^2 - b_1^2)(x^2 - b_2^2)\cdots(x^2 - b_{1006}^2).$$

比较上式知

$$a_2 = a_4 = \cdots = a_{2012} = 0$$

$$\Rightarrow (x^2 - b_1^2)(x^2 - b_2^2)\cdots(x^2 - b_{1006}^2) = a_1 + a_3 x^2 + a_5 x^4 + \cdots + a_{2011}x^{2010} + x^{2012}.$$

从而,$\sum_{i=1}^{1006} b_i^2 = -a_{2011}$,$\sum_{t} b_{i_1}^2 b_{i_2}^2 \cdots b_{i_{1005}}^2 = (-1)^{1005} a_3 = -a_3$,其中,$t$ 表示 $1 \leqslant i_1 < i_2 < \cdots < i_{1005} \leqslant 1006$.

故 $a_3 a_{2011} = \left(\sum_{t} b_{i_1}^2 b_{i_2}^2 \cdots b_{i_{1005}}^2\right)\left(\sum_{i=1}^{1006} b_i^2\right) = \left(\prod_{i=1}^{1006} b_i^2\right)\left(\sum_{i=1}^{1006} \frac{1}{b_i^2}\right)\left(\sum_{i=1}^{1006} b_i^2\right)$

$$= \left(\sum_{i=1}^{1006} \frac{1}{b_i^2}\right)\left(\sum_{i=1}^{1006} b_i^2\right) \geqslant 1006^2 = 1012036.$$

给定三个二次三项式 $P(x), Q(x), R(x)$,其首项系数均为正数,且均有两个不同实根. 若将 $R(x)$ 的两个根分别代入 $P(x) + Q(x)$,则所得的两个值相等. 类似地,若将 $P(x)$ 的两个根分别代入 $Q(x) + R(x)$,则所得的两个值也相等. 而且,若将 $Q(x)$ 的两个根分别代入 $P(x) + R(x)$,则所得的两个值还相等. 证明:$P(x), Q(x), R(x)$ 的两个根之和彼此相等.

(2013,第 39 届俄罗斯数学奥林匹克)

证明　设 $P(x),Q(x),R(x)$ 的两个根分别为 a_1 和 a_2,b_1 和 b_2,c_1 和 c_2.

接下来考虑三个二次三项式的和 $S(x)=P(x)+Q(x)+R(x)$.

由于 $P(x),Q(x),R(x)$ 的首项系数均为正数,则其和 $S(x)$ 也为一个二次三项式,且 $S(x)$ 在 c_1,c_2 处的值与 $P(x)+Q(x)$ 在该处的值相等(这是因为 $R(c_1)=R(c_2)=0$).

故 $S(c_1)=S(c_2)$.

类似地,$S(a_1)=S(a_2),S(b_1)=S(b_2)$.

然而,二次三项式在某两个不同点处的值相等,当且仅当这两个点关于相应的抛物线的图像顶点的横坐标对称.这表明,a_1 和 a_2,b_1 和 b_2,c_1 和 c_2 均关于抛物线 $y=S(x)$ 的顶点的横坐标 $x=d$ 对称,即

$$a_1+a_2=b_1+b_2=c_1+c_2=2d.$$

> 设 $P(x),Q(x)$ 均为首一的二次三项式,各有两个不同实根.已知把 $P(x)$ 的两个根分别代入 $Q(x)$ 所得到的两个数的和与把 $Q(x)$ 的两个根分别代入 $P(x)$ 所得到的两个数的和相等.证明:$P(x)$ 的判别式与 $Q(x)$ 的判别式相等.
>
> (2013,第 39 届俄罗斯数学奥林匹克)

证明　设 $P(x),Q(x)$ 的两个根分别为 a_1 和 a_2,b_1 和 b_2.则
$$P(x)=(x-a_1)(x-a_2),Q(x)=(x-b_1)(x-b_2).$$

题目条件表明
$$(b_1-a_1)(b_1-a_2)+(b_2-a_1)(b_2-a_2)=(a_1-b_1)(a_1-b_2)+(a_2-b_1)(a_2-b_2)$$
$$\Rightarrow(b_1-a_1)(b_1-a_2+a_1-b_2)+(b_2-a_2)(b_2-a_1+a_2-b_1)=0$$
$$\Rightarrow(b_1+a_2-a_1-b_2)(a_1+b_1-a_2-b_2)=0$$
$$\Rightarrow(b_1-b_2)^2=(a_1-a_2)^2. \qquad ①$$

众所周知,若一个二次三项式 $R(x)=Ax^2+Bx+C$ 有两个实根 x_1,x_2,则
$$x_1=\frac{-B+\sqrt{B^2-4AC}}{2A},x_2=\frac{-B-\sqrt{B^2-4AC}}{2A}.$$

故 $(x_1-x_2)^2=\dfrac{B^2-4AC}{A^2}.\qquad ②$

既然 $P(x),Q(x)$ 均为首一的二次三项式,式 ① 又表明其两根之差的平方相等,故由式 ② 知其判别式相等.

> 求所有的多项式 $P(x)$,使得对于任意的实数 x,均有
> $$(x-1)P(x+1)-(x+1)P(x-1)=4P(x).$$
>
> (2013,第 63 届白俄罗斯数学奥林匹克)

解　在原方程中,分别取 $x=1,x=-1,x=0$,得
$$-2P(0)=4P(1),-2P(0)=4P(-1),-P(1)-P(-1)=4P(0).$$

由此,$P(-1)=P(1)=P(0)=0$,即 $0,1,-1$ 为多项式 $P(x)$ 的零点.

故 $P(x) = x(x-1)(x+1)Q(x)$,其中,$Q(x)$ 为多项式.

将此代入原方程得

$(x-1)(x+1)x(x+2)Q(x+1) - (x+1)(x-1)(x-2)xQ(x-1)$

$= 4x(x-1)(x+1)Q(x).$

于是,对于任意的 $x \in \mathbf{R}$,有

$(x+2)Q(x+1) - (x-2)Q(x-1) = 4Q(x).$ ①

在式 ① 中,令 $x = 2$,得 $Q(3) = Q(2)$.

对 k 用数学归纳法可证明:对于任意的 $k \in \mathbf{N}, k \geqslant 2$,有 $Q(k) = Q(2)$.

假设对于所有的 $k = 2, 3, \cdots, m(m \geqslant 3)$,均有 $Q(k) = Q(2)$.

在式 ① 中令 $x = m$.得 $(m+2)Q(m+1) - (m-2)Q(m-1) = 4Q(m).$

由归纳假设知 $(m+2)Q(m+1) = (m+2)Q(2) \Rightarrow Q(m+1) = Q(2).$

从而,对于任意的 $k \in \mathbf{N}, k \geqslant 2$ 均有 $Q(k) = Q(2).$

因为存在无穷多的 $x \in \mathbf{R}$,使得 $Q(x) - Q(2) = 0$,所以,$Q(x) - Q(2)$ 恒为 0,即 $Q(x) = Q(2) = a$,其中,a 为一个确定的实数.

因此,满足题给等式的多项式为 $P(x) = ax(x-1)(x+1)$.

容易验证,对于所有的实数 a,$P(x)$ 满足题目要求.

代数部分

求所有的实系数多项式 $P(x)$,使得 $(x+1)P(x-1) - (x-1)P(x)$ 为常数.

(2013,第 45 届加拿大数学奥林匹克)

解 设 $(x+1)P(x-1) - (x-1)P(x) \equiv C$.

由题设条件,知对于任意正整数 k,均有

$(k+1)P(k-1) - (k-1)P(k) = C,$ ①

$(k+2)P(k) - kP(k+1) = C.$ ②

② $-$ ① 并整理得 $\dfrac{P(k+1) - P(k)}{k+1} = \dfrac{P(k) - P(k-1)}{k}.$ ③

对于任意正整数 k,均有 $\dfrac{P(k+1) - P(k)}{k+1} = \dfrac{P(1) - P(0)}{1} = P(1) - P(0)$,即

$P(k+1) - P(k) - (P(1) - P(0))(k+1) = 0.$

记 $P(1) - P(0) = 2q$.

则多项式方程

$P(x+1) - P(x) - 2qx - 2q = 0$ ④

有无数个解(每个正整数均为方程 ④ 的解).

故对于任意实数 x,均有 $P(x+1) - P(x) - 2qx - 2q \equiv 0$,即

$P(x+1) - P(x) = 2qx + 2q.$

于是,多项式 $P(x)$ 的一阶前向差分为 $2qx + 2q$.

从而,$P(x)$ 要么为常数($q = 0$ 时),要么为二次多项式($q \neq 0$ 时).

因此,利用待定系数法解得 $P(x) = qx^2 + qx + r(q, r \in \mathbf{R})$.

多项式 $P(x) = (x^2 - 2x + 5)(x^2 - 4x + 20) + 1$ 能否分解成两个次数大于零的整系数多项式之积?

（2013，希腊国家队选拔考试）

解 由题意,知 $P(x) = x^4 - 6x^3 + 33x^2 - 60x + 101$.

若 $P(x)$ 可约,设 $P(x) = f(x)g(x)(f(x), g(x) \in \mathbf{Z}[x])$.

由于 101 为素数,于是,$f(x), g(x)$ 中有一个常数项的绝对值为 1（不妨设为 $f(x)$).从而,$f(x)$ 有一个模不超过 1 的复根 a.

故 $0 = |P(a)| = |a^4 - 6a^3 + 33a^2 - 60a + 101|$

$\geqslant 101 - |a^4| - |6a^3| - |33a^2| - |60a| \geqslant 1$,

矛盾.

因此,$P(x)$ 不能分解成两个次数大于零的整系数多项式之积.

给定正整数 $n > 1$. 求所有非常值的复系数多项式 f,满足
$$1 + f(X^n + 1) = f^n(X).$$

（2013，罗马尼亚国家队选拔考试）

解 当 n 为偶数时,不存在这样的多项式 f;当 n 为奇数时,满足方程的多项式恰为下列递推关系所得的多项式

$$f_0(X) = -X, f_{k+1}(X) = f_k(X^n + 1)(k \geqslant 0).$$

容易验证满足以上关系的多项式符合题中的方程.反过来,若 f 是满足题中方程的复系数多项式,可先求满足 $f(0) = 0$ 这一条件下的多项式 f.

若 $f(0) = 0$,考虑下列递推数列 $x_0 = 0, x_{k+1} = x_k^n + 1(k \geqslant 0)$.

则 $f(x_{k+1}) = f^n(x_k) - 1(k \geqslant 0)$,且 $f(x_1) = -1$.

当 n 为偶数时,$f(x_2) = 0$.

故 $f(x_{2k}) = 0, f(x_{2k+1}) = -1, k \geqslant 0$.

但注意到,递推数列 x_k 趋向于正无穷大,故对应的值不可能仅为 0 或 -1,矛盾.

当 n 为奇数时,用数学归纳法证明:$f(x_k) = -x_k(k \geqslant 0)$.

显然,当 $k = 0, 1, 2$ 时,上式成立.

而 $f(x_{k+1}) = (-x_k)^n - 1 = -(x_k^n + 1) = -x_{k+1}$,故归纳假设成立.

而 x_k 趋向于正无穷大,故只可能 $f(x) = -X$.

最后考虑 $f(0) \neq 0$ 的情况.

令 ω 为 n 次本原单位根,代入题中的方程得

$$f^n(X) = 1 + f(X^n + 1) = 1 + f((\omega X)^n + 1) = f^n(\omega X).$$

故存在非负整数 $m < n$,使得 $f(X) = \omega^m f(\omega X)$.

由于 $f(0) \neq 0$,等号两边的常值项不变,于是,$\omega^m = 1$.

而 ω 为 n 次本原单位根,则 $m = 0$.

从而,$f(X) = f(\omega X)$.

这就证明了 $f(X)$ 是由 X^n 构成的复系数多项式,亦即 $f(X)$ 可写成 $g(X^n+1)$,其中,g 为某个复系数多项式.

将该关系代入原方程,知 g 也满足原方程.从而,得到了开始时的递推式.

是否存在两个三次实系数首一多项式 $P(x)$,$Q(x)$,满足 $P(Q(x))$ 的九个根为两两不同的非负整数且其和为 72?

(2013,地中海地区数学竞赛)

解 取 $P(x) = x(x-120)(x-240)$,$Q(x) = x(x-11)(x-13)$.

故 $P(Q(x)) = x(x-1)(x-3)(x-5)(x-8)(x-11)(x-13)(x-15)(x-16)$,

且 $0+1+3+5+8+11+13+15+16 = 72$,满足题目条件.

若存在 $n(n \in \mathbf{Z}^+)$ 个互不相同的整数 $a_1, a_2, \cdots, a_n$,使得三次多项式

$$P(x) + a_i = 0 (1 \leqslant i \leqslant n, i \in \mathbf{Z}^+)$$

的所有根均为整数,则称 $P(x)$ 为"n-好的".给定正整数 n,证明:存在 n-好的三次多项式.

(2013,印度国家队选拔考试)

证明 先证明一个引理.

引理 有无穷多个有理数数对 (s,t),使得 $3s^2 + t^2 = 1$(绝对值一样的算一组).

证明 令 $s = \dfrac{a}{p}$(a 为奇数),$t = \dfrac{b}{p}$.则 $3a^2 + b^2 = p^2$.

令 $p - b = 3$,$p + b = a^2 \Rightarrow b = \dfrac{a^2-3}{2}$,$p = \dfrac{a^2+3}{2}$

$$\Rightarrow s = \frac{a}{p} = \frac{2a}{a^2+3}, t = \frac{b}{p} = \frac{a^2-3}{a^2+3}.$$

由 a 的任意性,知 (s,t) 有无穷多组解.

引理得证.

令 $f(x) = x^3 - qx^2 + rx$.

若 $f(x) + k = 0$ 的三个根为 a, b, c,则

$$q = a+b+c, r = ab+bc+ca \Rightarrow 4q^2 - 12r = 3(a-c)^2 + (a-2b+c)^2.$$

注意到,方程 $3x^2 + y^2 = 1$ 有无穷多组解,取其中 $6n$ 组解.

设分母的最小公倍数为 D.

易知,D 至少有 $6n$ 种方法可写成 $3s^2 + t^2$ 的形式.

因为 t^2 模 3 余 1 或 0,所以,$3s^2 + t^2 = D$ 模 3 余 1 或 0.从而,$4D$ 模 3 余 1 或 0.

于是,存在 q, r 使得 $4q^2 - 12r = 4D$.

接下来证明此 $f(x)$ 满足条件.

对于每个 $4q^2 - 12r = 4(3s^2 + t^2) = 3(2s)^2 + (2t)^2$，注意到，

$a - c = 2s, a - 2b + c = 2t, q = a + b + c$.

则 $6c = 2q - 3 \times 2s + 2t \Rightarrow 3c = q - 3s + t$.

若 $3 \mid t$，则 $3 \mid q$，故 $3 \mid (q + t)$；

若 $3 \nmid t$，则 $3 \nmid q$，适当选取 t 的正负，总可以使 $3 \mid (q + t)$，即 c 为整数.

又 $a = 2s + c, b = q - a - c$，故 a, b, c 为一组整数解.

因为这样由不同的 s, t 求出的 a, b, c 不相同，所以，至多有 $A_3^3 = 6$ 种重复.

因此，至少有 $\dfrac{6n}{6} = n$ 个不同的解，即如上 $f(x)$ 是 n-好的.

> 　　是否存在三元整系数多项式 $P(x, y, z)$ 满足下述性质：一个正整数 n 不为完全平方数当且仅当有一个三元正整数数组 (x, y, z)，使得 $P(x, y, z) = n$？
>
> （2013，美国国家队选拔考试）

解 存在.

假设三元整系数多项式 $Q(x, y, z)$ 满足：对于所有整数 x, y, z 有

(1) $Q(x, y, z) \geqslant 0$；

(2) 若 $Q(x, y, z) = 0$，则 x 不为完全平方数；

(3) 对于每一个非完全平方数 x，若 x 为正整数，则存在 $y, z \in \mathbf{Z}^+$，使得 $Q(x, y, z) = 0$.

先证明多项式 $P(x, y, z) = x - xQ(x, y, z)$ 满足条件.

事实上，若 $Q(x, y, z) \geqslant 1$，则对于正整数 x 有 $P(x, y, z) \leqslant 0$.

若 $Q(x, y, z) = 0$，则 x 不为完全平方数，且若 $P(x, y, z)$ 为正整数，则该正整数不为完全平方数. 反之，对于每个正整数 x，若 x 不为完全平方数，则存在正整数 y, z，使得 $Q(x, y, z) = 0$. 于是，$P(x, y, z) = x$.

接下来只要证多项式 $Q(x, y, z)$ 存在.

给出满足条件的两个多项式 $Q(x, y, z)$.

(1) 对于任意的 $x \in \mathbf{Z}$，下面五个命题等价.

(i) x 为正整数，且不为完全平方数；

(ii) $y^2 < x < (y + 1)^2 (y \in \mathbf{Z}^+)$；

(iii) $(x - y^2)((y + 1)^2 - x) > 0 (y \in \mathbf{Z}^+)$；

(iv) $(x - y^2)((y + 1)^2 - x) = z (y, z \in \mathbf{Z}^+)$；

(v) $((x - y^2)((y + 1)^2 - x - z))^2 = 0 (y, z \in \mathbf{Z}^+)$.

由于 (i) 和 (v) 等价，显然，$Q(x, y, z) = ((x - y^2)((y + 1)^2 - x) - z)^2$ 满足条件.

(2) 由于佩尔方程 $y^2 - xz^2 = 1$ 对于参数 $x \in \mathbf{Z}^+$ 有解 $y, z \in \mathbf{Z}^+$ 当且仅当 x 不为完全平方数，则多项式 $Q(x, y, z) = (y^2 - xz^2 - 1)^2$ 也满足条件.

求所有的正整数 a,b,满足:存在三个连续的整数,使得多项式 $P(n) = \dfrac{n^5 + a}{b}$ 的值为整数.

(2013,欧洲女子数学奥林匹克)

解 设三个连续的整数 $x-1, x, x+1$,使得

$(x-1)^5 + a \equiv 0 \pmod{b}, x^5 + a \equiv 0 \pmod{b}, (x+1)^5 + a \equiv 0 \pmod{b}$.

则 $A = (x+1)^5 - (x-1)^5 = 10x^4 + 20x^2 + 2 \equiv 0 \pmod{b}$,

$B = (x+1)^5 - x^5 = 5x^4 + 10x^3 + 10x^2 + 5x + 1 \equiv 0 \pmod{b}$, ①

$C = (x+1)^5 + (x-1)^5 - 2x^5 = 20x^3 + 10x \equiv 0 \pmod{b}$.

故 $D = 4xA - (2x^2 + 3)C = -22x \equiv 0 \pmod{b}$,

$22B + (5x^3 + 10x^2 + 10x + 5)D = 22 \equiv 0 \pmod{b}$.

所以,$b = 1, 2, 11, 22$.

由式 ① 知 $B = 2(5x^3 + 5x^2) + 5(x^4 + x) + 1$ 为奇数.于是,b 为奇数.从而,$b = 1, 11$.

当 $b = 1$ 时,$P(n) = n^5 + a$,故对于任意的正整数 a 均满足要求;

当 $b = 11$ 时,$n \equiv 0, 1, \cdots, 10 \pmod{11}$,则

$n^5 \equiv 0, 1, -1, 1, 1, 1, -1, -1, -1, 1, -1 \pmod{11}$.

所以,当且仅当 $a \equiv \pm 1 \pmod{11}$ 时,才存在三个连续的整数,使得 $P(n) = \dfrac{n^5 + a}{11}$ 均为整数.

故 $(a, b) = (k, 1), (11k - 10, 11), (11k - 1, 11)(k \in \mathbf{Z}^+)$.

设 A 为由十个实系数五次多项式组成的集合. 已知存在 k 个连续的正整数 $n+1, n+2, \cdots, n+k$ 及 $f_i(x) \in A (1 \leqslant i \leqslant k)$,使得 $f_1(n+1), f_2(n+2), \cdots, f_k(n+k)$ 构成等差数列.求 k 的最大可能值.

(第 39 届俄罗斯数学奥林匹克)

解 由 $f_1(n+1), f_2(n+2), \cdots, f_k(n+k)$ 构成等差数列,知存在实数 a, b 满足 $f_i(n+i) = ai + b$.

注意到,对任意五次多项式 f,方程 $f(n+x) = ax + b$ 至多有五个实根.

于是,A 中每个多项式在 $f_1, f_2, \cdots, f_k$ 中至多出现五次.

从而,$k \leqslant 50$.

下面给出 $k = 50$ 的例子.

令 $P_k(x) = (x - (5k - 4))(x - (5k - 3)) \cdots (x - 5k) + x (k = 1, 2, \cdots, 10)$.

则 $f_{5k} = f_{5k-1} = f_{5k-2} = f_{5k-3} = f_{5k-4} = P_k (1 \leqslant k \leqslant 10)$.

故 $f_k(k) = k (1 \leqslant k \leqslant 50)$.

$P(x), Q(x)$ 为两个 10 次实系数首一多项式. 已知方程 $P(x) = Q(x)$ 没有实根. 证明: 方程 $P(x+1) = Q(x-1)$ 有实根.

（第 39 届俄罗斯数学奥林匹克）

证明　设 $P(x) = x^{10} + p_9 x^9 + \cdots + p_0$, $Q(x) = x^{10} + q_9 x^9 + \cdots + q_0$.

则 $P(x) - Q(x) = (p_9 - q_9) x^9 + (p_8 - q_8) x^8 + \cdots + (p_0 - q_0)$ 没有实根.

由于每个奇数次实多项式均有实根, 故 $p_9 = q_9$.

又 $P(x+1) = x^{10} + (p_9 + 10) x^9 + \cdots$, $Q(x-1) = x^{10} + (q_9 - 10) x^9 + \cdots$,

则 $P(x+1) - Q(x-1) = 20 x^9 + \cdots$ 为一个 9 次多项式.

因此, 方程有实根.

设 $P(x)$ 为实系数多项式, 实数 $a_1, a_2, a_3, b_1, b_2, b_3$ 满足 $a_1 a_2 a_3 \neq 0$, 且对于任意的 $x \in \mathbf{R}$, 有 $P(a_1 x + b_1) + P(a_2 x + b_2) = P(a_3 x + b_3)$. 证明: $P(x)$ 至少有一个实根.

（第 38 届俄罗斯数学奥林匹克）

证明　若 $a_1 \neq a_3$, 取 x_0 满足 $a_1 x_0 + b_1 = a_3 x_0 + b_3$.

则 $P(a_2 x_0 + b_2) = 0$, 即 $P(x)$ 有实根.

类似地, 若 $a_2 \neq a_3$, 也可得到同样结果.

令 $a_1 = a_2 = a_3 = a \neq 0$.

设 $P(x)$ 为 n 次多项式且 n 次项系数 $p \neq 0$. 则题设等式左右两边最高次项系数分别为 $2a^n p$ 和 $p a^n$, 矛盾.

求使得以下命题为真的所有正整数 n: 对于任意两个 n 次多项式 $P(x), Q(x)$, 存在单项式 ax^k, bx^l (a, b 为实数, 整数 k, l 满足 $0 \leqslant k, l \leqslant n$), 使得 $P(x) + ax^k$, $Q(x) + bx^l$ 的图像没有交点.

（2013, 第 35 届国际城市数学奥林匹克）

解　原命题可以改写为:

对于任意次数不超过 n 的多项式 $R(x)$, 存在单项式 ax^k, bx^l (a, b 为实数, 整数 k, l 满足 $0 \leqslant k < l \leqslant n$), 使得 $R(x) + ax^k + bx^l$ 恒没有零点.

若 $n \geqslant 3$ 为奇数, 对于 $R(x) = x^n + x$, 为了不得到一个奇数次多项式, 从而有零点, 于是, 只能取 $bx^l = -x^n$.

当 $k \geqslant 1$ 时, $x = 0 \Rightarrow R(x) + ax^k + bx^l = 0$; 当 $k = 0$ 时, 易知, $x + a$ 总有零点.

若 $n = 1$, 总有 $R(x) + bx + a \equiv 1$, 不为 0.

若 n 为偶数, 则可加上一个次数为 n 的单项式, 使得首项系数为正, 且新的多项式会有一个下界 M. 接着加上一个常数 $1 - M$, 则新的多项式的最小值为 1, 即没有零点.

综上, 使得命题为真的 n 为偶数或 1.

若 P,Q 均是次数至少为1的整系数多项式,且方程 $P(x) = Q(y)$ 有无穷多个正整数解,则称方程 $P(x) = Q(y)$ 为"有趣的". 若存在有理系数多项式 H,使得 $F(x) = H(P(x)), G(y) = H(Q(y))$,则称方程 $F(x) = G(y)$ 为由方程 $P(x) = Q(y)$ "所得".

(1) 设 S 是集合 $\mathbf{Z}^+ \times \mathbf{Z}^+$ 的一个无限子集. 若 S 的每个元素均满足方程 $P(x) = Q(y)$,则称 S 满足有趣方程. 证明:存在一个有趣方程 $P_0(x) = Q_0(y)$,使得 S 满足的每个方程(如果有的话)均由方程 $P_0(x) = Q_0(y)$ 所得.

(2) 有趣方程的次数被定义为 P 和 Q 的次数中最大的次数,若一个有趣方程不由任意次数较低的有趣方程所得,则称该有趣方程为"原始的". 证明:若 $P(x) = Q(y)$ 为原始的有趣方程,且 P,Q 均为首一的多项式,则 P 和 Q 的次数互素.

(2013—2014,第 31 届伊朗数学奥林匹克)

证明 (1)首先,对于每个 $x \in \mathbf{Z}^+$,最多有有限个子集 S 中的元素的第一个分量为 x. 于是,对于每个正数 R,最多有有限个子集 S 中的元素的第一个分量小于 R.

同样的结论对于第二个分量也成立.

假设子集 S 满足的有趣方程构成的集合非空. 设 $P_0(x) = Q_0(y)$ 是有趣方程,且在 S 的无穷多个子集满足的有趣方程中,次数最低(方程 $P(x) = Q(y)$ 的次数可看成二元多项式 $P(x) - Q(y)$ 的次数).用 S_0 表示 S 的子集,且满足这个方程.

假设 $P(x) = Q(y)$ 是任意一个 S 满足的方程.

由有理系数多项式的除法,知存在有理系数多项式 $A(x), B(x), C(y), D(y)$,使得

$$P(x) = A(x)P_0(x) + B(x), \deg B < \deg P_0,$$
$$Q(y) = C(y)Q_0(y) + D(y), \deg D < \deg Q_0.$$

设上面两个方程中的多项式的系数的分母的最小公倍数为 N.

用 N 乘这两个方程的两边得

$$NP(x) = A'(x)P_0(x) + B'(x), \qquad\qquad ①$$
$$NQ(y) = C'(y)Q_0(y) + D'(y), \qquad\qquad ②$$

其中,A', B', C', D' 为整系数多项式.

若 $(x_0, y_0) \in S_0$,则存在整数 a, b,使得

$$P(x_0) = Q(y_0) = a, P_0(x_0) = Q_0(y_0) = b.$$

由式①,②,知 $-(A'(x_0) - C'(y_0))b = B'(x_0) - D'(y_0).$ ③

又由于 $\deg B' = \deg B < \deg P_0, \deg D' = \deg D < \deg Q_0$,知存在实数 $R > 0$,使得当 $|x|, |y| > R$ 时,有

$$|B'(x)| < \frac{1}{2}|P_0(x)|, |D'(y)| < \frac{1}{2}|Q_0(y)|.$$

由式③及三角不等式,知若 $|x_0|, |y_0| > R$,则

$$|A'(x_0) - C'(y_0)||b| = |B'(x_0) - D'(y_0)|$$
$$\leqslant |B'(x_0)| + |D'(y_0)| < \frac{1}{2}|b| + \frac{1}{2}|b| = |b|.$$

这表明，$A'(x_0) = C'(y_0)$，$B'(x_0) = D'(y_0)$.

故除了 S_0 中的有限个元素外，其他元素的两个分量均大于 R. 于是，方程 $B'(x) = D'(y)$ 在子集 S 中有无穷多个解.

由于这个方程的次数小于方程 $P_0(x) = Q_0(y)$ 的次数，则 B'，D' 必为常数. 这表明，存在 $c \in \mathbf{Z}$，使得 $B'(x) = D'(y) = c$.

故 $A'(x) = \dfrac{NP(x) - c}{P_0(x)}$，$C'(y) = \dfrac{NQ(y) - c}{Q_0(y)}$.

若方程 $A'(x) = C'(y)$ 为新的有趣方程，可以对该方程重复上面的步骤.

继续此过程，可看到存在有理系数多项式 F，使得
$$P(x) = F(P_0(x)), Q(x) = F(Q_0(x)).$$

这表明，有趣方程由有趣方程 $P_0(x) = Q_0(y)$ 所得.

（2）首先证明一个有用的引理.

引理　设 $P(x) \in \mathbf{Z}[x]$ 为首一的多项式，d 为正整数，且满足 $d \mid \deg P$. 证明：存在正整数 N 和整系数多项式 $T(x)$，$R(x)$，使得 $NP(x) = (T(x))^d + R(x)$.

对于足够大的 x，有 $(T(x))^d \leqslant NP(x) \leqslant (T(x) + 1)^d$.

证明　设 $\deg P = dm (m \in \mathbf{Z}^+)$.

首先，要证明存在多项式 $T_1(x) \in \mathbf{Q}[x]$，使得 $\deg(P(x) - (T_1(x))^d) < (m-1)d$.

为了证明这个结论，设 $P(x) = x^{md} + a_{md-1}x^{md-1} + \cdots + a_1 x + a_0$.

要求出有理数 $b_0, b_1, \cdots, b_{m-1}$，使得对于每个正整数 $i (m(d-1) \leqslant i < md)$，$x^i$ 在 $(x^m + b_{m-1}x^{m-1} + \cdots + b_1 x + b_0)^d$ 中的系数为 a_i.

可以递归得到 b_i，且为 a_i 的函数.

设 n 为 T_1 的系数的分母的最小公倍数.

定义 $T_2(x) = nT_1(x)$，$N = n^d$，$S_2(x) = NP(x) - (T_2(x))^d$.

显然，$S_2(x)$，$T_2(x) \in \mathbf{Z}[x]$，且 $\deg S_2 < (m-1)d$.

若 S_2 的首项系数为正数，设 $T(x) = T_2(x)$，$R(x) = S_2(x)$；

若 S_2 的首项系数为负数，设 $T(x) = T_2(x) - 1$，$R(x) = NP(x) - (T(x))^d$.

容易验证，这两个多项式满足条件.

引理得证.

设 $d = (\deg P, \deg Q)$. 由引理，知存在正整数 N 和整系数多项式 U, V, T, W，使得
$$NP(x) = (T(x))^d + W(x), NQ(y) = (U(y))^d + V(y).$$

对于足够大的 x, y，有
$$(T(x))^d \leqslant NP(x) < (T(x) + 1)^d, (U(y))^d \leqslant NQ(y) < (U(y) + 1)^d.$$

若 $d > 1$，则方程 $T(x) = U(y)$ 的次数小于方程 $P(x) = Q(y)$ 的次数. 而且，由前面的不等式，知 $P(x) = Q(y)$ 的每个解均为 $T(x) = U(y)$ 的解. 这两个有趣方程均由一个次数小于 $P(x) = Q(y)$ 的次数的有趣方程所得，与 $P(x) = Q(y)$ 是原始的矛盾.

因此，$(\deg P, \deg Q) = d = 1$.

设整数 $m \neq 0$. 求所有实系数多项式 $P(x)$，使得对于任意实数 x，均有

$$(x^3 - mx^2 + 1)P(x+1) + (x^3 + mx^2 + 1)P(x-1)$$
$$= 2(x^3 - mx + 1)P(x). \qquad ①$$

（第 54 届 IMO 预选题）

解 设 $P(x) = a_n x^n + \cdots + a_1 x + a_0 (a_n \neq 0)$.

比较式 ① 两边 x^{n+1} 的系数得 $a_n(n - 2m)(n-1) = 0$.

于是，$n = 1$ 或 $2m$.

若 $n = 1$，易知 $P(x) = x$ 为式 ① 的解，$P(x) = 1$ 不为式 ① 的解.

因为 P 是线性的，所以，式 ① 的线性解为 $P(x) = tx(t \in \mathbf{R})$.

若 $n = 2m$，则多项式 $xP(x+1) - (x+1)P(x) = (n-1)a_n x^n + \cdots$ 的次数为 n.

从而，至少有一个根 r（可能为复数）.

若 $r \notin \{0, -1\}$，定义 $k = \dfrac{P(r)}{r} = \dfrac{P(r+1)}{r+1}$；

若 $r = 0$，设 $k = P(1)$；

若 $r = -1$，设 $k = -P(-1)$.

现考虑多项式 $S(x) = P(x) - kx$.

因为 $P(x)$ 和 kx 均满足式 ①，所以，$S(x)$ 也满足式 ①，且 $r, r+1$ 为其两根.

设 $A(x) = x^3 - mx^2 + 1$，$B(x) = x^3 + mx^2 + 1$.

在式 ① 中令 $x = s$，则有下面的结论.

(1) 若 $s-1$，s 为 S 的根，s 不为 A 的根，则 $s+1$ 为 S 的根；

(2) 若 s，$s+1$ 为 S 的根，s 不为 B 的根，则 $s-1$ 为 S 的根.

设整数 $a \geqslant 0$，$b \geqslant 1$，使得 $r-a, r-a+1, \cdots, r, r+1, \cdots, r+b-1, r+b$ 为 S 的根，$r-a-1, r+b+1$ 不为 S 的根. 则 $r-a$ 为 B 的根，$r+b$ 为 A 的根.

又 $r-a$ 为 $B(x)$ 的根，也为 $A(x+a+b)$ 的根，故其也为 $B(x)$，$A(x+a+b)$ 的整系数最大公因式 $C(x)$ 的根.

若 $C(x)$ 为 $B(x)$ 的一个非平凡的因式，则 B 有一个有理根 α.

因为 B 的首项和末项的系数均是 1，所以，α 只能为 1 或 -1.

而 $B(-1) = m > 0$，$B(1) = m + 2 > 0$（这是因为 $n = 2m$）. 矛盾.

于是，$B(x) = A(x+a+b)$.

设 $c = a+b \geqslant 1$. 则 $0 = A(x+c) - B(x) = (3c - 2m)x^2 + c(3c - 2m)x + c^2(c - m)$.

于是，$3c - 2m = c - m = 0$. 从而，$m = 0$，矛盾.

综上，$P(x) = tx(t \in \mathbf{R})$ 为式 ① 的解.

设 a, b, c, d 均为实数，且 $b - d \geqslant 5$，多项式 $P(x) = x^4 + ax^3 + bx^2 + cx + d$ 的所有零点 x_1, x_2, x_3, x_4 均为实数. 求 $(x_1^2 + 1)(x_2^2 + 1)(x_3^2 + 1)(x_4^2 + 1)$ 的最小值.

（2014，第 43 届美国数学奥林匹克）

解 由韦达定理得

$$b - d = x_1x_2 + x_1x_3 + x_1x_4 + x_2x_3 + x_2x_4 + x_3x_4 - x_1x_2x_3x_4 \geqslant 5$$
$$\Rightarrow x_1(x_2 + x_3 + x_4 - x_2x_3x_4) + (x_2x_3 + x_2x_4 + x_3x_4 - 1) \geqslant 4$$
$$\Rightarrow 4^2 \leqslant (x_1(x_2 + x_3 + x_4 - x_2x_3x_4) + (x_2x_3 + x_2x_4 + x_3x_4 - 1))^2.$$

由柯西不等式得

$$4^2 \leqslant (x_1^2 + 1)((x_2 + x_3 + x_4 - x_2x_3x_4)^2 + (x_2x_3 + x_2x_4 + x_3x_4 - 1)^2)$$
$$= (x_1^2 + 1)(x_2^2 + 1)(x_3^2 + 1)(x_4^2 + 1).$$

当 $x_1 = x_2 = x_3 = x_4 = 1$ 时,$(x_1^2 + 1)(x_2^2 + 1)(x_3^2 + 1)(x_4^2 + 1)$ 取得最小值 16.

给定多项式 $P(x) = a_{2n}x^{2n} + a_{2n-1}x^{2n-1} + \cdots + a_1x + a_0$,其中,所有的系数 a_i 均属于区间 $[100, 101]$.求最小的正整数 n,使得这样的多项式具有实根.

(2014,第 40 届俄罗斯数学奥林匹克)

解 $n = 100$.

若一个多项式的所有的系数均属于区间 $[100, 101]$,就称其为"好的".

显然,多项式

$$P(x) = 100(x^{200} + x^{198} + \cdots + x^2 + 1) + 101(x^{199} + x^{197} + \cdots + x^3 + x)$$

为好的,且有实根 $x = -1$.

从而,当 $n = 100$ 时,确实存在具有实根的好的多项式.

下面只要证明:当 $n < 100$ 时,好的多项式 $P(x)$ 均没有实根.则要证明:对一切实数 x,均有 $P(x) > 0$.

事实上,当 $x \geqslant 0$ 时,这是显然的.

当 $x = -t < 0$ 时,此结论等价于

$$100(t^{2n} + t^{2n-2} + \cdots + t^2 + 1) > 101(t^{2n-1} + t^{2n-3} + \cdots + t^3 + t).$$

上式两边同乘以 $t + 1$ 得

$$100(t^{2n+1} + t^{2n} + \cdots + t + 1) > 101(t^{2n} + t^{2n-1} + \cdots + t^2 + t)$$
$$\Leftrightarrow 100(t^{2n+1} + 1) > t^{2n} + t^{2n-1} + \cdots + t^2 + t. \qquad \qquad ①$$

显然,对一切 $t > 0$ 及每个 $k = 1, 2, \cdots, n$,均有

$$(t^k - 1)(t^{2n+1-k} - 1) \geqslant 0 \Rightarrow t^{2n+1} + 1 \geqslant t^{2n+1-k} + t^k.$$

将这些不等式对 $k = 1, 2, \cdots, n$ 求和,并注意到 $n < 100$,即得

$$t^{2n} + t^{2n-1} + \cdots + t^2 + t \leqslant n(t^{2n+1} + 1) < 100(t^{2n+1} + 1).$$

此即式①.

求所有的实系数多项式 $P(x)$,使得对于所有的 $x \in \mathbf{R}$,均有
$$P(P(x)) = (x^2 + x + 1)P(x). \qquad \qquad ①$$

(2014,第 58 届斯洛文尼亚数学奥林匹克)

解 显然，零多项式为一个解.

下面令 $P(x)$ 为非零多项式，且 $P(x) = a_n x^n + a_{n-1} x^{n-1} + \cdots + a_0 (a_n \neq 0)$.

因为式 ① 两边的首项分别是 $a_n (a_n x^n)^n = a_n^{n+1} x^{n^2}$，$x^2 a_n x^n = a_n x^{n+2}$，且两项的次数相等，所以，$n^2 = n + 2 \Rightarrow (n-2)(n+1) = 0$.

由 n 为非负整数，知 $n = 2$.

于是，设 $P(x) = ax^2 + bx + c (a \neq 0)$.

故 $P(P(x)) = a^3 x^4 + 2a^2 b x^3 + (ab^2 + 2a^2 c + ab) x^2 + (2abc + b^2) x + (ac^2 + bc + c)$，

$(x^2 + x + 1) P(x) = ax^4 + (b+a) x^3 + (c+b+a) x^2 + (c+b) x + c$.

比较以上两式得

$$\begin{cases} a^3 = a, \\ 2a^2 b = b + a, & ② \\ ab^2 + 2a^2 c + ab = c + b + a, & ③ \\ 2abc + b^2 = c + b, \\ ac^2 + bc + c = c. \end{cases}$$

由 $a \neq 0$，知 $a = \pm 1$.

若 $a = 1$，则由式 ② 得 $2b = b + 1 \Rightarrow b = 1$.

将 $a = 1, b = 1$ 代入式 ③ 得 $2c + 2 = c + 2 \Rightarrow c = 0$.

经检验，$(a, b, c) = (1, 1, 0)$ 满足后两个方程.

若 $a = -1$，则方程组无解.

因此，$P(x) = 0, P(x) = x^2 + x$.

已知 x_1, x_2 为多项式 $P(x) = x^2 + ax + b$ 的两个不同的根，且 $x_1^2 - \dfrac{1}{2}$，$x_2^2 - \dfrac{1}{2}$ 为 $Q(x) = x^2 + \left(a^2 - \dfrac{1}{2}\right) x + b^2 - \dfrac{1}{2}$ 的根. 求 a, b.

（2014，第 58 届斯洛文尼亚数学奥林匹克）

解 多项式 $P(x) = x^2 + ax + b$ 的根为

$$x_1 = \frac{-a + \sqrt{a^2 - 4b}}{2}, \quad x_2 = \frac{-a - \sqrt{a^2 - 4b}}{2}.$$

由于 $x_1 \neq x_2$，则 $a^2 - 4b \neq 0$.

故 $x_1^2 - \dfrac{1}{2} = \dfrac{(a^2 - 2b - 1) - a\sqrt{a^2 - 4b}}{2}$，$x_2^2 - \dfrac{1}{2} = \dfrac{(a^2 - 2b - 1) + a\sqrt{a^2 - 4b}}{2}$.

由 $x_1^2 - \dfrac{1}{2}$，$x_2^2 - \dfrac{1}{2}$ 为多项式 $Q(x)$ 的根，则其满足方程

$$x^2 + \left(a^2 - \frac{1}{2}\right) x + b^2 - \frac{1}{2} = 0.$$

故 $(4a^4 - 12a^2 b + 8b^2 - 5a^2 + 6b) - (4a^3 - 4ab - 3a) \sqrt{a^2 - 4b} = 0$，

$$(4a^4 - 12a^2 b + 8b^2 - 5a^2 + 6b) + (4a^3 - 4ab - 3a)\sqrt{a^2 - 4b} = 0.$$

从而, $4a^4 - 12a^2 b + 8b^2 - 5a^2 + 6b = 0$,　　　　　　　　　　①

$$(4a^3 - 4ab - 3a)\sqrt{a^2 - 4b} = 0.　　　　　　　　　　②$$

由 $a^2 - 4b \neq 0$, 知方程 ② 变形为 $(4a^2 - 4b - 3)a = 0$.

若 $a = 0$, 则方程 ① 为 $8b^2 + 6b = 2b(4b + 3) = 0$.

而 $a^2 - 4b \neq 0$, 知 $b \neq 0$. 于是, $b = -\dfrac{3}{4}$.

若 $a \neq 0$, 则 $4a^2 - 4b - 3 = 0 \Rightarrow b = a^2 - \dfrac{3}{4}$.

将上式代入方程 ① 得 $-2a^2 = 0 \Rightarrow a = 0$, 矛盾.

因此, $a = 0, b = -\dfrac{3}{4}$.

　　求所有的实系数多项式 $P(x)$, 使得 $(x^2 - 6x + 8)P(x) = (x^2 + 2x)P(x-2)$.

（2014, 第 31 届希腊数学奥林匹克）

解　原方程可变形为 $(x-2)(x-4)P(x) = x(x+2)P(x-2)$.　　　　①

当 $x = 0, -2, 4$ 时, 分别有 $P(0) = P(-2) = P(2) = 0$.

故 $P(x) = x(x-2)(x+2)Q(x)$（$Q(x)$ 为实系数多项式）.　　　　②

由式 ② 知

式 ① $\Leftrightarrow (x-2)^2(x-4)(x+2)xQ(x) = x(x+2)(x-2)x(x-4)Q(x-2)$

$\Leftrightarrow (x-2)(x-4)(x+2)x((x-2)Q(x) - xQ(x-2)) = 0$

$\Leftrightarrow (x-2)Q(x) - xQ(x-2) = 0.$

令 $x = 0$. 则 $Q(0) = 0$.

于是, $Q(x) = xR(x)$（$R(x)$ 为实系数多项式）.

故 $(x-2)xR(x) - x(x-2)R(x-2) = 0$

$\Leftrightarrow x(x-2)(R(x) - R(x-2)) = 0 \Leftrightarrow R(x) = R(x-2).$

从而, 对于任意的实数 x, 均有 $R(x) = R(x+2k)$（$k \in \mathbf{Z}$）, 即 $R(x)$ 是周期为 2 的周期函数.

当 $x = 0$ 时, 记 $R(0) = R(2k) = c$（c 为任意实常数）.

于是, 对于任意的实数 x, 均有 $R(x) = c$.

故 $P(x) = x(x-2)(x+2)Q(x) = x^2(x-2)(x+2)R(x) = cx^2(x^2 - 4)$.

　　求所有的正整数 n, 使得存在 n 次整系数多项式 f（首项系数为正整数）和整系数多项式 g, 满足对于所有的实数 x, 均有

$$xf^2(x) + f(x) = (x^3 - x)g^2(x).$$

（2014, 保加利亚国家队选拔考试）

代数部分

解 原方程等价于$(2xf(x)+1)^2=(x^2-1)(2xg(x))^2+1$.

下面求整系数多项式对(p,q),使得对于任意实数x,均有

$$p^2(x)=(x^2-1)q^2(x)+1. \qquad ①$$

假设(p,q)满足方程①,其中,q的次数为$k(k\geqslant1)$.不妨假设p和q的首项系数均为正整数.

设$P_0=p,Q_0=q,P_1(x)=xp(x)-(x^2-1)q(x),Q_1(x)=-p(x)+xq(x)$.

则$P_1(x)$和$Q_1(x)$也满足方程①,且$Q_1(x)$的次数严格小于$Q_0(x)$的次数.

继续上述构造,最后得到方程①的解(P_s,Q_s),使得Q_s为常数.这种类型的解只有$(x,1)$和$(1,0)$.

而由$(x,1)$又可以得到$(1,0)$,不失一般性,假设$(P_s,Q_s)=(1,0)$.

方程①的所有解(p,q)由下述递归式得到

$$(p_0,q_0)=(1,0),$$
$$(p_{i+1}(x),q_{i+1}(x))=(xp_i(x)+(x^2-1)q_i(x),p_i(x)+xq_i(x))(i=0,1,\cdots).$$

回到原方程得$p(x)$除以$2x$余1,$q(x)$被$2x$整除.

因为前五个(p,q)是

$$(1,0),(x,1),(2x^2-1,2x),(4x^3-3x,4x^2-1),(8x^4-8x^2+1,8x^3-4x),$$

所以,$(p_4(x),q_4(x))\equiv(1,0)(\bmod 2x)$.

于是,此函数对序列模$2x$的周期为4,即当i为4的倍数时,$(p_i(x),q_i(x))$满足原方程的条件.

综上,$n=4m+3$(m为任意非负整数).

数列$\{x_n\}$由整系数多项式$P(x),Q(x)$定义:

$$x_0=2014,x_{2n+1}=P(x_{2n}),x_{2n}=Q(x_{2n-1}),n\geqslant1.$$

求出所有由$P(x)$和$Q(x)$组成的多项式对,使得每个正整数m,均为$\{x_n\}$中某个非零项的因子.

(2014,越南国家队选拔考试)

解 记某数列$\{x_n\}$的性质p为:使得每个正整数m均为$\{x_n\}$中某个非零项的因子.

先证明一个引理.

引理 给定正整数a和整系数多项式$T(x)$,定义数列$\{x_n\}$:

$$x_0=a,x_{n+1}=T(x_n)(n\geqslant0).$$

若数列$\{x_n\}$具有性质p,则$\deg T=1$.

证明 易知,$T(x)$为常数时不满足性质p.

现假设$\deg T>1$.

则存在$c>0$,使得当$|x|>c$时,$|T(x)|>3|x|$.

由此存在无穷多个n满足$|x_n|\geqslant|x_i|(1\leqslant i<n)$.

于是,可以选择N满足$|x_N|>.\max\{c,|x_0|,|x_1|,\cdots,|x_{N-1}|\}$.

故对所有的$n\geqslant N$,均有$|x_n|>\max\{|x_0|,|x_1|,\cdots,|x_{n-1}|\}$,且$|x_{n+1}|>3|x_n|$.

记 $m = |x_{N+1} - x_N|$. 则

$m \geqslant |x_{N+1}| - |x_N| > 2|x_N| > \max\{|x_0|, |x_1|, \cdots, |x_{N-1}|\}$.

这表明, m 不整除 $x_0, x_1, \cdots, x_N$.

又对于任意的 n, 均有 $(x_n - x_{n-1}) \mid (x_{n+1} - x_n)$, 则对于 $n \geqslant N$, 均有 $m \mid (x_{n+1} - x_n)$.

故 $m \mid (x_n - x_N) = \sum_{k=N}^{n-1} (x_{k+1} - x_k)$. 于是, $m \nmid x_n$.

这样数列 $\{x_n\}$ 不满足性质 p, 矛盾.

引理得证.

易知, $P(x)$, $Q(x)$ 中若有一个为常数. 则数列 $\{x_n\}$ 不满足性质 p.

现假设其次数均大于 1.

记 $H = P(Q(x))$, $K = Q(P(x))$. 则

$\deg H \geqslant 2$, $\deg K \geqslant 2$, 且 $x_{2i+2} = K(x_{2i})$, $x_{2i+1} = H(x_{2i-1})$.

假设数列 $\{x_0, x_2, x_4, \cdots\}$ 不满足性质 p. 则存在正整数 $m, 2m, 3m, \cdots$ 其不能整除 x_{2i} 中的任何一个. 故对于每个正整数 k, 必存在正整数 x_{2i_k+1} 可被 km 整除, 也就被 k 整除. 这样, $\{x_1, x_3, x_5, \cdots\}$ 就满足性质 p.

由引理, 知 $\deg H = \deg K = 1$.

设 $P(x) = ax + b$, $Q(x) = cx + d$ ($a, b, c, d \in \mathbf{Z}$). 则

$x_{2n+2} = cax_{2n} + bc + d$, $x_{2n+3} = cax_{2n+1} + ad + b$.

易知, $ac = 1$. 否则, 假设 $x_0, x_1, bc+d, ad+b$ 四个数中, 因子 ac 的最高幂次为 s. 于是, $(ac)^{s+1}$ 不整除 $\{x_n\}$ 中任何一项.

又若 $ac = -1$, 则 $\{x_{2n}\}$, $\{x_{2n+1}\}$ 为周期数列, 必不满足性质 p.

从而, 只需考虑以下情况.

(1) 若 $P(x) = x + b$, $Q(x) = x + d$, 则

$x_{2k} = 2014 + k(b+d)$, $x_{2k+1} = 2014 + b + k(b+d)$.

显然, $b + d \neq 0$.

又因为 $\{x_{2n}\}$, $\{x_{2n+1}\}$ 中至少有一个数列满足性质 p, 所以,

$(b+d) \mid 2014$ 或 $(b+d) \mid (2014+b)$.

可验证, 此时, $\{x_n\}$ 也满足性质 p.

(2) 若 $P(x) = -x + b$, $Q(x) = -x + d$, 类似地, 当 $b-d \neq 0$, $(b-d) \mid 2014$ 或 $(b-d) \mid (2014-b)$ 时, $\{x_n\}$ 满足性质 p.

求非零实系数多项式 $P(x)$, 使得

$$P^3(x) + 3P^2(x) = P(x^3) - 3P(-x). \qquad ①$$

（2014, 希腊国家队选拔考试）

解 若 $\deg P(x) = 0$, 则 $P(x) = a \neq 0$.

于是, 由式 ① 有 $a^3 + 3a^2 = -2a \Leftrightarrow a = -1$ 或 -2.

从而, $P(x) = -1$ 或 -2.

若 $\deg P(x) = n > 0$，则不妨设 $P(x) = ax^n + Q(x)(a \neq 0, \deg Q(x) = k \leq n-1)$.

将上式代入式 ① 得

$$(ax^n + Q(x))^3 + 3(ax^n + Q(x))^2 = ax^{3n} + Q(x^3) - 3Q(-x) - 3a(-1)^n x^n. \qquad ②$$

注意到，$a \neq 0$. 比较式 ② 中 x^{3n} 的系数得 $a^3 = a \Leftrightarrow a = \pm 1$.

当 $a = 1$ 时，式 ② 改写为

$$(x^n + Q(x))^3 + 3(x^n + Q(x))^2 = x^{3n} + Q(x^3) - 3Q(-x) - 3(-1)^n x^n$$

$$\Leftrightarrow A(x) = B(x),$$

其中，$A(x) = 3x^{2n}Q(x) + 3x^n Q^2(x) + Q^3(x) + 3x^{2n} + 6x^n Q(x) + 3Q^2(x)$，

$B(x) = Q(x^3) - 3Q(-x) - 3(-1)^n x^n$.

显然，$Q(x) \not\equiv 0$.

若 $\deg Q(x) = k > 0$，则由 $0 < k < n$，有

$2n + k = \deg A(x) = \deg B(x) = \max\{3k, n\} \Rightarrow n = k$，矛盾.

于是，$\deg Q(x) = 0 \Rightarrow Q(x) = c \neq 0$.

故 $A(x) = B(x) \Leftrightarrow 3(c+1)x^{2n} + 3(c^2 + 2c + (-1)^n)x^n + c^3 + 3c^2 + 2c = 0$

$$\Leftrightarrow \begin{cases} c+1 = 0, \\ c^2 + 2c + (-1)^n = 0, \Leftrightarrow c = -1, n = 2m(m \in \mathbf{Z}^+). \\ c^3 + 3c^2 + 2c = 0, \end{cases}$$

从而，$P(x) = x^{2m} - 1(x \in \mathbf{R}, m \in \mathbf{Z}^+)$.

当 $a = -1$ 时，类似地，$P(x) = -x^{2m} - 1(x \in \mathbf{R}, m \in \mathbf{Z}^+)$.

综上，$P(x) = -1, -2, x^{2m} - 1, -x^{2m} - 1(x \in \mathbf{R}, m \in \mathbf{Z}^+)$.

已知 $P(x)$ 为 $n(n \leq 10, n \in \mathbf{Z}^+)$ 次整系数多项式，且对任意的 $k \in \{1, 2, \cdots, 10\}$，均存在整数 m，使得 $P(m) = k$. 设 $|P(10) - P(0)| < 1000$. 证明：对于每一个整数 k，均可找到整数 m，使得 $P(m) = k$.

(2014，第 52 届荷兰国家队选拔考试)

证明 对 $i = 1, 2, \cdots, 10$，设整数 c_i 满足 $P(c_i) = i$.

则当 $i \in \{1, 2, \cdots, 9\}$ 时，有

$(c_{i+1} - c_i) \mid (P(c_{i+1}) - P(c_i)) \Rightarrow (c_{i+1} - c_i) \mid ((i+1) - i)$

$\Rightarrow (c_{i+1} - c_i) \mid 1 \Rightarrow c_{i+1} - c_i = \pm 1$.

若 $i \neq j$，由 $P(c_i) = i \neq j = P(c_j)$，则 $c_i \neq c_j$.

从而，$c_1, c_2, \cdots, c_{10}$ 为十个连续整数，且单调.

分两种情况考虑.

(1) 若 $c_i = c_1 - 1 + i(i = 1, 2, \cdots, 10)$，则定义 $Q(x) = 1 + x - c_1$.

当 $1 \leq i \leq 10$ 时，有

$Q(c_i) = Q(c_1 - 1 + i) = i = P(c_i) \Rightarrow P(c_i) - Q(c_i) = 0$

$\Rightarrow P(x) - Q(x) = R(x) \prod_{i=1}^{10} (x - c_i) \Rightarrow P(x) = 1 + x - c_1 + R(x) \prod_{i=1}^{10} (x - c_i)$.

由题设,知多项式 P 的次数最大为 10. 于是,多项式 R 的次数不大于 0,即为常数.

设 $R(x) = a(a \in \mathbf{Z})$. 则 $P(x) = 1 + x - c_1 + a \prod\limits_{i=1}^{10}(x - c_i)$.

将 $x = 10$ 和 $x = 0$ 分别代入上式得

$$P(10) - P(0) = 10 + a\left[\prod_{i=1}^{10}(10 - c_i) - \prod_{i=1}^{10}(0 - c_i) \right].$$

注意到,$10 - c_1, 10 - c_2, \cdots, 10 - c_{10}; 0 - c_1, 0 - c_2, \cdots, 0 - c_{10}$ 分别为十个连续整数. 则存在整数 N,使得

$$\prod_{i=1}^{10}(10 - c_i) - \prod_{i=1}^{10}(0 - c_i)$$

$$= (N + 20)(N + 19)\cdots(N + 11) - (N + 10)(N + 9)\cdots(N + 1).$$

先假设 $N + 1 > 0$. 则

$(N + 20)(N + 19)\cdots(N + 11) - (N + 10)(N + 9)\cdots(N + 1)$

$> (N + 20)(N + 9)\cdots(N + 1) - (N + 10)(N + 9)\cdots(N + 1)$

$= 10(N + 9)(N + 8)\cdots(N + 1) \geqslant 10!.$

若 $N + 20 < 0$,则全部因式为负,两项之差的绝对值大于 $10!$.

若 $N + 20 \geqslant 0$,且 $N + 1 \leqslant 0$,则必有一个因式为 0.

于是,两项之一为 0,另一个的绝对值至少为 $10!$.

由上,无论何种情况,其差的绝对值均至少为 $10!$.

若 $a \neq 0$,则 $|P(10) - P(0)| \geqslant 10! - 10 > 1000$. 与题中条件矛盾.

故 $a = 0$. 从而,$P(x) = 1 + x - c_1$.

对于任意的 $k \in \mathbf{Z}$,取 $m = k - 1 + c_1$. 则

$P(m) = 1 + (k - 1 + c_1) - c_1 = k$.

(2) 若 $c_i = c_1 + 1 - i (i = 1, 2, \cdots, 10)$,同 (1),定义 $Q(x) = -x + 1 + c_1$.

类似地,$P(x) = -x + 1 + c_1 + a \prod\limits_{i=1}^{10}(x - c_i)$.

同法得出 $a = 0$,$P(x) = -x + 1 + c_1$.

对于任意 k,均存在整数 $m = 1 + c_1 - k$,使得 $P(m) = k$.

给定奇素数 p. 求所有满足条件 $f(g(x)) = \sum\limits_{k=0}^{p-1} x^k$ 的整系数多项式 f, g.

(2014,第 65 届罗马尼亚国家队选拔考试)

解 所求的整系数多项式为

$$f(x) = \sum_{k=0}^{p-1}(\varepsilon x - \varepsilon a)^k, g(x) = \varepsilon x + a \text{ 或 } f(x) = \varepsilon x + b, g(x) = \varepsilon \sum_{k=0}^{p-1} x^k - \varepsilon b,$$

其中,a, b 为整数,$\varepsilon \in \{-1, 1\}$.

首先,易验证这两种情况满足条件.

下面证明只有这两种情况满足条件.

若 $\deg g = 1$,则易得 $g(x)$ 的首项系数为 ± 1. 故 $f(x),g(x)$ 必为上述第一种情况.

若 $\deg g > 1$,记 $f(x) = \sum_{i=0}^{m} a_i x^i$,且 $g(x) = \sum_{i=0}^{n} b_i x^i$.

注意到,$f(g(x)) = a_m b_n^m x^{mn} + m a_m b_n^{m-1} b_{n-1} x^{mn-1} + $ 低次项.

比较系数得 $a_m b_n^m = 1$,且 $m a_m b_n^{m-1} b_{n-1} = 1$.

由后一个等式得到 $m = 1$.

从而,得到了必为上述第二种情况.

求所有整系数多项式 P,使得集合 $P(\mathbf{Z}) = \{P(a) \mid a \in \mathbf{Z}\}$ 中包含一个无穷项等比数列.

(第 31 届伊朗国家队选拔考试)

解 设满足条件的多项式为 $P(x) = a_n x^n + a_{n-1} x^{n-1} + \cdots + a_1 x + a_0$.

则当 x 取整数时,像的集合包含一个无穷项等比数列.

设公比为 a. 则 a 一定为非零整数.

对于每个 $b \in \mathbf{Z}$,有

$P(ax + b) = a_n a^n x^n + (n a_n a^{n-1} b + a_{n-1} a^{n-1}) x^{n-1} + \cdots$,

$a^n P(x) = a_n a^n x^n + a_{n-1} a^n x^{n-1} + \cdots + a_0 a^n$.

可以找到 $b_1, b_2 \in \mathbf{Z}$ 和 $N \in \mathbf{Z}^+$,使得对于每个 $x \geqslant N$,均有

$P(ax + b_2) < a^n P(x) < P(ax + b_1)$;

且对于每个 $x \leqslant -N$,有

$P(ax + b_2) < a^n P(x) < P(ax + b_1)$ 或 $P(ax + b_1) < a^n P(x) < P(ax + b_2)$.

对于等比数列中的每一项 $P(x)$,由于 $aP(x), a^2 P(x), \cdots, a^n P(x), \cdots$ 均在 $P(\mathbf{Z})$ 中,于是,存在 $y \in \mathbf{Z}$,使得 $a^n P(x) = P(y)$.

若 $|x|$ 足够大(在等比数列中有无穷多个 $P(x)$ 的取值),由前面的不等式,知 y 介于 $ax + b_1$ 与 $ax + b_2$ 之间. 于是,$y - ax$ 为 b_1 与 b_2 之间的一个常值.

从而,存在常数 c,使得方程 $a^n P(x) = P(ax + c)$ 有无穷多个解.

这表明,$P(ax + c)$ 和 $a^n P(x)$ 是相等的多项式.

下面求所有多项式 $P(x) \in \mathbf{Z}[x]$ 满足方程 $a^n P(x) = P(ax + c)$.

设 $Q(x) = ax + c$. 若 α 为 $P(x)$ 的根,在上面的方程中,令 $x = \alpha$,则 $P(Q(\alpha)) = 0$,即 $Q(\alpha)$ 也为 $P(x)$ 的根.

从而,$Q^{(2)}(\alpha), Q^{(3)}(\alpha), \cdots$ 均为 $P(x)$ 的根,其中,

$Q^{(1)}(x) = Q(x), Q^{(2)}(x) = Q(Q(x)), \cdots$.

因为 $P(x)$ 只有有限个根,所以,存在正整数 $m_1, m_2 (m_1 > m_2)$,使得

$Q^{(m_1)}(\alpha) = Q^{(m_2)}(\alpha)$.

这表明,$Q^{(m_1 - m_2)}(\alpha) = \alpha$(这是因为 Q 是双射).

若 $\beta = \dfrac{c}{1-a}$，则 $Q(\beta) = \beta$．于是，$Q^{(m_1-m_2)}(\beta) = \beta$．

又 $Q^{(m_1-m_2)}(x) - x$ 为线性多项式，则其最多有一个根．于是，$\alpha = \dfrac{c}{1-a}$ 为 $P(x)$ 唯一的根，且 $P(x)$ 形如 $r\left(x - \dfrac{p}{q}\right)^n = \dfrac{r}{q^n}(qx - p)^n$（$p, q, r$ 为整数，$(p, q) = 1$）．

由于 $P(x) \in \mathbf{Z}[x]$，则 $\dfrac{r}{q^n}p^n \in \mathbf{Z} \Rightarrow q^n \mid rp^n$．

因为 $(p, q) = 1$，所以，$q^n \mid r$．

于是，存在 $s \in \mathbf{Z}$，使得 $r = q^n s$．

故 $P(x) = s(qx - p)^n$（$p, q, s \in \mathbf{Z}$，$(p, q) = 1$）．

最后证明：每一个上述形式的多项式均满足条件．

事实上，只要证明 $qx - p$ 满足条件．这等价于在所有模 q 余 $-p$ 的整数中存在一个无穷项等比数列．显然，$\{-p(q+1)^m\}$（$m \geqslant 0$）就是这样的一个数列的例子．

已知 $m, n \in \mathbf{Z}^+$，$p(x), q(x), h(x)$ 为实系数多项式，使得 $p(x)$ 为递减的多项式．对于每个实数 x，均有
$$p(q(nx + m) + h(x)) = n(q(p(x)) + h(x)) + m. \qquad ①$$
证明：不存在函数 $g: \mathbf{R} \to \mathbf{R}$，使得 $g(q(p(x)) + h(x)) = g^2(x) + 1$．

（第 31 届伊朗国家队选拔考试）

证明 因为 $p(x)$ 是减函数，$nx + m$ 是严格递增的函数，所以，存在唯一的实数 α，使得 $p(\alpha) = n\alpha + m$．

在式 ① 中，令 $x = \alpha$．则
$$p(q(p(\alpha)) + h(\alpha)) = p(q(n\alpha + m) + h(\alpha)) = n(q(p(\alpha)) + h(\alpha)) + m.$$

这表明，$q(p(\alpha)) + h(\alpha)$ 为方程 $p(x) = nx + m$ 的一个解．

因为该方程有唯一的一个根，所以，$q(p(\alpha)) + h(\alpha) = \alpha$．

对于每个函数 g，有 $g(q(p(\alpha)) + h(\alpha)) = g(\alpha) < g^2(\alpha) + 1$．

因此，这样的 g 不存在．

已知 $n \in \mathbf{Z}^+$，记多项式 $P(x) = (x^2 - 7x + 6)^{2n} + 13$．证明：$P(x)$ 不能被表示为 $n + 1$ 个次数大于 0 的整系数多项式的乘积．

（2014，越南数学奥林匹克）

证明 假设 $P(x)$ 可表示为 $n + 1$ 个次数大于 0 的整系数多项式的乘积，即
$$P(x) = P_1(x) P_2(x) \cdots P_{n+1}(x).$$

因为 $P(x)$ 的次数是 $4n$ 且无实根，所以，$P_i(x)$ 的次数均为偶数．

于是，在上面 $n + 1$ 个因式中，至少有两个因式次数为 2，不妨设为 $P_1(x), P_2(x)$．

因为 $P(x)$ 的最高次项系数是 1,可假设 $P_1(x)$,$P_2(x)$ 的最高次项系数也为 1,所以,$P_1(x) = x^2 + ax + b$,$P_2(x) = x^2 + cx + d$($a,b,c,d \in \mathbf{Z}$).

又 $P_1(x)$,$P_2(x)$ 无实根,则 $P_1(x) > 0$,$P_2(x) > 0$ 对所有整数 x 均成立.

故 $13 = P(1) = P_1(1)P_2(1)\cdots P_{n+1}(1)$,$13 = P(6) = P_1(6)P_2(6)\cdots P_{n+1}(6)$.

由此,知 $P_1(1)$,$P_2(1)$ 中至少有一个为 1,不妨设 $P_1(1) = 1$.

于是 $a = -b$,$P_1(6) = 36 - 5b$.

又 $P_1(6) = 36 - 5b$ 应为正整数,且易知取不到 13,故 $P_1(6) = 36 - 5b = 1$.

从而,$b = 7$,$a = -7$.但此时,$P_1(x) = x^2 - 7x + 7$ 有实根.矛盾.

因此,$P(x)$ 不能表示为 $n+1$ 个次数大于 0 的整系数多项式的乘积.

求所有的整系数多项式 $P(x)$,满足对于任意的正整数 n,均有
$$P(n) \mid (2557^n + 213 \times 2014).$$

(2014,泰国数学奥林匹克)

解 显然,常函数 $P(x) \equiv \pm 1$ 满足条件.

接下来证明没有满足条件的其他函数.

设整系数多项式 $P(x)$ 满足条件,且 $P(x) \not\equiv 1$,$P(x) \not\equiv -1$.

注意到,$P(x) \not\equiv 0$.

若 $P(\mathbf{Z}^+) \subseteq \{-1, 0, 1\}$,则存在 $j \in \{-1, 0, 1\}$,使 $P(x) - j$ 有无穷多个 0,矛盾.

故存在正整数 n_0,使得 $|P(n_0)| > 1$.于是,存在素数 q,使得 $q \mid P(n_0)$.

从而,$q \mid (2557^{n_0} + 213 \times 2014)$. ①

故 q 为奇数且 $q \neq 2557$(素数).

又 $P(n_0 + q) \equiv P(n_0) \equiv 0 \pmod{q}$,$P(n_0 + q) \mid (2557^{n_0+q} + 213 \times 2014)$,故
$$2557^{n_0+q} + (213 \times 2014) \equiv 0 \equiv 2557^{n_0} + (213 \times 2014) \pmod{q}$$
$$\Rightarrow 2557^{n_0+q} \equiv 2557^{n_0} \pmod{q}.$$

又 $(q, 2557) = 1$,$2557^q \equiv 1 \pmod{q}$,由费马小定理得
$$1 \equiv 2557^q \equiv 2557 \pmod{q} \Rightarrow q \mid 2556.$$

由 q 为奇数,知 $q \in \{3, 71\}$ 且满足 $q \mid 213 \times 2014$.

结合式 ①,知 $q \mid 2557^{n_0} \Rightarrow q = 2557$,矛盾.

综上,常函数 $P(x) \equiv \pm 1$ 为所求.

---

(1) 设 a_0, a_1, a_2 为实数,多项式 $P(x) = a_0 + a_1 x + a_2 x^2$,且 $P(-1)$,$P(0)$,$P(1)$ 为整数.证明:对于所有整数 n,$P(n)$ 为整数.

(2) 设 a_0, a_1, a_2, a_3 为实数,多项式 $Q(x) = a_0 + a_1 x + a_2 x^2 + a_3 x^3$,且存在整数 i,使得 $Q(i)$,$Q(i+1)$,$Q(i+2)$,$Q(i+3)$ 为整数.证明:对于所有整数 n,$Q(n)$ 为整数.

(2014,爱尔兰数学奥林匹克)

证明 （1）由条件知

$$P(0) = a_0 \in \mathbf{Z}, P(-1) = a_0 - a_1 + a_2 \in \mathbf{Z}, P(1) = a_0 + a_1 + a_2 \in \mathbf{Z}.$$

故 $a_1 + a_2, a_1 - a_2$ 均为整数. 于是, $2a_1$ 为整数.

由 $P(n) = a_0 + a_1 n + a_2 n^2 = a_0 + a_1(n + n^2) + (a_2 - a_1)n^2$, 及 $n + n^2$ 为偶数, 知 $P(n) \in \mathbf{Z}$.

（2）对于正整数 $k \geqslant 0$, 按如下关系定义多项式 Q_k:

$$Q_0(x) = Q(x), Q_{k+1}(x) = Q_k(x+1) - Q_k(x).$$

注意到, $Q_k(x+1)$ 与 $Q_k(x)$ 的首项系数相同. 则 Q_{k+1} 的次数低于 Q_k. 故由 Q_0 的次数为3, 知 Q_3 为常数.

由题意知 $Q_1(i), Q_1(i+1), Q_1(i+2)$ 为整数; $Q_2(i), Q_2(i+1)$ 为整数.

进而, $Q_3(i) \in \mathbf{Z}$.

而 Q_3 为常数, 故对于所有的 $n \in \mathbf{Z}$, 均有 $Q_3(n) \in \mathbf{Z}$.

接下来证明: 若存在 $i \in \mathbf{Z}$, 使得 $Q_k(i) \in \mathbf{Z}$, 且对于所有的 $n \in \mathbf{Z}$, 均有 $Q_{k+1}(n) \in \mathbf{Z}$, 则对于所有的 $n \in \mathbf{Z}$, 均有 $Q_k(n) \in \mathbf{Z}$.

事实上, 对于 $n \geqslant i$, 有 $Q_k(n+1) = Q_{k+1}(n) + Q_k(n)$;

对于 $n \leqslant i$, 有 $Q_k(n-1) = Q_k(n) - Q_{k+1}(n-1)$.

故由 $Q_3(n) \in \mathbf{Z}$ 及 $Q_2(i), Q_1(i), Q_0(i)$ 为整数, 知对所有的 $n \in \mathbf{Z}$, 有 $Q_0(n) \in \mathbf{Z}$.

已知 $n \in \mathbf{Z}^+, a_0, a_1, \cdots, a_n \in \mathbf{R}^+$.

令 $g(x) = (x + a_1)(x + a_2) \cdots (x + a_n)$,

$$f(x) = (x - a_0)g(x) = x^{n+1} + b_1 x^n + b_2 x^{n-1} + \cdots + b_n x + b_{n+1}.$$

证明: $b_1, b_2, \cdots, b_{n+1}$ 均为负数当且仅当 $a_0 > a_1 + a_2 + \cdots + a_n$ 时.

（2014, 爱尔兰数学奥林匹克）

代数部分

证明 注意到, $b_1 = (a_1 + a_2 + \cdots + a_n) - a_0$.

必要性显然.

接下来证明: 若 $a_0 = a_1 + a_2 + \cdots + a_n$, 则 b_i 均非正.

因为 $a_0 = a_1 + a_2 + \cdots + a_n$, 所以, $b_1 = 0$.

又 $g(x) = (x + a_1)(x + a_2) \cdots (x + a_n) = x^n + c_1 x^{n-1} + \cdots + c_{n-1} x + c_n$, 其中,

$$c_j = \sum_{1 \leqslant r_1 < r_2 < \cdots < r_j \leqslant n} a_{r_1} a_{r_2} \cdots a_{r_j} > 0,$$

则 $b_{j+1} = c_{j+1} - a_0 c_j (1 \leqslant j \leqslant n-1), b_{n+1} = -a_0 c_n < 0$.

注意到, 当 $j < n$ 时,

$$a_0 c_j = (a_1 + a_2 + \cdots + a_n)c_j = (a_1 + a_2 + \cdots + a_n) \sum_{1 \leqslant r_1 < r_2 < \cdots < r_j \leqslant n} a_{r_1} a_{r_2} \cdots a_{r_j}.$$

展开后的项包含所有的 $a_{s_1} a_{s_2} \cdots a_{s_{j+1}} (1 \leqslant s_1 < s_2 < \cdots < s_{j+1} \leqslant n)$.

故 $a_0 c_j \geqslant c_{j+1} (1 \leqslant j \leqslant n-1)$. 从而, b_i 均非正.

最后, 若 $a_0 > a_1 + a_2 + \cdots + a_n$, 令 $v = a_0 - \left[\sum_{i=1}^{n} a_i\right]$.

则 $f(x) = (x-(a_1+a_2+\cdots+a_n))g(x) - vg(x)$.

因为 $v > 0$，所以，$-vg(x)$ 的系数均为负.

由上面证明的结论，知 $(x-(a_1+a_2+\cdots+a_n))g(x)$ 除首项系数之外的系数均为非正.

因此，f 的所有系数 b_i 均为负.

初始时刻黑板上写有两个多项式 x^3-3x^2+5,x^2-4x.

若黑板上有多项式 $f(x),g(x)$，则可在黑板上写上 $f(x)\pm g(x),f(x)g(x)$，$f(g(x)),cf(x)(c\in\mathbf{R})$.

经过有限次操作后，黑板上能否出现多项式 x^n-1（n 为某个正整数）？

（第 40 届俄罗斯数学奥林匹克）

解 不能.

对于多项式 $f(x),g(x)$，设存在 x_0 满足 $f'(x_0)=g'(x_0)=0$.

则 $(f\pm g)'(x_0)=0,cf'(x_0)=0,(fg)'(x_0)=f(x_0)g'(x_0)+f'(x_0)g(x_0)=0$，$(f(g(x_0)))'=f'(g(x_0))g'(x_0)=0$.

注意到，多项式 x^3-3x^2+5,x^2-4x 在 $x=2$ 处的导数均为 0.

于是，黑板上出现的任意多项式在 $x=2$ 处的导数为 0.

但当 $x=2$ 时，$(x^n-1)'=nx^{n-1}=n\cdot 2^{n-1}\neq 0$.

从而，x^n-1 不可能出现.

已知多项式 $P(x)$ 满足 $P(0)=1,P^2(x)=1+x+x^{100}Q(x)$，其中，$Q(x)$ 也为多项式.证明：多项式 $(P(x)+1)^{100}$ 的 x^{99} 项的系数为 0.

（2014，第 35 届国际城市数学竞赛）

证明 注意到，多项式 $(P(x)+1)^{100}+(1-P(x))^{100}$ 只包含 $P(x)$ 的偶数次幂.

于是，可以视为一个关于 $P^2(x)$ 的 50 次多项式.故一定不包含 x^{99}.

又由于 $x\mid(1-P(x))$，从而，$x^{100}\mid(1-P(x))^{100}$，即也不包含 x^{99}.

因此，多项式 $(P(x)+1)^{100}$ 的 x^{99} 项的系数为 0.

设 $f(x)=x^n+a_{n-2}x^{n-2}+a_{n-3}x^{n-3}+\cdots+a_1x+a_0(n\geqslant 2)$ 为 n 次实系数多项式.若 $f(x)=0$ 的根均为实根，证明：每一个根的绝对值均不大于 $\sqrt{\dfrac{2(1-n)}{n}a_{n-2}}$.

（2014，中国台湾数学奥林匹克选训营）

证明 设 y 为其中一个实根，其余实根分别记为 $y_1,y_2,\cdots,y_{n-1}$.

由根与系数的关系知

$y+y_1+\cdots+y_{n-1}=0$,

$$a_{n-2} = y(y_1 + y_2 + \cdots + y_{n-1}) + \sum_{1 \leqslant i < j \leqslant n-1} y_i y_j = -y^2 + \sum_{1 \leqslant i < j \leqslant n-1} y_i y_j.$$

故 $\sum_{i=1}^{n-1} y_i^2 = \left(\sum_{i=1}^{n-1} y_i \right)^2 - 2 \sum_{1 \leqslant i < j \leqslant n-1} y_i y_j = y^2 - 2(a_{n-2} + y^2) = -2a_{n-2} - y^2.$

又由柯西不等式得

$$y^2 = \left(\sum_{i=1}^{n-1} y_i \right)^2 \leqslant (n-1) \sum_{i=1}^{n-1} y_i^2 = (n-1)(-2a_{n-2} - y^2)$$

$$\Rightarrow ny^2 \leqslant 2(1-n)a_{n-2} \Rightarrow |y| \leqslant \sqrt{\frac{2(1-n)}{n}a_{n-2}}.$$

由 y 的任意性,知原命题得证.

给定正整数 k.试求所有首项系数为正的整系数多项式 $f(x)$,使得对于所有正整数 n,均有 $f(n) \mid (n!)^k$.

(2014,中国台湾数学奥林匹克选训营)

解　首先证明一个引理.

引理　对于任意素数 p,若 $p \mid f(n)$,则 $p \mid n$.

证明　反证法.

若 $p \nmid n$,可设 $n = kp + q (k \in \mathbf{Z}^+, 0 < q < p)$.

由于 $f(x)$ 为整系数多项式,则

$$kp \mid (f(n) - f(n - kp)) \Rightarrow p \mid (f(n) - f(n - kp)).$$

因为 $p \mid f(n)$,所以,$p \mid f(n - kp) = f(q)$.

又 $f(q) \mid (q!)^k$,故 $p \mid (q!)^k$.这与 p 为大于 9 的素数矛盾.

引理得证.

由引理,知对于素数 p,$f(p)$ 只有素因数 p.

又 $f(p) \mid (p!)^k$,则 $f(p)$ 的值只可能为 $1, p, p^2, \cdots, p^k$ 这 $k+1$ 种可能值中的一个.

考虑到素数有无穷多个,于是,可将函数在每个素数上取值.由抽屉原理,知一定存在一个非负整数 $r (0 \leqslant r \leqslant k)$,使得有无穷多个素数 p 满足 $f(p) = p^r$.

故 $f(x) = x^r (0 \leqslant r \leqslant k)$.

经检验,均为原题的解.

已知多项式 $p(x) \in \mathbf{R}[x]$ 的次数为奇数 $m > 1$,函数 $f: \mathbf{R} \to \mathbf{Z}$ 满足对于任意实数 x,均有 $p(f(x)) = f(p(x))$.证明:

(1) f 的值域为有限集;

(2) 若 f 为非常值函数,则方程 $p(x) = x$ 至少有两个不同的实根;

(3) 对于每个自然数 $n > 1$,存在一个值域恰有 n 个元素的函数,以及一个多项式 $p(x)$ 使得它们满足题目中的条件.

(2014—2015,第 32 届伊朗数学奥林匹克)

证明 用 $R(f)$ 表示函数 f 的值域.

因为对于 $y \in R(f)$,存在 $x_0 \in \mathbf{R}$,使得 $f(x_0) = y$,从而,$p(y) = p(f(x_0)) = f(p(x_0))$,所以,$p(y) \in R(f)$.

这表明,$p:R(f) \to R(f)$ 确实为函数.

又对于任意的 $y \in R(f)$,存在 $x_0 \in \mathbf{R}$,使得 $f(x_0) = y$.

注意到,p 为奇数次多项式,于是,存在实数 z,使得 $p(z) = x_0$.

故 $y = f(x_0) = f(p(z)) = p(f(z))$.

这表明,y 是 $f(z) \in R(f)$ 在函数 p 下的像.

因此,p 为满射.

(1) 反证法.

若 $R(f)$ 为无限集,由于 p 为奇数次多项式,于是,存在一个 $N > 0$,使得

对于 $x > N$,有 $p(x) > x$;对于 $x < -N$,有 $p(x) < x$.

若 $R(f)$ 含有无穷多个正数、负数,选取 $x_0, y_0 \in R(f)$,使得 $y_0 < -N < N < x_0$.

注意到,若 $a \in R(f) \bigcap [y_0, x_0]$,则 $b = p^{-1}(a) \in R(f) \bigcap [y_0, x_0]$,这是因为若 $b < y_0$,则 $p(b) = a < b < y_0$;若 $b > x_0$,则 $p(b) = a > b > x_0$.

这些均是不可能的.

既然 $R(f) \subseteq \mathbf{Z}$,从而,$R(f) \bigcap [y_0, x_0]$ 为有限集.

而 p 为满射,则 $p:R(f) \bigcap [y_0, x_0] \to R(f) \bigcap [y_0, x_0]$ 为有限集上的一一映射.

而 $p(x_0) > x_0$,$p(y_0) < y_0$,于是,$R(f) \bigcap [y_0, x_0]$ 中一定有元素不是 p 对 $R(f) \bigcap [y_0, x_0]$ 的像,矛盾.

类似的方法可证明,$R(f)$ 含有有限多个正整数、负整数.

注:题中 $m > 1$ 是必须的,否则,取 $p(x) = x$,$f(x) = [x]$,(1) 的结论便不正确了.

(2) 由于 $m > 1$ 为奇数,于是,$p(x) - x$ 为奇数次多项式.从而,至少有一个实根 x_0.若除了 x_0 以外无其他实根,则由多项式的介值性知

当 $x > x_0$ 时,$p(x) > x$;当 $x < x_0$ 时,$p(x) < x$.

又 $p(f(x_0)) = f(p(x_0)) = f(x_0)$,而 x_0 为 $p(x) = x$ 的唯一实根,则 $f(x_0) = x_0$.

假设 $R(f) = \{x_{-m} < \cdots < x_{-1} < x_0 < x_1 < \cdots < x_n\}$.

若 $n > 0$,则 $p(x_n) > x_n$,这将与 $p(R(f)) \subseteq R(f)$ 矛盾.于是,$n = 0$.

类似地,$m = 0$,故 $|R(f)| = 1$,与 f 为非常值函数矛盾.

(3) 假设 $z, y_1, y_2, \cdots, y_m$ 为任意 $n = m + 1$ 个不同的整数.

由拉格朗日插值定理,知可以找到一个多项式 $p(x) \in \mathbf{R}[x]$,使得

$p(z) = z, p(y_1) = y_2, p(y_2) = y_3, \cdots, p(y_m) = y_1$.

对于 $k \in \mathbf{N}$,可以作变换 $x^k(x-z)(x-y_1)\cdots(x-y_m) + p(x)$,使得 p 为首一的奇数次多项式.

下面定义 f.

对于 x,若存在某个自然数 k,使得 $p^k(x) = y_i (1 \leqslant i \leqslant m)$,则定义 $f(x) = y_{i-k}$(所有的下标均是模 m 意义下的).

若 $p^{k_1}(x) = y_i$,$p^{k_2}(x) = y_j$,而 $y_{i-k_1} = y_{j-k_2}$,则定义上没有冲突.

对于其他的 x,定义 $f(x) = z$.

下面说明如此定义的 f 符合题意.

若 $f(x) = y_i$,则存在某个整数 k,使得 $p^k(x) = y_{i+k}$.

于是,$p^k(p(x)) = p(y_{i+k}) = y_{i+k+1}$,

$f(p(x)) = y_{i+k+1-k} = y_{i+1} = p(y_i) = p(f(x))$.

若 $f(x) = z$,则由定义,对于任意整数 $k, i, p^k(x) = y_i$ 均不成立.

于是,$f(p(x)) = z, f(p(x)) = z = p(z) = p(f(x))$.

对于每个非负整数 n,多项式 $K_n(x_1, x_2, \cdots, x_n)$ 被递推地定义为:

$K_0 = 1, K_1(x_1) = x_1$,

$K_n(x_1, x_2, \cdots, x_n) = x_n K_{n-1}(x_1, x_2, \cdots, x_{n-1}) + (x_n^2 + x_{n-1}^2) K_{n-2}(x_1, x_2, \cdots, x_{n-2})$.

证明:$K_n(x_1, x_2, \cdots, x_n) = K_n(x_n, x_{n-1}, \cdots, x_1)$.

(2014—2015,第 32 届伊朗数学奥林匹克)

证明 考虑 $1 \times n$ 的方格表,其从左到右标记着变量 $x_1, x_2, \cdots, x_n$(见表 1).

通过用 1×1 和 1×2 的骨牌覆盖这样的方格表,来构造一个有关 $x_1, x_2, \cdots, x_n$ 的多项式 P_n.

表　1

定义一个 1×1 骨牌的权重是这个格内的值,一个 1×2 骨牌的权重是这两个格内的值的平方和.将每种覆盖中骨牌权重乘起来后求和来定义这个多项式.

例如,$n = 4$ 的情况,只有 5 种可能用以上的骨牌来覆盖 1×4 的方格表,如图 2 所示.

则 $P_4(x_1, x_2, x_3, x_4)$

$= (x_1^2 + x_2^2)(x_3^2 + x_4^2) + (x_1^2 + x_2^2) x_3 x_4$

$+ x_1 x_2 (x_3^2 + x_4^2) + x_1 (x_2^2 + x_3^2) x_4 + x_1 x_2 x_3 x_4$.

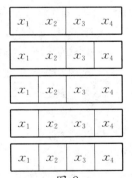

图 2

注意到,当 $n = 0$ 时,覆盖的方法是空集;而当 $n = 1$ 时,只有一种覆盖方法.

从而,$P_0() = 1, P_1(x_1) = x_1$.

下面证明:对于每个自然数 n,均有 $P_n(x_1, x_2, \cdots, x_n) = K_n(x_1, x_2, \cdots, x_n)$.

为了证明这一点,由于 $P_0 = K_0, P_1 = K_1$,只需证明 P_n 符合 K_n 的递推关系就行了.易知,对于最后一个格,有两种方式覆盖.

(1)最后一个格由 1×2 的骨牌来覆盖,则 P_n 中相应的部分为 $(x_n^2 + x_{n-1}^2) P_{n-2}(x_1, x_2, \cdots, x_{n-2})$(这是因为这一块骨牌的权重为 $x_n^2 + x_{n-1}^2$,剩余部分(移去这块 1×2 骨牌后)当作 $n-2$ 个格).

(2)最后一个格由 1×1 的骨牌来覆盖,则 P_n 中相应的部分为 $x_n P_{n-1}(x_1, x_2, \cdots, x_{n-1})$(这是因为这一块骨牌的权重为 x_n),剩余部分(移去这块 1×1 骨牌后)当作 $n-1$ 个格.

由此,证明便完成了.

最后,注意到每一种骨牌的覆盖关于方格表对称轴对称后依旧是这个表格的骨牌覆盖.从而,将方格中的变量 $x_1, x_2, \cdots, x_n$ 换为 $x_n, x_{n-1}, \cdots, x_1$ 后,依旧能得到多项式的值为 $K_n(x_1, x_2, \cdots, x_n)$.

故 $K_n(x_1, x_2, \cdots, x_n) = K_n(x_n, x_{n-1}, \cdots, x_1)$.

考虑所有满足下列性质的实系数多项式 $P(x)$:对于任意两个实数 x, y,均有
$$|y^2 - P(x)| \leqslant 2|x| \Leftrightarrow |x^2 - P(y)| \leqslant 2|y|. \qquad ①$$
求 $P(0)$ 的所有可能值.

(第 55 届 IMO 预选题)

解 $P(0)$ 的所有可能值构成的集合为 $(-\infty, 0) \cup \{1\}$.

(1) 先证明 $P(0)$ 的这些值是能够取到的.

对于每一个负实数 $-C$,多项式 $P(x) = -\left(\dfrac{2x^2}{C} + C\right)$ 满足 $P(0) = -C$.

要证明 $P(x)$ 满足题中要求的性质,由对称性,知只需证明对于每个 $C > 0$ 和任意两个实数 x, y,均有 $|y^2 - P(x)| > 2|x|$.

事实上,$|y^2 - P(x)| = y^2 + \dfrac{x^2}{C} + \dfrac{(|x| - C)^2}{C} + 2|x| \geqslant \dfrac{x^2}{C} + 2|x| \geqslant 2|x|$.

注意到,第一个不等式只当 $|x| = C$ 时等号成立,而第二个不等式只当 $x = 0$ 时等号成立.由于这两个条件不能同时成立,则
$$|y^2 - P(x)| > 2|x|.$$

多项式 $P(x) = x^2 + 1$ 满足 $P(0) = 1$.

下面证明:$P(x)$ 满足式 ①.

注意到,对于所有的实数 x, y,均有
$$|y^2 - P(x)| \leqslant 2|x| \Leftrightarrow (y^2 - x^2 - 1)^2 \leqslant 4x^2$$
$$\Leftrightarrow 0 \leqslant (y^2 - (x-1)^2)((x+1)^2 - y^2)$$
$$\Leftrightarrow 0 \leqslant (y - x + 1)(y + x - 1)(x + 1 - y)(x + 1 + y)$$
$$\Leftrightarrow 0 \leqslant ((x+y)^2 - 1)(1 - (x-y)^2).$$

因为上述不等式关于 x, y 对称,所以,其也等价于 $|x^2 - P(y)| \leqslant 2|y|$.

(2) 再证明 $P(0)$ 不能取到其他值.

为此,假设 $P(x)$ 满足式 ①,且 $P(0) \geqslant 0$.

下面分四步来证明对于所有实数 x,均有 $P(x) = x^2 + 1 \Rightarrow P(0) = 1$.

(i) $P(x)$ 为偶函数.

由式 ①,知对于任意实数 x, y,均有
$$|y^2 - P(x)| \leqslant 2|x| \Leftrightarrow |x^2 - P(y)| \leqslant 2|y| \Leftrightarrow |y^2 - P(-x)| \leqslant 2|x|.$$

考虑到第一个不等式与第三个不等式等价及 y^2 的取值为 $\mathbf{R} \backslash \mathbf{R}^-$,则对所有 $x \in \mathbf{R}$,有
$$[P(x) - 2|x|, P(x) + 2|x|] \bigcap \mathbf{R} \backslash \mathbf{R}^-$$

$$= \left[P(-x) - 2 \mid x \mid, P(-x) + 2 \mid x \mid \right] \bigcap \mathbf{R} \backslash \mathbf{R}^-.$$

下面证明:存在无穷多个实数 x,满足 $P(x) + 2 \mid x \mid \geqslant 0$.

事实上,对于任意满足 $P(0) \geqslant 0$ 的实系数多项式,结论均成立.为此,假设 $P(x)$ 中 x 的系数非负.在这种情况下,对于足够小的正实数 x,结论均成立.

对于满足 $P(x) + 2 \mid x \mid \geqslant 0$ 的这些实数 x,均有

$$P(x) + 2 \mid x \mid = P(-x) + 2 \mid x \mid \Rightarrow P(x) = P(-x).$$

因为多项式 $P(x) - P(-x)$ 有无穷多个零点,所以,其恒等于 0,即 $P(x) = P(-x)$ 对于任意实数 x 均成立.

因此,$P(x)$ 为偶函数.

(ii) 对于所有 $t \in \mathbf{R}$,有 $P(t) > 0$.

假设存在实数 $t \neq 0$,且 $P(t) = 0$.则存在开区间 I,使得对于所有 $y \in I$,均有 $\mid P(y) \mid \leqslant 2 \mid y \mid$.

在式 ① 中令 $x = 0$,则对于所有 $y \in I$,均有 $y^2 = P(0)$,矛盾.

于是,对于所有的 $t \neq 0$,均有 $P(t) \neq 0$.结合 $P(0) \geqslant 0$,知唯一不满足结论的就是 $P(0) = 0$.在这种情况,由(i)知存在多项式 $Q(x)$,满足 $P(x) = x^2 Q(x)$.

在式 ① 中取 $x = 0$ 及任意的实数 $y \neq 0$,则有 $\mid yQ(y) \mid > 2$.而当 y 足够小时,此不等式不成立,矛盾.

(iii) $P(x)$ 为二次多项式.

若 $P(x)$ 为常数,取 $x = \sqrt{P(0)}$,y 足够大,则式 ① 不成立,矛盾.

于是,$P(x)$ 的次数 $n \geqslant 1$.

由(i),知 n 为偶数.于是,$n \geqslant 2$.

假设 $n \geqslant 4$.在式 ① 中取 $y = \sqrt{P(x)}$,则 $\mid x^2 - P(\sqrt{P(x)}) \mid \leqslant 2\sqrt{P(x)}$.

从而,对于所有实数 x,均有 $P(\sqrt{P(x)}) \leqslant x^2 + 2\sqrt{P(x)}$.

选取正实数 x_0, a, b,使得若 $x \in (x_0, +\infty)$,则 $ax^n < P(x) < bx^n$.

事实上,设 $P(x)$ 的首项系数为 $d > 0$.则 $\lim\limits_{x \to \infty} \dfrac{P(x)}{x^n} = d$.

于是,取 $a = \dfrac{d}{2}$,$b = 2d$ 及足够大的 x_0 即可.

对于所有足够大的实数 x,均有

$$a^{\frac{n}{2}+1} x^{\frac{n^2}{2}} < a(P(x))^{\frac{n}{2}} < P(\sqrt{P(x)}) \leqslant x^2 + 2\sqrt{P(x)} < x^{\frac{n}{2}} + 2b^{\frac{1}{2}} x^{\frac{n}{2}},$$

即 $x^{\frac{n^2-n}{2}} < \dfrac{1 + 2b^{\frac{1}{2}}}{a^{\frac{n}{2}+1}}$.

这是不可能成立的,矛盾.因此,$P(x)$ 为二次多项式.

(iv) $P(x) = x^2 + 1$.

由(i)～(iii),知存在实数 $a(a > 0)$,b,满足 $P(x) = ax^2 + b$.

若 x 足够大,$y = \sqrt{ax}$,则式 ① 左边成立.于是,$\mid (1-a^2)x^2 - b \mid \leqslant 2\sqrt{ax}$.由 $a > 0$,知只有 $a = 1$ 时成立.

在式 ① 中取 $y = x + 1(x > 0)$，则

$| 2x + 1 - b | \leqslant 2x \Leftrightarrow | 2x + 1 + b | \leqslant 2x + 2$,

即对于所有的 $x > 0, b \in [1, 4x + 1] \Leftrightarrow b \in [-4x - 3, 1]$.

这只可能在 $b = 1$ 时成立. 于是, $P(x) = x^2 + 1$.

已知 $p(x), q(x)$ 均为非常值的整系数多项式, 且 $p(x)q(x) - 2015$ 至少有 33 个互不相等的整数根. 证明: $p(x), q(x)$ 的次数均不小于 3.

(2015, 爱尔兰数学奥林匹克)

证明 设 $f(x) = p(x)q(x) - 2015, a_1, a_2, \cdots, a_{33}$ 为 $f(x)$ 的互不相同的 33 个整根. 则 $p(a_i)q(a_i) = 2015(i = 1, 2, \cdots, 33)$.

于是, $p(a_i) \mid 2015$.

而 $2015 = 5 \times 13 \times 31$, 即 2015 有 16 个不同的约数, 其中, 8 个为正约数, 8 个为负约数, 故由抽屉原理, 知三个 $p(a_i)$ 相等.

不妨设 $p(a_1) = p(a_2) = p(a_3) = d$.

从而, $p(x) - d$ 至少有三个互不相等的整根. 于是, $\deg p(x) \geqslant 3$.

类似地, $\deg q(x) \geqslant 3$.

求所有有理系数多项式 $P(x), Q(x)$, 使得 $P^3(x) + Q^3(x) = x^{12} + 1$.

(第 32 届伊朗国家队选拔考试)

解 由于 $x^{12} + 1 = (x^4 + 1)(x^8 - x^4 + 1)$, 而 $x^4 + 1, x^8 - x^4 + 1$ 在 $\mathbf{Z}[x]$ 内不可约, 也就在 $\mathbf{Q}[x]$ 内不可约.

又 $P^3 + Q^3 = (P + Q)(P^2 - PQ + Q^2)$, 则

$(x^4 + 1) \mid (P + Q)$ 或 $(x^4 + 1) \mid (P^2 - PQ + Q^2)$,

$(x^8 - x^4 + 1) \mid (P + Q)$ 或 $(x^8 - x^4 + 1) \mid (P^2 - PQ + Q^2)$.

于是, 有如下四种情况.

(1) $P + Q = 1$, 且 $P^2 - PQ + Q^2 = x^{12} + 1$.

则 $1 - 3PQ = (P + Q)^2 - 3PQ = P^2 - PQ + Q^2 = 1 + x^{12}$,

$3P(1 - P) = -x^{12}$.

从而, 0 是 $P(x)$ 和 $1 - P(x) = Q(x)$ 的唯一根, 这显然不成立.

(2) $P + Q = x^{12} + 1$, 且 $P^2 - PQ + Q^2 = 1$.

则 $3PQ = x^{12}(x^{12} + 2)$.

而 $P(0) = 0$ 和 $Q(0) = 0$ 至多有一个成立. 可不妨设 $x^{12} \mid P(x)$.

故 $\deg Q(x) \leqslant 12$.

若 $\deg Q(x) < 12$, 则由 $3PQ = x^{12}(x^{12} + 2)$, 得 $\deg P(x) > 12$, 这与 $P + Q = x^{12} + 1$ 矛盾.

若 $\deg Q(x) = 12$，则存在有理数 a,b，使得 $P(x) = ax^{12}, Q(x) = b(x^{12}+2)$.

由 $P+Q = x^{12}+1$，得 $a = b = \dfrac{1}{2}$.

但 $3PQ = \dfrac{3}{4}x^{12}(x^{12}+2) \neq x^{12}(x^{12}+2)$. 矛盾.

(3) $P+Q = x^8 - x^4 + 1$，且 $P^2 - PQ + Q^2 = x^4 + 1$.

则 $3PQ = (P+Q)^2 - (P^2 - PQ + Q^2) = x^4(x^{12} - 2x^8 + 3x^4 - 3)$.

同情况(2)有 $\deg P(x) = \deg Q(x) = 8$.

设 s, t 为 $P(x), Q(x)$ 的首项系数.

由 $P+Q = x^8 - x^4 + 1$ 及 $3PQ = x^4(x^{12} - 2x^8 + 3x^4 - 3)$，分别得 $s+t = 1, st = \dfrac{1}{3}$.

显然，s 与 t 不为有理数. 矛盾.

(4) $P+Q = x^4 + 1$，且 $P^2 - PQ + Q^2 = x^8 - x^4 + 1$.

易得 $PQ = x^4$.

由 $P(0) = 0$ 和 $Q(0) = 0$ 不能同时成立，故要么 $x^4 \mid P$，要么 $x^4 \mid Q$.

不妨设 $x^4 \mid P$，设 $P = sx^4, Q = t$.

由 $P+Q = x^4 + 1$，得 $s = t = 1$. 此时，$P(x) = x^4, Q(x) = 1$.

因此，所求的全部解为 $P(x) = x^4, Q(x) = 1$ 和 $P(x) = 1, Q(x) = x^4$.

对于任意正整数 d，证明：存在唯一的实系数多项式 $p(x)$ 满足：

(1) $p(x)$ 的次数为 d，首项系数为 1，$p(1) \neq 0$；

(2) 若实数列 $\{a_n\}$ 满足对于一切 $n > 1$，均有 $\sum\limits_{k=1}^{n} p(n+1-k)a_k = 0$，则存在正整数 $f(\{a_n\}) = f$，当 $n \geq f$ 时，$a_n = 0$.

（第 32 届伊朗国家队选拔考试）

证明 首先，$p(x) = x(x+1)(x+2)\cdots(x+d-1)$ 为满足条件的一个多项式.

显然，$p(1) = d! \neq 0$.

若数列 $\{a_n\}$ 使得 $p(n)a_1 + p(n-1)a_2 + \cdots + p(1)a_n = 0$ 对于 $n > 1$ 成立，则由数学归纳法得到 $a_n = (-1)^{n-1}C_{d+1}^{n-1}a_1$.

称满足题意的多项式为"好多项式".

先证明两个引理.

引理 1 若 $p(x)$ 为好多项式，则 $p(0) = 0$.

引理 1 的证明 设 $\{a_n\}$ 是满足题意的一个数列，s 是使 $a_s \neq 0$ 的最大下标.

对于 $n > s$，有 $\sum\limits_{k=1}^{s} p(n+1-k)a_k = 0$.

定义多项式 $q(x) = \sum\limits_{k=1}^{s} p(x+1-k)a_k$.

则对于任意 $n > s, n \in \mathbf{Z}^+$，均有 $q(n) = 0$.

从而, $q(x)$ 为零多项式.

特别地, $q(s-1) = 0$, 即 $\sum_{k=1}^{s} p(s-k)a_k = 0$.

而在条件(2)中, 令 $n = s-1$, 有 $\sum_{k=1}^{s-1} p(s-k)a_k = 0$.

比较两式得 $p(0)a_s = 0$. 又 $a_s \neq 0$, 故 $p(0) = 0$.

引理 2 若 $p(x)$ 是次数为 d 的好多项式, 则 $h(x) = p(x) - p(x-1)$ 是次数为 $d-1$ 的好多项式.

引理 2 的证明 若数列 $\{b_n\}(n \geqslant 1)$ 满足对于任意的 $n \in \mathbf{Z}^+$, $n \geqslant 2$, 均有

$$\sum_{k=1}^{n} h(n+1-k)b_k = 0.$$

则 $\sum_{k=1}^{n} (p(n+1-k) - p(n-k))b_k = 0$,

$$\sum_{k=1}^{n} p(n+1-k)(b_k - b_{k-1}) = 0 (n > 1),$$

其中, $b_0 = 0$.

由 $p(x)$ 为好多项式, 知数列 $\{b_n - b_{n-1}\}$ 满足条件(2).

于是, 存在 $k \in \mathbf{Z}^+$, 当 $n \geqslant k$ 时, $b_n - b_{n-1} = 0$.

则 $b_k - b_{k-1} = b_{k+1} - b_k = b_{k+2} - b_{k+1} = \cdots = 0$.

故 $b_{k-1} = b_k = b_{k+1} = b_{k+2} = \cdots = b$.

从而, $\sum_{i=1}^{n} p(n+1-i)(b_i - b_{i-1}) = 0$. ①

由 $\sum_{k=1}^{n} h(n+1-k)b_k = 0 (n > k)$, 得 $\sum_{i=1}^{k-1} h(n+1-i)b_i + b\sum_{i=k}^{n} h(n+1-i) = 0$, 即

$$\sum_{i=1}^{k-1} h(n+1-i)b_i + bp(n+1-k) = 0.$$ ②

但 $\sum_{i=1}^{k-1} h(n+1-i)b_i = \sum_{i=1}^{k-1} p(n+1-i)(b_i - b_{i-1})$

$= p(n+2-k)b_{k-1}$ (利用了(1)) $= p(n+2-k)b$,

代入式 ② 得 $b(p(n+1-k) + p(n+2-k)) = 0$.

上式对于一切 $n > k$ 均成立.

而 $p(x)$ 为非零多项式, 于是, $b = 0$.

因此, $h(x)$ 为好多项式.

引理 1, 2 得证.

接下来用归纳法证明: 次数为 d 的好多项式是唯一的.

对 $\deg p$ 归纳.

若 $\deg p = 1$, 由于 $p(x)$ 是首项系数为 1 的多项式, 于是, $p(x) = x + p(0)$.

而 $p(0) = 0$, 从而, $p(x) = x$.

假设 $\deg p \leqslant n-1$ 时, 次数为 $\deg p$ 的好多项式是唯一的. 若存在两个次数均为 n 的

好多项式 $p(x),q(x)$，由引理 2，知 $p(x)-p(x-1)$ 与 $q(x)-q(x-1)$ 均是次数为 $n-1$ 次的好多项式.

由归纳假设得 $p(x)-p(x-1)=q(x)-q(x-1)$.

故 $p(x)-q(x)=p(x-1)-q(x-1)$.

将上式中的 x 换成 $x-1$，有 $p(x-1)-q(x-1)=p(x-2)-q(x-2)$.

一直下去，有 $p(x)-q(x)=p(0)-q(0)=0$.

从而，$p(x)=q(x)$.

这就完成了归纳.

设 $P(x)$ 为实系数多项式. 求使多项式

$$Q(x)=(x+1)P(x-1)-(x-1)P(x)$$

为常数的多项式 $P(x)$.

(2015，第 53 届荷兰国家队选拔考试)

解 （1）若 $P(x)$ 为常值多项式，即 $P(x)=a(a\in\mathbf{R})$，则

$Q(x)=(x+1)a-(x-1)a=2a$（常数）.

故每一个常值多项式 $P(x)$ 满足条件.

（2）假设 $P(x)$ 不为常值多项式. 不妨设

$P(x)=a_nx^n+a_{n-1}x^{n-1}+\cdots+a_1x+a_0(n\geqslant 1,a_n\neq 0)$.

（i）考虑 $Q(x)$ 中 x^n 的系数，其等于 $xP(x-1),P(x-1),-xP(x),P(x)$ 各式中 x^n 的系数和，即

$a_{n-1}-na_n+a_n-a_{n-1}+a_n=(2-n)a_n$.

但 $Q(x)$ 中此项的系数为 0，且 $a_n\neq 0$，则 $n=2$.

从而，$P(x)=a_2x^2+a_1x+a_0(a_2\neq 0)$.

（ii）考虑 $Q(x)$ 的常数项，其等于 $xP(x-1),P(x-1),-xP(x),P(x)$ 各式中常数项之和，即

$0+(a_2-a_1+a_0)+0+a_0=a_2-a_1+2a_0$.

注意到，$Q(1)=2P(0)-0=2a_0$.

由 $Q(x)$ 为常值多项式，知 $Q(1)$ 为 $Q(x)$ 的常数项.

故 $2a_0=a_2-a_1+2a_0\Rightarrow a_2=a_1$.

设 $P(x)=bx^2+bx+a=bx(x+1)+a(a,b\in\mathbf{R},b\neq 0)$.   ①

则 $Q(x)=(x+1)((b(x-1)x+a)-(x-1)(bx(x+1)+a))$

$=(x-1)x(x+1)b+(x+1)a-(x-1)x(x+1)b-(x-1)a=2a$.

显然，$Q(x)$ 为常值多项式. 从而，式 ① 满足条件.

当 $b=0$ 时，即为（i）的情况.

综上，满足条件的多项式为 $P(x)=bx^2+bx+a(a,b\in\mathbf{R})$.

已知多项式 $P(x) = x^4 - x^3 - 3x^2 - x + 1$. 证明:存在无穷多个正整数 n,使得 $P(3^n)$ 为合数.

(2015,地中海地区数学竞赛)

证明 对于 $x = 3^{2n-1}$,有

$$P(3^{2n-1}) = 81^{2n-1} - 27^{2n-1} - 3 \times 9^{2n-1} - 3^{2n-1} + 1$$

$$\equiv 1 - 2^{2n-1} + 3 - 3^{2n-1} + 1 \equiv -(2^{2n-1} + 3^{2n-1}) \pmod 5.$$

注意到,对于奇数 m 有 $(a+b) \mid (a^m + b^m)$.

于是,$5 \mid P(3^{2n-1})$.

因为 $P(x)$ 不是常数多项式,即其只能被5有限次整除,所以,存在无穷多个被5整除的合数.

设多项式 $p(x) = x^n + a_{n-1}x^{n-1} + \cdots + a_0 (n > 1)$ 有 n 个不等实根,多项式 $q(x) = \prod_{j=1}^{2015} p(x+j)$. 已知 $p(2015) = 2015$. 证明:多项式 q 至少有1970个不等实根 $r_1, r_2, \cdots, r_{1970}$,且对于任意的 $j = 1, 2, \cdots, 1970$,$|r_j| < 2015$.

(2015,北欧数学竞赛)

证明 设 $h_j(x) = p(x+j)$.

考虑到 h_{2015} 和 p 一样有 n 个实根 $s_1, s_2, \cdots, s_n$,且 $h_{2015}(0) = p(2015) = 2015$.

由韦达定理,知 $|s_1 s_2 \cdots s_n| = 2015$.

由于 $n \geq 2$,故至少有一个 s_j,使得 $|s_j| \leq \sqrt{2015} < \sqrt{2025} = 45$.

用 m 表示这个 s_j,得到对于任意的 $j = 0, 1, \cdots, 2014$,均有

$$h_{2015-j}(m+j) = p(m+2015) = h_{2015}(m) = 0.$$

从而,$m, m+1, \cdots, m+2014$ 为 q 的全部实根.

又 $0 < |m| < 45$,故至少有1970个不同的 j 满足条件 $|m+j| < 2015 (0 \leq j \leq 2014)$.

已知 $f(x), g(x)$ 均是首项系数为正的整系数多项式,且 $\deg f(x)$ 为奇数. 若 $\{f(a) \mid a \in \mathbf{Z}\} = \{g(a) \mid a \in \mathbf{Z}\}$,

证明:存在整数 k,使得 $g(x) = f(x+k)$.

(2015,印度国家队选拔考试)

证明 对于整系数多项式 $p(x)$,定义 $S_p = \{p(n) \mid n \in \mathbf{Z}\}$.

首先,$\deg g(x)$ 也为奇数.

否则,若 $\deg g(x)$ 为偶数,则 S_g 有下界,而 S_f 无下界,这与已知 $S_f = S_g$ 矛盾.

故存在整数 M,使得当 $x \geq M$ 时,$f(x)$ 与 $g(x)$ 均为增函数.

对于每个整数 $n \in S_f = S_g$,且 $n \geq f(M), n \geq g(M)$,均存在唯一的整数对 (a, b),使

得 $f(a) = g(b) = n$.

令 $n_0 = \max\{f(M), g(M)\}$. 不妨设 $n_0 = f(M) = g(u)(u \in \mathbf{Z})$.

对于 $i \geqslant 0$, 设 n_{i+1} 为 S_f 中大于 n_i 的最小整数. 则 $n_i = f(M+i) = g(u+i)$.

故多项式 $h(x) = f(M+x) - g(u+x)$ 有无穷多个根.

于是, $f(M+x) \equiv g(u+x)$.

令 $k = (M+x) - (u+x)$. 因此, $f(x+k) = g(x)$.

设二次三项式 $f(x)$ 有两个不同实根, 对于任何实数 a, b, 均有
$$f(a^2 + b^2) \geqslant f(2ab).$$
证明: $f(x)$ 至少有一个负根.

(2015, 第 41 届俄罗斯数学奥林匹克)

证明　令 $b = 0$. 则对于一切 a, 均有 $f(a^2) \geqslant f(0)$.

从而, 对于一切 $t > 0$, 均有 $f(t) \geqslant f(0)$.

结合二次函数图像的性质, 知抛物线的开口向上.

假若 $f(x)$ 的两个根均为非负数. 则其图像顶点的横坐标 $t_0 > 0$.

故函数 $f(x)$ 在 t_0 处取得最小值. 因此, $f(t_0) < f(0)$, 导致矛盾.

已知多项式
$$P(x) = ax^3 + (b-a)x^2 - (c+b)x + c,$$
$$Q(x) = x^4 + (b-1)x^3 + (a-b)x^2 - (c+a)x + c,$$
其中, $a, c \in \mathbf{R} \backslash \{0\}, b \in \mathbf{R}^+$. 设 x_0, x_1, x_2 (互不相同) 均为 $P(x), Q(x)$ 的三个实数解.

(1) 证明: $abc > 28$;

(2) 当 a, b, c 均为非零整数时, 求 a, b, c 的值.

(2015, 第 32 届希腊数学奥林匹克)

---

(1) **证明**　注意到, 多项式 $P(x)$ 的系数之和为 0. 这表明, 1 为 $P(x) = 0$ 的根, 即
$$P(x) = (x-1)(ax^2 + bx - c).$$

不妨设 $x_0 = 1$. 由韦达定理知
$$x_1 + x_2 = -\frac{b}{a}, \quad x_1 x_2 = -\frac{c}{a} \neq 0. \qquad ①$$

由 x_0, x_1, x_2 均为多项式 $P(x), Q(x)$ 的实数根知
$$F(x) = Q(x) - P(x) = x^4 + (b-a-1)x^3 + 2(a-b)x^2 + (b-a)x$$
$$= x(x^3 + (b-a-1)x^2 + 2(a-b)x + b-a)$$
$$= x(x^3 - x^2 + (b-a)(x^2 - x) + (a-b)(x-1))$$
$$= x(x-1)(x^2 + (b-a)x + (a-b)).$$

注意到, 对于 $x_0, x_1, x_2 \neq 0$, 有
$$F(x) = 0 \Leftrightarrow x = 0 \text{ 或 } x = 1 \text{ 或 } x^2 + (b-a)x + (a-b) = 0.$$

则 $x_0 = 1, x_1 + x_2 = a - b, x_1 x_2 = a - b.$ ②

由结论①,②知

$$a - b = -\frac{b}{a} = -\frac{c}{a} \Rightarrow \begin{cases} b = c, \\ a^2 - ab = -b, \end{cases} \Rightarrow \begin{cases} a > 1, \\ b = c = \dfrac{a^2}{a-1}, \end{cases}$$

$$\Rightarrow abc = a\left(\frac{a^2}{a-1}\right)^2 = \frac{a^5}{(a-1)^2}.$$

令 $x = a - 1.$ 则 $x > 0,$ 上式变为

$$abc = \frac{(x+1)^5}{x^2} = \frac{x^5 + 5x^4 + 10x^3 + 10x^2 + 5x + 1}{x^2}$$

$$= x^3 + \left(5x^2 + \frac{1}{x^2}\right) + \left(10x + \frac{5}{x}\right) + 10$$

$$> 2\sqrt{5} + 2\sqrt{50} + 10 > 4 + 2 \times 7 + 10 = 28.$$

从而，$abc > 28.$

(2) **解** 由(1)知 $b = a + 1 + \dfrac{1}{a-1}.$

又 $b, a + 1 \in \mathbf{Z},$ 于是，$\dfrac{1}{a-1} \in \mathbf{Z}.$

则 $a - 1 = \pm 1,$ 故 $a = 2.$ 从而，$b = c = 4.$

因此，$P(x) = 2x^3 + 2x^2 - 8x + 4 = 2(x-1)(x^2 + 2x - 2),$ 其三个实数根为

$$x_0 = 1, x_1 = -1 + \sqrt{3}, x_2 = -1 - \sqrt{3},$$

符合题意.

定义多项式序列 $f_n(x)$：$f_0(x) = 2, f_1(x) = 3x,$ 对于所有的 $n \geq 2,$ 均有
$$f_n(x) = 3x f_{n-1}(x) + (1 - x - 2x^2) f_{n-2}(x).$$
求出所有正整数 $n,$ 使得 $(x^3 - x^2 + x) \mid f_n(x).$

（2015，越南数学奥林匹克）

解 由递推公式得

$$f_n(x) - (x+1)f_{n-1}(x) = (2x-1)f_{n-1}(x) - (2x-1)(x+1)f_{n-2}(x)$$
$$= (2x-1)(f_{n-1}(x) - (x+1)f_{n-2}(x)) = (2x-1)^{n-1}(f_1(x) - (x+1)f_0(x))$$
$$= (2x-1)^{n-1}(x-2)$$

$$\Rightarrow f_n(x) - (2x-1)^n = (x+1)(f_{n-1}(x) - (2x-1)^{n-1})$$
$$= (x+1)^n(f_0(x) - (2x-1)^0) = (x+1)^n$$

$$\Rightarrow f_n(x) = (2x-1)^n + (x+1)^n.$$

令 $Q(x) = x^3 - x^2 + x = x(x^2 - x + 1).$

由于 $Q(x) \mid f_n(x),$ 于是，$f_n(0) = 0,$ 即 $1 + (-1)^n = 0.$ 故 n 为奇数.

类似地，$7 \mid f_n(-2) \Rightarrow 7 \mid -(5^n + 1) \Rightarrow 3 \mid n.$

于是，易得当 $n = 6m + 3 (m \in \mathbf{Z}^+)$ 时，均有 $Q(x) \mid f_n(x).$

> 已知实数 a,b 满足二次三项式 x^2+ax+b 与 x^2-bx+a 均有两个不同的实根,且它们的积恰有三个不同的实根.求这三个不同的根的和的所有可能值.
>
> (第 41 届俄罗斯数学奥林匹克)

解 由条件不妨设二次三项式 x^2+ax+b 与 x^2+bx+a 恰有一个公共的实根 x_0.

则 $a\neq b$, $0=(x_0^2+ax_0+b)-(x_0^2+bx_0+a)=(a-b)(x_0-1)$.

因此,$x_0=1$, $a+b+1=0$.

由韦达定理,知三个不同实根的和等于 $-a-b-x_0=0$.

> 设 $a\in(0,1)$,且
> $$f(x)=ax^3+(1-4a)x^2+(5a-1)x+(3-5a),$$
> $$g(x)=(1-a)x^3-x^2+(2-a)x-(3a+1).$$
> 证明:对于任意实数 x,$|f(x)|$,$|g(x)|$ 中均至少有一个不小于 $1+a$.
>
> (2015,中国女子数学奥林匹克)

证明 由 $a\in(0,1)$,知 a 与 $1-a$ 均为正数.

则对于任意的实数 x,均有

$$\max\{|f(x)|,|g(x)|\}=(1-a)\max\{|f(x)|,|g(x)|\}+a\max\{|f(x)|,|g(x)|\}$$
$$\geqslant(1-a)|f(x)|+a|g(x)|\geqslant|(1-a)f(x)-ag(x)|.$$

而 $(1-a)f(x)-ag(x)$

$$=((1-a)(1-4a)+a)x^2+((1-a)(5a-1)-a(2-a))x+((1-a)(3-5a)+a(3a+1))$$

$$=(2a-1)^2(x^2-x+2)+1+a.$$

又 $x^2-x+2=\left(x-\dfrac{1}{2}\right)^2+\dfrac{7}{4}>0$,故 $\max\{|f(x)|,|g(x)|\}\geqslant1+a$.

> 设 $P(x),Q(x),R(x)$ 为三个非常值整系数多项式,且 $P(x)Q(x)R(x)=2015$ 存在 49 个两两不同的整数根.用 $\deg f(x)$ 表示多项式 $f(x)$ 的次数,证明:
> $$\deg P(x)\cdot\deg Q(x)\cdot\deg R(x)\geqslant656.$$
>
> (第六届陈省身杯全国高中数学奥林匹克)

证明 注意到,$2015=13\times5\times31$.

于是,2015 有 8 个正因子,有 16 个整数因子.

设 $P(x)Q(x)R(x)=2015$ 的有 49 个两两不同的整数根为 $x_i(1\leqslant i\leqslant49)$.显然,$P(x_i)$ 为 2015 的整数因子,即 $P(x_i)$ 只有 16 种可能值.

据抽屉原理,知存在 $1\leqslant j<k<l<m\leqslant49$,使得 $P(x_j)=P(x_k)=P(x_l)=P(x_m)$,即非常值整系数多项式 $P(x)=P(x_m)$ 至少存在四个两两不同的根.于是,

$\deg P(x) \geqslant 4.$

类似地，$\deg Q(x) \geqslant 4, \deg R(x) \geqslant 4.$

记 $\deg P(x) = p, \deg Q(x) = q, \deg R(x) = r.$

要证原命题，只要证明：

若 $p \geqslant q \geqslant r \geqslant 4$，且 $p + q + r \geqslant 49$，则 $pqr \geqslant 656.$

注意到，$(q - 4)(r - 4) \geqslant 0 \Leftrightarrow qr \geqslant 4q + 4r - 16.$

故 $pqr \geqslant p(4q + 4r - 16) = 4pq + 4pr - 16p$

$\geqslant 4(4p + 4q - 16) + 4(4p + 4r - 16) - 16p$

$= 16(p + q + r) - 128 \geqslant 16 \times 49 - 128 = 656.$

原命题成立.

> **证明：多项式**
> $$f(x, y) = x^2(x^2 - 1)^2 + y^2(y^2 - 1)^2 - (x^2 - 1)(y^2 - 1)(x^2 + y^2 - 1)$$
> 非负但不能表示为若干个实系数多项式的平方和.
>
> （第六届陈省身杯全国高中数学奥林匹克）

证明 首先证明：$f \geqslant 0.$

作变换 $X = x^2 - 1, Y = y^2 - 1.$ 则 $X \geqslant -1, Y \geqslant -1.$

故 $f = X^2(X + 1) + Y^2(Y + 1) - XY(X + Y + 1).$

若 $X + Y + 1 \leqslant 0$，则 $X \leqslant -Y - 1 \leqslant 0.$

类似地，$Y \leqslant -X - 1 \leqslant 0$，即 $XY \geqslant 0.$

显然，$f \geqslant 0.$ 不妨设 $X + Y + 1 > 0.$ 若 $XY \leqslant 0$，则 $f \geqslant 0.$ 以下设 $XY > 0.$

注意到，$f = X^2(X + 1) + Y^2(Y + 1) - XY(X + Y + 1)$

$= X^3 + X^2 + Y^3 + Y^2 - XY(X + Y + 1)$

$= (X + Y)(X - Y)^2 + X^2 + Y^2 - XY = (X + Y)(X - Y)^2 + (X - Y)^2 + XY$

$= (X - Y)^2(X + Y + 1) + XY.$

仍然有 $f \geqslant 0.$

下面证明一个引理.

引理 设 $g(x, y) = \sum_{i+j \leqslant 3} a_{ij} x^i y^j$ 为实系数多项式且次数不超过 3.

若 $g(x, y)$ 在 $A_1(1, 1), A_2(-1, 1), A_3(-1, -1), A_4(1, -1), O(0, 0), B_1(1, 0), B_2(0, 1), B_3(-1, 0), B_4(0, -1)$，这九个点中的八个点处的值等于 0，则它在剩下的第九个点处的值也为 0.

证明 只需验证下面等式 $\sum_{l=1}^{4} g(A_l) - 2\sum_{l=1}^{4} g(B_l) + 4g(O) = 0.$ ①

注意到，$g(x, y) = a_{00} + \sum_{i=1}^{3} a_{i0} x^i + \sum_{j=1}^{3} a_{0j} y^j + a_{11} xy + a_{12} xy^2 + a_{21} x^2 y.$

则在式 ① 的左边包含 a_{00} 的项为 $4a_{00} - 2 \times 4a_{00} + 4a_{00} = 0;$

当 i 为偶数时,包含 a_{i0} 的项为 $4a_{i0} - 2 \times 2a_{i0} = 0$;

当 i 为奇数时,包含 a_{i0} 的项为 $(a_{i0} - a_{i0} - a_{i0} + a_{i0}) - 2(a_{i0} - a_{i0}) + 0 = 0$;

当 j 为偶数时,包含 a_{0j} 的项为 $4a_{0j} - 2 \times 2a_{0j} = 0$;

当 j 为奇数时,包含 a_{0j} 的项为 $(a_{0j} + a_{0j} - a_{0j} - a_{0j}) - 2(a_{0j} - a_{0j}) + 0 = 0$;

包含 a_{11} 的项为 $(a_{11} - a_{11} + a_{11} - a_{11}) - 0 + 0 = 0$;

包含 a_{12} 的项为 $(a_{12} - a_{12} - a_{12} + a_{12}) - 0 + 0 = 0$;

包含 a_{21} 的项为 $(a_{21} + a_{21} - a_{21} - a_{21}) - 0 + 0 = 0$.

引理得证.

现证原题第二部分:若 $f(x,y)$ 能表示为若干个实系数多项式的平方和,不妨设

$$f(x,y) = \sum_{j=1}^{m} g_j^2(x,y).$$

则 $\deg g_j \leqslant 3$.

由于 $f(A_l) = f(B_l) = 0$ 等价于 $g_j(A_l) = g_j(B_l) = 0$,故由引理得 $g_j(O) = 0$.

于是,$f(O) = 0$.

而显然 $f(O) = 1$,矛盾.故假设不成立.

综上,命题得证.

若 $f(x) = \sum_{i=0}^{n} a_i x^i$,$g(x) = \sum_{i=0}^{n} b_i x^i (a_n, b_n$ 可以为0),且存在 r 使得对任意 $i > r$,均有 $a_i = b_i$,但 $a_r > b_r$ 或 $f(x) \equiv g(x)$,则称 $f(x) \geqslant g(x)$.证明:若 f, g 的首项系数均为正数,则

$$f(f(x)) + g(g(x)) \geqslant f(g(x)) + g(f(x)).$$

(2015,中国台湾数学奥林匹克选训营)

证明　$f(x) \geqslant g(x)$ 等价于存在足够大的 M,使得对于任意 $m > M$,$f(m) \geqslant g(m)$.

不妨设 $f(x) \geqslant g(x)$.

要证的结论等价于 $(f-g)(f(x)) \geqslant (f-g)(g(x))$,且 $f-g$ 的首项系数为正数.

从而,存在足够大的 M,使得对于任意的 $m > M$,$(f-g)(m)$ 是递增的,

$$f(m) \geqslant g(m).$$

因此,$(f-g)(f(m)) \geqslant (f-g)(g(m))$.

设 $n(n \geqslant 2)$ 为固定的正整数.两个实系数多项式 P, Q,若对每个 $i \in \{1, 2, \cdots, n\}$,数列 $P(2015i), P(2015i-1), \cdots, P(2015i-2014)$ 为数列 $Q(2015i), Q(2015i-1), \cdots, Q(2015i-2014)$ 的一个排列,则称多项式 P, Q 是"块相似的".证明:

(1) 存在两个不同的 $n+1$ 次多项式是块相似的;

(2) 不存在两个不同的 n 次多项式是块相似的.

(第56届IMO预选题)

证明 为了方便起见,设 $k = 2015 = 2l + 1$.

(1) 考虑下面的两个 $n+1$ 次多项式

$$P(x) = \prod_{i=0}^{n}(x - ik), \quad Q(x) = \prod_{i=0}^{n}(x - ik - 1).$$

因为 $Q(x) = P(x-1)$,且 $P(0) = P(k) = \cdots = P(nk) = 0$,所以,这两个多项式不同,且是块相似的.

(2) 对于每个多项式 $F(x)$ 和每个非负整数 m,定义 $\sum_{F}(m) = \sum_{i=1}^{m} F(i)$.

特别地,$\sum_{F}(0) = 0$.

由于 $\sum_{i=1}^{m} i^d$ 是关于 m 的 $d+1$(d 为任意非负整数) 次多项式,则 $\sum_F$ 为 $\deg F + 1$ 次的实系数多项式(除了 $F = 0$ 的情况,此时,$\sum_F = 0$).

下面考虑 $\sum_F$ 在任意实数上的取值(此时不再用最初的定义).

假设结论不成立.则存在两个不同的 n 次多项式 $P(x), Q(x)$ 是块相似的.

于是,多项式 $\sum_{P-Q}(x)$,$\sum_{P^2-Q^2}(x)$ 均有根 $0, k, 2k, \cdots, nk$.

设 $T(x) = \prod_{i=0}^{n}(x - ik)$.

先证明一个引理.

引理 若 $F(x)$ 为一个非零多项式,且 $0, k, 2k, \cdots, nk$ 是多项式 $\sum_F(x)$ 的根,则 $\deg F \geqslant n$,且存在多项式 $G(x)$,使得

$$\deg G = \deg F - n, \quad F(x) = T(x)G(x) - T(x-1)G(x-1).$$

证明 若 $\deg F < n$,则 $\sum_F(x)$ 的次数小于 $n+1$,但有 $n+1$ 个根.

于是,$\sum_F(x) = 0$.这表明,$F(x) = 0$,矛盾.从而,$\deg F \geqslant n$.

由引理的条件,知存在多项式 $G(x)$,使得 $\sum_F(x) = T(x)G(x)$,且

$$\deg G = \deg \sum_F - (n+1) = \deg F - n.$$

定义 $F_1(x) = T(x)G(x) - T(x-1)G(x-1)$.

于是,对于每个正整数 m,均有

$$\sum_{F_1}(m) = \sum_{i=1}^{m}(T(i)G(i) - T(i-1)G(i-1))$$

$$= T(m)G(m) - T(0)G(0) = T(m)G(m) = \sum_F(m).$$

则多项式 $\sum_{F-F_1}(x) = \sum_F(x) - \sum_{F_1}(x)$ 有无穷多个根.这表明,

$$\sum_{F-F_1}(x) = 0 \Rightarrow F(x) = F_1(x).$$

引理得证.

设 $R_1(x) = P(x) - Q(x)$.则 $R_1(x)$ 为次数不超过 n 的非零多项式,且满足引理

的条件.

由引理,知 $R_1(x)$ 的次数不小于 n. 则 $R_1(x)$ 的次数恰为 n.

从而,存在非零常数 α,使得 $R_1(x) = \alpha(T(x) - T(x-1))$.

接下来证明: $S(x) = P(x) + Q(x)$ 为常数.

假设结论不成立,则 $R_2(x) = P^2(x) - Q^2(x) = R_1(x)S(x)$ 为非零多项式,且满足引理的条件.

又 $n < \deg R_1 + \deg S = \deg R_2 \leqslant 2n$,则由引理,知存在多项式 $G(x)(0 < \deg G \leqslant n)$,使得 $R_2(x) = T(x)G(x) - T(x-1)G(x-1)$.

由于多项式 $R_1(x) = \alpha(T(x) - T(x-1))$ 整除多项式

$R_2(x) = T(x)(G(x) - G(x-1)) + G(x-1)(T(x) - T(x-1))$,

则 $R_1(x) \mid T(x)(G(x) - G(x-1))$.

又因为 $T(x), T(x-1)$ 是一次多项式的乘积,且它们的根均不相同,所以,

$(T(x), R_1(x)) = (T(x), T(x) - T(x-1)) = (T(x), T(x-1)) = 1$.

于是,$R_1(x) \mid (G(x) - G(x-1))$,这是不可能的.

事实上,$G(x) - G(x-1)$ 是非零多项式,且次数小于 $n = \deg R_1$. 于是,假设错误. 从而,$S(x)$ 为常值多项式. 记 $S(x) = \beta$.

注意到,$\dfrac{1}{\alpha}(2P(x) - \beta)$,$\dfrac{1}{\alpha}(2Q(x) - \beta)$ 也是块相似的不同的多项式,用这两个多项式代替最初的多项式,得到两个块相似的多项式 $P(x), Q(x)$,使得

$P(x) = -Q(x) = T(x) - T(x-1)$.

对于每个 $i = 1, 2, \cdots, n$,$T(ik - k + 1)$ 与 $T(ik - 1)$ 的符号相同. 这表明,

$P(ik - k + 1) = T(ik - k + 1)$ 与 $P(ik) = -T(ik - 1)$

的符号相反.

于是,$P(x)$ 在每个区间 $[ik - k + 1, ik]$ 内有一个根.

因为 $\deg P = n$,所以,在每个区间内恰有一个根.

从而,数列 $P(1), P(2), \cdots, P(k)$ 恰改变一次符号.

又由于 $P(x), -P(x)$ 是块相似的,则这个数列中正项的个数与负项的个数相等. 而 $k = 2l + 1$ 为奇数,故这个数列中间的一项为 0.

于是,$P(l+1) = 0$. 从而,$T(l+1) = T(l)$.

但 $| T(l+1) | = | l+1 | | l | \displaystyle\prod_{i=2}^{n} | l + 1 - ik |$

$< | l | | l + 1 | \displaystyle\prod_{i=2}^{n} | l - ik | = | T(l) |$,

其中,严格不等式成立是因为 $n \geqslant 2$.

从而,导致矛盾.

给定 100 个二次三项式 $f_1(x)$，$f_2(x)$，$\cdots$，$f_{100}(x)$，它们的 x^2 项的系数相同，x 项的系数也相同，只是常数项各不相同，它们均有两个实根。对于每个 $f_i(x)$ 均取出一个实根，记为 x_i。问：和数 $f_2(x_1) + f_3(x_2) + \cdots + f_{100}(x_{99}) + f_1(x_{100})$ 可能等于哪些值？

(2016，第 42 届俄罗斯数学奥林匹克)

解 只能为 0.

设第 i 个二次三项式为 $f_i(x) = ax^2 + bx + c_i$。则
$$f_2(x_1) + f_3(x_2) + \cdots + f_{100}(x_{99}) + f_1(x_{100})$$
$$= (ax_1^2 + bx_1 + c_2) + (ax_2^2 + bx_2 + c_3) + \cdots + (ax_{100}^2 + bx_{100} + c_1)$$
$$= (ax_1^2 + bx_1 + c_1) + (ax_2^2 + bx_2 + c_2) + \cdots + (ax_{100}^2 + bx_{100} + c_{100})$$
$$= 0.$$

已知二次三项式 $f(x) = ax^2 + bx + c$ 没有实根，系数 b 为有理数，且 c 与 $f(c)$ 中恰有一个为无理数。问：$f(x)$ 的判别式可否为有理数？

(2016，第 42 届俄罗斯数学奥林匹克)

解 注意到，$f(x)$ 的判别式不可能为有理数。

因为 $f(x)$ 没有实根，所以，$c = f(0) \neq 0$，$f(c) \neq 0$。

又 $\dfrac{f(c)}{c}$ 为一个无理数与一个有理数的比值，则 $\dfrac{f(c)}{c}$ 为无理数。

注意到，$\dfrac{f(c)}{c} = \dfrac{ac^2 + bc + c}{c} = ac + b + 1$。

由于 $b + 1$ 为有理数，则 ac 为无理数。

故 $f(x)$ 的判别式 $\Delta = b^2 - 4ac$ 为一个有理数与一个无理数的差。因此，一定为无理数。

已知 $P(x)$，$Q(x)$ 均为首项系数为 1 的非常值多项式，且
$$2P(x) = Q\left(\dfrac{(x+1)^2}{2}\right) - Q\left(\dfrac{(x-1)^2}{2}\right) (x \in \mathbf{R})，P(1) = 1.$$
求 $P(x)$，$Q(x)$。

(2016，第 33 届希腊数学奥林匹克)

解 设 $Q(x) = x^n + a_{n-1}x^{n-1} + a_{n-2}x^{n-2} + \cdots + a_0 (a_0 \in \mathbf{R})$。

注意到，多项式 $Q\left(\dfrac{(x+1)^2}{2}\right) - Q\left(\dfrac{(x-1)^2}{2}\right)$ 的最高次项及其系数可由 $\left(\dfrac{(x+1)^2}{2}\right)^n - \left(\dfrac{(x-1)^2}{2}\right)^n$ 得到，其结果为 $\dfrac{2nx^{2n-1}}{2^n} + \dfrac{2nx^{2n-1}}{2^n} = \dfrac{4n}{2^n}x^{2n-1}$。

而原方程左边最高次项的系数为 2，则 $\dfrac{4n}{2^n} = 2 \Rightarrow 2^{n+1} = 4n$。

又当 $n \geqslant 3$ 时, $2^{n+1} > 4n$, 故 $n = 1, 2$. 从而, $\deg P = 1, 3$.

当 $x = 0$ 时, 由条件知 $2P(0) = Q\left(\frac{1}{2}\right) - Q\left(\frac{1}{2}\right) = 0 \Rightarrow P(0) = 0$.

当 $n = 1$ 时, $P(x) = x$, $Q(x) = x + a_0 (a_0 \in \mathbf{R})$.

当 $n = 2$ 时, $Q(x) = x^2 + bx + a_0 (a_0 \in \mathbf{R})$.

于是, 由条件得

$$2P(x) = \frac{1}{4}((x+1)^4 - (x-1)^4) + \frac{b}{2}((x+1)^2 - (x-1)^2) = 2x^3 + 2(1+b)x$$

$$\Rightarrow P(x) = x^3 + (1+b)x.$$

由 $P(1) = 1$, 知 $b = -1$.

故 $P(x) = x^3$, $Q(x) = x^2 - x + a_0 (a_0 \in \mathbf{R})$.

对于二次多项式 $P(x) = x^2 + ax + b$, $Q(x) = x^2 + cx + d$, 若 $P(x)$, $Q(x)$ 均有两个不等实根, 分别为 $x_1, x_2 (x_1 < x_2)$, $x_3, x_4 (x_3 < x_4)$, 且 $x_1 + x_3$ 和 $x_2 + x_4$ 为二次多项式 $x^2 + (a+c)x + b + d$ 的两个根, 则称 $P(x)$, $Q(x)$ 是 "友善" 的. 若集合 M 至少含有三个二次多项式, 其中任意的两个均为友善的, 证明: 0 为这三个二次多项式的公共根.

（2016, 白俄罗斯数学奥林匹克）

证明　由题意并据韦达定理有

$$b + d = (x_1 + x_3)(x_2 + x_4) = x_1 x_2 + x_1 x_4 + x_3 x_2 + x_3 x_4, x_1 x_2 = b, x_3 x_4 = d.$$

于是, $x_1 x_4 = -x_2 x_3$. ①

若 x_1, x_2, x_3, x_4 均不为 0, 则 $\frac{x_1}{x_2} = -\frac{x_3}{x_4}$.

故集合 M 中的任意两个多项式的两根之比的符号相反. 于是, M 中至多只有两个多项式, 矛盾.

从而, 集合 M 中至少有一个多项式有零根. 由已知, 这个多项式的另一个根不为 0, 由式①, 知与其友善的多项式的两根不能没有 0. 因此, 集合 M 中的所有二次多项式均含有零根.

已知多项式 $P(x)$, $Q(x)$ 有相同的次数, $P_Q(x)$ 为一个新的多项式, 其偶次项的系数与 $P(x)$ 一致, 奇次项的系数与 $Q(x)$ 一致. 例如, 若

$$P(x) = x^3 + 2x^2 + 4x + 1, Q(x) = 3x^3 + x^2 + 2,$$

则 $P_Q(x) = 3x^3 + 2x^2 + 1$, $Q_P(x) = x^3 + x^2 + 4x + 2$.

(1) 证明: 存在 $P(x)$, $Q(x)$, 使得 $P(x)$, $Q(x)$ 均没有实根, 但 $P_Q(x)$, $Q_P(x)$ 均至少有一个实根;

(2) 求满足 (1) 的 $P(x)$, $Q(x)$ 的最小的次数.

（2016, 白俄罗斯数学奥林匹克）

(1) **证明** $P(x) = 4x^4 + 4x^3 + 1, Q(x) = x^4 + 4x + 4$,即满足题目要求.

由柯西不等式有

$$x^4 + x^4 + x^4 + 1 \geqslant 4\sqrt[4]{x^4 x^4 x^4 \times 1} = 4\mid x \mid^3,$$ ①

$$x^4 + 1 + 1 + 1 \geqslant 4\sqrt[4]{x^4 \times 1 \times 1 \times 1} = 4\mid x \mid.$$ ②

由式 ① 有 $P(x) = 4x^4 + 4x^3 + 1 \geqslant x^4 + 4(\mid x \mid^3 + x^3) \geqslant 0$,最后一个等号成立的条件是 $x = 0$,而 $P(0) = 1$,于是,多项式 $P(x)$ 无实根.

类似地,由式 ② 有 $Q(x) = x^4 + 4x + 4 \geqslant 4(\mid x \mid + x) + 1 > 0$.

从而,多项式 $Q(x)$ 无实根.

由定义知 $P_Q(x) = 4x^4 + 4x + 1, Q_P(x) = x^4 + 4x^3 + 4$.

容易验证 $P_Q(-0.5) = -0.75 < 0, P_Q(0) = 1 > 0$.

类似地,$Q_P(-2) = -12 < 0, Q_P(0) = 4 > 0$.

从而,$P_Q(x), Q_P(x)$ 均至少有一个实根.

(2) **解** 显然,满足(1)的 $P(x), Q(x)$ 的次数为偶数(因为奇数次多项式至少有一个实根).

下面证明:这两个多项式的次数大于 2.

假设两个多项式的次数均为 2.设

$$P(x) = a_1 x^2 + b_1 x + c_1, Q(x) = a_2 x^2 + b_2 x + c_2,$$

且均无实根.

不失一般性,设 $\mid b_2 \mid \geqslant \mid b_1 \mid$.

因为 $Q(x)$ 的判别式小于 0,且 $\mid b_2 \mid \geqslant \mid b_1 \mid$,所以,$0 > b_2^2 - 4a_2 c_2 \geqslant b_1^2 - 4a_2 c_2$.

故至少 $Q_P(x)$ 无实根,与题意矛盾.

从而,两个多项式的次数大于 2.

而(1)中构造出次数为 4 的两个多项式满足题目要求,因此,最小的次数为 4.

已知多项式 $P(x) = a_{2n} x^{2n} + a_{2n-1} x^{2n-1} + \cdots + a_1 x + a_0$.

(1) 证明:若系数 $a_0, a_1, \cdots, a_{2n}$ 均大于 0,则存在系数 $a_0, a_1, \cdots, a_{2n}$ 的一个排列,使得多项式 $P(x)$ 没有实数根;

(2) 若 $P(x)$ 的系数不均为正数,对于系数的任意排列,多项式 $P(x)$ 是否没有实数解?

(2016,白俄罗斯数学奥林匹克)

(1) **证明** 设 $b_0 \leqslant b_1 \leqslant \cdots \leqslant b_{2n}$ 为多项式 $P(x)$ 的系数 $a_0, a_1, \cdots, a_{2n}$ 的非递减的排列.

考虑 $a_0, a_1, \cdots, a_{2n}$ 的一个排列 $c_0, c_1, \cdots, c_{2n}$,使得

$$c_{2n} = b_{2n}, c_{2n-2} = b_{2n-1}, \cdots, c_0 = b_n, 且 c_{2n-1} = b_{n-1}, c_{2n-3} = b_{n-2}, \cdots, c_1 = b_0.$$

对于 $c_0, c_1, \cdots, c_{2n}$,有 $c_0 \geqslant c_1, c_1 \leqslant c_2, c_2 \geqslant c_3, \cdots, c_{2n-2} \geqslant c_{2n-1}, c_{2n-1} \leqslant c_{2n}$.

先证明:$Q(x) = c_{2n} x^{2n} + c_{2n-1} x^{2n-1} + \cdots + c_1 x + c_0$ 无实根.

由于 $Q(x)$ 的系数均为正数,于是,对于任意的 $x \geqslant 0$,均有

$Q(x)>0.$ ①

再证明:式 ① 对于所有的负数也成立.

分两种情况讨论.

(i) 当 $-1\leqslant x<0$ 时,对于 $k\in\{0,1,\cdots,n-1\}$,有 $|x|^{2k+1}\leqslant x^{2k}$.

则 $c_{2k+1}x^{2k+1}+c_{2k}x^{2k}\geqslant(c_{2k}-c_{2k+1})|x|^{2k}\geqslant0$

$\Rightarrow Q(x)=c_{2n}x^{2n}+\sum_{k=0}^{n-1}(c_{2k+1}x^{2k+1}+c_{2x}x^{2k})\geqslant c_{2n}x^{2n}>0.$

(ii) 当 $x<-1$ 时,对于 $k\in\{1,\cdots,n-1,n\}$,有 $|x|^{2k}>|x|^{2k-1}$.

则 $c_{2k}x^{2k}+c_{2k-1}x^{2k-1}>(c_{2k}-c_{2k-1})x^{2k}\geqslant0$

$\Rightarrow Q(x)=\sum_{k=1}^{n}(c_{2k}x^{2k}+c_{2k-1}x^{2k-1})+c_0>c_0>0.$

因此,对于所有的实数 $x,Q(x)>0$,即 $Q(x)$ 无实根.

(2) **解** 考虑多项式 $P(x)=x^{2n}+x^{2n-1}+\cdots+x-2n.$

由于系数和为 0,从而,满足 $P(1)=0.$

于是,对于 $-2n,1,\cdots,1$ 的任意一个排列 $c_0,c_1,\cdots,c_{2n}$,多项式

$Q(x)=c_{2n}x^{2n}+c_{2n-1}x^{2n-1}+\cdots+c_1x+c_0$

均有 $Q(1)=0$,从而,1 即为 $Q(x)$ 的一个正实根.

因此,存在这样的系数排列,使得多项式总有实根.

已知多项式 $P(x)=a_{2n+1}x^{2n+1}+a_{2n}x^{2n}+\cdots+a_1x+a_0$ 的系数 $a_0,a_1,\cdots,a_{2n+1}$ 均大于 0.证明:存在系数 $a_0,a_1,\cdots,a_{2n+1}$ 的一个排列,使得新的多项式 $P(x)$ 恰有一个实根.

(2016,白俄罗斯数学奥林匹克)

证明 设 $b_0\leqslant b_1\leqslant\cdots\leqslant b_{2n+1}$ 为系数 $a_0,a_1,\cdots,a_{2n+1}$ 的非递减的排列.

考虑系数 $a_0,a_1,\cdots,a_{2n+1}$ 的一个排列 $c_0,c_1,\cdots,c_{2n+1}$,使得

$c_{2n+1}=b_{2n+1},c_{2n-1}=b_{2n},\cdots,c_1=b_{n+1}$,且 $c_{2n}=b_n,c_{2n-2}=b_{n-1},\cdots,c_0=b_0.$

对于排列 $c_0,c_1,\cdots,c_{2n+1}$,有 $c_0\leqslant c_1,c_1\geqslant c_2,c_2\leqslant c_3,\cdots,c_{2n-1}\geqslant c_{2n},c_{2n}\leqslant c_{2n+1}.$

接下来考虑 $Q(x)=c_{2n+1}x^{2n+1}+c_{2n}x^{2n}+\cdots+c_1x+c_0.$

因为 $Q(x)$ 的次数是奇数,且最高次项的系数是正数,所以,当 x 充分大时,$Q(-x)<0$,且 $Q(x)>0.$

于是,$Q(x)$ 至少有一个实根.

下面证明:$Q(x)$ 在 $\mathbf{R}$ 上严格单调递增,从而,$Q(x)$ 在 $\mathbf{R}$ 上有且只有一个实根.

注意到,$Q'(x)=(2n+1)c_{2n+1}x^{2n}+2nc_{2n}x^{2n-1}+\cdots+2c_2x+c_1.$

由 $kc_{2k+1}x^{2k}+2kc_{2k}x^{2k-1}+kc_{2k-1}x^{2k-2}$

$\geqslant kc_{2k}(|x|^{2k}-2|x|^{2k-1}+|x|^{2k-2})=kc_{2k}|x|^{2k-2}(|x|-1)^2\geqslant0,$

对于任意的 $k\in\{1,2,\cdots,n\}$ 及任意的 $x\in\mathbf{R}$ 成立,则当 $x\neq0$ 时,

$$Q'(x) = (n+1)c_{2n+1}x^{2n} + \sum_{k=1}^{n}(kc_{2k+1}x^{2k} + 2kc_{2k}x^{2k-1} + kc_{2k-1}x^{2k-2})$$

$$\geqslant (n+1)c_{2n+1}x^{2n} > 0.$$

而 $Q'(0) = c_1 > 0$,故对于任意的 $x \in \mathbf{R}$,均有 $Q'(x) > 0$.

从而,$Q(x)$ 在 $\mathbf{R}$ 上严格单调递增,即 $Q(x)$ 在 $\mathbf{R}$ 上有且只有一个实根.

设实数 b 满足 $-2 < b < 0$.证明:存在正整数 n,使得多项式 $(x+1)^n(x^2 + bx + 1)$ 的所有系数均大于 0.

(2016,新加坡数学奥林匹克)

证明 将 $(x+1)^n(x^2 + bx + 1)$ 展开得

$$x^{n+2} + (n+b)x^{n+1} + \sum_{k=0}^{n-2}(C_n^{k+2} + bC_n^{k+1} + C_n^k)x^{n-k} + (n+b)x + 1.$$

要证结论成立,只要证明存在 $n > 2$,使得 $n+b > 0$,且对于 $k = 0, 1, \cdots, n-2$,有 $C_n^{k+2} + bC_n^{k+1} + C_n^k > 0$.

等价于对于 $k = 0, 1, \cdots, n-2$,有

$$H = \frac{C_n^{k+2} + bC_n^{k+1} + C_n^k}{C_n^k} = \frac{(2-b)k^2 + (b-2)(n-2)k + 2bn + n^2 - n + 2}{(k+2)(k+1)} > 0.$$

由于 H 的分子是一个关于 k 的二项式,且首项系数为 $2-b > 0$,

$$\Delta = (n+2)(b-2)(bn + 2b + 2n),$$

则 $H > 0 \Leftrightarrow bn + 2b + 2n > 0 \Leftrightarrow n > -\dfrac{2b}{b+2}$.

注:一般地,对于实系数多项式 $P(x)$,对于任意的 $x \geqslant 0$,有 $P(x) > 0$ 当且仅当存在正整数 n,使得 $(x+1)^n P(x)$ 的全部系数为正.

是否存在四个实系数多项式 $P_1(x), P_2(x), P_3(x), P_4(x)$,使得任意三个的和总有一个实根,但任意两个的和均没有实根?

(2016,新加坡数学奥林匹克)

解 不存在.

假设存在这样的四个多项式,若一个多项式没有实根,则其对于任意的 x 恒正或恒负.将四个多项式看成四个点.如图 3 所示.

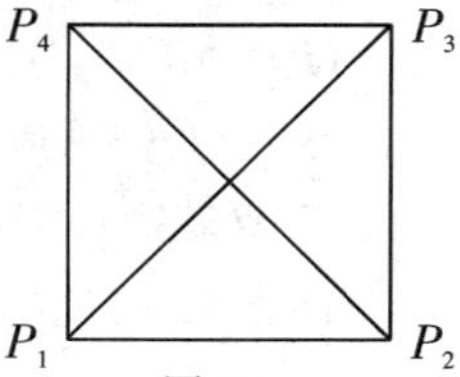

若 $P_i(x) + P_j(x) > 0$ 对于任意实数 x 均成立,则将边 P_iP_j 染成白色,否则,染成黑色.

可证无法得到一个同色三角形.事实上,若存在同色 $\triangle P_iP_jP_k$,则 $P_i(x) + P_j(x) + P_k(x)$

$$= \frac{1}{2}((P_i(x) + P_j(x)) + (P_j(x) + P_k(x)) + (P_i(x) + P_k(x)))$$

图 3

代数部分

恒正或恒负.故 $P_i(x)+P_j(x)+P_k(x)$ 无实根,矛盾.

由抽屉原理,知六条边中至少存在三条边同色,不妨设为黑色.若这三条黑边交于同一点,为了避免构成黑色三角形,另外三条边均应为白色,这样又得到一个白色三角形,矛盾.于是,这三条黑边不可能交于一点.

不失一般性,假设 P_1P_2,P_2P_3,P_3P_4 为黑边,为了避免出现同色三角形,须 P_1P_3, P_2P_4 为白边.从而,对于任意的 x,均有

$$(P_1(x)+P_3(x))+(P_2(x)+P_4(x))>0. \qquad ①$$

而对于任意的 x,又有

$$(P_1(x)+P_2(x))+(P_3(x)+P_4(x))<0, \qquad ②$$

显然,式 ① 与式 ② 矛盾.

综上,不存在这样的四个多项式.

求所有整系数多项式 $P(x)$,使得对于无穷多个整数 n,均有 $P(P(n)+n)$ 为素数.

(2016,加拿大数学奥林匹克)

解 若 $P(n)=0$,则 $P(P(n)+n)=P(n)=0$ 不为素数.

设 $P(x)=a_kx^k+a_{k-1}x^{k-1}+\cdots+a_1x+a_0(k$ 为非负整数,且 $P(n)\neq0)$.则
$$P(P(n)+n)-P(n)$$
$$=a_k((P(n)+n)^k-n^k)+a_{k-1}((P(n)+n)^{k-1}-n^{k-1})+\cdots+a_1P(n)$$
能被 $(P(n)+n)-n=P(n)$ 整除.

因为 $P(P(n)+n)$ 是素数,所以,
$$P(n)=\pm1 \text{ 或 } P(P(n)+n)=\pm P(n)=p(p \text{ 为素数}).$$

又因为 $P(x)$ 是多项式且 $P(P(n)+n)$ 为素数,所以,只有有限个整数 n 满足
$$P(n)=\pm1.$$

于是,要么有无穷多个 n,使得 $P(n)=P(P(n)+n)$,要么有无穷多个 n,使得 $P(n)=-P(P(n)+n)$.

从而,要么 $P(P(x)+x)-P(x)$ 有无穷多个根,要么 $P(P(x)+x)+P(x)$ 有无穷多个根,即要么 $P(P(x)+x)=P(x)$,要么 $P(P(x)+x)=-P(x)$.

若 $k\geqslant2$,则 $P(P(x)+x)$ 的次数 $k^2>k$,矛盾.

设 $P(x)=ax+b$.则
$$P(P(x)+x)=a(ax+b+x)+b=a(a+1)x+ab+b=\pm(ax+b).$$

若 $a(a+1)=a,ab+b=b$,则 $a=0$.

故 $P(x)$ 为常数 b,且 b 一定为素数.

若 $a(a+1)=-a,ab+b=-b$,则 $a=-2$.

故 $P(P(n)+n)=2n-b$.于是,b 为奇数.

从而,$P(x)=-2x+b$,且 b 为奇数,有无穷多个 n,使得 $P(P(n)+n)$ 为素数.

因此,$P(x)=p(p$ 为素数$)$ 或 $P(x)=-2x+b(b$ 为奇数$)$.

已知实数列 $a_0, a_1, \cdots$ 满足对于所有足够大的正整数 m,均有 $\sum\limits_{n=0}^{m} a_n (-1)^n C_m^n = 0$.

证明:存在一个多项式 P,使得对于所有非负整数 n,均有 $a_n = P(n)$.

(2016,土耳其国家队选拔考试)

证明 设正整数 N 使得对于所有的正整数 $m > N$,均有 $\sum\limits_{n=0}^{m} a_n (-1)^n C_m^n = 0$.

对于所有的非负整数 m,设 $d_m = \sum\limits_{n=0}^{m} a_n (-1)^n C_m^n$.

下面证明: $a_m = \sum\limits_{n=0}^{m} d_n (-1)^n C_m^n$.

事实上,

$$\sum_{n=0}^{m} d_n (-1)^n C_m^n = \sum_{n=0}^{m} \sum_{k=0}^{n} a_k (-1)^{k+n} C_n^k C_m^n$$

$$= \sum_{n=0}^{m} \sum_{k=0}^{n} a_k (-1)^{n-k} C_m^k C_{m-k}^{n-k} = \sum_{k=0}^{m} a_k C_m^k \sum_{n=k}^{m} (-1)^{n-k} C_{m-k}^{n-k}.$$

注意到,当 $k < m$ 时, $\sum\limits_{n=k}^{m} (-1)^{n-k} C_{m-k}^{n-k} = (1-1)^{m-k} = 0$;

当 $k = m$ 时, $\sum\limits_{n=k}^{m} (-1)^{n-k} C_{m-k}^{n-k} = 1$.

则 $\sum\limits_{n=0}^{m} d_n (-1)^n C_m^n = \sum\limits_{k=0}^{m} a_k C_m^k \sum\limits_{n=k}^{m} (-1)^{n-k} C_{m-k}^{n-k} = a_m$.

又对于任意正整数 $n > N$,均有 $d_n = 0$,故

$$a_m = \sum_{n=0}^{m} d_n (-1)^n C_m^n = \sum_{n=0}^{N} d_n (-1)^n C_m^n$$

为关于 m 的多项式.

已知 $f(x)$ 为一个三次多项式.若对三元互异实数组 (a, b, c) 有
$$f(a) = b, f(b) = c, f(c) = a,$$
则称该实数组为"循环的".

假设存在八个循环组 $(a_i, b_i, c_i)(1 \leqslant i \leqslant 8)$,包含了 24 个互异的实数,证明:八个和 $a_i + b_i + c_i$ 中至少三个互异.

(2016,第 42 届俄罗斯数学奥林匹克)

证明 设八个和 $a_i + b_i + c_i$ 至多取两个不同的值.则其中有四个和取同一个值,不妨设 $s = a_i + b_i + c_i (1 \leqslant i \leqslant 4)$.

令 $g(x) = x + f(x) + f(f(x))$.

则 $g(x)$ 为一个九次多项式, $g(x) - s = 0$ 有 12 个根 $\{(a_i, b_i, c_i) \mid 1 \leqslant i \leqslant 4\}$,矛盾.

代数部分

对于任意给定的正整数 n，任意 $2n+1$ 个非零整数（不必互异）$a_0, a_1, \cdots, a_{2n}$，有
$$a_0 + a_1 + \cdots + a_{2n} \neq 0.$$

是否一定存在 $0, 1, 2, \cdots, 2n$ 的一个排列 $i_1, i_2, \cdots, i_{2n+1}$，使得多项式 $\sum_{k=1}^{2n+1} a_{i_k} x^{k-1}$ 没有整数根？

（2016，第 42 届俄罗斯数学奥林匹克）

解 一定存在.

令 $p_0, p_1, \cdots, p_{2n}$ 为 $a_0, a_1, \cdots, a_{2n}$ 的一个排列，使得 p_{2n} 为所有 a_i 中绝对值最大的. 则多项式 $\sum_{i=0}^{2n} p_i x^i$ 没有绝对值大于 1 的整数根.

事实上，对整数 a，$|a| \geqslant 2$，

$$|p_{2n} a^{2n}| > |p_{2n}| (|a^{2n-1}| + |a^{2n-2}| + \cdots + 1) \geqslant \sum_{i=0}^{2n-1} |p_i a^i| \geqslant \left| \sum_{i=0}^{2n-1} p_i a^i \right|.$$

这表明，a 不为方程的根.

由已知条件 $0, 1$ 不为根. 若存在 $i = 1, 2, \cdots, 2n-1$，$p_i \neq p_{i-1}$，则互换 p_i, p_{i-1} 的值，其他的 p_j 不动，故得到的两个多项式中至少有一个不以 -1 为根；若 $p_0 = p_1 = \cdots = p_{2n-1}$，则 $p_{2n} x^{2n} + p_0 (x^{2n-1} + \cdots + x + 1)$ 也不以 -1 为根.

求所有整系数多项式 $f(x)$，使得对于任意充分大的正整数 n，均有 $f(n) \mid n!$.

（2016，第七届陈省身杯全国高中数学奥林匹克）

解 显然，$f(x)$ 不存在负整数根.

假设 $f(x)$ 存在负整数根，不妨设 x_0 为 $f(x)$ 的最小负整数根.

则 $f(x) = (x - x_0) F(x)$（$F(x)$ 为整系数多项式）.

显然，存在充分大的素数 p，使得 $F(p + x_0) \neq 0$（$p + x_0 > 0$）.

取 $n = p + x_0$ 充分大，则 $f(n) = p F(n) \Rightarrow p \mid f(n) \Rightarrow p \mid n!$.

而 $0 < n = p + x_0 < p$，矛盾. 故 $f(x)$ 不存在负整数根.

若 $f(x)$ 存在非负整数根，设 $0 \leqslant a_1 < a_2 < \cdots < a_m$ 是 $f(x)$ 的所有非负整数根，记
$$f(x) = (x - a_1)^{k_1} (x - a_2)^{k_2} \cdots (x - a_m)^{k_m} g(x),$$
其中，$g(x)$ 为整系数多项式且不存在非负整数根.

若存在 $k_i \geqslant 2$，则取 $n = p + a_i$（p 为大于 a_i 的充分大的素数），得 $p^2 \mid f(n) \Rightarrow p^2 \mid n!$.

而 $n = p + a_i < 2p$，矛盾.

故所有 $k_i = 1 (i = 1, 2, \cdots, m)$.

先证明一个引理.

引理 设 $g(x)$ 为非常值整系数多项式. 则在 $g(1), g(2), \cdots, g(n), \cdots$ 中的非零项的算术分解式中包含无穷多种素因子.

证明 设 $g(x) = a_n x^n + a_{n-1} x^{n-1} + \cdots + a_1 x + a_0 (n \geqslant 1)$.

若 $a_0 = 0$,则任给素数 p,$g(p)$ 为 p 的倍数.

故 $g(1), g(2), \cdots, g(n), \cdots$ 的算术分解式中包含有素数,引理成立.

以下不妨设 $a_0 \neq 0$. 假设 $g(1), g(2), \cdots, g(n), \cdots$ 的算术分解式中只含有有限种素因子 $p_1 < p_2 < \cdots < p_l$.

考虑 $g(p_1 p_2 \cdots p_l a_0 y)$,此式中所有系数均为 a_0 的倍数,令 $g(p_1 p_2 \cdots p_l a_0 y) = a_0 h(y)$,其中,$h(y) = A_n y^n + A_{n-1} y^{n-1} + \cdots + A_1 y + 1$ 为整系数多项式,且 $p_1 p_2 \cdots p_l$ 整除 $A_1, A_2, \cdots, A_n$.

显然,存在 $y_0 \in \mathbf{Z}$,使得

$\mathrm{sgn}(y_0) = \mathrm{sgn}(a_0)$,且 $h(y_0) \notin \{0, \pm 1\}$,

其中,$\mathrm{sgn}(x) = \begin{cases} 1, & x > 0; \\ 0, & x = 0; \\ -1, & x < 0. \end{cases}$

则 $h(y_0)$ 存在异于 $p_1, p_2, \cdots, p_l$ 的新的素因子 q,即 $g(p_1 p_2 \cdots p_l a_0 y)$ 存在异于 $p_1, p_2, \cdots, p_l$ 的新的素因子 q,矛盾. 故 $g(1), g(2), \cdots, g(n), \cdots$ 的算术分解式中包含无穷多种素因子.

引理得证.

若 $g(x)$ 不是常值整系数多项式,据引理,知存在无穷多个素数 $p_1 < p_2 < \cdots$,满足对于任意的 p_i,存在 $n_i \in \mathbf{Z}^+$,使得 $p_i \mid g(n_i)$,且 $g(n_i) \neq 0$.

令 $n_i \equiv r_i \pmod{p_i} (0 \leqslant r_i < p_i - 1)$. 则 $p_i \mid g(r_i)$.

结合 $g(r_i) \neq 0$,得 $|g(r_i)| \geqslant p_i$.

当 $i \to +\infty$ 时,$|g(r_i)| \to +\infty$,即 $r_i \to +\infty$.

故当 i 充分大时,$p_i \mid g(r_i) \Rightarrow p_i \mid f(r_i)$,与 $f(r_i) \mid r_i!$ 矛盾.

从而,$g(x)$ 为常值函数.

不妨设 $g(x) = c \in \mathbf{Z} \backslash \{0\}$. 则

$f(x) = c(x - a_1)(x - a_2) \cdots (x - a_m) (0 \leqslant a_1 < a_2 < \cdots < a_m$ 为非负整数).

若 $f(x)$ 不存在非负整数根,类似地,$f(x) = c$.

易验证 $f(x) = c$ 或 $f(x) = c(x - a_1)(x - a_2) \cdots (x - a_m)$,

其中,c 为非零整数,$0 \leqslant a_1 < a_2 < \cdots < a_m$ 为非负整数,满足题意.

综上,满足题意的整系数多项式为

$f(x) = c$ 或 $f(x) = c(x - a_1)(x - a_2) \cdots (x - a_m)$,

其中,c 为非零整数,$0 \leqslant a_1 < a_2 < \cdots < a_m$ 为非负整数.

设 $f(x)$ 是首项系数为1的三次多项式,$f(0) = -64$,且 $f(x)$ 的所有根均为非负实数. 求 $f(-1)$ 的最大可能值.

(2016,中国香港代表队选拔考试)

解 设 $f(x) = (x - a)(x - b)(x - c)(a, b, c \geqslant 0)$.

由题意,知 $abc = -f(0) = 64$.

则 $f(-1) = -(1+a)(1+b)(1+c) = -\left(1 + \sum a + \sum ab + abc\right)$

$\leqslant -(1 + 3\sqrt[3]{abc} + 3\sqrt[3]{a^2b^2c^2} + abc) = -5^3$,

当且仅当 $a = b = c = 4$ 时,上式等号成立.

因此,所求的最大可能值为 -5^3.

设非常数的整系数多项式 $f(x)$ 满足

$(x^3 + 4x^2 + 4x + 3)f(x) = (x^3 - 2x^2 + 2x - 1)f(x+1)$.

证明:对于所有的正整数 $n(n \geqslant 8)$,$f(n)$ 至少有五个不同的素因数.

(2016,中国台湾数学奥林匹克选训营)

证明 已知条件等价于

$(x+3)(x^2+x+1)f(x) = (x-1)(x^2-x+1)f(x+1)$.　　①

在式 ① 中,分别令 $x = -3, \dfrac{-1-\sqrt{3}\,\mathrm{i}}{2}, \dfrac{-1+\sqrt{3}\,\mathrm{i}}{2}, 1$.

则 $f(-2) = f\left(\dfrac{1-\sqrt{3}\,\mathrm{i}}{2}\right) = f\left(\dfrac{1+\sqrt{3}\,\mathrm{i}}{2}\right) = f(1) = 0$.

在式 ① 中,再令 $x = -2, 0$.则 $f(-1) = f(0) = 0$.

于是,$-2, -1, 0, 1, \dfrac{1-\sqrt{3}\,\mathrm{i}}{2}, \dfrac{1+\sqrt{3}\,\mathrm{i}}{2}$ 为 $f(x) = 0$ 的根.

故 $f(x) = (x+2)(x+1)x(x-1)(x^2-x+1)g(x)$($g(x)$ 为整系数多项式).　　②

由式 ② 得 $f(x+1) = (x+3)(x+2)(x+1)x(x^2+x+1)g(x+1)$.　　③

将式 ②,③ 代入式 ① 得 $g(x) = g(x+1)$.

设 $g(x) = \sum\limits_{k=0}^{n} a_k x^k$.则 $\sum\limits_{k=0}^{n} a_k x^k = \sum\limits_{k=0}^{n} a_k (x+1)^k$.

考虑上式两边 $n-1$ 次项系数,知 $a_{n-1} = na_n + a_{n-1}$.

于是,$g(x)$ 必须为常数 c.

故 $f(x) = c(x+2)(x+1)x(x-1)(x^2-x+1)$(常数 c 为不等于 0 的整数).

首先证明:$W = (n+2)(n+1)n(n-1)(n \geqslant 8)$ 至少有四个不同的素因数.

否则,W 至多有三个不同的素因数 $2, 3, p(p \neq 2, 3)$.而 $n-1, n, n+1, n+2$ 两两之间的最大公约数为 $1, 2, 3$,其中两个奇数互素,为 $3^a, p^b(a, b$ 为正整数).从而,两个偶数为 $2^{c+1}, 2 \times 3^d(c, d$ 为正整数).故 $|2^c - 3^d| = 1$.

利用奇偶性解得 $(c, d) = (2, 1), (3, 2)$.

此时,这两个偶数为 $8, 6$ 或 $16, 18$.

前者不符,后者得到的另两个奇数为 $15, 17$ 或 $17, 19$,均导致矛盾.

其次,假设存在某个正整数 $n(n \geqslant 8)$,使得 $n^2 - n + 1$ 的每个素因数均为 W 的素因数,且 W 恰有四个素因数.否则,结论就成立了.

显然,$(n^2 - n + 1, n(n-1)) = 1$.

由 $(n^2-n+1,n+1)=1$ 或 $3,(n^2-n+1,n+2)=1$ 或 7,则

$n^2-n+1=3^a\times7^b(a,b$ 为非负整数$)$.

而 $9\nmid(n^2-n+1)$,则 $a\in\{0,1\}$.故 $b>0$.

由假设知 $n-1,n,n+1,n+2$ 的素因数为 $2,3,7,p(p\neq2,3,7)$.故 $7\mid(n+2)$.

考虑其中两个偶数,两个奇数的素因数集合 A,B.

显然,$2\in A,|B|\geqslant2,A\bigcap B\subseteq\{3\}$.

从而,$|A|=2$ 或 $|A|=3$ 且 $3\in A$.

若 $A=\{2,3\}$ 或 $\{2,7\}$,则两个偶数为 $2^{c+1},2\times3^d$ 或 $2^{c+1},2\times7^d$.

故 $|2^c-3^d|=1$ 或 $|2^c-7^d|=1$.

此时,这两个偶数为 $16,18$ 或 $16,14$.

前者得 $7\nmid(n+2)$,后者使 W 有素因数 $2,3,5,7$ 及 13(或 17),矛盾.

若 $A=\{2,p\}$,则 $n+2$ 为奇数,$n-1$ 为偶数.

由于 $3\notin A$,于是,$3\nmid(n-1)$.从而,$3\nmid(n+2)$.

故 $n+2=7^c,n=3^d$ 且 $2^e\in\{n+1,n-1\}(c,d,e$ 为非负整数,$c,d\geqslant2,e\geqslant3)$.

从而,$|3^d-2^e|=1$.

利用奇偶分析得 $(d,e)=(2,3)$.

于是,$n=9$,则 $n+2=11\neq7^c$,矛盾.

若 $A=\{2,3,7\}$,则 $B=\{3,p\}$ 且 $n+2$ 为偶数,$(n+2,n-1)=3$.

于是,$2\times3\times7\mid(n+2)$.

故 $n=2^c,n-1=3^d,n+1=p^e(c,d,e$ 为正整数,$c\geqslant3,d\geqslant2)$.

从而,$2^c-3^d=1$.

利用奇偶分析得 $(c,d)=(2,1)$,矛盾.

若 $A=\{2,3,p\}$,则 $B=\{3,7\}$,且 $n+2$ 为奇数,$(n+2,n-1)=3$.

于是,$3\times7\mid(n+2)$.

而 $(n+2,n)=1$,则 n 的奇素因数不是 $3,7$,矛盾.

设 n 为正整数.求多项式 $(x^2-x+1)^n$ 的奇系数的个数.

(2016,中国台湾数学奥林匹克选训营)

解 设多项式 $P(x),Q(x)$ 为整系数多项式.

若 $P(x)-Q(x)$ 的所有系数均为偶数,则称两个多项式"相似",记为 $P(x)\sim Q(x)$.此时,多项式 $P(x),Q(x)$ 的系数为奇数的项的个数相同,将多项式 $P(x)$ 的奇系数的个数记为 $\beta(P)$.

显然,$(x^2-x+1)^n\sim(x^2+x+1)^n$.

接下来,讨论 $P_n(x)=(x^2+x+1)^n$ 的奇系数的个数.

用数学归纳法易证:当 $n=2^q(q$ 为正整数$)$ 时,$P_n(x)\sim x^{2n}+x^n+1$.

先考虑一种简单情况:$n=2^m-1(m$ 为正整数$)$.

若 $m=2k+1(k\in\mathbf{N})$,则 $n=2^{2k+1}-1\equiv1(\bmod 3)$.

考虑多项式 $R(x) = (x+1)\left(\sum_{j=0}^{\frac{n-1}{3}} x^{n+3j} + \sum_{j=0}^{\frac{n-4}{3}} x^{3j}\right) + x^{n-1}$.

则 $\beta(R) = \dfrac{2^{m+2}+1}{3}$. 故 $P_n(x)(x^2+x+1) \sim x^{2n+2} + x^{n+1} + 1$.

于是，$\beta(P_n) = \beta(R) = \dfrac{2^{m+2}+1}{3}$.

若 $m = 2k(k \in \mathbf{Z}^+)$，则 $n = 2^{2k} - 1 \equiv 0 \pmod 3$.

考虑多项式 $Q(x) = (x+1)\sum_{j=0}^{\frac{n-3}{3}}(x^{n+2+3j} + x^{3j}) + x^n$.

类似地，$\beta(P_n) = \beta(Q) = \dfrac{2^{m+2}-1}{3}$.

故 $\beta(P_{2^m-1}(x)) = \dfrac{2^{m+2}-(-1)^m}{3}$.

下面考虑一般情况：将正整数 n 用二进制表示为
$$n = (\underbrace{1\cdots1}_{a_k\text{个}}\underbrace{0\cdots0}_{b_k\text{个}}\underbrace{1\cdots1}_{a_{k-1}\text{个}}\underbrace{0\cdots0}_{b_{k-1}\text{个}}\cdots\underbrace{1\cdots1}_{a_1\text{个}}\underbrace{0\cdots0}_{b_1\text{个}})_2,$$

其中，$a_i(1 \leqslant i \leqslant k)$，$b_i(2 \leqslant i \leqslant k)$ 为正整数，$b_1 \in \mathbf{N}$.

令 $S_i = \sum_{j=1}^{i-1}(b_j + a_j) + b_i(i = 1,2,\cdots,k)$. 则

$$n = \sum_{i=1}^k 2^{S_i}(2^{a_i}-1), P_n(x) = \prod_{i=1}^k (x^2+x+1)^{2^{S_i}(2^{a_i}-1)} \sim \prod_{i=1}^k (x^{2^{S_i+1}} + x^{2^{S_i}} + 1)^{2^{a_i}-1}.$$

故 $\beta(P_n(x)) = \prod_{i=1}^k \dfrac{2^{a_i+2}-(-1)^{a_i}}{3}$.

　　求所有的整系数多项式 $P(x)$，使得对于任意的自然数 n，均有 $P(2017n)$ 为素数.

(2017，瑞士国家队选拔考试)

解 注意到，对于任意的 $a,b \in \mathbf{Z}, a \neq b$，均有 $(a-b) \mid (P(a) - P(b))$.

则对于素数 $q = P(2017)$ 和任意的自然数 k，均有

$q \mid (P(2017kq + 2017) - P(2017)) \Rightarrow q \mid (P(2017kq + 2017))$

$\Rightarrow P(2017kq + 2017) = P(2017)$.

这表明，$P(x)$ 为素数常值多项式.

　　一个实系数多项式 $p(x)$ 称作"平方式"当且仅当存在一个非常值的实系数多项式 $q(x)$，满足 $p(x) = q^2(x)$. 设 $f(x), g(x)$ 均为非常值实系数多项式，满足 $f(x)$，$g(x)$ 均不为平方式，而 $f(g(x))$ 为平方式. 证明：$g(f(x))$ 不为平方式.

(2017，印度国家队选拔考试)

证明　先证明一个引理.

引理　若 $p(x)$ 为平方式且 a 为非零复数,则 $p(x)-a$ 不为复系数多项式的平方(称为复平方式).

证明　假设 $p(x)$ 与 $p(x)-a$ 均为复平方式.

记 $p(x)=q^2(x)$, $p(x)-a=r^2(x)$. 则

$$a=q^2(x)-r^2(x)=(q(x)-r(x))(q(x)+r(x)).$$

显然, $q(x)-r(x)$, $q(x)+r(x)$ 中有一个不为常值多项式(否则, $q(x)$ 与 $r(x)$ 均为常值多项式),这与 a 为常数矛盾.

引理得证.

记 $f(x)=f_1^2(x)\displaystyle\prod_{j=1}^{k}(x-a_j).$

考虑 $f(x)$ 的根,把偶数个重根写到 $f_1^2(x)$ 中,再由虚根成对定理,知 $f_1(x)$ 为实系数多项式且 $a_1,a_2,\cdots,a_k$ 为互不相同的复数.

由 $f(g(x))=f_1^2(g(x))\displaystyle\prod_{j=1}^{k}(g(x)-a_j)$ 为平方式,知存在实系数多项式 $h(x)$,使得

$$\prod_{j=1}^{k}(g(x)-a_j)=h^2(x).$$

取 $g(x)-a_1=0$ 的任一根 β. 则 $g(\beta)-a_1=0\Rightarrow h^2(\beta)=0\Rightarrow h(\beta)=0.$

故 $(x-\beta)\mid h(x)\Rightarrow (x-\beta)^2\mid h^2(x)\Rightarrow (x-\beta)^2\ \Big|\ \displaystyle\prod_{j=1}^{k}(g(x)-a_j).$

由于对于任意的 $i=2,3,\cdots,k$,均有 $g(\beta)-a_i\neq 0$,故 $(x-\beta)^2\mid(g(x)-a_1).$

从而, $g(x)-a_1$ 为平方式.

类似地,对于任意的 $i=1,2,\cdots,k$, $g(x)-a_i$ 均为平方式.

由引理,知 $k=1$.

则 $f(x)=f_1^2(x)(x-a_1)$, $g(x)=h^2(x)+a_1.$

故 $g(f(x))=h^2(f(x))+a_1.$

又 $g(x)$ 不为平方式,于是, $a_1\neq 0$.

由引理,知 $g(f(x))$ 不为平方式.

对于每个正整数 $n\geqslant 2$,定义多项式 $f_n(x)=x^n-\displaystyle\sum_{k=0}^{n-1}x^k$. 证明:

(1) 对于每个正整数 $n\geqslant 2$,方程 $f_n(x)=0$ 有唯一正实根,记为 a_n;

(2) 数列 $\{a_n\}$ 严格递增;

(3) $\displaystyle\lim_{n\to\infty}a_n=2$.

（2017,印度国家队选拔考试）

证明　(1) 由笛卡尔符号法则,知 $f_n(x)=0$ 至多有一个正根.

由 $f_n(0) = -1$, $f_n(2) = 2^n - \sum_{k=0}^{n-1} 2^k = 1 > 0$, 知 $f_n(x) = 0$ 恰有一个正根, 记这个正根为 a_n, 且 $a_n \in (0, 2)$.

(2) 由 $0 = f_n(a_n) = a_n^n - \sum_{k=0}^{n-1} a_n^k$, 故

$$f_{n+1}(a_n) = a_n f_n(a_n) - 1 = 0 - 1 = -1 < 0.$$

由于 $f_{n+1}(2) = 1 > 0$, 且 $f_{n+1}(x) = 0$ 有唯一的正实根 a_{n+1}, 于是, $a_n < a_{n+1} < 2$. 因此, 数列 $\{a_n\}$ 严格递增.

(3) 注意到, $(x-1)f_n(x) = (x-1)\left(x^n - \sum_{k=0}^{n-1} x^k\right) = x^{n+1} - 2x^n + 1$.

故 $a_n^{n+1} - 2a_n^n + 1 = 0 \Rightarrow a_n = 2 - \dfrac{1}{a_n^n}$.

由于数列 $\{a_n\}$ 递增, 于是, $a_n = 2 - \dfrac{1}{a_n^n} \geqslant 2 - \dfrac{1}{a_2^n}$.

因为 $f_2(x) = x^2 - x - 1$, 所以, $a_2 = \dfrac{1+\sqrt{5}}{2} > 1$.

从而, $\lim\limits_{n \to \infty} \dfrac{1}{a_2^n} = 0$.

又 $2 - \dfrac{1}{a_2^n} \leqslant a_n < 2$, 故 $\lim\limits_{n \to \infty} a_n = 2$.

注: 笛卡尔符号法则: 若把一元实系数多项式按降幂方式排列, 则多项式的正根的个数与相邻的非零系数的符号的变化次数奇偶性相同. 而负根的个数则是与把所有奇数次项的系数变号以后, 所得到的多项式的符号的变化次数奇偶性相同.

对于每一个实数 x, 求所有的实系数多项式 $P(x)$, 满足
$$P(x^2) + 2P(x) = P^2(x) + 2.$$

(2017, 克罗地亚数学竞赛)

解 原方程等价于 $P(x^2) - 1 = (P(x) - 1)^2$. 定义 $Q(x) = P(x) - 1$. 则

$$Q(x^2) = Q^2(x). \qquad\qquad ①$$

若 $Q(x)$ 为常值多项式, 则 $Q(x) = 0$ 或 $Q(x) = 1 \Rightarrow P(x) = 1$ 或 $P(x) = 2$.

若 $\deg Q(x) = n(n \in \mathbf{Z}^+)$, 记 $Q(x) = a_n x^n + R(x) (\deg R(x) = r(r < n))$.

代入式 ①, 得 $a_n x^{2n} + R(x^2) = a_n^2 x^{2n} + 2a_n x^n R(x) + R^2(x)$.

故 $a_n = 1$, 且 $R(x^2) = 2a_n x^n R(x) + R^2(x)$.

注意到, 上式左边的次数为 $2r$, 右边的次数为 $n + r$.

由于 $r < n$, 则 $R(x) = 0$. 故 $Q(x) = x^n$, $P(x) = x^n + 1$.

因此, 原方程的解为 $P(x) = 1$, $P(x) = 2$, $P(x) = x^n + 1 (n \in \mathbf{Z}^+)$.

是否存在整系数多项式 $P(x)$,满足:
$$P(1+\sqrt[3]{2})=1+\sqrt[3]{2},P(1+\sqrt{5})=2+3\sqrt{5}?$$

(2017,越南数学奥林匹克)

解 假设存在这样的多项式 $P(x)$.

记 $Q(x)=P(1+x)-1$. 则 $Q(x)$ 为整系数多项式,且满足:

$$Q(\sqrt[3]{2})=\sqrt[3]{2},Q(\sqrt{5})=1+3\sqrt{5}.$$

故 $Q(x)-x$ 有无理根 $\sqrt[3]{2}$,即 $(x^3-2)\mid(Q(x)-x)$.

于是,存在整系数多项式 $R(x)$,使得

$$Q(x)-x=(x^3-2)R(x).\qquad ①$$

从而,存在整数 a,b,使得 $R(\sqrt{5})=a+b\sqrt{5}$.

在式 ① 中令 $x=\sqrt{5}$,有

$$1+2\sqrt{5}=(5\sqrt{5}-2)(a+b\sqrt{5})=25b-2a+(5a-2b)\sqrt{5}$$

$$\Rightarrow 5a-2b=2,2a=25b-1.$$

其无整数解.

因此,不存在符合题意的整系数多项式 $P(x)$.

已知 t 为 $x^2+x-4=0$ 的正实根. 对于非负整系数多项式

$$P(x)=a_nx^n+a_{n-1}x^{n-1}+\cdots+a_1x+a_0(n\in\mathbf{Z}^+),有 P(t)=2017.$$

(1) 证明:$a_0+a_1+\cdots+a_n\equiv1(\bmod 2)$;

(2) 求 $a_0+a_1+\cdots+a_n$ 的最小可能值.

(2017,第 34 届希腊数学奥林匹克)

(1) **证明** 易知,$t=\dfrac{-1+\sqrt{17}}{2}$ 为无理数.

由题意,知 t 是整系数多项式 $F(x)=P(x)-2017$ 的零点,且 $\dfrac{-1-\sqrt{17}}{2}$ 也为此多项式的零点.

设 $F(x)=P(x)-2017=(x^2+x-4)Q(x)+kx+\lambda(k,\lambda\in\mathbf{Z})$. 则

$$k=\lambda=0.$$

故 $F(x)=P(x)-2017=(x^2+x-4)Q(x)$

$$\Leftrightarrow a_nx^n+a_{n-1}x^{n-1}+\cdots+a_1x+a_0-2017=(x^2+x-4)Q(x).$$

当 $x=1$ 时,上式为

$$a_n+a_{n-1}+\cdots+a_0-2017=-2Q(1)$$

$$\Rightarrow a_n+a_{n-1}+\cdots+a_0=2017-2Q(1)\equiv1(\bmod 2).$$

(2) **解** 设非负整数集合 $\{a_0,a_1,\cdots,a_n\}$ 满足

(i)$a_n t^n + a_{n-1} t^{n-1} + \cdots + a_1 t + a_0 = 2017$；

(ii)$a_0 + a_1 + \cdots + a_n$ 最小.

首先，$0 \leqslant a_i \leqslant 3 (i = 0, 1, \cdots)$.

否则，对于某些 $i = 0, 1, \cdots$，不存在 $0 \leqslant a_i \leqslant 3$. 于是，

$$\{a_0, \cdots, a_{i-1}, a_i - 4, a_{i+1} + 1, a_{i+2} + 1, a_{i+3}, \cdots, a_n\}$$

为非负整数集合，满足条件(i). 但此时集合各元素之和小于 $a_0 + a_1 + \cdots + a_n$，与(ii)矛盾.

设 $Q(x) = b_{n-2} x^{n-2} + b_{n-3} x^{n-3} + \cdots + b_1 x + b_0$. 则

$$a_n x^n + a_{n-1} x^{n-1} + \cdots + a_1 x + a_0 - 2017 = (x^2 + x - 4) Q(x).$$

由对应项系数相等知

$$
\begin{cases}
a_0 - 2017 = -4b_0, \\
a_1 = -4b_1 + b_0, \\
a_2 = -4b_2 + b_1 + b_0, \\
a_3 = -4b_3 + b_2 + b_1, \\
\cdots \\
a_{n-2} = -4b_{n-2} + b_{n-3} + b_{n-4}, \\
a_{n-1} = b_{n-2} + b_{n-3}, \\
a_n = b_{n-2},
\end{cases}
\Leftrightarrow
\begin{cases}
a_0 - 2017 = -4b_0, \\
a_1 - b_0 = -4b_1, \\
a_2 - b_1 - b_0 = -4b_2, \\
a_3 - b_2 - b_1 = -4b_3, \\
\cdots \\
a_{n-2} - b_{n-3} - b_{n-4} = -4b_{n-2}, \\
a_{n-1} - b_{n-2} = b_{n-3}, \\
a_n = b_{n-2},
\end{cases}
$$

$$\Rightarrow a_{i+2} - b_{i+1} - b_i = -4b_{i+2} \ (i = 0, 1, \cdots, n-4).$$

因为 $0 \leqslant a_i \leqslant 3 (i = 1, 2, \cdots, n-2)$，当 $a_0 = 1$ 时，$b_0 = 504$，所以，

$$(a_1, b_1) = (0, 126), (a_2, b_2) = (2, 157), \cdots$$

则 $(a_0, a_1, a_2, \cdots, a_{14}) = (1, 0, 2, 3, 3, 2, 3, 0, 2, 1, 1, 0, 1, 3, 1)$，

$(b_0, b_1, b_2, \cdots, b_{14}) = (504, 126, 157, 70, 56, 31, 21, 13, 8, 5, 3, 2, 1, 0, 0)$.

因此，$a_0 + a_1 + \cdots + a_n$ 的最小可能值为 23.

求所有实系数多项式 $P(x)$，满足

(1) $P(2017) = 2016$；

(2) 对于每个实数 x，均有 $(P(x) + 1)^2 = P(x^2 + 1)$.

(2017，第 48 届奥地利数学奥林匹克)

解　设 $Q(x) = P(x) + 1$. 则 $Q(2017) = 2017, Q(x^2 + 1) = Q^2(x) + 1$.

定义数列：$x_0 = 2017, x_{n+1} = x_n^2 + 1 (n \geqslant 0)$.

故 $Q(x_0) = x_0$.

假设对于 $n \geqslant 0$，有 $Q(x_n) = x_n$. 则 $Q(x_{n+1}) = Q^2(x_n) + 1 = x_n^2 + 1 = x_{n+1}$.

又 $x_0 < x_1 < x_2 < \cdots$，且对于无穷多个 x 有 $Q(x) = x$，则对于任意的实数 x，均有 $Q(x) = x$.

因此，$P(x) = x - 1$.

已知 $n \in \mathbf{Z}^+$,$f(x)$ 为 n 次多项式,且有 n 个不同的正实根.问:是否存在正整数 $k \geqslant 2$ 和实系数多项式 $g(x)$,使得对于任意的实数 x,均有

$$x(x+1)(x+2)(x+4)f(x)+1 = g^k(x)?$$

(2017,第 66 届捷克和斯洛伐克数学奥林匹克)

解 设 $\alpha_1 < \alpha_2 < \cdots < \alpha_n$ 为 $f(x)$ 的 n 个不同的正实根.假设

$$x(x+1)(x+2)(x+4)f(x)+a = g^k(x).$$

则 $a = b^k (b = g(0))$.

若 $k \geqslant 3$,且 k 为奇数,则 $g^k(x) - b^k$ 有 $n+4$ 个不同的实根.故 $g(x) - b$ 也有 $n+4$ 个不同的实根.又由于 $g(x) - b$ 的次数为 $\dfrac{n+4}{k} < n+4$,则 $g(x) - b = 0$,矛盾.

若 k 为偶数,只要证当 $k = 2$ 时,原方程是不可能成立的.

若 $k = 2$,则 $a = b^2$,不妨假设 $b > 0$.

故 $x(x+1)(x+2)(x+4)f(x) = g_1(x)g_2(x)$,其中,

$g_1(x) = g(x)+b$,$g_2(x) = g(x)-b$.

于是,$g_1(x)$,$g_2(x)$ 的根为 -4,-2,-1,0,α_1,α_2,$\cdots$,α_n.

又对于每个实数 x,均有 $g_1(x) > g_2(x)$,知 -4 为 $g_1(x)$ 的根.

又因为 $g_1(x)$ 与 $g_2(x)$ 的导数相等,所以,由罗尔定理,知 -2,-1 为 $g_2(x)$ 的根,0 为 $g_1(x)$ 的根.

则不妨设 $g_1(x) = x(x+4)\displaystyle\prod_{j=1}^{s}(x-\alpha_j)$.

从而,$|g_1(-1)| = 3\displaystyle\prod_{j=1}^{s}(1+\alpha_j) < 4\prod_{j=1}^{s}(2+\alpha_j) = |g_1(-2)|$.

这与 $g_1(-1) = g_1(-2) = 2b$ 矛盾.

求所有正实数 α,使得存在无穷正实数列 $\{x_n\}$,对于任意的 $n \in \mathbf{Z}^+$,均有

$$x_{n+2} = \sqrt{\alpha x_{n+1} - x_n}.$$

(2017,第 67 届白俄罗斯数学奥林匹克)

解 $\alpha > 1$.

因为对于任意的 $\alpha > 1$,均有 $\sqrt{\alpha(\alpha-1)-(\alpha-1)} = \alpha-1$,所以,常数列 $x_n = \alpha-1$ $(x \in \mathbf{Z}^+)$ 满足条件.

下面证明:当 $0 < \alpha \leqslant 1$ 时,不存在无穷正数列满足要求.

假设存在满足要求的数列 $\{x_n\}$.则对于任意的正整数 n,均有 $\alpha x_{n+1} - x_n \geqslant 0$.

于是,$x_{n+1} \geqslant \dfrac{x_n}{\alpha} \geqslant x_n$,即数列 $\{x_n\}$ 不降.

又 $x_{n+2}^2 = \alpha x_{n+1} - x_n \leqslant \alpha x_{n+1}$,则 $x_{n+1}^2 \leqslant x_{n+2}^2 \leqslant x_{n+1}$.

故对于任意的正整数 n,均有 $x_{n+1} \leqslant 1$.

对于任意的 n，由假设及 $\alpha x_i \leqslant x_i (i = 1, 2, \cdots, n)$，知

$$x_{i+2}^2 \leqslant x_{i+1} - x_i \Rightarrow \sum_{i=1}^n x_{i+2}^2 \leqslant \sum_{i=1}^n (x_{i+1} - x_i) = x_{n+1} - x_1 \leqslant x_{n+1} \Rightarrow x_{n+1} \geqslant n x_3^2.$$

因为 $x_3 > 0$，所以，必存在一个充分大的 n，使得 $x_{n+1} \geqslant n x_3^2 > 1$，与 $x_{n+1} \leqslant 1$ 矛盾.

对于给定的正整数 $k(k \geqslant 2)$，将 65^k 的十进制表示为 $\overline{a_n \cdots a_1 a_0}$. 证明：多项式 $a_n x^n + \cdots + a_1 x + a_0$ 没有有理根.

（2017，第 67 届白俄罗斯数学奥林匹克）

证明 假设对于某一个 $k \geqslant 2$，多项式 $a_n x^n + \cdots + a_1 x + a_0$ 存在有理根.

因为系数均是非负数，且至少有一个非零，所以，这个有理根必为负数，设此根为 $-\dfrac{p}{q} ((p, q) = 1)$.

显然，p, q 分别为 a_0, a_n 的约数. 于是，它们均为个位数字.

题目条件可写为

$$\begin{cases} \displaystyle\sum_{i=0}^n 10^i a_i = 65^k, \\ \displaystyle\sum_{i=0}^n a_i \left(-\dfrac{p}{q}\right)^i = 0. \end{cases} \qquad ①$$

$$\Rightarrow \sum_{i=1}^n \left(10^i - \left(-\dfrac{p}{q}\right)^i\right) a_i = 65^k \Rightarrow (10q + p) \sum_{i=1}^n A_i a_i = 65^k q^n,$$

其中，$A_i = \dfrac{10 - \left(-\dfrac{p}{q}\right)^i}{10 - \left(-\dfrac{p}{q}\right)} q^{n-1} (i = 1, 2, \cdots, n)$ 为正整数.

因为 p, q 是个位数，所以，$10q + p$ 一定为 $65^k q^n$ 的两位数因子.

又 $(p, q) = 1$，于是，$(10q + p, q) = 1$. 从而，$10q + p$ 为 65^k 的因子.

而 $65 = 5 \times 13$，则 $10q + p$ 的取值可能有以下三种情况：$13, 25, 65$.

下面分情况讨论.

注意到，$65^2 = 4225$，易验证当 $k > 2$ 时，65^k 以 625 结尾.

从而，a_2 的值为 2 或 6，且 $\overline{a_1 a_0} = 25$.

由 p 是 $a_0 = 5$ 的因子，则 $10q + p = 13$ 是不可能的.

于是，$a_1 = 2, a_0 = 5, p = 5$.

显然，多项式 $\displaystyle\sum_{i=0}^n a_i x^i$ 能被 $x + \dfrac{p}{q}$ 整除，即

$$\sum_{i=0}^n a_i x^i = (qx + p) \sum_{i=0}^{n-1} b_i x^i (b_{n-1}, b_{n-2}, \cdots, b_0 \text{ 为有理数}). \qquad ②$$

接下来证明：系数 $b_i (i = 0, 1, \cdots, n-1)$ 为整数.

比较式 ② 中 x 相同次幂的系数得

$$a_0 = pb_0, a_n = qb_{n-1}, a_m = pb_m + qb_{m-1}(m = 1, 2, \cdots, n-1).$$

故 $b_m = \sum_{i=0}^{m}(-1)^i \dfrac{a_{m-i}q^i}{p^{i+1}}(m = 0, 1, \cdots, n-1).$

此时,由式 ① 两边乘以 q^n,知 $p^{m+1} \left| \sum_{i=0}^{m}(-1)^i a_{m-i}p^{m-i}q^i \right.$

故 $b_m \in \mathbf{Z}.$

最后考虑 $b_{n-1}, b_{n-2}, \cdots, b_1, b_0$ 的可能取值.

因为 $a_0 = pb_0, p = 5, a_0 = 5$,所以,$b_0 = 1.$

又 $a_1 = pb_1 + qb_0$,即 $2 = 5b_1 + q$,于是,$q = 2, b_1 = 0$(显然,$q = 6$ 不合题意).

由 $a_2 = pb_2 + qb_1$,得 $a_2 = 5b_2$,但 a_2 只能取 2 或 6,矛盾.

因此,原多项式没有有理根.

某教师用下面方式给学生布置作业:

(1) 告诉学生自己想了一个 2017 次首项系数为 1 的整系数多项式 $P(x)$;

(2) 将 k 个整数 $n_1, n_2, \cdots, n_k$ 及相应函数值的乘积 $P(n_1)P(n_2)\cdots P(n_k)$ 告诉学生.

学生根据这些信息应当能够找出教师所想的多项式. 问:对怎样的最小正整数 k,学生就能够准确无误地求出多项式?

(2017,第 43 届俄罗斯数学奥林匹克)

解 $k = 2017.$

先证明:$k > 2016.$

假设该教师在想出多项式 $P(x)$ 后,只给了 $k \leqslant 2016$ 个正整数,考虑多项式

$$Q(x) = P(x) + (x - n_1)(x - n_2)\cdots(x - n_k).$$

显然,$Q(x)$ 也为 2017 次多项式,其首项系数仍为 1,且

$$P(n_1)P(n_2)\cdots P(n_k) = Q(n_1)Q(n_2)\cdots Q(n_k),$$

但是,$P(x) \neq Q(x)$,这表明,可用 $Q(x)$ 代替所寻找的 $P(x)$. 从而,教师的目的没有达到.

再证明:当 $k = 2017$ 时,该教师的目的可以达到.

引理 设 $P(x)$ 为整系数多项式,a, b 为不同的整数.则 $(a - b) \mid (P(a) - P(b)).$

证明 设 $P(x) = p_n x^n + p_{n-1}x^{n-1} + \cdots + p_1 x + p_0.$ 则

$$P(a) - P(b) = p_n(a^n - b^n) + p_{n-1}(a^{n-1} - b^{n-1}) + \cdots + p_1(a - b).$$

又 $(a - b) \mid (a^i - b^i)(i = 1, 2, \cdots, n)$,故 $(a - b) \mid (P(a) - P(b)).$

引理得证.

设 $k = 2017.$ 令 $n_i = 4i(i = 1, 2, \cdots, k).$

假定教师告知学生 $P(n_1)P(n_2)\cdots P(n_k) = 1.$

则 $P(x) = 1 + (x - n_1)(x - n_2)\cdots(x - n_k)$ 满足要求.

假如还有另一个多项式 $Q(x)$ 也满足条件,则 $Q(n_1)Q(n_2)\cdots Q(n_k) = 1.$

因为 $Q(x)$ 的各项系数均是整数,所以,对一切 $i=1,2,\cdots,k$,均有 $Q(n_i)=\pm1$.

假如存在 i,j,使得 $Q(n_i)=1,Q(n_j)=-1$.

则 $Q(n_i)-Q(n_j)=2$ 不能被 $n_i-n_j=4(i-j)$ 整除,与引理矛盾.

从而,所有的 $Q(n_i)$ 彼此相等,要么均为 1,要么均为 -1.但它们不能均为 -1,这是因为 $Q(n_1)Q(n_2)\cdots Q(n_k)$ 为奇数个 -1 相乘,其值为 -1,与教师所给的值不符.

因此,对一切的 $i=1,2,\cdots,k$,均有 $Q(n_i)=1$.此时,$P(x)-Q(x)$ 是低于 k 次的多项式,但它却有 k 个根,这表明,它是一个恒等于 0 的多项式,即 $P(x)=Q(x)$,矛盾.

设 $P(x)$ 是次数为 $n(n\geqslant2)$ 的非负系数多项式,a,b,c 为某个三角形的三边长.证明:$\sqrt[n]{P(a)},\sqrt[n]{P(b)},\sqrt[n]{P(c)}$ 也为某个三角形的三边长.

(第43届俄罗斯数学奥林匹克)

证明　不妨设 $a\geqslant b\geqslant c>0$.则 $a<b+c$.

由 $P(x)$ 的性质知 $P(a)\geqslant P(b)\geqslant P(c)>0$.

于是,仅需证明 $\sqrt[n]{P(a)}<\sqrt[n]{P(b)}+\sqrt[n]{P(c)}$.

设 $P(x)=p_nx^n+p_{n-1}x^{n-1}+\cdots+p_0$.

考虑 $G(x)=\dfrac{P(x)}{x^n}$.易知,

$$G(a)=p_n+\frac{p_{n-1}}{a}+\cdots+\frac{p_0}{a^n}\leqslant p_n+\frac{p_{n-1}}{b}+\cdots+\frac{p_0}{b^n}=G(b).$$

类似地,$G(a)\leqslant G(c)$.

故 $\sqrt[n]{P(a)}=a\sqrt[n]{G(a)}<(b+c)\sqrt[n]{G(a)}\leqslant b\sqrt[n]{G(b)}+c\sqrt[n]{G(c)}=\sqrt[n]{P(b)}+\sqrt[n]{P(c)}$.

设 $P(x)$ 是次数为 $n(n\geqslant2)$ 的非负系数多项式,a,b,c 为某个锐角三角形的三边长.证明:$\sqrt[n]{P(a)},\sqrt[n]{P(b)},\sqrt[n]{P(c)}$ 也为某个锐角三角形的三边长.

(第43届俄罗斯数学奥林匹克)

证明　不妨设 $a\geqslant b\geqslant c$.由题意,知 $a^2<b^2+c^2$.

设 $P(x)=p_nx^n+p_{n-1}x^{n-1}+\cdots+p_0$,其中,$p_n>0,p_i\geqslant0(i=0,1,\cdots,n-1)$.

记 $G(x)=\dfrac{P(x)}{x^n}$.

则 $G(a)=p_n+\dfrac{p_{n-1}}{a}+\cdots+\dfrac{p_0}{a^n}\leqslant p_n+\dfrac{p_{n-1}}{b}+\cdots+\dfrac{p_0}{b^n}=G(b).$

类似地,$G(a)\leqslant G(c)$.

故 $\sqrt[n]{P^2(a)}=a^2\sqrt[n]{G^2(a)}<(b^2+c^2)\sqrt[n]{G^2(a)}\leqslant b^2\sqrt[n]{G^2(b)}+c^2\sqrt[n]{G^2(c)}$

$=\sqrt[n]{P^2(b)}+\sqrt[n]{P^2(c)}.$

因此,$\sqrt[n]{P(a)},\sqrt[n]{P(b)},\sqrt[n]{P(c)}$ 也为某个锐角三角形的三边长.

对三个不同的正整数 a,b,c，是否存在一个首项系数为正整数的整系数二次三项式，使得该二次三项式在某些整数处的取值为 a^3,b^3,c^3？

（第 43 届俄罗斯数学奥林匹克）

解 存在.

令 $f(x)=(a+b+c)x^2-(ab+bc+ca)x+abc=x^3-(x-a)(x-b)(x-c)$.

注意到，$f(x)$ 首项系数 $a+b+c\in\mathbf{Z}^+$，且 $f(a)=a^3$，$f(b)=b^3$，$f(c)=c^3$，满足要求.

设 $A=A(x,y)$，$B=B(x,y)$ 为二元实系数多项式. 若对于无穷多个 y，$\dfrac{A(x,y)}{B(x,y)}$ 为关于 x 的多项式，且对于无穷多个 x，$\dfrac{A(x,y)}{B(x,y)}$ 为关于 y 的多项式，证明：$B\mid A$，即存在一个实系数多项式 C，使得 $A=B\cdot C$.

（第 58 届美国国家队数学选拔考试）

证明 设 $A=Q\cdot B+R$，其中，Q 为关于 x 的多项式，R 为系数是关于 y 的有理函数，且 $\deg_x B>\deg_x R$.

由于有无穷多个 y_0，使得 $B(x,y_0)\mid A$，则 $B(x,y_0)\mid R(x,y_0)$.

于是，除了有限个 y_0 外，有无穷多个 y_0，使得

$$\deg_x B(x_0,y_0)>\deg_x R(x,y_0).$$

这表明，$R(x,y)\equiv 0$.

从而，可将 $\dfrac{A}{B}$ 写为 $\dfrac{F(x,y)}{M(y)}$（F,M 为多项式）.

类似地，$\dfrac{A}{B}=\dfrac{F(x,y)}{M(y)}=\dfrac{G(x,y)}{N(x)}$（$G,N$ 为多项式）.

又多项式在 $\mathbf{R}[x,y]$ 内的因式分解是唯一的，于是，不妨假设 $(F,M)=(G,N)=1$. 由 $(M,N)=1$，且 $F\cdot N=G\cdot M$，则 $M\mid F\cdot N$.

从而，M 为常值多项式.

因此，$B\mid A$.

求所有满足条件的正整数 n：对任何一个次数不超过 n 且最高次项系数为 1 的整系数多项式 $P(x)$，存在一个正整数 $k\leqslant n$ 和 $k+1$ 个互不相同的整数 $x_1,x_2,\cdots,x_{k+1}$，使得

$$P(x_1)+P(x_2)+\cdots+P(x_k)=P(x_{k+1}).$$

（第九届罗马尼亚大师杯数学邀请赛）

解 当 $n=1$ 时，令 $P(x)=x$，则 $P(x_1)=P(x_2)\Rightarrow x_1=x_2$.

当 $n=2$ 时,

(1) $P(x)=1$,则令 $x_1=1,x_2=2,k=1$.

(2) $P(x)=x+c$,则

当 $c=0$ 时,令 $k=2,x_1=1,x_2=2,x_3=3$;

当 $c\neq 0$ 时,令 $k=2,x_1=0,x_2=c,x_3=2c$.

(3) $P(x)=x^2+px+q$,则 $P(-p-x)=P(x)$.

令 $k=2,x_1=x,x_2=-p-x$ 即可.

当 $n\geqslant 3$ 时,先证明:若存在 $P(x)$,对于任意的 $x\in \mathbf{Z}$,使得

$P(x)\equiv 1(\bmod\, n)$,且 $P(x+1)>P(x)$,

则结论不成立.

事实上,$P(x_1)+P(x_2)+\cdots+P(x_k)\equiv k(\bmod\, n)$,$P(x_{k+1})\equiv 1(\bmod\, n)$.

于是,$k\equiv 1(\bmod\, n)$.

又 $k\leqslant n$,则 $k=1$.故 $P(x_k)=P(x_{k+1})$.

而 $P(x+1)>P(x)$,这不可能.

再构造 $P(x)$.

对 $n=4$,令 $P(x)=x^4+7x^2+4x+1=x^2(x^2+7)+4x+1$.

注意到,当 $2\mid x$ 时,$4\mid x^2$;当 $2\nmid x$ 时,$4\mid(x^2+7)$.

于是,$P(x)\equiv 1(\bmod\, 4)$.

若 $P(x)=P(y)$,则

$(x-y)((x+y)(x^2+y^2+7)+4)=0\Rightarrow (x+y)(x^2+y^2+7)=-4$.

又 $|x^2+y^2+7|\geqslant 7$,矛盾.

对 $n\neq 4$,令

$P(x)=(x-1)(x-2)\cdots(x-m)+nx+1$,

其中,$m=\begin{cases} n, & 2\nmid n;\\ n-1, & 2\mid n. \end{cases}$ 即 $2\nmid m$.

由于 $m!\mid(x-1)(x-2)\cdots(x-m)$,

当 $2\nmid n$ 时,$P(x)\equiv 1(\bmod\, n)$;

当 $2\mid n,n\neq 4$ 时,$n\geqslant 6,n\mid(n-1)!$,则 $P(x)\equiv 1(\bmod\, n)$.

故 $P(x+1)-P(x)=x\cdots(x-m+1)-(x-1)\cdots(x-m)+n=m(x-1)\cdots(x-m+1)+n$.

对 $x\in \mathbf{Z}$,当 $x\leqslant 1$ 或 $x\geqslant m-1$ 时,$(x-1)(x-2)\cdots(x-m+1)\geqslant 0$;

当 $1\leqslant x\leqslant m-1$ 时,$(x-1)(x-2)\cdots(x-m+1)=0$.

因此,$P(x+1)>P(x)$.

证明:存在整系数多项式 $f(x)$,满足:

(1) $f(x)=0$ 没有有理根;

(2) 对于任何正整数 n,均存在整数 m,使得 $f(m)$ 为 n 的倍数.

（2017．中国台湾数学奥林匹克选训营）

代数部分

证明 首先证明:$f(x) = (x^2+1)(x^2+2)(x^2-2)(x^2+7)$ 满足条件.

显然,$f(x) = 0$ 没有有理根.

其次证明:对于所有奇素数的幂次方 p^a,均存在整数 m_{p^a},使得 $p^a \mid f(m_{p^a})$.

引理 1 对于所有奇素数 p,存在 $r_p \in \{-1,-2,2\}$,使得对于所有 $\alpha \geqslant 1$,必存在 m_{p^a} $\in \mathbf{Z}$,满足 $p^a \mid (m_{p^a}^2 - r_p)$.

引理 1 的证明 对于 $\alpha = 1$,注意到,二次剩余的性质:

设 p 为奇素数,$p \nmid mn$.则

$$\left(\frac{mn}{p}\right) = \left(\frac{m}{p}\right)\left(\frac{n}{p}\right),\left(\frac{-1}{p}\right) = (-1)^{\frac{p-1}{2}},\left(\frac{2}{p}\right) = (-1)^{\frac{p^2-1}{8}}.$$

若 $p = 4k+1$,则 -1 为模 p 的二次剩余;

若 $p = 8k+3$,则 -2 为模 p 的二次剩余;

若 $p = 8k+7$,则 2 为模 p 的二次剩余.

综上,必存在 $m_p \in \mathbf{Z}$ 及 $r_p \in \{-1,-2,2\}$,使得 $p \mid (m_p^2 - r_p)$.

假设命题对 $\alpha = k$ 成立.

当 $\alpha = k+1$ 时,取 $m_{p^{k+1}} = m_{p^k} + tp^k$($t$ 待定).

注意到,$m_{p^{k+1}}^2 - r_p = (m_{p^k} + tp^k)^2 - r_p \equiv (m_{p^k}^2 - r_p) + 2m_{p^k}tp^k \pmod{p^{k+1}}$.

由归纳假设,知 $p^k \mid (m_{p^k}^2 - r_p)$.

故仅需取 $t \equiv -\dfrac{m_{p^k}^2 - r_p}{p^k}(2m_{p^k})^{-1} \pmod{p}$(显然,$p \nmid m_{p^k}$.则剩余系数中存在 $2m_{p^k}$ 的逆元 $(2m_{p^k})^{-1}$,使得 $(2m_{p^k})^{-1}(2m_{p^k}) \equiv 1 \pmod{p}$),即可使 $p^{k+1} \mid (m_{p^{k+1}}^2 - r_p)$.

引理 1 得证.

从而,原命题在 n 为奇素数的幂次方时成立.

再证明:对所有 2 的幂次方 2^a,均存在整数 m_{2^a},使得 $2^a \mid f(m_{2^a})$.

引理 2 对于所有 $\alpha \geqslant 1$,必存在 $m_{2^a} \in \mathbf{Z}$,使得 $2^a \mid (m_{2^a}^2 + 7)$.

引理 2 的证明 对于 $\alpha \leqslant 3$,取 $m_{2^a} = 1$ 即可.

假设命题对 $\alpha = k \geqslant 3$ 成立.

当 $\alpha = k+1$ 时,取 $m_{2^{k+1}} = m_{2^k} + t \times 2^{k-1}$($t$ 待定).

注意到,$m_{2^{k+1}}^2 + 7 = (m_{2^k} + t \times 2^{k-1})^2 + 7 \equiv (m_{2^k}^2 + 7) + m_{2^k}t \times 2^k \pmod{2^{k+1}}$.

由归纳假设,知 $2^k \mid (m_{2^k}^2 + 7)$.

故仅需再取 $t \equiv \dfrac{m_{2^k}^2 + 7}{2^k} \pmod{2}$,即可使 $2^{k+1} \mid (m_{2^{k+1}}^2 + 7)$.

引理 2 得证.

从而,原命题在 n 为 2 的幂次方时成立.

令 $n = p_1^{a_1} p_2^{a_2} \cdots p_s^{a_s}$.

由以上两个引理,知对所有 $1 \leqslant i \leqslant s$,存在整数 $m_{p_i^{a_i}}$,使得 $p_i^{a_i} \mid f(m_{p_i^{a_i}})$.

又对于任何整系数多项式 $f(x)$,任意两个相异整数 u,v,均有

$(u-v) \mid (f(u)-f(v))$,

则只要使得 m 满足同余方程组:对所有 $1 \leqslant i \leqslant s, m \equiv m_{p_i^{a_i}} \pmod{p_i^{a_i}}$,故

$$f(m) = (f(m) - f(m_{p_i^{a_i}})) + f(m_{p_i^{a_i}}) \equiv (m - m_{p_i^{a_i}}) + 0 \equiv 0 \pmod{p_i^{a_i}},$$

即 $n \mid f(m)$.

综上，$f(x)$ 满足要求.

设奇数 $n \geqslant 1$，$f(x)$ 为关于 x 的 n 次多项式，且 $f(k) = 2^k$ 对于 $k = 0, 1, \cdots, n$ 均成立. 证明：使 $f(x)$ 的值为 2 的幂次的整数 x 仅为有限多个.

（2017，中国台湾数学奥林匹克选训营）

证明　由于 $n+1$ 个值可唯一确定一个 n 次多项式，且对于 $k = 0, 1, \cdots, n$，均有

$$f(k) = 2^k = (1+1)^k = \sum_{i=0}^{k} C_k^i,$$

而 f 为 n 次多项式，于是，$f(x) = \sum_{i=0}^{n} C_x^i \ (x \in \mathbf{Z}^+)$.

又奇数 $n \geqslant 1$，利用组合恒等式 $C_x^{i-1} + C_x^i = C_{x+1}^i$，将前式两两合并得

$$f(x) = C_{x+1}^1 + C_{x+1}^3 + \cdots + C_{x+1}^n = (x+1)\left(1 + \frac{1}{3}C_x^2 + \frac{1}{5}C_x^4 + \cdots + \frac{1}{n}C_x^{n-1}\right).$$

记 $R(x)$ 为整系数多项式，令 $n!f(x) = (x+1)R(x)$.

因为 $C_{-1}^{2k} = \dfrac{(-1)(-2)\cdots(-2k)}{(2k)!} = 1$，所以，对于所有的整数 x，均有

$$\gcd(x+1, R(x)) \mid R(-1) \Rightarrow \gcd(x+1, R(x)) \left| n!\left(1 + \frac{1}{3} + \frac{1}{5} + \cdots + \frac{1}{n}\right).\right.$$

对整数 m，定义其 2 的幂指数函数 $v_2(m) = \sup\{k \mid 2^k \mid m\}$.

注意到，$R(-1)$ 为非零整数.

则其 2 的幂指数 $v_2(R(-1))$ 必为有限值，即

$$\min\{v_2(x+1), v_2(R(x))\} = v_2(\gcd(x+1, R(x))) \leqslant v_2(R(-1)) < +\infty.$$

假设 x 为使得 $f(x)$ 的值为 2 的幂次的整数. 则

$(x+1) \mid n! \times 2^{v_2(f(x))}$，且 $R(x) \mid n! \times 2^{v_2(f(x))}$.

故 $(x+1) \mid n! \times 2^{v_2(R(-1))}$ 与 $R(x) \mid n! \times 2^{v_2(R(-1))}$ 中至少有一个成立.

又 $\lim\limits_{|x| \to \infty} |x+1| = +\infty$，$\lim\limits_{|x| \to \infty} |R(x)| = +\infty$，从而，两个式子至少满足一个的 x 至多为有限多个.

求所有实系数多项式 P，使得对于任意的 $x \in \mathbf{R}$，均有

$$P(x)P(x+1) = P(x^2 - x + 3). \qquad ①$$

（2017，中国台湾数学奥林匹克选训营）

解　显然，零多项式符合题中等式.

下面假设多项式 $P(x)$ 不为零多项式.

若 $P(x)$ 有零点 α，将 $x = \alpha$ 代入式 ① 得

$$P(\alpha^2 - \alpha + 3) = P(\alpha)P(\alpha + 1) = 0.$$

则 $\beta = \alpha^2 - \alpha + 3$ 也为 $P(x)$ 的零点.

显然, $\beta = \alpha^2 - \alpha + 3 = \left(\alpha - \dfrac{1}{2}\right)^2 + \dfrac{11}{4} > 2$.

考虑无穷数列 $\beta, f(\beta), f(f(\beta)), f(f(f(\beta))), \cdots (f(x) = x^2 - x + 3)$.

如同上述方法分别将 $\beta, f(\beta), f(f(\beta)), f(f(f(\beta))), \cdots$ 代入式 ①, 得此数列的每一项均为 $P(x)$ 的零点.

当 $x \geqslant 2$ 时, 显然有 $f(x) > x$.

于是, 此数列严格递增, 即 $P(x)$ 有无穷多个实根, 这与 $P(x)$ 为多项式矛盾. 这就证明了 $P(x)$ 无实根, 故其次数必为偶数次.

考虑 $P(x)$ 的首项系数 t, 比较式 ① 的最高次项系数得

$$t^2 = t \Rightarrow t = 1.$$

于是, $P(x)$ 为首一多项式.

设 $P(x)$ 的次数为 $2n$, 记 $P(x) = (x^2 - 2x + 3)^n + Q(x)$.

因为 $P(x)$ 是首一多项式, 所以, $Q(x)$ 的次数小于 $2n$.

代入式 ① 得

$$((x^2 - 2x + 3)^n + Q(x))(((x+1)^2 - 2(x+1) + 3)^n + Q(x+1))$$
$$= ((x^2 - x + 3)^2 - 2(x^2 - x + 3) + 3)^n + Q(x^2 - x + 3).$$

展开得

$$Q(x)Q(x+1) + Q(x)((x+1)^2 - 2(x+1) + 3)^n + Q(x+1)(x^2 - 2x + 3)^n$$
$$= Q(x^2 - x + 3). \tag{②}$$

若 $Q(x)$ 不为零多项式, 设 $Q(x)$ 的次数为 q, 首项系数为 k.

因为 $q < 2n$, 式 ② 左边最高次数至多为 $2n + q$, 且其 $2n + q$ 次项系数为 $2k \neq 0$, 所以, 左边最高次数为 $2n + q$, 而右边最高次数显然为 $2q$. 故 $q = 2n$, 矛盾.

因此, $Q(x)$ 只能为零多项式, 即 $P(x)$ 的所有可能只能是零多项式和 $(x^2 - 2x + 3)^n$.

六　　函数

是否存在函数 $f:\mathbf{Z}\to\mathbf{Z}$,满足 $(a-b)\mid(f(a)-f(b))(a,b\in\mathbf{Z},a\neq b)$,但不能被表示为多项式?

（2012,第 20 届朝鲜数学奥林匹克）

解 存在.

归纳地构造此函数.令 $f(-1)=-1$, $f(0)=0$, $f(1)=1$.

假设 $f(-t)$, $f(-t+1)$,…,$f(s)(s,t\in\mathbf{Z}^{+})$ 已有定义,且对所有满足 $-t\leqslant a<b\leqslant s$ 的整数 a,b,均有 $(a-b)\mid(f(a)-f(b))$.

对于任意素数 $p\leqslant s+t+1$,知存在 $\alpha(p)\in\mathbf{N}$,使得

$0<p^{\alpha(p)}\leqslant s+t+1<p^{\alpha(p)+1}$.

令 $x_{0}\in\mathbf{N}$ 为同余方程组 $x\equiv f(s+1-p^{\alpha(p)})(\bmod\ p^{\alpha(p)})$ 的一个解,其中,p 取遍不大于 $s+t+1$ 的全体素数.

令 $f(s+1)=x_{0}+((s+t+1)!)^{s+1}$.

对于所有的 $b(-t\leqslant b<s)$,令 $s+1-b=p_{1}^{a_{1}}p_{2}^{a_{2}}\cdots p_{k}^{a_{k}}$.则

$f(b)=f(s+1-p_{1}^{a_{1}}p_{2}^{a_{2}}\cdots p_{k}^{a_{k}})\equiv f(s+1-p_{i}^{\alpha(p_{i})})\equiv x_{0}\equiv f(s+1)(\bmod\ p_{i}^{a_{i}})$.

这表明,$(s+1-b)\mid(f(s+1)-f(b))$.

类似地,$f(-t-1)$ 也被定义出来.

由于对于每一个整数 $s\geqslant 2$ 有 $f(s)>s^{s}$,因此,该函数不可以被表示为一个多项式.

求所有函数 $f:\mathbf{R}\to\mathbf{R}$,满足

$$f(x^{2}+2yf(x))+f(y^{2})=f^{2}(x+y).\qquad ①$$

（2012,第 20 届朝鲜数学奥林匹克）

解 将 $x=y=0$ 代入式 ① 得 $2f(0)=f^{2}(0)\Rightarrow f(0)=0$ 或 2.

(1) $f(0)=2$.

设 $x=0$,代入式 ① 得 $f(4y)=f^{2}(y)-f(y^{2})$;

设 $y=0$,代入式 ① 得 $f^{2}(x)-f(x^{2})=2$.

两式比较,对于所有 $y\in\mathbf{R}$ 有 $f(4y)=2$,即 $f(x)\equiv 2$.

(2) $f(0)=0$.

设 $y=0$,代入式 ① 得 $f(x^{2})=f^{2}(x)$.

故 $\mid f(x)\mid=\mid f(-x)\mid$,且对于所有的 $x\geqslant 0$,均有 $f(x)\geqslant 0$.

(i) 存在 $a > 0$, 使得 $f(a) = 0$.

设 $x = y = a$, 代入式 ① 得

$$f^2(2a) = f(a^2 + 2af(a)) + f(a^2) = 2f(a^2) = 2f^2(a) = 0.$$

于是, $f(2a) = 0$.

对于所有 $b(0 < b < a)$, 设 $x = a - b, y = b$, 代入式 ① 得

$$f(x^2 + 2yf(x)) + f(b^2) = 0.$$

由于 $x^2 + 2yf(x) \geqslant 0$, 则 $f(x^2 + 2yf(x)) \geqslant 0$, 且 $f(b^2) \geqslant 0$.

于是, $f(b^2) = 0$, $f(b) = 0$.

从而, 对于所有 $x \geqslant 0$ 有 $f(x) = 0$. 因此, $f(x) \equiv 0$.

(ii) 若对于所有的 $x \neq 0$, 有 $f(x) \neq 0$, 设 $y = 2f(x) - 2x$, 则

$$x^2 + 2yf(x) = x^2 + y(y + 2x) = (x + y)^2.$$

代入式 ①, 得 $f((x + y)^2) + f(y^2) = f^2(x + y)$, $f(y^2) = 0$.

这表明, $f(x) \equiv x$.

容易验证 $f(x) \equiv x$, $f(x) \equiv 0$, $f(x) \equiv 2$ 的确为解.

> 求所有的函数 $f: \mathbf{R} \to \mathbf{R}$, 满足对于所有的实数 x, y, 均有
>
> (1) $f(f(x^2) + y + f(y)) = x^2 + 2f(y)$;
>
> (2) 若 $x \leqslant y$, 则 $f(x) \leqslant f(y)$.
>
> (2012, 第 20 届土耳其数学奥林匹克)

解 设 $y = 0$.

由条件(1), 知对于任意实数 x, 均有 $f(f(x^2) + f(0)) = x^2 + 2f(0)$.

于是, 对于任意非负实数 a 有

$$f(f(a) + f(0)) = a + 2f(0). \qquad ①$$

由式 ①, 知 f 在非负实数集上是一一映射.

设 y_1, y_2 为实数, 且满足 $f(y_1) = f(y_2)$.

由条件(1), 知 $f(f(x^2) + y_1 + f(y_1)) = f(f(x^2) + y_2 + f(y_2))$, 且对于任意确定的 y, f 无上界.

则对于足够大的 x, 能使 $f(x^2) + y_1 + f(y_1)$ 和 $f(x^2) + y_2 + f(y_2)$ 均大于 0.

故 $f(x^2) + y_1 + f(y_1) = f(x^2) + y_2 + f(y_2)$.

于是, $y_1 = y_2$.

由条件(2), 知 f 在 $\mathbf{R}$ 上为一一映射.

接下来证明: $f(0) = 0$.

若 $f(0) \leqslant 0$, 在式 ① 中, 令 $a = -2f(0)$. 则 $f(f(-2f(0)) + f(0)) = 0$.

于是, 存在 c 使得 $f(c) = 0$.

在条件(1) 中, 令 $x = 0, y = c$, 得 $f(f(0) + c) = 0 = f(c)$.

由于 f 为一一映射, 于是, $f(0) + c = c$. 从而, $f(0) = 0$.

若 $f(0) \geqslant 0$, 在条件(1) 中, 令 $x = y = 0$, 得 $f(2f(0)) = 2f(0)$.

令 $a = 3f(0) = f(0) + f(2f(0))$.

由式①,得 $f(a) = f(f(2f(0)) + f(0)) = 2f(0) + 2f(0) = 4f(0)$.

上式两边同时加上 $f(0)$ 得 $f(a) + f(0) = 5f(0)$.

于是,$f(f(a) + f(0)) = f(5f(0))$.

由式①,知 $f(f(a) + f(0)) = a + 2f(0) = 3f(0) + 2f(0) = 5f(0)$.

从而,$f(5f(0)) = 5f(0)$.

在条件(1)中,令 $x = 0, y = 2f(0)$,得 $f(5f(0)) = 2f(2f(0)) = 4f(0)$.

则 $5f(0) = f(5f(0)) = 4f(0)$. 故 $f(0) = 0$.

由式①,知对于所有的 $a \geqslant 0$,均有 $f(f(a)) = a$.

在条件(1)中,令 $x = 0$.则对于任意的实数 y,均有 $f(y + f(y)) = 2f(y)$.

对于任意 $a \geqslant 0$,令 $y = f(a)$,均有 $f(f(a) + f(f(a))) = 2f(f(a))$.

于是,$f(f(a) + a) = 2a$.

再令 $y = a$,有 $f(a + f(a)) = 2f(a)$.则 $2f(a) = 2a$.故 $f(a) = a$.

由于 $x^2 \geqslant 0$,则条件(1)化为 $f(x^2 + y + f(y)) = x^2 + 2f(y)$.

对于任意的实数 y_0,存在 x_0 使得 $x_0^2 + y_0 + f(y_0) > 0$,故

$$f(x_0^2 + y_0 + f(y_0)) = x_0^2 + y_0 + f(y_0).$$

由 $f(x_0^2 + y_0 + f(y_0)) = x_0^2 + 2f(y_0)$,知 $x_0^2 + y_0 + f(y_0) = x_0^2 + 2f(y_0)$.

因此,$f(y_0) = y_0$.

综上,$f(x) = x$ 为满足条件的函数.

求所有函数 $f: \mathbf{Z}^+ \to \mathbf{Z}^+$,满足 $\sum_{i=1}^{n} f^3(i) = \left(\sum_{i=1}^{n} f(i) \right)^2$.

(2012—2013,匈牙利数学奥林匹克)

解 所求函数为 $f(x) = x (x \in \mathbf{Z}^+)$.

当 $n = 1$ 时,$f^3(1) = f^2(1) \Rightarrow f(1) = 1$.

假设当 $n = k - 1$ 时,结论成立.

当 $n = k$ 时,

$$f^3(k) = \left(f(k) + \frac{n(n-1)}{2} \right)^2 - \left(\frac{n(n-1)}{2} \right)^2 \Rightarrow f^3(k) = f^2(k) + n(n-1)f(k).$$

因为 $f(k) > 0$,所以,$f^2(k) - f(k) - n(n-1) = 0$.从而,$f(k) = n$.

由数学归纳法知结论成立.

求所有的函数 $f: \mathbf{Z} \to \mathbf{Z}$,使得对于所有满足 $a + b + c = 0$ 的整数 a, b, c,均有

$$f^2(a) + f^2(b) + f^2(c) = 2f(a)f(b) + 2f(b)f(c) + 2f(c)f(a). \qquad ①$$

(第 53 届 IMO)

解 令 $a = b = c = 0$,得 $3f^2(0) = 6f^2(0)$.从而,$f(0) = 0$.

令 $b=-a$,$c=0$,得 $(f(a)-f(-a))^2=0$.

于是,f 为偶函数,即对于所有的 $a\in\mathbf{Z}$,均有 $f(a)=f(-a)$.

令 $b=a$,$c=-2a$,得 $2f^2(a)+f^2(2a)=2f^2(a)+4f(a)f(2a)$.

从而,对于所有的 $a\in\mathbf{Z}$,均有 $f(2a)=0$ 或 $f(2a)=4f(a)$. ②

若对于某个 $r\geqslant1$,$f(r)=0$,则令 $b=r$,$c=-a-r$,得 $(f(a+r)-f(a))^2=0$.

故 f 是以 r 为周期的周期函数,即对于所有的 $a\in\mathbf{Z}$,均有 $f(a+r)=f(a)$.

特别地,若 $f(1)=0$,则 f 为常数.

于是,对于所有的 $a\in\mathbf{Z}$,均有 $f(a)=0$.

下面假设 $f(1)=k\neq0$.

由式②,知 $f(2)=0$ 或 $f(2)=4k$.

若 $f(2)=0$,则 f 是以 2 为周期的周期函数.故对于所有的 $n\in\mathbf{Z}$,均有 $f(2n)=0$,$f(2n+1)=k$.

若 $f(2)=4k\neq0$,由式②知 $f(4)=0$ 或 $f(4)=16k$.

当 $f(4)=0$ 时,f 是以 4 为周期的周期函数,且 $f(3)=f(-1)=f(1)=k$.

故对于所有的 $n\in\mathbf{Z}$,均有

$f(4n)=0$,$f(4n+1)=f(4n+3)=k$,$f(4n+2)=4k$.

当 $f(4)=16k\neq0$ 时,令 $a=1$,$b=2$,$c=-3$.

则 $f^2(3)-10kf(3)+9k^2=0$.

故 $f(3)\in\{k,9k\}$.

令 $a=1$,$b=3$,$c=-4$.则 $f^2(3)-34kf(3)+225k^2=0$.

故 $f(3)\in\{9k,25k\}$.从而,$f(3)=9k$.

下面用数学归纳法证明:对于任意的 $x\in\mathbf{Z}$,均有 $f(x)=kx^2$.

当 $x=0,1,\cdots,4$ 时,命题已经成立.

假设命题对 $x=0,1,\cdots,n(n\geqslant4)$ 成立.

令 $a=n$,$b=1$,$c=-n-1$,则 $f(n+1)\in\{k(n+1)^2,k(n-1)^2\}$.

令 $a=n-1$,$b=2$,$c=-n-1$,则 $f(n+1)\in\{k(n+1)^2,k(n-3)^2\}$.

又当 $n\neq2$ 时,$k(n-1)^2\neq k(n-3)^2$,则 $f(n+1)=k(n+1)^2$.

这就证明了 $f(x)=kx^2(x\in\mathbf{N})$.

而 f 为偶函数,则对于任意的 $x\in\mathbf{Z}$,均有 $f(x)=kx^2$.

综上,得 $f_1(x)=0$,$f_2(x)=kx^2$,

$$f_3(x)=\begin{cases}0,&x\equiv0(\mathrm{mod}\ 2);\\k,&x\equiv1(\mathrm{mod}\ 2).\end{cases}\quad f_4(x)=\begin{cases}0,&x\equiv0(\mathrm{mod}\ 4);\\k,&x\equiv1(\mathrm{mod}\ 2);\\4k,&x\equiv2(\mathrm{mod}\ 4).\end{cases}$$

其中,k 为任意非零整数.

最后检验上述符合题设条件.

显然,f_1 和 f_2 满足题设条件.

对于 f_3,当 a,b,c 均为偶数时,得 $f(a)=f(b)=f(c)=0$,满足题设条件;

当 a,b,c 为一偶两奇时,式①左边等于 $2k^2$,右边也等于 $2k^2$,故满足题设条件.

对于 f_4, 由对称性及 $a+b+c=0$, 只需考虑 $(f(a),f(b),f(c))$ 为 $(0,k,k),(4k,k,k),(0,0,0),(0,4k,4k)$ 这四种情况.

显然, 它们均满足题设条件.

求所有函数 $f:\mathbf{R}\to\mathbf{R}$, 使得对于所有的 $x,y\in\mathbf{R}$, 均有
$$f(1+xy)-f(x+y)=f(x)f(y), 且 f(-1)\neq 0.$$

(第 53 届 IMO 预选题)

解 满足条件的唯一解为函数 $f(x)=x-1(x\in\mathbf{R})$.

设 $g(x)=f(x)+1$.

先证明: 对于所有实数 x, 均有 $g(x)=x$.

原条件转化为: 对于所有的 $x,y\in\mathbf{R}$, 均有
$$g(1+xy)-g(x+y)=(g(x)-1)(g(y)-1), \quad\quad①$$
且 $g(-1)\neq 1$.

记 $C=g(-1)-1\neq 0$.

在式 ① 中, 令 $y=-1$, 得 $g(1-x)-g(x-1)=C(g(x)-1)$. \quad②

在式 ② 中, 令 $x=1$, 得 $C(g(1)-1)=0$.

因为 $C\neq 0$, 所以, $g(1)=1$.

在式 ② 中, 令 $x=0$, 得 $-C=C(g(0)-1)\Rightarrow g(0)=0$;

令 $x=2$, 得 $C=C(g(2)-1)\Rightarrow g(2)=2$.

再证明: 对于所有的 $x\in\mathbf{R}$, 均有
$$g(x)+g(2-x)=2, \quad\quad③$$
$$g(x+2)-g(x)=2. \quad\quad④$$

在式 ② 中, 用 $1-x$ 代替 x 得 $g(x)-g(-x)=C(g(1-x)-1)$.

在上式中, 用 $-x$ 代替 x 得 $g(-x)-g(x)=C(g(1+x)-1)$.

两式相加得 $C(g(1-x)+g(1+x)-2)=0$.

因为 $C\neq 0$, 所以, $g(1-x)+g(1+x)=2$.

用 $1-x$ 代替 x, 即可得到式 ③.

设 u,v 满足 $u+v=1$.

在式 ① 中, 令 $(x,y)=(u,v)$ 和 $(2-u,2-v)$, 得
$$g(1+uv)-g(1)=(g(u)-1)(g(v)-1),$$
$$g(3+uv)-g(3)=(g(2-u)-1)(g(2-v)-1).$$

由式 ③, 知 $g(2-u)-1=2-g(u)-1=1-g(u)$,
$$g(2-v)-1=2-g(v)-1=1-g(v).$$

则 $(g(u)-1)(g(v)-1)=(g(2-u)-1)(g(2-v)-1)$.

故 $g(1+uv)-g(1)=g(3+uv)-g(3)$, 即对于 $u+v=1$, 有
$$g(uv+3)-g(uv+1)=g(3)-g(1).$$

对于每个实数 $x \leqslant \dfrac{5}{4}$，均可表示为 $x = uv + 1$，且 $u + v = 1$.

这是因为当 $x \leqslant \dfrac{5}{4}$ 时，二次方程 $t^2 - t + (x - 1) = 0$ 的判别式不小于 0，所以，有实根 u, v. 这表明，对于所有的实数 $x \leqslant \dfrac{5}{4}$，均有

$$g(x + 2) - g(x) = g(3) - g(1).$$

因为对于 $x = 0, 1, 2$，有 $g(x) = x$，所以，在上式中令 $x = 0$，得 $g(3) = 3$. 这就证明了式 ④ 对于 $x \leqslant \dfrac{5}{4}$ 成立.

若 $x > \dfrac{5}{4}$，则 $-x < -\dfrac{5}{4} < \dfrac{5}{4}$.

代入式 ④ 得 $g(2 - x) - g(-x) = 2$.

又由式 ③，知 $g(x) = 2 - g(2 - x)$，$g(x + 2) = 2 - g(-x)$.

故 $g(x + 2) - g(x) = g(2 - x) - g(-x) = 2$.

于是，式 ④ 对于所有的 $x \in \mathbf{R}$ 均成立.

在式 ③ 中，用 $-x$ 代替 x 得 $g(-x) + g(2 + x) = 2$.

结合式 ④ 得 $g(x) + g(-x) = 0$，即对于所有的 $x \in \mathbf{R}$，均有 $g(-x) = -g(x)$.

在式 ① 中，用 $(-x, y)$，$(x, -y)$ 分别代替 (x, y) 得

$$g(1 - xy) - g(-x + y) = (g(x) + 1)(1 - g(y)),$$
$$g(1 - xy) - g(x - y) = (1 - g(x))(g(y) + 1).$$

两式相加得 $g(1 - xy) = 1 - g(x)g(y)$.

在上式中，用 $-x$ 代替 x，并结合 $g(-x) = -g(x)$，得 $g(1 + xy) = 1 + g(x)g(y)$.

代入式 ①，得 $g(x + y) = g(x) + g(y)$.

于是，g 为加性的.

由 $g(1 + xy) = g(1) + g(xy) = 1 + g(xy)$ 和 $g(1 + xy) = 1 + g(x)g(y)$，知 $g(xy) = g(x)g(y)$.

于是，g 为积性的.

特别地，设 $y = x$. 则对于所有的实数 x，均有 $g(x^2) = g^2(x) \geqslant 0$.

故对于所有的实数 $x \geqslant 0$，均有 $g(x) \geqslant 0$.

因为 g 是加性的，在区间 $[0, +\infty)$ 上有下界，所以，g 为线性的. 从而，对于所有的 $x \in \mathbf{R}$，均有 $g(x) = g(1)x = x$.

综上，对于所有的 $x \in \mathbf{R}$，均有 $f(x) = x - 1$.

直接验证，知该函数满足原方程.

设函数 $f: \mathbf{Z}^+ \rightarrow \mathbf{Z}^+$ 满足对于每个 $n \in \mathbf{Z}^+$，均存在一个 $k \in \mathbf{Z}^+$，使得 $f^{2k}(n) = n + k$，其中，f^m 为 f 复合 m 次. 设 k_n 为满足上述条件的 k 中的最小值. 证明：数列 k_1，$k_2, \cdots$ 无界.

(第 53 届 IMO 预选题)

证明　设 $S = \{1, f(1), f^2(1), \cdots\}$. 对于每个正整数 $n \in S$, 存在正整数 k, 使得
$f^{2k}(n) = n + k \in S$.

于是, 集合 S 是无界的, 且函数 f 将 S 映射到 S. 此外, 函数 f 在集合 S 上为单射.

事实上, 若 $f^i(1) = f^j(1)(i \neq j)$, 则 $f^m(1)$ 从某个值开始周期性地进行重复. 于是, 集合 S 是有界的, 矛盾.

定义 $g: S \to S, g(n) = f^{2k_n}(n) = n + k_n$.

首先证明: g 也为单射.

假设 $g(a) = g(b)(a < b)$. 则 $a + k_a = f^{2k_a}(a) = f^{2k_b}(b) = b + k_b$.

于是, $k_a > k_b$.

因为函数 f 在集合 S 上为单射, 所以, $f^{2(k_a - k_b)}(a) = b = a + (k_a - k_b)$.

又 $0 < k_a - k_b < k_a$, 与 k_a 的最小性矛盾.

设 T 为集合 S 中非形如 $g(n)(n \in S)$ 的元素构成的集合. 由于对每个 $n \in S$, 均有 $g(n) > n$, 则 $1 \in T$. 于是, T 是非空集合.

对每个 $t \in T$, 记 $C_t = \{t, g(t), g^2(t), \cdots\}$, 且称 C_t 为从 t 开始的"链".

由于 g 为单射, 从而, 不同的链不交.

对于每个 $n \in S \backslash T$, 均有 $n = g(n')(n' < n, n' \in S)$. 重复上述过程, 知存在 $t \in T$, 使得 $n \in C_t$. 从而, 集合 S 为链 C_t 的并.

若 $f^n(1)$ 是从 $t = f^{n_t}(1)$ 开始的链 C_t 中的元素, 则 $n = n_t + 2a_1 + \cdots + 2a_j$, 其中,
$f^n(1) = g^j(f^{n_t}(1)) = f^{2a_j}(f^{2a_{j-1}}(\cdots f^{2a_1}(f^{n_t}(1))\cdots)) = f^{n_t}(1) + a_1 + \cdots + a_j$.

故 $f^n(1) = f^{n_t}(1) + \dfrac{n - n_t}{2} = t + \dfrac{n - n_t}{2}$. ①

其次证明: 集合 T 为无限的.

假设集合 T 中只有有限个元素. 则只有有限个链 $C_{t_1}, C_{t_2}, \cdots, C_{t_r}(t_1 < t_2 < \cdots < t_r)$.

固定 N. 若 $f^n(1)(1 \leqslant n \leqslant N)$ 为链 C_t 中的元素, 则由式 ① 知

$$f^n(1) = t + \frac{n - n_t}{2} \leqslant t_r + \frac{N}{2}.$$

由于 $N + 1$ 个不同的正整数 $1, f(1), \cdots, f^N(1)$ 均不超过 $t_r + \dfrac{N}{2}$, 则 $N + 1 \leqslant t_r + \dfrac{N}{2}$.

当 N 足够大时, 这是不可能的. 从而, 集合 T 是无限的.

选取任意正整数 k, 考虑从集合 T 中前 $k + 1$ 个数开始的 $k + 1$ 个链. 设 t 为这 $k + 1$ 个数中最大的一个. 则每个链中均包含一个元素不超过 t, 且至少有一个链中不含 $t + 1$, $t + 2, \cdots, t + k$ 中的任何一个数. 于是, 在这个链中存在一个元素 n, 使得 $g(n) - n > k$, 即 $k_n > k$.

因此, 数列 $k_1, k_2, \cdots$ 无界.

> 已知对两个正整数 m,n，函数 f 均能表示为
>
> $$f(x_1,x_2,\cdots,x_k) = \max_{i\in\{1,2,\cdots,m\}}\ \min_{j\in\{1,2,\cdots,n\}}\ \{P_{i,j}(x_1,x_2,\cdots,x_k)\},$$
>
> 其中，$P_{i,j}$ 为 k 元多项式，则称函数 $f:\mathbf{R}^k\to\mathbf{R}$ 为"超级多项式". 证明：两个超级多项式的积也为超级多项式.
>
> （第 53 届 IMO 预选题）

证明 对 $x=(x_1,x_2,\cdots,x_k)$，记 $f(x)=f(x_1,x_2,\cdots,x_k)$，且 $[m]=\{1,2,\cdots,m\}$.

若 $f(x)$ 为超级多项式，且对于某两个正整数 m,n，$f(x)$ 可以表示为题目中表述的形式，则可用任意 $m'(m'\geq m),n'(n'\geq n)$ 来代替 m,n. 例如，用 $m+1$ 代替 m，只需定义 $P_{m+1,j}(x)=P_{m,j}(x)$，则一个集合中重复出现一个元素，不改变其最大值和最小值.

于是，可假设任意两个超级多项式被定义为具有相同的 m,n.

用 P,Q 表示多项式，每个函数 $P,P_{i,j},Q,Q_{i,j},\cdots$ 均为多项式函数.

先证明一个引理，将形如 $\min\max f_{i,j}$ 的表达式变为形如 $\max\min g_{i,j}$ 的表达式.

引理 若对于所有的 i，$\max\ i\in[m]$，$j\in[n]$，$a_{i,j}$ 均为实数，则

$$\min_{i\in[m]}\max_{j\in[n]}a_{i,j} = \max_{j_1,j_2,\cdots,j_m\in[n]}\ \min_{i\in[m]}a_{i,j_i}, \tag{①}$$

其中，右边的最大值遍历所有向量 $(j_1,j_2,\cdots,j_m)(j_1,j_2,\cdots,j_m\in[n])$.

证明 假设对于所有的 i，均有

$$a_{i,n}=\max\{a_{i,1},a_{i,2},\cdots,a_{i,n}\},\ a_{m,n}=\min\{a_{1,n},a_{2,n},\cdots,a_{m,n}\}.$$

则式 ① 左边等于 $a_{m,n}$.

接下来证明右边也等于 $a_{m,n}$.

若 $(j_1,j_2,\cdots,j_m)=(n,n,\cdots,n)$，则

$$\min\{a_{1,j_1},a_{2,j_2},\cdots,a_{m,j_m}\}=\min\{a_{1,n},a_{2,n},\cdots,a_{m,n}\}=a_{m,n}.$$

这表明，式 ① 右边 $\geq a_{m,n}$.

因为对于所有可能的 $(j_1,j_2,\cdots,j_m)$，

$$\min\{a_{1,j_1},a_{2,j_2},\cdots,a_{m,j_m}\}\leq a_{m,j_m}\leq a_{m,n},$$

所以，式 ① 右边 $\leq a_{m,n}$.

于是，式 ① 右边也等于 $a_{m,n}$.

引理得证.

下面只要证：超级多项式族 $\mathcal{M}$ 关于乘法封闭.

先证明：$\mathcal{M}$ 关于最大、最小和加法也是封闭.

若 $f_1,f_2,\cdots,f_r$ 为超级多项式，且设它们被定义为具有相同的 m,n. 则

$$f=\max\{f_1,f_2,\cdots,f_r\}=\max\{\max_{i\in[m]}\min_{j\in[n]}P^1_{i,j},\cdots,\max_{i\in[m]}\min_{j\in[n]}P^r_{i,j}\}=\max_{\substack{s\in[r]\\i\in[m]}}\min_{j\in[n]}\{P^s_{i,j}\}.$$

故 $f=\max\{f_1,f_2,\cdots,f_r\}$ 为超级多项式.

类似地，可证关于最小的封闭性，只需利用引理，用 $\min\max$ 代替 $\max\min$ 即可.

注意到另一个性质：若 $f=\max\min\{P_{i,j}\}$ 为超级多项式，则 $-f$ 也为超级多项式.

这是因为 $-f=\min\{-\min P_{i,j}\}=\min\max\{-P_{i,j}\}.$

再证明：超级多项式族 $\mathcal{M}$ 关于加法封闭.

设 $f = \max \min \{P_{i,j}\}, g = \max \min \{Q_{i,j}\}$. 则

$$f(x) + g(x) = \max_{i \in [m]} \min_{j \in [n]} \{P_{i,j}(x)\} + \max_{i \in [m]} \min_{j \in [n]} \{Q_{i,j}(x)\}$$

$$= \max_{i_1, i_2 \in [m]} \{\min_{j \in [n]} P_{i_1,j}(x) + \min_{j \in [n]} Q_{i_2,j}(x)\} = \max_{i_1, i_2 \in [m]} \min_{j_1, j_2 \in [n]} \{P_{i_1,j_1}(x) + Q_{i_2,j_2}(x)\}.$$

于是，$f(x) + g(x)$ 为超级多项式.

由此，证明了超级多项式族 $\mathcal{M}$ 关于最大，最小和加法封闭. 特别地，任意可以表示为超级多项式族 $\mathcal{M}$ 中元素的和，最大，最小的函数及多项式，超级多项式乘以 -1 均在超级多项式族 $\mathcal{M}$ 中.

同样，用类似于证明加法的封闭性的思路，来证明关于乘法的封闭性，且包含必要的减法的封闭性.

一般情况下，两个集合最大值的积不一定等于积的最大值，即由 $a < b, c < d$ 不一定能得到 $ac < bd$，但若 $a, b, c, d \geqslant 0$，则 $ac < bd$.

于是，将每个函数 $f(x)$ 分为正的部分 $f^+(x) = \max\{f(x), 0\}$ 和负的部分 $f^-(x) = \max\{0, -f(x)\}$.

故 $f = f^+ - f^-$.

若 $f \in \mathcal{M}$，则 $f^+, f^- \in \mathcal{M}$. 只要证：若 f, g 为超级多项式，且 $f, g \geqslant 0$，则 fg 也为超级多项式. 这是因为，若上述结论成立，则对于任意的 $f, g \in \mathcal{M}$，有

$$fg = (f^+ - f^-)(g^+ - g^-) = f^+ g^+ - f^+ g^- - f^- g^+ + f^- g^-.$$

由于 $f^+, f^-, g^+, g^- \geqslant 0$，则 $f^+ g^+, f^+ g^-, f^- g^+, f^- g^- \in \mathcal{M}$. 于是，$fg \in \mathcal{M}$.

若 $f, g \in \mathcal{M}$，且 $f, g \geqslant 0$，类似和的证明，设

$$f = \max \min \{P_{i,j}\} \geqslant 0, g = \max \min \{Q_{i,j}\} \geqslant 0.$$

则 $fg = \max \min \{P_{i,j}\} \cdot \max \min \{Q_{i,j}\}$

$$= \max \min \{P_{i,j}^+\} \cdot \max \min \{Q_{i,j}^+\} = \max \min \{P_{i_1,j_1}^+ Q_{i_1,j_2}^+\}.$$

于是，只要证：对于任意的多项式 P, Q，均有 $P^+ Q^+ \in \mathcal{M}$.

若用 u, v 代替 $P(x), Q(x)$，只要证：

$$u^+ v^- = \max\{0, \min\{uv, u, v\}, \min\{uv, uv^2, u^2 v\}, \min\{uv, u, u^2 v\}, \min\{uv, uv^2, v\}\}. \quad ②$$

事实上，若 $u \leqslant 0$ 或 $v \leqslant 0$，则式 ② 两边均为 0；若 $u, v \geqslant 0$，则式 ② 左边 $= uv$，右边明显不大于 uv.

当 $0 \leqslant u, v \leqslant 1$ 时，$uv = \min\{uv, u, v\}$；当 $u, v \geqslant 1$ 时，$uv = \min\{uv, uv^2, u^2 v\}$；

当 $0 \leqslant v \leqslant 1 \leqslant u$ 时，$uv = \min\{uv, u, u^2 v\}$；当 $0 \leqslant u \leqslant 1 \leqslant v$ 时，$uv = \min\{uv, uv^2, v\}$.

因此，式 ② 右边不小于 uv. 于是，式 ② 右边等于 uv.

从而，所证等式成立.

综上，超级多项式族 $\mathcal{M}$ 关于乘法封闭.

　　求所有函数 $f: \mathbf{R} \rightarrow [0, +\infty)$，使得对于满足 $ab + bc + cd = 0$ 的所有实数 a, b, c, d，均有 $f(a-b) + f(c-d) = f(a) + f(b+c) + f(d)$.

　　　　　　　　　　　　　　　　　　　　　　（2013，第 26 届韩国数学奥林匹克）

解 先证明一个引理.

引理 对于满足 $p^2 + q^2 = r^2$ 的所有实数 p,q,r,均有 $f(p) + f(q) = f(r)$.

证明 设 $a = \dfrac{p-q+r}{2}, b = \dfrac{p-q-r}{2}, c = \dfrac{p+q+r}{2}, d = q$.则

$$ab + bc + cd = \frac{1}{2}(p^2 + q^2 - r^2).$$

由 $p^2 + q^2 = r^2$,得 $ab + bc + cd = 0$.

故 $f(r) + f\left(\dfrac{p-q+r}{2}\right) = f\left(\dfrac{p-q+r}{2}\right) + f(p) + f(q)$.

从而,$f(p) + f(q) = f(r)$.

引理得证.

对于 $(p,q,r) = (0,0,0)$,由引理得 $f(0) = 0$.

对于 $(p,q,r) = (p,0,-p)$,由引理得 $f(-p) = f(p)$.

于是,f 为偶函数.

对于任意的 $t \geqslant 0$,定义 $g : [0, +\infty) \to [0, +\infty)$ 为 $g(t) = f(\sqrt{t})$.

则 $g(a+b) = g(a) + g(b)$,且对于任意的 $a \geqslant b \geqslant 0$,均有

$$g(a) = g(a-b) + g(b) \geqslant g(b).$$

于是,g 为单调递增的函数,且对于任意的 $x \geqslant 0$,均有 $g(x) = g(1)x$.

从而,对于任意的 $x \geqslant 0$,均有 $f(x) = f(1)x^2$.

由于 f 为偶函数,则对于任意的实数 x,均有 $f(x) = f(1)x^2$.

因为 $f(x) \geqslant 0$,所以,$f(1) \geqslant 0$.

因此,满足条件的函数为 $f(x) = \lambda x^2 (\lambda \geqslant 0)$,且易验证其满足条件.

求函数 $f : \mathbf{R} \to \mathbf{R}$,使得对于任意的 $x,y \in \mathbf{R}$,均有

$$(x^2 + y^2) f(xy) = f(x) f(y) f(x^2 + y^2).$$

(2013,第 10 届泰国数学奥林匹克)

解 令 $x = y = 0$.则 $f(0) = 0$.

令 $y = 1$.则 $(x^2 + 1) f(x) = f(x) f(1) f(x^2 + 1)$.   ①

故 $f(x) = 0$ 为其一个解.

考虑 $f(x)$ 不恒为 0 的情况.

首先证明:若 $f(x) = 0$,则 $x = 0$.

若存在非零实数 b,满足 $f(b) = 0$.则令 $y = b$,代入原方程得 $f(bx) = 0 (x \in \mathbf{R})$.

因为 $b \neq 0$,所以,对于任意的 $x \in \mathbf{R}$,均有 $f(x) = 0$,与 $f(x)$ 不恒为 0 矛盾.

当 $x > 1$ 时,用 $\sqrt{x-1}$ 代替式 ① 中的 x 并整理得

$$f(x) f(1) = x (x > 1).$$ ②

故 $f(xy) f(1) = f(x) f(y) (x^2 + y^2 > 1)$.   ③

当 $0 < x < 1$ 时,令 $y = \dfrac{1}{x}$.则 $x^2 + y^2 \geqslant 2 > 1$.

将满足上述条件的 x,y 代入式 ③ 并由式 ② 得

$$f(x) = xf^3(1)(0 < x < 1).\qquad ④$$

令 $x = y \in \left(0, \dfrac{\sqrt{2}}{2}\right)$. 代入原方程并结合式 ④ 得

$$x^2(2x^2)f^3(1) = (2x^2)f(x^2) = f(2x^2)f^2(x) = 2x^2f^3(1)(xf^3(1))^2$$
$$\Rightarrow f(1) = \pm 1.$$

接下来分两种情况讨论.

(1) 若 $f(1) = 1$,则由式 ②,④ 知

$$f(x) = x(x \geqslant 0).\qquad ⑤$$

由 $x^2 + y^2 \geqslant 0$,则由式 ⑤ 及原方程得

$$f(xy) = f(x)f(y)(x,y \in \mathbf{R}).\qquad ⑥$$

若当 $x < 0$ 时,$f(x) = x$,则对于 $x \in \mathbf{R}$,有 $f(x) = x$.

若存在 $a < 0$,使得 $f(a) \neq a$,则令 $x = y = a$,并代入式 ⑥ 得 $f(a^2) = f^2(a)$.

又由式 ⑤ 得 $f(a^2) = a^2 \Rightarrow f(a) = -a$.

对于 $x < 0$,则 $ax > 0$,并代入式 ⑤ 得 $f(ax) = ax$.

令 $x = a$,用 x 代替 y,代入式 ⑥ 得

$$ax = f(ax) = f(a)f(x) = -af(x) \Rightarrow f(x) = -x.$$

从而,$f(x) = |x|(x \in \mathbf{R})$.

(2) 若 $f(1) = -1$,则令 $g(x) = -f(x)$.

于是,函数 $g(x)$ 满足原方程,且 $g(1) = 1$.

由(1),知对于任意的 $x \in \mathbf{R}$,均有 $f(x) = -x$ 或 $-|x|$.

经检验,知满足题意的函数为 $f(x) = 0, \pm x, \pm|x|(x \in \mathbf{R})$.

若函数 $f:\mathbf{R} \to \mathbf{R},h:\mathbf{R} \to \mathbf{R}$,满足对于所有实数 x,y,均有

$$f(x^2 + yh(x)) = xh(x) + f(xy),\qquad ①$$

求所有的函数对 (f,h).

(2013,第 63 届白俄罗斯数学奥林匹克)

解　令 $h(0) = a$.将 $x = 0$ 代入式 ① 得 $f(ay) = f(0) = c$.

若 $a \neq 0$,则 ay 可以取得所有正实数值.故函数 $f(x) = c$ 恒成立.代入式 ① 得

$$c = xh(x) + c \Rightarrow xh(x) = 0 \Rightarrow h(x) = \begin{cases} 0, & x \neq 0; \\ a, & x = 0. \end{cases}$$

经检验,所得的函数对 $(f(x), h(x))$ 满足式 ①.

若 $a = 0$,则 $h(0) = 0$.

若对于一些 $x_0(x_0 \neq 0), h(x_0) \neq x_0$,则存在 y_0 使得

$$x_0^2 + y_0h(x_0) = x_0y_0\left(\text{其满足 } y_0 = \frac{x_0^2}{x_0 - h(x_0)}\right).$$

将 $x = x_0, y = y_0$ 代入式 ① 得 $x_0h(x_0) = 0 \Rightarrow h(x_0) = 0$.

将 $x = x_0$ 代入式 ① 得 $f(x_0^2) = f(x_0 y)$.

由于 $x_0 \neq 0$, 知 $x_0 y$ 可以取得任意值. 于是, $f(x) = c$ 是恒等的. 此情况上面已经考虑过了.

若对于所有的 x 有 $h(x) = x$, 则式 ① 可以写成

$$f(x^2 + yx) = x^2 + f(xy)(x, y \in \mathbf{R}).$$ ②

令 $f(0) = b$. 将 $y = 0$ 代入式 ② 得 $f(x^2) = x^2 + b$.

则对于所有非负的 x 有 $f(x) = x + b$.

若将 $y = -x$ 代入式 ②, 则 $f(-x^2) = -x^2 + b$.

故对于所有非正的 x, 均有 $f(x) = x + b$.

从而, 对于任意的 $x \in \mathbf{R}$, 均有 $f(x) = x + b$.

设 $f: \mathbf{R} \rightarrow \mathbf{R}$ 为任意函数, $g: \mathbf{R} \rightarrow \mathbf{R}$ 是一个二次函数, 且对于任意的实数 m, n, $f(x) = mx + n$ 有实根当且仅当 $g(x) = mx + n$ 有实根. 证明: $f = g$.

(2013, 第 64 届罗马尼亚数学奥林匹克)

证明 注意到, 若 $h(x) = mx + n$ 的图像为 $g(x) = ax^2 + bx + c$ 的图像的切线, 则方程 $ax^2 + bx + c = mx + n(a, b, c, m, n \in \mathbf{R}, a \neq 0)$ 的判别式为 0.

这表明, 函数 $k(x) = ax^2 + bx + c - mx - n$ 的值只在一个点为 0, 且在其他点处函数值的符号不变.

不妨设 $a > 0$.

若存在 x_0, 使得 $f(x_0) < g(x_0)$, 可选择 m, n 使得 $h(x) = mx + n$ 的图像在点 $(x_0, g(x_0))$ 处与 g 的图像相切.

设 $n' = n - g(x_0) + f(x_0)$.

因为 $g(x) \geqslant mx + n > mx + n'(x \in \mathbf{R})$, 所以, $f(x) = mx + n'$ 有根 x_0 且 $g(x) = mx + n'$ 没有根, 矛盾. 从而, $f(x) \geqslant g(x)(x \in \mathbf{R})$.

假设有 x_0 满足 $f(x_0) > g(x_0)$.

类似地, 可选择 m, n 使得 $h(x) = mx + n$ 的图像在点 $(x_0, g(x_0))$ 处与 g 的图像相切.

注意到, $f(x) > mx + n(x \in \mathbf{R})$. 这与 $g(x) = mx + n$ 有根 x_0, 矛盾.

因此, 对于任意的 $x \in \mathbf{R}$, 均有 $f = g$.

已知正整数 n, 函数 $f: \mathbf{N} \rightarrow \mathbf{N}$ 定义为 $f(x) = \begin{cases} \dfrac{x}{2}, & x \text{ 为偶数}; \\ \dfrac{x-1}{2} + 2^{n-1}, & x \text{ 为奇数}. \end{cases}$

求集合 $A = \{x \in \mathbf{N} \mid \underbrace{(f \circ f \circ \cdots \circ f)}_{n \text{ 个}}(x) = x\}$.

(2013, 第 64 届罗马尼亚数学奥林匹克)

解 为方便记,用 $f^{(n)}$ 表示 f 复合 n 次的函数 $f \circ f \circ \cdots \circ f$.

对于 $x \in \{0, 1, \cdots, 2^n - 1\}$,有 $f(x) \in \{0, 1, \cdots, 2^n - 1\}$.

对于 $x \geqslant 2^n$,有 $f(x) < x$. 于是, $f(x) \leqslant \max\{x, 2^n - 1\}$.

若 $x \in A$,则 $x = f^{(n)}(x) \leqslant \max\{f^{(n-1)}(x), 2^n - 1\} \leqslant \cdots \leqslant \max\{f(x), 2^n - 1\}$.

若 $x \geqslant 2^n$,则 $x \leqslant f(x)$,矛盾.

从而, $A \subseteq \{0, 1, \cdots, 2^n - 1\}$.

由 $f(2^n - 1) = 2^n - 1$,得 $2^n - 1 \in A$.

任取 $x \in \{0, 1, \cdots, 2^n - 1\}$,且 $x \neq 2^n - 1$. 注意到, $2f(x) \in \{x, x + 2^n - 1\}$.

于是, $2f(x) \equiv x \pmod{2^n - 1}$.

由数学归纳法,得 $x \equiv 2^n f^{(n)}(x) \equiv f^{(n)}(x) \pmod{2^n - 1}$.

又 $f^{(n)}(x) < 2^n - 1$,且 $x < 2^n - 1$,则 $f^{(n)}(x) = x$ 当且仅当 $x \in \{0, 1, \cdots, 2^n - 1\}$.

故 $A = \{0, 1, \cdots, 2^n - 1\}$.

试求所有的单射函数 $f: \mathbf{Z} \to \mathbf{Z}$,满足对于任意的 $x, y \in \mathbf{Z}$,均有
$$| f(x) - f(y) | \leqslant | x - y |.$$

(2013,第 64 届罗马尼亚数学奥林匹克)

解 由题意得 $| f(x+1) - f(x) | \leqslant 1$. 故 $f(x+1) - f(x) \in \{-1, 0, 1\}$.

由于 f 为单射,故对于任意的 $x \in \mathbf{Z}$,均有 $f(x+1) - f(x) = \pm 1$.

不失一般性,设 $f(1) - f(0) = 1$(若 f 满足题意,则 $-f$ 也满足题意).

当 $f(2) - f(1) = -1$ 时, $f(2) = f(0)$,不符合题意.

故 $f(2) - f(1) = 1 \Rightarrow f(2) = f(0) + 2$.

由数学归纳法,知对于任意的正整数 n,均有 $f(n) = f(0) + n$.

类似地, $f(-n) = f(0) - n$.

故 $f(x) = x + f(0)$.

综上,满足题意的函数为 $f(x) = \pm x + k$(k 为任意整数常数).

已知 S 为正实数集.试求所有的函数 $f: S^3 \to S$,使得对于任意正实数 x, y, z, k,均有

(1) $xf(x, y, z) = zf(z, y, x)$;

(2) $f(x, yk, k^2 z) = kf(x, y, z)$;

(3) $f(1, k, k+1) = k+1$.

(2013,第 30 届巴尔干地区数学奥林匹克)

解 由题意知

$$f(x, y, z) = f\left(x, \sqrt{z}\,\frac{y}{\sqrt{z}}, z\right) = \sqrt{z}\, f\left(x, \frac{y}{\sqrt{z}}, 1\right)$$

$$= \frac{\sqrt{z}}{x} f\left(1, \frac{y}{\sqrt{z}}, x\right) = \frac{\sqrt{z}}{xm} f\left(1, \frac{my}{\sqrt{z}}, m^2 x\right).$$

适当选择 m 使得 $\begin{cases} \dfrac{my}{\sqrt{z}} = k, \\ m^2 x = k+1. \end{cases}$ ①

由(3),得 $f(x,y,z) = \dfrac{\sqrt{z}}{xm} m^2 x = m\sqrt{z}$.

接下来用 x,y,z 表示 m.

由方程组 ①,得 $xm^2 - \dfrac{ym}{\sqrt{z}} - 1 = 0 \Rightarrow m = \dfrac{y \pm \sqrt{y^2 + 4xz}}{2x\sqrt{z}}$.

由 $f(x,y,z) > 0$,知 m 应取正值. 故 $f(x,y,z) = \dfrac{y + \sqrt{y^2 + 4xz}}{2x}$.

容易验证该函数满足条件.

求所有的函数 $f: \mathbf{Z} \to \mathbf{Z}$,满足条件

(1) 对于任意的 $x \neq y$,均有 $f(x) \neq f(y)$;

(2) 对于任意的 $x, y \in \mathbf{Z}$,均有 $f(f(x)y + x) = f(x)f(y) + f(x)$.

(2013,第53届乌克兰数学奥林匹克)

解 取 $x = y = 0$,得 $f(0) = 0$.

当 $x_0 \neq 0$ 时,记 $a = f(x_0) \neq 0$.

取 $x = x_0$. 对于任意的 $y \in \mathbf{Z}$,均有 $f(ay + x_0) = af(y) + a$.

再将 x 替换为 $ax + x_0$,有

$$f(f(ax + x_0)y + ax + x_0) = f(ax + x_0)f(y) + f(ax + x_0),$$
$$f((af(x) + a)y + ax + x_0) = (af(x) + a)f(y) + af(x) + a,$$
$$f(af(x)y + ay + ax + x_0) = af(x)f(y) + af(y) + af(x) + a.$$
①

式 ① 右边关于 x, y 对称,于是,对于任意的 $x, y \in \mathbf{Z}$,均有

$$f(af(x)y + ay + ax + x_0) = f(af(y)x + ax + ay + x_0)$$
$$\Rightarrow af(x)y + ay + ax + x_0 = af(y)x + ax + ay + x_0$$
$$\Rightarrow f(x)y = f(y)x.$$

取 $y = y_0 \neq 0$,记 $k = \dfrac{f(y_0)}{y_0}$. 故 $f(x) = kx (k \in \mathbf{Q} \setminus \{0\})$.

又因为对于任意的整数 x,$f(x)$ 为整数,所以,$k \in \mathbf{Z} \setminus \{0\}$.

经检验,所有的 $f(x) = kx (k \in \mathbf{Z}$,且 $k \neq 0)$ 均满足题目条件.

求所有函数 $f: \mathbf{Z} \to \mathbf{R}$,使其对于任意的整数 m, n,均有

$$f(m) + f(n) = f(mn) + f(m + n + mn).$$
①

(2013,日本数学奥林匹克)

解　设 $f(1)=a$.

令 $n=1$，得 $f(m)+f(1)=f(m)+f(2m+1)$.

由 m 的任意性，知对于任意奇数 d，均有 $f(d)=a$.

用 $2^k d$（d 为奇数，$k\in\mathbf{N}$）表示任意一个非零整数.

令 $m=d,n=2^k$，得 $f(d)+f(2^k)=f(2^k d)+f(2^k(d+1)+d)$.

因为 $d,2^k(d+1)+d$ 均是奇数，所以，由上式知 $a+f(2^k)=f(2^k d)+a$.

于是，$f(2^k d)=f(2^k)$.

从而，若可确定 $f(2^k)(k=0,1,\cdots)$ 和 $f(0)$，则所有整数 n 所对应的 $f(n)$ 也完全确定.

对于 $k\geqslant 2$，将 $m=2^k,n=2$ 代入式①得 $f(2^k)+f(2)=f(2^{k+1})+f(2^k\times 3+2)$.

又 $2^k\times 3+2$ 为 2 的奇数倍，则 $f(2^k\times 3+2)=f(2)$.

于是，对于任意 $k\geqslant 2$，均有 $f(2^k)=f(2^{k+1})$.

设 $f(2^2)=b$. 则 $f(2^2)=f(2^3)=b$.

在式①中设 $m=n=2$. 则 $2f(2)=f(4)+f(8)=2b\Rightarrow f(2)=b$.

从而，对于一切非零偶数，均有 $f(n)=b$.

类似地，在式①中设 $m=n=-2$. 则 $2f(-2)=f(4)+f(0)\Rightarrow f(0)=b$.

综上，$f(n)=\begin{cases}a, & n\text{ 为奇数;}\\ b, & n\text{ 为偶数.}\end{cases}$（$a,b$ 为任意实常数）　②

反之，对于任意的实数 a,b，可验证：

(1) 当 m,n 均为偶数时，$mn,m+n+mn$ 均为偶数，故式①两边均为 $2b$.

(2) 当 m,n 均为奇数时，$mn,m+n+mn$ 均为奇数，故式①两边均为 $2a$.

(3) 若 m,n 中一个为偶数而另一个为奇数，则 mn 为偶数，$m+n+mn$ 为奇数，故式①两边均为 $a+b$.

从而，由式②定义的函数对于任意实数对 (a,b) 满足式①.

因此，所求函数 f 均为这种形式的函数.

求所有函数 $f:\mathbf{R}\to\mathbf{R}$，使得

(1) $f(0)=0$;

(2) $f(1)=2013$;

(3) 对所有的实数 x,y，均有

$(x-y)(f(f^2(x))-f(f^2(y)))=(f(x)-f(y))(f^2(x)-f^2(y))$.

(2013，越南数学奥林匹克)

解　将 $x\neq 0,y=0$ 代入方程得 $xf(f^2(x))=f^3(x)$.

于是，$f(f^2(x))=\dfrac{f^3(x)}{x}(x\neq 0)$.

代回原方程，且 $xy\neq 0$，得

$(x-y)\left(\dfrac{f^3(x)}{x}-\dfrac{f^3(y)}{y}\right)=(f(x)-f(y))(f^2(x)-f^2(y))$.　①

将 $x < 0, y = 1$ 代入式 ① 得

$$(x-1)\left(\frac{f^3(x)}{x} - 2013^3\right) = (f(x) - 2013)(f^2(x) - 2013^2),$$

即 $(f(x) - 2013x)(f^2(x) - 2013^2 x) = 0 \, (x < 0)$.

由 $x < 0$, 知 $f^2(x) - 2013^2 x > 0$.

这表明, $f(x) = 2013x \, (x < 0)$. 特别地, $f(-1) = -2013$.

将 $x > 0, y = -1$ 代入式 ① 得

$$(x+1)\left(\frac{f^3(x)}{x} - 2013^3\right) = (f(x) + 2013)(f^2(x) - 2013^2),$$

即 $(f(x) - 2013x)(f^2(x) + 2013^2 x) = 0 \, (x > 0)$.

于是, $f(x) = 2013x \, (x > 0)$. 从而, $f(x) = 2013x \, (x \in \mathbf{R})$.

易验证 $f(x) = 2013x \, (x \in \mathbf{R})$ 满足题中条件.

设 k 为确定的正整数, 函数 $f: \mathbf{Z} \to \mathbf{Z}$ 满足对任意的整数 i, j, 若 $0 < |i - j| \leqslant k$, 则 $0 < |f(i) - f(j)| \leqslant k$. 证明: 对于任意的 $i, j \in \mathbf{Z}$, 均有
$$|f(i) - f(j)| = |i - j|.$$

(2013, 塞尔维亚数学奥林匹克)

证明 当 $k = 1$ 时, 结论显然.

当 $k \geqslant 2$ 时, 称集合 $\{x, x+1, \cdots, x+k\} \, (x \in \mathbf{Z})$ 的区间长度为 k.

注意到, 整数 x, y 相邻当且仅当存在区间长度为 k 的 I_1, I_2, 使得 $I_1 \bigcap I_2 = \{x, y\}$.

因为 $f(I_1), f(I_2)$ 的区间长度相同, 且 $\{f(I_1), f(I_2)\} = f(I_1) \bigcap f(I_2)$, 所以, $f(x), f(y)$ 为相邻的.

则对于任意的 $x \in \mathbf{Z}$, 均有 $|f(x+1) - f(x)| = 1$.

考虑映射, 通过简单归纳, 对于任意的 n, 均有 $|f(x+n) - f(x)| = n$.

对于任意给定的正整数 n, 记 $S_n = \{0, 1, \cdots, 2n+1\}$. F 为满足下述条件的函数 $f: \mathbf{Z} \times S_n \to [0, 1]$ 构成的集合:

(i) $f(x, 0) = f(x, 2n+1) = 0 \, (x \in \mathbf{Z})$;

(ii) 对 $x, y \in \mathbf{Z}, 1 \leqslant y \leqslant 2n$, 均有
$$f(x-1, y) + f(x+1, y) + f(x, y-1) + f(x, y+1) = 1.$$

(1) 证明: F 为无限集;

(2) 对每个 $f \in F$, 记 v_f 为 f 的像集, 证明: v_f 为有限集;

(3) 求 (2) 中所有像集 v_f 的元素个数的最大值.

(2013, 越南国家队选拔考试)

(1) 证明 由 (ii) 及
$$(x-1) - y \equiv (x+1) - y \equiv x - (y-1) \equiv x - (y+1) \pmod 2,$$

知 $f(x,y)$ 在 x 和 y 奇偶性相同时的取值与 $f(x,y)$ 在 x 和 y 奇偶性不同时的取值无关.

接下来分别确定两种情况下的函数值.

在坐标平面 xOy 上,对符合 $i,j\in\mathbf{Z}$,且 $0\leqslant j\leqslant 2n+1$ 的格点 (i,j) 赋值 $f(i,j)$.

由(i),知最上一行和最底一行的格点均取 0.

由(ii),知所有以赋值的格点为顶点,$\sqrt{2}$ 为边长的小正方形的四个顶点上赋值之和为 1.

记 $a_k=f(k,k)$,有

$$a_1+a_2+0+f(3,1)=1\Rightarrow f(3,1)=1-a_1-a_2,$$

$$a_2+a_3+f(3,1)+f(4,2)=1\Rightarrow f(4,2)=a_1-a_3,$$

$$a_3+a_4+f(4,2)+f(5,3)=1\Rightarrow f(5,3)=1-a_1-a_4,$$

$$\cdots$$

$$a_{2n-1}+a_{2n}+f(2n,2n-2)+f(2n+1,2n-1)=1\Rightarrow f(2n+1,2n-1)=1-a_1-a_{2n},$$

$$a_{2n}+0+f(2n+1,2n-1)+f(2n+2,2n)=1\Rightarrow f(2n+2,2n)=a_1.$$

于是,当直线 $y=x$ 上格点的值给定后,直线 $y=x-2$ 上格点的值便被唯一确定.

再选择适当的 $a_1,a_2,\cdots,a_{2n}(a_i\in[0,1])$,使得直线 $y=x-2$ 上格点的取值在区间 $[0,1]$ 上.选择

$$1\geqslant a_1\geqslant a_3\geqslant\cdots\geqslant a_{2n-1}\geqslant 0,0\leqslant a_2\leqslant a_4\leqslant\cdots\leqslant a_{2n}\leqslant 1,a_1+a_{2n}\leqslant 1.$$

则 $f(3,1)$,$f(4,2)$,$\cdots$,$f(2n+2,2n)$ 均取值在区间 $[0,1]$ 上,且

$$f(3,1)\geqslant f(5,3)\geqslant\cdots\geqslant f(2n+1,2n-1),f(4,2)\leqslant f(6,4)\leqslant\cdots\leqslant f(2n+2,2n).$$

从而,由上述方法得到的直线 $y=x-2$ 上的格点,其值具有和直线 $y=x$ 上格点的值相同的取值范围以及相同的每隔一点的单调性.

类似地,可确定所有 $x-y$ 为偶数的格点 (x,y) 的值 $f(x,y)$.

另一方面,重复该方法,就可先确定直线 $y=x-1$ 上格点的值 $b_1,b_2,\cdots,b_{2n}$,进而确定所有 $x-y$ 为奇数的格点 (x,y) 的值 $f(x,y)$.

由于 $a_1,a_2,\cdots,a_{2n}$ 和 $b_1,b_2,\cdots,b_{2n}$ 的选取有无穷多种可能,于是,符合题意的 $f(x,y)$ 有无穷多个.

图 4 为其中的一个例子.

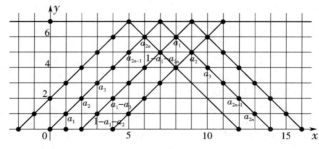

图 4

(2) **证明** 由已知 $f(x-1,y)+f(x+1,y)+f(x,y-1)+f(x,y+1)=1$,知

$$f(x,y+1)+f(x+2,y+1)+f(x+1,y)+f(x+1,y+2)=1.$$

则 $f(x-1,y)+f(x,y-1)=f(x+1,y+2)+f(x+2,y+1)$.

故 $f(1,1)+f(2,0)=f(3,3)+f(4,2)=\cdots=f(2n+1,2n+1)+f(2n+2,2n)$,

$$f(3,1)+f(4,0)=f(5,3)+f(6,2)=\cdots=f(2n+3,2n+1)+f(2n+4,2n).$$

于是，$f(1,1)=f(2n+2,2n),f(3,1)=f(2n+4,2n)$.

类似地，$f(2,2)=f(2n+3,2n-1),f(4,2)=f(2n+5,2n-1)$.

依此类推得

$$f(k,k)=f(2n+1+k,2n+1-k),f(k+2,k)=f(2n+3+k,2n+1-k).$$

类似地，$f(2n+1+k,2n+1-k)=f(4n+2+k,k)$,

$$f(2n+3+k,2n+1-k)=f(4n+4+k,k).$$

故 $f(k,k)=f(4n+2+k,k)(k=1,2,\cdots,2n)$.

归纳可得 $f(k,k)=f((4n+2)i+k,k)(k=1,2,\cdots,2n,i\in\mathbf{Z})$.

于是，全部 $x-y$ 为偶数的格点的值，以图5的三角形区域（记作 Ω）为周期重复出现.

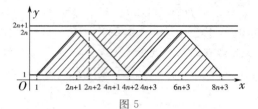

图 5

从而，所有格点的值至多有 $1+2+\cdots+2n=n(2n+1)$ 个.

类似地，对 $x-y$ 为奇数的格点，其值仍然是重复出现.

因此，所有格点的值也至多有 $1+2+\cdots+2n=n(2n+1)$ 个.

算上最顶部和最底部的格点取值为0，于是，像集 v_f 中元素个数至多有 $2n(2n+1)+1$ 个，为有限多个.

（3）**解** 先构造一个满足题意的 $f(x,y)$，且其像集 v_f 中恰有 $2n(2n+1)+1$ 个元素.

只需用数学归纳法证明：对 $i=1,2,\cdots,2n,k\in\mathbf{Z}$，且 $0\leqslant k+i\leqslant 2n+1$，均有

$$f(i+2k,i)=\frac{(1-(-1)^i)(1-(-1)^k)}{4}+(-1)^k a_{k+i}-(-1)^{k+i}a_k. \qquad ①$$

事实上，当 $k=0$ 时，式 ① 显然成立.

假设式 ① 对 $(i,k)(k\leqslant m,i=1,2,\cdots,2n)$ 及 $k=m+1,i\leqslant j$ 两类情况均成立.

计算得

$$f(j+1+2(m+1),j+1)$$
$$=\frac{(1-(-1)^{j+1})(1-(-1)^{m+1})}{4}+(-1)^{m+1}a_{m+j+2}-(-1)^{m+j+2}a_{m+1}.$$

从而，式 ① 对 $i=j+1,k=m+1$ 也成立.

至此，三角形区域 Ω 内 $x-y$ 为偶数的格点的值均应具有形式：$\delta_{ij}\pm a_i\pm a_j(\delta_{ij}\in\{0,1\})$，其中，$\delta_{ij}$ 和 a_i,a_j 的符号均由 i,j 唯一确定.

接下来，取 $a_{2k-1}=\dfrac{1}{3^{2k-1}},a_{2k}=\dfrac{1}{3^{2(n+1-k)}}(k=1,2,\cdots,n)$.

因为任何一个正整数均可唯一地表示为 $\sum\limits_{i=0}^{r}3^i\delta_i(\delta_{ij}\in\{-1,0,1\})$ 的形式，所以，三角形区域 Ω 内 $x-y$ 为偶数的格点的值彼此不同且均非零，共 $n(2n+1)$ 个.

类似地,取 $b_{2k-1}=\dfrac{1}{3^{2k-1}\sqrt{3}},b_{2k}=\dfrac{1}{3^{2(n+1-k)}\sqrt{3}}(k=1,2,\cdots,n)$.

则所有 $x-y$ 为奇数的格点的值也有 $n(2n+1)$ 个,且均非零,同时,和 $x-y$ 为偶数的格点的值也不同,算上最顶部和最底部取 0 的格点,如此构造的 $f(x,y)$ 显然满足题目,且其像集 v_f 中的元素个数达到最大值 $2n(2n+1)+1$.

求所有单射 $f:\mathbf{Z}^+\to\mathbf{Z}^+$,满足:若 S 为一个有限正整数集,使得 $\sum\limits_{s\in S}\dfrac{1}{s}$ 为整数,则 $\sum\limits_{s\in S}\dfrac{1}{f(s)}$ 也为整数.

(2013,罗马尼亚国家队选拔考试)

解 显然,$f(1)=1$.

故由单射,知当 $n\geqslant 2$ 时,$f(n)\geqslant 2$.

引理 对每个正整数 $n\geqslant 2$,存在一个集合 S_n,使得

$$\sum_{s\in S_n}\frac{1}{s}=1(n\in S_n,但\ n+1,n(n+1)\notin S_n).$$

证明 首先对 $n\in\{2,3,4,5\}$,集合

$S_3=\{2,3,6\},S_4=\{2,4,6,12\},S_2=S_5=\{2,5,7,12,20,42\}$

符合要求.

下面假设 $n\geqslant 6$,将用以下两种操作方式来构造满足要求的集合.

【操作1】 令 k 为集合 S 中的最大元素.若 $k(k+1)\leqslant n$,则用 $\{k+1,k(k+1)\}$ 代替 k 可得到集合 S',直到所得到的集合中的最大元素 k 满足 $k\leqslant n<k(k+1)$.此时,若 $k=n$,则集合符合题意;若 $k\neq n$,则进行操作2.

【操作2】 用 $\{k(k+1),(k+1)(k+2),\cdots,n(n-1)\}\bigcup\{n\}$ 代替 k 可得到集合 S'.此时,$n+1\leqslant k(k+1)$,且 $n(n+1)>\max S'$.

若 $n+1<k(k+1)$,则集合符合题意.否则,$n+1=k(k+1)$ 也存在于集合中,故用 $\{k(k+1)+1,k(k+1)(k(k+1)+1)\}$ 来代替 $k(k+1)$,得到满足要求的集合.

引理得证.

对于正整数 n,可以有相应的集合 S_n,使得

$$1=\frac{1}{n}+\sum_{s\in S_n\setminus\{n\}}\frac{1}{s}=\frac{1}{n+1}+\frac{1}{n(n+1)}+\sum_{s\in S_n\setminus\{n\}}\frac{1}{s}.$$

则 $\dfrac{1}{f(n)}+\sum\limits_{s\in S_n\setminus\{n\}}\dfrac{1}{f(s)}$ 与 $\dfrac{1}{f(n+1)}+\dfrac{1}{f(n(n+1))}+\sum\limits_{s\in S_n\setminus\{n\}}\dfrac{1}{f(s)}$ 均为整数.

故 $\dfrac{1}{f(n+1)}+\dfrac{1}{f(n(n+1))}-\dfrac{1}{f(n)}$ 为整数.

而 $-\dfrac{1}{2}\leqslant-\dfrac{1}{f(n)}<\dfrac{1}{f(n+1)}+\dfrac{1}{f(n(n+1))}-\dfrac{1}{f(n)}$

$<\dfrac{1}{f(n+1)}+\dfrac{1}{f(n(n+1))}\leqslant\dfrac{1}{2}+\dfrac{1}{2}=1,$

于是，$\dfrac{1}{f(n+1)}+\dfrac{1}{f(n(n+1))}=\dfrac{1}{f(n)}$.

由此，知 f 严格递增.特别地，$f(n)\geqslant n$.

接下来用数学归纳法证明：$f(n)=n$.

先证 $f(2)=2$.

由 $1\leqslant\dfrac{1}{f(2)}+\dfrac{1}{f(2)}=\dfrac{2}{f(2)}=\dfrac{1}{f(2)}=\dfrac{1}{f(2)}+\dfrac{1}{f(3)}+\dfrac{1}{f(6)}\leqslant 1$，则 $f(2)=2$.

假设对所有不大于 n 的整数 k，均有 $f(k)=k$.

则 $\dfrac{1}{n}=\dfrac{1}{f(n)}=\dfrac{1}{f(n+1)}+\dfrac{1}{f(n(n+1))}\leqslant\dfrac{1}{n+1}+\dfrac{1}{n(n+1)}=\dfrac{1}{n}$.

故 $f(n+1)=n+1$.

综上，原命题成立.

设 k 为任意整数.若函数 $f:\mathbf{R}\rightarrow\mathbf{R}$ 满足

$$f(0)=0,$$
$$f(x^k y^k)=xyf(x)f(y)\ (x,y\neq 0),\qquad\qquad ①$$

求函数 f.

（2013，奥地利数学竞赛）

解 令 $x=y=1$.由式 ① 得 $f(1)=f^2(1)\Rightarrow f(1)=0$ 或 1.

(1) 若 $f(1)=0$，分以下两种情况.

(i) 若 $k=0$，则对式 ①，令 $x=y=t\ (t\neq 0)$，得 $f(1)=t^2 f^2(t)$.

故 $f(t)=0\ (t\neq 0)$.

(ii) 若 $k\neq 0$，将 $y=1$，$x=t$ 代入式 ① 得 $f(t^k)=tf(t)f(1)=0$.

将 $x=y$ 代入式 ① 得

$$f((x^2)^k)=x^2 f^2(x)\Rightarrow 0=x^2 f^2(x)\Rightarrow f(x)=0\ (x\neq 0).$$

(2) 若 $f(1)=1$，将 $x=t$，$y=\dfrac{1}{t}\ (t\neq 0)$ 代入式 ① 得

$$f(1)=f(t)f\left(\dfrac{1}{t}\right)\Rightarrow f(t)\neq 0\ (t\neq 0).$$

将 $x=y=-1$ 代入式 ① 得

$$f((-1)^{2k})=(-1)^2 f^2(-1)\Rightarrow f^2(-1)=1\Rightarrow f(-1)=-1\ 或\ 1.$$

(i) 若 k 为奇数，则将 $x=1$，$y=-1$ 代入式 ① 得

$$f((-1)^k)=-f(-1)\qquad\qquad ②$$
$$\Rightarrow f(-1)=-f(-1).$$

故 $f(-1)=0$，矛盾.

(ii) 若 k 为偶数，则式 ② 为 $f(-1)=-1$.

当 $k=0$ 时，则对 $y=1$，$x=t\ (t\neq 0)$，由式 ① 得 $f(1)=tf(t)\Rightarrow f(t)=\dfrac{1}{t}$；

当 $k \neq 0$ 时,则对 $x = 1, y = t(t \neq 0)$,由式 ① 得

$$f(t^k) = tf(t).$$ ③

结合式 ① 得

$$xyf(x)f(y) = f(x^k y^k) = f((xy)^k) = xyf(xy) \Rightarrow f(xy) = f(x)f(y).$$

将 $x = t, y = t^{k-1}(t \neq 0)$ 代入上式并结合式 ③ 得

$$tf(t) = f(t^k) = f(t \cdot t^{k-1}) = f(t)f(t^{k-1}) \Rightarrow f(t^{k-1}) = t(t \neq 0).$$

当 k 为偶数时,对全部非零实数 x,有唯一的表达式 $x = t^{k-1}(t \neq 0)$.

从而,$f(x) = x^{\frac{1}{k-1}}$.

检验易知所得全部表达式均满足式 ①.

综上,当 k 为全体整数时,$f(x) = 0(x \in \mathbf{R})$;

当 k 为偶数时,$f(x) = \begin{cases} x^{\frac{1}{k-1}}, & x \neq 0; \\ 0, & x = 0. \end{cases}$

求所有函数 $f, g: \mathbf{R}^+ \to \mathbf{R}^+$,使得 f 为增函数,且对于任意 $x, y \in \mathbf{R}^+$,均有

$$f(f(x)) + 2g(x) + +3f(y) = g(x) + 2f(x) + 3g(y),$$ ①

$$g(f(x) + y + g(y)) = 2x - g(x) + f(y) + y.$$ ②

(2013,第 30 届伊朗国家队选拔考试)

解 因为 f 为增函数,所以,$f(x) + x$ 为严格单调递增的,且为单射.

设 $A = f(x) + 2g(x) + 3f(y), B = f(y) + 2g(y) + 3f(x)$.

则由式 ① 得

$$f(A) + A = 3(f(x) + f(y) + g(x) + g(y)),$$

$$f(B) + B = 3(f(y) + f(x) + g(y) + g(x)).$$

由 $f(A) + A = f(B) + B$ 及 $f(x) + x$ 为单射,知 $A = B$,即

$$f(x) + 2g(x) + 3f(y) = f(y) + 2g(y) + 3f(x).$$

这表明,对于任意的 $x, y > 0$,均有 $f(x) - g(x) = f(y) - g(y)$.

则 $f(x) - g(x)$ 为某个常数 c.

在式 ② 中令 $x = y$. 故 $g(f(x) + x + g(x)) = 3x + c > c$.

于是,g 可以取到大于 c 的所有值.

从而,f 能取到大于 $2c$ 的所有值.

将 $g(x) = f(x) - c$ 代入式 ① 得

$$f(3(f(x) + f(y)) - 2c) = 3(f(x) + f(y)) - 4c.$$

于是,对于足够大的 x,有 $f(x) = x - 2c$.

从而,存在 x, y 使得 $f(x) = x - 2c, f(y) = y - 2c$.

代入式 ② 得

$$x + 2y - 8c = g(x - 2c + y + y - 3c) = g(f(x) + y + g(y))$$
$$= 2x - g(x) + f(y) + y = 2x - x + 3c + y - 2c + y = x + 2y + c.$$

从而,$c=0$,且对于任意的 $x\in \mathbf{R}^+$,均有 $f(x)=g(x)$;

对于足够大的 x,有 $f(x)=g(x)=x$.

设 y 为足够大的正实数,且满足 $f(y)=y$,x 为任意正实数.代入式 ② 得

$$f(x)+2y=g(f(x)+2y)=g(f(x)+y+g(y))$$
$$=2x-g(x)+f(y)+y=2x-f(x)+y+y.$$

于是,对于任意的正实数 x,均有 $f(x)=x$.

综上,对于任意的正实数 x,均有 $f(x)=g(x)=x$ 满足条件.

函数 $f:\mathbf{Z}\to \mathbf{Z}$ 满足:对于所有整数 m,n,均有

$$f(m)+f(n)+f(f(m^2+n^2))=1.$$

若存在整数 a,b,使得 $f(a)-f(b)=3$,证明:存在整数 c,d,使得 $f(c)-f(d)=1$.

(2013,第 30 届伊朗国家队选拔考试)

证明 设 $A=\{f(x)-f(y)\mid x,y\in \mathbf{Z}\}$.

由题意知 $3\in A$,只需证明:$1\in A$.

显然,由于 $-(f(x)-f(y))=f(y)-f(x)$,则集合 A 关于乘以 -1 是封闭的.

接下来证明:集合 A 关于和是封闭的.

假设 $\alpha,\beta\in A$.则存在整数 m_1,m_2,n_1,n_2,使得

$\alpha=f(m_1)-f(m_2),\beta=f(n_1)-f(n_2)$.

注意到,$f(m_1)+f(n_1)+f(f(m_1^2+n_1^2))=1$,$f(m_2)+f(n_2)+f(f(m_2^2+n_2^2))=1$.

两个方程相减得 $\alpha+\beta=f(f(m_2^2+n_2^2))-f(f(m_1^2+n_1^2))\in A$.

于是,对于某个正整数 k,A 为 $k\mathbf{Z}$.因为 $3\in A$,所以,$k\mid 3$.

若 $k=3$,则对于每个 $x,y\in \mathbf{Z}$,均有 $3\mid(f(x)-f(y))$.

从而,所有的 $f(x)$ 均模 3 同余.设这个余数为 r.则

$$1\equiv f(m)+f(n)+f(f(m^2+n^2))\equiv r+r+r\equiv 3r\equiv 0(\bmod 3),$$

矛盾.

因此,$k=1$.于是,$A=\mathbf{Z}$.

由于 $1\in A$,则存在整数 c,d,使得 $f(c)-f(d)=1$.

求函数 $f:\mathbf{R}\to \mathbf{R}$,满足 $f(x(1+y))=f(x)(1+f(y))(x,y\in \mathbf{R})$.

(2013,印度国家队选拔考试)

解 若 $f(x)$ 为常函数,则 $f(x)=0$.

假设 $f(x)$ 不全为 0.

(1) 令 $y=0$,则 $f(x)=f(x)(1+f(0))\Rightarrow f(0)=0$;　　　　　　①

令 $y=-1$,则 $f(0)=f(x)(1+f(-1))$.

由式 ① 及 $f(x)$ 不全为 0,知 $f(-1)=-1$.

令 $x = y = 1$，则

$$f(2) = f(1) + f^2(1);$$　　　　　　　　　②

令 $x = -1, y = 1$，则

$$f(-2) = f(-1)(1 + f(1)) = -1 - f(1);$$　　　③

令 $x = 2, y = -2$，则

$$f(-2) = f(2)(1 + f(-2)).$$　　　　　　　④

将式②，③代入式④得

$$-1 - f(1) = (f(1) + f^2(1))(-f(1))$$

$$\Rightarrow f^3(1) + f^2(1) - f(1) - 1 = 0 \Rightarrow f(1) = 1.$$

令 $x = 1$，则 $f(1 + y) = 1 + f(y)$．

故 $f(x(1 + y)) = f(x)(1 + f(y)) = f(x)f(1 + y)$．

用 y 代替 $1 + y$，得 $f(xy) = f(x)f(y)$．

(2) 又 $f(x + xy) = f(x(1 + y))$

$$\Rightarrow f(x)(1 + f(y)) = f(x) + f(x)f(y) = f(x) + f(xy).$$

用 y 代替 xy，得 $f(x + y) = f(x) + f(y)$．

又 $f(1) = 1, f(-1) = -1$，故对于 $x \in \mathbf{Z}$，均有 $f(x) = x$．

取 $x > 0$，则

$$f(x) = f(\sqrt{x})f(\sqrt{x}) = f^2(\sqrt{x}) \geqslant 0$$

$$\Rightarrow f(y + x) = f(y) + f(x) \geqslant f(y) \Rightarrow f \text{ 不减}.$$

对有理数 $\dfrac{p}{q}$ $(p, q \in \mathbf{Z}^+)$ 有 $q f\left(\dfrac{p}{q}\right) = f(p) = p \Rightarrow f\left(\dfrac{p}{q}\right) = \dfrac{p}{q}$．

由实数的稠密性，故对于任意的 $x \in \mathbf{R}$，均有 $f(x) = x$．

　　求所有的函数 $f: \mathbf{R} \to \mathbf{R}^+$，满足对于所有的实数 x, y，均有

(1) $f(x^2) = f^2(x) - 2xf(x)$；

(2) $f(-x) = f(x - 1)$；

(3) 若 $1 < x < y$，则 $f(x) < f(y)$．

（2013，土耳其国家队选拔考试）

解　满足条件的唯一函数为 $f(x) = x^2 + x + 1$．

在条件(1)中，令 $x = 0$，得 $f(0) = f^2(0)$．

由于 $f(0) > 0$，则 $f(0) = 1$．

在条件(1)中，用 $-x$ 代替 x 得

$$f^2(x) - 2xf(x) = f(x^2) = f((-x)^2) = f^2(-x) + 2xf(-x).$$

故 $(f(x) - f(-x))(f(x) + f(-x)) = 2x(f(x) + f(-x))$．

因为 $f(x) > 0, f(-x) > 0$，所以，$f(x) = f(-x) + 2x$．

由条件(2)，得 $f(x) = f(x - 1) + 2x$．　　　　　　①

对所有非负整数 n，由数学归纳法易证 $f(n) = n^2 + n + 1$．

对所有实数 x 和非负整数 n,由式 ① 及数学归纳法得

$$f(x+n) = f(x) + 2xn + n^2 + n. \qquad ②$$

在式 ② 中,令 $x = \dfrac{m}{n}(m,n \in \mathbf{Z}^+)$. 则

$$f((x+n)^2) = f(x^2 + 2m + n^2) = f(x^2) + 2x^2(2m + n^2) + (2m + n^2)^2 + 2m + n^2.$$

另一方面,由条件(1) 和式 ② 得

$$f((x+n)^2) = f^2(x+n) - 2(x+n)f(x+n)$$

$$= (f(x) + 2m + n^2 + n)^2 - 2(x+n)(f(x) + 2xn + n^2 + n).$$

于是,再由条件(1),知对于所有正有理数 x,均有 $f(x) = x^2 + x + 1$.

因为 $f(x)$ 和 $x^2 + x + 1$ 在区间 $(1, +\infty)$ 上均严格递增,所以,对于每个实数 $x > 1$,有 $f(x) = x^2 + x + 1$.

由式 ① 得对于所有实数 x,均有 $f(x) = x^2 + x + 1$.

> 求所有的函数 $f:\mathbf{R} \to \mathbf{R}$,使得对于所有的实数 x,y,均有 $f(1) \geqslant 0$,且 $f(x) - f(y) \geqslant (x-y)f(x-y)$.
>
> (2013,克罗地亚国家队选拔考试)

解 将 $y = x - 1$ 代入原不等式得 $f(x) - f(x-1) \geqslant f(1) \geqslant 0$,即对于每一个 $x \in \mathbf{R}$,有 $f(x) \geqslant f(x-1)$. ①

将 $y = 0$ 代入原不等式得

$$f(x) - f(0) \geqslant xf(x). \qquad ②$$

用 x 代替 y,0 代替 x 代入原不等式得

$$f(0) - f(x) \geqslant -xf(-x). \qquad ③$$

②+③ 得 $0 \geqslant xf(x) - xf(-x)$,即若 $x > 0$,对于每一个 $x \in \mathbf{R}^+$ 有

$$f(-x) \geqslant f(x). \qquad ④$$

将 $x = 1, y = 0$ 代入原不等式得

$$f(1) - f(0) \geqslant f(1) \Rightarrow f(0) \leqslant 0. \qquad ⑤$$

故 $0 \overset{⑤}{\geqslant} f(0) \overset{①}{\geqslant} f(-1) \overset{④}{\geqslant} f(1) \geqslant 0$. 于是, $f(-1) = f(0) = f(1) = 0$.

反复应用式 ① 得 $f(x) \geqslant f(x-1) \geqslant f(x-2) \geqslant \cdots$.

于是,对于每一个 $x \in \mathbf{R}, k \in \mathbf{N}$,有

$$f(x) \geqslant f(x-k). \qquad ⑥$$

用 $x - 1$ 代替 x,-1 代替 y 代入原不等式得 $f(x-1) - f(-1) \geqslant xf(x)$,即对于每一个 $x \in \mathbf{R}$,有

$$f(x-1) \geqslant xf(x). \qquad ⑦$$

由式 ①,⑦ 得 $f(x) \geqslant xf(x)$,即 $f(x)(x-1) \leqslant 0$.

故 $\begin{cases} f(x) \leqslant 0, & x > 1; \\ f(x) \geqslant 0, & x < 1. \end{cases}$ ⑧

(1) 若 $x > 1$,则存在 $y < 1$ 满足 $k = x - y \in \mathbf{Z}^+$.

于是，$0 \overset{\text{\textcircled{8}}}{\geqslant} f(x) \overset{\text{\textcircled{6}}}{\geqslant} f(x-k) = f(y) \overset{\text{\textcircled{8}}}{\geqslant} 0$. 从而，对于每一个 $x > 1$，有 $f(x) = 0$.

(2) 若 $x < 1$，则存在 $y > 1$，满足 $k = y - x \in \mathbf{Z}^+$.

于是，$0 \overset{\text{\textcircled{8}}}{\geqslant} f(y) \overset{\text{\textcircled{6}}}{\geqslant} f(y-k) = f(x) \overset{\text{\textcircled{8}}}{\geqslant} 0$. 仍有 $f(x) = 0$.

综合 (1)，(2)，唯一解为 $f(x) = 0$.

易验证 $f(x) = 0$ 为方程的解，即满足所给条件.

是否存在两个值域为整数集的函数 f, g，使得对于任意整数 x 均满足：

(1) $f(f(x)) = x, g(g(x)) = x, f(g(x)) > x, g(f(x)) > x$；

(2) $f(f(x)) < x, g(g(x)) < x, f(g(x)) > x, g(f(x)) > x$?

（2013，第 35 届国际城市数学竞赛）

解　(1) 不存在.

否则，$x = g(g(x)) = g(f(f(g(x)))) > f(g(x)) > x$，矛盾.

(2) 存在.

例子：$f(x) = \begin{cases} 2|x| + 2, & x \text{ 为奇数}; \\ -(2|x| + 2), & x \text{ 为偶数}. \end{cases}$ $g(x) = \begin{cases} 2|x| + 1, & x \text{ 为偶数}; \\ -(2|x| + 1), & x \text{ 为奇数}. \end{cases}$

其实无论 x 是奇数还是偶数，均有 $|f(x)| = 2|x| + 2$，$|g(x)| = 2|x| + 1$.

故 $f(f(x)) = -(2(2|x| + 2) + 2) = -4|x| - 6 < x$,

$g(f(x)) = 2(2|x| + 2) + 1 = 4|x| + 5 > x$,

$g(g(x)) = -(2(2|x| + 1) + 1) = -4|x| - 3 < x$,

$f(g(x)) = 2(2|x| + 1) + 2 = 4|x| + 4 > x$.

是否存在 $\mathbf{R} \to \mathbf{R}$ 上的函数对 (g, h) 满足如下性质：若对函数 $f: \mathbf{R} \to \mathbf{R}$ 使得对所有的 $x \in \mathbf{R}$，有 $f(g(x)) = g(f(x))$，$f(h(x)) = h(f(x))$，则 f 只能为恒同函数，即 $f(x) \equiv x$?

（2013，罗马尼亚大师杯数学竞赛）

解　存在这样的函数对.

首先，建立一个 $\mathbf{R}$ 与单位闭区间的双射.

从而，只要在单位区间上存在函数对即可.

给出一个特例：取正实数 α, β，令 $g(x) = \max\{x - \alpha, 0\}$，$h(x) = \min\{x + \beta, 1\}$.

对集合 $S \subseteq [0, 1]$，若对所有的 f 满足 $f(g(x)) = g(f(x))$，$f(h(x)) = h(f(x))$，且 $f(S) \subseteq S$，则称该集合为"不变集".

注意到，不变集的交、并集仍为不变集，不变集关于函数 g, h 的原像也为不变集. 这表明，若 S 为不变集，原像 $T = g^{-1}(S)$，则

$g(f(T)) = f(g(T)) \subseteq f(S) \subseteq S \Rightarrow f(T) \subseteq T$.

下面用数学归纳法证明：

若 $\alpha+\beta<1,m,n\in\mathbf{N}$,满足 $0\leqslant n\alpha-m\beta\leqslant1$,则区间 $[0,n\alpha-m\beta]$ 为不变集.

首先,$\{0\}$ 为不变集.

由于 f 能与 g 交换,则 $g(f(0))=f(g(0))=f(0)$,即 $f(0)$ 为 g 的不动点.

从而,$f(0)=0$.故当 $m=n=0$ 时,结论成立.

假设对 m,n 存在 m',n' 满足 $m'+n'<m+n$ 且 $[0,n'\alpha-m'\beta]$ 为不变集.

则数 $(n-1)\alpha-m\beta$ 与 $n\alpha-(m-1)\beta$ 至少有一个属于 $(0,1)$.

不妨设 $(n-1)\alpha-m\beta\in(0,1)$.则 $[0,n\alpha-m\beta]=g^{-1}([0,(n-1)\alpha-m\beta])$.

因此,$[0,n\alpha-m\beta]$ 为不变集.

再证明:若 $\alpha+\beta<1,0<\alpha\notin\mathbf{Q},\beta=\dfrac{1}{k}(k>1)$,则对所有的 $0<\delta<1$,区间 $[0,\delta]$ 为不变集.

事实上,由前面结论,对所有 $n(n\in\mathbf{N})$,有 $[0,n\alpha(\bmod 1)]$ 为不变集,而 $n\alpha(\bmod 1)$ 在 $[0,1]$ 中稠密,特别地,$[0,\delta]=\bigcap\limits_{n\alpha(\bmod 1)>\delta}[0,n\alpha(\bmod 1)]$ 为不变集.

类似地,知 $[\delta,1]$ 也为不变集.

故 $\{\delta\}(0<\delta<1),\{0\},\{1\}$ 均为不变集.

因此,f 为恒同函数.

证明:存在唯一的函数 $f:\mathbf{Z}^+\to\mathbf{Z}^+$ 满足
$$f(1)=f(2)=1,$$
$$f(n)=f(f(n-1))+f(n-f(n-1))(n\geqslant3),\qquad①$$
并对每个整数 $m\geqslant2$,求 $f(2^m)$ 的值.

(2013,第 29 届中国数学奥林匹克)

证明 由 $f(1)=1$,知 $\dfrac{1}{2}\leqslant f(1)\leqslant1$.

先用数学归纳法证明:对于任意的整数 $n>1$,$f(n)$ 可由 $f(1),f(2),\cdots,f(n-1)$ 的值唯一确定,且

$$\frac{n}{2}\leqslant f(n)\leqslant n.\qquad②$$

当 $n=2$ 时,$f(2)=1$,结论成立.

假设对于任意的整数 $k(1\leqslant k<n,n\geqslant3)$,$f(k)$ 的值唯一,且 $\dfrac{k}{2}\leqslant f(k)\leqslant k$.

则 $1\leqslant\dfrac{n-1}{2}\leqslant f(n-1)\leqslant n-1\Rightarrow1\leqslant n-f(n-1)\leqslant n-1$.

故由归纳假设,知 $f(f(n-1))$ 与 $f(n-f(n-1))$ 的值唯一确定.

从而,$f(n)$ 可由式 ① 唯一确定.

又 $\dfrac{1}{2}f(n-1)\leqslant f(f(n-1))\leqslant f(n-1)$,

$$\frac{1}{2}(n-f(n-1))\leqslant f(n-f(n-1))\leqslant n-f(n-1),$$

故由式 ①, 知 $\dfrac{n}{2} \leqslant f(n) \leqslant n$.

于是, 结论对 n 也成立.

由数学归纳法, 知存在唯一的函数 $f: \mathbf{Z}^+ \to \mathbf{Z}^+$ 满足条件, 且 $\dfrac{n}{2} \leqslant f(n) \leqslant n$.

再证明: 对于任意的正整数 n, 均有

$$f(n+1) - f(n) \in \{0, 1\}. \tag{③}$$

当 $n = 1$ 时, 结论 ③ 成立.

假设结论 ③ 在 $n \leqslant k$ 时成立. 由式 ① 知

$$
\begin{aligned}
& f(k+2) - f(k+1) \\
&= f(f(k+1)) + f(k+2 - f(k+1)) - (f(f(k)) + f(k+1 - f(k))) \\
&= f(f(k+1)) - f(f(k)) + f(k+2 - f(k+1)) - f(k+1 - f(k)).
\end{aligned} \tag{④}
$$

由归纳假设, 知 $f(k+1) - f(k) \in \{0, 1\}$.

(1) $f(k+1) = f(k) + 1$.

由于 $1 \leqslant f(k) \leqslant k$, 于是, 由式 ④ 及归纳假设知

$$f(k+2) - f(k+1) = f(f(k) + 1) - f(f(k)) \in \{0, 1\}.$$

(2) $f(k+1) = f(k)$.

注意到, $1 \leqslant k+1 - f(k) \leqslant k$.

于是, 由式 ④ 及归纳假设知

$$f(k+2) - f(k+1) = f(k+2 - f(k)) - f(k+1 - f(k)) \in \{0, 1\}.$$

从而, 结论 ③ 在 $n = k+1$ 时也成立.

由数学归纳法, 知结论 ③ 对一切正整数 n 成立.

最后证明: 对于任意的正整数 m, 均有 $f(2^m) = 2^{m-1}$.

当 $m = 1$ 时, 结论成立.

假设 $m = k$ 时, 结论成立, 即 $f(2^k) = 2^{k-1}$.

接下来考虑 $m = k+1$ 时的情况.

假如 $f(2^{k+1}) \neq 2^k$.

由式 ② 知 $f(2^{k+1}) \geqslant 2^k$, 而 $f(2^{k+1})$ 为整数, 故 $f(2^{k+1}) \geqslant 2^k + 1$.

又 $f(1) = 1$, 于是, 由结论 ③ 知存在一个最小的正整数 $n \leqslant 2^{k+1}$, 使得 $f(n) = 2^k + 1$.
进而, 由 n 的最小性得 $f(n-1) = 2^k$.

再注意到, $n - 2^k \leqslant 2^k$. 故

$$2^k + 1 = f(n) = f(f(n-1)) + f(n - f(n-1)) = f(2^k) + f(n - 2^k) \leqslant 2f(2^k) = 2^k,$$

矛盾(最后两步应用了结论 ③ 及归纳假设).

从而, $f(2^{k+1}) = 2^k$, 即 $m = k+1$ 时结论亦成立.

由数学归纳法, 知对于任意的正整数 m, 均有 $f(2^m) = 2^{m-1}$.

设函数 $f:\mathbf{R}^+ \to \mathbf{R}$. 若 $f(x^2)-x^3$, $f(x^3)-x^4$ 均严格单调递增,证明: $f(x^5)+100(f(x^5)-x^7)$ 严格单调递增.

(2013,第四届陈省身杯全国高中数学奥林匹克)

证明 由 $f(x^2)-x^3$, $f(x^3)-x^4$ 严格单调递增,知 $f(x^{30})-x^{45}$, $f(x^{30})-x^{40}$ 均严格单调递增. 故对正数 λ(待定),有

$$\frac{(f(x^{30})-x^{45})+\lambda(f(x^{30})-x^{40})}{1+\lambda} = f(x^{30})-\frac{x^{45}+\lambda x^{40}}{1+\lambda}$$

严格单调递增.

又结论等价于 $f(x^{30})-\dfrac{100}{101}x^{42}$ 严格单调递增.

而 $f(x^{30})-\dfrac{100}{101}x^{42} = f(x^{30})-\dfrac{x^{45}+\lambda x^{40}}{1+\lambda}+\dfrac{1}{1+\lambda}\left(x^{45}+\lambda x^{40}-\dfrac{100}{101}(1+\lambda)x^{42}\right)$,

故只要证 $F(x)=x^{45}+\lambda x^{40}-\dfrac{100}{101}(1+\lambda)x^{42}$ 严格单调递增.

注意到,

$$F'(x)=45x^{44}+40\lambda x^{39}-\frac{4200}{101}(1+\lambda)x^{41}>0$$

$$\Leftrightarrow 9x^5+8\lambda>\frac{840}{101}(1+\lambda)x^2.$$

而 $9x^5+8\lambda = \dfrac{9x^5}{2}\times 2+\dfrac{8\lambda}{3}\times 3 \geqslant 5\sqrt[5]{\left(\dfrac{9x^5}{2}\right)^2\left(\dfrac{8\lambda}{3}\right)^3}=10\sqrt[5]{12\lambda^3}\,x^2$,

故只要取正数 λ 满足

$$\sqrt[5]{12\lambda^3}>\frac{84}{101}(1+\lambda)\Leftrightarrow\frac{101}{84}\times 12^{\frac15}>\lambda^{\frac25}+\lambda^{-\frac35}.$$

而 $\lambda^{\frac25}+\lambda^{-\frac35}=\dfrac{\lambda^{\frac25}}{3}\times 3+\dfrac{\lambda^{-\frac35}}{2}\times 2\geqslant 5\sqrt[5]{\left(\dfrac13\right)^3\times\left(\dfrac12\right)^2}=\dfrac{5}{\sqrt[5]{108}}$,

故取 $\lambda=\dfrac32$,上式等号成立. 此时,只要证

$$\frac{101}{84}\times 12^{\frac15}>\frac{5}{\sqrt[5]{108}}\Leftrightarrow\sqrt[5]{12\times 108}>\frac{420}{101}\Leftrightarrow\frac{16}{3}>\left(\frac{140}{101}\right)^5\Leftrightarrow 101^5>6\times 7^5\times 10^5$$

$$\Leftrightarrow 101^5=(100+1)^5>10^{10}+5\times 10^8>1.00842\times 10^{10}=6\times 7^5\times 10^5.$$

若函数 g 能被写成函数 f 自身的若干次复合,即存在正整数 k,使得 $\underbrace{f \circ f \circ \cdots \circ f}_{k个} = g$,则称函数 f 生成函数 g,记为 $f \to g$.

目的是探索这个关系的一些性质(如易证若 $f \to g$, $g \to h$,则 $f \to h$(传递性)).

(1) 证明:存在函数 $f, g: \mathbf{R} \to \mathbf{R}$,且 $f \neq g$,使得 $f \to g$, $g \to f$;

(2) 证明:对于每个函数 $f: \mathbf{R} \to \mathbf{R}$,存在有限个函数 $g: \mathbf{R} \to \mathbf{R}$,使得 $f \to g$, $g \to f$;

(3) 是否存在函数 $g: \mathbf{R} \to \mathbf{R}$,使得唯一生成它的函数是其自身?

(4) 是否存在一个函数生成函数 x^3 和 x^5?

(5) 证明:若存在一个函数生成两个线性多项式 P 和 Q,则存在一个线性多项式生成 P 和 Q.

(2013—2014,第 31 届伊朗数学奥林匹克)

(1) **证明** 设 $f(x) = \begin{cases} 2, & x = 1; \\ 3, & x = 2; \\ 1, & x = 3; \\ x, & x \neq 1, 2, 3. \end{cases}$ $g(x) = \begin{cases} 3, & x = 1; \\ 1, & x = 2; \\ 2, & x = 3; \\ x, & x \neq 1, 2, 3. \end{cases}$

容易验证 $g^2 = f$, $f^2 = g$,其中,对于正整数 k,

$f^k = \underbrace{f \circ f \circ \cdots \circ f}_{k个}$, $g^k = \underbrace{g \circ g \circ \cdots \circ g}_{k个}$.

(2) **证明** 假设函数 g 满足 $f \to g$, $g \to f$.则存在正整数 m, n,使得 $f^m = g$, $g^n = f$.于是,$f^{mn} = f$.因此,f 最多生成 $mn - 1$ 个新的函数.这表明,函数 g 只有有限个.

(3) **解** 存在函数 $g: \mathbf{R} \to \mathbf{R}$ 满足条件.

设 $g(x) = \begin{cases} x + 1, & x \in \mathbf{Z}; \\ x, & x \notin \mathbf{Z}. \end{cases}$

若函数 f 为实函数,且 $f \to g$,则存在正整数 k,使得 $f^k = g$.

由于 g 为双射,则 f 也为双射.

若对于某个 $z_0 \in \mathbf{Z}$,使得 $f(z_0) \notin \mathbf{Z}$,则

$f(z_0) = g(f(z_0)) = f^{k+1}(z_0) = f(g(z_0)) = f(z_0 + 1)$.

这与 f 为双射矛盾.于是,$f(\mathbf{Z}) \subseteq \mathbf{Z}$.

从而,对于每个整数 z,均有

$f(z + 1) = f(g(z)) = f^{k+1}(z) = g(f(z)) = f(z) + 1$. ①

因为对于某个整数 z,存在整数 t,使得 $f(z) = z + t$,所以,由式 ① 知对于每个整数 z,均有 $f(z) = z + t$.

故 $z + kt = f^k(z) = g(z) = z + 1 \Rightarrow kt = 1 \Rightarrow k = t = 1$.

因此,一定有 $f = g$.

(4) **解** 若存在函数 f 满足条件,则存在正整数 m, n,使得 $f^m(x) = x^3$, $f^n(x) = x^5$.于是,$x^{3^n} = f^{mn}(x) = x^{5^m}$.从而,$3^n = 5^m$,矛盾.

(5) **证明** **引理** 设函数 $f: \mathbf{R} \to \mathbf{R}$ 满足存在正整数 a, b $(a > b)$,使得 f^a 和 f^b 均为一

次多项式.则 f^{a-b} 也为一次多项式.

证明 因为每个一次多项式的逆仍是一次多项式,所以,

$$f^{a-b}(x) = f^a \circ ((f^b)^{-1}(x))$$

为一次多项式.

引理得证.

假设存在正整数 m,n,使得 $f^m = P$,$f^n = Q$.

设 $(m,n) = d$.

由欧几里得辗转相除法及引理,知 f^d 为一次多项式,且 f^d 可以生成 P 和 Q.

求所有函数 $f:\mathbf{Z}^+ \to \mathbf{Z}^+$,使得对于所有正整数 m,n,均有

$(m^2 + f(n)) \mid (mf(m) + n)$.

(第 54 届 IMO 预选题)

解 满足条件的函数 $f(n) = n$.

设 $m = n = 2$.则 $(4 + f(2)) \mid (2f(2) + 2)$.

因为 $2f(2) + 2 < 2(4 + f(2))$,所以,$2f(2) + 2 = 4 + f(2) \Rightarrow f(2) = 2$.

设 $m = 2$.则 $(4 + f(n)) \mid (4 + n)$.这表明,对于任意正整数 n,均有 $f(n) \leqslant n$.

设 $m = n$.则

$(n^2 + f(n)) \mid (nf(n) + n) \Rightarrow nf(n) + n \geqslant n^2 + f(n)$

$\Rightarrow (n-1)(f(n) - n) \geqslant 0$.

这表明,对于所有正整数 $n \geqslant 2$,均有 $f(n) \geqslant n$,且当 $n = 1$ 时,结论也成立.

因此,对于所有正整数 n,均有 $f(n) = n$.

设函数 $f:\mathbf{Q}^+ \to \mathbf{R}$ 满足如下三个条件:

(1) 对于所有的 $x,y \in \mathbf{Q}^+$,均有 $f(x)f(y) \geqslant f(xy)$; ①

(2) 对于所有的 $x,y \in \mathbf{Q}^+$,均有 $f(x+y) \geqslant f(x) + f(y)$; ②

(3) 存在有理数 $a > 1$,使得 $f(a) = a$.

证明:对于所有的 $x \in \mathbf{Q}^+$,均有 $f(x) = x$.

(第 54 届 IMO)

证明 将 $x = 1$,$y = a$ 代入式 ① 得 $f(1) \geqslant 1$.

由式 ② 出发,关于 n 进行数学归纳得到,对于任意的 $n \in \mathbf{Z}^+$,$x \in \mathbf{Q}^+$,均有

$f(nx) \geqslant nf(x)$. ③

特别地,$f(n) \geqslant nf(1) \geqslant n$. ④

再次利用式 ①,得 $f\left(\dfrac{m}{n}\right)f(n) \geqslant f(m)$.

从而,对于任意的 $q \in \mathbf{Q}^+$,均有 $f(q) > 0$.

由式 ②,知 f 是严格递增的,结合式 ④,知对于任意的 $x \geqslant 1$,均有

$$f(x) \geqslant f([x]) \geqslant [x] > x - 1.$$

由式 ① 归纳得 $f^n(x) \geqslant f(x^n)$,故 $f^n(x) \geqslant f(x^n) > x^n - 1$.

从而,对于任意的 $x > 1, n \in \mathbf{Z}^+$,均有 $f(x) \geqslant \sqrt[n]{x^n - 1}$.

由此,对于任意的 $x > 1$,均有 $f(x) \geqslant x$.　　　　　　　　　　　⑤

(事实上,若 $x > y > 1$,则 $x^n - y^n = (x - y)(x^{n-1} + x^{n-2}y + \cdots + y^{n-1}) > n(x - y)$.
故对于充分大的 n 有 $x^n - 1 > y^n$,即 $f(x) > y$.)

由式 ①,⑤,得 $a^n = f^n(a) \geqslant f(a^n) \geqslant a^n$.于是,$f(a^n) = a^n$.

对于任意的 $x > 1$,可选取 $n \in \mathbf{Z}^+$,使得 $a^n - x > 1$.

由式 ②,⑤,得 $a^n = f(a^n) \geqslant f(x) + f(a^n - x) \geqslant x + (a^n - x) = a^n$.

故对于任意的 $x > 1$,均有 $f(x) = x$.

对于任意的 $x \in \mathbf{Q}^+, n \in \mathbf{Z}^+$,由式 ①,③ 知

$$nf(x) = f(n)f(x) \geqslant f(nx) \geqslant nf(x) \Rightarrow f(nx) = nf(x).$$

于是,对于任意的 $m, n \in \mathbf{Z}^+$,均有 $f\left(\dfrac{m}{n}\right) = \dfrac{f(m)}{n} = \dfrac{m}{n}$.

注:条件 $f(a) = a > 1$ 是本质.事实上,对于 $b \geqslant 1$,函数 $f(x) = bx^2$ 对于任意的 $x, y \in \mathbf{Q}^+$ 均满足式 ①,②,且有唯一的不动点 $\dfrac{1}{b} \leqslant 1$.

求所有的函数 $f: \mathbf{N} \to \mathbf{N}$,使得对于所有的 $n \in \mathbf{N}$,均有
$$f(f(f(n))) = f(n+1) + 1.　　　　　　①$$

（第 54 届 IMO 预选题）

解　对于 $n \in \mathbf{N}$,有两个函数满足条件:

$$f(n) = n+1, \quad f(n) = \begin{cases} n+1, & n \equiv 0 \text{ 或 } 2 \pmod 4; \\ n+5, & n \equiv 1 \pmod 4; \\ n-3, & n \equiv 3 \pmod 4. \end{cases} \quad ②$$

记 $h^0(x) = x$,$h^k(x) = \underbrace{h(h(\cdots h(x) \cdots))}_{k \uparrow}(k \in \mathbf{Z}^+)$.

由式 ① 得 $f^4(n) = f(f^3(n)) = f(f(n+1) + 1)$,

$f^4(n+1) = f^3(f(n+1)) = f(f(n+1) + 1) + 1$.

故 $f^4(n) + 1 = f^4(n+1)$.　　　　　　③

(1) 用 R_i 表示 f^i 的值域.

由于 $f^0(x) = x$,则 $R_0 = \mathbf{N}$,且 $R_0 \supseteq R_1 \supseteq \cdots$.

由式 ③ 知若 $a \in R_4$,则 $a + 1 \in R_4$.

这表明,$\mathbf{N} \backslash R_4$ 是有限的.从而,$\mathbf{N} \backslash R_1$ 是有限的,即 R_1 是无界的.

若存在不同的非负整数 m, n,使 $f(m) = f(n)$,由式 ① 得 $f(m+1) = f(n+1)$.

由数学归纳法,知对于每一个 $c \in \mathbf{N}$,均有 $f(m+c) = f(n+c)$.

于是,对于所有的 $k \geqslant m$,函数 $f(k)$ 是以 $|m - n|$ 为周期的.从而,R_1 有界,矛盾.

因此,f 为单射.

(2) 设 $S_i = R_{i-1} \backslash R_i$.

则对于所有的正整数 $i(i \leqslant 4)$, S_i 是有限的.

又由于 f 为单射, 有 $n \in S_i \Leftrightarrow f(n) \in S_{i+1}$.

再由 f 为单射, 知 f 为 S_i 和 S_{i+1} 之间的双射. 于是, $|S_1| = |S_2| = \cdots$, 并记 $|S_i| = k$.

若 $0 \in R_3$, 则存在 $n \in \mathbf{N}$, 使得 $f(f(f(n))) = 0$.

由式①, 得 $f(n+1) = -1$, 矛盾.

于是, $0 \in R_0 \backslash R_3 = S_1 \bigcup S_2 \bigcup S_3$, 且 $k \geqslant 1$.

对于 $R_0 \backslash R_3 = S_1 \bigcup S_2 \bigcup S_3$ 中的元素 b, 至少满足下述三个条件之一:

(i) $b = 0$; (ii) $b = f(0) + 1$; (iii) $b - 1 \in S_1$.

否则, $b - 1 \in R_1$, 且存在 $n \in \mathbf{Z}^+$, 使得 $f(n) = b - 1$.

于是, $f^3(n-1) = f(n) + 1 = b$.

从而, $b \in R_3$, 矛盾.

由 $3k = |S_1 \bigcup S_2 \bigcup S_3| \leqslant 1 + 1 + |S_1| = k + 2$, 则 $k \leqslant 1$.

故 $k = 1$, 且不等式的等号成立.

因此, 存在某个 $a \in \mathbf{N}$, 有 $S_1 = \{a\}$, $S_2 = \{f(a)\}$, $S_3 = \{f^2(a)\}$.

上面的条件(i),(ii),(iii)中的每一个恰出现一次,这表明,

$$\{a, f(a), f^2(a)\} = \{0, a+1, f(0)+1\}. \tag{④}$$

(3) 由式④, 得 $a + 1 \in \{f(a), f^2(a)\}$.

若 $a + 1 = f^2(a)$, 则 $f(a+1) = f^3(a) = f(a+1) + 1$, 矛盾.

于是, $f(a) = a + 1$. $\tag{⑤}$

再由式④, 得 $0 \in \{a, f^2(a)\}$.

下面考虑两种情况.

【情况 1】 $a = 0$, 则 $f(0) = f(a) = a + 1 = 1$.

由式④, 得 $f(1) = f^2(a) = f(0) + 1 = 2$.

下面对 n 用数学归纳法证明 $f(n) = n + 1$.

当 $n = 0, 1$ 时, 结论成立.

假设 $f(n-2) = n - 1$, $f(n-1) = n (n \geqslant 2)$.

则 $n + 1 = f(n-1) + 1 = f^3(n-2) = f^2(n-1) = f(n)$.

从而, 对于任意的 $n \in \mathbf{N}$, 均有 $f(n) = n + 1$.

经验证, 此函数满足式①.

【情况 2】 $f^2(a) = 0$.

由式④,⑤ 分别得 $a = f(0) + 1$, $f(a+1) = f^2(a) = 0$.

故 $f(0) = f^3(a) = f(a+1) + 1 = 1$.

于是, $a = f(0) + 1 = 2$. 由式⑤ 得 $f(2) = 3$. 从而, $f(0) = 1$, $f(2) = 3$, $f(3) = 0$.

下面对 m 用数学归纳法证明:对于所有的 $n = 4k, 4k+2, 4k+3 (k \leqslant m)$ 及 $n = 4k+1 (k < m)$, 式② 成立.

当 $m = 0$ 时,结论成立.

假设 $m - 1 (m \geqslant 1)$ 时结论成立.

由式 ①，得 $f^3(4m-3)=f(4m-2)+1=4m$.

由式 ③，得 $f(4m)=f^4(4m-3)=f^4(4m-4)+1=f^3(4m-3)+1=4m+1$.

由归纳假设及式 ① 得

$$f(4m-3)=f^2(4m-4)=f^3(4m-1)=f(4m)+1=4m+2,$$

$$f(4m+2)=f^2(4m-3)=f^3(4m-4)=f(4m-3)+1=4m+3,$$

$$f(4m+3)=f^2(4m+2)=f^3(4m-3)=f(4m-2)+1=4m.$$

综上，式 ② 成立.

直接验证，知式 ② 为原方程的解.

$$f^3(4k)=4k+7=f(4k+1)+1,f^3(4k+1)=4k+4=f(4k+2)+1,$$

$$f^3(4k+2)=4k+1=f(4k+3)+1,f^3(4k+3)=4k+6=f(4k+4)+1.$$

求所有的函数 $f:\mathbf{Q}\to\mathbf{Z}$，使得对于所有的 $x\in\mathbf{Q},a\in\mathbf{Z},b\in\mathbf{Z}^+$，均有

$$f\left(\frac{f(x)+a}{b}\right)=f\left(\frac{x+a}{b}\right).\qquad ①$$

（第 54 届 IMO 预选题）

解 满足条件的函数为所有常值函数，$\lfloor x\rfloor$，$\lceil x\rceil$.

先验证这三个函数满足方程 ①.

显然，所有常值函数满足方程 ①.

若 $f(x)=\lfloor x\rfloor$，考虑任意三元数组 $(x,a,b)\in\mathbf{Q}\times\mathbf{Z}\times\mathbf{Z}^+$.

设 $q=\left\lfloor\dfrac{x+a}{b}\right\rfloor$. 这表明，$q$ 为整数，且 $bq\leqslant x+a<b(q+1)$. 则

$$bq\leqslant\lfloor x\rfloor+a<b(q+1)\Rightarrow\left\lfloor\frac{\lfloor x\rfloor+a}{b}\right\rfloor=\left\lfloor\frac{x+a}{b}\right\rfloor.$$

于是，$f(x)=\lfloor x\rfloor$ 满足方程 ①.

若 $f(x)=\lceil x\rceil$，考虑任意三元数组 $(x,a,b)\in\mathbf{Q}\times\mathbf{Z}\times\mathbf{Z}^+$.

设 $q=\left\lceil\dfrac{x+a}{b}\right\rceil$. 这表明，$q$ 为整数，且 $b(q-1)<x+a\leqslant bq$. 则

$$b(q-1)<\lceil x\rceil+a\leqslant bq\Rightarrow\left\lceil\frac{\lceil x\rceil+a}{b}\right\rceil=\left\lceil\frac{x+a}{b}\right\rceil.$$

于是，$f(x)=\lceil x\rceil$ 满足方程 ①.

若对于所有的 $(x,a,b)\in\mathbf{Q}\times\mathbf{Z}\times\mathbf{Z}^+$，函数 $f:\mathbf{Q}\to\mathbf{Z}$ 均满足方程 ①，下面分两种情况.

(1) 若存在 $m\in\mathbf{Z}$，使得 $f(m)\neq m$.

设 $f(m)=C,\eta\in\{-1,1\},b=|f(m)-m|$.

对于任意整数 r，将三元数组 $(m,rb-C,b)$ 代入方程 ① 得 $f(r)=f(r-\eta)$.

从 m 开始，沿着两个方向用数学归纳法.

由上式，知对于所有整数 r，均有 $f(r)=C$.

对于任意有理数 y，设 $y=\dfrac{p}{q}((p,q)\in\mathbf{Z}\times\mathbf{Z}^+)$.

将三元数组$(C-p,p-C,q)$代入方程① 得$f(y)=f(0)=C$.

于是,f 为常值函数,且总为常数$C(C$ 为任意整数).

(2) 若对于所有整数m,均有$f(m)=m$.

在方程 ① 中,令$b=1$.则对于任意二元数组$(x,a)\in \mathbf{Q}\times \mathbf{Z}$,均有

$$f(x)+a=f(x+a). \qquad ②$$

设$f\left(\dfrac{1}{2}\right)=\omega$.下面分三步进行.

(i) 先证明$\omega\in \{0,1\}$.

若$\omega\leqslant 0$,将三元数组$\left(\dfrac{1}{2},-\omega,1-2\omega\right)$代入方程 ① 得$0=f(0)=f\left(\dfrac{1}{2}\right)=\omega$.

若$\omega\geqslant 1$,将三元数组$\left(\dfrac{1}{2},\omega-1,2\omega-1\right)$代入方程 ① 得$1=f(1)=f\left(\dfrac{1}{2}\right)=\omega$.

从而,$\omega\in \{0,1\}$.

(ii) 再证明:对于所有有理数$x(0<x<1)$,均有$f(x)=\omega$.

假设结论不成立,则存在有理数$\dfrac{a}{b}\in(0,1)$,使得$f\left(\dfrac{a}{b}\right)\neq \omega$,其中,$a,b$ 为正整数,且b 最小.

于是,$(a,b)=1$,且$b\geqslant 2$.若b 为偶数,则a 为奇数.

将三元数组$\left(\dfrac{1}{2},\dfrac{a-1}{2},\dfrac{b}{2}\right)$代入方程 ① 得

$$f\left(\frac{\omega+\dfrac{a-1}{2}}{\dfrac{b}{2}}\right)=f\left(\frac{a}{b}\right)\neq \omega. \qquad ③$$

注意到,$0\leqslant \dfrac{a-1}{2}<\dfrac{b}{2}$.

当$\omega=0$ 时,由式③ 得$f\left(\dfrac{\dfrac{a-1}{2}}{\dfrac{b}{2}}\right)\neq \omega$,与$b$ 的最小性矛盾.

当$\omega=1$ 时,由于$a+1\leqslant b$,再分两种情况讨论:

(a) 若$a+1<b$,由式③ 得$f\left(\dfrac{\dfrac{a+1}{2}}{\dfrac{b}{2}}\right)\neq \omega$,与$b$ 的最小性矛盾.

(b) 若$a+1=b$,由式③ 得$1=f(1)=f\left(\dfrac{a}{b}\right)\neq \omega=1$,矛盾.

若b 为奇数,设$b=2k+1(k\in \mathbf{Z}^{+})$.

将三元数组$\left(\dfrac{1}{2},k,b\right)$代入方程 ① 得$f\left(\dfrac{\omega+k}{b}\right)=f\left(\dfrac{1}{2}\right)=\omega$. $\qquad ④$

由$(a,b)=1$,知存在整数$r\in \{1,2,\cdots,b\}$ 和整数m,使得$ra-mb=k+\omega$.

又因为$k+\omega$ 不为b 的倍数,所以,$1\leqslant r<b$.

若 m 为负整数,则 $ra - mb > b > k + \omega$,矛盾.

若 $m \geqslant r$,则 $ra - mb < rb - rb = 0$,矛盾.

从而,$0 \leqslant m \leqslant r - 1$.

将三元数组 $\left(\dfrac{k+\omega}{b}, m, r\right)$ 代入方程 ①,并由式 ④ 得 $f\left(\dfrac{\omega + m}{r}\right) = f\left(\dfrac{a}{b}\right) \neq \omega$.

当 $\omega + m < r$ 时,由 $r < b$,知与 b 的最小性矛盾.

当 $\omega + m = r$ 时,$\omega = 1$,$m = r - 1$. 故 $1 = f(1) = f\left(\dfrac{a}{b}\right) \neq \omega = 1$,矛盾.

综上,对于所有有理数 $x(0 < x < 1)$,均有 $f(x) = \omega$.

(iii) 若 $\omega = 0$,则对于所有有理数 $x(0 \leqslant x < 1)$,有 $f(x) = \lfloor x \rfloor$.

由式 ②,知对于所有有理数 x,均有 $f(x) = \lfloor x \rfloor$.

类似地,若 $\omega = 1$,则对于所有有理数 x,均有 $f(x) = \lceil x \rceil$.

求所有的函数 $f: \mathbf{Z} \to \mathbf{Z}$,满足

$$xf(2f(y) - x) + y^2 f(2x - f(y)) = \dfrac{f^2(x)}{x} + f(yf(y)) \quad (x, y \in \mathbf{Z}, x \neq 0).$$

(2014,第 43 届美国数学奥林匹克)

解 设函数 f 满足题意.

设素数 p 满足 $p > |f(0)|$.

由 $p \mid f^2(p) \Rightarrow p \mid f(p) \Rightarrow p \mid \dfrac{f^2(p)}{p}$.

令 $y = 0, x = p$. 则 $p \mid f(0)$.

因为 $p > |f(0)|$,所以,$f(0) = 0$.

令 $y = 0$. 则 $xf(-x) = \dfrac{f^2(x)}{x}$.   ①

在式 ① 中,用 x 代替 $-x$ 得 $xf(x) = \dfrac{f^2(-x)}{x}$.   ②

由式 ①,②,知对于任意的 x,均有 $f(x) = 0$ 或 $f(x) = x^2$.

假设存在 $x_0 \neq 0$,使得 $f(x_0) = 0$.

令 $y = x_0$. 则 $xf(-x) + x_0^2 f(2x) = \dfrac{f^2(x)}{x}$.

于是,对于任意的 x,均有 $x_0^2 f(2x) = 0$.从而,对于任意的偶数 x,$f(x) = 0$.

假设存在奇数 y_0,使得 $f(y_0) \neq 0$. 则 $f(y_0) = y_0^2$.

令 $y = y_0$. 则 $xf(2y_0^2 - x) + y_0^2 f(2x - y_0^2) = \dfrac{f^2(x)}{x} + f(y_0^3)$.

当 x 为非零偶数时,得 $y_0^2 f(2x - y_0^2) = f(y_0^3)$.

若 $f(y_0^3) \neq 0$,则 $f(2x - y_0^2) \neq 0$. 故 $f(2x - y_0^2) = (2x - y_0^2)^2$.

由上述结论,知对于任意的非零偶数 x,均有 $f(y_0^3) = y_0^2 (2x - y_0^2)^2$.

如上结论显然是不成立的.

于是,对于任意的非零偶数 x,均有 $f(2x - y_0^2) = 0$.

由 y_0 为奇数,$y_0^2 \equiv 1 \pmod 4$,则除去 $-y_0^2$,对于所有形如 $4k + 3$ 的数,均有 $f = 0$.

因为 $x^2 f(-x) = f^2(x)$,所以,除去 y_0^2,对于所有形如 $4k + 1$ 的数,均有 $f = 0$.

从而,除去 y_0^2 和 $-y_0^2$,对于任意的奇数,均有 $f = 0$.

由 $f(y_0) \neq 0 \Rightarrow y_0 = y_0^2$ 或 $y_0 = -y_0^2 \Rightarrow y_0 = 1$ 或 $y_0 = -1$.

因为 $f(1)$ 和 $f(-1)$ 等于 0 或 1,且 $f(y_0^2)$ 和 $f(-y_0^2)$ 均非零,所以,$f(1) = f(-1) = 1$.

若令 $x = 2, y = 1$.则 $2f(2f(1) - 2) + f(4 - f(1)) = \dfrac{f^2(2)}{2} + f(f(1))$.

因为 $f(2) = 0$,$f(1) = 1$,所以,$2f(0) + f(3) = 0 + 1$.

而 $f(3) = 0$,则 $0 = 1$.矛盾.

于是,若存在非零整数 x,使得 $f(x) = 0$,则不存在非零整数 y_0,使得 $f(y_0) \neq 0$.

从而,对于任意整数 x,均有 $f(x) = 0$.

又若仅有 $f(0) = 0$,则对于任意的整数 x,均有 $f(x) = x^2$.

综上,$f(x) = 0$ 或 $f(x) = x^2$.

对于任意的整数 x, y,显然,$f(x) = 0$ 满足题目条件.

而当 $f(x) = x^2$ 时,$x(2y^2 - x)^2 + y^2(2x - y^2)^2 = x^3 + y^6$,显然成立.

代数部分

求所有函数 $f: \mathbf{Q}^+ \rightarrow \mathbf{R}^+$,使得对于任意的 $x, y \in \mathbf{Q}^+$,均有
$$f(xy) = f(x + y)(f(x) + f(y)).$$

(2014,第 63 届保加利亚数学奥林匹克)

解 若 $g(x) = \dfrac{1}{f(x)}$,则 $g: \mathbf{Q}^+ \rightarrow \mathbf{R}^+$ 满足

$$g(x + y)g(x)g(y) = g(xy)(g(x) + g(y)). \qquad ①$$

设 $f(1) = c > 0$.则 $g(1) = \dfrac{1}{c}$.

在式 ① 中令 $y = 1$.则 $g(x + 1) = cg(x) + 1$.

故 $g(2) = cg(1) + 1 = 2$,$g(3) = cg(2) + 1 = 2c + 1$,$g(4) = cg(3) + 1 = 2c^2 + c + 1$,

$g(5) = cg(4) + 1 = 2c^3 + c^2 + c + 1$,$g(6) = cg(5) + 1 = 2c^4 + c^3 + c^2 + c + 1$.

又在式 ① 中,令 $x = 2, y = 3$,得

$$g(5)g(2)g(3) = g(6)(g(2) + g(3)) \Rightarrow 4c^5 - 3c^3 - c^2 - c + 1 = 0$$

$$\Rightarrow (c - 1)(c + 1)(2c - 1)(2c^2 + c + 1) = 0 \Rightarrow c = 1 \text{ 或 } \dfrac{1}{2}.$$

若 $c = 1$,则 $g(x + 1) = g(x) + 1$.

由数学归纳法易证:

对于任意的正整数 n,有 $g(n) = n$;

对于任意的正整数 n 和正有理数 x,有 $g(x + n) = g(x) + n$.

在式 ① 中,令 $y = n(n \in \mathbf{Z}^+)$,有

$$(g(x) + n)g(x)n = g(nx)(g(x) + n) \Rightarrow g(nx) = ng(x).$$

设 $x = \dfrac{p}{q}, n = q(p, q \in \mathbf{Z}^+)$.

则 $g\left(\dfrac{p}{q}\right) = \dfrac{p}{q}$, 即对于任意的 $x \in \mathbf{Q}^+$, 有 $g(x) = x$.

从而, 对于任意的 $x \in \mathbf{Q}^+$, 有 $f(x) = \dfrac{1}{x}$.

若 $c = \dfrac{1}{2}$, 则 $g(x + 1) = \dfrac{1}{2}g(x) + 1$.

故对于任意的正整数 $n, g(n) = 2$;

对于任意的正整数 n 及正有理数 x, 有 $g(x + n) - 2 = \dfrac{g(x) - 2}{2^n}$.

在式 ① 中, 令 $y = n(n \in \mathbf{Z}^+)$, 有 $2g(x + n)g(x) = g(nx)(g(x) + 2)$.

对于任意的 $x \in \mathbf{Q}^+$, 均存在正整数 n, 使得 $nx \in \mathbf{Z}^+$. 则 $g(nx) = 2$. 故

$$2\left(\dfrac{g(x) - 2}{2^n} + 2\right)g(x) = 2(g(x) + 2) \Leftrightarrow (g(x) - 2)\left(\dfrac{g(x)}{2^n} + 1\right) = 0.$$

从而, $g(x) = 2$, 即对于任意的 $x \in \mathbf{Q}^+$, 有 $f(x) = \dfrac{1}{2}$.

综上, $f(x) = \dfrac{1}{x}$ 和 $\dfrac{1}{2}$.

已知 $S = \{x \mid x \geqslant 1, x \in \mathbf{R}\}$, 定义函数 $f: S \to S$, 对于所有的 $x, y \in S$, 且 $x^2 - y^2 \in S$, 均有 $f(x^2 - y^2) = f(xy)$. 求满足条件的函数 $f(x)$.

(第 45 届奥地利数学奥林匹克)

解 取实数 $z > 2$. 考虑函数 $g: S \to \mathbf{R}, g(x) = x^2 - \dfrac{z^2}{x^2}$.

对于 $x > 0$, 函数 $y_1: x \to x^2$ 和 $y_2: x \to -\dfrac{z^2}{x^2}$ 均为单调递增函数. 故 $g(x) = y_1 + y_2$ 为单调递增函数, 且 $g(x)$ 为连续函数.

又 $g(1) = 1 - z^2 < 0, g(z) = z^2 - 1 > 1$, 知存在 $x_0 \geqslant 1$, 对于 $x \in I = [x_0, z]$, 有双射 $g: I = [x_0, z] \to [1, z^2 - 1]$.

对于 $x \in I, y = \dfrac{z}{x}$, 有 $x \geqslant 1, y \geqslant 1, 1 \leqslant x^2 - y^2 = g(x) \leqslant z^2 - 1$.

从而, 函数方程 $f(z) = f(xy) = f(x^2 - y^2) = f(g(x))$ 对于任意的 $x \in I$ 均成立. 故函数 f 为区间 $[1, z^2 - 1]$ 上的常值函数.

由 $z > 2$ 的任意性, 知函数 f 也为区间 S 的常值函数.

又对每一个常值函数 $f: S \to S$, 均满足题意.

故所求的函数为常值函数 $f: S \to S$.

设 A 为由映射 $f: \mathbf{R} \to \mathbf{R}$ 构成的一个有限集,且 A 满足性质:

(1) 若 $f, g \in A$,则 $f(g(x)) \in A$;

(2) 对于任意的 $f \in A$,总存在 $g \in A$ 满足
$$f(f(x) + y) = 2x + g(g(y) - x). \qquad ①$$

记 $h(x) = x$. 证明:$h \in A$.

(2014,第 54 届乌克兰数学奥林匹克)

解 引理 存在 $f \in A$ 满足 $f(f(x)) = f(x)$.

证明 记 $f^{(k)}(x) = \underbrace{f(f(\cdots f(x)\cdots))}_{k\text{个}}$.

设 $f \in A$,考虑序列 $f = f^{(1)}, f^{(2)}, f^{(4)}, f^{(8)}, \cdots$.

因为 A 是有限的,所以,存在正整数 $s, t(1 \leqslant s < t)$ 满足 $f^{(2^t)} = f^{(2^s)}$.

于是,$f^{(2^t)} = (f^{(2^s)})^{(2^{t-s})} = f^{(2^s)}$.

记 $f_1 = f^{(2^s)}, k = 2^{t-s}$.

故 $f_1^{(k)} = f_1 \Rightarrow f_1^{(k-2)} \circ f_1^{(k)} = f_1^{(k-2)} \circ f_1 \Rightarrow (f_1^{(k-1)})^{(2)} = f_1^{(k-1)}$.

记 $g = f_1^{(k-1)}$. 则 $g^{(2)}(x) = g(g(x)) = g(x)$.

引理得证.

设 f 满足 $f(f(x)) = f(x)$. 只要证明:f 为满射.

令 $y = -f(x)$. 由式 ① 得 $f(0) - 2x = g(g(-f(x)) - x)$. 于是,$g$ 为满射.

令 $x = 0$. 式 ① 右边的函数值域为 $\mathbf{R}$,于是,左边函数的值域也为 $\mathbf{R}$. 从而,f 为满射.

又由于 $f(f(x)) = f(x)$,令 $t = f(x)$,知对于任意的 $t \in \mathbf{R}$,均有 $f(t) = t$.

求所有的函数 $f: \mathbf{Z}^+ \to \mathbf{Z}^+$,使得

(1) 对于任意不互素的正整数 a, b,有 $f(a)f(b) = f(ab)$;

(2) 对于任意的正整数 a, b,存在一个以 $f(a)$,$f(b)$,$f(a+b-1)$ 为边长的非退化三角形(即此三角形的三个顶点不共线).

(2014,斯洛文尼亚国家队选拔考试)

解 由条件(2),知对于所有的 $a, b \in \mathbf{Z}^+$,均有
$$f(a) + f(b) > f(a+b-1), \qquad ①$$
$$f(a) + f(a+b-1) > f(b), \qquad ②$$
$$f(b) + f(a+b-1) > f(a).$$

首先,考虑 $a = b = 2$.

由条件(1),知 $f(4) = f^2(2)$,且由式 ①,知 $2f(2) > f(3)$.

下面令 $a = 3, b = 2$.

由式 ①,知 $f(2) + f(3) > f(4)$.

故 $f^2(2) = f(4) < f(2) + f(3) < f(2) + 2f(2) = 3f(2)$

$\Rightarrow f(2)(f(2)-3)<0\Rightarrow 0<f(2)<3.$

由 $f(2)$ 为正整数,知 $f(2)=1,2.$

【情况 1】 若 $f(2)=1$,则令 $a=2,b=1.$

由式 ②,知 $2f(2)>f(1).$ 故 $f(1)=1.$

下面应用数学归纳法证明:对于所有的 n,均有 $f(n)=1.$

当 $n=1$ 时,结论显然.

假设对于 $n\geqslant 2$,有 $f(n)=1.$

在式 ① 中令 $a=n,b=2$,得 $f(n+1)<f(n)+f(2)=2\Rightarrow f(n+1)=1.$

于是,对于所有的 $n\in \mathbf{Z}^+$,有 $f(n)=1.$

【情况 2】 若 $f(2)=2$,则 $f(4)=f^2(2)=4.$

由条件(1),知对于所有的 $k\in \mathbf{Z}^+$,有 $f(2^k)=f(2)f(2^{k-1})=\cdots=f^k(2)=2^k.$

由前面证明,知 $f(4)-f(2)<f(3)<2f(2).$ 从而,$f(3)=3.$

下面应用数学归纳法证明:对于所有的 $n\geqslant 2$,有 $f(n)=n.$

当 $n=2$ 时,结论显然.

假设对 $2,3,\cdots,n-1$ 结论成立.

由 $a=n-1,b=2$,得 $f(n)<f(n-1)+f(2)=n+1\Rightarrow f(n)\leqslant n.$

令 2^r 为使得 $2^r\leqslant n$ 成立的 2 的最高次幂.

若 $2^r=n$,由于 $f(2^r)=2^r$,则结论成立.

否则,令 $n=2^r+s(1\leqslant s<2^r).$

在条件(2)中,令 $a=n=2^r+s,b=2^r-s+1.$

由 $2^r-s+1\geqslant 2$,应用归纳假设知 $f(2^r-s+1)=2^r-s+1.$

故 $f(n)+f(2^r-s+1)>f(2^r+s+2^r-s+1-1)=f(2^{r+1})$

$\Rightarrow f(n)>f(2^{r+1})-f(2^r-s+1)=2^r+s-1=n-1\Rightarrow f(n)\geqslant n.$

于是,$f(n)=n.$ 由前知 $f(1)<2f(2)=4.$ 从而,$f(1)\in\{1,2,3\}.$

综上,$f(n)=n(n\in \mathbf{N},n\geqslant 2)$,$f(1)\in\{1,2,3\}$ 或 $f(n)=1(n\in \mathbf{Z}^+).$

求所有满足条件的函数 $f:\mathbf{Z}\rightarrow \mathbf{Z}$,

$$f(2m+f(m)+f(m)f(n))=nf(m)+m(m,n\in \mathbf{Z}). \qquad ①$$

(2014,越南国家队选拔考试)

解 易知,$f(0)\equiv 0$ 不为式 ① 的解.于是,存在 $m_0\in \mathbf{Z}$ 满足 $f(m_0)\neq 0.$

将 $m=m_0$ 代入式 ①,知 f 为单射.

记 $a=f(0)$,将 $n=0$ 代入式 ① 有 $f(2m+(a+1)f(m))=m.$ $\qquad ②$

这表明,f 为满射.从而,存在 $b\in \mathbf{Z}$,使得 $f(b)=-1.$

将 $m=n=b,m=n=0$ 分别代入式 ① 得 $f(2b)=0,f(a^2+a)=0.$ 故 $b=\dfrac{a^2+a}{2}.$

将 $m=0$ 代入式 ① 有 $f(af(n)+a)=an.$ $\qquad ③$

将 $m=an$ 代入式 ② 并结合式 ③ 得 $(a+1)f(an)+2an=af(n)+a.$ $\qquad ④$

将 $n=b=1$ 代入式 ③ 得 $ab=f(0)=a$. 从而, $a\in\{0,1,-2\}$.

分情况讨论.

(1) 当 $a=1$ 时, 由式 ④ 知 $f(n)=1-2n$. 但代入式 ① 检验不符.

(2) 当 $a=0$ 时, 有 $b=0$, 则 $f(0)=a$ 和 $f(b)=-1$ 矛盾.

(3) 当 $a=-2$ 时, 由式 ④ 有 $f(-2n)+4n=2f(n)+2$.

将 $n=b$ 代入式 ① 有

$$f(2m)=f(m)+m\Rightarrow f(-2n)=f(-n)-n$$
$$\Rightarrow f(-n)+3n=2f(n)+2. \qquad ⑤$$

将式 ⑤ 中的 n 替换为 $-n$, 得到 $f(n)-3n=2f(-n)+2$. ⑥

结合式 ⑤, ⑥ 解得 $f(n)=n-2$.

经检验, $f(n)=n-2$ 满足题意.

求所有的函数 $f:\mathbf{R}\to\mathbf{R}$, 使得对于所有的实数 x,y, 均有

$$f(f(y)+x^2+1)+2x=y+f^2(x+1). \qquad ①$$

(2014, 土耳其国家队选拔考试)

解 满足条件的函数 $f(x)=x$.

在式 ① 中, 令 $x=0$. 则 $f(f(y)+1)=y+f^2(1)$. ②

在式 ② 中, 用 $f(y)+1$ 代替 y 得 $f(f(f(y)+1)+1)=f(y)+1+f^2(1)$.

将式 ② 代入上式得 $f(y+f^2(1)+1)=f(y)+1+f^2(1)$.

用 x^2+y 代替 y 得 $f(x^2+y+f^2(1)+1)=f(x^2+y)+1+f^2(1)$.

由式 ①, ② 知

$$f(x^2+y+f^2(1)+1)=f(f(f(y)+1)+x^2+1)=f(y)+1+f^2(x+1)-2x.$$

则 $f(y)+1+f^2(x+1)-2x=f(x^2+y)+1+f^2(1)$.

故 $f(x^2+y)-f(y)=f^2(x+1)-2x-f^2(1)$. ③

在式 ③ 中, 令 $y=0$. 则 $f(x^2)-f(0)=f^2(x+1)-2x-f^2(1)$.

故 $f(x^2+y)-f(y)=f(x^2)-f(0)$. ④

在式 ③ 中, 令 $x=1,y=0$, 则 $f(1)-f(0)=f^2(2)-2-f^2(1)$.

在式 ③ 中, 令 $x=-1,y=0$, 则 $f(1)-f(0)=f^2(0)+2-f^2(1)$.

在式 ③ 中, 令 $x=1,y=1$, 则 $f(2)-f(1)=f^2(2)-2-f^2(1)$. 于是,

$$f(1)=1,\ f(0)=0.$$

从而, 式 ④ 为 $f(x^2+y)=f(x^2)+f(y)$. ⑤

因此, 对于任意的 $x\geqslant 0$ 及 y, 均有 $f(x+y)=f(x)+f(y)$. ⑥

由式 ⑥, 知式 ② 可化为 $f(f(y))+f(1)=y+f^2(1)$, 即 $f(f(y))=y$ 对于任意实数 y 成立.

由式 ⑥, 知式 ① 可化为 $f(f(y))+f(x^2)+f(1)+2x=y+f^2(x+1)$, 即

$$f(x^2)+1+2x=f^2(x+1). \qquad ⑦$$

在式 ⑦ 中, 用 $x-1$ 代替 x, 并利用式 ⑥ 有

$f(x^2)+f(1)+f(-2x)+1+2(x-1)=f^2(x)$

$\Rightarrow f(x^2)+2x=f^2(x)-f(-2x).$

由式⑥知式⑦可化为

$f(x^2)+1+2x=(f(x)+f(1))^2 \Rightarrow f(x^2)+2x=f^2(x)+2f(x).$ ⑧

于是，$-f(-2x)=2f(x).$

若 $x \leqslant 0$，由式⑥得 $-2f(-x)=-f(-2x)=2f(x) \Rightarrow f(-x)=-f(x).$

这表明，$f(x)$ 为奇函数.

在式⑥中，令 $y=x \geqslant 0$，则 $f(2x)=2f(x).$

若 $y=x \leqslant 0$，则 $f(2x)=-f(-2x)=-2f(-x)=2f(x).$

从而，对于任意的 $x \in \mathbf{R}$，均有 $f(2x)=2f(x).$

在式⑧中，用 $y(y \geqslant 0)$ 代替 x 得 $f(y^2)+2y=f^2(y)+2f(y)$；

在式⑧中，用 $f(x)$ 代替 x 得

$f(f^2(x))+2f(x)=f^2(f(x))+2f(f(x))=x^2+2x$；

在式⑧中，用 $y+f(x)(y \geqslant 0)$ 代替 x 得

$f((y+f(x))^2)+2(y+f(x))=f^2(y+f(x))+2f(y+f(x)).$

利用式⑥得

$f(y^2)+f(f^2(x))+f(2yf(x))+2y+2f(x)=f^2(y)+x^2+2xf(y)+2f(y)+2x$

$\Rightarrow f(y^2)+2y+f(f^2(x))+2f(x)+f(2yf(x))$

$=f^2(y)+2f(y)+x^2+2x+2xf(y).$

于是，$f(2yf(x))=2xf(y).$

因为 $f(2yf(x))=2f(yf(x))$，所以，$f(yf(x))=xf(y).$

用 $f(x)$ 代替 x 得 $f(xy)=f(x)f(y).$

令 $x=y \geqslant 0$，则 $f(y^2)=f^2(y).$

在式⑧中，令 $x=y \geqslant 0$，则 $f(y)=y(y \geqslant 0).$

又因为 $f(x)$ 是奇函数，所以，对于任意的 $x \in \mathbf{R}$，均有 $f(x)=x.$

设函数 $f:\mathbf{Z}^+ \rightarrow \mathbf{R}$ 满足当 $n>1$ 时，总存在 n 的素因子 p，使得

$$f(n)=f\left(\frac{n}{p}\right)-f(p).$$

已知 $f(2^{2014})+f(3^{2015})+f(5^{2016})=2013$. 求

$f(2014^2)+f(2015^3)+f(2016^5).$

（2014，第 52 届荷兰国家队选拔考试）

解 若 $n=q(q$ 为素数)，则 n 仅有一个素因子 q. 故

$$f(q)=f(1)-f(q) \Rightarrow f(q)=\frac{1}{2}f(1).$$

若 $n=q^2(q$ 为素数)，则 n 也仅有一个素因子 q. 故 $f(q^2)=f(q)-f(q)=0.$

首先，对 $k(k \in \mathbf{Z}^+)$ 用数学归纳法证明：若 q 为素数，则 $f(q^k)=\dfrac{2-k}{2}f(1).$

当 $k = 1, 2$ 时,结论显然成立.

假设当 $k \geqslant 2$ 时,结论已成立.

当 $n = q^{k+1}$ 时,有

$$f(q^{k+1}) = f(q^k) - f(q) = \frac{2-k}{2}f(1) - \frac{1}{2}f(1) = \frac{2-(k+1)}{2}f(1).$$

结论成立.

由题中条件得

$$2013 = f(2^{2014}) + f(3^{2015}) + f(5^{2016})$$

$$= \frac{2-2014}{2}f(1) + \frac{2-2015}{2}f(1) + \frac{2-2016}{2}f(1) = -\frac{6039}{2}f(1).$$

解得 $f(1) = -\frac{2}{3}$.

从而,对于任意素数 q,均有 $f(q) = \frac{1}{2}f(1) = -\frac{1}{3}$.

其次证明:若 $n = p_1 p_2 \cdots p_m$(素数 $p_1, p_2, \cdots, p_m$ 可以相同,$m \geqslant 0$),则

$$f(n) = \frac{m-2}{3}.$$

对 m 进行归纳.

当 $m = 0$ 时,$n = 1$,$f(1) = -\frac{2}{3} = \frac{0-2}{3}$,此时,结论成立.

假设 $m \geqslant 0$ 时,结论成立.

考虑任意 $n = p_1 p_2 \cdots p_{m+1}$.

显然,$n > 1$,则存在素因子 p,使得 $p \mid n \Rightarrow f(n) = f\left(\frac{n}{p}\right) - f(p)$.

不妨设 $p = p_{m+1}$.则

$$f(n) = f(p_1 p_2 \cdots p_m) - f(p_{m+1}) = \frac{m-2}{3} - \left(-\frac{1}{3}\right) = \frac{(m+1)-2}{3}.$$

可见,对于 $m+1$ 的情况,结论也成立.

注意到,$2014 = 2 \times 19 \times 53$,$2015 = 5 \times 13 \times 31$,$2016 = 2^5 \times 3^2 \times 7$.

故 $f(2014^2) + f(2015^3) + f(2016^5) = \frac{6-2}{3} + \frac{9-2}{3} + \frac{40-2}{3} = \frac{49}{3}$.

已知 $a \in (0, 1)$,$n \in \mathbf{Z}^+$,函数 $f_n: \mathbf{R} \to \mathbf{R}$ 满足 $f_n(x) = x + \frac{x^2}{n}$.证明:

$$\frac{a(1-a)n^2 + 2a^2 n + a^3}{(1-a)^2 n^2 + a(2-a)n + a^2} < \underbrace{f_n \circ f_n \circ \cdots \circ f_n}_{n \uparrow}(a) < \frac{an + a^2}{(1-a)n + a}.$$

(2014,第 65 届罗马尼亚国家队选拔考试)

证明 记 $a_k = \underbrace{f_n \circ f_n \circ \cdots \circ f_n}_{k \uparrow}(a)(k \in \mathbf{Z}^+)$.

定义 $a_0 = a$. 则 $a_{k+1} = f_n(a_k) = a_k + \dfrac{a_k^2}{n} = a_k\left(1 + \dfrac{a_k}{n}\right) \Rightarrow \dfrac{1}{a_{k+1}} = \dfrac{1}{a_k} - \dfrac{1}{n + a_k}$

$\Rightarrow \dfrac{1}{a_n} = \dfrac{1}{a} - \displaystyle\sum_{k=0}^{n-1} \dfrac{1}{a_k + n}.$

由于 $a_{k+1} > a_k$，即 $\{a_k\}$ 为递增的，于是，$\dfrac{1}{a_0 + n} > \dfrac{1}{a_1 + n} > \cdots > \dfrac{1}{a_n + n}.$

则 $\dfrac{1}{a_n} = \dfrac{1}{a} - \displaystyle\sum_{k=0}^{n-1} \dfrac{1}{a_k + n} < \dfrac{1}{a} - \dfrac{n}{a_n + n},$

$\dfrac{1}{a_n} = \dfrac{1}{a} - \displaystyle\sum_{k=0}^{n-1} \dfrac{1}{a_k + n} > \dfrac{1}{a} - \dfrac{n}{a + n} \Rightarrow a_n < \dfrac{an + a^2}{(1-a)n + a}.$

故 $\dfrac{1}{a_n} < \dfrac{1}{a} - \dfrac{n}{a_n + n} < \dfrac{1}{a} - \dfrac{n}{\dfrac{an + a^2}{(1-a)n + a} + n} = \dfrac{(1-a)^2 n^2 + a(2-a)n + a^2}{a(1-a)n^2 + 2a^2 n + a^3}$

$\Rightarrow a_n > \dfrac{a(1-a)n^2 + 2a^2 n + a^3}{(1-a)^2 n^2 + a(2-a)n + a^2}.$

记函数 $f: \mathbf{Z}^+ \to \mathbf{Z}^+$，定义

$f(1) = 1,\ f(2n) = f(n),\ f(2n+1) = f(n) + f(n+1).$

证明：对于任意正整数 n，满足 $f(m) = n$ 的正奇数 m 的个数等于不超过 n 且与 n 互素的正整数的个数.

（2014，第 65 届罗马尼亚国家队选拔考试）

证明　由函数 f 的递推关系知

若 n 为偶数，则 $f(n) < f(n+1)$；若 n 为奇数，则 $f(n) > f(n+1)$.

故 $f(n) < f(n+1)$ 当且仅当 n 为偶数.

再由 f 的递推关系及数学归纳法，易证对于任意的正整数 n，均有

$(f(n), f(n+1)) = 1$.

当 $n = 1$ 时，显然成立.

设 $n \geqslant 2$. 若 m 为正奇数满足 $f(m) = n$，则 $f(m-1)$ 为小于 n 且与 n 互素的正整数.

接下来证明：对于任意互素的正整数对 (k, n)，均存在唯一的正整数 m，使得

$k = f(m)$，且 $n = f(m+1)$.

若 $k < n$，则 m 为偶数. 故 $m+1$ 为满足 $f(m+1) = n$ 的一个正奇数.

从而，结论成立.

为证明上述断定，对 $k + n$ 使用数学归纳法，归纳的起点为 $k + n = 2$，即 $k = 1, n = 1$.

显然，若 $k + n > 2$，分 $k < n$ 与 $k > n$ 两种情况对正整数对 $(k, n-k)$ 与 $(k-n, n)$ 使用数学归纳法.

前一种情况，对于某个正整数 m，有 $k = f(m) = f(2m)$，且

$n = k + f(m+1) = f(m) + f(m+1) = f(2m+1)$；

后一种情况，对于某个正整数 m，有 $n = f(m+1) = f(2m+2)$，且

$k = f(m) + n = f(m) + f(m+1) = f(2m+1)$.

这就构造了存在性.

下面证明唯一性.

假设对于某正整数 m, 有 $k = f(m)$, 且 $n = f(m+1)$.

再次考虑两种情况.

若 $k < n$, 则 m 为偶数.

记 $m = 2m'(m' \in \mathbf{Z}^+)$.

故 $k = f(2m') = f(m')$, 且 $n - k = f(2m'+1) - f(m') = f(m'+1)$.

对正整数对 $(k, n-k)$ 使用数学归纳法, 知 m' 的唯一性. 从而, 得到了 m 的唯一性.

若 $k > n$, 则 m 为奇数.

记 $m = 2m' + 1(m' \in \mathbf{N})$.

故 $k - n = f(2m'+1) - f(2m'+2) = f(m') + f(m'+1) - f(m'+1) = f(m')$, 且 $n = f(2m'+2) = f(m'+1)$.

对正整数对 $(k-n, n)$ 使用数学归纳法, 知 m' 的唯一性, 从而, 得到 m 的唯一性.

给定正整数 n, 且记 $f:[0,1] \to \mathbf{R}$ 为单调递增函数. 求

$$\max_{0 \leqslant x_1 \leqslant \cdots \leqslant x_n \leqslant 1} \sum_{k=1}^{n} f\left(\left|x_k - \frac{2k-1}{2n}\right|\right).$$

（2014, 第 65 届罗马尼亚国家队选拔考试）

解 记 $a_k = \dfrac{2k-1}{2n}(k = 1, 2, \cdots, n)$.

所求的最大值为 $\sum_{k=1}^{n} f(a_k)$, 在 $x_1 = x_2 = \cdots = x_n = 0$ 或 $x_1 = x_2 = \cdots = x_n = 1$ 时取到.

下面证明 $\sum_{k=1}^{n} f(a_k)$ 确实为最大值.

对于 n 元数组 $(x_1, x_2, \cdots, x_n)$ 满足 $0 \leqslant x_1 \leqslant \cdots \leqslant x_n \leqslant 1$, 记 $A_n = \{1, 2, \cdots, n\}$, 定义一个单调不减的函数 $\varphi: A_n \to A_n$, $\varphi(k) = \max\left\{j \mid a_j - \dfrac{1}{2n} \leqslant x_k\right\}$.

注意到,

$|x_k - a_k| \leqslant |x_k - a_{\varphi(k)}| + |a_{\varphi(k)} - a_k|$

$\leqslant \dfrac{1}{2n} + \dfrac{|\varphi(k) - k|}{n} = a_{|\varphi(k)-k|+1}(k = 1, 2, \cdots, n)$.

接下来证明: 存在 A_n 的一个置换 σ, 满足对任意的 k, 均有 $|\varphi(k) - k| + 1 \leqslant \sigma(k)$.

于是, $a_{|\varphi(k)-k|+1} \leqslant a_{\sigma(k)}$.

可以得到结论: $\sum_{k=1}^{n} f(|x_k - a_k|) \leqslant \sum_{k=1}^{n} f(a_{|\varphi(k)-k|+1}) \leqslant \sum_{k=1}^{n} f(a_{\sigma(k)}) \leqslant \sum_{k=1}^{n} f(a_k)$.

对 n 使用数学归纳法证明: 对于任意单调不减的函数 $\psi: A_n \to A_n$, 存在 A_n 的一个置

换,满足对于任意的 k,均有 $|\psi(k)-k|+1\leqslant\sigma(k)$.

当 $n=1$ 时,显然成立.

对于归纳步骤,即 $n>1$,分两种情况.

若 $\psi(n)<n$,将 ψ 限制在 A_{n-1} 上,得到了一个 $A_{n-1}\rightarrow A_{n-1}$ 单调不减的函数.从而,存在 A_{n-1} 的一个置换 σ,满足对于任意的 $k=1,2,\cdots,n-1$,均有 $|\psi(k)-k|+1\leqslant\sigma(k)$.

因为 $|\psi(n)-n|+1=n-\psi(n)+1\leqslant n$,所以,若定义 $\sigma(n)=n$ 可以将置换 σ 扩张到 A_n 上.

若 $\psi(n)=n$,考虑一个单调不减的函数 $\psi':A_{n-1}\rightarrow A_{n-1}$,且定义当 $\varphi(k)<n$ 时,$\psi'(k)=\varphi(k)$;当 $\psi(k)=n$ 时,$\psi'(k)=n-1$.

由归纳假设,知存在 A_{n-1} 的一个置换 τ 满足对于 $k=1,2,\cdots,n-1$,有
$$|\psi'(k)-k|+1\leqslant\tau(k).$$

故 $|\varphi(k)-k|+1\leqslant|\psi'(k)-k|+2\leqslant\tau(k)+1 (k=1,2,\cdots,n-1)$.

最后,$|\varphi(n)-n|+1=1$,定义 $\sigma(k)=\tau(k)+1$,且 $\sigma(n)=1$ 即可满足要求.

从而,完成了归纳步骤.

是否存在一个非恒等函数 $f:\mathbf{Z}^+\rightarrow\mathbf{Z}$,使得对于任意的 $m,n\in\mathbf{Z}^+,m$ 的因数个数为 $f(n)$ 当且仅当 $f(m)$ 的因数的个数为 n?

(第 31 届伊朗国家队选拔考试)

解 存在.

设正整数 n 的因数个数为 $d(n)$.

可构造函数 f,使得对于任意正整数 m,有 $f(d(f(m)))=d(m)$.

设 $A_k=\{n\in\mathbf{Z}^+\mid d(n)=k\}$.例如,$A_1=\{1\}$,$A_2$ 为所有素数构成的集合.对于每个素数 p 及正整数 $k>1$,均有 $p^{k-1}\in A_k$.

从而,A_k 中有无穷多个元素.

定义 $f:f(1)=1$,$f(2)=2$,$f(3)=5$,$f(5)=3$.

对于每个正整数 $n\geqslant4$,假设对于每个正整数 $k(1\leqslant k\leqslant n-1)$,$f(k)$ 均已被定义.

若 $f(n)$ 没被定义,由于 $d(n)<n$,设 $j=f(d(n))$,则 j 已被定义.

设 t 为 A_j 中最小的元素,且 $f(t)$ 还没被定义.则 $d(t)=j$.

定义 $f(n)=t$,$f(t)=n$.

从而,对于每个正整数 n,均可递归地定义 $f(n)$,且有下面的性质:
$$f(d(n))=j=d(t)=d(f(n)),f(f(n))=n,f(f(t))=t,$$
$$f(d(t))=f(j)=f(f(d(n)))=d(n)=d(f(t)).$$

于是,对于任意 $m\in\mathbf{Z}^+$,均有 $f(d(f(m)))=f(f(d(m)))=d(m)$.

求所有函数 $f:\mathbf{R}^+ \to \mathbf{R}^+$，使得对于所有的 $x,y \in \mathbf{R}^+$，均有

$$f\left(\frac{y}{f(x+1)}\right) + f\left(\frac{x+1}{xf(y)}\right) = f(y).$$

(第31届伊朗国家队选拔考试)

解 改写 $f\left(\frac{y}{f(x+1)}\right) + f\left(\frac{x+1}{xf(y)}\right) = f(y)$.

则对于所有的 $x > 1, y \in \mathbf{R}^+$，均有 $f\left(\frac{y}{f(x)}\right) + f\left(\frac{x}{(x-1)f(y)}\right) = f(y)$，且设其为 $P(x,y)$.

若存在 $a \in \mathbf{R}^+$，且 $f(a) > \frac{1}{a}$，则 $P\left(\frac{af(a)}{af(a)-1}, a\right) \Rightarrow f\left(\frac{a}{f\left(\frac{af(a)}{af(a)-1}\right)}\right) = 0$，矛盾.

于是，对于每个 $x \in \mathbf{R}^+$，均有 $f(x) \leqslant \frac{1}{x}$.

由 $P(x > 1, y)$

$\Rightarrow f(y) = f\left(\frac{y}{f(x)}\right) + f\left(\frac{x}{(x-1)f(y)}\right) \leqslant \frac{f(x)}{y} + \left(1 - \frac{1}{x}\right)f(y)$

$\Rightarrow yf(y) \leqslant xf(x)$.

于是，对于所有的 $x, y > 1$，均有 $xf(x) = yf(y)$.

从而，对于每个 $x > 1$，$f(x) = \frac{c}{x}$（c 为常数）.

选取 $x, y > 1$，且 $y > c$. 由 $P(x,y)$，知 $c = 1$.

于是，对于任意的 $x > 1$，有 $f(x) = \frac{1}{x}$.

因为 $f(1) \leqslant 1$，所以，

$P(x > 1, 1) \Rightarrow f(1) = f\left(\frac{1}{f(x)}\right) + f\left(\frac{x}{(x-1)f(1)}\right) = f(x) + \frac{x-1}{x}f(1)$

$\Rightarrow \frac{1}{x}f(1) = \frac{1}{x} \Rightarrow f(1) = 1$.

若 $\frac{1}{2} \leqslant x < 1$，则

$P(2, x) \Rightarrow f\left(\frac{x}{f(2)}\right) + f\left(\frac{2}{f(x)}\right) = f(x)$

$\Rightarrow f(2x) + f\left(\frac{2}{f(x)}\right) = f(x) \Rightarrow \frac{1}{2x} + \frac{f(x)}{2} = f(x) \Rightarrow f(x) = \frac{1}{x}$.

用类似的方法，对正整数 n 用数学归纳法，可以证明对于每个满足 $\frac{1}{2^n} \leqslant x < \frac{1}{2^{n-1}}$ 的实数 x，均有 $f(x) = \frac{1}{x}$.

因此，对于每个 $x \in \mathbf{R}^+$，有 $f(x) = \frac{1}{x}$，且满足原方程.

求所有的函数 $f:\mathbf{R} \to \mathbf{R}$,满足对于所有的实数 x,y,均有
$$f(x)f(y) = f(x+y) + xy. \qquad ①$$

(2014,克罗地亚数学竞赛)

解 令 $y=0$,对于所有的实数 x,式 ① 化为 $f(x)f(0) = f(x)$.

若对于所有的 x,有 $f(x)=0$,则对于所有的 x,y,式 ① 退化为 $0 = 0 + xy$,矛盾.

从而,$f(0) = 1$.

令 $x=1,y=-1$,得 $f(1)f(-1) = f(0) - 1 \Rightarrow f(1)f(-1) = 0$.

若 $f(1)=0$,则在式 ① 中令 $y=1$,于是,对于所有的 x,有 $0 = f(x+1) + x$.

对于所有的 z,用 z 替换 $x+1$ 得 $f(z) = 1 - z$.

若 $f(-1)=0$,令 $y=-1$,则对于所有的 x,有 $0 = f(x-1) - x$.

对于所有的 z,用 z 替换 $x-1$ 得 $f(z) = 1 + z$.

因此,所求函数为 $f(x) = 1 \pm x$.

求所有函数 $f:\mathbf{R} \to \mathbf{R}$ 满足

(1) 对于任意的 $x,y \in \mathbf{R}$,均有 $f(f(x) + y^2) = f(f(x)) + yf(y)$;

(2) $f(1) = 1$.

(2014,第 22 届朝鲜数学奥林匹克)

解 用 $-y$ 替换(1)中等式的 y 得 $f(y) = -f(-y)(y \neq 0)$.

于是,$f(-1) = -1$.

令 $x=-1,y=1$,得 $f(0) = 0$.

从而,$f(x)$ 为奇函数.

令 $x=0$,得 $f(y^2) = yf(y)$. $\qquad ①$

用 $-x$ 替换(1)中等式的 x 得 $f(f(-x) + y^2) = f(f(-x)) + f(y^2)$.

由 $f(x)$ 为奇函数得 $f(f(x) - y^2) = f(f(x)) + f(-y^2)$.

据以上等式得 $f(f(x) + y) = f(f(x)) + f(y)$. $\qquad ②$

设 $y = f(x)$.则
$$f((1+y)^2) = f(1 + 2y + y^2) = f(f(1) + 2f(x) + y^2)$$
$$= f(f(1)) + 2f(f(x)) + f(y^2) = 1 + 2f(y) + f(y^2).$$

重复运用式 ② 得
$$(1+y)f(1+y) = (1+y)f(f(1) + y) = (1+y)(1 + f(y))$$
$$= 1 + y + f(y) + yf(y) = 1 + y + f(y) + f(y^2).$$

由 $f((1+y)^2) = (1+y)f(1+y)$,得 $f(y) = y$.

故 $f(f(x)) = f(x)$. $\qquad ③$

设集合 $S = \{x \in \mathbf{R} \mid f(x) = x\}$.

注意到,若 $x,y \in S$,则 $x - y \in S$.

事实上,当 $x,y \in S$,由式 ② 得

$$x = f(x) = f(y + (x - y)) = f(f(y) + (x - y)) = f(f(y)) + f(x - y)$$
$$= y + f(x - y)$$
$$\Rightarrow f(x - y) = x - y.$$

同时,对于任意的 $y \in \mathbf{R}$,由式 ①,②,③ 得

$$f(y + 1) = f(y + f(1)) = f(y) + 1, yf(y) = f(y^2) \in S,$$
$$(y + 1)f(y + 1) = f((y + 1)^2) \in S, (y + 1)(f(y) + 1) \in S.$$

再由 $x - y \in S$,得 $(y + 1)(f(y) + 1) - yf(y) = y + f(y) + 1 \in S$.

又 $f(y) \in S, 1 \in S$,于是,$y \in S$. 从而,$S = \mathbf{R}$. 因此 $f(x) \equiv x$.

求所有的函数 $f: \mathbf{Z}^+ \to \mathbf{R}$ 满足以下三个条件

(1) $f(1) = 1$;

(2) 若 n 的十进制表示中含数字 2,则 $f(n) = 0$;

(3) $f(mn) = f(m)f(n)(m, n \in \mathbf{Z}^+)$.

(2014,澳大利亚数学奥林匹克)

解 显然,$f(2) = 0$.

由 $f^2(5) = f(25) = 0$,得 $f(5) = 0$.

若 n 是被 2 或 5 整除的正整数,则 $f(n) = 0$.

可假设 n 不为 2 或 5 的倍数.

由费马小定理,知 $5 \mid (n^4 - 1)$.

设 $5^m \parallel (n^4 - 1)$.

先证明两个引理.

引理 1 对 $a \in \mathbf{Z}^+, 5 \nmid a$,若 $5^m \parallel (n^4 - 1)$,则 $5^m \parallel (n^{4a} - 1)$.

引理 1 的证明 记 $n^4 = 5^m k + 1(5 \nmid k)$. 则

$$n^{4a} - 1 = (5^m k + 1)^a - 1 = \sum_{i=1}^{a} \mathbf{C}_a^i (5^m k)^i \equiv 5^m ka (\bmod 5^{m+1}).$$

由于 $5^m ka$ 被 5^m 整除,不被 5^{m+1} 整除,故引理 1 得证.

引理 2 对于任意正整数 b,均有 $n^{2^m b} \equiv 1(\bmod 2^{m+1})$.

引理 2 的证明 由欧拉定理,得 $n^{2^m} \equiv 1(\bmod 2^{m+1})$.

上式两边取 b 次方,引理 2 得证.

设 $d = \max\{2^m, 4\} = [2^m, 4]$.

由引理 1,2 知 $n^d \equiv 1(\bmod 2^{m+1}), 5^m \parallel (n^d - 1)$.

记 $n^d = 5^m \times 2^{m+1} c + 1 = 2c \times 10^m + 1(5 \nmid c)$.

对于任意的整数 $e \geqslant 2$,均有

$$n^{de} = (2c \times 10^m + 1)^e = 1 + \sum_{i=1}^{e} \mathbf{C}_e^i (2c \times 10^m)^i \equiv 2ce \times 10^m + 1(\bmod 10^{m+1}).$$

由于 $(c, 5) = 1$,可以选择恰当的 e,使得 $ce \equiv 1(\bmod 5)$,这表明,$2ce \equiv 2(\bmod 10)$.

故 $n^{de} \equiv 2 \times 10^m + 1 (\mathrm{mod}\ 10^{m+1})$.

上式表明, n^{de} 的第 $m+1$ 位数字为 2.

故 $f^{de}(n) = f(n^{de}) = 0$, $f(n) = 0$.

是否存在函数 $f: \mathbf{R} \rightarrow \mathbf{R}$, 使得对于所有的实数 x, 均有

$$\begin{cases} \{f(x)\}\sin^2 x + \{x\}\cos f(x) \cdot \cos x = f(x), & \text{①} \\ f(f(x)) = f(x)? & \text{②} \end{cases}$$

(2014, 第 65 届白俄罗斯数学奥林匹克)

解　假设存在这样的函数 $f(x)$ 满足题目要求.

在式 ① 中用 $f(x)$ 替换 x 并利用式 ② 得 $\{f(x)\} = f(x)$.

故 $f: \mathbf{R} \rightarrow [0, 1)$.

用 π 替换 x 得 $-\{\pi\}\cos f(\pi) = f(\pi)$.　　　　③

因为 $f(\pi) \in [0, 1)$, 且 $\{\pi\} \neq 0$, 所以, 式 ③ 的左边为负数, 而右边为非负数, 矛盾.

因此, 这样的函数 $f(x)$ 不存在.

求所有的实数 a 和函数 $f: \mathbf{R} \rightarrow \mathbf{R}$, 使得

(1) 对于任意的实数 x, y, 均有 $af(x) - x \leqslant af(f(y)) - y$;　　　　①

(2) 存在实数 x_0, 使得 $f(x_0) = x_0$.

(2014, 第 65 届白俄罗斯数学奥林匹克)

解　分情况讨论.

(i) 若 $a < 0$, 在式 ① 中令 $y = x$, 得

$$af(x) \leqslant af(f(x)) \Rightarrow f(x) \geqslant f(f(x)).　　　　②$$

在式 ① 中, 令 $x = f(y)$, 得 $y \leqslant f(y) \Rightarrow f(x) \leqslant f(f(x))$.

再由式 ②, 得 $f(x) = f(f(x))$.

于是, 式 ① 等价于 $af(x) - x \leqslant af(y) - y$.

从而, $af(x) - x$ 为常数, 即

$$af(x) = x + c \Rightarrow f(x) + c = af(f(x)) = af(x) = x + c \Rightarrow f(x) = x.$$

因此, $ax = x + c$ 对于任意实数 x 成立, 矛盾.

(ii) 若 $a = 0$, 由式 ① 有 $-x \leqslant -y$ 对于任意的实数 x, y 成立, 这是不可能的.

(iii) 若 $a > 0$, 记 $\alpha = f(0)$.

在式 ① 中, 令 $x = 0$, 得 $y + a\alpha \leqslant af(f(y))$.　　　　③

在式 ① 中, 令 $y = 0$, 得 $af(x) \leqslant x + af(\alpha)$.　　　　④

在式 ④ 中, 令 $x = f(y)$, 得 $af(f(y)) \leqslant f(y) + af(\alpha)$.

又由式 ③ 得 $y + a\alpha \leqslant f(y) + af(\alpha)$, 即

$$f(y) \geqslant y + d \ (d = a\alpha - af(\alpha)).　　　　⑤$$

由式④,⑤得 $x+af(\alpha)\geqslant af(x)\geqslant ax+ad$,即 $(1-a)x\geqslant a(d-f(\alpha))$ 对于任意的实数 x 成立.

于是,$1-a=0$,即 $a=1$.

故不等式 ① 即为 $f(x)-x\leqslant f(f(y))-y$.   ⑥

在式 ⑥ 中,令 $x=f(y)$,得 $y\leqslant f(y)$.

在式 ⑥ 中,令 $y=x_0$,得 $f(x)\leqslant x$.

因此,$f(x)=x$.

经检验,$a=1$,且 $f(x)=x$ 确实满足题目要求.

求所有的函数 $f:[0,1]\to[0,1]$,满足对于任意的实数 $x\in[0,1]$,均有
$$\begin{cases}\{f(x)\}\sin^2 x+\{x\}\cos f(x)\cdot\cos x=f(x), &①\\ f(f(x))=f(x). &②\end{cases}$$

(2014,第 65 届白俄罗斯数学奥林匹克)

解 假设存在满足题目要求的函数 $f(x)$.

在式 ① 中用 $f(x)$ 替换 x 并利用式 ② 得 $\{f(x)\}=f(x)$.

代入式 ① 得
$$\{x\}\cos f(x)\cdot\cos x=f(x)(1-\sin^2 x)=f(x)\cos^2 x. \quad ③$$

对于 $x\in[0,1)$,有 $\cos x>0$,$\{x\}=x$.

故由式 ③ 得
$$x\cos f(x)=f(x)\cos x\Rightarrow\frac{x}{\cos x}=\frac{f(x)}{\cos f(x)}. \quad ④$$

考虑函数 $g(x)=\dfrac{x}{\cos x}(x\in[0,1))$.

由于在区间 $[0,1)$ 内 x 是递增的,$\cos x$ 是递减的,且两者均大于 0,则 $g(x)$ 是递增的.

又对于 $x\in[0,1)$,式 ④ 变为 $g(x)=g(f(x))\Rightarrow f(x)=x$.

在式 ① 中,令 $x=1$,得 $f(1)(1-\sin^2 1)=0\Rightarrow f(1)=0$.

故所求函数为 $f(x)=\{x\}$.

求所有的函数 $f:\mathbf{R}\to\mathbf{R}$,使得对于任意的 $x,y\in\mathbf{R}$,均有
$$f(xf(y)+x)=xy+f(x). \quad ①$$

(2014,新加坡数学奥林匹克)

解 令 $x=1$.则 $f(f(y)+1)=y+f(1)$.由此,知 f 为双射.

令 $y=0$.则 $f(xf(0)+x)=f(x)$.

由 f 为单射,知 $xf(0)+x=x\Rightarrow f(0)=0$.

当 $x\neq 0$ 时,令 $y=-\dfrac{f(x)}{x}$,代入式 ① 得 $f(xf(y)+x)=0$.

则 $xf(y)+x=0 \Rightarrow f(y)=-1 \Rightarrow f\left(-\dfrac{f(x)}{x}\right)=-1$.

故 $-\dfrac{f(x)}{x}=c$（c 为满足 $f(c)=-1$ 的常数）. 于是，$f(x)=-cx$（$x \neq 0$）.

由于 $f(0)=0$，则对于任意的 $x \in \mathbf{R}$，$f(x)=-cx$.

将上式代入式 ① 得 $f(-xcy+x)=-c(-xcy+x)=xy-cx$.

则 $c^2xy=xy \Rightarrow c^2=1 \Rightarrow c=\pm 1 \Rightarrow f(x)=\pm x$.

经检验，知 $f(x)=\pm x$ 满足方程.

求所有的函数 $f:\mathbf{R} \rightarrow \mathbf{R}$，满足

$$f(xy-1)+f(x)f(y)=2xy-1. \qquad ①$$

（2014，泰国数学奥林匹克）

解 将 $y=0$ 代入式 ① 得 $f(-1)+f(x)f(0)=-1$（$x \in \mathbf{R}$）.

若 $f(0) \neq 0$，则由上式得 $f(x)=-\dfrac{f(-1)+1}{f(0)}$.

故 f 为满足题意的常值函数，设 $f(x)=k$.

由式 ①，得 $k^2+k+1=2xy$.

不存在常数 k，对于任意的实数 x,y，使得上式成立.

于是，$f(0)=0$.

将 $x=y=1$ 代入式 ① 得 $f^2(1)=1 \Rightarrow f(1)=1$ 或 -1.

（1）若 $f(1)=1$，则将 x 替换为 xz，$y=1$ 代入式 ① 得

$$f(xz-1)+f(xz)=2xz-1 \Rightarrow f(xy-1)+f(xy)=2xy-1. \qquad ②$$

比较式 ① 得 $f(xy)=f(x)f(y)$.

将 $y=1$ 代入式 ② 得 $f(x-1)=2x-1-f(x)$.

将 x 替换为 $x+1$，$y=1$ 代入式 ② 得 $f(x+1)=2x+1-f(x)$.

将 $y=x$ 代入式 ① 得

$$2x^2-1=f(x^2-1)+f^2(x)=f(x-1)f(x+1)+f^2(x)$$
$$=(2x-1-f(x))(2x+1-f(x))+f^2(x)=2f^2(x)-4xf(x)+4x^2-1$$
$$\Rightarrow 2(f(x)-x)^2=0 \Rightarrow f(x)=x（x \in \mathbf{R}）. \qquad ③$$

（2）若 $f(1)=-1$，类似（1）得

$$f(xy)=-f(x)f(y)，f(x-1)=2x-1+f(x)，f(x+1)=-(2x+1)+f(x).$$

将 $y=x$ 代入式 ① 得

$$2x^2-1=f(x^2-1)+f^2(x)=-f(x-1)f(x+1)+f^2(x)$$
$$=-(2x-1+f(x))(-(2x+1)+f(x))+f^2(x)=2f(x)+4x^2-1$$
$$\Rightarrow f(x)=-x^2（x \in \mathbf{R}）. \qquad ④$$

经检验，式 ③，④ 均为所求.

已知函数 $f:\mathbf{Z}^+ \to \mathbf{Z}^+$ 满足：

(1) $f(1) = 1$；

(2) 对于任意素数 p，均有 $f(p) = 1 + f(p-1)$；

(3) 对于任意素数 $p_1, p_2, \cdots, p_n$（可以相同），均有

$$f(p_1 p_2 \cdots p_n) = f(p_1) + f(p_2) + \cdots + f(p_n).$$

证明：对于任意自然数 $n \geqslant 2$，均有 $2^{f(n)} \leqslant n^3 \leqslant 3^{f(n)}$。

（2014，罗马尼亚数学奥林匹克）

证明 由条件(2)，知 $f(2) = 1 + f(1) = 2$。

当 $n = 2$ 时，有 $2^2 \leqslant 2^3 \leqslant 3^2$。

又 $f(3) = 1 + f(2) = 3$，当 $n = 3$ 时，有 $2^3 \leqslant 3^3 \leqslant 3^3$。

下面对 $n \geqslant 4$ 应用数学归纳法证明：$3\log_3 n \leqslant f(n) \leqslant 3\log_2 n$。

记 $n = p_1 p_2 \cdots p_k$ 为 n 的素因数分解（p_i 可以相同）。

若 n 为素数，即 $k = 1$，于是，$n - 1$ 为偶数。

则 $f(n) = 1 + f(n-1) = 1 + f\left(2 \times \dfrac{n-1}{2}\right) = 1 + f(2) + f\left(\dfrac{n-1}{2}\right) = 3 + f\left(\dfrac{n-1}{2}\right)$。

故 $f(n) = 3 + f\left(\dfrac{n-1}{2}\right) \leqslant 3 + 3\log_2 \dfrac{n-1}{2} = 3\log_2(n-1) < 3\log_2 n$，

$f(n) = 3 + f\left(\dfrac{n-1}{2}\right) \geqslant 3 + 3\log_3 \dfrac{n-1}{2} = 3\log_3 \dfrac{3(n-1)}{2} > 3\log_3 n$。

若 n 不为素数，即 $k \geqslant 2$。

由条件(3) 得

$$f(n) = f(p_1) + f(p_2) + \cdots + f(p_k) \geqslant 3\sum_{i=1}^{k} \log_3 p_i = 3\log_3 n,$$

$$f(n) = f(p_1) + f(p_2) + \cdots + f(p_k) \leqslant 3\sum_{i=1}^{k} \log_2 p_i = 3\log_2 n.$$

结论成立。

设 $n \in \mathbf{Z}^+$，$A = \{1, 2, \cdots, n\}$。求满足 $|f(x) - f(y)| \leqslant |x - y|$（任意的 $x, y \in A$）的不减函数 $f: A \to A$ 的个数。

（2014，罗马尼亚数学奥林匹克）

解 令 $f(k+1) - f(k) = a_k (k = 1, 2, \cdots, n-1)$。

由条件知 $a_k \in \{0, 1\}$。

于是，满足条件的函数 f 由 n 元组

$$(f(1), a_1, a_2, \cdots, a_{n-1}) \in A \times \{0,1\} \times \cdots \times \{0,1\}$$

唯一确定，其中，$f(1) + a_1 + a_2 + \cdots + a_{n-1} \leqslant n$。

固定 $f(1) = a$，$f(n) = b$。于是，$b - a = a_1 + a_2 + \cdots + a_{n-1}$。

从而,满足条件的函数 f 的个数为 $n(a,b)=\mathrm{C}_{n-1}^{b-a}$.

因此,所有 f 的个数为

$$\sum_{1\leqslant a\leqslant b\leqslant n}n(a,b)=\sum_{1\leqslant a\leqslant b\leqslant n}\mathrm{C}_{n-1}^{b-a}=\sum_{k=0}^{n-1}(n-k)\mathrm{C}_{n-1}^{k}=\sum_{k=0}^{n-1}n\mathrm{C}_{n-1}^{k}-\sum_{k=1}^{n-1}k\mathrm{C}_{n-1}^{k}$$

$$=2^{n-1}n-\sum_{k=1}^{n-1}(n-1)\mathrm{C}_{n-2}^{k-1}=2^{n-1}n-2^{n-2}(n-1)=2^{n-2}(n+1).$$

设 t 为给定的实数.求所有的函数 $f:\mathbf{R}\rightarrow\mathbf{R}$,使得

$$f(x+t+f(y))=f(f(x))+f(t)+y.$$

(2014,克罗地亚数学奥林匹克)

解 令 $x=y=-t$,则 $f(f(-t))=f(f(-t))+f(t)-t\Rightarrow f(t)=t$.

令 $x=-t,y=t$,则 $t=f(f(t))=f(f(-t))+t+t\Rightarrow f(f(-t))=-t$.

下面令 $f(-t)=a$,则 $f(a)=-t$.

令 $x=t,y=a$,则 $t=2t+a\Rightarrow a=-t$.

最后,令 $y=-t$,则对于任意的 $x\in\mathbf{R}$,均有 $f(x)=f(f(x))$.

令 $x=-t$,则对于任意的 $y\in\mathbf{R}$,均有 $f(f(y))=y$.

故对于任意的 $x\in\mathbf{R}$,均有 $f(x)=f(f(x))=x$.

易检验函数 $f(x)=x$ 为一个解.

已知函数 $f:\mathbf{R}\rightarrow\mathbf{R}$ 满足对于任意的 $x>y$,均有 $f^2(x)\leqslant f(y)$.证明:对于任意的 $x\in\mathbf{R}$,均有 $0\leqslant f(x)\leqslant 1$.

(第 40 届俄罗斯数学奥林匹克)

证明 由 $f(x)\geqslant f^2(x+1)\geqslant 0(x\in\mathbf{R},)$,知 $f(x)$ 的取值为非负.

若存在 $x_0\in\mathbf{R}$,$f(x_0)=1+a>1$,下面归纳证明:对于任意正整数 n,任意 $y<x_0$ 均有 $f(y)>1+2^n a$.

对于 $n=1$,$f(y)\geqslant f^2(x_0)=1+2a+a^2>1+2a$.

设对于 n 结论成立.

注意到,$y<\dfrac{x_0+y}{2}<x_0$.于是,由归纳假设知 $f\left(\dfrac{x_0+y}{2}\right)>1+2^n a$.

故 $f(y)\geqslant f^2\left(\dfrac{x_0+y}{2}\right)=1+2^{n+1}a+(2^n a)^2>1+2^{n+1}a$.

固定 $y<x_0$,得到 $f(y)>1+2^n a$ 对于任意正整数 n 成立,矛盾.

试求所有的函数 $f:\mathbf{R}\rightarrow\mathbf{R}$,使得对于任意实数 x,y,均有

$$f(y^2+2xf(y)+f^2(x))=(y+f(x))(x+f(y)).$$

(2014,欧洲女子数学奥林匹克)

解 容易验证符合条件的函数为 $f(x)=\pm x$ 或 $\dfrac{1}{2}-x$.

接下来证明只有上述函数符合条件.

令 $y=-f(x)$,对任意 $x\in\mathbf{R}$,代入原方程知 $f(2f^2(x)+2xf(-f(x)))=0$.

特别地,0 为某个点处的函数值.假设存在实数 u,v,使得 $f(u)=0=f(v)$.

在原方程中令 $x=u$ 或 v,$y=u$ 或 v,得

$$f(u^2)=u^2,f(u^2)=uv,f(v^2)=uv,f(v^2)=v^2.$$

于是,$u^2=uv=v^2\Rightarrow u=v$.

从而,存在唯一的实数 a,其函数值为 0,即对于任意的 $x\in\mathbf{R}$ 均有

$$f^2(x)+xf(-f(x))=\frac{a}{2}. \tag{①}$$

假设存在 x_1,x_2,使得 $f(x_1)=f(x_2)\neq 0$,则由式 ① 知

$$x_1f(-f(x_1))=x_2f(-f(x_2))=x_2f(-f(x_1)).$$

于是,$x_1=x_2$ 或 $f(x_1)=f(x_2)=-a$.

第二种情况中,在原方程中令 $x=a,y=x_1$,得 $f(x_1^2-2a^2)=0$.

则 $x_1^2-2a^2=a$.

类似地,$x_2^2-2a^2=a$.此时,$x_1=x_2$ 或 $-x_2$.

对于任意实数 x,y,由原方程的对称性得

$$f(f^2(x)+y^2+2xf(y))=(x+f(y))(y+f(x))=f(f^2(y)+x^2+2yf(x)). \tag{②}$$

假设存在 x,y 使得 $f^2(x)+y^2+2xf(y)\neq f^2(y)+x^2+2yf(x)$.

则由前述结果知

$$(x+f(y))(y+f(x))\neq 0,f^2(x)+y^2+2xf(y)=-(f^2(y)+x^2+2yf(x)).$$

而第二个式子可改写为 $(f(x)+y)^2+(f(y)+x)^2=0$,矛盾.

因此,对于任意实数 x,y,由式 ② 知 $f^2(x)+y^2+2xf(y)=f^2(y)+x^2+2yf(x)$. ③

特别地,对于任意 $x\in\mathbf{R}$,令 $y=0$,得 $f^2(x)=(f(0)-x)^2$.

令 $f(x)=s(x)(f(0)-x)$,其中,函数 $s:\mathbf{R}\to\{1,-1\}$.对任意实数 x,y,代入式 ③ 有

$$x(ys(y)+f(0)(1-s(y)))=y(xs(x)+f(0)(1-s(x))).$$

故对 $x\neq 0$,$s(x)+\dfrac{f(0)(1-s(x))}{x}$ 必为常数.

若 $f(0)=0$,则对 $x\neq 0$,$s(x)$ 为常数.

故 $f(x)=\pm x(x\in\mathbf{R})$.

假设 $f(0)\neq 0$.若对 $x\neq 0$,均有 $s(x)=-1$,则 $-1+\dfrac{2f(0)}{x}$ 为常数,这是不可能的.

若存在非零实数 x,y 使得 $s(x)=-1,s(y)=1$,

则 $-1+\dfrac{2f(0)}{x}=1$.

于是,满足上式的 x 只有一个,即 $x=f(0)$.

因此,对于任意 $x\in\mathbf{R}$,$f(x)=f(0)-x$.

将其代入原方程得 $2f^2(0)=f(0)\Rightarrow f(0)=\dfrac{1}{2}$.

试求所有的递增函数 $f: \mathbf{N} \rightarrow \mathbf{Z}$ 满足
$$f(2) = 7, f(mn) = f(m) + f(n) + f(m)f(n).$$

（2014，中国台湾数学奥林匹克选训营）

解 $f(n) = n^3 - 1$.

取 $m = 0, n = 2$，得 $f(2) + f(0)f(2) = 0$.

因为 $f(2) = 7$，所以，$f(0) = -1$.

再取 $m = 1, n = 2$，得 $f(1) + f(2)f(1) = 0$.

因为 $f(2) = 7$，所以，$f(1) = 0$.

对于 $n \geqslant 2$，定义 $g(n) = f(n) + 1$.

故 $g(2) = 8, g(mn) = f(mn) + 1 = (f(m) + 1)(f(n) + 1) = g(m)g(n)$.

对于一个固定整数 $n > 2$，考虑有理数列 $\left\{\dfrac{p_k}{q_k}\right\}(k \geqslant 1)$，该数列中每一项均大于 $\log_2 n$

且最终收敛到 $\log_2 n$.

则由 $n < 2^{\frac{p_k}{q_k}} \Rightarrow n^{q_k} < 2^{p_k}$.

由 g 的单调性得 $g(n^{q_k}) < g(2^{p_k})$.

再利用 g 的可乘性得 $g(n) < g(2)^{\frac{p_k}{q_k}} = 2^{\frac{3p_k}{q_k}} = \left(2^{\frac{p_k}{q_k}}\right)^3$.

令 $k \rightarrow \infty$，得 $g(n) \leqslant n^3$. 类似地，$g(n) \geqslant n^3$.

从而，只有 $g(n) = n^3$，即 $f(n) = n^3 - 1$.

令集合 $S = \{1, -1\}$. 定义符号函数
$$\text{sign}: \mathbf{R} \rightarrow S, \text{sign}(x) = \begin{cases} 1, & x \geqslant 0; \\ -1, & x < 0. \end{cases}$$

对于给定奇数 n，是否存在 $n^2 + n$ 个实数 $a_{ij}, b_i \in S(1 \leqslant i, j \leqslant n)$，使得对于任意 n 个数 $x_1, x_2, \cdots, x_n \in S$，均有
$$y_i = \text{sign}\left(\sum_{j=1}^{n} a_{ij}x_j\right)(1 \leqslant i \leqslant n), z = \text{sign}\left(\sum_{i=1}^{n} b_iy_i\right) = x_1 x_2 \cdots x_n?$$

（2014，中国台湾数学奥林匹克选训营）

解 存在.

下面证明中用到的所有下标均是在模 $n = 2k + 1$ 的意义下.

例子：当 $j = i, i+1, \cdots, i+k-1$ 时，$a_{ij} = -1$，否则为 1；对所有的 $i, b_i = 1$.

因为将所有的 x_i 同时改变符号时，原题结论不变，所以，不妨设有奇数个 x_i 为正数.

记 $z_i = \dfrac{x_i + 1}{2} \in \{0, 1\}$. 于是，$S = \sum_{i=1}^{n} z_i$ 为正奇数.

由题设知

$$y_i = \operatorname{sign}\left(\sum_{j=1}^{n} a_{ij}x_j\right) = \operatorname{sign}\left(\sum_{j=1}^{n} x_j - 2\sum_{j=i}^{i+k-1} x_j\right) = \operatorname{sign}\left(\sum_{j=1}^{n} \frac{x_j}{2} - 2\sum_{j=i}^{i+k-1} \frac{x_j}{2}\right)$$

$$= \operatorname{sign}\left(-\frac{1}{2} + \sum_{j=1}^{n}\left(\frac{x_j}{2} + \frac{1}{2}\right) - 2\sum_{j=i}^{i+k-1}\left(\frac{x_j}{2} + \frac{1}{2}\right)\right)$$

$$= \operatorname{sign}\left(-\frac{1}{2} + S - 2\sum_{j=i}^{i+k-1} z_j\right) = \operatorname{sign}\left(S - 2\sum_{j=i}^{i+k-1} z_j\right).$$

因为 $S - 2\sum_{j=i}^{i+k-1} z_j$ 是奇数,所以,$S < 2\sum_{j=i}^{i+k-1} z_j$ 与 $S < 2\sum_{j=i+k}^{i+2k-1} z_j$ 至多有一个成立(否则,两

者相加会得到 $2S < 2\sum_{j=i}^{i+2k-1} z_j = 2(S - z_{i+2k})$,矛盾).这样便给出了一个单射,该单射从使得

$z_i = 0$ 的 i 到使得 $z_i = 1$ 的 i.这便使得 $\sum_{i=1}^{n} \operatorname{sign}\left(\sum_{j=1}^{n} a_{ij}x_j\right) > 0$.

原命题得证.

以下每一问中的集合 A 到集合 B 之间是否存在递增的双射:

(1)$A = \{x \in \mathbf{Q} \mid x < \sqrt{2}\}$,$B = \{x \in \mathbf{Q} \mid x < \sqrt{3}\}$;

(2)$A = \mathbf{Q}$,$B = \mathbf{Q} \bigcup \{\pi\}$?

在下面(3),(4)中,按字典排序定义平面 $\mathbf{R}^2$ 中的点的大小次序:

$(a,b) < (c,d) \Longleftrightarrow a < c$ 或 $a = c, b < d$.

利用字典排序可定义一个 $\mathbf{R}^2$ 中的子集到另一个有序集(如 $\mathbf{R}$)的递增函数.

(3)$A = \mathbf{R}$,$B = \mathbf{R}^2$;

(4)$A = X \times (X \bigcup \{0\})$,$B = (X \bigcup \{0\}) \times X (X = \{2^{-n} \mid n \in \mathbf{Z}^+\})$;

(5)集合 A, B 为两个实数集,使得存在一个从集合 A 到集合 B 的递增且满的映射,也存在一个从集合 B 到集合 A 的递增且满的映射,问:是否总能找到一个这两个集合间的递增的双射?

(2014—2015,第 32 届伊朗数学奥林匹克)

解 (1)存在这样的函数.

注意到,若 $a, b, c, d \in \mathbf{Q}$,则函数 $f(x) = \dfrac{d-c}{b-a}(x-a) + c$ 是一个递增的从区间 (a,b)

到区间 (c,d) 的双射.

考虑两个严格递增的数列 $\{p_n\}(n \geqslant 0)$,$\{q_n\}(n \geqslant 0)$,满足

$$p_0 = q_0 = 0, \quad p_n \to \sqrt{2}, \quad q_n \to \sqrt{3},$$

则可如下定义 $f: A \to B$,$f(x) = \begin{cases} x, & x \leqslant 0; \\ \dfrac{q_{i+1} - q_i}{p_{i+1} - p_i}(x - p_i) + q_i, & x \in [p_i, p_{i+1}]. \end{cases}$

显然,f 是从集合 A 到集合 B 的双射.

(2)存在这样的函数.

易知,集合 A,B 均为实数集,记

$$A = \{a_1, a_2, \cdots, a_n, \cdots\}, B = \{b_1, b_2, \cdots, b_n, \cdots\}.$$

进一步,注意到,这两个集合在实数集中是稠密的,即任何一个开区间中含有集合 A 中无穷多个元素,也含有集合 B 中无穷多个元素.可用递归的方式定义 f.

首先定义 $f(a_1) = b_1$.有以下两种递归的方式.

(i) 假设到了某一步时,定义的 f 在任意 $x \in \{a_{i_1} < a_{i_2} < \cdots < a_{i_k}\}$ 中是严格递增的.设 k 是最小的整数使得 $f(a_k)$ 在之前的步骤中没有定义.

假设 a_k 位于 a_{i_r} 与 $a_{i_{r+1}}$ 之间.则 $f(a_k)$ 应该位于 $f(a_{i_r})$ 与 $f(a_{i_{r+1}})$ 之间.

在集合 B 中任取在区间 $(f(a_{i_r}), f(a_{i_{r+1}}))$ 中的元素 q,使得 q 不在

$$\{f(x) \mid x \in \{a_{i_1} < a_{i_2} < \cdots < a_{i_k}\}\}$$

中,然后定义 $f(a_k) = q$.

(ii) 假设到了某一步时,l 是最小的下标,使得 b_l 不在之前定义的函数 f 的值域中.

记 f 的值域为 $\{b_{i_1} < b_{i_2} < \cdots < b_{i_k}\}$,且 $b_l \in (b_{i_r}, b_{i_{r+1}})$.

由于 $b_{i_r}, b_{i_{r+1}}$ 在此时的函数 f 的值域中,于是,存在 $a_s, a_t \in A$,使得

$$f(a_s) = b_{i_r}, f(a_t) = b_{i_{r+1}}.$$

与(i)一样,可选取 $a \in A \bigcap (a_s, a_t)$.但 a 不在目前函数 f 的定义域中,然后定义 $f(a) = b_l$.

每次用以上两种方式分别加入一个定义域与值域中的元素,具体来说,若 k, l 为最小的下标,使得 a_k 不在目前函数 f 的定义域中,b_l 不在目前函数 f 的值域中,则用以上方式加入它们.从而,无穷次重复以上过程可使得 f 的定义域变成集合 A 而值域变成集合 B,且 f 为满射.进一步,由于每一步均保持了 f 的严格递增性,最终构造的双射也一定是严格递增的.

注:一个集合被称为可数集是指每个元素能与自然数集 $\mathbf{N}$ 的每个元素之间建立一一对应的集合.

（3）不存在这样的函数.

假设存在这样的函数 f.考虑子集 $C = \{0\} \times \mathbf{R} \subseteq B$,定义 $D = f^{-1}(C) \in \mathbf{R}$.

若 $x, y \in C, x < z < y$,则 $z \in C$.

既然 f 为递增的双射,于是,对于任意的 $r, t \in D$,若 $r < s < t$,则 $s \in D$.

在实数集上,有这样性质的子集一定为区间.

接下来证明:D 是开区间.

事实上,若 D 有最大或最小的元素,则 C 也有最大或最小的元素,这显然是矛盾的.

设 $D = (a, b), f^{-1}(b) = x = (x_1, x_2)$.

既然 b 比集合 D 中的所有元素都大,则 x 就要比 C 中的所有元素都大.于是,$x_1 > 0$.

而 $y = \left(\dfrac{x_1}{2}, 0\right) \in B$ 比 C 中所有元素都大但小于 x,则 $f^{-1}(y) \in \mathbf{R}$ 比 D 中所有元素都大,但小于 b,不可能.

因此,没有符合题意的函数 f.

（4）不存在这样的函数.

对于一个有序集 X，当 $x < y$ 且 x,y 间无其他元素时，称 y 是 x 的"继承者". 进一步，若 X 中的元素 x 无继承者，则称 x 为"终端".

注意到，集合 A 的所有终端为 $End(A) = \left\{ \left(\dfrac{1}{2},\dfrac{1}{2}\right), \left(\dfrac{1}{4},\dfrac{1}{2}\right), \left(\dfrac{1}{8},\dfrac{1}{2}\right), \cdots \right\}$，

而集合 B 的所有终端为 $End(B) = \left\{ \left(\dfrac{1}{2},\dfrac{1}{2}\right), \left(\dfrac{1}{4},\dfrac{1}{2}\right), \left(\dfrac{1}{8},\dfrac{1}{2}\right), \cdots, \left(0,\dfrac{1}{2}\right) \right\}$.

从而，$\left(0,\dfrac{1}{2}\right)$ 为 $End(B)$ 中的最小值.

若存在这样的递增双射 f，则 $f^{-1}\left(0,\dfrac{1}{2}\right)$ 为 $End(A)$ 中的最小元素，但 $End(A)$ 无最小元素，矛盾.

因此，没有符合要求的函数.

(5) 不一定存在这样的函数.

令集合 $Y = \{2^{-n} \mid n \in \mathbf{N}\} \cup \{0\}$.

定义 $A = Y \cup (Y+1) \cup (Y+2) \cup \cdots, B = A \cup \{-1\}$，其中，

$Y + m = \{y + m \mid y \in Y\}$.

先定义递增的满射 $f : A \to B, g : B \to A$，

$$f(x) = \begin{cases} -1, & x < 1; \\ x-1, & x \geq 1. \end{cases} \quad g(x) = \begin{cases} 0, & x = -1; \\ x, & x \neq -1. \end{cases}$$

易验证，f,g 既满又增.

接下来证明：集合 A 与集合 B 之间不存在递增的双射.

若存在，假设 h 为这样的函数. 由于 0 为集合 A 中的最小元素，则 $h(0)$ 一定为集合 B 中的最小元素，故 $h(0) = -1$.

在集合 B 中，0 是 -1 的继承者，从而，$h^{-1}(0)$ 在集合 A 中为 0 的继承者. 但集合 A 中没任何元素为 0 的继承者，这表明，这样的 h 不存在.

若函数 $f : \mathbf{Q} \to \mathbf{Q}$ 满足对于任意有理数 x,y，均有 $f(x+y) - f(x) - f(y) \in \mathbf{Z}$. 问：是否存在 $c \in \mathbf{Q}$，使得对于所有 $x \in \mathbf{Q}$，均有 $f(x) - cx \in \mathbf{Z}$？

（2014—2015，美国国家队选拔考试）

解 不存在.

构造函数 $f : \mathbf{Q} \to \mathbf{Q}$ 满足对于所有 $x,y \in \mathbf{Q}$，均有

$$f(x+y) - f(x) - f(y) \in \mathbf{Z}, \tag{①}$$

但不存在 $c \in \mathbf{Q}$，使得对于所有 $x \in \mathbf{Q}$，均有 $f(x) - cx \in \mathbf{Z}$.

设 $Q(\subset \mathbf{Q})$ 是分母为 2 的幂的所有有理数构成的集合，$R(\subset \mathbf{Q})$ 是分母为奇数的所有有理数构成的集合. 则集合 Q,R 对于加法和减法均封闭.

引理 对于每个有理数 x，均能表示为 $q+r (q \in Q, r \in R)$ 的形式. 若 $x = q+r, x = q'+r' (q, q' \in Q, r, r' \in R)$ 是两种表示，则 $q - q'$ 为整数.

证明 设 $x = \dfrac{m}{n}$（m,n 为互素的整数）.

则 $n = n_1 n_2$（n_1 为 2 的幂，n_2 为奇数）.

因为 n_1 与 n_2 互素，所以，存在整数 a,b，使得 $an_1 + bn_2 = 1$.

取 $q = \dfrac{mb}{n_1}, r = \dfrac{ma}{n_2}$，则 $q \in Q, r \in R$，且 $q + r = \dfrac{mb}{n_1} + \dfrac{ma}{n_2} = \dfrac{m(an_1 + bn_2)}{n_1 n_2} = \dfrac{m}{n} = x$.

假设 $x = q + r = q' + r'$（$q, q' \in Q, r, r' \in R$）.

则 $q - q' \in Q, r' - r \in R$.

因为 $q - q' = r' - r$，所以，$q - q', r' - r \in Q \bigcap R$.

这表明，$q - q'$ 的分母既为奇数，又为 2 的幂，此时，只能为 1.

因此，$q - q'$ 为整数.

引理得证.

定义函数 f 如下：对于任意的 $x \in \mathbf{Q}$，设 $f(x) = \{q\}$（$x = q + r$（$q \in Q, r \in R$））.

由引理，知函数 f 是唯一确定的.

下面验证结论 ① 成立.

对于任意的 $x, y \in \mathbf{Q}$，设 $x = q + r, y = q' + r'$（$q, q' \in Q, r, r' \in R$）.

则 $x + y = (q + q') + (r + r')$，且 $q + q' \in Q, r + r' \in R$.

由函数 f 的定义知 $f(x) = \{q\}, f(y) = \{q'\}, f(x+y) = \{q + q'\}$.

故 $f(x+y) - f(x) - f(y) = \{q + q'\} - \{q\} - \{q'\} \in \mathbf{Z}$.

假设存在 $c \in \mathbf{Q}$，使得对于所有的 $x \in \mathbf{Q}$，均有 $f(x) - cx \in \mathbf{Z}$.

固定一个奇数 $l > |c|$.

由 $\dfrac{1}{l} = 0 + \dfrac{1}{l}$，且 $0 \in Q, \dfrac{1}{l} \in R$，知 $f\left(\dfrac{1}{l}\right) = 0$.

因为 $f\left(\dfrac{1}{l}\right) - \dfrac{c}{l} = -\dfrac{c}{l}$ 为整数，所以，$c = 0$.

于是，对于所有的 $x \in \mathbf{Q}$，均有 $f(x) \in \mathbf{Z}$.

但由 $\dfrac{1}{2} = \dfrac{1}{2} + 0$，且 $\dfrac{1}{2} \in Q, 0 \in R$，知 $f\left(\dfrac{1}{2}\right) = \dfrac{1}{2}$，矛盾.

定义函数 $f : (0,1) \to (0,1)$，满足

$$f(x) = \begin{cases} x + \dfrac{1}{2}, & x < \dfrac{1}{2}; \\ x^2, & x \geq \dfrac{1}{2}. \end{cases}$$

设正实数 a, b 满足 $0 < a < b < 1$. 定义数列 $\{a_n\}, \{b_n\}$ 满足 $a_0 = a, b_0 = b$，且对于任意正整数 n，均有 $a_n = f(a_{n-1}), b_n = f(b_{n-1})$. 证明：存在正整数 n，满足 $(a_n - a_{n-1})(b_n - b_{n-1}) < 0$.

（第 55 届 IMO 预选题）

证明 当 $x < \dfrac{1}{2}$ 时，$f(x) - x = \dfrac{1}{2} > 0$；当 $x \geqslant \dfrac{1}{2}$ 时，$f(x) - x = x^2 - x < 0$.

将区间 $(0,1)$ 分为两个子区间 $I_1 = \left(0, \dfrac{1}{2}\right)$，$I_2 = \left[\dfrac{1}{2}, 1\right)$.

故 $(a_n - a_{n-1})(b_n - b_{n-1}) = (f(a_{n-1}) - a_{n-1})(f(b_{n-1}) - b_{n-1}) < 0$，当且仅当 a_{n-1}, b_{n-1} 在不同的子区间内.

反证法.

假设对于所有的 $k = 1, 2, \cdots$，均有 a_k, b_k 在同一个子区间内. 设 $d_k = |a_k - b_k|$.

若 a_k, b_k 均在子区间 I_1 内，则

$$d_{k+1} = |a_{k+1} - b_{k+1}| = \left| a_k + \dfrac{1}{2} - \left(b_k + \dfrac{1}{2}\right) \right| = d_k.$$

若 a_k, b_k 均在子区间 I_2 内，则

$$\min\{a_k, b_k\} \geqslant \dfrac{1}{2}，且 \max\{a_k, b_k\} = \min\{a_k, b_k\} + d_k \geqslant \dfrac{1}{2} + d_k.$$

这表明，

$$d_{k+1} = |a_{k+1} - b_{k+1}| = |a_k^2 - b_k^2| = |(a_k - b_k)(a_k + b_k)|$$
$$\geqslant |a_k - b_k| \left(\dfrac{1}{2} + \dfrac{1}{2} + d_k\right) = d_k(1 + d_k) \geqslant d_k.$$

于是，数列 $\{d_k\}$ 单调不降.

特别地，对于任意正整数 k，均有 $d_k \geqslant d_0 > 0$.

进而，若 a_k, b_k 均在子区间 I_2 内，则 $d_{k+2} \geqslant d_{k+1} \geqslant d_k(1 + d_k) \geqslant d_k(1 + d_0)$.

若 a_k, b_k 均在子区间 I_1 内，则 a_{k+1}, b_{k+1} 均在子区间 I_2 内.

故 $d_{k+2} \geqslant d_{k+1}(1 + d_{k+1}) \geqslant d_{k+1}(1 + d_0) \geqslant d_k(1 + d_0)$.

从而，两种情况均有 $d_{k+2} \geqslant d_k(1 + d_0)$.

由数学归纳法，知对于任意正整数 m，均有

$$d_{2m} \geqslant d_0(1 + d_0)^m. \tag{①}$$

当 m 足够大时，不等式 ① 的右边大于 1，而 a_{2m}, b_{2m} 均属于 $(0,1)$，从而，$d_{2m} < 1$，矛盾.

从而，存在正整数 n，使得 a_{n-1}, b_{n-1} 在不同的子区间内.

求所有函数 $f: \mathbf{Z} \to \mathbf{Z}$，使得对于所有整数 m, n，均有
$$f(f(m) + n) + f(m) = f(n) + f(3m) + 2014. \tag{①}$$

（第 55 届 IMO 预选题）

解 设函数 f 满足式 ①.

记 $C = 1007$，定义函数 $g: \mathbf{Z} \to \mathbf{Z}$，使得对所有的 $m \in \mathbf{Z}$，有

$$g(m) = f(3m) - f(m) + 2C.$$

特别地，$g(0) = 2C$.

于是，对于所有的 $m, n \in \mathbf{Z}$，均有 $f(f(m) + n) = g(m) + f(n)$.

沿着两个方向,由数学归纳法,知对于所有的 $m,n,t \in \mathbf{Z}$,均有

$$f(tf(m)+n) = tg(m)+f(n). \qquad ②$$

用 $(r,0,f(0))$ 和 $(0,0,f(r))$ 代替 (m,n,t) 可得

$$f(0)g(r) = f(f(r)f(0))-f(0) = f(r)g(0).$$

若 $f(0)=0$,则由 $g(0)=2C>0$,知 $f(r)=0$,与式 ① 矛盾.

若 $f(0) \neq 0$,则 $g(r) = \alpha f(r)(\alpha = \dfrac{g(0)}{f(0)}$ 为非零常数$)$.

由 g 的定义得 $f(3m) = (1+\alpha)f(m)-2C$,即对于所有的 $m \in \mathbf{Z}$,均有

$$f(3m)-\beta = (1+\alpha)(f(m)-\beta)(\beta = \frac{2C}{\alpha}). \qquad ③$$

对 k 用数学归纳法,知对于所有的整数 $k(k \geqslant 0),m$,均有

$$f(3^k m)-\beta = (1+\alpha)^k(f(m)-\beta). \qquad ④$$

而 $3 \nmid 2014$,则由式 ①,知存在 $a \in \mathbf{Z}$,满足 $d = f(a)$ 不能被 3 整除.

由式 ②,得 $f(n+td) = f(n)+tg(a) = f(n)+\alpha t f(a)$,即对于所有的 $n,t \in \mathbf{Z}$,均有

$$f(n+td) = f(n)+\alpha td. \qquad ⑤$$

因为 $(3,d)=1$,所以,由欧拉定理,知存在 k(可取 $k=\varphi(|d|)$)满足 $d \mid (3^k-1)$.

对于每个 $m \in \mathbf{Z}$,由式 ⑤ 得 $f(3^k m) = f(m)+\alpha(3^k-1)m$.

于是,式 ④ 为 $((1+\alpha)^k-1)(f(m)-\beta) = \alpha(3^k-1)m$. \qquad ⑥

因为 $\alpha \neq 0$,所以,对于 $m \neq 0$,式 ⑥ 的右边不为 0.

于是,式 ⑥ 左边的第一个因式也不为 0. 故 $f(m) = \dfrac{\alpha(3^k-1)m}{(1+\alpha)^k-1}+\beta$.

这表明,f 为线性函数.

设 $f(m) = Am+\beta(m \in \mathbf{Z}$,常数 $A \in \mathbf{Q})$.

将其代入式 ①,知对于所有的 $m \in \mathbf{Z}$,有 $(A^2-2A)m+(A\beta-2C)=0$,故 $A^2=2A$,且 $A\beta = 2C$.

第一个方程等价于 $A \in \{0,2\}$.

因为 $C \neq 0$,所以,由第二个方程得 $A=2,\beta=C$.

从而,满足条件的函数为 $f(n) = 2n+1007$.

求所有函数 $f: \mathbf{Z} \rightarrow \mathbf{Z}$,使得对于所有的 $n \in \mathbf{Z}$,均有

$$n^2+4f(n) = f^2(f(n)). \qquad ①$$

（第 55 届 IMO 预选题）

解 满足条件的 f 为:

(i) $f(n) = n+1$;

(ii) 对于某个正整数 a,$f(n) = \begin{cases} n+1, & n > -a, \\ -n+1, & n \leqslant -a; \end{cases}$

$$(iii) f(n) = \begin{cases} n+1, & n > 0, \\ 0, & n = 0, \\ -n+1, & n < 0. \end{cases}$$

(1) 首先验证前面的每个函数均满足方程①.

若 $f(n) = n+1$, 则

$$n^2 + 4f(n) = n^2 + 4n + 4 = (n+2)^2 = f^2(n+1) = f^2(f(n)).$$

若 $f(n) = \begin{cases} n+1, & n > -a; \\ -n+1, & n \leqslant -a. \end{cases}$ 只需验证 $n \leqslant -a$ 的情况, 即

$$n^2 + 4f(n) = n^2 - 4n + 4 = (2-n)^2 = f^2(1-n) = f^2(f(n)).$$

若 $f(n) = \begin{cases} n+1, & n > 0; \\ 0, & n = 0; \\ -n+1, & n < 0. \end{cases}$ 只需验证 $n = 0$ 的情况, 即

$$0^2 + 4f(0) = 0 = f^2(f(0)).$$

(2) 下面分三步证明: 只有上述函数满足方程①.

(a) 对于 $n > 0$, 有 $f(n) = n+1$.

考虑数列 $\{a_k\}$ 满足 $a_k = f^k(1)(k \in \mathbf{N})$.

在方程① 中设 $n = a_k$, 则 $a_k^2 + 4a_{k+1} = a_{k+2}^2$.

由定义, 知 $a_0 = 1$. 而 $a_2^2 = 1 + 4a_1$ 为奇数, 则 a_2 为奇数. 设 $a_2 = 2r+1(r \in \mathbf{Z})$.

则 $a_1 = r^2 + r$. 故 $a_3^2 = a_1^2 + 4a_2 = (r^2+r)^2 + 8r + 4$.

因为 $8r + 4 \neq 0$, 所以, $a_3^2 \neq (r^2+r)^2$. 故 $|a_3^2 - (r^2+r)^2|$ 至少是 $(r^2+r)^2$ 和与其相邻的偶完全平方数的差的绝对值(这是因为 $8r+4, r^2+r$ 均是偶数).

这表明, $|8r+4| = |a_3^2 - (r^2+r)^2| \geqslant (r^2+r)^2 - (r^2+r-2)^2 = 4(r^2+r-1)$, 其中, $r = 0, -1$ 时, 上述不等式是平凡的.

于是, $4r^2 \leqslant |8r+4| - 4r + 4$.

若 $|r| \geqslant 4$, 则

$$4r^2 \geqslant 16|r| \geqslant 12|r| + 16 > 8|r| + 4 + 4|r| + 4 \geqslant |8r+4| - 4r + 4,$$

矛盾.

于是, $|r| < 4$.

验证所有的 r, 只有当 $r = -3, 0, 1$ 时, $(r^2+r)^2 + 8r + 4$ 为完全平方数.

再分三种情况.

【情况 1】若 $r = -3$, 则 $a_1 = 6, a_2 = -5$.

对于每个正整数 k, $a_{k+2} = \pm \sqrt{a_k^2 + 4a_{k+1}}$.

正负号的选择要使得 $a_{k+1}^2 + 4a_{k+2}$ 也为完全平方数.

于是, $a_3 = -4, a_4 = -3, a_5 = -2, a_6 = -1, a_7 = 0, a_8 = 1, a_9 = 2$.

一方面, $f(1) = f(a_0) = a_1 = 6$; 另一方面, $f(1) = f(a_8) = a_9 = 2$. 矛盾.

【情况 2】若 $r = 0$, 则 $a_1 = 0, a_2 = 1$.

由 $a_3^2 = a_1^2 + 4a_2 = 4$, 知 $a_3 = \pm 2$.

一方面, $f(1) = f(a_0) = a_1 = 0$; 另一方面, $f(1) = f(a_2) = a_3 = \pm 2$. 矛盾.

【情况 3】若 $r=1$，则 $a_1=2, a_2=3$.

在此情况下，用数学归纳法证明对于所有的 $k \geqslant 0$，有 $a_k = k+1$.

当 $k=0,1,2$ 时，结论成立.

假设 $a_{k-1}=k, a_k=k+1$. 则 $a_{k+1}^2 = a_{k-1}^2 + 4a_k = k^2 + 4k + 4 = (k+2)^2$.

于是，$a_{k+1} = \pm(k+2)$.

若 $a_{k+1} = -(k+2)$，则

$$a_{k+2}^2 = a_k^2 + 4a_{k+1} = (k+1)^2 - 4k - 8 = k^2 - 2k - 7 = (k-1)^2 - 8,$$

只有当 $k=4$ 时，$(k-1)^2-8$ 为完全平方数（这是因为只有两个完全平方数 9 与 1 的差是 8）.

于是，$a_4 = 5, a_5 = -6, a_6 = \pm 1, a_7^2 = a_5^2 + 4a_6 = 36 \pm 4$.

由于 32, 40 均不为完全平方数，则 $a_{k+1} = k+2$.

从而，完成了数学归纳法的证明，这表明，对于所有的正整数 n，均有

$$f(n) = f(a_{n-1}) = a_n = n+1.$$

(b) 要么 $f(0)=1$；要么 $f(0)=0$，且对于 $n \neq 0$，有 $f(n) \neq 0$.

在方程 ① 中，令 $n=0$，有 $4f(0) = f^2(f(0))$. ②

这表明，$f(0) \geqslant 0$.

若 $f(0)=0$，则对于所有的 $n \neq 0$，有 $f(n) \neq 0$.

这是因为若存在 $n \neq 0$，使得 $f(n)=0$，则

$$n^2 = n^2 + 4f(n) = f^2(f(n)) = f^2(0) = 0,$$

矛盾.

若 $f(0)>0$，由第一步的结论知 $f(f(0)) = f(0) + 1$.

由式 ②，知 $4f(0) = (f(0)+1)^2 \Rightarrow f(0) = 1$.

(c) 对于 $n<0$，讨论 $f(n)$ 的值.

引理　对于每个正整数 n，有 $f(-n) = -n+1$ 或 $n+1$.

此外，若 $f(-n) = -n+1$，则 $f(-n+1) = -n+2$.

证明　用第二数学归纳法.

在方程 ① 中，令 $n=-1$，得 $1 + 4f(-1) = f^2(f(-1))$.

于是，$f(-1)$ 非负.

若 $f(-1)=0$，则 $f(f(-1)) = f(0) = \pm 1$.

由(b)，知 $f(0)=1$；

若 $f(-1)>0$，由(a)，知 $f(f(-1)) = f(-1) + 1$.

于是，$1 + 4f(-1) = (f(-1)+1)^2$. 从而，$f(-1) = 2$.

结论成立.

假设小于 n 时结论成立.

考虑两种情况.

【情况 1】(i) 若 $f(-n) \leqslant -n$，则

$$f^2(f(-n)) = (-n)^2 + 4f(-n) \leqslant n^2 - 4n < (n-2)^2.$$

于是，$|f(f(-n))| \leqslant n-3$（$n=2$ 时不可能发生这种情况）.

(ii) 若 $f(f(-n)) \geqslant 0$，则由(a)，(b) 知 $f(f(f(-n))) = f(f(-n)) + 1$，除非 $f(0)$

$=0$ 且 $f(f(-n))=0$．由(b)知后者蕴含着 $f(-n)=0$，于是，$n=0$，矛盾．

若 $f(f(-n))<0$，则 $-f(f(-n))\leqslant n-3<n$．

由归纳假设得 $f(f(f(-n)))=\pm f(f(-n))+1$．

从而，两种情况均有 $f(f(f(-n)))=\pm f(f(-n))+1$．

则 $f^2(-n)+4f(f(-n))=f^2(f(f(-n)))=(\pm f(f(-n))+1)^2$．

故 $n^2\leqslant f^2(-n)=(\pm f(f(-n))+1)^2-4f(f(-n))$

$\leqslant f^2(f(-n))+6\mid f(f(-n))\mid+1\leqslant(n-3)^2+6(n-3)+1=n^2-8$，

矛盾．

【情况2】(i) 若 $f(-n)>-n$，与前面的情况讨论类似．

(ii) 若 $f(-n)\geqslant0$，则由(a)，(b)知 $f(f(-n))=f(-n)+1$，除非 $f(0)=0$ 且 $f(-n)=0$．由(b)知后者蕴含着 $n=0$，矛盾．

若 $f(-n)<0$，则 $-f(-n)<n$．

由归纳假设得 $f(f(-n))=\pm f(-n)+1$．

于是，两种情况均有 $f(f(-n))=\pm f(-n)+1$．

则 $(-n)^2+4f(-n)=f^2(-n)=(\pm f(-n)+1)^2$．

从而，若 $n^2=(f(-n)+1)^2-4f(-n)=(f(-n)-1)^2$，则有 $f(-n)=\pm n+1$，结论成立；

若 $n^2=(-f(-n)+1)^2-4f(-n)=(f(-n)-3)^2-8$，只有两个完全平方数9与1的差是8，则一定有 $n=1$．这个结论已证明过了．

最后假设 $f(-n)=-n+1(n\geqslant2)$．则

$f^2(-n+1)=f^2(f(-n))=(-n)^2+4f(-n)=(n-2)^2$．

于是，$f(-n+1)=\pm(n-2)$．

由 $f(-n+1)=f(-(n-1))=\pm(n-1)+1=-n+2$ 或 n，知

$f(-n+1)=-n+2$．

引理得证．

结合(a)，(b)，(c)，知一个解为 $f(n)=n+1$ 对于所有的 $n\in\mathbf{Z}$ 成立；若 $f(n)$ 不总等于 $n+1$，则存在一个最大的整数 m（不能是正的），使得 $f(m)$ 不等于 $m+1$．

由引理，知对于每个整数 $n<m$，均有 $f(n)=-n+1$．

若 $m=-a<0$，对于 $n\leqslant-a$，则 $f(n)=-n+1$；否则，$f(n)=n+1$．

若 $m=0$，则 $f(0)=0$．

对于负整数 n，$f(n)=-n+1$；对于正整数 n，$f(n)=n+1$．

二次函数 f 将任意长为1的区间 I 映射为长度至少为1的区间 $f(I)$．证明：对于任意长度为2的区间 J，$f(J)$ 的长度至少为4．

（2015，罗马尼亚数学奥林匹克）

证明 设 $f(x)=ax^2+bx+c$．该抛物线的对称轴为 $x_0=-\dfrac{b}{2a}$．

取区间 $I = \left[x_0 - \frac{1}{2}, x_0 + \frac{1}{2} \right]$，则 $f(I)$ 的长度为 $\frac{|a|}{4}$. 故 $|a| \geqslant 4$.

对于长度为 2 的区间 J，一定能取出 $x, y \in J$，使得 $x - y = 1, x_0 \notin (y, x)$.

故 $|f(x) - f(y)| = \left| a(x - y)\left(x + y + \frac{b}{a} \right) \right| \geqslant 4 |x + y - 2x_0| \geqslant 4$.

从而，$f(J)$ 中包含了两个差至少为 4 的点.

这便得到了结论.

设正整数 $k \geqslant 1, p_1, p_2, \cdots, p_k$ 为不同的素数，记 $n = p_1 p_2 \cdots p_k$.

对函数 $f: \{1, 2, \cdots, n\} \rightarrow \{1, 2, \cdots, n\}$，定义 $p(f) = f(1) f(2) \cdots f(n)$.

(1) 求使得 $p(f) \mid n$ 的函数 f 的个数；

(2) 对于 $n = 6$，求使得 $p(f) \mid 36$ 的函数 f 的个数.

（2015，罗马尼亚数学奥林匹克）

解 (1) 由 $p(f) \mid n$，知 $p(f) = p_1^{a_1} p_2^{a_2} \cdots p_k^{a_k} (a_k \in \{0, 1\})$.

于是，对于每一个素因数 p_i，要么不整除 $p(f)$，要么恰整除 $f(1), f(2), \cdots, f(n)$ 中的一个.

从而，对每个 p_i 有 $n + 1$ 种安排方式，由乘法原理，知这样的函数 f 有 $(n+1)^k$ 个.

(2) 由 $p(f) \mid 36$，知 $p(f) = 2^a \times 3^b (a, b \in \{0, 1, 2\})$.

若 $b = 0$，则 2 的安排方式分别有 1 种 $(a = 0)$，C_6^1 种 $(a = 1)$，$C_6^1 + C_6^2$ 种 $(a = 2$，两个 2 在不同或在同一个 $f(1), f(2), \cdots, f(6)$ 中$)$.

若 $b = 1$，则 3 的选法有 C_6^1 种，而 2 的安排方式分别有 1 种 $(a = 0)$，C_6^1 种 $(a = 1)$，$C_5^1 + C_6^2$ 种 $(a = 2$，两个 2 在不同或在同一个 $f(1), f(2), \cdots, f(6)$ 但不能含有 3 的那个中$)$.

若 $b = 2$，则 3 的选法有 C_6^2 种，而 2 的安排方式分别有 1 种 $(a = 0)$，C_6^1 种 $(a = 1)$，$C_4^1 + C_6^2$ 种 $(a = 2$，两个 2 在不同或在同一个 $f(1), f(2), \cdots, f(6)$ 但不能含有 3 的那两个中$)$.

故共有 $(1 + 2C_6^1 + C_6^2) + C_6^1(1 + C_6^1 + C_5^1 + C_6^2) + C_6^2(1 + C_6^1 + C_4^1 + C_6^2) = 580$ 种.

求所有函数 $f, g: \mathbf{Q} \rightarrow \mathbf{Q}$，使得对于任意的 $x, y \in \mathbf{Q}$，均有

$$f(g(x) + g(y)) = f(g(x)) + y, \quad ①$$
$$g(f(x) + f(y)) = g(f(x)) + y. \quad ②$$

（2015，罗马尼亚数学奥林匹克）

解 若 $g(y_1) = g(y_2)$，于是，在式 ① 中取 $x = y_1, y = y_2$ 及 $x = y_2, y = y_1$，对比得 $y_1 = y_2$. 从而，g 为单射.

类似地，f 也为单射.

令 $y = 0$，代入式 ① 得

$f(g(x)+g(0))=f(g(x))\Rightarrow g(x)+g(0)=g(x)\Rightarrow g(0)=0.$

类似地,$f(0)=0$.

再在式①,②中均令$x=0$,知对于所有的y,均有$f(g(y))=g(f(y))=y$.

这表明,f,g均为双射且$g=f^{-1}$.

于是,式①,②可化为$f(g(x)+g(y))=x+y,g(f(x)+f(y))=x+y.$

进一步,利用互为反函数可化为

$g(x)+g(y)=g(x+y),f(x)+f(y)=f(x+y).$

记$a=f(1),b=g(1)$.

由以上的线性递推,知对于所有的$x\in \mathbf{Q}$,均有$f(x)=ax,g(x)=bx$.

由于$g=f^{-1}$,从而,$ab=1$.

解得$f(x)=ax,g(x)=\dfrac{x}{a}(a\in \mathbf{Q}\backslash\{0\}).$

经检验,上式符合题意.

设函数$f:\mathbf{Z}^{+}\rightarrow \mathbf{Z}^{+}$,$f(1)=2$.若$m,n\in \mathbf{Z}^{+}$,则

$\max\{f(m)+f(n),m+n\}\mid \min\{2m+2n,f(m+n)+1\}.$ ①

求函数f.

(2015,第53届荷兰国家队选拔考试)

解 将$m=n$代入式①得$\max\{2f(n),2n\}\mid \min\{4n,f(2n)+1\}.$

则$4n\geqslant 2f(n)\Rightarrow f(n)\leqslant 2n.$ ②

将$m=n=1$代入式①得

$\max\{2f(1),2\}\mid \min\{4,f(2)+1\}\Rightarrow 4\mid \min\{4,f(2)+1\}\Rightarrow f(2)+1\geqslant 4.$

又由式②,知$f(2)\leqslant 2\times 2=4$.故$f(2)=3$或$f(2)=4$.

(1) 若$f(2)=3$,则对n用数学归纳法证明:$f(n)=n+1$.

设$n=r-1(r\geqslant 3)$时,结论成立.

将$m=1,n=r-1$代入式①得

$\max\{f(1)+f(r-1),r\}=\max\{r+2,r\}=r+2$ 整除 $\min\{2r,f(r)+1\}.$

由$\min\{2r,f(r)+1\}\leqslant 2r<2(r+2)$,则$\min\{2r,f(r)+1\}=r+2.$

又$r\geqslant 3$,则$2r>r+2$.故$f(r)+1=r+2\Rightarrow f(r)=r+1.$

从而,完成归纳证明.

下面检验函数$f(n)=n+1$是否满足条件.

若$m,n\in \mathbf{Z}^{+}$,则

$\min\{2m+2n,f(m+n)+1\}=\min\{2m+2n,m+n+2\}=m+n+2,$ ③

$\max\{f(m)+f(n),m+n\}=\max\{m+n+2,m+n\}=m+n+2.$ ④

因为以上两式相等,所以,式④整除式③.

于是,函数满足条件.

(2) 若$f(2)=4$,则对n用数学归纳法证明:$f(n)=2n$.

设 $n=r-1$（存在 $r\geqslant 4$）时，结论成立.

将 $m=1,n=r-1$ 代入式 ① 得

$\max\{f(1)+f(r-1),1+r-1\}=\max\{2r,r\}=2r$ 整除 $\min\{2r,f(r)+1\}$.

则 $\min\{2r,f(r)+1\}\geqslant 2r\Rightarrow f(r)\geqslant 2r-1$.

又由式 ②，知 $f(r)\leqslant 2r$. 故 $f(r)\in\{2r-1,2r\}$.

假设 $f(r)=2r-1$.

将 $m=1,n=r$ 代入式 ① 得

$\max\{f(1)+f(r),1+r\}=\max\{2+2r-1,r+1\}=2r+1$

整除 $\min\{2(r+1),f(r+1)+1\}$.

因为 $(2r+1)\nmid 2(r+1)$，所以，最小值不等于 $2(r+1)$.

故 $f(r+1)+1<2r+2$，必可被 $2r+1$ 整除，得 $f(r+1)=2r$.

将 $m=2,n=r-1$ 代入式 ① 得

$\max\{f(2)+f(r-1),1+r\}=\max\{4+2r-2,r+1\}=2r+2$

可整除 $\min\{2(r+1),f(r+1)+1\}=\min\{2r+2,2r+1\}=2r+1$. 矛盾.

从而，$f(r)=2r$.

因此，完成归纳证明.

下面检验函数 $f(n)=2n$ 是否满足条件.

事实上，对于 $m,n\in\mathbf{Z}^+$，有

$\min\{2m+2n,f(m+n)+1\}=\min\{2m+2n,2m+2n+1\}=2m+2n$，　　　⑤

$\max\{f(m)+f(n),m+n\}=\max\{2m+2n,m+n\}=2m+2n$.　　　⑥

因为以上两式相等，所以，式 ⑥ 整除式 ⑤.

于是，函数满足条件.

综上，本题恰有两组解 $f(n)=n+1$ 和 $f(n)=2n$.

求所有的函数 $f:\mathbf{N}\to\mathbf{N}$，使得对一切的 $m,n\in\mathbf{N}$，均有

$$f(m^2+mf(n))=mf(m+n).$$

（2015，印度国家队选拔考试）

解 令 $m=n=0$. 则 $f(0)=0$. 令 $n=0$. 则 $f(m^2)=mf(m)$.

(1) 若 $f(1)=0$，令 $n=1$. 则 $f(m^2)=mf(m+1)$.

结合 $f(m^2)=mf(m)$，有 $f(m+1)=f(m)$.

而 $f(0)=0$，故对于一切 $m\in\mathbf{N}$，均有 $f(m)=0$.

(2) 若 $f(1)=p\in\mathbf{N}^+$，假设存在 $m>1$，使得 $f(m)=0$.

则对于 $q\in\mathbf{N}$，由 $qf(m+q)=f(q^2+qf(m))=f(q^2)=qf(q)$，知

$f(m+q)=f(q)$.　　　①

特别地，$f(m+1)=f(1)=p\in\mathbf{N}^+$.

因为 $f(m+1)=f(1)$，所以，

$m\mid((m+1)^2+(m+1)f(1)-(1^2+f(m+1)))$

$\Rightarrow f((m+1)^2+(m+1)f(1)) = f(1^2+f(m+1))$

$\Rightarrow (m+1)f((m+1)+1) = f(1+(m+1)) \Rightarrow (m+1)f(m+2) = f(m+2)$

$\Rightarrow (m+1)f(2) = f(2) \Rightarrow mf(2) = 0 \Rightarrow f(2) = 0.$

由式①,知 $f(2k) = 0(k \in \mathbf{N})$.

由 $f(2^2+2f(1)) = 2f(2+1) \Rightarrow 0 = 2f(3) \Rightarrow f(3) = 0$;

由 $f(1^2+f(2)) = f(1+2) \Rightarrow f(1) = f(3) = 0$,与 $f(1) = p \geqslant 1$ 矛盾.

故 $f(m) = 0 \Leftrightarrow m = 0$.

下面证明:f 为单射.

假设存在 $1 \leqslant m < n$,使得 $f(m) = f(n)$.

任取 $q \in \mathbf{N}$,均有

$f(q^2+qf(m)) = qf(q+m) = f(q^2+qf(n)) = qf(q+n).$

于是,对于一切 $q \in \mathbf{N}$,均有 $f(q+m) = f(q+n)$.

令 $k = n-m$.则 $k \in \mathbf{N}^+$.

从而,对于一切 $t \in \mathbf{N}$,均有 $f(k+t) = f(t)$.

由 $f(m^2+mf(n)) = mf(m+n),f(n^2+nf(m)) = nf(m+n)$,

$k \mid ((n^2+nf(m)) - (m^2+mf(n)))$,

知 $f(n^2+nf(m)) = f(m^2+mf(n)) \Rightarrow nf(n+m) = mf(m+n)$

$\Rightarrow kf(m+n) = 0 \Rightarrow f(m+n) = 0 \Rightarrow m+n = 0,$

矛盾.

因此,f 为单射.

令 $s \in \mathbf{N}$,由 $f(1^2+f(s)) = f(1+s)$,得 $f(1+f(s)) = f(1+s)$.

而 f 为单射,故 $1+f(s) = 1+s \Rightarrow f(s) = s$.

综上,所求的函数为 $f(t) = 0(t \in \mathbf{N})$ 和 $f(t) = t(t \in \mathbf{N})$.

> 求所有函数 $f:\mathbf{R} \to \mathbf{R}$,使得对于所有实数 x,y,均有
> $$f(x^2)+4y^2f(y) = (f(x-y)+y^2)(f(x+y)+f(y)). \qquad ①$$
> (2015,土耳其国家队选拔考试)

解 在式①中,令 $x = 0$,得 $f(0)+4y^2f(y) = (f(-y)+y^2) \cdot 2f(y)$. ②

在式②中,用 $-y$ 代替 y 得 $f(0)+4y^2f(-y) = (f(y)+y^2) \cdot 2f(-y)$. ③

②-③ 得 $4y^2(f(y)-f(-y)) = 2y^2(f(y)-f(-y))$.

于是,对于所有的实数 y,均有 $f(y) = f(-y)$.

在式①中,用 $-y$ 代替 y 得

$f(x^2)+4y^2f(-y) = (f(x+y)+y^2)(f(x-y)+f(-y)).$

故 $f(x^2)+4y^2f(y) = (f(x+y)+y^2)(f(x-y)+f(y)).$ ④

④-① 得

$0 = (f(x+y)+y^2)(f(x-y)+f(y)) - (f(x-y)+y^2)(f(x+y)+f(y))$

$= (f(y)-y^2)(f(x+y)-f(x-y)).$

从而，$f(y) = y^2 (y \in \mathbf{R})$ 或 $f(x+y) = f(x-y)(x \in \mathbf{R})$.

若 $f(y) = y^2 (y \in \mathbf{R})$，则函数 $f(x) = x^2$ 满足方程①.

若存在 $y_0 \neq 0$，使得 $f(y_0) \neq y_0^2$，则 $f(x+y_0) = f(x-y_0)(x \in \mathbf{R})$.　⑤

在式⑤中，用 $x+y_0$ 代替 x 得 $f(x+2y_0) = f(x)(x \in \mathbf{R})$.

在式⑤中，用 $x-y_0$ 代替 x 得 $f(x) = f(x-2y_0)(x \in \mathbf{R})$.

在式①中，令 $y = 2y_0$，得

$$f(x^2) + 16y_0^2 f(2y_0) = (f(x-2y_0) + 4y_0^2)(f(x+2y_0) + f(2y_0)).$$

又 $f(x-2y_0) = f(x+2y_0) = f(x)$，且 $f(2y_0) = f(0)$，则

$$f(x^2) + 16y_0^2 f(0) = (f(x) + 4y_0^2)(f(x) + f(0)).　⑥$$

在式①中，令 $y = 0$，得 $f(x^2) = f(x)(f(x) + f(0))$.　⑦

将式⑦代入式⑥得 $16y_0^2 f(0) = 4y_0^2(f(x) + f(0))$，即 $4f(0) = f(x) + f(0)$.

设 $f(x) = 3f(0) = c$，代入方程①得 $c + 4y^2 c = (c + y^2)(c + c)$.

若 $c \neq 0$，则对于任意的 $y \in \mathbf{R}$，均有 $1 + 4y^2 = 2(c + y^2) \Rightarrow 2y^2 = 2c - 1$. 矛盾.

因此，$c = 0$.

这表明，$f(x) = 0$，则函数 $f(x) = 0$ 满足方程①.

若满足 $f(y) \neq y^2$ 的 y 只有 $y = 0$，即 $f(0) \neq 0$，则对于 $x \neq 0$，均有 $f(x) = x^2$.

由式⑦得 $x^4 = x^2(x^2 + f(0))$. 于是，$f(0) = 0$. 矛盾.

综上，满足条件的函数为 $f(x) = 0$ 和 $f(x) = x^2$.

求所有函数 $f: \mathbf{R} \to \mathbf{R}$，使得对于任意的 $x, y \in \mathbf{R}$，均有
$$f(xy) \leqslant yf(x) + f(y).　①$$

（2015，希腊国家队选拔考试）

解 在式①中，用 $-y$ 代替 y 有 $f(-xy) \leqslant -yf(x) + f(-y)$.　②

①＋②得 $f(xy) + f(-xy) \leqslant f(y) + f(-y)$.　③

在式③中，令 $y = 1$. 则 $f(x) + f(-x) \leqslant f(1) + f(-1)$.　④

在式③中，用 $\dfrac{1}{y}(y \neq 0)$ 代替 x 有 $f(1) + f(-1) \leqslant f(y) + f(-y)$.　⑤

由式④、⑤，得对于 $y \neq 0$，有 $f(y) + f(-y) = f(1) + f(-1) = c$.

于是，式②变为 $c - f(xy) \leqslant -yf(x) + c - f(y)$.

故 $f(xy) \geqslant yf(x) + f(y)$.　⑥

由式①、⑥，对于 $x, y \neq 0$，有 $f(xy) = yf(x) + f(y)$.　⑦

在式⑦中，令 $x = y = 1$. 则 $f(1) = 0$.

在式⑦中，对调 x 与 y 得 $f(yx) = xf(y) + f(x)$.　⑧

由式⑦、⑧，知 $(y-1)f(x) = (x-1)f(y) \Rightarrow \dfrac{f(x)}{x-1} = \dfrac{f(y)}{y-1}(x, y \neq 0, 1)$.

又 $f(1) = 0$，则 $f(x) = a(x-1)(x \neq 0)$.

将 $x = 0$，代入式①得 $f(y) \geqslant (1-y)f(0)$.

于是,对于 $y \neq 0$,有

$$a(y-1) \geqslant (1-y)f(0) \Rightarrow (y-1)(a+f(0)) \geqslant 0 \Rightarrow a = -f(0).$$

因此,对于 $x \in \mathbf{R}$,有 $f(x) = b(1-x)(b = f(0)$ 为任意常数$)$.

设函数 $f: \mathbf{R} \to \mathbf{R}$ 对于所有实数 x, y,满足

$$f(f(x) + f(y)) = f(x^2) + 2x^2 f(y) + f^2(y). \qquad ①$$

求函数 $f(x)$.

(2015,爱沙尼亚国家队选拔考试)

解 交换 x, y,由式 ① 得 $f(f(y) + f(x)) = f(y^2) + 2y^2 f(x) + f^2(x)$. ②

令 $y = 0$,$f(0) = a$.由式 ①,② 得 $f(x^2) + 2x^2 a + a^2 = a + f^2(x)$. ③

令 $y = 1$,$f(1) = b$.由式 ①,② 得 $f(x^2) + 2x^2 b + b^2 = b + 2f(x) + f^2(x)$. ④

④ $-$ ③ 得 $2(b-a)x^2 + b^2 - a^2 = b - a + 2f(x)$. ⑤

在式 ⑤ 中,令 $x = 0$,得 $b^2 - a^2 = b + a \Rightarrow b + a = 0$ 或 $b - a = 1$.

(1) 当 $b + a = 0$ 时,令 $x = 0, y = 1$.

由式 ①,有 $f(0) = f(a+b) = a + b^2$.

又 $f(0) = a$,则 $b^2 = 0$,即 $b = 0, a = 0$.从而,$f(x) = 0$.

(2) 当 $b - a = 1$ 时,由式 ⑤ 有

$$2f(x) = 2x^2 + (b + a - 1) = 2x^2 + 2a \Rightarrow f(x) = x^2 + a \Rightarrow f(2a) = 4a^2 + a.$$

将 $x = y = 0$ 代入式 ① 有 $f(2a) = a + a^2$.从而,$a^2 = 4a^2 \Rightarrow a = 0$.

故对于任意的实数 x,均有 $f(x) = x^2$.

经检验,函数 $f(x) = 0, f(x) = x^2$ 均满足题意.

设函数 $f: \mathbf{Z}^+ \to \mathbf{Z}$ 满足

(1) $f(1) = 0$;

(2) 对于所有素数 p,有 $f(p) = 1$;

(3) 对于所有正整数 x, y,有 $f(xy) = yf(x) + xf(y)$.

求使得 $f(n) = n(n \geqslant 2015)$ 的最小整数 n.

(2015,第 46 届奥地利数学竞赛)

解 (i) 首先证明:对素数 $q_1, q_2, \cdots, q_s$,有

$$f(q_1 q_2 \cdots q_s) = q_1 q_2 \cdots q_s \left(\frac{1}{q_1} + \frac{1}{q_2} + \cdots + \frac{1}{q_s} \right). \qquad ①$$

下面对 s 进行归纳.

当 $s = 0$ 时,$f(1) = 0$.

若对于某些 s,式 ① 成立,则

$$f(q_1 q_2 \cdots q_s q_{s+1}) = f((q_1 q_2 \cdots q_s) q_{s+1}) = q_{s+1} f(q_1 q_2 \cdots q_s) + q_1 q_2 \cdots q_s f(q_{s+1})$$

$$= q_1 q_2 \cdots q_{s+1} \left(\frac{1}{q_1} + \frac{1}{q_2} + \cdots + \frac{1}{q_s} \right) + q_1 q_2 \cdots q_s = q_1 q_2 \cdots q_{s+1} \left(\frac{1}{q_1} + \frac{1}{q_2} + \cdots + \frac{1}{q_{s+1}} \right).$$

(ii) 易知,式 ① 满足要求.

(iii) 令 $p_1, p_2, \cdots, p_r$ 为不同的素数,且 $\alpha_1, \alpha_2, \cdots, \alpha_r$ 为正整数.

提取式 ① 中相等的素数得 $f(p_1^{\alpha_1} p_2^{\alpha_2} \cdots p_r^{\alpha_r}) = p_1^{\alpha_1} p_2^{\alpha_2} \cdots p_r^{\alpha_r} \sum_{j=1}^{r} \frac{\alpha_i}{p_j}$.

(iv) 假设对于 $n \geqslant 2015$ 有 $f(n) = n$,可写为 $n = p_1^{\alpha_1} p_2^{\alpha_2} \cdots p_r^{\alpha_r}$.则

$$\frac{\alpha_1}{p_1} + \frac{\alpha_2}{p_2} + \cdots + \frac{\alpha_r}{p_r} = 1. \qquad ②$$

存在非负整数 a 满足 $\frac{\alpha_1}{p_1} + \frac{\alpha_2}{p_2} + \cdots + \frac{\alpha_{r-1}}{p_{r-1}} = \frac{a}{p_1 p_2 \cdots p_{r-1}}$.

故 $\frac{a}{p_1 p_2 \cdots p_{r-1}} + \frac{\alpha_r}{p_r} = 1 \Leftrightarrow a p_r + \alpha_r p_1 p_2 \cdots p_{r-1} = p_1 p_2 \cdots p_r$.

由 p_r 与 $p_1 p_2 \cdots p_{r-1}$ 互素,得 $p_r \mid \alpha_r$.

又由式 ② 得 $\alpha_r \leqslant p_r$.于是,$r = 1, \alpha_r = p_r$.

从而,$f(n) = n$ 当且仅当对于某些素数 p,有 $n = p^p$.

故 $2^2 = 4 < 3^3 = 27 < 2015 < 5^5 = 3125$.

因此,最小的 n 为 3125.

求所有函数 $f : \mathbf{R} \rightarrow \mathbf{R}$,使得对于所有的 $x, y \in \mathbf{R}$,均有

$$f(x^{2015} + f^{2015}(y)) = f^{2015}(x) + y^{2015}. \qquad ①$$

(2015,第 28 届韩国数学奥林匹克)

解 在式 ① 中,取 $x = 0$,得 $f(f^{2015}(y)) = f^{2015}(0) + y^{2015}$. ②

这表明,f 为双射.

在式 ① 中,用 $f(x)$ 代替 x 得

$$f(f^{2015}(x) + f^{2015}(y)) = f^{2015}(f(x)) + y^{2015}. \qquad ③$$

在式 ① 中,用 $f(y)$ 代替 y 得

$$f(x^{2015} + f^{2015}(f(y))) = f^{2015}(x) + f^{2015}(y). \qquad ④$$

在式 ③ 中交换 x, y,并由式 ④ 得

$$f(f(f^{2015}(x) + f^{2015}(y))) = f(x^{2015} + f^{2015}(f(y))) = f^{2015}(x) + f^{2015}(y).$$

因为 f 是双射,所以,$f(f(x)) = x$. ⑤

由式 ②,③,⑤ 得

$$f(f^{2015}(x) + f^{2015}(y)) = x^{2015} + y^{2015} = f(f^{2015}(x)) + f(f^{2015}(y)) - 2f^{2015}(0).$$

因为 f 是双射,所以,$f(x + y) = f(x) + f(y) - 2f^{2015}(0)$.

在上式中,取 $x = y = 0$,得 $f(0) = 2f^{2015}(0)$.

于是,$f(0) = 0$ 或 $\pm \left(\frac{1}{2} \right)^{\frac{1}{2014}}$.

在式 ② 中,用 $f(y)$ 代替 y,结合式 ⑤ 得 $f(y^{2015}) = f^{2015}(0) + f^{2015}(y)$.

考虑方程 $x^{2015} - x + f^{2015}(0) = 0$. ⑥

则 $f(-1)$，$f(0)$，$f(1)$ 为方程 ⑥ 的三个不等的实根.

若 $f(0) = \pm\left(\dfrac{1}{2}\right)^{\frac{1}{2014}}$，则方程 ⑥ 不存在三个不等的实根.

于是，$f(0) = 0$，且 $f(1) = 1$ 或 -1.

故 $f(x+y) = f(x) + f(y)$ 及 $f(y^{2015}) = f^{2015}(y)$.

下面证明：$f(x) = x$，$f(x) = -x$.

若 $f(1) = -1$，可考虑 $g(x) = -f(x)$. 从而，只需考虑 $f(1) = 1$ 的情况.

由柯西方法，知对于所有的有理数 x，均有 $f(x) = x$. ⑦

为了把函数 ⑦ 延拓到所有实数，先证明 $f(x^2) = f^2(x)$.

设 $x_{2015-k} = C_{2015}^k (f(x^k) - f^k(x))$ $(k = 0,1,\cdots,2015)$.

因为对于任意的整数 m，均有

$$f((x+m)^{2015}) = f^{2015}(x+m) = (f(x) + f(m))^{2015},$$

所以，$\displaystyle\sum_{i=0}^{2015} m^i x_i = 0$. ⑧

这是关于 $x_0, x_1, \cdots, x_{2015}$ 的无穷多个方程构成的方程组.

接下来证明：$(x_0, x_1, \cdots, x_{2015}) = (0, 0, \cdots, 0)$.

若存在另外一组解 $(y_0, y_1, \cdots, y_{2015}) \neq (0, 0, \cdots, 0)$，设 s 是使得 $y_s \neq 0$ 的最大的下标.

用 $\dfrac{1}{y_s}$ 乘以每个方程，故不妨设 $y_s = 1$.

取整数 $m > |y_0| + |y_1| + \cdots + |y_{2015}|$. 则

$$0 = \sum_{i=0}^{2015} m^i y_i = \sum_{i=0}^{s} m^i y_i \geqslant m^s y_s - \sum_{i=0}^{s-1} m^i |y_i| \geqslant m^s - m^{s-1} \sum_{i=0}^{s-1} |y_i| > 0.$$

矛盾. 于是，方程组 ⑧ 有唯一的解 $(0, 0, \cdots, 0)$.

从而，对于 $k = 0, 1, \cdots, 2015$，有 $f(x^k) = f^k(x)$.

特别地，$f(x^2) = f^2(x) \geqslant 0$.

对于任意的实数 x, y，若 $x > y$，则 $f(x) - f(y) = f(x-y) = f((\sqrt{x-y})^2) \geqslant 0$.

故 f 为增函数. 从而，$f(x) = x$.

综上，原方程有两个解 $f(x) = x$ 和 $f(x) = -x$.

求所有的函数 $f: \mathbf{R} \rightarrow \mathbf{R}$，满足对于任意实数 x, y，均有
$$4f(x + f(y)) = f(x) + f(y) + f(xy) + 1. \tag{①}$$
(2015，第 55 届乌克兰数学奥林匹克)

解 先假设存在 $a \neq 0$，使得 $f(a) = f(0) = b$.

将 $y = 0$，$y = a$ 分别代入式 ① 得

$$4f(x + b) = f(x) + b + b + 1, \tag{②}$$

$$4f(x + b) = f(x) + b + f(xa) + 1. \tag{③}$$

结合式②,③,得 $f(ax)=b$.故 f 为常值.

由式①,得 $4b=3b+1$,故 $f(x)\equiv1$.

再假设 $f(a)=f(0)\Rightarrow a=0$.

在式①中,用 y 替换 x 得 $f(x+f(y))=f(y+f(x))$.

再用 $-f(y)$ 替换 x 得

$$f(0)=f(y+f(-f(y)))\Rightarrow y+f(-f(y))=0\Rightarrow f(-f(y))=-y. \qquad ④$$

将 $x=1$ 和 $y=-f(t)$ 代入式①得

$$4f(1+f(-f(t)))=f(1)+f(-f(t))+f(-f(t))+1.$$

由式④,得 $4f(1-t)=f(1)-t-t+1$. $\qquad ⑤$

在式⑤中替换 $t=1-z$,得 $4f(z)=f(1)-2(1-z)+1=2z+c_1$.

解得 $f(z)=\dfrac{1}{2}z+c$.

经检验,此解不合题意,舍去.

求所有函数 $f:\mathbf{R}^+\to\mathbf{R}^+$,使得对于任意正实数 x,y,均有

(1) $f(x+y)\geqslant f(x)+y$;

—(2) $f(f(x))\leqslant x$.

(2015,第 64 届保加利亚数学奥林匹克)

代数部分

解 由(1),知 f 为严格递增的函数.

由(2),得 $x+y\geqslant f(f(x+y))$. $\qquad ①$

由(1),得 $f(f(x+y))\geqslant f(f(x)+y)$. $\qquad ②$

在(1)中用 y 代替 x,$f(x)$ 代替 y 得 $f(y+f(x))\geqslant f(y)+f(x)$. $\qquad ③$

由式①~③,得 $x+y\geqslant f(x)+f(y)$. $\qquad ④$

又 f 为严格递增的函数,则 $\lim\limits_{x\to0^+}f(x)=\inf\limits_{x>0}f(x)=l\geqslant0$.

由(2),知 $\lim\limits_{x\to0^+}f(f(x))=0$.

若 $l>0$,由于 f 为严格递增的函数,则 $f(f(x))\geqslant f(l)>0$,与 $\lim\limits_{x\to0^+}f(f(x))=0$,矛盾.

于是,$l=0$,即 $\lim\limits_{x\to0^+}f(x)=0$.

在式④中,令 $y\to0^+$,得 $x\geqslant f(x)$ 对于所有正实数均成立.再结合(1)得

$$x+y\geqslant f(x+y)\geqslant f(x)+y\Rightarrow x-f(x)\geqslant f(x+y)-f(x)-y\geqslant0. \qquad ⑤$$

固定 $x+y$,式⑤中,令 $x\to0^+$,得 $f(x+y)=x+y$.

这表明,对于所有正实数 x,均有 $f(x)=x$.

这个函数明显满足(1),(2).

> 设函数 $f: \mathbf{R} \rightarrow \mathbf{R}$ 满足对于任意 $x, y \in \mathbf{R}$，均有
> $$f(f(x) + 2y) = 6x + f(f(y) - x).$$
> 求函数 f.

（2015，泰国数学奥林匹克）

解 将 $y = -\dfrac{f(x)}{2}$ 代入条件等式得 $f\left(f\left(-\dfrac{f(x)}{2}\right) - x\right) = f(0) - 6x (x \in \mathbf{R})$.

故对 $y \in \mathbf{R}$，取 $x = \dfrac{f(0) - y}{6}$，得 $f\left(f\left(-\dfrac{1}{2}f\left(\dfrac{f(0) - y}{6}\right)\right) - \dfrac{f(0) - y}{6}\right) = y$.

这表明，f 为满射.

下面证明：f 为单射.

设 $x_1, x_2 \in \mathbf{R}$，满足 $f(x_1) = f(x_2)$.

由 f 为满射，知存在 $y \in \mathbf{R}$，使得 $f(y) = x_1 + x_2$.

故 $6x_1 + f(x_2) = 6x_1 + f(f(y) - x_1) = f(f(x_1) + 2y)$

$= f(f(x_2) + 2y) = 6x_2 + f(f(y) - x_2) = 6x_2 + f(x_1)$.

从而，$x_1 = x_2$，f 为单射.

取 $x = 0$，得 $f(f(0) + 2y) = f(f(y)) \Rightarrow f(y) = 2y + f(0)$.

> 求所有的函数 $f: \mathbf{R} \rightarrow \mathbf{R}$，满足对于所有的 $x, y \in \mathbf{R}$，均有
> $$f(x)f(yf(x) - 1) = x^2 f(y) - f(x). \qquad ①$$

（2015，新加坡数学奥林匹克）

解 $f(x) = 0$ 为一个解.

设 f 为不恒等于 0 的一个解.

令 $x = 0$. 则 $f(0)(f(yf(0) - 1) + 1) = 0$.

假设 $f(0) \neq 0$，令 $x = yf(0) - 1$，y 均可取遍所有的实数.

于是，对于所有的 x，均有 $f(x) = -1$. 但不满足式 ①，从而，$f(0) = 0$.

若有 $a \neq 0$，使得 $f(a) = 0$，则对于所有的 y，式 ① 变为 $0 = a^2 f(y)$.

于是，对于所有的 y，均有 $f(y) = 0$. 这与 $f(x)$ 不恒为 0 矛盾.

从而，$f(x) = 0$ 当且仅当 $x = 0$.

令 $x = y = 1$. 则 $f(f(1) - 1) = 0$. 故 $f(1) = 1$.

当 $x = 1$ 时，式 ① 变为 $f(y - 1) = f(y) - 1$. $\qquad ②$

当 $y = 1$ 时，由式 ① 得

$x^2 - f(x) = f(x)f(f(x) - 1) = f(x)(f(f(x)) - 1) = f(x)f(f(x)) - f(x)$.

则 $f(x)f(f(x)) = x^2$. $\qquad ③$

在式 ③ 中，用 $x - 1$ 替换 x，且应用三次式 ② 得

$(x - 1)^2 = f(x - 1)f(f(x - 1)) = (f(x) - 1)f(f(x) - 1)$,

$x^2 - 2x + 1 = (f(x) - 1)(f(f(x)) - 1) = f(x)f(f(x)) - f(x) - f(f(x)) + 1$

$= x^2 - f(x) - f(f(x)) + 1.$

故 $f(x) + f(f(x)) = 2x.$ ④

在式③,④中消去 $f(f(x))$ 得 $(x - f(x))^2 = 0.$

从而,$f(x) = x$ 显然为方程的一个解.

综上,$f(x) = 0$ 和 $f(x) = x.$

求函数 $f:\mathbf{R} \to \mathbf{R}$,满足对于所有的实数 x,y,均有

$f(f(xy)) = \mid x \mid f(y) + 3f(xy).$ ①

(2015,爱沙尼亚数学奥林匹克)

解 交换 x,y 得 $f(f(yx)) = \mid y \mid f(x) + 3f(yx).$ 则 $\mid x \mid f(y) = \mid y \mid f(x).$

令 $x = 1$,得 $f(y) = \mid y \mid f(1).$ ②

令 $x = y = 1$,由式①得 $f(f(1)) = f(1) + 3f(1) = 4f(1).$ ③

令 $y = f(1)$,由式②得 $f(f(1)) = \mid f(1) \mid f(1).$ ④

由式③,④,得 $f(1) = 0$ 或 $f(1) = 4$ 或 $f(1) = -4.$

由式②,知 $f(x) = 0$ 或 $f(x) = 4 \mid x \mid$ 或 $f(x) = -4 \mid x \mid.$

经验证,这三个函数满足题意.

设集合 $S = \{2,3,\cdots\}$.是否存在函数 $f:S \to S$,使得对于任意的 $a,b \in S$ 且 $a \neq b$,均有 $f(a)f(b) = f(a^2 b^2)?$

(2015,第 27 届亚太地区数学奥林匹克)

解 假设存在函数 $f:S \to S$ 满足题意.对于任意的 $b > 2$,均有

$f(b)f(8b) = f(64b^4) = f(2)f(4b^2) = f(2)f(2)f(b).$

又 $f(b) \neq 0$,得 $f(8b) = f^2(2).$

令 $k = f^2(2)$.则 $k \geqslant 4$,即对于任意的 $b > 2$,均有 $f(8b) = k.$

故 $k^2 = f(8b)f(16b) = f(8 \times 8 \times 16^2 b^4) = k$,与 $k \geqslant 4$ 矛盾.

从而,假设不成立,即满足题意的函数不存在.

是否存在函数 $f:\mathbf{R}^+ \to \mathbf{R}^+$,使得对于任意正实数 x,y,均有

$(x+y)f(2yf(x) + f(y)) = x^3 f(yf(x))?$

(2015,保加利亚国家队选拔考试)

解 若 $f(x) = f(y)(x,y \in \mathbf{R}^+)$,则对于任意的 $z \in \mathbf{R}^+$,均有

$(x + z)f(2zf(x) + f(z)) = x^3 f(zf(x)),$

$(y + z)f(2zf(y) + f(z)) = y^3 f(zf(y)).$

因为 $f(x) = f(y)$,所以,$\dfrac{x^3}{x+z} = \dfrac{y^3}{y+z}.$

于是,对于任意的 $z \in \mathbf{R}^+$,均有 $x^3 y + x^3 z = y^3 x + y^3 z$.

则 $x^3 y = y^3 x, x^3 = y^3 \Rightarrow x = y$.从而,$f$ 为单射.

令 $x = 2, y = 6$.则

$$8f(12f(2) + f(6)) = 8f(6f(2)) \Rightarrow f(12f(2) + f(6)) = f(6f(2)).$$

由 f 为单射,知 $12f(2) + f(6) = 6f(2) \Rightarrow 0 = 6f(2) + f(6) > 0$.矛盾.

因此,不存在满足要求的函数.

对于正整数 n 和函数 $f: \mathbf{N} \to \mathbf{N}$ 有

(1)$f(1) \leqslant f(2) \leqslant \cdots \leqslant f(n) \leqslant f(1) + n$;

(2)对于任意的正整数 i,均有 $f(n+i) = f(i)$;

(3)对于任意的正整数 i,均有 $f(f(i)) \leqslant n + i - 1$.

证明:$f(1) + f(2) + \cdots + f(n) \leqslant n^2$.

(2015,保加利亚国家队选拔考试)

证明 若 $f(n) \leqslant n$,则 $f(1) + f(2) + \cdots + f(n) \leqslant nf(n) \leqslant n^2$.

若 $f(n) > n$,设 t 满足 $f(t) \leqslant n < f(t+1)$.

设 $a_i = |\{k \mid f(k) \geqslant n+i, 1 \leqslant k \leqslant n\}| (i \in \mathbf{Z}^+)$.则

$$\sum_{i=t+1}^{n} f(i) = \sum_{i=t+1}^{n} \sum_{j=1}^{f(i)} 1 = \sum_{j=1}^{f(n)} \sum_{\substack{i=t+1 \\ f(i) \geqslant j}}^{n} 1 = \sum_{j=1}^{n} (n-t) + \sum_{j=n+1}^{f(n)} a_{j-n} = n^2 - nt + \sum_{i=1}^{f(n)-n} a_i.$$

由 $f(f(1)) \leqslant n \Rightarrow t \geqslant f(1)$.于是,$f(n) \leqslant n + t$.

由 $f(f(i)) \leqslant n + i - 1$,知若 $f(k) \geqslant n + i$,则 $k \geqslant f(i) + 1$.

从而,$a_i \leqslant n - f(i)$.

故 $\sum_{i=1}^{n} f(i) \leqslant \sum_{i=1}^{t} f(i) + n^2 - nt + \sum_{i=1}^{t} a_i = n^2 - nt + \sum_{i=1}^{t} (f(i) + a_i)$

$\leqslant n^2 - nt + nt = n^2$.

对于所有的实数 x, y,求所有的函数 $f: \mathbf{R} \to \mathbf{R}$,使得

$$f(f(x))(x - f(y)) + 2xy = f(x)f(x+y).$$

(2015,克罗地亚国家队选拔考试)

解 设 $a = f(0)$.

令 $x = y = 0$,得 $f(a)(-a) = a^2$.   ①

令 $x = a, y = 0$,得 $f^2(a) = 0$.

结合式 ① 得 $a = 0$,即 $f(0) = 0$.

令 $y = 0$,得 $xf(f(x)) = f^2(x)$.   ②

设 $b = f(1)$.

在式 ② 中令 $x = 1$,得 $f(b) = b^2$.   ③

令 $x=1,y=b$，结合式③得

$$b^2(1-b^2)+2b=bf(b+1).　　　④$$

令 $x=b,y=1$，结合式③得 $2b=b^2f(b+1)$.

若 $b=0$，令 $x=1$，得 $2y=0$，与 y 的任意性矛盾.

于是，$b\neq0$.

从而，$bf(b+1)=2$.　　　⑤

结合式④、⑤得 $b^2(1-b^2)+2b=2\Rightarrow(b-1)^2(b^2+2b+2)=0\Rightarrow b=1$.

故 $f(1)=1$.

用 $1,x$ 分别代替原方程中的 x,y 得

$$f(x+1)+f(x)=2x+1.　　　⑥$$

令 $y=1$，结合式②得

$$f^2(x)(x-1)+2x^2=xf(x)f(x+1).　　　⑦$$

对给定的 x，令 $t=f(x)$，结合式⑥、⑦得

$$t^2(x-1)+2x^2=xt(2x+1-t)\Rightarrow(t-x)(2tx-t-2x)=0.$$

从而，对于每个 $x\in\mathbf{R}$，均有 $f(x)=x$ 或 $\dfrac{2x}{2x-1}$.

令 $S=\{x\in\mathbf{R}\mid f(x)\neq x\}$.

由式⑥，得 $x\in S\Rightarrow x+1\in S$.

于是，S 为空集或无限集.

假设 $S\neq\varnothing$. 对于任意给定一个 $x\in S$，得

$$f(x)=\frac{2x}{2x-1}\Rightarrow f(x+1)=\frac{2x+2}{2x+1}.　　　⑧$$

结合式⑥、⑧，得 $\dfrac{2x+2}{2x+1}+\dfrac{2x}{2x-1}=2x+1\Rightarrow 8x^3-4x^2-6x+1=0$.

此方程最多有三个不同的解，与 S 为无限集矛盾.

从而，S 为空集，且对于所有的 $x\in\mathbf{R}$，均有 $f(x)=x$.

求函数 $f:\mathbf{R}\to\mathbf{R}$，使得对于所有的实数 x、y，均有
$$f(xy)(x+f(y))=x^2f(y)+y^2f(x).$$

（2015，克罗地亚数学竞赛）

解 令 $x=y=0$，得 $f^2(0)=0\Rightarrow f(0)=0$.

令 $x=y=1$，得 $f(1)(1+f(1))=2f(1)\Rightarrow f^2(1)=f(1)$.

分两种情况讨论.

(1) $f(1)=0$.

将 $x=1$ 代入原方程，则对于任意的 $y\in\mathbf{R}$，均有

$$f(y)(1+f(y))=f(y)\Rightarrow f(y)=0.$$

(2) $f(1)=1$.

将 $y=1$ 代入原方程，则对于任意的 $x\in\mathbf{R}$ 均有

$f(x)(1+x) = x^2 + f(x) \Rightarrow xf(x) = x^2.$

当 $x \neq 0$ 时,$f(x) = x$.

由 $f(0) = 0$,知对于任意的 $x \in \mathbf{R}$,均有 $f(x)x$.

经检验,$f(x) = 0$,$f(x) = x$ 为方程的解.

设 a、b 为实数,函数 $f(x) = ax + b$ 满足:对于任意的 $x \in [0,1]$ 有 $|f(x)| \leqslant 1$. 求 $S = (a+1)(b+1)$ 的取值范围.

(第 12 届中国东南地区数学奥林匹克)

解 令 $t = a + b$. 由已知得

$b = f(0) \in [-1,1]$,$t = f(1) \in [-1,1]$,$S = (a+1)(b+1) = (t-b+1)(b+1)$. ①

式 ① 右端可视为关于 t 的线性函数 $g(t) = (b+1)t + 1 - b^2 (t - \in [-1,1])$.

注意到,$b + 1 \geqslant 0$.

故 $g(-1) \leqslant g(t) \leqslant g(1) \Rightarrow -b^2 - b \leqslant g(t) \leqslant -b^2 + b + 2.$ ②

当 $b \in [-1,1]$ 时,

$$-b^2 - b = -\left(b + \frac{1}{2}\right)^2 + \frac{1}{4} \geqslant -\left(1 + \frac{1}{2}\right)^2 + \frac{1}{4} = -2,$$

$$-b^2 + b + 2 = -\left(b - \frac{1}{2}\right)^2 + \frac{9}{4} \leqslant \frac{9}{4}.$$

结合式 ② 知 $S = g(t) \in \left[-2, \frac{9}{4}\right]$,其中,当 $t = -1, b = 1$ 即 $f(x) = -2x + 1$ 时,

S 取最小值 -2;当 $t = 1, b = \frac{1}{2}$,即 $f(x) = \frac{1}{2}x + \frac{1}{2}$ 时,S 取最大值 $\frac{9}{4}$.

综上,$S \in \left[-2, \frac{9}{4}\right]$.

对于给定的正整数 $n \geqslant 3$,试求所有函数 $f: \mathbf{R}^+ \to \mathbf{R}^+$,使得对于任意 n 个正实数 $a_1, a_2, \cdots, a_n$,均满足

$$\sum_{i=1}^{n} (a_i - a_{i+1})f(a_i + a_{i+1}) = 0 (令 a_{n+1} = a_1).$$

(2015,中国台湾数学奥林匹克选训营)

解 首先,在原式中取 $a_4 = a_5 = \cdots = a_n = a_1$,得

$$\sum_{i=1}^{3} (a_i - a_{i+1})f(a_i + a_{i+1}) = 0.$$ ①

其次证明:若 x, y 为相异正实数,且 $m = \dfrac{f(x) - f(y)}{x - y}$,$l = \dfrac{xf(y) - yf(x)}{x - y}$,则对于任一个满足 $|x - y| < z < x + y$ 的 z,均有

$$f(z) = mz + l.$$ ②

事实上,由于 $|x - y| < z < x + y$,于是,存在正实数 a_1, a_2, a_3 满足

$$a_1 + a_2 = x, a_2 + a_3 = y, a_3 + a_1 = z.$$

将上式代入式 ① 得

$$0 = \sum_{i=1}^{3} (a_i - a_{i+1}) f(a_i + a_{i+1})$$

$$= (a_1 - a_2)(mx + l) + (a_2 - a_3)(my + l) + (a_3 - a_1)f(z)$$

$$= (a_1 - a_2)(m(a_1 + a_2) + l) + (a_2 - a_3)(m(a_2 + a_3) + l) + (a_3 - a_1)f(z)$$

$$= m(a_1^2 - a_3^2) + l(a_1 - a_3) + (a_3 - a_1)f(z) = (a_1 - a_3)(m(a_1 + a_3) + l - f(z)).$$

又 $x \neq y$，则 $a_1 - a_3 \neq 0$. 故 $f(z) = m(a_1 + a_3) + l = mz + l$.

由式 ②，知若 x, y 为相异正实数，则当 $t > |x - y|$ 时，$(t, f(t))$ 在联结 $(x, f(x))$，$(y, f(y))$ 两点的直线上（可先选取 $|x - y|$ 到 $x + y$ 间的两个较大数，如 $x + y - \varepsilon, x + y - 2\varepsilon$，由于它们均在联结 $(x, f(x)), (y, f(y))$ 的直线上，故可以逐步扩大，直至 t 小于已有的两个数之和）.

进一步，若 $t \leqslant |x - y|$，不妨设 $x > y$. 则 $(x, f(x))$ 在联结 $(t, f(t)), (y, f(y))$ 两点的直线上. 仍有 $(t, f(t))$ 在联结 $(x, f(x)), (y, f(y))$ 两点的直线上.

于是，f 为线性函数，即存在 a, b，使得对于任意 $t \in \mathbf{R}^+$，$f(t) = at + b$.

但 $f: \mathbf{R}^+ \to \mathbf{R}^+$，从而，$a, b > 0$.

最后，回代到原式，检验知 $f(t) = at + b (a, b > 0)$ 为原方程的解，即是所有的解.

> 试求所有函数 $f: \mathbf{Q} \to \mathbf{R} \backslash \{0\}$，使得对于任意有理数 x, y，均有
> $$f^2(x)f(2y) + f^2(y)f(2x) = 2f(x)f(y)f(x + y). \qquad ①$$
> （2015，中国台湾数学奥林匹克选训营）

解 令 $y = 0$，得

$$f^2(x)f(0) + f^2(0)f(2x) = 2f^2(x)f(0) \Rightarrow f(2x) = \frac{f^2(x)}{f(0)}.$$

将 $f(2x) = \frac{f^2(x)}{f(0)}$，$f(2y) = \frac{f^2(y)}{f(0)}$ 代入式 ① 得

$$f(x)f(y)(f(x)f(y) - f(0)f(x + y)) = 0.$$

因为 $f(x)f(y) \neq 0$，所以，$f(x)f(y) - f(0)f(x + y) = 0$.   ②

令 $g(x) = \frac{f(x)}{f(0)}$，式 ② 可化简为 $g(x + y) = g(x)g(y)$.

由数学归纳法，知对于任意正整数 n，均有 $g(nx) = g^n(x)$.

分别令 $x = 1, x = \frac{m}{n}$，得 $g(n) = g^n(1)$，$g(m) = g^n\left(\frac{m}{n}\right)$.

于是，对于任意有理数 x，均有 $g(x) = g^2\left(\frac{x}{2}\right) > 0$.

从而，对于任意正整数 m, n，均有 $g\left(\frac{m}{n}\right) = g^{\frac{m}{n}}(1)$.

又因为 $g(0) = \frac{f(0)}{f(0)} = 1$，所以，$g(x)g(-x) = g(x + (-x)) = 1$，即

$$g\left(-\frac{m}{n}\right)=g^{-\frac{m}{n}}(1).$$

综上,对于任意有理数 x,均有 $g(x)=g^x(1)$.

因为 $g(x)=\dfrac{f(x)}{f(0)}$,所以,$f(x)=f(0)\left(\dfrac{f(1)}{f(0)}\right)^x$.

设 $b=f(0)\neq 0,c=\dfrac{f(1)}{f(0)}$.则 $f(x)=bc^x$.

经检验,所有 $f(x)=bc^x(b\neq 0,c>0)$ 均符合题意.

给定实数 $t\neq -1$.求所有函数 $f:\mathbf{R}\to\mathbf{R}$,使得
$$(t+1)f(1+xy)-f(x+y)=f(x+1)f(y+1).$$

(2015,中国台湾数学奥林匹克选训营)

解 首先,$f(x)\equiv 0$ 为方程的一组解.

若 $f(x)$ 不总为 0,可将 $(x-1,1)$ 代入得 $f(2)=t$.

设 $f(1)=a$.将 $(x,0)$ 代入得 $(t+1)a-f(x)=af(x+1)$.   ①

若 $a=0$,则 $f(x)\equiv 0$.矛盾.

故 $f(x+1)=t+1-\dfrac{f(x)}{a}(a\neq 0)$.   ②

由式①,得 $f(x-1)=(t+1)a-af(x)$.   ③

分别取 $x=1,0,-1$,知
$$f(0)=-a^2+(t+1)a,\quad f(-1)=a^3-(t+1)a^2+(t+1)a,$$
$$f(-2)=-a^4+(t+1)a^3-(t+1)a^2+(t+1)a.$$

在题目的关系式中,将 $(-1,-1)$ 代入得 $(t+1)f(2)-f(-2)=f^2(0)$.

这样便得到了方程
$$(t+1)t+a^4-(t+1)a^3+(t+1)a^2-(t+1)a=a^4-2(t+1)a^3+((t+1)a)^2.$$

整理得 $(a^2-1)(t+1)(a-t)=0$.

由 $t\neq -1$,知 $a=\pm 1$ 或 t.

若 $a=t\neq\pm 1$,则 $f(0)=-a^2+(t+1)a=t$.

在题目的关系式中,将 $(x,-1)$ 代入得
$$(t+1)f(1-x)-f(x-1)=f(0)f(x+1)=tf(x+1). \quad④$$

利用式②,③,将式④换为关于 $f(x)$,$f(-x)$ 的关系式 $tf(x)=f(-x)+t^2-t$.

则 $t^2f(x)=tf(-x)+t^3-t^2=f(x)+t^3-t^2+t^2-t=f(x)+t^3-t$.

故 $(t^2-1)f(x)=t^3-t$.

由于 $t\neq\pm 1$,从而,$f(x)=t$.

若 $a=1$,由式①知 $f(x)+f(x+1)=t+1$.   ⑤

再由 $f(2)=t$,知 $f(3)=1$.

在题目的关系式中,将 $\left(2,\dfrac{1}{2}\right)$ 代入得 $t^2+t-f\left(\dfrac{5}{2}\right)-f\left(\dfrac{3}{2}\right)=0$.

但 $f\left(\dfrac{5}{2}\right)+f\left(\dfrac{3}{2}\right)=t+1$，故 $t^2-1=0$.

由于 $t\neq-1$，则 $t=1$.

在题目的关系式中，将 $(x,2)$ 代入得 $2f(2x+1)-f(x+2)=f(x+1)f(3)$.

由式 ⑤，知 $2f(2x+1)=f(x+2)+f(x+1)=2\Rightarrow f(2x+1)=1$.

于是，$f(x)\equiv1=t$.

若 $a=-1$，则式 ② 变为 $f(x+1)=f(x)+t+1$. ⑥

令 $g(x)=\dfrac{f(x)+t+2}{t+1}$. 代入题目关系式得

$(t+1)g(xy)+g(x)+g(y)=(t+1)g(x)g(y)+g(x+y)$. ⑦

此时，式 ⑥ 变为 $g(x+1)=g(x)+1,g(2)=2$.

故 $g(1)=1,g(-1)=-1$.

在式 ⑦ 中代入 $(x,-1)$ 得 $g(-x)=-g(x)$.

从而，g 为奇函数.

在式 ⑦ 中再代入 $(x,y),(-x,-y)$，两式相减得 $g(x)+g(y)=g(x+y)$.

代入式 ⑦ 得 $g(xy)=g(x)g(y)$.

因为 $x\geqslant y$，所以，

$g(x)=g(y)+g(x-y)=g(y)+g((\sqrt{x-y})^2)=g(y)+g^2(\sqrt{x-y})\geqslant g(y)$.

从而，$g(x)$ 为不减函数.

由柯西方法可以证明只有唯一解 $g(x)=x$.

故 $f(x)=(t+1)g(x)-(t+2)=(t+1)x-(t+2)$.

综上，得到了三组解 $f(x)\equiv0,f(x)\equiv t,f(x)=(t+1)x-(t+2)$.

> 求所有的函数 $f:\mathbf{Q}^+\to\mathbf{Q}^+$，满足 $f(1)=1$，对于所有的正整数 n 与正有理数 x，均有 $f(x+n)=f(x)+nf\left(\dfrac{1}{x}\right)$.
>
> （2015，中国台湾数学奥林匹克选训营）

解　首先，对于正整数对 $(a,b)(a\neq b)$，定义对其一次操作为将较大数换成其除以较小数所得的余数. 例如，$(2,5)$ 变成 $(2,1)$，$(5,2)$ 变成 $(1,2)$.

令 $g:\mathbf{Q}^+\to\mathbf{N}$，使得对于所有正有理数 $\dfrac{p}{q}(p,q>0,(p,q)=1)$，均有对数对 (p,q) 操作 $g\left(\dfrac{p}{q}\right)$ 次后其中一个变成 1，另一个不为 0.

由于 $(p,q)=1$，则对于所有正有理数来说，函数 g 存在.

另外，一旦数组中有一个为 1，则下次操作后另一个就变成了 0，且以后不能有任何操作了. 故函数 g 唯一.

从而，定义是良定义.

显然，$g(x)=g(x^{-1})$，且当 $0<x<1$ 时，对于正整数 $n,g(x+n)=g(x)+1$.

接下来用数学归纳法证明: $f\left(\dfrac{p}{q}\right) = p\,(p,q > 0,(p,q) = 1)$.

对 $g\left(\dfrac{p}{q}\right)$ 进行归纳.

若 $g\left(\dfrac{p}{q}\right) = 0$, 则 $p = 1$ 或 $q = 1$.

若 $q = 1$, 在原关系式中代入 $(x,n) = (1,p-1)$, 得 $f(p) = p$.

若 $p = 1$, 在原关系式中代入 $(x,n) = (q,1)$, 得 $f\left(\dfrac{1}{q}\right) = 1$.

故 $g\left(\dfrac{p}{q}\right) = 0$ 时, 命题成立.

若 $g\left(\dfrac{p}{q}\right) = i - 1$ 时命题成立, 则对 $g\left(\dfrac{p}{q}\right) = i$, 分两种情况讨论.

(1) 若 $\dfrac{p}{q} > 1$, 设 $n = \left[\dfrac{p}{q}\right]$, 则 $g\left(\dfrac{p-nq}{q}\right) = i - 1$.

在原关系式中代入 $(x,n) = \left(\dfrac{p-nq}{q},n\right)$, 并结合 $g(x+n) = g(x) + 1$, 得

$$f\left(\dfrac{p}{q}\right) = (p-nq) + nq = p.$$

(2) 若 $\dfrac{p}{q} < 1$, 由 $\dfrac{q}{p} > 1$, $g(x+n) = g(x) + 1$, 知 $g\left(\dfrac{p+q}{q}\right) = g\left(\dfrac{p}{q}\right) = i$.

又 $\dfrac{p+q}{q} > 1$, 由 (1) 知 $f\left(\dfrac{p+q}{q}\right) = p + q$, $f\left(\dfrac{q}{p}\right) = q$.

在原关系式中代入 $\left(\dfrac{p}{q},1\right)$, 得 $f\left(\dfrac{p}{q}\right) = p + q - q = p$.

综上, 当 $g\left(\dfrac{p}{q}\right) = i$ 时命题成立.

因此, $f\left(\dfrac{p}{q}\right) = p\,(p,q > 0,(p,q) = 1)$.

一种特殊的电脑可以将代数表达式储存在内存里, 不限制个数且最初的表达式为 x. 进行如下操作:

(1) 若表达式 $f(f \neq 0)$ 被储存在内存中, 则 $\dfrac{1}{f}$ 也能被储存在内存中;

(2) 若表达式 $f,g\,(f,g$ 可以相等) 被储存在内存中, 则 $f+g$, $f-g$ 也能被储存在内存中.

例如, 下面表达式均可存储在内存中: $\dfrac{1}{x}$, $x - \dfrac{1}{x}$, $\dfrac{1}{x - \dfrac{1}{x}}$, $\dfrac{1}{x - \dfrac{1}{x}} + \dfrac{1}{x}$, 等.

对定义域内的任意 x, 若两个表达式的值相等, 则称这两个式子等价. 求所有的自然数 n, 使得 x^n 或与其等价的式子储存在内存中.

(2015—2016, 第 33 届伊朗数学奥林匹克)

解 用 S 表示所有储存在电脑内存里的代数表达式,证明 $x^n \in S$ 当且仅当 n 为奇数.

为了说明 n 一定是奇数,下面证明对于任意的 $f \in S$, $f(-x) = -f(x)$.

既然 $f(x) = x$ 为奇函数,则 $f \pm g$, $\dfrac{1}{f}$ 也为奇函数(只要 g 为奇函数).故集合 S 中的每个表达式均为奇函数,这样不可能存在偶数 n,使得 $x^n \in S$.

接下来用归纳法证明:对于每个整数 $k \geqslant -1$,均有 $x^{2k+1} \in S$.

因为 $x, \dfrac{1}{x} \in S$,所以,$k = -1, 0$ 符合要求.

假设 $x^{2k-3}, x^{2k-1} \in S$.则

$$\frac{1}{x^{2k-3} + x^{2k-1}}, \frac{1}{x^{2k-1}} \in S \Rightarrow \frac{1}{x^{2k-1}} - \frac{1}{x^{2k-3} + x^{2k-1}} = \frac{1}{x^{2k-1} + x^{2k+1}} \in S$$

$$\Rightarrow x^{2k-1} + x^{2k+1} \in S.$$

又 $x^{2k-1} \in S$,故 $x^{2k+1} \in S$.

求所有的函数 $f: \mathbf{Z} \to \mathbf{Z}$,使得对于任意的 $x, y \in \mathbf{Z}$,均有
$$f(x - f(y)) = f(f(x)) - f(y) - 1. \qquad \qquad ①$$

(第 56 届 IMO 预选题)

解 若对于任意的 $x, y \in \mathbf{Z}$,函数 $f(x)$ 满足式 ①,在式 ① 中令 $x = 0, y = f(0)$,则
$$f(-f(f(0))) = -1.$$

令 $z = -f(f(0))$,则 $f(z) = -1$.

在式 ① 中,令 $y = z$,则对于任意的 $x \in \mathbf{Z}$,均有
$$f(x + 1) = f(f(x)). \qquad \qquad ②$$

代入式 ①,得 $f(x - f(y)) = f(x+1) - f(y) - 1.$ ③

在式 ③ 中,令 $y = x$,并由式 ② 得
$$f(x + 1) - f(x) = f(x - f(x)) + 1 = f(f(x - 1 - f(x))) + 1.$$

在式 ③ 中,用 $x - 1, x$ 分别代替 x, y 得 $f(x - 1 - f(x)) = f(x) - f(x) - 1 = -1.$

则 $f(x + 1) - f(x) = f(-1) + 1.$

故 $f(x + 1) = f(x) + A (A = f(-1) + 1$ 为常数$).$

沿着两个方向,由数学归纳法不难得到 f 是线性的,即对于任意的 $x \in \mathbf{Z}$,均有
$$f(x) = Ax + B (B = f(0)).$$

将上式代入式 ②,知对于任意的 $x \in \mathbf{Z}$,均有 $Ax + A + B = A^2 x + AB + B.$

令 $x = 0$ 和 1,分别得 $A + B = AB + B, A^2 = A.$ 于是,$A = 0$ 或 1.

若 $A = 1$,则 $B = 1 \Rightarrow f(x) = x + 1$;若 $A = 0$,则 $f(x) = B.$

由式 ①,知 $B = -1 \Rightarrow f(x) = -1.$

经验证,$f(x) = -1$ 和 $f(x) = x + 1$ 均满足式 ①.

> 求所有的函数 $f:\mathbf{R} \to \mathbf{R}$，满足对于任意的实数 x,y，均有
> $$f(x+f(x+y)) + f(xy) = x + f(x+y) + yf(x).$$
>
> （第 56 届 IMO 预选题）

解 将题中等式记为 $P(x,y)$. 设 f 为满足条件的一个函数. 考虑 $P(x,1)$，有

$$f(x+f(x+1)) = x + f(x+1). \qquad ①$$

于是，对于任意的实数 x，$x+f(x+1)$ 均为 f 的不动点.

下面分两种情况讨论.

(1) $f(0) \neq 0$.

考虑 $P(0,y)$，有 $f(f(y)) + f(0) = f(y) + yf(0)$.

若 y_0 为 f 的不动点，在上式中令 $y = y_0$，得 $y_0 = 1$.

于是，$x + f(x+1) = 1$.

从而，$f(x) = 2 - x$ 对于所有实数 x 成立.

易验证 $f(x) = 2 - x$ 为满足条件的函数.

(2) $f(0) = 0$.

分别考虑 $P(x+1,0)$，$P(1,y)$，有

$$f(x+f(x+1)+1) = x + f(x+1)+1, \qquad ②$$
$$f(1+f(y+1)) + f(y) = 1 + f(y+1) + yf(1). \qquad ③$$

在式 ① 中令 $x = -1$，有 $f(-1) = -1$. 再在式 ③ 中令 $y = -1$，有 $f(1) = 1$.

于是，式 ③ 可改写为

$$f(1+f(y+1)) + f(y) = 1 + f(y+1) + y. \qquad ④$$

若 y_0，$y_0 + 1$ 均为 f 的不动点，在式 ④ 中令 $y = y_0$，知 $y_0 + 2$ 也为 f 的不动点.

从而，由式 ①，②，知对于任意的实数 x，$x + f(x+1) + 2$ 均为 f 的不动点，即

$$f(x+f(x+1)+2) = x + f(x+1) + 2.$$

在上式中将 x 用 $x - 2$ 代替得 $f(x+f(x-1)) = x + f(x-1)$.

考虑 $P(x,-1)$，有 $f(x+f(x-1)) = x + f(x-1) - f(x) - f(-x)$.

从上面两式，知 $f(-x) = -f(x)$，即 f 为奇函数.

考虑 $P(-1,-y)$，并利用 $f(-1) = -1$，有

$$f(-1+f(-y-1)) + f(y) = -1 + f(-y-1) + y.$$

再由 f 为奇函数，上式可改写为 $-f(1+f(y+1)) + f(y) = -1 - f(y+1) + y$.

将上式与式 ④ 相加，知 $f(y) = y$ 对于所有的实数 y 成立.

容易验证 $f(x) = x$ 为满足条件的函数.

综上，满足条件的函数为 $f(x) = x$ 和 $f(x) = 2 - x$.

> 设 $2\mathbf{Z}+1$ 表示所有奇数构成的集合. 求所有的函数 $f:\mathbf{Z} \to 2\mathbf{Z}+1$，使得对于任意的 $x,y \in \mathbf{Z}$，均有
> $$f(x+f(x)+y) + f(x-f(x)-y) = f(x+y) + f(x-y). \qquad ①$$
>
> （第 56 届 IMO 预选题）

解　对于固定的正奇数 d, 整数 k 和奇数 $l_0, l_1, \cdots, l_{d-1}$, 函数

$$f(md+i) = 2kmd + l_i d \quad (m \in \mathbf{Z}, i = 0, 1, \cdots, d-1)$$

为满足条件的所有函数.

在整个证明过程中出现的所有函数均为从整数集到整数集的映射.

对于任意函数 g 和任意非零整数 t, 定义 $\Delta_t g(x) = g(x+t) - g(x)$.

则对于任意非零整数 a, b, 均有 $\Delta_a \Delta_b g = \Delta_b \Delta_a g$.

此外, 若 $\Delta_a g = 0$, 且 $\Delta_b g = 0$, 则 $\Delta_{a+b} g = 0$, 且对于任意非零整数 t, 均有 $\Delta_{at} g = 0$.

若 $\Delta_t g$ 为常值函数 (换句话说, $\Delta_1 \Delta_t g = 0$ 或 $\Delta_1 g$ 是 t-周期的), 则称 g 是 t-准周期的, 称 t 是 g 的一个准周期; 若对于某个非零整数 t, g 是 t-准周期的, 则称 g 是准周期的.

注意到, g 的一个准周期是 $\Delta_1 g$ 的一个周期. 于是, 若 g 是准周期的, 则 g 的最小正准周期 t 整除 g 的所有准周期.

假设函数 f 满足式①, 设 $a = x + y$. 则式①可改写为: 对于所有的 $x, a \in \mathbf{Z}$, 均有

$$\Delta_{f(x)} f(a) = \Delta_{f(x)} f(2x - a - f(x)). \tag{②}$$

设 b 为任意的整数, k 为任意的正整数.

在式②中分别用 $b, b+f(x), \cdots, b+(k-1)f(x)$ 代替 a, 并求和得

$$\Delta_{kf(x)} f(b) = \Delta_{kf(x)} f(2x - b - kf(x)).$$

当 k 为负整数时, 可得类似的结论.

于是, 对于任意满足 $f(x) \mid M$ 的非零整数 M, 均有

$$\Delta_M f(b) = \Delta_M f(2x - b - M). \tag{③}$$

先证明两个引理.

引理 1　对于任意两个不同整数 x, y, 函数 $\Delta_{[f(x), f(y)]} f$ 是 $2(y-x)$-周期的.

引理 1 的证明　设 $L = [f(x), f(y)]$.

由式③得

$$\Delta_L f(b) = \Delta_L f(2x - b - L) = \Delta_L f(2y - (b + 2(y-x)) - L)$$
$$= \Delta_L f(b + 2(y-x)).$$

于是, $\Delta_L f$ 是 $2(y-x)$-周期的.

引理 2　设 g 为一个函数. 若非零整数 t, s 满足 $\Delta_{ts} g = 0$ 和 $\Delta_t \Delta_t g = 0$, 则 $\Delta_t g = 0$.

引理 2 的证明　不妨设 s 为正整数, a 为任意正整数.

因为 $\Delta_t \Delta_t g = 0$, 所以, $\Delta_t g(a) = \Delta_t g(a+t) = \cdots = \Delta_t g(a + (s-1)t)$.

由于这 s 个相等的数的和等于 $\Delta_{ts} g(a) = 0$, 则这 s 个数均为 0.

引理 1, 2 得证.

下面分三步求解 f.

(1) 证明 f 是准周期的.

设 $Q = [f(0), f(1)]$, 由引理 1 可得函数 $g = \Delta_Q f$ 是 2-周期的.

又 g 在偶数和奇数上的取值分别为常数, 在式③中, 取 $M = Q, x = b = 0$, 得

$$g(0) = g(-Q).$$

因为 0 和 $-Q$ 的奇偶性不同, 所以, g 在偶数和奇数上的取值相同. 这表明, g 为常数.

从而, Q 是 f 的一个准周期.

(2) 若 f 的最小的正准周期为 T,接下来证明:对于所有的整数 x,均有 $T \mid f(x)$.

因为奇数 Q 是 f 的一个准周期,所以,T 也为奇数.

假设结论不成立.则存在奇素数 p,正整数 α,整数 u,使得 $p^{\alpha} \mid T$,但 $p^{\alpha} \nmid f(u)$.

在式 ① 中,取 $x = u, y = 0$,得 $2f(u) = f(u + f(u)) + f(u - f(u))$.

故 $p^{\alpha} \nmid f(u + f(u))$ 或 $p^{\alpha} \nmid f(u - f(u))$.

不妨设 $p^{\alpha} \nmid f(v) (v = u + f(u)$ 或 $v = u - f(u))$.

设 $L = [f(u), f(v)]$.

因为 $|u - v| = f(u)$,所以,由引理 1 得 $\Delta_{2f(u)} \Delta_L f = 0$.

于是,函数 $\Delta_L f$ 是 $2f(u)$-周期的.

又由于 $\Delta_L f$ 是 T-周期的,则其也是 $(T, 2f(u))$-周期的,即

$\Delta_{(T, 2f(u))} \Delta_L f = 0$.

类似地,由于函数 $\Delta_{(T, 2f(u))} f$ 是 L-周期的,也是 T-周期的,则

$\Delta_{(T, L)} \Delta_{(T, 2f(u))} f = 0$.

因为 $p^{\alpha} \nmid L, (T, 2f(u)), (T, L)$ 均整除 $\dfrac{T}{p}$,所以,$\Delta_{\frac{T}{p}} \Delta_{\frac{T}{p}} f = 0$.

于是,$\Delta_{\frac{T}{p}} \Delta_{\frac{T}{p}} \Delta_1 f = 0$.

由于 $\Delta_T \Delta_1 f = 0$,对于函数 $\Delta_1 f$,由引理 2 得 $\Delta_{\frac{T}{p}} \Delta_1 f = 0$.这表明,$f$ 是 $\dfrac{T}{p}$-周期的,与 T 的最小性矛盾.

(3) 求所有满足条件的函数 f.

设 d 为 f 的所有值的最大公因数.则 d 为奇数.由(2)知 d 是 f 的一个准周期.于是,$\Delta_d f$ 为常数.

因为 $\Delta_d f$ 的值是偶数,且能被 d 整除,所以,可以用 $2dk (k$ 为整数) 来表示这个常数.

对于所有的 $i = 0, 1, \cdots, d - 1$,定义 $l_i = \dfrac{f(i)}{d}$,则 l_i 为奇数.

于是,对于所有的 $m \in \mathbf{Z}$ 和 $i = 0, 1, \cdots, d - 1$,均有

$f(md + i) = \Delta_{md} f(i) + f(i) = 2kmd + l_i d$.

最后,验证所有这样的函数均满足式 ①.这等价于验证这样的函数均满足式 ②.事实上,对于每个整数 x,由于 $f(x)$ 均能被 d 整除,则 $\Delta_{f(x)} f$ 为常数.

已知函数 $f(x)$ 定义在 $\mathbf{R}$ 上,对于任意的 $x, y \in \mathbf{R}$,满足

$$f(y f(x) - x) = f(x) f(y) + 2x. \qquad ①$$

求函数 $f(x)$.

(2016,第 26 届日本数学奥林匹克)

解 令 $x = 0, y = 0$.

由式 ①,得 $f^2(0) = f(0)$.从而,$f(0) = 0$ 或 1.

(1) $f(0) = 0$.

在式 ① 中用 $-x$ 代替 x，用 0 代替 y，得 $f(x)=-2x$.

(2) $f(0)=1$.

在式 ① 中用 $-y$ 代替 y 得

$$f(-yf(x)-x)=f(x)f(-y)+2x. \qquad ②$$

令 $x=z,y=0$. 由式 ② 得

$$f(-z)=f(z)+2z. \qquad ③$$

令 $z=yf(x)+x$. 由式 ③ 得

$$f(-yf(x)-x)=f(yf(x)+x)+2(yf(x)+x),$$

$$f(x)f(-y)=f(x)(f(y)+2y).$$

以上两式代入式 ②，得 $f(x)(f(y)+2y)+2x=f(yf(x)+x)+2(yf(x)+x)$.

故 $f(x)f(y)=f(yf(x)+x)$.

再由式 ① 得

$$f(yf(x)-x)-f(yf(x)+x)=2x. \qquad ④$$

下面取 w，满足 $f(w)\neq0$.

在式 ④ 中令 $x=w,y=\dfrac{a}{f(w)}$，有 $f(a-w)-f(a+w)=2w$.

令 $a=w=\dfrac{x}{2}$，得 $f(x)=1-x$ 对于任意的 $x\in\mathbf{R}$ 成立.

显然，当 $f(x)=-2x$ 时，有 $f(0)=0$，且式 ① 两边均等于 $4xy+2x$；

当 $f(x)=1-x$ 时，$f(0)=1$，且式 ① 两边均等于 $xy+x-y+1$.

从而，所求为 $f(x)=-2x$ 或 $f(x)=1-x$.

是否存在函数 $f:\mathbf{R}\rightarrow\mathbf{R}$，使得对于任意的实数 x,y，均有

$$f(x-f(y))\leqslant x-yf(x)?$$

（2016，第 56 届乌克兰数学奥林匹克）

解 不存在.

假设存在这样的函数. 令 $y=0$，有 $f(x-f(0))\leqslant x$.

再用 $x+f(0)$ 替代 x 得 $f(x)\leqslant x+f(0)$.

在最初的不等式中，令 $x=f(y)$ 有

$$f(0)\leqslant f(y)-yf(f(y))\leqslant y+f(0)-yf(f(y))\Rightarrow yf(f(y))\leqslant y.$$

对于上式，若 $y<0$，则 $1\leqslant f(f(y))\leqslant f(y)+f(0)\leqslant y+2f(0)$.

上式对于任意的 $y<0$ 均成立，显然矛盾.

求所有函数 $f:\mathbf{R}^{+}\rightarrow\mathbf{R}^{+}$，使得对于所有的正实数 x,y,z，均有

$$(z+1)f(x+y)=f(xf(z)+y)+f(yf(z)+x). \qquad ①$$

（2016，第 28 届亚太地区数学奥林匹克）

解 若函数 f 满足式 ①,则在式 ① 中取 $x=y=1$,使得对于所有的 $z\in\mathbf{R}^+$,均有
$$2f(f(z)+1)=(z+1)f(2).$$
于是,函数 f 无界.

引理 若正实数 a,b,c 满足 $c>1,c>\dfrac{a}{b},c>\dfrac{b}{a}$,则线性方程组 $\begin{cases}cu+v=a\\u+cv=b\end{cases}$ 有正实数解 u,v.

证明 由条件,知 $u=\dfrac{ca-b}{c^2-1},v=\dfrac{cb-a}{c^2-1}$ 为线性方程组的正实数解.

引理得证.

下面证明:对于所有的 $a,b,c,d\in\mathbf{R}^+$,若 $a+b=c+d$,则
$$f(a)+f(b)=f(c)+f(d). \qquad\qquad ②$$
事实上,由于函数 f 无界,可选择一个正实数 e,使得
$$f(e)>1,\ f(e)>\frac{a}{b},\ f(e)>\frac{b}{a},\ f(e)>\frac{c}{d},\ f(e)>\frac{d}{c}.$$
由引理,知存在 $u,v,w,t\in\mathbf{R}^+$,满足
$$f(e)u+v=a,u+f(e)v=b,f(e)w+t=c,w+f(e)t=d.$$
由 $(u+v)(f(e)+1)=a+b,(w+t)(f(e)+1)=c+d$,得 $u+v=w+t$.
在式 ① 中,取 $x=u,y=v,z=e$,得 $f(a)+f(b)=(e+1)f(u+v)$.
类似地,$f(c)+f(d)=(e+1)f(w+t)$.
从而,$f(a)+f(b)=f(c)+f(d)$.

在式 ① 中,用 $\dfrac{x}{2},\dfrac{x}{2},y$ 代替 x,y,z,并结合式 ② 得
$$(y+1)f(x)=f\left(\frac{x}{2}f(y)+\frac{x}{2}\right)+f\left(\frac{x}{2}f(y)+\frac{x}{2}\right)=f(xf(y))+f(x).$$
于是,对于任意的 $x,y\in\mathbf{R}^+$,均有 $yf(x)=f(xf(y))$. $\qquad\qquad ③$

设 $a=f\left(\dfrac{1}{f(1)}\right)$.

在式 ③ 中取 $x=1,y=\dfrac{1}{f(1)}$,得 $f(a)=1$. 则 $a=af(a),f(af(a))=f(a)=1$.

由式 ③,知 $af(a)=f(af(a))\Rightarrow a=1$,且 $f(1)=1$.

故由式 ③,对于所有的 $y\in\mathbf{R}^+$,均有 $f(f(y))=y$. $\qquad\qquad ④$

由式 ②,知对于所有的 $x,y\in\mathbf{R}^+$,均有
$$f(x+y)+f(1)=f(x)+f(y+1),f(y+1)+f(1)=f(y)+f(2).$$
两式相加得对于所有的 $x,y\in\mathbf{R}^+$,均有
$$f(x+y)=f(x)+f(y)+b(b=f(2)-2f(1)=f(2)-2). \qquad\qquad ⑤$$
由式 ③,④,⑤ 得
$$4+2b=2f(2)=f(2f(2))=f(f(2)+f(2))=f(f(2))+f(f(2))+b=4+b$$
$$\Rightarrow b=0.$$
从而,对于所有的 $x,y\in\mathbf{R}^+$,均有 $f(x+y)=f(x)+f(y)$.
由于 $f(x)$ 严格递增,从而,$f(x)=x$.

事实上，若存在 $x \in \mathbf{R}^+$，使 $f(x) > x$，则 $f(f(x)) > f(x) > x = f(f(x))$，矛盾.

类似地，若存在 $x \in \mathbf{R}^+$，使 $f(x) < x$，也会导致矛盾.

因此，对于所有正实数 x，均有 $f(x) = x$.

设函数 $f : \mathbf{R} \to \mathbf{R}$ 为单射，且对于任意的 $x \in \mathbf{R}, n \in \mathbf{Z}^+$，均有

$$\left| \sum_{i=1}^{n} i(f(x+i+1) - f(f(x+i))) \right| < 2016.$$

求函数 f.

（2016，第 33 届巴尔干地区数学奥林匹克）

解 由条件式得 $\left| \sum_{i=1}^{n-1} i(f(x+i+1) - f(f(x+i))) \right| < 2016$ 对于 $n \geqslant 2$ 成立.

故对于任意的 $x \in \mathbf{R}, n \in \mathbf{Z}^+$，均有

$| n(f(x+n+1) - f(f(x+n))) |$

$= \left| \sum_{i=1}^{n} i(f(x+i+1) - f(f(x+i))) - \sum_{i=1}^{n-1} i(f(x+i+1) - f(f(x+i))) \right|$

$< 2 \times 2016 = 4032$

$\Rightarrow | f(x+n+1) - f(f(x+n)) | < \dfrac{4032}{n}.$ ①

令 y 为任意实数，则存在 x，使得 $y = x + n$.

代入式 ① 得

$| f(y+1) - f(f(y)) | < \dfrac{4032}{n} (y \in \mathbf{R}, n \in \mathbf{Z}^+).$ ②

当 $f(y+1) = f(f(y))(y \in \mathbf{R})$ 时，式 ② 对于任意的 $n \in \mathbf{Z}^+$ 成立.

因为 f 是单射，所以，$f(y) = y + 1$.

综上，$f(x) = x + 1$ 满足条件.

设 $\alpha \in \mathbf{Q}^+$. 函数 $f : \mathbf{Q}^+ \to \mathbf{Q}^+$ 满足 $f\left(\dfrac{x}{y} + y\right) = \dfrac{f(x)}{f(y)} + f(y) + \alpha x$. 求函数 f 的表达式.

（2016，第 47 届奥地利数学奥林匹克）

解 将 $y = x$ 代入原式得 $f(x+1) = 1 + f(x) + \alpha x$；   ①

将 $y = 1$ 代入原式得 $f(x+1) = \dfrac{f(x)}{f(1)} + f(1) + \alpha x$.   ②

故 $f(x)\left(1 - \dfrac{1}{f(1)}\right) = f(1) - 1.$

由式 ①，知 f 不为常数. 于是，$f(1) = 1.$

归纳知 $f(x)=\dfrac{\alpha}{2}x(x-1)+x(x\in\mathbf{Z}^{+})$.   ③

则 $f(2)=\alpha+2$,$f(4)=6\alpha+4$.

将 $x=4$,$y=2$ 代入原式得

$$f\left(\dfrac{4}{2}+2\right)=\dfrac{f(4)}{f(2)}+f(2)+4\alpha\Rightarrow f(4)=\dfrac{f(4)}{f(2)}+f(2)+4\alpha$$

$$\Rightarrow 6\alpha+4=\dfrac{6\alpha+4}{\alpha+2}+\alpha+2+4\alpha\Rightarrow(\alpha+2)^{2}=6\alpha+4$$

$$\Rightarrow\alpha^{2}-2\alpha=0\Rightarrow\alpha=2\Rightarrow f(x)=x^{2}(x\in\mathbf{Z}^{+}).$$

对于任意的 $x\in\mathbf{Q}^{+}$,$n\in\mathbf{Z}^{+}$,均有 $x-n\in\mathbf{Q}^{+}$.

对 $f(x+n)=(x+n)^{2}$,用 $x-n$ 代替 x 得 $f(x-n+n)=(x-n+n)^{2}$,即

$$f(x)=x^{2}(x\in\mathbf{Q}^{+}).$$

设 $\dfrac{a}{b}\in\mathbf{Q}^{+}(a,b\in\mathbf{Z}^{+})$.令 $x=a$,$y=b$,得

$$f\left(\dfrac{a}{b}+b\right)=\dfrac{a^{2}}{b^{2}}+b^{2}+2a=\left(\dfrac{a}{b}+b\right)^{2}\Rightarrow f\left(\dfrac{a}{b}\right)=\left(\dfrac{a}{b}\right)^{2}.$$

因此,$f(x)=x^{2}$ 即为所求的解.

综上,当 $\alpha\neq2$ 时,无解;当 $\alpha=2$ 时,$f(x)=x^{2}$.

求所有函数 $f:\mathbf{R}\rightarrow\mathbf{R}$,使得对于任意的实数 x,y,均有

$$(f(x)+xy)f(x-3y)+(f(y)+xy)f(3x-y)=f^{2}(x+y).$$

（2016,第 45 届美国数学奥林匹克）

解 令 $x=y=0$.于是,$f(0)=0$.

再令 $x=0$,得 $f(y)f(-y)=f^{2}(y)\Rightarrow f^{2}(-y)=f(y)f(-y)$.

由此,$f(x)$ 为偶函数.

令 $x=-y$,得 $f(x)=x^{2}$ 或 0.   ①

下面证明:$f(x)=x^{2}$ 或 $f(x)=0$.   ②

先考虑 $f(t)\neq0$,则 $t\neq0$.由结论①,得 $f\left(\dfrac{t}{4}\right)=\dfrac{t^{2}}{16}$.

令 $x=\dfrac{3t}{4}$,$y=\dfrac{t}{4}$,得 $\dfrac{t^{2}}{4}f(2t)=f^{2}(t)\Rightarrow f(2t)\neq0$.

再由结论①,得 $f\left(\dfrac{t}{2}\right)\neq0$.

则 $f(t)\neq0\Leftrightarrow f(2t)\neq0$.   ③

故 $f(4t)\neq0\Rightarrow f(t)=t^{2}$.于是,结论②成立.

再证明:$f(x)\equiv0$.

若存在一个 $a\neq0$,使得 $f(a)=0$,可以证明 $f\equiv0$.

任取 $b\in\mathbf{R}$,证明:$f(b)=0$.

由结论①,有 $f\geqslant0$.

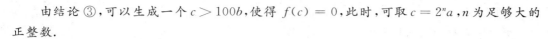

由结论③,可以生成一个 $c>100b$,使得 $f(c)=0$,此时,可取 $c=2^n a$,n 为足够大的正整数.

选择 $x,y>0$,且 $x-3y=b$,$x+y=c$,得 $x=\dfrac{3c+b}{4}$,$y=\dfrac{c-b}{4}$.

代入已知方程得 $0=(f(x)+xy)f(b)+(f(y)+xy)f(3x-y)$.

因为上式的右边非负,所以,$f(b)=f(3x-y)=0$.

对于 $n\geqslant 2$,$n\in\mathbf{Z}$,$a_1,a_2,\cdots,a_n\in(0,+\infty)$,满足 $a_1 a_2\cdots a_n=1$.证明:函数
$$f(x)=(1+a_1^x)(1+a_2^x)\cdots(1+a_n^x)\quad(x\in\mathbf{R}^+)$$
为增函数.

（2016,罗马尼亚数学奥林匹克）

证明　注意到,
$$f(x)=(1+a_1^x)(1+a_2^x)\cdots(1+a_n^x)=1+\sum_{1\leqslant i\leqslant n}a_i^x+\sum_{1\leqslant i<j\leqslant n}a_i^x a_j^x+\cdots+a_1^x a_2^x\cdots a_n^x.$$

因为 $a_1 a_2\cdots a_n=1$,所以,f 为一些形如 $a^x+\dfrac{1}{a^x}$ 的项之和,其中,$a=a_{i_1}a_{i_2}\cdots a_{i_k}(k\leqslant n)$.

对于 $a>0$,考虑函数 $g:\mathbf{R}^+\to\mathbf{R}$,$g(x)=a^x+\dfrac{1}{a^x}$.

对于 $t>0$,
$$g(x+t)-g(x)=\frac{a^{2x+2t}+1}{a^{x+t}}-\frac{a^{2x}+1}{a^x}$$
$$=\frac{a^{2x+2t}-a^{2x+t}-a^t+1}{a^{x+t}}=\frac{(a^{2x+t}-1)(a^t-1)}{a^{x+t}}\geqslant 0.$$

从而,$g(x)$ 为增函数.

因此,结论成立.

函数 $f:\mathbf{R}\to\mathbf{R}$ 满足:

(i) $f(x+y)\leqslant f(x)+f(y)$;

(ii) $f(tx+(1-t)y)\leqslant tf(x)+(1-t)f(y)(x,y\in\mathbf{R},t\in[0,1])$.

证明:(1) 对于任意的 $a\leqslant b\leqslant c\leqslant d$,若 $d-c=b-a$,则
$$f(b)+f(c)\leqslant f(a)+f(d);$$

(2) 对于任意正整数 $n\geqslant 3$,$x_1,x_2,\cdots,x_n\in\mathbf{R}$,均有
$$f\left(\sum_{i=1}^n x_i\right)+(n-2)\sum_{i=1}^n f(x_i)\geqslant\sum_{1\leqslant i<j\leqslant n}f(x_i+x_j).$$

（2016,罗马尼亚数学奥林匹克）

证明　(1) 记 $t=\dfrac{d-b}{d-a}=\dfrac{c-a}{d-a}\in[0,1]$.则 $b=ta+(1-t)d$,$c=(1-t)a+td$.

由(ii),知 $f(b) = f(ta + (1-t)d) \leqslant tf(a) + (1-t)f(d)$.

类似地, $f(c) \leqslant (1-t)f(a) + tf(d)$.

两式相加即得欲证结论.

(2)用数学归纳法证明.

首先证明 $n = 3$ 时的情况.假设 x, y, z 为任意实数,不妨设 x, y 同号.

若 $x \geqslant 0$,则由

$z + (x + y + z) = (x + z) + (y + z), z \leqslant x + z, y + z \leqslant x + y + z,$

通过(1)中的结论,知 $f(x + z) + f(y + z) \leqslant f(z) + f(x + y + z)$.

将上式与(i)中不等式相加即得到结论.

若 $x < 0$,则 $x + y + z \leqslant y + z, z + x \leqslant z$,可类似前面的情况处理.

假设结论对 n 成立.

接下来考虑 $x_1, x_2, \cdots, x_{n+1}$.

对 $x_1, x_2, \cdots, x_{n-1}, x_n + x_{n+1}$ 运用归纳假设知

$$f\left(\sum_{i=1}^{n+1} x_i\right) + (n-2)\left(\sum_{i=1}^{n-1} f(x_i) + f(x_n + x_{n+1})\right)$$

$$\geqslant \sum_{1 \leqslant i < j \leqslant n-1} f(x_i + x_j) + \sum_{1 \leqslant i \leqslant n-1} f(x_i + x_n + x_{n+1}). \qquad ①$$

结合 $n = 3$ 时,对于 $i = 1, 2, \cdots, n-1$,

$$f(x_i + x_n + x_{n+1})$$

$$\geqslant f(x_i + x_n) + f(x_i + x_{n+1}) + f(x_n + x_{n+1}) - f(x_i) - f(x_n) - f(x_{n+1}),$$

将这 $n-1$ 个式子相加后代入式 ① 即得结论.

求函数 $f: \mathbf{R} \rightarrow \mathbf{R}$,满足对于任意的 $a, b \in \mathbf{R}$,均有

$$f(a^2) - f(b^2) \leqslant (f(a) + b)(a - f(b)). \qquad ①$$

(2016,罗马尼亚数学奥林匹克)

解 取 $a = b = 0$,得 $f^2(0) \leqslant 0 \Rightarrow f(0) = 0$.

取 $b = 0$,知 $f(a^2) \leqslant af(a)$;取 $a = 0$,知 $f(b^2) \geqslant bf(b)$.

从而,对于任意的 x,均有 $f(x^2) = xf(x)$.

将上式代入式 ①,知对于任意的 $a, b \in \mathbf{R}$,均有 $f(a)f(b) \leqslant ab$.

注意到,$-xf(-x) = f((-x)^2) = f(x^2) = xf(x)$.

于是,f 为奇函数.这表明,$f(a)f(b) = -f(a)f(-b) \geqslant -(-ab) = ab$.

从而,对于任意的 $a, b \in \mathbf{R}$,均有 $f(a)f(b) = ab$.

由 $f^2(1) = 1 \Rightarrow f(1) = \pm 1$.

因此,$f(x) = x$ 或 $f(x) = -x$.

经验证,$f(x) = x$ 或 $f(x) = -x$ 均符合题意.

求所有的函数 $f:\mathbf{R} \to \mathbf{R}$,对于任意的 $x,y \in \mathbf{R}$,均有
$$f(x^2) + xf(y) = f(x)f(x + f(y)).$$

(2016,克罗地亚国家队选拔考试)

解 当 $x = 0$ 时,$f(0) = f(0)f(f(y))$.

于是,对于任意的 $y \in \mathbf{R}$,均有
$$f(0)(f(f(y)) - 1) = 0 \Rightarrow f(f(y)) = 1 \text{ 或 } f(0) = 0.$$

若对于任意的 $y \in \mathbf{R}$,均有 $f(f(y)) = 1$,则
$$f(f(0)) = 1 \Rightarrow f(1) = f(f(f(0))) = 1.$$

当 $x = y = 1$ 时,$f(1) + f(1) = f(1)f(1 + f(1)) \Rightarrow f(2) = 2$.

则 $1 = f(f(2)) = f(2) = 2$,矛盾.

从而,$f(0) = 0$.

将 $y = 0$ 代入原方程,对于任意的 $x \in \mathbf{R}$,均有 $f(x^2) = f^2(x)$.　　　　①

令 $x = 1$,得 $f(1) = f^2(1) \Rightarrow f(1) = 0$ 或 1.

若 $f(1) = 0$,则将 $x = 1$ 代入原方程得 $0 + f(y) = 0$,即对于任意的 $x \in \mathbf{R}$,$f(x) = 0$ 为满足条件的一个解.

若 $f(1) = 1$,则将 $x = 1$ 代入原方程得 $1 + f(y) = f(1 + f(y))$,即对于任意的 $x \in \mathbf{R}$,$f(f(x) + 1) = f(x) + 1$.

将 $y = 1$ 代入原方程并结合式 ①,知对于任意的 $x \in \mathbf{R}$,均有
$$f^2(x) + x = f(x)f(x + 1).　　　　②$$

若 $f(x) = 0 \Rightarrow x = 0$,即对于任意的 $x \in \mathbf{R}\backslash\{0\}$,均有 $f(x) \neq 0$.

将 $y = x$ 代入原方程并结合式 ①,知对于任意的 $x \in \mathbf{R}$,均有
$$f^2(x) + xf(x) = f(x)f(x + f(x)).$$

若 $x \neq 0$,则 $f(f(x) + x) = f(x) + x$.

而当 $x = 0$ 时,上式成立.

于是,对于任意的 $x \in \mathbf{R}$,均有 $f(f(x) + x) = f(x) + x$.

将 $y = x - 1$ 代入原方程并结合式 ① 得
$$f^2(x) + xf(x - 1) = f(x)f(x + f(x - 1)) = f(x)f(f(x - 1) + (x - 1) + 1)$$
$$= f(x)f(f(f(x - 1) + (x - 1)) + 1) = f(x)(f(f(x - 1) + (x - 1)) + 1)$$
$$= f(x)f(f(x - 1) + (x - 1)) + f(x) = f(x)(f(x - 1) + (x - 1)) + f(x)$$
$$= f(x)f(x - 1) + xf(x).$$

从而,对于任意的 $x \in \mathbf{R}$,均有
$$(f(x) - x)(f(x) - f(x - 1)) = 0 \Rightarrow f(x) = x \text{ 或 } f(x) = f(x - 1).$$

若存在 $x_0 \in \mathbf{R}$,满足 $f(x_0) = f(x_0 - 1)$,则将 $x = x_0 - 1$ 代入式 ② 得
$$f^2(x_0 - 1) + x_0 - 1 = f(x_0 - 1)f(x_0) \Rightarrow x_0 = 1.$$

此时,$f(x_0) = f(1) = 1 \neq 0 = f(0) = f(x_0 - 1)$,与假设矛盾.

因此,对于任意的 $x \in \mathbf{R}$,有 $f(x) = x$ 为满足条件的另一个解.

综上,$f(x) = 0$,$f(x) = x$.

求所有函数 $f: \mathbf{Z}^+ \to \mathbf{Z}^+$,使得对于所有的 $m, n \in \mathbf{Z}^+$,均有
$$f(mn) = f(m)f(n), (m+n) \mid (f(m)+f(n)).$$

(2016,土耳其国家队选拔考试)

解 由 $f(1) = f(1)f(1)$,知 $f(1) = 1$.

由 $2n+1$ 整除 $f(2n)+1 = f(2)f(n)+1$,知对于任意正整数 n,均有 $(2n+1, f(2)) = 1$.

这表明,$f(2)$ 没有奇素因子.

设 $f(2) = 2^k$(k 为非负整数).

由 $(1+2) \mid (f(1)+f(2)) \Rightarrow 3 \mid (1+2^k) \Rightarrow k$ 为奇数.

对于任意正整数 m,均有 $f(2^m) = f^m(2) = 2^{km}$.

于是,对于任意正整数 m, n,均有 $2^m + n$ 整除 $f(2^m) + f(n) = 2^{km} + f(n)$.

因为 k 是奇数,所以,$(2^m + n) \mid (2^{km} + n^k)$.

于是,对于任意正整数 m,均有 $(2^m + n) \mid (f(n) - n^k)$.

从而,$f(n) - n^k = 0$,即 $f(n) = n^k$.

反之,若 $f(n) = n^k (n \in \mathbf{Z}^+)$($k$ 为某个固定的正奇数),容易验证满足条件.

因此,满足条件的所有函数 $f(n) = n^k (n \in \mathbf{Z}^+)$($k$ 为某个固定的正奇数).

求所有的函数 $f: \mathbf{R} \to \mathbf{R}$ 满足对于每个 $x, y \in \mathbf{R}$,均有
$$f(2^x + 2y) = 2^y f(f(x))f(y).$$

(2016,爱沙尼亚国家队选拔考试)

解 将 $y = -2^{x-1}$ 代入原方程得 $f(0) = \dfrac{1}{2^{2^{x-1}}} f(f(x))f(-2^{x-1})$. ①

若至少有一个 x 使得 $f(-2^{x-1}) = 0$,则 $f(0) = 0$.

在原方程中,取 $x = 0$,y 为任意值,于是,$f(2y+1) = 0 \Rightarrow f \equiv 0$.

现假设对于每个 x,$f(-2^{x-1}) \neq 0$.从而,对于每个 x,均有 $f(-2^x) \neq 0$.

在原方程中,用 $y = -2^x$ 代入,知 $f(-2^x) = \dfrac{1}{2^{2^x}} f(f(x))f(-2^x)$.

从而,对于每个 x,$f(f(x)) = 2^{2^x}$. ②

将式 ② 代入原方程并取 $y = 0$,得对于每个 x,均有
$$f(2^x) = f(f(x))f(0) = 2^{2^x} f(0).$$

进而,对于每个正数 x,均有 $f(x) = 2^x f(0)$. ③

将式 ② 代入式 ①,得对于每个 x,均有 $f(-2^{x-1}) = \dfrac{2^{2^{x-1}}}{2^{2^x}} f(0) = 2^{-2^{x-1}} f(0)$.

这表明,式 ③ 对所有负的 x 也成立.

由前知,若 $f(0) = 0$,则对于每个 x,均有 $f(x) = 0$.

再考虑 $f(0) \neq 0$ 的情况.

在式 ② 中取 $x = 0$ 并代入式 ③,得 $2 = 2^{2^0} = f(f(0)) = 2^{f(0)} f(0)$.

而无论 $f(0) < 1$ 或 $f(0) > 1$,均矛盾.

从而,$f(0) = 1$.

因此,唯一可能的非零解为 $f(x) = 2^x$.

综上,$f(x) = 0$ 和 $f(x) = 2^x$.

给定正整数 n.求所有的函数 f,使得前 n 个正整数映射到正整数,满足:

(1) $\sum_{k=1}^{n} f(k) = 2n$;

(2) 不存在前 n 个正整数的子集 K,使得 $\sum_{k \in K} f(k) = n$.

(2016,第 67 届罗马尼亚国家队选拔考试)

解 若 n 为奇数,所求的函数为常值函数 $f_0 \equiv 2$ 及 n 个函数 $f_i : \{1, 2, \cdots, n\} \to \mathbf{Z}^+$,

$$f_i(j) = \begin{cases} n+1, & j = i; \\ 1, & j \neq i \end{cases} \quad (i = 1, 2, \cdots, n).$$

特别地,当 $n = 1$ 时,$f_0 = f_1$.

若 n 为偶数,所求的函数为前述函数中去掉 f_0.

所有符合题意的函数只有这些.

不妨将正整数 $f(1), f(2), \cdots, f(n)$ 按递增顺序排列为 $a_1 \leqslant a_2 \leqslant \cdots \leqslant a_n$,问题变成求所有正整数列 $a_1 \leqslant a_2 \leqslant \cdots \leqslant a_n$,满足

$$\sum_{k=1}^{n} a_k = 2n, \quad 及 \sum_{k \in K} a_k \neq n \,(K 为前 n 个正整数的子集).$$

由 $\sum_{k=1}^{n} a_k = 2n$,知 $a_n \leqslant n+1$. 由 $\sum_{k \in K} a_k \neq n$,知 $a_n \neq n$.

进一步,若 $a_n = n+1$,则其余的 a_k 均为 1;若 $a_n = 2$,则其余的 a_k 均为 2,当然若 n 为偶数,则由 $\sum_{k \in K} a_k \neq n$,知不能全为 2.

除去 $n = 1, 2$ 的情况,对于 $n \geqslant 3$,$a_n \neq 2$,且 $a_n \neq n+1$,考虑如下 $n+1$ 个两两不同的正整数:$a_1 - a_n, 0, a_1, a_1 + a_2, \cdots, a_1 + a_2 + \cdots + a_{n-1}$,其中至少有两个模 n 同余.

由于 $a_n \neq 2, n, n+1$,于是,前两个模 n 不同余,而由 $\sum_{k \in K} a_k \neq n$,知其余的也不能两两同余.

注:本题中的数还可以如下构造:

$$a_1, a_2, a_1 + a_2, a_1 + a_2 + a_3, \cdots, a_1 + a_2 + \cdots + a_n,$$

这里不要求 a_1, a_2 为最小的两个.

求所有函数 $f : \mathbf{Z}^+ \to \mathbf{Z}^+$,使得对于所有的正整数 m, n,均有

$$f(m) \geqslant m, \quad f(m+n) \mid (f(m) + f(n)).$$

(2016,第 67 届罗马尼亚国家队选拔考试)

解 所求为 $f(n) = nf(1)$.

显然，$f(n) \leqslant nf(1)$.

下面只需证明可加性：$f(m+n) = f(m) + f(n)$.

记 $f(1) = l$. 则 $1 \leqslant \dfrac{f(n)}{n} \leqslant l$.

于是，存在最小的正整数 $k \leqslant l$，使得有无穷多个 n 满足 $\left[\dfrac{f(n)}{n}\right] = k$.

记 $A = \left\{ n \,\middle|\, \left[\dfrac{f(n)}{n}\right] = k \right\}$，$B\{n \mid n \in A, 2n \notin A\}$，$A' = A \backslash B$.

先证明 B 为有限集. 从而，A' 为无限集.

由 $f(2n) \leqslant 2f(n) \Rightarrow \left[\dfrac{f(2n)}{2n}\right] \leqslant \left[\dfrac{2f(n)}{2n}\right] = k \Rightarrow \left[\dfrac{f(2n)}{2n}\right] < k$.

由 k 的最小性，知 B 为有限集. 从而，A' 为无限集.

其次，对于 $n \in A'$，由

$$f(2n) \mid 2f(n), \quad \frac{2f(n)}{f(2n)} = \frac{\dfrac{f(n)}{n}}{\dfrac{f(2n)}{2n}} < \frac{k+1}{k} = 1 + \frac{1}{k},$$

则 $\dfrac{2f(n)}{f(2n)} < 2$. 故 $f(2n) = 2f(n)$.

再固定正整数 a.

由 k 的最小性，知无限集 A' 中除了有限个外的无穷多个 n，有 $f(a+n) \geqslant k(a+n)$.

于是，$\dfrac{f(a) + f(n)}{f(a+n)} < \dfrac{f(a) + (k+1)n}{k(a+n)}$. ①

当 $n \to +\infty$ 时，式 ① $\to \dfrac{k+1}{k} < 2$.

从而，无限集 A' 中除了有限个外的无穷多个 n，使得 $f(a+n) = f(a) + f(n)$.

最后，对于固定的正整数 a, b，有

$$f(a+n) = f(a) + f(n), \quad f(b+n) = f(b) + f(n).$$

由 $\dfrac{f(a+n) + f(b+n)}{f(a+b+2n)} \in \mathbf{Z}^+ \ (n \in A')$，知

$$\frac{f(a+n) + f(b+n)}{f(a+b+2n)} = \frac{f(a) + f(n) + f(b) + f(n)}{f(a+b) + f(2n)} = \frac{f(a) + f(b) + f(2n)}{f(a+b) + f(2n)}. \quad ②$$

因为 $f(2n) \geqslant 2n$，所以，$f(2n)$ 可趋于无穷大.

而式 ② 总为整数，因此，必为 1，即 $f(a+b) = f(a) + f(b)$.

求所有的函数 $f: \mathbf{R} \backslash \left\{ -\dfrac{1}{3}, \dfrac{1}{3} \right\} \to \mathbf{R}$，使得对于定义域内的任意实数 x，均有

$$f\left(\frac{x+1}{1-3x}\right) + f(x) = x.$$

(2016，德国数学竞赛)

解 令 $g(x) = \dfrac{x+1}{1-3x}\left(x \in \mathbf{R} \backslash \left\{-\dfrac{1}{3}, \dfrac{1}{3}\right\}\right)$. 则 $g(g(x)) = \dfrac{x-1}{3x+1}, g(g(g(x))) = x$.

故 $f(g(x)) + f(x) = x$ ①

$\Rightarrow f(g(g(x))) + f(g(x)) = g(x)$ ②

$\Rightarrow f(g(g(g(x)))) + f(g(g(x))) = g(g(x))$

$\Rightarrow f(x) + f(g(g(x))) = g(g(x))$. ③

①＋③－② 得

$2f(x) = x + g(g(x)) - g(x)$

$\Rightarrow f(x) = \dfrac{1}{2}\left(x + \dfrac{x-1}{3x+1} - \dfrac{x+1}{1-3x}\right) = \dfrac{9x^3 + 6x^2 - x + 2}{2(9x^2 - 1)}$.

经检验，上式满足题设条件.

> 求所有的函数 $f: \mathbf{R} \to \mathbf{R}$，使得对于所有的 $x, y \in \mathbf{R}$，均有
> $$f(xy + 1) = f(x)f(y) - f(y) - x + 2.$$
>
> （2016，克罗地亚数学竞赛）

解 令 $f(0) = a$，$f(1) = b$.

将 $x = 0$ 代入方程得 $b = (a-1)f(y) + 2$.

当 $a \neq 1$ 时，对于所有的 $y \in \mathbf{R}$，均有 $f(y) = \dfrac{b-2}{a-1}$.

将其代入原方程，知常函数不为方程的一个解.

于是，$a = 1$. 从而，$b = 2$.

将 $y = 0$ 代入方程得 $b = (f(x) - 1)a - x + 2 \Rightarrow f(x) = x + 1$ 是唯一解.

> 求函数 f，使得 $f: \mathbf{R} \to \mathbf{R}$ 满足
> $$f(xy - 1) + f(x)f(y) = 2xy - 1 (x, y \in \mathbf{R}).$$
>
> （2016，第 54 届荷兰国家队选拔考试）

解 若 f 为常值函数，则题给等式左边为常数，右边不为常数，矛盾.

于是，f 不为常值函数.

将 $x = 0$ 代入题中等式得 $f(-1) + f(0)f(y) = -1$.

从而，$f(0)f(y)$ 是以 y 为变量的常值函数.

由 f 不为常值函数，知 $f(0) = 0 \Rightarrow f(-1) = -1$.

将 $x = y = 1$ 代入题给等式得

$f(0) + f^2(1) = 1 \Rightarrow f(1) = 1$ 或 -1. ①

将 $y = 1 + \dfrac{1}{x}(x \neq 0)$ 代入题给等式得

$f(x + 1 - 1) + f(x)f\left(1 + \dfrac{1}{x}\right) = 2x + 2 - 1$

$$\Rightarrow f(x)f\left(1+\frac{1}{x}\right) = 2x+1-f(x)(x \neq 0).\qquad ②$$

将 $y = \frac{1}{x}(x \neq 0)$ 代入题给等式得

$$f(1-1) + f(x)f\left(\frac{1}{x}\right) = 2-1$$

$$\Rightarrow f(x)f\left(\frac{1}{x}\right) = 1(x \neq 0).\qquad ③$$

将 $y = 1, x = z+1$ 代入题给等式得

$$f(z+1-1) + f(z+1)f(1) = 2z+2-1 \Rightarrow f(z) + f(z+1)f(1) = 2z+1.$$

令 $z = \frac{1}{x}(x \neq 0)$ 代入上式,并两边乘以 $f(x)$ 得

$$f(x)f\left(\frac{1}{x}\right) + f\left(\frac{1}{x}+1\right)f(1)f(x) = \frac{2}{x}f(x) + f(x)(x \neq 0).$$

结合式②,③ 得

$$1 + 2x f(1) + f(1) - f(x)f(1) = \frac{2}{x}f(x) + f(x)(x \neq 0)$$

$$\Rightarrow f(x)\left(\frac{2}{x}+1+f(1)\right) = 1 + 2x f(1) + f(1)(x \neq 0).$$

若 $\frac{2}{x}+1+f(1) \neq 0$,则 $f(x) = \dfrac{1+2xf(1)+f(1)}{\frac{2}{x}+1+f(1)}\left(x \neq 0,\text{且}\frac{2}{x}+1+f(1) \neq 0\right).$

由结论 ① 中的 $f(1) = 1$,故 $f(x) = \dfrac{2+2x}{\frac{2}{x}+2} = x\left(x \neq 0,\text{且}\frac{2}{x}+2 \neq 0\right).$

注意到,$\frac{2}{x}+2 = 0$,即 $x = -1$.

而已有 $f(-1) = -1$, $f(0) = 0$,于是,$f(x) = x$.

将 $f(x) = x$ 代入题给等式,得左边 $= xy-1+xy = 2xy-1 =$ 右边.

于是,$f(x) = x$ 为一个满足条件的解.

由结论 ① 中的 $f(1) = -1$,得 $f(x) = \dfrac{-2x}{\frac{2}{x}} = -x^2\left(x \neq 0,\text{且}\frac{2}{x} \neq 0\right).$

但 $\frac{2}{x} = 0$ 无解,于是,当 $f(0) = 0$ 时,有 $f(x) = -x^2$.

将 $f(x) = -x^2$ 代入题给等式,得

左边 $= -x^2y^2-1+2xy+x^2y^2 = 2xy-1 =$ 右边.

故 $f(x) = -x^2$ 也为满足条件的解.

综上,所求函数为 $f(x) = x$ 和 $f(x) = -x^2$.

给定整数 $n \geqslant 2$，及正数 $a < b$. 设实数 $x_1, x_2, \cdots, x_n \in [a, b]$. 求

$$\dfrac{\dfrac{x_1^2}{x_2} + \dfrac{x_2^2}{x_3} + \cdots + \dfrac{x_{n-1}^2}{x_n} + \dfrac{x_n^2}{x_1}}{x_1 + x_2 + \cdots + x_n}$$ 的最大值.

(第 32 届中国数学奥林匹克)

解 引理 1 设 $a \leqslant u \leqslant v \leqslant b$. 则 $\dfrac{\dfrac{u^2}{v} + \dfrac{v^2}{u}}{u + v} \leqslant \dfrac{\dfrac{a^2}{b} + \dfrac{b^2}{a}}{a + b}$.

引理 1 的证明 注意到，$\dfrac{\dfrac{u^2}{v} + \dfrac{v^2}{u}}{u + v} = \dfrac{u^2 - uv + v^2}{uv} = \dfrac{u}{v} + \dfrac{v}{u} - 1$.

类似地，$\dfrac{\dfrac{a^2}{b} + \dfrac{b^2}{a}}{a + b} = \dfrac{a}{b} + \dfrac{b}{a} - 1$.

因为函数 $f(t) = t + \dfrac{1}{t}$ 在区间 $[1, +\infty)$ 上单调递增，且 $1 \leqslant \dfrac{v}{u} \leqslant \dfrac{b}{a}$，所以，

$f\left(\dfrac{v}{u}\right) \leqslant f\left(\dfrac{b}{a}\right)$.

引理 2 设 $a \leqslant u \leqslant v \leqslant b$. 则 $\dfrac{u^2}{v} + \dfrac{v^2}{u} - u - v \leqslant \dfrac{a^2}{b} + \dfrac{b^2}{a} - a - b$.

引理 2 的证明 一方面，

$$\left(\dfrac{a^2}{v} + \dfrac{v^2}{a} - a - v\right) - \left(\dfrac{u^2}{v} + \dfrac{v^2}{u} - u - v\right) = \left(\dfrac{a^2}{v} - \dfrac{u^2}{v}\right) + \left(\dfrac{v^2}{a} - \dfrac{v^2}{u}\right) + (-a + u)$$

$$= (u - a)\left(-\dfrac{u + a}{v} + \dfrac{v^2}{au} + 1\right) = (u - a)\left(\dfrac{v - a}{v} + \dfrac{v^3 - au^2}{auv}\right) \geqslant 0$$

$$\Rightarrow \dfrac{u^2}{v} + \dfrac{v^2}{u} - u - v \leqslant \dfrac{a^2}{v} + \dfrac{v^2}{a} - a - v. \tag{①}$$

另一方面，

$$\left(\dfrac{a^2}{b} + \dfrac{b^2}{a} - a - b\right) - \left(\dfrac{a^2}{v} + \dfrac{v^2}{a} - a - v\right) = \left(\dfrac{a^2}{b} - \dfrac{a^2}{v}\right) + \left(\dfrac{b^2}{a} - \dfrac{v^2}{a}\right) + (-b + v)$$

$$= (b - v)\left(-\dfrac{a^2}{bv} + \dfrac{b + v}{a} - 1\right) = (b - v)\left(\dfrac{b^2 v - a^3}{abv} + \dfrac{v - a}{a}\right) \geqslant 0$$

$$\Rightarrow \dfrac{a^2}{v} + \dfrac{v^2}{a} - a - v \leqslant \dfrac{a^2}{b} + \dfrac{b^2}{a} - a - b. \tag{②}$$

由式 ①，② 即证.

引理 1，2 得证.

下面证明原问题.

设 $x_1, x_2, \cdots, x_n$ 从小到大排列后的序列为 $y_1 \leqslant y_2 \leqslant \cdots \leqslant y_n$.

因为 $\displaystyle\sum_{i=1}^{n} x_i = \sum_{i=1}^{n} y_i$，所以，由排序不等式得

$$\frac{\sum\limits_{i=1}^{n}\dfrac{x_i^2}{x_{i+1}}}{\sum\limits_{i=1}^{n}x_i}\leqslant\frac{\sum\limits_{i=1}^{n}\dfrac{y_i^2}{y_{n+1-i}}}{\sum\limits_{i=1}^{n}y_i}.$$ ③

记 $m=\left[\dfrac{n}{2}\right]$. 当 $i=1,2,\cdots,m$ 时，由引理 1 得

$$\left(\frac{y_i^2}{y_{n+1-i}}+\frac{y_{n+1-i}^2}{y_i}\right)(a+b)\leqslant\left(\frac{a^2}{b}+\frac{b^2}{a}\right)(y_i+y_{n+1-i}).$$

对 i 求和得 $(a+b)\sum\limits_{i=1}^{m}\left(\dfrac{y_i^2}{y_{n+1-i}}+\dfrac{y_{n+1-i}^2}{y_i}\right)\leqslant\left(\dfrac{a^2}{b}+\dfrac{b^2}{a}\right)\sum\limits_{i=1}^{m}(y_i+y_{n+1-i}).$ ④

分两种情况讨论.

(1) $n=2m$.

则由式 ④ 得 $\dfrac{\sum\limits_{i=1}^{n}\dfrac{y_i^2}{y_{n+1-i}}}{\sum\limits_{i=1}^{n}y_i}\leqslant\dfrac{\dfrac{a^2}{b}+\dfrac{b^2}{a}}{a+b}=\dfrac{a^2-ab+b^2}{ab}.$

再由式 ③ 得 $\dfrac{\sum\limits_{i=1}^{n}\dfrac{x_i^2}{x_{i+1}}}{\sum\limits_{i=1}^{n}x_i}\leqslant\dfrac{a^2-ab+b^2}{ab}.$

若取 $x_1,x_2,\cdots,x_n$ 为 $a,b,a,b,\cdots,a,b$，则上述不等式的等号成立.

此时，所求最大值为 $\dfrac{a^2-ab+b^2}{ab}.$

(2) $n=2m+1$.

记 $U=\sum\limits_{i=1}^{m}\left(\dfrac{y_i^2}{y_{n+1-i}}+\dfrac{y_{n+1-i}^2}{y_i}\right)$，$V=\sum\limits_{i=1}^{m}(y_i+y_{n+1-i}).$

则由式 ④ 得 $(a+b)U\leqslant\left(\dfrac{a^2}{b}+\dfrac{b^2}{a}\right)V.$

再由引理 2 得 $U-V\leqslant m\left(\dfrac{a^2}{b}+\dfrac{b^2}{a}-a-b\right).$

故 $\left(m\left(\dfrac{a^2}{b}+\dfrac{b^2}{a}\right)+a\right)(V+y_{m+1})-(m(a+b)+a)(U+y_{m+1})$

$=m\left(\left(\dfrac{a^2}{b}+\dfrac{b^2}{a}\right)V-(a+b)U\right)+m\left(\left(\dfrac{a^2}{b}+\dfrac{b^2}{a}\right)-(a+b)\right)y_{m+1}-a(U-V)$

$\geqslant m\left(\left(\dfrac{a^2}{b}+\dfrac{b^2}{a}\right)-(a+b)\right)y_{m+1}-am\left(\left(\dfrac{a^2}{b}+\dfrac{b^2}{a}\right)-(a+b)\right)$

$=m\left(\left(\dfrac{a^2}{b}+\dfrac{b^2}{a}\right)-(a+b)\right)(y_{m+1}-a)\geqslant0$

$\Rightarrow\dfrac{\sum\limits_{i=1}^{n}\dfrac{y_i^2}{y_{n+1-i}}}{\sum\limits_{i=1}^{n}y_i}\leqslant\dfrac{m\left(\dfrac{a^2}{b}+\dfrac{b^2}{a}\right)+a}{(m+1)a+mb}.$

再由式 ③ 得 $\dfrac{\displaystyle\sum_{i=1}^{n}\dfrac{x_i^2}{x_{i+1}}}{\displaystyle\sum_{i=1}^{n}x_i}\leqslant\dfrac{m(a^3+b^3)+a^2b}{ab((m+1)a+mb)}.$

若取 $x_1,x_2,\cdots,x_n$ 为 $a,a,b,a,b,\cdots,a,b$，则上述不等式的等号成立.

此时，所求最大值为 $\dfrac{m(a^3+b^3)+a^2b}{ab((m+1)a+mb)}\left(m=\dfrac{n-1}{2}\right).$

> 求函数 $f:\mathbf{R}^+\to\mathbf{R}^+$ 满足对任意三个互不相同的正实数 a,b,c，长为 a,b,c 的三条线段可构成三角形当且仅当长为 $f(a),f(b),f(c)$ 的三条线段可构成三角形.
>
> (2016，中国国家集训队选拔考试)

解 若长为 u,v,w 的三条线段可构成三角形，简称为"u,v,w 可构成三角形"，否则，称"u,v,w 不可构成三角形".

设函数 $f:\mathbf{R}^+\to\mathbf{R}^+$ 满足条件.

为求本题结论，依次证明如下五个结论.

(1) f 严格单调递增.

反证法.

假设存在正实数 $a<b$，但 $f(a)\geqslant f(b)$.

取充分小的正数 ε，使得 $\dfrac{a}{2}+\varepsilon<a,\dfrac{a}{2}+\varepsilon<\dfrac{b}{2}$.

则对区间 $I=\left(\dfrac{a}{2},\dfrac{a}{2}+\varepsilon\right)$ 中任意两个不同的实数 x,y，知 x,y,a 可构成三角形，x,y,b 不可构成三角形.

由条件，知 $f(x),f(y),f(a)$ 可构成三角形，$f(x),f(y),f(b)$ 不可构成三角形.

从而，$f(x)+f(y)>f(a)\geqslant f(b)$.

故 $f(x)\leqslant f(b)$ 与 $f(y)\leqslant f(b)$ 至多只有一个成立.

这表明，至多只有一个 $x\in I$，满足 $f(x)\leqslant f(b)$.

记 $I_1=\{x\in I\mid f(x)>f(b)\}$. 显然，$I_1$ 为无限集.

假设集合 $f(I_1)=\{f(x)\mid x\in I_1\}$ 具有上界 M.

则对于任意的 $x,y\in I_1(x\neq y)$，由 $f(x),f(y),f(b)$ 不可构成三角形，知

$|f(x)-f(y)|\geqslant f(b)>0.$

由此，$f(I_1)$ 中至多仅有 $\left[\dfrac{M}{f(b)}\right]$ 个不同的元素，且每个元素关于 f 的原像唯一.

这表明，I_1 为有限集，矛盾.

于是，集合 $f(I_1)$ 无上界.

从而，存在 $x,y\in I_1,x\neq y$，使得 $f(x)>f(a)$，且 $f(y)>f(x)+f(a)$，但与 $f(x)$，$f(y),f(a)$ 可构成三角形矛盾.

因此，f 严格单调递增.

（2）若 $\{x_n\}$ 为严格递减的正数列，且 $\lim\limits_{n\to+\infty}x_n=0$，则 $\lim\limits_{n\to+\infty}f(x_n)=0$.

由（1）的结论，知 $\{f(x_n)\}$ 也为严格递减的正数列.

故 $\lim\limits_{n\to+\infty}f(x_n)$ 存在，记 $A=\lim\limits_{n\to+\infty}f(x_n)\geqslant 0$.

假设 $A>0$.则存在正整数 N，使得当 $n>N$ 时，$A<f(x_n)<2A$.

由 $\{x_n\}$ 的条件，知选取下标 $i,j,k(N\leqslant i<j<k)$，使得 $x_k<x_j<\dfrac{1}{2}x_i$，则 x_i,x_j，x_k 为互不相等的正数，且不可构成三角形，但 $f(x_i),f(x_j),f(x_k)$ 均在区间 $(A,2A)$ 中，其可构成三角形，与条件矛盾.

因此，$\lim\limits_{n\to+\infty}f(x_n)=A=0$.

（3）若 $\{x_n\}$ 为严格递减的正数列，且 $\lim\limits_{n\to\infty}x_n=y>0$，则 $\lim\limits_{n\to\infty}f(x_n)=f(y)$.

由（1）的结论，知 $\{f(x_n)\}$ 也为严格递减的，且 $f(x_n)>f(y)$.

故 $\lim\limits_{n\to\infty}f(x_n)$ 存在，记 $A=\lim\limits_{n\to\infty}f(x_n)\geqslant f(y)$.

考虑 x_{n+1},y,x_n-y.

由 $\{x_n\}$ 的条件，知当 n 充分大时，$0<x_n-y<y<x_{n+1}$，但 $(x_n-y)+y=x_n>x_{n+1}$，于是，互不相等的正数 x_{n+1},y,x_n-y 可构成三角形.故

$$f(x_n-y)+f(y)>f(x_{n+1}). \qquad\qquad ①$$

由 $\lim\limits_{n\to\infty}(x_n-y)=0$，及（2）的结论知 $\lim\limits_{n\to\infty}f(x_n-y)=0$.

则在式 ① 两边令 $n\to\infty$，得 $f(y)\geqslant \lim\limits_{n\to\infty}f(x_{n+1})=A$.

因此，$\lim\limits_{n\to\infty}f(x_n)=A=f(y)$.

（4）对于任意的 $x,y>0$，均有 $f(x+y)=f(x)+f(y)$.

取严格递减的数列 $\{y_n\}$，使得 $\lim\limits_{n\to\infty}y_n=y$，且 $\{y_n\}$ 的各项均小于 $x+y$ 且不等于 x.于是，$x,y_n,x+y$ 互不相同，且构成三角形.

从而，$f(x)+f(y_n)>f(x+y)$.

令 $n\to\infty$，结合（3）的结论知

$f(x)+f(y)\geqslant f(x+y)$.

又 $x,y_n,x+y_n$ 互不相同，且不构成三角形，故 $f(x)+f(y_n)\leqslant f(x+y_n)$.

令 $n\to\infty$，得 $f(x)+f(y)\leqslant f(x+y)$.

因此，$f(x+y)=f(x)+f(y)$.

（5）设 $f(1)=c>0$，则 $f(x)=cx$.

据（4）的结论结合柯西方法，知对于任意正有理数 q，均有 $f(q)=qf(1)=cq$.

对于任意正实数 x，取单调递减的有理数列 $\{q_n\}$，使得 $\lim\limits_{n\to\infty}q_n=x$.

由（2）的结论知 $f(x)=\lim\limits_{n\to\infty}f(q_n)=\lim\limits_{n\to\infty}cq_n=cx$.

显然，$f(x)=cx$ 满足条件.

综上，所求的函数为 $f(x)=cx(c$ 为任意正实数$)$.

> 　　求所有的映射 $f:\mathbf{Z}\to\mathbf{Z}$,使得对于任意的 $m,n\in\mathbf{Z}$,均有
> $$f(f(m+n))=f(m)+f(n).$$
> (2016,第七届陈省身杯全国高中数学奥林匹克)

解 设 $f(0)=a\in\mathbf{Z}$,令 $n=0$,则

$$f(f(m))=f(m)+f(0)=f(m)+a. \qquad\qquad ①$$

在式 ① 中取 $m=x+y(x,y\in\mathbf{Z})$,则 $f(f(x+y))=f(x+y)+a$.

结合原题条件得 $f(x)+f(y)=f(x+y)+a$. ②

令 $g(x)=f(x)-a$.由式 ② 得

$$g(x+y)=f(x+y)-a=f(x)+f(y)-2a=g(x)+g(y). \qquad ③$$

设 $g(1)=b\in\mathbf{Z}$.

在式 ③ 中,令 $x=y=1$,则 $g(2)=g(1)+g(1)=2b$;

在式 ③ 中,令 $x=2,y=1$,则 $g(3)=g(2)+g(1)=3b$.

由数学归纳法易证,对于任意的 $n\in\mathbf{Z}^+$,有

$$g(n)=nb. \qquad\qquad ④$$

在式 ③ 中,令 $x=y=0$,则 $g(0)=2g(0)\Rightarrow g(0)=0$. ⑤

在式 ③ 中,令 $x=n,y=-n$,则

$$g(0)=g(n)+g(-n)=0\Rightarrow g(-n)=-g(n)=-nb. \qquad ⑥$$

综合式 ④、⑤、⑥,知对于任意的 $n\in\mathbf{Z}$,有

$$g(n)=nb. \qquad\qquad ⑦$$

故 $f(n)=g(n)+a=nb+a$.

将式 ⑦ 代入式 ① 得

$$b(bm+a)+a=f(bm+a)=f(m)+a=bm+2a$$

$$\Rightarrow(bm+a)(b-1)=0\Rightarrow b=1\ 或\ bm+a=0.$$

当 $b=1$ 时,$f(n)=n+a$;

而 $bm+a=0$ 对于任意的 $m\in\mathbf{Z}$ 均成立等价于 $a=b=0$,此时,$f(n)=0$.

故 $f(n)=n+a$ 或 $f(n)=0$.

经验证,这两种情况均满足题意.

综上,$f(n)=n+a(a\in\mathbf{Z})$ 或 $f(n)=0$.

> 　　求所有满足下列条件的满射函数:$f:\mathbf{Z}^+\times\mathbf{Z}^+\to\mathbf{Z}^+$,对于任意的 $a,b,c\in\mathbf{Z}^+$,均有
> (1) $f(a,b)\leqslant a+b$;
> (2) $f(a,f(b,c))=f(f(a,b),c)$;
> (3) $\mathrm{C}_{f(a,b)}^a,\mathrm{C}_{f(a,b)}^b$ 均为奇数.
> (2016,中国台湾数学奥林匹克选训营)

解 设正整数 n 的二进制表示为 $\displaystyle\sum_{i=1}^{k}2^{r_i}$.

代数部分

通过二进制展开,可得 $\mathbf{Z}^+$ 与 $\mathbf{Z}^+ \bigcup \{0\}$ 的有限非空子集之间的一一对应:

$n \leftrightarrow S_n = \{r_1, r_2, \cdots, r_k\}$.

于是,定义 $f(a,b)$ 为满足 $S_{f(a,b)} = S_a \bigcup S_b$ 的唯一函数.

因为 $f(a,a) = a$,所以,f 为满射.

故 $f(a,b) \leqslant a+b$,当且仅当 $S_a \bigcap S_b = \varnothing$ 时,等号成立.

对于(2),也是显然成立的.

对于(3),由卢卡斯定理,知二项式系数 C_n^m 为奇数,当且仅当 $S_m \subseteq S_n$ 时.从而,(3) 成立.

下面证明 f 是唯一符合要求的函数.

【第一步】由卢卡斯定理,知 $S_{f(a,b)} \supseteq S_a \bigcup S_b$.

【第二步】考虑 $S_a \bigcap S_b = \varnothing$ 的情况.

此时,$S_{a+b} = S_a \bigcup S_b$,进而,$S_{f(a,b)} \supseteq S_{a+b}$. 于是,$f(a,b) \geqslant a+b$.

结合(1),知 $f(a,b) = a+b$,$S_{f(a,b)} = S_a \bigcup S_b$.

【第三步】若 $a,b < 2^k$,可证明 $f(a,b) < 2^k$.否则,存在 $l \geqslant k$,使得 $l \in S_{f(a,b)}$,此时,$S_{f(a,b)} \supseteq S_a \bigcup \{l\}$.

由第二步,知 $f(a,b) \geqslant a + 2^l > a+b$,矛盾.

【第四步】考虑 $f(a,b) = 2^k$ 的解 (a_0,b_0).

由(3),知 $\max\{a_0,b_0\} \leqslant f(a_0,b_0) = 2^k$,而据第三步知 a_0,b_0 不可能均小于 2^k.则只能 $\max\{a_0,b_0\} = 2^k$.

不妨设 $a_0 = 2^k$.若 $b_0 < 2^k$,则由第二步得到 $f(a_0,b_0) = a_0 + b_0 > 2^k$,矛盾.

而由 f 为满射,知 $f(2^k,2^k) = 2^k$.

【第五步】若 $S_a \bigcap S_b \neq \varnothing$,取 $t \in S_a \bigcap S_b$,由(2)和第二步得

$f(a,b) = f(f(a-2^t,2^t), f(2^t,b-2^t)) = f(f(f(a-2^t,2^t),2^t),b-2^t)$
$= f(f(a-2^t, f(2^t,2^t)),b-2^t) = f(f(a-2^t,2^t),b-2^t) = f(a,b-2^t)$.

由归纳知若 $S_c = S_a \bigcap S_b$,则结合第二步有 $f(a,b) = f(a,b-c) = a+b-c$.

故 $S_{f(a,b)} = S_{a+b-c} = S_a \bigcup (S_b \backslash S_c) = S_a \bigcup S_b$.

附:卢卡斯定理 设 p 为素数,n 为正整数,n 的 p 进制表示为 $n = (\overline{n_m n_{m-1} \cdots n_0})_p$. 若正整数 $i \leqslant n$,$i = \sum_{k=0}^m i_k p^k (0 \leqslant i_0,i_1,\cdots,i_m \leqslant p-1)$,则 $C_n^i \equiv \prod_{j=0}^m C_{n_j}^{i_j} \pmod p$,其中,$C_0^0 = 1$,$C_{n_j}^{i_j} = 0(n_j < i_j)$.

> 求所有函数 $f:\mathbf{Z} \to \mathbf{Z}$ 满足:对于任意的整数 x,y,均有
> $$f(f(x)+f(y)) + f(x)f(y) = f(x+y)f(x-y). \qquad ①$$
> (2016,中国台湾数学奥林匹克选训营)

解 显然,$f(x) \equiv 0$ 是原方程的一个解.

假设存在一个 t,使得 $f(t) \neq 0$.

在原方程中,

代入 $(0,0)$ 得 $f(2f(0))=0$;

代入 $(2f(0),0)$ 得 $f(f(0))=0$;

代入 $(f(0),f(0))$ 得 $f(0)=0$;

代入 $(x,0)$ 得 $f(f(x))=f^2(x)$;　　　　　　　　　　　　　②

代入 (x,x) 得 $f(2f(x))=-f^2(x)$.　　　　　　　　　　　③

为了表述方便,令函数 $g:\mathbf{Z}\to\mathbf{Z}$ 满足 $g(n)=\begin{cases}0,&n\equiv 0(\bmod 5);\\1,&n\equiv 1,4(\bmod 5);\\-1,&n\equiv 2,3(\bmod 5).\end{cases}$

引理 若 $f(s)\neq 0$,则对于任意的整数 m,均有 $f(mf(s))=g(m)f^2(s)$.

证明 用数学归纳法.

当 $m=1,2$ 时,分别由式②,③知结论成立.

假设当 $m<k$ 时结论成立.

则对于 $m=k(k\geqslant 3)$,分情况讨论.

(1) 若 $k=5q$,将 $((5q-1)f(s),f(s))$ 代入式①,结合归纳假设知

$f(2f^2(s))+f^4(s)=-f(5qf(s))f^2(s)$.　　　　　　　　④

又由式②,知 $f(f(s))=f^2(s)$.

于是,由式②,③,得 $f(2f^2(s))=f(2f(f(s)))=-f^2(f(s))=-f^4(s)$.

代入式④,知 $f(5qf(s))f^2(s)=0$.

又因为 $f(s)\neq 0$,所以,$f(5qf(s))=0=g(5q)f^2(s)$.

(2) 若 $k=5q+1$,将 $((5q-1)f(s),2f(s))$ 代入式①,结合归纳假设知

$f((5q+1)f(s))=f^2(s)=g(5q+1)f^2(s)$.

(3) 若 $k=5q+2$,将 $((5q-1)f(s),3f(s))$ 代入式①,结合归纳假设知

$f((5q+2)f(s))=-f^2(s)=g(5q+2)f^2(s)$.

(4) 若 $k=5q+3$,将 $((5q+2)f(s),f(s))$ 代入式①,结合归纳假设知

$f((5q+3)f(s))=-f^2(s)=g(5q+3)f^2(s)$.

(5) 若 $k=5q+4$,将 $((5q+3)f(s),f(s))$ 代入式①,结合归纳假设知

$f((5q+4)f(s))=f^2(s)=g(5q+4)f^2(s)$.

综上,$f(kf(s))=g(k)f^2(s)$.

引理得证.

由式②,③,知存在 p,使得 $f(p)=|f(t)|f(t)$(例如,取 $p=f(t)$ 或 $2f(t)$).

由式②及引理,结合 $f(t)\neq 0$,知

$f^4(t)=f^2(p)=f(f(p))=f(|f(t)|f(t))=g(|f(t)|)f^2(t)$

$\Rightarrow f^2(t)=g(|f(t)|)$.

而 $|g(|f(t)|)|\leqslant 1$,且 $f(t)\neq 0$,故 $f^2(t)=1$.

由式②,③,知 $f(f(t))=1$,$f(2f(t))=-1$.

再证对于所有的整数 n,均有 $f(n)=g(n)$.

若 $n=0$,则 $f(n)=0=g(n)$;

若 $n > 0$,在引理中用 $f(t)$ 代替 s,用 n 代替 m,得

$f(n) = f(nf(f(t))) = g(n)f^2(f(t)) = g(n)$;

若 $n < 0$,在引理中用 $2f(t)$ 代替 s,用 $-n$ 代替 m,得

$f(n) = f(-nf(2f(t))) = g(-n)f^2(2f(t)) = g(-n) = g(n)$.

综上,$f(n) = g(n)$.

代回验证易知 $g^2(n) \equiv n^2 \pmod 5$.

故式 ① 左边 $\equiv (x^2 + y^2)^2 + (xy)^2 \equiv (x^2 + y^2)^2 - (2xy)^2$

$= (x^2 - y^2)^2 \equiv$ 右边 $\pmod 5$.

又 $|g(n)| \leqslant 1$,则 $|$ 左边 $-$ 右边 $| \leqslant 3$. 于是,左边 $=$ 右边,完成验证.

因此,f 的解有两个:

对于任意的 $x \in \mathbf{Z}$, $f(x) \equiv 0$;

对于任意的 $x \in \mathbf{Z}$, $f(x) = \begin{cases} 0, & x \equiv 0 \pmod 5; \\ 1, & x \equiv 1,4 \pmod 5; \\ -1, & x \equiv 2,3 \pmod 5. \end{cases}$

代数部分

设函数 $f:[0, +\infty) \to [0, +\infty)$ 满足:

(1) 对于任意的 $x, y \geqslant 0$,均有 $f(x)f(y) \leqslant y^2 f\left(\dfrac{x}{2}\right) + x^2 f\left(\dfrac{y}{2}\right)$;

(2) 对于任意的 $0 \leqslant x \leqslant 1$,均有 $f(x) \leqslant 2016$.

证明:对于任意的 $x \geqslant 0$,均有 $f(x) \leqslant x^2$.

(2016,中国台湾数学奥林匹克选训营)

证明 在(1)中,取 $x = y = 0$,得 $f(0) = 0$.

假设存在 $x_0 > 0$,使得 $f(x_0) > x_0^2$.

利用(1),知 $f\left(\dfrac{x_0}{2}\right) > \dfrac{x_0^2}{2}$.

由数学归纳法,再次代入(1)得 $f\left(\dfrac{x_0}{2^k}\right) > 2^{2^k - 2k - 1} x_0^2$($k$ 为任意正整数).

又 x_0 为常值,则可选择足够大的 k,使得 $\dfrac{x_0}{2^k} \in [0, 1]$,且 $f\left(\dfrac{x_0}{2^k}\right) > 2016$,与(2)矛盾.

从而,对于任意的 $x \geqslant 0$,均有 $f(x) \leqslant x^2$.

求所有的函数 $f:\mathbf{R}^+ \to \mathbf{R}^+$,满足对于任意的正实数 x, y,均有
$f(x + y + f(y)) = 4030x - f(x) + f(2016y)$.

(2016,中国台湾数学奥林匹克选训营)

解 显然,$f(x) = 2015x$ 是一个解.

下面证明:$f(x) = 2015x$ 是唯一符合要求的解.

首先，令 $k = 2015$，则原函数方程变为

$f(x + y + f(y)) = 2kx - f(x) + f((k+1)y).$ ①

(1) 证明：对于任意的正实数 b, c，均有

$f((k+1)b) - f((k+1)c) = k(f(b) + b - f(c) - c).$

取 $x = a + b + f(b), y = c$ 代入式 ① 得

$d = 2k(a + b + f(b)) - f(a + b + f(b)) + f((k+1)c)$

$= 2k(a + b + f(b)) - (2ka - f(a) + f((k+1)b)) + f((k+1)c),$

其中，$d = f(a + b + f(b) + c + f(c)).$

类似地，取 $x = a + c + f(c), y = b$ 代入式 ① 得

$d = 2k(a + c + f(c)) - (2ka - f(a) + f((k+1)c)) + f((k+1)b).$

两式相减得 $f((k+1)b) - f((k+1)c) = k(f(b) + b - f(c) - c).$

(2) 证明：对于任意的正实数 b, c，均有

$2kb - f(b) + f((k+1)((k+2)c + f(c)))$

$= 2k(b + (k+1)(2k+1)c) - f(b + (k+1)(2k+1)c) + f((k+1)c).$

取 $x = (k+1)b, y = b$ 代入原方程，知对于任意的正实数 b，均有

$f((k+2)b + f(b)) = 2k(k+1)b.$

取 $x = b, y = (k+2)c + f(c)$ 代入原方程可得

$e = 2kb - f(b) + f((k+1)((k+2)c + f(c))),$

其中，$e = f(b + (k+2)c + f(c) + 2k(k+1)c).$

取 $x = b + (k+1)(2k+1)c, y = c$，有

$e = 2k(b + (k+1)(2k+1)c) - f(b + (k+1)(2k+1)c) + f((k+1)c).$

联立两式便可得到等式.

(3) 证明：对于任意的正实数 b, c，均有 $f(b + c) = f(b) + kc.$

重写(2)中的等式为

$f(b + (k+1)(2k+1)c) + f((k+1)((k+2)c + f(c))) - f((k+1)c)$

$= f(b) + 2k(k+1)(2k+1)c.$

进一步，由(1)中的等式知

$f((k+1)((k+2)c + f(c))) - f((k+1)c)$

$= k(f((k+2)c + f(c)) + (k+2)c + f(c) - f(c) - c) = k(k+1)(2k+1)c.$

结合之前的方程，知 $f(b + (k+1)(2k+1)c) = f(b) + k(k+1)(2k+1)c.$

这表明，$f(b + c) = f(b) + kc.$

(4) 证明：对于任意的正实数 a，均有 $f(a) = ka.$

注意到，对于任意的正实数 b, c，均有

$f(b) + kc = f(b + c) = f(c + b) = f(c) + kb.$

于是，$f(a) - ka$ 为常值.

假设 $f(x) = kx + l (l \in \mathbf{R}^+)$，题给方程的左边等于

$f(x + (k+1)y + l) = kx + k(k+1)y + (k+1)l,$

右边等于 $kx + k(k+1)y.$

从而,$l=0$,这便完成了证明.

求所有函数 $f:\mathbf{R}^+\to\mathbf{R}^+$,使得对于所有正实数 x,y,均有
$$xf(x^2)f(f(y))+f(yf(x))=f(xy)(f(f(x^2))+f(f(y^2))).\qquad ①$$

(第 57 届 IMO 预选题)

解 $f(x)=\dfrac{1}{x}(x\in\mathbf{R}^+)$.

在式 ① 中,取 $x=y=1$,有
$$f(1)f(f(1))+f(f(1))=2f(1)f(f(1))\Rightarrow f(1)=1.$$

在式 ① 中,用 y,x 代替 x,y,并结合式 ① 得
$$xf(x^2)f(f(y))+f(yf(x))=yf(y^2)f(f(x))+f(xf(y)).\qquad ②$$

在式 ② 中,取 $y=1$,得
$$xf(x^2)+f(f(x))=f(f(x))+f(x)\Rightarrow f(x^2)=\dfrac{f(x)}{x}.\qquad ③$$

在式 ① 中,取 $y=1$,得 $xf(x^2)+f(f(x))=f(x)(f(f(x^2))+1)$.

将式 ③ 代入上式得
$$f(x)+f(f(x))=f(x)(f(f(x^2))+1)\Rightarrow f(f(x^2))=\dfrac{f(f(x))}{f(x)}.\qquad ④$$

对于任意的 $x\in\mathbf{R}^+$,依次用式 ③,④ 及式 ③ 得
$$f(f^2(x))=\dfrac{f(f(x))}{f(x)}=f(f(x^2))=f\left(\dfrac{f(x)}{x}\right).\qquad ⑤$$

引理 函数 f 为单射.

证明 由式 ③,④ 可将式 ① 改写为
$$f(x)f(f(y))+f(yf(x))=f(xy)\left(\dfrac{f(f(x))}{f(x)}+\dfrac{f(f(y))}{f(y)}\right).$$

在上式中,取 $y=x$ 并利用式 ③ 得
$$f(x)f(f(x))+f(xf(x))=2\dfrac{f(f(x))}{x}$$
$$\Rightarrow f(xf(x))=f(f(x))\left(\dfrac{2}{x}-f(x)\right).\qquad ⑥$$

由式 ③ 可将式 ② 改写为
$$f(x)f(f(y))+f(yf(x))=f(y)f(f(x))+f(xf(y)).\qquad ⑦$$

假设对于 $x,y\in\mathbf{R}^+$,有 $f(x)=f(y)$.

由式 ⑦,得 $f(yf(y))=f(yf(x))=f(xf(y))=f(xf(x))$.

由式 ⑥,得 $f(f(y))\left(\dfrac{2}{y}-f(y)\right)=f(f(x))\left(\dfrac{2}{x}-f(x)\right)\Rightarrow x=y$.

这表明,函数 f 为单射.

引理得证.

由引理及式⑤,得 $f(x) = \dfrac{1}{x}$.

若 $f(x) = \dfrac{1}{x}$,则

式①的左边 $= x \cdot \dfrac{1}{x^2} \cdot y + \dfrac{x}{y} = \dfrac{y}{x} + \dfrac{x}{y}$;式①的右边 $= \dfrac{1}{xy}(x^2 + y^2) = \dfrac{x}{y} + \dfrac{y}{x}$.

因此,$f(x) = \dfrac{1}{x}$ 满足式①.

综上,$f(x) = \dfrac{1}{x}$ 为满足式①的解.

求所有函数 $f: \mathbf{R} \to \mathbf{R}$,使得 $f(0) \neq 0$,且对于所有实数 x, y,均有
$$f^2(x + y) = 2f(x)f(y) + \max\{f(x^2) + f(y^2),\ f(x^2 + y^2)\}. \tag{①}$$

(第 57 届 IMO 预选题)

解 在式①中,取 $x = y = 0$,得 $f^2(0) = 2f^2(0) + \max\{2f(0),\ f(0)\}$.

若 $f(0) > 0$,则上式不成立.于是,$f(0) < 0$.

故 $f^2(0) + f(0) = 0 \Rightarrow f(0) = -1$.

在式①中,取 $y = 0$,得
$$f^2(x) = -2f(x) + f(x^2). \tag{②}$$

在式②中,用 $-x$ 代替 x,并结合式②得
$$f^2(x) + 2f(x) = f^2(-x) + 2f(-x)$$
$$\Rightarrow (f(x) - f(-x))(f(x) + f(-x) + 2) = 0$$
$$\Rightarrow f(x) = f(-x)\ 或\ f(x) + f(-x) = -2.$$

在式①中,取 $y = x$ 和 $y = -x$,并比较这两个式子得
$$f^2(2x) - 2f^2(x) = 1 - 2f(x)f(-x). \tag{③}$$

当 $f(x) = f(-x)$ 成立时,$f(2x) = \pm 1$;

当 $f(x) + f(-x) = -2$ 成立时,$f(2x) = \pm(2f(x) + 1)$.

引理 对于所有的 $x \in \mathbf{R}$,均有 $f(x) + f(-x) = -2$.

证明 假设存在 $a \in \mathbf{R}$,使得 $f(a) + f(-a) \neq -2$.

则 $f(a) = f(-a) \neq -1$.不妨设 $a > 0$.

假设 $f(a) = 1$.在式③中取 $x = a$,得 $f^2(2a) = 1$.

在式①中,取 $x = y = a$,得 $1 = 2 + \max\{2f(a^2),\ f(2a^2)\}$.

在式②中,取 $x = a$,得 $f(a^2) = 3$,则 $1 \geqslant 2 + 6$,矛盾.

从而,$f(a) \neq 1$.

因为 $f(a) \neq \pm 1$,所以,$f(a) = \pm\left(2f\left(\dfrac{a}{2}\right) + 1\right)$.

类似地,$f(-a) = \pm\left(2f\left(-\dfrac{a}{2}\right) + 1\right)$.

由 $f(a) = f(-a)$,知若 $f\left(\dfrac{a}{2}\right) = f\left(-\dfrac{a}{2}\right)$,则这两个表达式相等.

特别地,在式 ③ 中,取 $x = \dfrac{a}{2}$,得 $f^2(a) = f^2\left(2 \cdot \dfrac{a}{2}\right) = 1$,矛盾.

由 $f(x) + f(-x) = -2$,知 $f\left(\dfrac{a}{2}\right) + f\left(-\dfrac{a}{2}\right) = -2$.

则 $\pm\left(2f\left(\dfrac{a}{2}\right) + 1\right) = \pm\left(2f\left(-\dfrac{a}{2}\right) + 1\right) = \pm\left(-2f\left(\dfrac{a}{2}\right) - 3\right)$.

对于上式任意正,负号的选择,要么矛盾,要么有 $f\left(\dfrac{a}{2}\right) = -1$.

于是,$f\left(-\dfrac{a}{2}\right) = -1$,即 $f\left(\dfrac{a}{2}\right) = f\left(-\dfrac{a}{2}\right)$.

因此,$f^2(a) = 1$,矛盾.

引理得证.

在式 ① 中,用 $-x$,$-y$ 代替 x,y,并与式 ① 比较得

$f^2(x + y) - 2f(x)f(y) = f^2(-x - y) - 2f(-x)f(-y)$.

由引理,得 $f(x + y) = f(x) + f(y) + 1$.

将式 ② 改写为 $(f(x) + 1)^2 = f(x^2) + 1$.

设 $g(x) = f(x) + 1$.则 $g(x + y) = g(x) + g(y)$,$g^2(x) = g(x^2) \geqslant 0$.

于是,对于非负实数 y,有 $g(y) \geqslant 0$.

对于每个满足柯西方程 $g(x + y) = g(x) + g(y)$ 的函数 $g(x)$,一定有 $g(x)$ 单调递增,从而,$g(x) = cx$(c 为非负常数).

由 $(cx)^2 = g^2(x) = g(x^2) = cx^2 \Rightarrow c = 0$ 或 1.

于是,$f(x) = -1$ 或 $f(x) = x - 1$.

经验证,这两个函数均满足方程 ①.

求所有非零函数 $f: \mathbf{R} \to \mathbf{R}$,$g: \mathbf{R} \to \mathbf{R}$,使得对于任意的 $x, y \in \mathbf{R}$,均有

$$f(x - 3f(y)) = xf(y) - yf(x) + g(x), \qquad\qquad ①$$

$$g(1) = -8.$$

(2017,希腊国家队选拔考试)

解 若 $f(0) = b \neq 0$,则将 $x = 0$ 代入式 ① 得 $f(-3f(y)) = -by + g(0)$.

注意到,上式等号右边可取任意值.

于是,f 的值域为 $\mathbf{R}$.从而,存在 $c \in \mathbf{R}$,使得 $f(c) = 0$.

将 $y = c$ 代入式 ① 得 $f(x) = -cf(x) + g(x) \Rightarrow g(x) = (c + 1)f(x)$.

则 $f(x - 3f(y)) = xf(y) + (c + 1 - y)f(x)$.

将 $y = c + 1$ 代入上式得 $f(x - 3f(c + 1)) = xf(c + 1)$.

令 $f(c + 1) = a$,则 $f(x - 3a) = ax$.从而,$f(x) = a(x + 3a)$.

若 $a = 0$,则 $f(x) = 0$($x \in \mathbf{R}$),矛盾.故 $a \neq 0$.

由于 $f(c) = 0$，于是，$a(c + 3a) = 0 \Rightarrow c = -3a$.

从而，$g(x) = a(1 - 3a)(x + 3a)$.

又 $g(1) = -8$，得 $a(1 - 3a)(1 + 3a) = -8 \Rightarrow a = 1$.

因此，$f(x) = x + 3$，$g(x) = -2(x + 3)$.

若对一切的 $x, y \in \mathbf{Q}^+$，均有 $f(xy) = f(x) + f(y)$，则称映射 $f : \mathbf{Q}^+ \to \mathbf{Q}$ 具有性质 P.

(1) 证明：不存在单射 f 具有性质 P；

(2) 是否存在满射具有性质 P？

（2017，罗马尼亚数学奥林匹克）

(1) **证明**　假设存在单射 f 具有性质 P. 令 $y = x = 1$，则 $f(1) = 0$.

由于 f 为单射，则对不同的素数 p, q，有非零整数 a, b, c，满足

$$f(p) = \frac{a}{c}, \quad f(q) = \frac{b}{c}.$$

归纳知对 $x \in \mathbf{Q}^+$，$k \in \mathbf{Z}$，有 $f(x^k) = kf(x)$.

故 $f(p^b) = bf(p) = \dfrac{ab}{c} = af(q) = f(q^a) \Rightarrow p^b = q^a$，矛盾.

因此，不存在单射 f 具有性质 P.

(2) **解**　存在具有性质 P 的满射.

将所有素数依从小到大的顺序记为 $p_1, p_2, \cdots$. 对于任意的 $x \in \mathbf{Q}^+$，由于 x 可唯一地

表示为 $x = \prod\limits_{i=1}^{\infty} p_i^{\alpha_i} \, (\alpha_i \in \mathbf{Z})$，则定义 $f(x) = \sum\limits_{i=1}^{\infty} \dfrac{\alpha_i}{i}$.

于是，f 为从 $\mathbf{Q}^+$ 到 $\mathbf{Q}$ 的映射.

先证明 $f : \mathbf{Q}^+ \to \mathbf{Q}$ 为满射.

任取 $\gamma \in \mathbf{Q}$.

若 $\gamma = 0$，由 $1 = \prod\limits_{i=1}^{\infty} p_i^0$，知 $f(1) = \sum\limits_{i=1}^{\infty} \dfrac{0}{i} = 0 = \gamma$；

若 $\gamma \neq 0$，设 $\gamma = \dfrac{b}{a} \, (b \in \mathbf{Z}, a \in \mathbf{Z}^+, (a, b) = 1)$，则 $f(p_a^b) = \dfrac{b}{a} = \gamma$.

从而，f 为满射.

再证明 f 具有性质 P.

任取 $x, y \in \mathbf{Q}^+$.

设 $x = \prod\limits_{i=1}^{\infty} p_i^{\alpha_i}$，$y = \prod\limits_{i=1}^{\infty} p_i^{\beta_i}$. 则 $xy = \prod\limits_{i=1}^{\infty} p_i^{\alpha_i + \beta_i}$.

故 $f(xy) = \sum\limits_{i=1}^{\infty} \dfrac{\alpha_i + \beta_i}{i} = \sum\limits_{i=1}^{\infty} \dfrac{\alpha_i}{i} + \sum\limits_{i=1}^{\infty} \dfrac{\beta_i}{i} = f(x) + f(y)$.

从而，f 具有性质 P.

综上，命题得证.

若函数 $f:\mathbf{N} \to \mathbf{N}$ 满足对于任意的 $a,b \in \mathbf{N}$，均有
$$f(a+b-1) = \underbrace{f(f(\cdots f(b)\cdots))}_{a\uparrow},$$
则称函数 f 为"活泼的". 假设函数 g 为活泼的，且存在某个 $A \geqslant 2$，使得
$$g(A+2018) = g(A)+1.$$
(1) 证明：对于任意的 $n \geqslant A+2$，均有 $g(n+2017^{2017}) = g(n)$.
(2) 若 $g(A+2017^{2017}) \neq g(A)$，当 $n \leqslant A-1$ 时，求 $g(n)$ 的表达式.

(2017，塞尔维亚国家队选拔考试)

(1) 证明 记 $f^n(x) = \underbrace{f(f(\cdots f(x)\cdots))}_{n\uparrow}$.

若对于某个 $a,d \in \mathbf{N}$，有 $g(a) = g(a+d)$，则由题设知
$$g(a+n) = g^{n+1}(a) = g^{n+1}(a+d) = g(a+d+n).$$
由此，当 $x \geqslant a$ 时，$g(x)$ 是周期为 d 的周期函数.

又 $g(A+2019) = g(g(A+2018)) = g(g(A)+1) = g(g(g(A))) = g(A+2)$，故对于 $n \geqslant A+2$，有 $g(n+2017^{2017}) = g(n)$.

(2) 解 由上知，存在 a，最小的正整数 d，使得 $g(a) = g(a+d)$.

令 a_0 为满足 $g(a) = g(a+d)$ 的最小的 a.

因为 d 是最小的，所以，对于 $x,y \geqslant a_0$，当且仅当 $d \mid (x-y)$ 时，有 $g(x) = g(y)$. 于是，$d \mid 2017$.

又由 $g(A+2017^{2017}) \neq g(A)$，知 $A \leqslant a_0 - 1$.

结合 $a_0 \leqslant A+2$，得 $a_0 \in \{A+1, A+2\}$.

假设对于某个 $a' \leqslant a_0 - 1$ 和某个 $d' \in \mathbf{Z}^+$，有 $g(a') = g(a'+d')$.

则对于 $x \geqslant a'$，$g(x)$ 存在周期 d'. 由 d 的最小性，知 $d \mid d'$.

故 $g(a_0-1) = g(a_0-1+d') = g(a_0-1+d'-d) = \cdots = g(a_0-1+d)$，与 a_0 的最小性矛盾.

若 $g(x) = g(y)$ 且 $x \leqslant a_0 - 1$，则 $x = y$.

因此，当 $n \leqslant A-1$ 即 $n+1 \leqslant A$ 时，有 $g(g(n)) = g(n+1) \Rightarrow g(n) = n+1$.

求所有的函数 $f:\mathbf{Z} \to \mathbf{Z}$，使得对于所有的素数 p 和整数 $x \in \mathbf{Z}$，均有
$$f(p) > 0，且 p \mid ((f(x)+f(p))^{f(p)} - x).$$

(2017，瑞士国家队选拔考试)

解 先证明：对于任意的素数 p，均有
(1) $p \mid f(p)$；
(2) $f(p)$ 为 p 的幂.

分别令 $x = 0$ 和 p，得 $p \mid (f(0)+f(p))$，$p \mid 2f(p)$.
则当 $p > 2$ 时，$p \mid f(p) \Rightarrow p \mid f(0)$.

再由 p 有无穷多个, 知 $f(0)=0$.

从而, (1) 得证.

于是, 条件可转化为 $p \mid ((f(x))^{f(p)}-x)$.

由此, $f(x)$ 与 x 有相同的素因子, 特别地, (2) 成立.

对于任意给定的非零整数 x, 有无穷多个素数 p 与之互素. 对于这样的素数 p, 有 $(p, f(x))=1$.

由费马小定理, 知 $p \mid ((f(x))^{p-1}-1)$.

再结合 (2), 知 $p \mid (f(x)-x)$.

因此, $f(x)=x$.

综上, 满足条件的函数只有恒同函数.

求所有的函数 $f: \mathbf{R} \rightarrow \mathbf{R}$, 使得对于任意的 $x, y \in \mathbf{R}$, 均有
$$f(x+yf(x))=f(xf(y))-x+f(y+f(x)).$$

(2017, 瑞士数学奥林匹克)

解 令 $x=y=0$, 得 $f(f(0))=0$.

令 $x=y=1$, 得 $f(f(1))=1$.

再令 $x=1, y=0$, 得 $f(1)=0$.

于是, $f(0)=f(f(1))=1$.

令 $x=1$, 得 $f(f(y))=1-f(y)$.

令 $y=0$, 得 $f(f(x))=x$.

故 $f(x)=1-x$.

求所有的函数 $f: \mathbf{R}^{+} \rightarrow \mathbf{R}^{+} \bigcup \{0\}$, 使得对于任意的 $x, y>0$, 均有
$$f(x)-f(x+y)=f(x^2 f(y)+x).$$

(2017, 瑞士国家队选拔考试)

解 若 $f(x)$ 没有零点, 则对于任意 $x>0$, 均有 $f(x)>0$. 故 $f(x)$ 严格单减.

用 $x^2 f(y)$ 代换 y 得
$$f(x+y)=f(x)-f(x+x^2 f(y))=f(x+x^2 f(x^2 f(y))).$$

故 $y=x^2 f(x^2 f(y))$, 即 $f(x^2 f(y))=\dfrac{y}{x^2}$.

令 $y=1$ 且 $t=x^2 f(1)$, 得 $f(t)=\dfrac{f(1)}{t}$.

代入题设易得 $f(1)=1$.

若存在 $a>0$, 使得 $f(a)=0$, 则令 $y=a$.

易知当 $x>a$ 时, 均有 $f(x)=0$.

令 $x = y = \dfrac{a}{2}$,得 $f\left(\dfrac{a}{2}\right) = f\left(\dfrac{a^2}{4} f\left(\dfrac{a}{2}\right) + \dfrac{a}{2}\right)$.

若 $f\left(\dfrac{a}{2}\right) \neq 0$,则有 $0 < u < v$ 满足 $f(u) = f(v)$.

分别代入 $y = u, y = v$,得 $f(x+u) = f(x+v)$.

由 $f(x)$ 的单减性,知 $x > u$ 时 $f(x)$ 为常值.再代入 $x = y = u$,得 $f(u) = 0$.

从而,$f\left(\dfrac{a}{2}\right) = 0$.

类似地,$f\left(\dfrac{a}{2^n}\right) = 0$.

因此,$f(x)$ 恒为零.

综上,所求函数为 $f(x) = \dfrac{1}{x}$ 或 $f(x) = 0$.

求所有的函数 $f: \mathbf{R} \to \mathbf{R}$,使得 $f(x + f(y)) = f(f(y)) + 2xf(y) + x^2$.

(2017,克罗地亚数学竞赛)

解 令 $x = -f(y)$,得 $f(0) = f(f(y)) - f^2(y)$.

令 $f(0) = a$ 且 $y = 0$,得 $f(a) = a^2 + a$.

在原方程中,令 $y = 0$.则
$$f(x+a) = f(a) + 2xa + x^2 = a^2 + a + 2xa + x^2 = (x+a)^2 + a.$$

经检验,$f(x)$ 的所有解均形如 $x^2 + a$(a 为实常数).

已知函数 $f: \mathbf{R} \to \mathbf{R}$ 满足对于任意的 $x, y \in \mathbf{R}$,均有
$$(y+1)f(x) + f(xf(y) + f(x+y)) = y.$$
求函数 f.

(2017,第 55 届荷兰国家队选拔考试)

解 将 $x = 0$ 代入题给方程得
$$(y+1)f(0) + f(f(y)) = y \Rightarrow f(f(y)) = y(1 - f(0)) - f(0).$$

若 $f(0) \neq 1$,则上式右边为 y 的双射函数.故左边也为双射.于是,f 为双射.

若 $f(0) = 1$,则 $f(f(y)) = -1 (y \in \mathbf{R})$.

将 $y = 0$ 代入题给方程得 $f(x) + f(x + f(x)) = 0 \Rightarrow f(x + f(x)) = -f(x)$.

将 $x = f(z), y = z$,且 $f(f(z))$ 用 -1 代替得
$$(z+1)(-1) + f(f(z)f(z)) + f(f(z) + z) = z.$$

结合 $f(z + f(z)) = -f(z)$,得
$$f(f^2(z) - f(z)) = 2z + 1. \qquad \text{①}$$

从而,f 为满射.

若存在 a, b 使得 $f(a) = f(b)$,则将 $z = a, z = b$ 分别代入式 ①,可得

$2a+1=2b+1 \Rightarrow a=b.$

从而，f 为单射.

综上，f 为双射.

注意到，$f(f(y))=y(1-f(0))-f(0).$

将 $y=-1$ 代入上式，得 $f(f(-1))=-1.$

将 $y=-1$ 代入原方程，得

$f(xf(-1)+f(x-1))=-1=f(f(-1)).$

因为 f 是单射，所以，

$xf(-1)+f(x-1)=f(-1) \Rightarrow f(x-1)=f(-1)(1-x).$

将 $x=z+1$ 代入得 $f(z)=-f(-1)z$，记作 $cz.$

注意到，

$(y+1)f(x)+f(xf(y)+f(x+y))=(y+1)cx+c(xcy+cx+cy)$

$=cxy+cx+c^2xy+c^2x+c^2y=y,$　　　　　　②

对于任意的 $x,y \in \mathbf{R}$ 成立.

将 $y=0,x=1$ 代入式②得 $c+c^2=0 \Rightarrow c=0$ 或 $-1.$

将 $x=0,y=1$ 代入式②得 $c^2=1 \Rightarrow c=\pm 1.$

于是，$c=-1.$

从而，$f(x)=-x(x \in \mathbf{R})$ 满足要求.

综上，$f(x)=-x(x \in \mathbf{R})$ 是满足要求的唯一解.

求所有的 $f:\mathbf{R} \to \mathbf{R}$，使得对于所有的实数 x,y，均有

$$xf(x)-yf(y)=(x-y)(f(x+y)-xy).$$

（2017，克罗地亚数学奥林匹克）

解 定义 $P(x,y)$ 为 $xf(x)-yf(y)=(x-y)(f(x+y)-xy).$

则 $P(x,1)$ 为 $xf(x)-f(1)=(x-1)(f(x+1)-x).$

从而，对于任意的 $x \in \mathbf{R}$，均有

$xf(x)-(x-1)f(x+1)=f(1)-(x-1)x.$　　　　　　①

又 $P(x+1,-1)$ 为 $(x+1)f(x+1)+f(-1)=(x+2)(f(x)+x+1)$，从而，对于任意的 $x \in \mathbf{R}$，均有

$(x+2)f(x)-(x+1)f(x+1)=f(-1)-(x+1)(x+2).$　　　　　　②

联立式①,② 消去 $f(x+1)$ 得

$$f(x)=x^2+\frac{f(1)-f(-1)}{2}x+\left(\frac{f(1)+f(-1)}{2}-1\right).$$

令 $b=\dfrac{f(1)-f(-1)}{2},c=\dfrac{f(1)+f(-1)}{2}-1.$ 则对于任意的 $x \in \mathbf{R}$，均有

$$f(x)=x^2+bx+c(b,c \in \mathbf{R}).$$

经检验，$f(x)$ 满足要求.

设 $a,b \in \mathbf{R}, 0 < a < b$. 函数 $f: \mathbf{R} \to \mathbf{R}$ 满足对一切的 $x, y \in \mathbf{R}$, 均有
$$f(x^2 + ay) \geqslant f(x^2 + by). \qquad ①$$
(1) 证明: 对一切的 $s < 0, t > 0$, 均有 $f(s) \leqslant f(0) \leqslant f(t)$;

(2) 证明: 当 $x \in (0, +\infty)$ 时, $f(x)$ 为常数;

(3) 给出一个非常值的函数 $f: \mathbf{R} \to \mathbf{R}$ 满足式 ①.

(2017, 罗马尼亚数学奥林匹克)

(1) **证明** 任取 $s < 0, t > 0$.

令 $y = -\dfrac{x^2}{b}, x = \sqrt{\dfrac{t}{1 - \dfrac{a}{b}}}$, 代入式 ① 得 $f(t) \geqslant f(0)$.

再令 $y = -\dfrac{x^2}{a}, x = \sqrt{\dfrac{-s}{\dfrac{b}{a} - 1}}$, 代入式 ① 得 $f(s) \leqslant f(0)$.

故结论成立.

(2) **证明** 首先, 给定 $s \in \mathbf{R}^+$, 对于任意的 $t \in \left[\dfrac{a}{b}s, \dfrac{b}{a}s\right]$, 均有 $f(t) = f(s)$.

事实上, 分别取 $(x, y) = \left(\sqrt{\dfrac{bt - as}{b - a}}, \dfrac{s - t}{b - a}\right)$ 和 $\left(\sqrt{\dfrac{bs - at}{b - a}}, \dfrac{t - s}{b - a}\right)$.

代入式 ①, 得 $\begin{cases} f(t) \geqslant f(s), \\ f(s) \geqslant f(t). \end{cases} \Rightarrow f(s) = f(t)$.

其次, 任取 $x \in \mathbf{R}^+$ 且 $x > 1$, 存在 $n \in \mathbf{Z}^+$, 使得 $\left(\dfrac{b}{a}\right)^{n-1} < x \leqslant \left(\dfrac{b}{a}\right)^n$.

则 $f(x) = f\left(\left(\dfrac{b}{a}\right)^n\right) = f\left(\left(\dfrac{b}{a}\right)^{n-1}\right) = \cdots = f\left(\left(\dfrac{b}{a}\right)^0\right) = f(1)$;

任取 $x \in \mathbf{R}^+$ 且 $x < 1$, 存在 $n \in \mathbf{Z}^+$, 使得 $\left(\dfrac{b}{a}\right)^{-n} \leqslant x < \left(\dfrac{b}{a}\right)^{-n+1}$.

则 $f(x) = f\left(\left(\dfrac{b}{a}\right)^{-n}\right) = f\left(\left(\dfrac{b}{a}\right)^{-n+1}\right) = \cdots = f\left(\left(\dfrac{b}{a}\right)^0\right) = f(1)$.

故 $f(x) \equiv f(1)$, 即函数 f 在正实数范围内为常数.

(3) **解** 取 $f(x) = \begin{cases} 0, & x \geqslant 0; \\ x, & x < 0. \end{cases}$

若存在 $x, y \in \mathbf{R}$, 使得 $f(x^2 + ay) < f(x^2 + by)$, 则必有
$$\begin{cases} x^2 + ay < 0, & \qquad ② \\ x^2 + by > x^2 + ay. & \qquad ③ \end{cases}$$

而由式 ③ 得 $y > 0$, 这与式 ② 矛盾.

故对一切 $x, y \in \mathbf{R}$, 均有式 ① 成立.

因此, $f(x) = \begin{cases} 0, & x \geqslant 0; \\ x, & x < 0 \end{cases}$ 为满足条件的函数.

代数部分

已知 A 与 B 为两个有限集.求满足下列条件的映射 $f:A \rightarrow A$ 的个数:存在映射 $g:A \rightarrow B$ 和映射 $h:B \rightarrow A$,使得对一切 $x \in B$,均有 $g(h(x)) = x$;对一切 $x \in A$,均有 $h(g(x)) = f(x)$.

(2017,罗马尼亚数学奥林匹克)

解 因为对一切的 $x \in B$,均有 $g(h(x)) = x$,所以,集合 B 中每个元素 b,均有一个 $h(b) \in A$,使得 $g(h(b)) = b$.

于是,g 为满射.从而,$|A| \geqslant |B|$.

任取 $b_1,b_2 \in B(b_1 \neq b_2)$.

若 $h(b_1) = h(b_2)$,则 $g(h(b_1)) = g(h(b_2))$,即 $b_1 = b_2$,矛盾.

故 h 为单射.

设 h 的值域为 C.则 $|C| = |B|$,且 $C \subseteq A$.

任取 $c \in C$,则存在唯一的 $b \in B$,使得 $h(b) = c$.

于是,$g(c) = g(h(b)) = b$.

从而,$f(c) = h(g(c)) = h(b) = c$,即 f 将 $C(C \subseteq A)$ 中的元素均映射到其自身.

任取 $c' \in A\backslash C$,有 $h(g(c)) = f(c)$.

注意到,$h(g(c)) \in C$.故 $f(c) \in C$.

从而,f 将 $A\backslash C$ 中的元素也映射到 C 中.

先从 A 中选出子集 $C(|C| = |B|)$,共有 $C_{|A|}^{|B|}$ 种选法,再对 $A\backslash C$ 中的每个元素,在 f 的作用下的像均有 $|C|$ 种选择,故所求的 f 共有 $C_{|A|}^{|B|} |B|^{|A|-|B|}$ 个.

求所有函数 $f(x):\mathbf{R} \rightarrow \mathbf{R}$,使得对于任意实数 x,y,均有
$$f(xf(y) - f(x)) = 2f(x) + xy. \qquad ①$$

(2017,越南数学奥林匹克)

解 将 $x = 1$ 代入式 ①,知对于任意的 $y \in \mathbf{R}$,均有
$$f(f(y) - f(1)) = y + 2f(1). \qquad ②$$

于是,f 为双射.

故存在唯一实数 a,使得 $f(a) = 0$.

将 $x = a$ 代入式 ①,知对于任意的 $y \in \mathbf{R}$,均有 $f(af(y)) = ay$. ③

将 $y = 0$ 代入式 ③ 得 $f(af(0)) = 0 = f(a) \Rightarrow af(0) = a \Rightarrow a = 0$ 或 $f(0) = 1$.

若 $a = 0$,即 $f(0) = 0$.

将 $y = 0$ 代入式 ①,得 $f(-f(x)) = 2f(x)$.

由 f 为双射,知对于任意的实数 x,均有 $f(x) = -2x$.

但这并不符合式 ①,故 $a \neq 0$.

进而,$f(0) = 1$.

将 $x = 0$ 代入式 ①,得 $f(-1) = 2$.

将 $y = a$ 代入式 ③,得 $1 = a^2$.

由 $f(-1) = 2$,则 $a = 1$,即 $f(1) = 0$.

从而,式 ② 即为 $f(f(y)) = y(y \in \mathbf{R})$.   ④

用 $f(y)$ 替代式 ① 中的 y,知对于任意的 $x,y \in \mathbf{R}$,均有

$$f(xy - f(x)) = 2f(x) + xf(y).$$

当 $x \neq 0$ 时,将 $y = \dfrac{f(x)}{x}$ 代入上式得

$$1 = 2f(x) + xf\left(\frac{f(x)}{x}\right) \Rightarrow f\left(\frac{f(x)}{x}\right) = \frac{1 - 2f(x)}{x}(x \neq 0).$$

将 $y = \dfrac{f(x)}{x}$ 代入式 ①,并利用上面结果得 $f(1 - 3f(x)) = 3f(x)(x \neq 0)$.

由于 f 为双射,且 $f(0) = 1$,则当 $x \neq 0$ 时,$1 - 3f(x)$ 取遍 -2 以外的所有实数.

于是,当 $x \neq -2$ 时,$f(x) = -x + 1$.

将 $y = 3$ 代入式 ④,得 $f(-2) = 3$.

综上,$f(x) = -x + 1$.

求函数 $f:\mathbf{N} \to \mathbf{N}$,使得对于每个正整数 $n(n > 1)$ 及 $x,y \in \mathbf{N}$,均有

$$f(x + y) = f(x) + f(y) + \sum_{k=1}^{n-1} \mathrm{C}_n^k x^{n-k} y^k.$$

(第 24 届马其顿数学奥林匹克)

解 由条件知

$$f(x + y) - \sum_{k=1}^{n-1} \mathrm{C}_n^k x^{n-k} y^k = f(x) + f(y)$$

$$\Leftrightarrow f(x + y) - \sum_{k=0}^{n} \mathrm{C}_n^k x^{n-k} y^k = f(x) + f(y) - x^n - y^n$$

$$\Leftrightarrow f(x + y) - (x + y)^n = f(x) - x^n + f(y) - y^n.$$

设映射 $f_1:\mathbf{N} \to \mathbf{N}$ 满足 $f_1(x) = f(x) - x^n$. 则

$$f_1(x + y) = f(x + y) - (x + y)^n$$

$$= f(x) - x^n + f(y) - y^n = f_1(x) + f_1(y).$$

由归纳可证对于任意的 $m \in \mathbf{N}$,均有 $f_1(mx) = mf_1(x)$.

当 $x = 1$ 时,对于任意的 $m \in \mathbf{N}$,均有 $f_1(m) = mf_1(1) \triangleq m\alpha(m \in \mathbf{N})$.

故 $f(x) = x^n + \alpha x (\alpha = f_1(1))$.

已知正整数列 $a_1, a_2, \cdots, a_n (n > 1, n \in \mathbf{Z}^+)$. 记

$$b_j = \left[\frac{1}{n-1} \sum_{i \neq j} a_i \right] (j = 1, 2, \cdots, n).$$

设函数 $f(a_1, a_2, \cdots, a_n) = (b_1, b_2, \cdots, b_n)$.

(1) 设函数 $g : \mathbf{N} \to \mathbf{N}$, 定义 $g(1)$ 为函数 $f(a_1, a_2, \cdots, a_n)$ 中不同项的个数, $g(m)$ 为函数 $f^m(a_1, a_2, \cdots, a_n) = f(f^{m-1}(a_1, a_2, \cdots, a_n))(m > 1)$ 中不同项的个数. 证明: 存在正整数 k_0, 使得函数 $g(m)$ 当 $m \geqslant k_0$ 时为周期函数.

(2) 证明: 对于任意的正整数 k, $\displaystyle\sum_{m=1}^{k} \frac{g(m)}{m(m+1)} < C$ (常数 C 不依赖于 k).

（第 24 届马其顿数学奥林匹克）

证明 (1) 设 $n > 2$.

先证明: 对足够大的 m, 有 $g(m) = 1$.

设 $a_1, a_2, \cdots, a_n$ 为正整数列. 则

$$f(a_1, a_2, \cdots, a_n) = \left(\left[\frac{\sum_{i \neq 1} a_i}{n-1} \right], \left[\frac{\sum_{i \neq 2} a_i}{n-1} \right], \cdots, \left[\frac{\sum_{i \neq n} a_i}{n-1} \right] \right).$$

因为 $g(1) \leqslant n$, 所以, $f(a_1, a_2, \cdots, a_n)$ 中一些项允许相等.

类似地, 对于任意正整数 m, 有 $g(m) \leqslant n$.

设 S_r 为函数 $f^r(a_1, a_2, \cdots, a_n)$ 的项之和, 即数列 $d_1, d_2, \cdots, d_n$ 各项之和, $f(d_1, d_2, \cdots, d_n)$ 有 n 项.

对于任意正整数 r, 均有

$$S_{r+1} = \sum_{j=1}^{n} \left[\frac{\sum_{i \neq j} d_i}{n-1} \right] \leqslant \sum_{j=1}^{n} \frac{\sum_{i \neq j} d_i}{n-1} = \sum_{i=1}^{n} d_i = S_r. \qquad ①$$

显然, 对于任意正整数 r, $0 \leqslant S_r \leqslant S_1$.

于是, 存在正整数 k_0, 使得 $m \geqslant k_0$, 且 $S_m = S_{m+1} = \cdots \triangleq k \geqslant 0$.

式 ① 的等号成立当且仅当 m 足够大时, $f^m(b_1, b_2, \cdots, b_n)$ 各项均相等.

下面证明: 当 m 足够大时, 由 $S_{r+1} = S_r$, 得

$d_1 = d_2 = \cdots = d_n (f^m(a_1, a_2, \cdots, a_n) = (d_1, d_2, \cdots, d_n))$.

为此, 只需证 $(n-1) \mid (S_r - b_i)(0 \leqslant i \leqslant n)$.

则 $b_1 \equiv b_2 \equiv \cdots \equiv b_n (\bmod n-1)$ $\qquad ②$

$\Rightarrow \dfrac{S_r - b_1}{n-1}, \dfrac{S_r - b_2}{n-1}, \cdots, \dfrac{S_r - b_n}{n-1} \in \mathbf{Z}^+.$

又由式 ①, ② 得

$$|c_i - c_j| \triangleq \left| \left[\frac{S_r - b_i}{n-1} \right] - \left[\frac{S_r - b_j}{n-1} \right] \right| = \left| \frac{S_r - b_i}{n-1} - \frac{S_r - b_j}{n-1} \right| = \left| \frac{b_i - b_j}{n-1} \right| < |b_i - b_j|, \qquad ③$$

且每一步所得到的非负整数越来越小, 经有限步骤后得 $d_i = d_j$.

故存在正整数 k_0，满足当 $m \geqslant k_0$ 时，$f^m(a_1, a_2, \cdots, a_n)$ 的各项相等，即 $g(m) = 1$.

当 $n = 2$ 时，显然，$(a_2, a_1) = f(a_1, a_2)$，即对于任意的 m，均有 $g(m) \leqslant 2$.

(2) 当 $n > 2$ 时，对于任意正整数 k，均有

$$\sum_{m=1}^{k} \frac{g(m)}{m(m+1)} < \sum_{m=1}^{\infty} \frac{g(m)}{m(m+1)} = \sum_{m=1}^{k_0} \frac{g(m)}{m(m+1)} + \sum_{m=k_0+1}^{\infty} \frac{g(m)}{m(m+1)},$$

其中，正整数 k_0 可由(1)得到.

则

$$\sum_{m=1}^{k} \frac{g(m)}{m(m+1)} < \sum_{m=1}^{\infty} \frac{g(m)}{m(m+1)} = \sum_{m=1}^{k_0} \frac{g(m)}{m(m+1)} + \sum_{m=k_0+1}^{\infty} \frac{1}{m(m+1)}$$

$$\leqslant n \sum_{m=1}^{k_0} \frac{1}{m(m+1)} + \frac{1}{k_0+1} = C.$$

当 $n = 2$ 时，$\displaystyle\sum_{m=1}^{k} \frac{g(m)}{m(m+1)} < 2 \sum_{m=1}^{\infty} \frac{1}{m(m+1)} = 2$.

从而，命题得证.

求所有满足以下要求的函数 $f: \mathbf{R} \to \mathbf{R}$，使得对于任意的实数 x, y，均有

$$f(y - xy) = f(x)y + (x-1)^2 f(y).$$

(2017，第 66 届保加利亚数学奥林匹克)

解 令 $x = 1$. 则对于所有实数 y，均有 $f(0) = f(1)y \Rightarrow f(0) = f(1) = 0$.

在原等式中令 $y = 1$，则 $f(1-x) = f(x)$.

设 t 为任意实数，令 $x = 1 - t$. 则

$$f(ty) = yf(1-t) + t^2 f(y) = yf(t) + t^2 f(y)$$

$$\Rightarrow tf(y) + y^2 f(t) = f(yt) = f(ty) = yf(t) + t^2 f(y)$$

$$\Rightarrow (y^2 - y)f(t) = (t^2 - t)f(y).$$

对于 $y = 2$，有 $f(t) = \dfrac{1}{2} f(2)(t^2 - t) \ (t \in \mathbf{R})$.

下面验证 $f(x) = ax(x-1) \left(a = \dfrac{f(2)}{2} \right)$ 为原方程的解.

事实上，

$$yf(x) + (x-1)^2 f(y) = ax(x-1)y + (x-1)^2 ay(y-1)$$

$$= a(x-1)y(x + xy - x - y + 1) = a(1-x)y((1-x)y - 1)$$

$$= f((1-x)y) = f(y - xy).$$

设 α 为实常数. 求所有函数 $f: \mathbf{R} \to \mathbf{R}$，使得对于任意的 $x, y \in \mathbf{R}$，均有

$$f(f(x+y)f(x-y)) = x^2 + \alpha y f(y).$$

(2017，第 48 届奥地利数学奥林匹克)

解 令 $x = y = 0$，得 $f(f^2(0)) = 0$.

令 $x = 0, y = f^2(0)$，得 $f(0) = 0$.

令 $x = y$，得 $f(0) = x^2 + \alpha x f(x) = 0$.

因为 x 取任意值时上式均成立，所以，$\alpha \neq 0$.

故 $f(x) = -\dfrac{x}{\alpha}(x \neq 0), f(0) = 0$ 满足上式.

从而，$f(x) = -\dfrac{x}{\alpha}(x \in \mathbf{R})$.

代入原方程得 $-\dfrac{x^2 - y^2}{\alpha^3} = x^2 - y^2$.

因此，$\alpha = -1, f(x) = x$.

求所有函数 $f: \mathbf{Z}^+ \to \mathbf{Z}^+$，满足对于任意的 $m, n \in \mathbf{Z}^+$，均有

$$(n + f(m)) \mid (f(n) + nf(m)). \qquad ①$$

（2017，第 34 届巴尔干地区数学奥林匹克）

解 考虑两种情况.

(1) 函数 f 的值域为无限的.

对于任意固定的正整数 n，令 m 为任意正整数. 据式 ① 得

$(n + f(m)) \mid (f(n) + nf(m) - n(n + f(m))) \Rightarrow (n + f(m)) \mid (f(n) - n^2)$.

由于 n 为固定的正整数，则 $f(n) - n^2$ 也为固定的整数. 又上述结论对于任意的正整数 m 均成立，且函数 f 的值域为无限的，故可选择正整数 m，使得

$n + f(m) > \mid f(n) - n^2 \mid$.

这表明，对于任意的自然数 n，均有 $f(n) = n^2$.

若 $f(n) = n^2 (n \in \mathbf{Z}^+)$，则

$n + f(m) = n + m^2, f(n) + nf(m) = n^2 + nm^2 = n(n + m^2)$.

故 $(n + f(m)) \mid (f(n) + nf(m))$.

因此，$f(n) = n^2 (n \in \mathbf{Z}^+)$ 满足条件.

(2) 函数 f 的值域为有限的.

则存在正整数 s，使得对无限个正整数 n，均有 $f(n) = s$.

令 m, n 为使 $f(m) = f(n) = s$ 成立的任意正整数.

由式 ①，得 $(n + s) \mid (s + ns - s(n + s)) \Rightarrow (n + s) \mid (s^2 - s)$.

而对于任意满足 $f(n) = s$ 的正整数 n，上述结论均成立，且这样的正整数 n 有无穷多个，则可选择正整数 n，使得 $n + s > s^2 - s$，这表明，$s^2 = s \Rightarrow s = 1$.

于是，对于无穷多个正整数 n，均有 $f(n) = 1$.

又任意一个固定的正整数 m，对于满足 $f(n) = 1$ 的任意正整数 n，由式 ① 得

$(n + f(m)) \mid (1 + nf(m) - f(m)(n + f(m))) \Rightarrow (n + f(m)) \mid (f^2(m) - 1)$.

因为 m 是任意固定的正整数，所以，$f^2(m) - 1$ 为固定的非负整数.

又满足 $f(n) = 1$ 的正整数有无穷多个，于是，可选择正整数 n，使得

代数部分

$n + f(m) > f^2(m) - 1.$

这表明,对于任意正整数 m,均有 $f(m) = 1$.

若 $f(n) = 1(n \in \mathbf{Z}^+)$,则

$n + f(m) = n + 1$,且 $f(n) + nf(m) = 1 + n \Rightarrow (n + f(m)) \mid (f(n) + nf(m))$.

因此,$f(n) = 1(n \in \mathbf{Z}^+)$ 满足条件.

综上,满足条件的函数为 $f(n) = n^2(n \in \mathbf{Z}^+)$ 或 $f(n) = 1(n \in \mathbf{Z}^+)$.

是否存在函数 $f, g : \mathbf{R} \to \mathbf{R}$,使得对一切的 $x, y \in \mathbf{R}$,均有

$$f(x + f(y)) = \{y\} + g(x)?$$

(2017,第 57 届乌克兰数学奥林匹克)

解 不存在.

假设存在这样的 f, g.

令 $F(x) = f(x) + c, G(x) = g(x + c) + c(c$ 为任意实常数$)$.

则对于任意的 $x, y \in \mathbf{R}$,均有

$F(x + F(y)) = f(x + f(y) + c) + c = f(x + c + f(y)) + c$

$= \{y\} + g(x + c) + c = \{y\} + G(x)$,

即存在函数 $F, G : \mathbf{R} \to \mathbf{R}$,使对一切的 $x, y \in \mathbf{R}$,均有 $F(x + F(y)) = \{y\} + G(x)$.

令 $c = -f(0)$,则 $F(0) = 0$.

令 $y = 0$,则

$F(x + F(0)) = \{0\} + G(x) \Rightarrow F(x) = G(x)$

$\Rightarrow F(x + F(y)) = \{y\} + F(x).$ ①

设 $F(x)$ 的值域为 A.

任取 $t \in A$,令 $F(s) = t$.

在式 ① 中令 $x = s$, y 取遍区间 $\left[0, \dfrac{1}{2}\right]$ 的所有数,于是,$\left[t, t + \dfrac{1}{2}\right] \subseteq A$.

在式 ① 中令 $x = s - F(y)$, y 取遍区间 $\left[0, \dfrac{1}{2}\right]$ 的所有数,于是,$\left[t - \dfrac{1}{2}, t\right] \subseteq A$.

故对于任意的 $t \in A$,均有 $\left[t - \dfrac{1}{2}, t + \dfrac{1}{2}\right] \subseteq A$. 于是,$A = \mathbf{R}$. 从而,$F$ 为满射.

在式 ① 中令 $x = -F(y)$,则

$0 = F(0) = \{y\} + F(-F(y)).$ ②

由于 F 为满射,于是,存在 $a \in \mathbf{R}$,使得 $F(a) = -1$;也存在 $b \in \mathbf{R}$,使得 $F(b) = -a$.

在式 ② 中令 $y = b$,则

$0 = \{b\} + F(-F(b)) = \{b\} + F(a) = \{b\} - 1$,

即 $\{b\} = 1$,矛盾.

因此,不存在满足条件的 f, g.

求函数 $f:\mathbf{R}\to\mathbf{R}$,使得对于任意的实数 x,y,均有
$$(x^2-y^2)f(xy)=xf(x^2y)-yf(xy^2).　　①$$

(2017,第67届白俄罗斯数学奥林匹克)

解 令 $y=0$,则对于任意的实数 x,均有 $x^2f(0)=xf(0)$.

故 $f(0)=0$.　　②

在式 ① 中,令 $y=1$,得 $(x^2-1)f(x)=xf(x^2)-f(x)\Rightarrow x^2f(x)=xf(x^2)$.

当 $x\neq0$ 时,有 $f(x^2)=xf(x)$.　　③

由式 ②,知式 ③ 对于所有实数均成立.

在式 ③ 中,用 $-x$ 代替 x,有 $-xf(-x)=f((-x)^2)=f(x^2)=xf(x)$,即
$f(-x)=-f(x)$.

这表明,$f(x)$ 为奇函数.

在式 ① 中,令 $y=\dfrac{1}{x}$,有

$$\left(x^2-\frac{1}{x^2}\right)f(1)=xf(x)-\frac{1}{x}f\left(\frac{1}{x}\right)$$

$$\Rightarrow (x^4-1)f(1)=x^3f(x)-xf\left(\frac{1}{x}\right)(x\neq0).　　④$$

在式 ④ 中,用 x^2 代替 x,有 $(x^8-1)f(1)=x^6f(x^2)-x^2f\left(\dfrac{1}{x^2}\right)$.

由式 ③,得 $(x^8-1)f(1)=x^7f(x)-xf\left(\dfrac{1}{x}\right)$.

上式与式 ④ 联立解得
$(x^8-x^4)f(1)=(x^7-x^3)f(x)\Rightarrow(x^4-1)(f(x)-xf(1))=0$

$\Rightarrow$ 对于任意的 $x\neq\pm1$,均有 $f(x)=f(1)x$.　　⑤

显然,上式对于 $x=1$ 也成立.

又 $f(x)$ 为奇函数,则 $f(-1)$ 满足式 ⑤.

设 $f(1)=a$,则对于任意的实数 x,均有 $f(x)=ax$.

易验证,满足题目条件.

求所有的函数 $f:(0,+\infty)\to(0,+\infty)$,使得对于所有正实数 x,y,均有
$$f(x+f(xy))=xf(1+f(y)).　　①$$

(2017,第67届白俄罗斯数学奥林匹克)

解 在式 ① 中,取 $y=1$,得 $f(x+f(x))=f(1+f(1))x$.　　②

令 $k=f(1+f(1))$.

由已知得 $k>0$.

在式 ② 中,用 $x+f(x)$ 代替 x,得 $f(x+f(x)+f(x+f(x)))=k(x+f(x))$.

故 $f((k+1)x+f(x))=k(x+f(x))$.

用 $\dfrac{x}{k+1}$ 再代替 x,代入得

$$f\left(x+f\left(\frac{x}{k+1}\right)\right)=\frac{k}{k+1}x+kf\left(\frac{x}{k+1}\right). \qquad ③$$

由式 ①,取 $y=\dfrac{1}{k+1}$. 则

$$f\left(x+f\left(\frac{x}{k+1}\right)\right)=xf\left(1+f\left(\frac{1}{k+1}\right)\right). \qquad ④$$

由式 ③,④ 及 $k\neq0$,得 $f(x)=ax$(a 为常数).

因为对于任意的 $x>0$,$f(x)>0$,所以,$a>0$.

经检验,$f(x)=ax\,(a>0)$ 满足题意.

对于每个正整数 n,记 $c_n=2017^n$. 设函数 $f:\mathbf{Z}^+\to\mathbf{R}$ 满足下面的两个条件:

(1) 对于任意正整数 m,n,均有 $f(m+n)\leqslant2017f(m)f(n+325)$;

(2) 对于每个正整数 n,均有 $0<f(c_{n+1})<f^{2017}(c_n)$.

证明:存在数列 $a_1,a_2,\cdots$,使得对于所有正整数 n,k,且 $a_k<n$,均有 $f^{c_k}(n)<f^n(c_k)$.

(2017,第 30 届韩国数学奥林匹克)

证明 假设存在正整数 n,使得 $f(n)=0$.

则对于 $c_l>n$,有 $0<f(c_l)\leqslant2017f(n)f(c_l-n+325)=0$,矛盾.

从而,对于所有的 $n\in\mathbf{Z}^+$,均有 $f(n)\neq0$.

假设存在正整数 n,使得 $f(n)<0$,因为

$f(n+2017-325)\leqslant2017f(n)f(2017)<0$,

$f(n+2017^2-325)\leqslant2017f(n)f(2017^2)<0$,

且 $(2017-325,2017^2-325)=36$,所以,对于足够大的正整数 p,有

$f(n+36p)<0$.

于是,对于每个整数 $i(0<i\leqslant36)$,下面的两种情况之一成立:

(i) 存在 L_i,使得对于每个正整数 $n,n\equiv i(\bmod 36)$,且 $n>L_i$,均有 $f(n)<0$;

(ii) 对于每个正整数 n,且 $n\equiv i(\bmod 36)$,均有 $f(n)>0$.

现固定正整数 k.

在(i) 中,若 $n>L_i$,则 $f^{c_k}(n)<0<f^n(c_k)$.

设 $M_i=L_i$.

在(ii) 中,设 $m=2017f(i),d=\begin{cases}325, & f(c_k)\geqslant1;\\ 325-i, & f(c_k)<1.\end{cases}$

由条件(2),知存在正整数 l,使得

$(mf(c_l))^{\frac{1}{c_l-d}} < f^{\frac{1}{c_k}}(c_k), (mf(c_{l+1}))^{\frac{1}{c_{l+1}-d}} < f^{\frac{1}{c_k}}(c_k).$

设 $c_{l+1} - 325 = a, c_l - 325 = b.$ 则 $(a,b) = 36.$

故存在 M_i，使得对于每个正整数 $n > M_i$，且 $n \equiv i \pmod{36}$，均可找到 $u, v \geqslant 0$，满足

$n = i + ua + vb$，且 $u + v \geqslant 1.$

假设 $n > M_i.$ 由条件(1)知：

若 $f(c_k) \geqslant 1$，则

$f(n) = f(i + ua + vb) \leqslant 2017^{u+v} f(i) f^u(c_{l+1}) f^v(c_l)$

$\leqslant m^{u+v} f^u(c_{l+1}) f^v(c_l) = (mf(c_{l+1}))^u (mf(c_l))^v$

$= (mf(c_{l+1}))^{\frac{1}{a}ua} (mf(c_l))^{\frac{1}{b}vb} < f^{\frac{1}{c_k}(ua+vb)}(c_k) \leqslant f^{\frac{n}{c_k}}(c_k);$

若 $f(c_k) < 1$，类似地，

$f(n) \leqslant (mf(c_{l+1}))^u (mf(c_l))^v = (mf(c_{l+1}))^{\frac{1}{a+i}u(a+i)} (mf(c_l))^{\frac{1}{b+i}v(b+i)}$

$< f^{\frac{1}{c_k}(ua+vb+(u+v)i)}(c_k) \leqslant f^{\frac{n}{c_k}}(c_k).$

于是，在这种情况下有 $f^{c_k}(n) < f^n(c_k).$

设 a_k 为 $M_i (0 < i \leqslant 36)$ 中最大的一个. 则对于每个 $n > a_k$，均有

$f^{c_k}(n) < f^n(c_k).$

设 k 为正整数. 假设可以用 k 种颜色对全体正整数染色，并存在函数 $f: \mathbf{Z}^+ \to \mathbf{Z}^+$，满足：

(1) 对同色的正整数 m, n(可以相同)，均有 $f(m+n) = f(m) + f(n)$；

(2) 存在正整数 m, n，使得 $f(m+n) \neq f(m) + f(n).$

求 k 的最小值.

(2017，欧洲女子数学奥林匹克)

解 k 的最值为 3.

先构造 $k = 3$ 的例子.

令 $f(n) = \begin{cases} 2n, & n \equiv 0 \pmod 3; \\ n, & n \equiv 1, 2 \pmod 3. \end{cases}$

则 $f(1) + f(2) = 3 \neq f(3)$ 满足条件(2).

同时，将模 3 余 0, 1, 2 的数分别染为三种不同颜色，于是，

(i) 对于任意 $x \equiv y \equiv 0 \pmod 3$，均有

$x + y \equiv 0 \pmod 3 \Rightarrow f(x+y) = \dfrac{x+y}{3} = f(x) + f(y)$；

(ii) 对于任意 $x \equiv y \equiv 1 \pmod 3$，均有

$x + y \equiv 2 \pmod 3 \Rightarrow f(x+y) = x + y = f(x) + f(y)$；

(iii) 对于任意 $x \equiv y \equiv 2 \pmod 3$，均有

$x + y \equiv 1 \pmod 3 \Rightarrow f(x+y) = x + y = f(x) + f(y).$

由此,条件(1)也满足.从而,$k = 3$ 满足题意.

再证明 $k = 2$ 不成立.

仅需证明当 $k = 2$ 时,对一切满足条件(1)的函数 f 与染色方案,均有

$$f(n) = nf(1)(n \in \mathbf{Z}^+),$$ ①

与条件(2)矛盾.

在条件(1)中取 $m = n$,则

$$f(2n) = 2f(n)(n \in \mathbf{Z}^+),$$ ②

接下来证明:$f(3n) = 3f(n)(n \in \mathbf{Z}^+),$ ③

对于任意正整数 n,由式 ② 知

$$f(2n) = 2f(n), f(4n) = 4f(n), f(6n) = 2f(3n).$$

若 n 与 $2n$ 同色,则 $f(3n) = f(2n) + f(n) = 3f(n)$,式 ③ 成立;

若 $2n$ 与 $4n$ 同色,则 $f(3n) = \dfrac{1}{2}f(6n) = \dfrac{1}{2}(f(4n) + f(2n)) = 3f(n)$,式 ③ 亦成立.

否则,$2n$ 与 n,$4n$ 均异色,故 n 与 $4n$ 同色.

此时,若 n 与 $3n$ 同色,则

$$f(3n) = f(4n) - f(n) = 3f(n),$$

式 ③ 成立;

若 n 与 $3n$ 异色,则 $2n$ 与 $3n$ 同色,

$$f(3n) = f(4n) + f(n) - f(2n) = 3f(n),$$

式 ③ 亦成立.

至此,式 ③ 得证.

假设命题 ① 不成立.则存在正整数 m,$f(m) \neq mf(1)$.

不妨取 m 最小,则由式 ②、③ 知 $m \geqslant 5$,且 m 为奇数.否则,由 m 的最小性知

$$f\left(\frac{m}{2}\right) = \frac{m}{2}f(1).$$

故 $f(m) = 2f\left(\dfrac{m}{2}\right) = mf(1)$,矛盾.

考虑 $\dfrac{m-3}{2} < \dfrac{m+3}{2} < m$ 这三个数.

同样由 m 的最小性知

$$f\left(\frac{m-3}{2}\right) = \frac{m-3}{2}f(1), f\left(\frac{m+3}{2}\right) = \frac{m+3}{2}f(1).$$

故 $\dfrac{m-3}{2}$,$\dfrac{m+3}{2}$ 异色.否则,

$$f(m) = f\left(\frac{m-3}{2}\right) + f\left(\frac{m+3}{2}\right) = mf(1),$$ 矛盾.

因此,m 恰与 $\left(\dfrac{m-3}{2}\right)$,$\left(\dfrac{m+3}{2}\right)$ 中的一个同色.

设 m 与 $\dfrac{m+3p}{2}(p \in \{-1, 1\})$ 同色.

注意到，$\dfrac{m+p}{2} < m$.

则 $f(m) + f\left(\dfrac{m+3p}{2}\right) = f\left(3 \times \dfrac{m+p}{2}\right) = 3f\left(\dfrac{m+p}{2}\right) = \dfrac{3(m+p)}{2}f(1)$

$\Rightarrow f(m) = mf(1)$,

矛盾.

故命题 ① 得证，即证明了 k 的最小值为 3.

设 n 为正整数，X 为有限集合，映射 $f:X \to X$ 满足于对任意的 $x \in X$，均有 $f^{(n)}(x) = x$，其中，$f^{(1)}(x) = f(x)$，$f^{(i)}(x) = f(f^{(i-1)}(x))(i \geqslant 2)$.

记 m_i 为集合 $\{x \in X \mid f^j(x) = x\}$ 的元素个数. 对于任意的整数 k，证明：

(1) $\dfrac{1}{n}\displaystyle\sum_{j=1}^{n} m_j \sin\dfrac{2jk\pi}{n} = 0$；

(2) $\dfrac{1}{n}\displaystyle\sum_{j=1}^{n} m_j \cos\dfrac{2jk\pi}{n}$ 为非负整数.

(第 16 届中国女子数学奥林匹克)

证明　以集合 X 中的元素为顶点，按如下方式构造有向图 G：对于 $x, y \in X$，当且仅当 $f(x) = y$ 时，连一条从 x 指向 y 的有向边.

注意到，对于 f 的不动点 x，图 G 中有一条从 x 指向自身的环边，称其是长度为 1 的轨道.

由条件，知对于任意的 $x \in X$，均有 $f^n(x) = x$.

则 f 为双射.

故删去 f 的所有不动点及对应的环边之后，剩下的图中每个点的出度和入度均为 1.

由图论中熟知的结论，知剩下的图可以分拆成若干个不相交的有向圈的并. 可将每个这样的有向圈称为一个轨道. 对于一个长度为 l 的轨道 L，对轨道上的任何顶点 x，易知，$f^{(j)}(x) = x$ 的充分必要条件是 $l \mid j$. 特别地，l 为 n 的约数，且轨道 L 中的顶点为 $f^{(j)}$ 的不动点的充分必要条件为 $l \mid j$.

设图 G 中共有 p 个轨道（包括长度为 1 的轨道），长度分别为 $l_1, l_2, \cdots, l_p$. 由前述，对正整数 j，有

$$m_j = \sum_{\substack{1 \leqslant t \leqslant p \\ l_t \mid j}} l_t.$$

故 $\dfrac{1}{n}\displaystyle\sum_{j=1}^{n} m_j \mathrm{e}^{\frac{2jk\pi\mathrm{i}}{n}} = \dfrac{1}{n}\sum_{j=1}^{n} \mathrm{e}^{\frac{2jk\pi\mathrm{i}}{n}} \sum_{\substack{1 \leqslant t \leqslant p \\ l_t \mid j}} l_t = \dfrac{1}{n}\sum_{t=1}^{p} l_t \sum_{\substack{1 \leqslant t \leqslant p \\ l_t \mid j}} \mathrm{e}^{\frac{2jk\pi\mathrm{i}}{n}}$

$= \dfrac{1}{n}\displaystyle\sum_{t=1}^{p} l_t \sum_{q=1}^{\frac{n}{l_t}} \mathrm{e}^{s_q}\left(\text{记 } s_q = \dfrac{2kq\pi\mathrm{i}}{\frac{n}{l_t}}\right) = \dfrac{1}{n}\sum_{\frac{n}{(n,k)} \mid l_t} l_t \dfrac{n}{l_t} = \sum_{\frac{n}{(n,k)} \mid l_t} 1,$　①

其中,倒数第二个等式用到了熟知的结果

$$\sum_{q=1}^{\frac{n}{l_t}} \mathrm{e}^{s_q t} = \begin{cases} \dfrac{n}{l_t}, & \dfrac{n}{(n,k)} \middle| l_t; \\ 0, & \text{否则}. \end{cases}$$

分别考虑式 ① 的虚部,实部,即得到原题中所要证明的两个结论.

记 A 为所有整数列构成的集合.求所有映射 $f: A \to \mathbf{Z}$ 满足:对于任意 $x, y \in A$,均有 $f(x+y) = f(x) + f(y)$.

(2017,中国西部数学邀请赛预选题)

解 $f(x_1, x_2, \cdots, x_n, \cdots) = \displaystyle\sum_{i=1}^{n} a_i x_i.$

易验证这样的 f 符合条件.

接下来证明所有符合条件的 f 均具有所给形式.

设 e_n 为第 n 项为 1,其他项为 0 的数列.

设 $f(e_n) = a_n$,且 $g(x_1, x_2, \cdots, x_n, \cdots) = f(x) - \displaystyle\sum_{i=1}^{n} a_i x_i.$

由 g 的构造,知其满足 $g(x+y) = g(x) + g(y)$,且若 x 仅有有限项非零,则 $g(x) = 0$.

下面只需证明对于所有的 $x \in A$,均有 $g(x) = 0$.

设 $x = \{x_n\}$.

由裴蜀定理,知存在数列 $y = \{y_n\}$ 和 $z = \{z_n\}$,满足对于所有正整数 n,均有

$$x_n = 2^n y_n + 3^n z_n.$$

从而,$g(x) = g(y) + g(z)$.

要证 $g(x) = 0$,只需证 $g(y) = g(z) = 0$.

由于对于所有有限项非零的数列 x 均有 $g(x) = 0$,于是,对于任意正整数 n,均有

$$g(y) = g(y_1, \cdots, y_{n-1}, 0, \cdots, 0) + g(0, \cdots, 0, y_n, \cdots)$$

$$= g(0, \cdots, 0, y_n, \cdots) = 2^n g\left(0, \cdots, 0, \frac{y_n}{2^n}, \frac{y_{n+1}}{2^n}, \cdots\right)$$

能被 2^n 整除.

故 $g(y) = 0$.

类似地,$g(z) = 0$.

因此,g 恒等于 0.

故 $f(x_1, x_2, \cdots, x_n, \cdots) = \displaystyle\sum_{i=1}^{n} a_i x_i.$

设 $x_i \in \{0,1\}(i=1,2,\cdots,n)$. 若函数 $f=f(x_1,x_2,\cdots,x_n)$ 的值只取 0 或 1,则称 f 为一个 n 元布尔函数,并记 $D_n(f)=\{(x_1,x_2,\cdots,x_n)\mid f(x_1,x_2,\cdots,x_n)=0\}$.

(1) 求 n 元布尔函数的个数.

(2) 设 g 为 n 元布尔函数,满足 $g(x_1,x_2,\cdots,x_n)\equiv 1+\sum_{i=1}^{n}\prod_{j=1}^{i}x_j(\bmod 2)$.

(i) 求集合 $D_{10}(g)$ 的元素个数,并求
$$\sum_{(x_1,x_2,\cdots,x_{10})\in D_{10}(g)}(x_1+x_2+\cdots+x_{10});$$

(ii) 求集合 $D_n(g)$ 的元素个数,并求最大的正整数 n,使得
$$\sum_{(x_1,x_2,\cdots,x_n)\in D_n(g)}(x_1+x_2+\cdots+x_n)\leqslant 2017. \qquad ①$$

(第 14 届中国东南地区数学奥林匹克)

解 (1)$x_1,x_2,\cdots,x_n$ 的所有可能的取值共有 2^n 个,每个对应的函数值均有 0 或 1 两个,故所有不同的 n 元布尔函数的个数为 2^{2^n}.

(2) 记 $|D_n(g)|$ 表示集合 $D_n(g)$ 中元素的个数. 下面用"$*$"表示可以取 0 或 1.

则当 $(x_1,x_2,\cdots,x_{10})=(1,0,*,*,*,*,*,*,*,*)$ 时,

$g(x_1,x_2,\cdots,x_{10})=0$,共有 $2^8=256$ 个;

当 $(x_1,x_2,\cdots,x_{10})=(1,1,1,0,*,*,*,*,*,*)$ 时,

$g(x_1,x_2,\cdots,x_{10})=0$,共有 $2^6=64$ 个;

当 $(x_1,x_2,\cdots,x_{10})=(1,1,1,1,1,0,*,*,*,*)$ 时,

$g(x_1,x_2,\cdots,x_{10})=0$,共有 $2^4=16$ 个;

当 $(x_1,x_2,\cdots,x_{10})=(1,1,1,1,1,1,1,0,*,*)$ 时,

$g(x_1,x_2,\cdots,x_{10})=0$,共有 $2^2=4$ 个;

当 $(x_1,x_2,\cdots,x_{10})=(1,1,1,1,1,1,1,1,1,0)$

时,$g(x_1,x_2,\cdots,x_{10})=0$,共有 1 个.

从而,集合 $D_{10}(g)$ 的元素个数为 $256+64+16+4+1=341$.

故 $\sum\limits_{(x_1,x_2,\cdots,x_{10})\in D_{10}(g)}(x_1+x_2+\cdots+x_{10})$

$=1\times 256+128\times 8+3\times 64+32\times 6+5\times 16+8\times 4+7\times 4+2\times 2+9$

$=1817$.

记 $|D_n(g)|$ 表示集合 $D_n(g)$ 中元素的个数.

显然,$|D_1(g)|=1$,$|D_2(g)|=1$.

又 $g(x_1,x_2,\cdots,x_n)\equiv 1+\sum_{i=1}^{n}\prod_{j=1}^{i}x_j=\left(1+x_1\left(1+\sum_{i=2}^{n}\prod_{j=2}^{i}x_j\right)\right)(\bmod 2)$,

则 $|D_n(g)|=2^{n-1}-|D_{n-1}(g)|(n=3,4,\cdots)$.

故 $|D_n(g)|=2^{n-1}-2^{n-2}+|D_{n-2}(g)|=\cdots=\sum_{k=0}^{n-1}(-1)^k 2^{n-1-k}=\dfrac{2^n+(-1)^{n+1}}{3}$.

记 $c_n = \sum\limits_{(x_1,x_2,\cdots,x_n)\in D_n(g)} (x_1+x_2+\cdots+x_n)$.

注意到,

$$g(x_1,x_2,\cdots,x_{n-1},0) \equiv 1+\sum_{i=1}^{n-1}\prod_{j=1}^{i}x_j \pmod 2,$$

$$g(x_1,x_2,\cdots,x_{n-1},1) \equiv 1+\sum_{i=1}^{n-1}\prod_{j=1}^{i}x_j + x_1x_2\cdots x_{n-1} \pmod 2,$$

若 $x_1x_2\cdots x_{n-1}=1$,则

$$g(x_1,x_2,\cdots,x_{n-1},1) \equiv n+1 \pmod 2 = \begin{cases} 0, & n\text{ 为奇数}; \\ 1, & n\text{ 为偶数}. \end{cases}$$

若 $x_1x_2\cdots x_{n-1}=0$,则

$$g(x_1,x_2,\cdots,x_{n-1},1) \equiv 1+\sum_{i=1}^{n-1}\prod_{j=1}^{i}x_j \pmod 2 = 0$$

$$\Leftrightarrow g(x_1,x_2,\cdots,x_{n-1}) \equiv 1+\sum_{i=1}^{n-1}\prod_{j=1}^{i}x_j \pmod 2 = 0.$$

从而,当 $n \geqslant 2$ 时, $c_n = \begin{cases} n+2c_{n-1}+|D_{n-1}(g)|, & n\text{ 为奇数}; \\ 2c_{n-1}+|D_{n-1}(g)|-n, & n\text{ 为偶数}. \end{cases}$

显然, $c_1=1, c_2=1$.

当 $n=2m$ 时,

$$c_{2m} = 2c_{2m-1} + \frac{2^{2m-1}+(-1)^{2m}}{3} - 2m = -\frac{1}{3} + \frac{4}{3}\times 2^{2m-2} + (2m-2) + 4c_{2m-2}$$

$$= \frac{(3m+1)4^m - (6m+1)}{9}. \qquad ②$$

类似地,当 $n=2m+1$ 时,

$$c_{2m+1} = 2m+1 + 2c_{2m} + \frac{2^{2m}+(-1)^{2m+1}}{3} = \frac{1}{3} + \frac{4}{3}\times 2^{2m-1} - (2m-1) + 4c_{2m-1}$$

$$= \frac{(6m+5)4^m + 6m+4}{9}. \qquad ③$$

因此,由式②,③及 $c_9 = 828 < 3986 = c_{11}, c_{10} = 1817 < 8643 = c_{12}$,知使得式① 成立的最大正整数 $n=10$.

求所有单射 $f: \mathbf{Z}^+ \to \mathbf{Z}^+$,使得对于所有的正整数 a,b,均有
$$f^{[f(a)]}(b)f^{[f(b)]}(a) = (f(a+b))^2 \left(f^{[k]}(n) \text{ 表示} \underbrace{f(f(\cdots f(n)\cdots))}_{k\text{个}}\right). \qquad ①$$

(2017,中国台湾数学奥林匹克选训营)

解 $f(n) = n+1(n\in \mathbf{Z}^+)$.

假设 f 为符合要求的解.

(1)1 没有原像.

若存在整数 x_0,使得 $f(x_0)=1$,则取 $a=b=x_0$.

代入式 ① 得 $f^2(2x_0) = f^{[f(x_0)]}(x_0)f^{[f(x_0)]}(x_0) = f^2(x_0) = 1 \Rightarrow f(2x_0) = 1$,这与 f 为单射矛盾.

(2) 对于所有正整数 n,$f^{[f(n)-1]}(n) = 2n$,进一步,$f(1) = 2$.

将 $a = b = n$ 代入式 ① 得

$(f^{[f(n)]}(n))^2 = (f(2n))^2 \Rightarrow f^{[f(n)]}(n) = f(2n)$.

再由 f 为单射,知 $f^{[f(n)-1]}(n) = 2n$. ②

特别地,存在整数 c,使得 $f(c) = 2$.

则 $2c = f^{[f(c)-1]}(c) = f(c) = 2 \Rightarrow c = 1$.

(3) 5 的原像非空.

由(2)的结论,知所有偶数的原像均非空. 于是,一定存在整数 d,使得 $f(d) = 4$.

由式 ②,知 $2d = f^{[f(d)-1]}(d) = f^{[3]}(d) = f^{[2]}(4)$.

将 $a = 1, b = 4$ 代入式 ① 得 $f^{[2]}(4)f^{[f(4)]}(1) = (f(5))^2$.

从而,$f(5)$ 为偶数,记为 $2e$.

再次利用式 ②,知 $f(5) = 2e = f^{[f(e)-1]}(e)$.

又 f 为单射,则 $e \neq 1$. 故 $f(e) > 2$.

因此,5 为 f 的像.

(4) $f(2) \neq 5$.

假设 $f(2) = 5$,将 $n = 2$ 代入式 ② 得 $4 = f^{[f(2)-1]}(2) = f^{[4]}(2) = f^{[5]}(1)$.

取 $a = 1, b = 2$ 代入式 ① 得 $(f(3))^2 = f^{[2]}(2)f^{[5]}(1) = 4f(5) = 8e$.

从而,$f(3)$ 为偶数.

类似于(3),易证,3 在像集中,记整数 g 使得 $f(g) = 3$,故由 f 为单射知 $g \geq 4$.

取 $a = 1, b = g-1$,代入式 ① 得 $f^{[2]}(g-1)f^{[f(g-1)]}(1) = (f(g))^2 = 9$.

而 1 没有原像,则 $f^{[2]}(g-1)$,$f^{[f(g-1)]}(1)$ 只能均为 3.

故 $f^{[2]}(g-1) = 3 = f(g) \Rightarrow f(g-1) = g$.

取 $a = 2, b = g-2$,代入式 ① 得 $f^{[5]}(g-2)f^{[f(g-2)]}(2) = (f(g))^2 = 9$.

由前面的式子及(1) 中的 $f(1) = 2$ 得

$f^{[g]}(1) = f^{[f(g-1)]}(1) = 3 = f^{[f(g-2)]}(2) = f^{[f(g-2)+1]}(1)$

$\Rightarrow f(g-2) = g-1 \Rightarrow f^{[3]}(g-2) = f^{[2]}(g-1) = f(g) = 3$

$\Rightarrow f^{[2]}(3) = f^{[5]}(g-2) = 3 = f(g) \Rightarrow f(3) = g$.

在式 ② 中,令 $n = 3$,知 $f^{[f(3)-1]}(3) = 6$.

因为 $f(g) = 3$,$f(3) = g$,所以,只可能是 $f(3)-1$ 为奇数且 $6 = f^{[f(3)-1]}(3) = g$.

从而,$f(3) = 6$,这表明,$(f(3))^2 = 36 = 8e$.

而 $e = \dfrac{9}{2}$ 不为整数,矛盾.

(5) $f(2) = 3$,$f(3) = 4$.

假设 5 的原像为 h. 由(4) 知 $h \geq 3$.

取 $a = 1, b = h-1$,代入式 ① 得 $f^{[2]}(h-1)f^{[f(h-1)]}(1) = (f(h))^2 = 25$.

由(1),知 $f^{[2]}(h-1) = 5 = f(h) \Rightarrow f(h-1) = h$.

又取 $a=2,b=h-2$, 代入式 ① 得 $f^{[f(2)]}(h-2)f^{[f(h-2)]}(2)=25$.

注意到, 在(2) 中 $f(1)=2$.

则 $f^{[h]}(1)=f^{[f(h-1)]}(1)=5=f^{[f(h-2)]}(2)=f^{[f(h-2)+1]}(1)$

$\Rightarrow f(h-2)=h-1$.

结合 $f^{[2]}(h-1)=5$, 有 $5=f^{[f(2)]}(h-2)=f^{[f(2)-3]}(5)$.

若 $f(2)\neq 3$, 数列 $5,f(5),f^{[2]}(5),\cdots$ 仅包含有限个值.

又由式 ② 知

$f^{[f(5)-1]}(5)=10$, $f^{[f(10)-1]}=20,\cdots,f^{[f(5\times 2^m)-1]}(5\times 2^m)=5\times 2^{m+1}\cdots$

特别地, $5,f(5),f^{[2]}(5),\cdots,$ 包含 $5\times 2^m(m\in \mathbf{N})$, 矛盾.

从而, $f(2)=3$.

将 $n=2$ 代入式 ②, 得 $4=f^{[f(2)-1]}(2)=f(3)$.

(6) 对所有 $n\in \mathbf{Z}^+$, 均有 $f(n)=n+1$. ③

由(2),(5) 知当 $n=1,2,3$ 时, $f(n)=n+1$.

假设当 $n<k$ 时, 式 ③ 成立.

(i) 若 k 为奇数, 记 $k=2l+1$.

取 $a=l,b=l+2$, 代入式 ① 得

$(f(2l+2))^2=f^{[f(l)]}(l+2)f^{[f(l+2)]}(l)$

$=f^{[l+1]}(l+2)f^{[l+3]}(l)=(f^{[l+1]}(l+2))^2$

$\Rightarrow 2l+2=f^{[l]}(l+2)=f(2l+1)$.

(ii) 若 k 为偶数, 记 $k=2l$.

取 $a=l,b=l+1$, 代入式 ① 得

$(f(2l+1))^2=f^{[f(l)]}(l+1)f^{[f(l+1)]}(l)=(f^{[l+1]}(l+1))^2$

$\Rightarrow 2l+1=f^{[l]}(l+1)=f(2l)$.

综上, 完成了归纳证明.

因此, 对于所有的 $n\in \mathbf{Z}^+$, 均有 $f(n)=n+1$.

求所有的整数 $c\in\{0,1,\cdots,2016\}$, 使得满足下列条件的函数 $f:\mathbf{Z}\to \{0,1,\cdots,2016\}$ 的个数最少:

(1) 函数 f 的周期为 2017;

(2) $f(f(x)+f(y)+1)-f(f(x)+f(y))\equiv c(\bmod 2017)$. ①

(2017, 中国台湾数学奥林匹克选训营)

解 $c=1,1008,1009,2016$, 此时, 函数 f 的个数为 2017.

用 $a\div b$ 表示 a 除以 b 的余数. 则 $0\leqslant a\div b<b$.

显然, $f(x)=(cx+k)\div 2017(k=0,1,\cdots,2016)$ 为满足题意的函数.

先证明: 当 $c\notin\{1,1008,1009,2016\}$ 时, 还有其他函数.

当 $c\neq 0$ 时, 取 $f_0(x)=\begin{cases} c, & x\in\{2017n+tc+1\mid t=0,1,2\}; \\ 0, & x\notin\{2017n+tc+1\mid t=0,1,2\}. \end{cases}$

此时，$(f_0(x)+f_0(y))\div 2017$ 能取的值为 $0,c,2c\div 2017$；但当 $c\notin\{1,1008,1009,2016\}$ 时，有 $0,c,2c\div 2017\notin\{1,(c+1)\div 2017,(2c+1)\div 2017\}$.

则 $f_0(f_0(x)+f_0(y))=0$，$f_0(f_0(x)+f_0(y)+1)=c$.

从而，$f_0(x)$ 满足题目要求且与 $(cx+k)\div 2017$ 不同.

当 $c=0$ 时，取 $f_0(x)=\begin{cases}3,&x\in\{2017n+6,2017n+7\};\\1,&x\notin\{2017n+6,2017n+7\}.\end{cases}$

此时，$(f_0(x)+f_0(y))\div 2017$ 能取的值为 $2,4,6$，且

$f_0(2)=f_0(3)=f_0(4)=f_0(5)$，$f_0(6)=f_0(7)$.

从而，$f_0(x)$ 满足题目要求且与 $(cx+k)\div 2017$ 不同.

再证明：当 $c=1,1008,1009,2016$ 时，所有的解只能为

$f=(cx+k)\div 2017(k=0,1,\cdots,2016)$.

假设函数 f 满足题意，先证明 f 为满射. 否则，在函数 f 的值域中可以找到一个最长的数列 $\{a_i\}(i=1,2,\cdots,r)$，其中，$a_{i+1}-a_i\equiv c(\bmod 2017)$.

由于函数 f 不为满射且 2017 为素数，于是，前述数列一定只有有限项.

下面分四种情况说明可构造更长的数列，以导出矛盾.

(i) 当 $c=1$ 时，$a_{i+1}-a_i\equiv 1(\bmod 2017)$.

取 $(f(x),f(y))=(a_1,a_i)(i=1,2,\cdots,r)$，代入式 ① 得

$f(a_1+a_i+1)\equiv f(a_1+a_i)+1(\bmod 2017)$.

利用函数 f 的周期为 2017，知 $f(a_1+a_i+1)\equiv f(a_1+a_i)+1(\bmod 2017)$.

令 $b_i=f(a_1+a_i)$，$b_{r+1}=f(a_1+a_r+1)$.

于是，数列 $\{b_i\}(i=1,2,\cdots,r+1)$ 为更长的相邻项差为 $1(\bmod 2017)$ 的数列.

(ii) 当 $c=1008$ 时，$a_{i+1}-a_i\equiv 1008(\bmod 2017)$.

取 $(f(x),f(y))=(a_{r+1-i},a_{r+1-i})(i=1,2,\cdots,r)$，代入式 ① 得

$f(a_{r+1-i}+a_{r+1-i}+1)\equiv f(a_{r+1-i}+a_{r+1-i})+1008(\bmod 2017)$.

注意到，$2a_{r+1-i}\equiv 2(1008+a_{r-i})\equiv 2a_{r-i}-1(\bmod 2017)$.

再利用函数 f 的周期为 2017 知

$f(a_{r+1-i}+a_{r+1-i})\equiv f(a_{r-i}+a_{r-i})+1008(\bmod 2017)$.

令 $b_i=f(a_{r+1-i}+a_{r+1-i})$，$b_{r+1}=f(a_1+a_1+1)$.

于是，数列 $\{b_i\}(i=1,2,\cdots,r+1)$ 为更长的相邻项差为 $1008(\bmod 2017)$ 的数列.

(iii) 当 $c=1009$ 时，$a_{i+1}-a_i\equiv 1009(\bmod 2017)$.

取 $(f(x),f(y))=(a_i,a_i)(i=1,2,\cdots,r)$，代入式 ① 得

$f(a_i+a_i+1)\equiv f(a_i+a_i)+1009(\bmod 2017)$.

注意到，$2a_i\equiv 2(1009+a_{i-1})\equiv 2a_{i-1}+1(\bmod 2017)$.

再利用函数 f 的周期为 2017 知

$f(a_i+a_i)\equiv f(a_{i-1}+a_{i-1})+1009(\bmod 2017)$.

令 $b_i=f(a_i+a_i)$，$b_{r+1}=f(a_r+a_r+1)$.

于是，数列 $\{b_i\}(i=1,2,\cdots,r+1)$ 为更长的相邻项差为 $1009(\bmod 2017)$ 的数列.

(iv) 当 $c=2016$ 时，$a_{i+1}-a_i\equiv 2016(\bmod 2017)$.

取$(f(x),f(y))=(a_1,a_{r+1-i})(i=1,2,\cdots,r)$,代入式 ① 得

$f(a_1+a_{r+1-i}+1)\equiv f(a_1+a_{r+1-i})+1009(\bmod\ 2017)$.

注意到,$a_1+a_{r+1-i}\equiv 2016+a_1+a_{r-i}\equiv a_1+a_{r-i}-1(\bmod\ 2017)$.

再利用函数 f 的周期为 2017 知

$f(a_1+a_{r-i})\equiv f(a_1+a_{r+1-i})+2016(\bmod\ 2017)$.

令 $b_i=f(a_1+a_{r+1-i}),b_{r+1}=f(a_1+a_1+1)$.

于是,数列 $\{b_i\}(i=1,2,\cdots,r+1)$ 为更长的相邻项差为 $2016(\bmod\ 2017)$ 的数列.

由函数 f 为满射,知对于任意的 x,均有 $f(x+1)-f(x)\equiv c(\bmod\ 2017)$.

因此,存在 k 使得 $f(x)=(cx+k)\div 2017$.

求所有满射 $f:\mathbf{Z}\to\mathbf{Z}$,使得对于任意整数 x,y,z,均有

$$f(xyz+xf(y)+yf(z)+zf(x))=f(x)f(y)f(z). \qquad ①$$

(2017,中国台湾数学奥林匹克选训营)

解 首先,取 $x=y=z=0$.

代入式 ① 得 $f(0)=f^3(0)\Rightarrow f(0)=-1,0,1$.

若 $f(0)=0$,取 $z=0$ 得对于任意整数 x,y,均有 $f(xf(y))=0$.

则对于任意整数 x,均有 $f(x)=0$,这与满射矛盾.

于是,只可能 $f(0)=-1,1$.

(1) $f(0)=1$.

若存在非零整数 a,使 $f(a)=1$,则取 $y=a,z=0$,得对于任意整数 x,均有 $f(x+a)=f(x)$,这是一个定义在整数集上的周期函数,不可能是满射.矛盾.

取整数 b,使得 $f(b)=-1$.

取 $x=y=z=b$,得 $f(b^3-3b)=f^3(b)=-1$.

进一步取 $x=b^3-3b,y=b,z=0$,有 $f(4b-b^3)=1$.

则 $4b-b^3=0$.

注意到,$b\neq 0$. 于是,$b=2,-2$.

(i) 若 $f(-2)=-1$.

取 $y=-2,z=0$,得对于任意整数 x,均有

$$f(-x-2)=-f(x). \qquad ②$$

令整数 a 满足 $f(a)=2$,取 $y=a,z=0$,得对于任意整数 x,均有

$$f(2x+a)=2f(x). \qquad ③$$

特别地,$f(a-4)=2f(-2)=-2$.

将上式代入式 ②,得 $f(2-a)=2$.

取 $y=2-a,z=0$,代入式 ① 知对于任意整数 x,均有 $f(2x+(2-a))=2f(x)$.

结合式 ③,知 $f(2x+(2-a))=f(2x+a)$.

若 $2-a\neq a$,则 $f(x)$ 在形如 $2n+a(n\in\mathbf{Z})$ 的数上仅可取有限个值,再由式 ③,知 $f(x)$ 在 $\mathbf{Z}$ 上仅可取有限个值,这与 $f(x)$ 是满射矛盾.这表明,$a=1$ 且式 ③ 变成了对于

任意整数 x,均有

$$f(2x+1) = 2f(x). \qquad ④$$

先用归纳法证明对于任意正整数 x,均有 $f(x) = x+1$.

由式 ④,知 $f(1) = 2f(0) = 2$.

注意到,若 $f(r-1) = r, f(s-1) = s$,则取 $x = r-1, y = s-1, z = 0$.

代入式 ①,得 $f(rs-1) = rs$.

故只需对素数 p,证明 $f(p-1) = p$ 即可.

假设对所有正整数 $m < p$,均有 $f(m-1) = m$.

取整数 c 使得 $f(c) = p$.

若 $c \not\equiv -1 \pmod{p}$,则取 $d \in \mathbf{Z}$ 使得 $0 \leqslant pd + c < p-1$.

在式 ① 中取 $x = d, y = c, z = 0$,得 $f(dp+c) = pf(d)$. $\qquad ⑤$

又由归纳假设,知 $f(dp+c) = pd + c + 1$.

则 $p \mid (pd+c+1)$,与 $c \not\equiv -1 \pmod{p}$ 矛盾.

从而,$c \equiv p-1 \pmod{2p}$.

否则,$c+1$ 为 $2p$ 的倍数,即 c 为奇数. 但由式 ④ 知 $f(c) = 2f\left(\dfrac{c-1}{2}\right) = p$(偶数),则

$p = 2$. 此时,$f\left(\dfrac{c-1}{2}\right) = 1$.

由(1)知 $c = 1$,这也满足 $c \equiv p-1 \pmod{2p}$.

再由式 ④,知 $f(2px + 2c + 1) = 2f(px + c)$.

故由式 ⑤ 可进一步得到 $2f(px+c) = 2pf(x) = pf(2x+1) = f(2px + p + c)$.

从而,$f(2px + 2c + 1) = f(2px + p + c)$.

若 $2c + 1 \neq p + c$,则 $f(x)$ 在 $2pn + (2p-1) (n \in \mathbf{Z})$ 上仅可取有限多个值.

但 $2pf(x) = f(2px + p + c)$,这表明,$f(x)$ 只能取有限个值,矛盾.

于是,$2c + 1 = p + c \Rightarrow c = p - 1$.

由此,完成了归纳.

因此,对于任意正整数 x,均有 $f(x) = x+1$.

再由式 ②,知对于任意整数 x,均有 $f(x) = x+1$.

(ii) 若 $f(2) = -1$.

取 $x = a, y = 0, z = 2$,有 $f(a+4) = 2f(2) = -2$; $\qquad ⑥$

取 $y = 2, z = 0$,得对于任意整数 x,均有 $f(-x+2) = -f(x)$.

结合式 ⑥,得 $f(-2-a) = 2$.

类似于(i),先取 $y = a, z = 0$,得对于任意整数 x,均有 $f(2x+a) = 2f(x)$.

再取 $y = -2-a, z = 0$,得对于任意整数 x,均有 $f(2x + (-2-a)) = 2f(x)$.

则 $f(2x+a) = f(2x-2-a)$.

为了不与 $f(x)$ 是满射矛盾,只能

$-2-a = a \Rightarrow a = -1 \Rightarrow f(2x-1) = 2f(x)$.

下面归纳证明对于任意正整数 x,均有 $f(1-x) = x$.

归纳基础为 $f(-1) = 2$.

代数部分

假设对于所有的正整数 $m < p$（p 为奇素数），均有 $f(1-m) = m$.

取整数 c，使得 $f(c) = p$.

若 $c \not\equiv 1 \pmod{p}$，则取 $d \in \mathbf{Z}$ 使得 $1-p < pd+c \leqslant 0$.

在式 ① 中取 $x = d, y = c, z = 0$，得 $1-(pd+c) = f(pd+c) = pf(d)$，矛盾.

于是，$c \equiv 1 \pmod{p}$.

又由 p 为奇素数，而 $f(2x-1) = 2f(x)$，故 c 为偶数，

$c \equiv p+1 \pmod{2p}$，

$f(2px+2c-1) = 2f(px+c) = 2pf(x) = pf(2x-1) = f(2px-p+c)$.

若 $c \neq 1-p$，则 $f(x)$ 在 $2pn+1 (n \in \mathbf{Z})$ 上的取值为有限个. 进而，在 $\mathbf{Z}$ 上也是有限个，矛盾. 从而，只能 $c = 1-p$.

由归纳法，知对于任意正整数 x，均有 $f(1-x) = x$.

利用 $f(-x+2) = -f(x)$，知对于任意整数 x，均有 $f(1-x) = x$.

这表明，$f(x) = 1-x$.

(2) 当 $f(0) = -1$.

取整数 e 使得 $f(e) = 1$.

令 $y = e, z = 0$，得 $f(x-e) = -f(x)$.

则 $f(x-2e) = -f(x-e) = f(x)$.

由于 $e \neq 0$，于是，$f(x)$ 在整数上为周期函数，与满射矛盾.

最后，易验算 $f(x) = 1+x$ 和 $f(x) = 1-x$ 满足题意.

七　概率

设 $p,q(p+q\leqslant 1)$ 为正实数.证明:对于所有的正整数 m,n,均有
$$(1-p^m)^n+(1-q^n)^m\geqslant 1.$$

（2013—2014,匈牙利数学奥林匹克）

证明　当 $p+q=1$ 时,考虑 $m\times n$ 的方格表,每格随机染成黑色或白色,且染成黑色的概率为 p,染成白色的概率为 $1-p=q$.

则 $(1-p^m)^n$ 为整个方格表每列至少有一个白格的概率,$(1-q^n)^m$ 为整个方格表每行至少有一个黑格的概率.

而对于每一种染色,若不是每列均有白格,则必有一列全为黑格,即每行均至少有一个黑格.于是,至少有一种情况成立.

从而,两者的概率之和 $(1-p^m)^n+(1-q^n)^m\geqslant 1$.

一般地,当 $p+q\leqslant 1$ 时,
$$\frac{p}{p+q}+\frac{q}{p+q}=1,\frac{p}{p+q}\geqslant p,\frac{q}{p+q}\geqslant q,$$
$$(1-p^m)^n+(1-q^n)^m\geqslant\left(1-\left(\frac{p}{p+q}\right)^m\right)^n+\left(1-\left(\frac{q}{p+q}\right)^n\right)^m\geqslant 1.$$

一个外星人来到地球后等可能地选择以下四件事中的一件完成:

(1) 自我毁灭;

(2) 分裂成两个外星人;

(3) 分裂成三个外星人;

(4) 什么也不做.

此后每天,每个外星人均会做一次选择,且彼此之间相互独立.求地球上最终没有外星人的概率.

（2014,中国香港代表队选拔考试）

解　记 $f(n)$ 为地球上最终没有外星人的概率(n 为目前外星人的总数).

这相当于目前每个外星人最终均消失.

于是,$f(n)=f^n(1)$.

而 $f(1)=\dfrac{1}{4}+\dfrac{1}{4}f(2)+\dfrac{1}{4}f(3)+\dfrac{1}{4}f(1)$

$\Rightarrow f(1)=\dfrac{1}{4}+\dfrac{1}{4}f^2(1)+\dfrac{1}{4}f^3(1)+\dfrac{1}{4}f(1)$

$$\Rightarrow (f(1)-1)(f^2(1)+2f(1)-1)=0 \Rightarrow f(1)=\sqrt{2}-1.$$

设 n 为大于 2 的正整数,选择凸 n 边形的三个顶点,使得这三个顶点构成的三角形与原来的 n 边形没有公共边的概率为 $\dfrac{22}{35}$. 求 n 的值.

(2014—2015,匈牙利数学奥林匹克)

解 计算符合条件的三角形个数,对于一个顶点 u,另两个点 v,w 不能为 u 或 u 所在两边的两个端点,故只能为 $n-3$ 个点中不相邻的两个点,方案数为 C_{n-4}^2.

于是,符合条件的三角形个数为 $\dfrac{1}{3}nC_{n-4}^2 = \dfrac{n(n-4)(n-5)}{6}$.

则 $\dfrac{22}{35} = \dfrac{\dfrac{1}{6}n(n-4)(n-5)}{\dfrac{1}{6}n(n-1)(n-2)} = \dfrac{(n-4)(n-5)}{(n-1)(n-2)}$

$\Rightarrow 35(n-4)(n-5) = 22(n-1)(n-2)$

$\Rightarrow 13n^2 - 249n + 656 = 0$

$\Rightarrow (n-16)(13n-41) = 0.$

由 $n \in \mathbf{Z}^+$,知 $n = 16$.

米克参加了一次由十道选择题组成的测试.得分要求是:做对一道得一分,做错一道扣一分,不做得零分,七分及格.米克的目标是至少得 7 分.米克确定他前六道题的答案均正确,而剩下的每道题做对的概率为 $p(0<p<1)$.问:米克做多少道题时及格概率最大?

(2015,芬兰数学竞赛)

解 记米克在前六道题均正确的基础上再做一道题,及格的概率为 $P_1 = p$.则

再做两道题,及格的概率为 $P_2 = p^2$;

再做三道题,及格的概率为 $P_3 = p^3 + C_3^2 p^2(1-p) = p^2(3-2p)$;

再做四道题,及格的概率为 $P_4 = p^4 + C_4^3 p^3(1-p) = p^3(4-3p)$.

显然,$P_1 > P_2,P_3 > P_4$.

于是,只需比较 P_1,P_3 的大小.

当 $P_1 < P_3$,即 $p^2(3-2p) > p$ 时,解得 $\dfrac{1}{2} < p < 1$.从而,

当 $\dfrac{1}{2} < p < 1$ 时,$P_1 < P_3$,此时,解答九道题及格的概率最大;

当 $0 < p < \dfrac{1}{2}$ 时,$P_1 > P_3$,此时,解答七道题及格的概率最大;

当 $p = \dfrac{1}{2}$ 时,$P_1 = P_3$,此时,解答七(或九)道题及格的概率最大.

掷三个色子,将掷出 6 点的色子从游戏中移除,剩余的色子继续如上操作,直至全部色子被移除为止.求掷不超过三次色子游戏就结束的概率.

(2016—2017,匈牙利数学奥林匹克)

解　易知,一个色子重复掷三次均不出现 6 点的概率为 $\left(\dfrac{5}{6}\right)^3 = \dfrac{125}{216}$.

于是,一个色子重复掷三次以内出现 6 点的概率为 $1 - \dfrac{125}{216} = \dfrac{91}{216}$.

而原题等价于求三个色子均在三次以内出现 6 点的概率,故所求概率为

$$\left(\frac{91}{216}\right)^3 = \frac{753571}{10077696}.$$

设独立事件 $A_1, A_2, \cdots, A_n$,每一个发生的概率均不超过 $\dfrac{1}{2}$.证明:恰有其中一个事件发生的概率也不超过 $\dfrac{1}{2}$.

(2016—2017,匈牙利数学奥林匹克)

证明　对 n 进行归纳.

当 $n = 1$ 时,结论显然成立.

设当 $n = k(k \geqslant 1)$ 时,结论成立.

接下来考虑 $n = k+1$ 的情况.

记 A_{k+1} 发生的概率为 x_{k+1};$A_1, A_2, \cdots, A_j (j \in \mathbf{Z}^+)$ 中恰有一个事件发生的概率为 P_j;$A_1, A_2, \cdots, A_j (j \in \mathbf{Z}^+)$ 均不发生的概率为 Q_j.

则由已知及归纳假设,得 $x_{k+1} \leqslant \dfrac{1}{2}$,$P_k \leqslant \dfrac{1}{2}$.

要证明 $P_{k+1} \leqslant \dfrac{1}{2}$.

事实上,注意到,$P_{k+1} = P_k(1 - x_{k+1}) + Q_k x_{k+1}$ 为 x_{k+1} 的线性函数,且

当 $x_{k+1} = 0$ 时,$P_{k+1} = P_k \leqslant \dfrac{1}{2}$;

当 $x_{k+1} = \dfrac{1}{2}$ 时,$P_{k+1} = \dfrac{1}{2}(P_k + Q_k) \leqslant \dfrac{1}{2}$. ①

式 ① 是由于 $P_k + Q_k$ 恰为 $A_1, A_2, \cdots, A_k$ 中至多有一个发生的概率.

由线性函数的性质,知对一切 $x_{k+1} \in \left[0, \dfrac{1}{2}\right]$,均有 $P_{k+1} \leqslant \dfrac{1}{2}$.

代数部分

八　　数列

设 $a_1 \leqslant a_2 \leqslant \cdots$ 为无穷项正整数列,且存在正整数 k, r 使得 $\dfrac{r}{a_r} = k+1$.证明:存在正整数 s,使得 $\dfrac{s}{a_s} = k$.

(2012,中国女子数学奥林匹克)

解 令 $g(t) = t - ka_t$.则 $g(r) = r - ka_r = a_r > 0$.

注意到,$g(1) = 1 - ka_1 \leqslant 0$.

从而,集合 $\{t \mid t = 1, 2, \cdots, r, g(t) \leqslant 0\}$ 非空.

设 s 为该集合中的最大元素.则 $s < r$.考虑 $g(s+1)$.

由假设 s 的最大性,知 $g(s+1) > 0$,且

$$g(s+1) = s+1 - ka_{s+1} \leqslant s+1 - ka_s = g(s) + 1 \leqslant 1.$$

故正整数 $g(s+1)$ 满足 $0 < g(s+1) \leqslant 1$.

从而,上述不等式只能取等号.因此,$g(s) = 0$,即 $\dfrac{s}{a_s} = k$.

设数列 $\{a_n\}$ 满足 $a_0 = \dfrac{1}{2}$,$a_{n+1} = a_n + \dfrac{a_n^2}{2012}$ $(n = 0, 1, \cdots)$.求整数 k,使得 $a_k < 1 < a_{k+1}$.

(2012,中国西部数学奥林匹克)

解 由 $a_0 = \dfrac{1}{2}$,$a_{n+1} = a_n + \dfrac{a_n^2}{2012}$ $(n = 0, 1, \cdots) \Rightarrow \dfrac{1}{2} = a_0 < a_1 < \cdots < a_{2012}$.

注意到,$\dfrac{1}{a_{n+1}} = \dfrac{2012}{a_n(a_n + 2012)} = \dfrac{1}{a_n} - \dfrac{1}{a_n + 2012} \Rightarrow \dfrac{1}{a_n} - \dfrac{1}{a_{n+1}} = \dfrac{1}{a_n + 2012}$

$\Rightarrow \dfrac{1}{a_0} - \dfrac{1}{a_n} = \displaystyle\sum_{i=0}^{n-1} \dfrac{1}{a_i + 2012} \Rightarrow 2 - \dfrac{1}{a_{2012}} = \displaystyle\sum_{i=0}^{2011} \dfrac{1}{a_i + 2012} < \displaystyle\sum_{i=0}^{2011} \dfrac{1}{2012} = 1$.

于是,$a_0 < a_1 < \cdots < a_{2012} < 1$.

从而,$2 - \dfrac{1}{a_{2013}} = \displaystyle\sum_{i=0}^{2012} \dfrac{1}{a_i + 2012} > \displaystyle\sum_{i=0}^{2012} \dfrac{1}{1 + 2012} = 1 \Rightarrow a_{2013} > 1$.

综上,$k = 2012$.

求一个三元整数组 $(l,m,n)(1<l<m<n)$，使得 $\sum\limits_{k=1}^{l}k,\sum\limits_{k=l+1}^{m}k,\sum\limits_{k=m+1}^{n}k$ 依次成等比数列.

（第九届中国东南地区数学奥林匹克）

解 对 $t\in\mathbf{Z}^+$，记 $s_t=\sum\limits_{k=1}^{t}k=\dfrac{t(t+1)}{2}$.

由 $\sum\limits_{k=1}^{l}k=S_l,\sum\limits_{k=l+1}^{m}k=S_m-S_l,\sum\limits_{k=m+1}^{n}k=S_n-S_m$ 依次成等比数列，知

$$S_l(S_n-S_m)=(S_m-S_l)^2 \qquad ①$$

$\Rightarrow S_l(S_n+S_m-S_l)=S_m^2\Rightarrow S_l\mid S_m^2\Rightarrow 2l(l+1)\mid m^2(m+1)^2.$

令 $m+1=l(l+1)$，取 $l=3$. 则 $m=11$. 故 $S_l=S_3=6,S_m=S_{11}=66$.

代入式 ① 得 $S_n=666\Rightarrow\dfrac{n(n+1)}{2}=666\Rightarrow n=36$.

因此，$(l,m,n)=(3,11,36)$ 为一组满足条件的解.

注： 满足条件的数组 (l,m,n) 不唯一，例如，$(8,11,13)$，$(5,9,14)$，$(2,12,62)$，$(3,24,171)$ 等等（可以证明，这种数组有无穷多个）.

已知数列 $\{a_n\}$ 满足 $a_0=0,a_n=\dfrac{1}{a_{n-1}-2}(n\in\mathbf{Z}^+)$. 在数列 $\{a_n\}$ 中任意取定一项 a_k，构造数列 $\{b_n\}$ 满足 $b_0=a_k,b_n=\dfrac{2b_{n-1}+1}{b_{n-1}}(n\in\mathbf{Z}^+)$.

问：数列 $\{b_n\}$ 是有限数列还是无穷数列？并给出证明.

（第八届中国北方数学奥林匹克邀请赛）

解 依题设得

$a_{n-1}=\dfrac{1}{a_n}+2(n\in\mathbf{Z}^+),b_n=\dfrac{1}{b_{n-1}}+2(n\in\mathbf{Z}^+),b_1=\dfrac{1}{b_0}+2=\dfrac{1}{a_k}+2=a_{k-1},b_2=$

$\dfrac{1}{b_1}+2=\dfrac{1}{a_{k-1}}+2=a_{k-2}$，

……

$b_k=\dfrac{1}{b_{k-1}}+2=\dfrac{1}{a_1}+2=a_0=0.$

故数列 $\{b_n\}$ 没有第 $k+1$ 项及后继项，即数列 $\{b_n\}$ 的项数是有限的.

已知每一个 n 项正整数列，其和为 2013，一定存在连续的若干项和为 31. 求满足条件的 n 的最小值.

（2013，阿根廷数学奥林匹克）

解 n 的最小值为 1022.

当 $n = 1021$ 时,给出不满足题意的例子:

$$\underbrace{\underbrace{1,1,\cdots,1}_{30\text{个}},32,\cdots,\underbrace{1,1,\cdots,1}_{30\text{个}},32}_{32\text{个}},\underbrace{1,1,\cdots,1}_{29\text{个}},$$ 排成的一个数列.

此数列的项数为 $32 \times 31 + 29 = 1021$,且和为 $62 \times 32 + 29 = 2013$.

该数列不存在连续的若干项的和为 31.

对于 $n < 1021$,只要将上述例子中相邻的若干项合并成一项,但仍不满足题意.

当 $n = 1022$ 时,设 $S_j (j = 1, 2, \cdots, 1022)$ 为该数列前 j 项的和.则

$$1 \leqslant S_1 < S_2 < \cdots < S_{1022} = 2013,$$
$$32 \leqslant 31 + S_1 < 31 + S_2 < \cdots < 31 + S_{1022} = 2044.$$

假设对于所有的 j,均有 $S_j \neq 31$,否则,结论成立.

因为对于所有的 j,均有 $31 + S_j \neq 31$,所以,$S_1, S_2, \cdots, S_{1022}, 31 + S_1, 31 + S_2, \cdots, 31 + S_{1022}$ 在区间 $[1, 2044]$ 上,且不同于 31.

故这 2044 个数中一定存在两数相等.

又对于数列 $\{S_1, S_2, \cdots, S_{1022}\}$,$\{31 + S_1, 31 + S_2, \cdots, 31 + S_{1022}\}$,每个数列中的项均互不相同,则存在 i, j,使得 $S_i = S_j + 31$.

显然,$i > j$,且在最初的数列中从第 $j + 1$ 项到第 i 项的和为 31.

已知数列 $\{a_n\}$ 满足:

$$a_1 = 1, a_2 = 2, a_3 = 3, a_n = \frac{a_{n-1}a_{n-2} + 7}{a_{n-3}} (n \in \mathbf{N}, n \geqslant 4).$$

证明:这个数列的任意一项均为整数.

(2013,第 64 届白俄罗斯数学奥林匹克)

证明 显然,数列中的任意一项均为正数.

因为 $a_1 = 1, a_2 = 2, a_3 = 3$,所以,$a_4 = \dfrac{a_3 a_2 + 7}{a_1} = 13$. ①

由已知有

$$a_{n+1} = \frac{a_n a_{n-1} + 7}{a_{n-2}} = \frac{a_n a_{n-1} + a_n a_{n-3} - a_{n-1}a_{n-2}}{a_{n-2}} = a_n \cdot \frac{a_{n-1} + a_{n-3}}{a_{n-2}} - a_{n-1} (n \geqslant 4). ②$$

只要证明 $\dfrac{a_{n-1} + a_{n-3}}{a_{n-2}} (n \geqslant 4)$ 为整数.

而 a_1, a_2, a_3, a_4 均为整数,只要证明 $a_n (n \geqslant 5)$ 为整数.

设 $b_n = \dfrac{a_{n-1} + a_{n-3}}{a_{n-2}} (n \geqslant 4)$.则

$$b_4 = \frac{a_3 + a_1}{a_2} = \frac{3 + 1}{2} = 2, ③$$

$$b_5 = \frac{a_4 + a_2}{a_3} = \frac{13 + 2}{3} = 5. ④$$

故 $b_n = \dfrac{a_{n-1} + a_{n-3}}{a_{n-2}} = \dfrac{\dfrac{a_{n-2} a_{n-3} + 7}{a_{n-4}} + a_{n-3}}{a_{n-2}}$

$= \dfrac{a_{n-2} a_{n-3} + (a_{n-2} a_{n-5} - a_{n-3} a_{n-4}) + a_{n-3} a_{n-4}}{a_{n-4} a_{n-2}}$

$= \dfrac{a_{n-2} a_{n-3} + a_{n-2} a_{n-5}}{a_{n-4} a_{n-2}} = \dfrac{a_{n-3} + a_{n-5}}{a_{n-4}} = b_{n-2} (n \geqslant 6).$

因此,由式 ③,④ 知当 $k = 2, 3, \cdots$ 时, $b_{2k} = b_4 = 2, b_{2k+1} = b_5 = 5.$

又因为对任意的 $n \geqslant 4$,由式 ② 均有 $a_{n+1} = a_n b_n - a_{n-1}$,而当 $n \geqslant 4$ 时, $b_n, a_1, a_2, a_3,$ a_4 均为整数,所以, a_{n+1} 为整数.

若正整数列中任意正整数均有一个倍数在该数列中,则称该数列为"完整的".
证明:正整数等差数列是完整的当且仅当其公差整除首项.

(2013,第 64 届罗马尼亚数学奥林匹克)

证明 设正整数等差数列为 $a_1, a_2, \cdots, a_n, \cdots$,公差为 r.

充分性.

若 $r \mid a_1$,则 $a_1 = dr (d \in \mathbf{Z})$,且 $a_n = (d + n - 1)r.$

对于任意的正整数 k,存在 n 使得 $d + n - 1$ 是 k 的倍数.

必要性.

当 $r = 0$ 时,显然,数列是不完整的.

当 $r \neq 0$ 时,若数列是完整的,则数列中存在 r 的倍数 $a_1 + (m - 1)r$,知 $r \mid a_1.$

已知实数列 $\{a_n\} (n \in \mathbf{Z}^+)$ 满足:

$a_1 = 2, a_n = \dfrac{n+1}{n-1}(a_1 + a_2 + \cdots + a_{n-1})(n \geqslant 2).$

求 a_{2013}.

(2013,第 30 届希腊数学奥林匹克)

解 由题意,知 $a_{n+1} = \dfrac{n+2}{n}(a_1 + a_2 + \cdots + a_n)(n \geqslant 1).$

则 $a_1 + a_2 + \cdots + a_{n-1} = \dfrac{n-1}{n+1} a_n (n \geqslant 2), a_1 + a_2 + \cdots + a_n = \dfrac{n}{n+2} a_{n+1} (n \geqslant 1).$

以上两式相减得 $a_n = \dfrac{n}{n+2} a_{n+1} - \dfrac{n-1}{n+1} a_n \Rightarrow a_{n+1} = \dfrac{2(n+2)}{n+1} a_n (n \geqslant 1).$

故 $a_n = \dfrac{2(n+1)}{n} a_{n-1} = \dfrac{2(n+1)}{n} \cdot \dfrac{2n}{n-1} a_{n-2} = \cdots$

$= \dfrac{2(n+1)}{n} \cdot \dfrac{2n}{n-1} \cdot \cdots \cdot \dfrac{2 \times 4}{3} \cdot \dfrac{2 \times 3}{2} a_1 = 2^{n-2}(n+1)a_1 = 2^{n-1}(n+1).$

从而, $a_{2013} = 2^{2012} \times 2014.$

已知整数列 $a_1, a_2, \cdots$ 满足 $a_1 = 2013$, $a_{n+1}(n \geqslant 1)$ 为 a_n 的各位数字的 2013 次幂之和. 是否存在互异的正整数 i, j, 使得 $a_i = a_j$?

(2013, 新加坡数学奥林匹克)

解 存在.

对于任意的正整数 $n = \overline{a_1 a_2 \cdots a_k}$, 设 $f(n) = \sum_{i=1}^{k} a_i^{2013}$.

记 $S = \{1, 2, \cdots, 10^{2017} - 1\}$, 取 $n = \overline{a_1 a_2 \cdots a_{2017}} \in S$.

则 $f(n) = \sum_{i=1}^{2017} a_i^{2013} \leqslant 2017 \times 9^{2013} < 10^4 \times 10^{2013} = 10^{2017}$.

故 $f(n) \in S$. 于是, $a_i = f^{(i)}(2013) \in S$.

从而, 存在互异的正整数 i, j, 使得 $a_i = a_j$.

已知实数 $\alpha > 1$, 定义数列 $\{a_n\}$: $a_n = 1 + (2 + (3 + (\cdots + (n+1)^{\frac{1}{\alpha}} \cdots)^{\frac{1}{\alpha}})^{\frac{1}{\alpha}})^{\frac{1}{\alpha}}$. 证明: 数列 $\{a_n\}$ 有界.

(2013, 德国数学奥林匹克)

证明 令 $g(x) = x^\alpha$. 则 $g'(x) = \alpha x^{\alpha-1}$.

故存在 t_1, 使 $\alpha t_1^{\alpha-1} > 2$. 于是, $(t_1+1)^\alpha - t_1^\alpha > 2$.

令 $f(x) = (x+1)^\alpha - x^\alpha$. 则 $f'(x) = \alpha((x+1)^{\alpha-1} - x^{\alpha-1}) > 0$.

故对于 $t > t_1$, 均有 $f(t) = (t+1)^\alpha - t^\alpha > f(t_1) > 2$. ①

又 $\alpha > 1$, 则存在 t_2 使得对 $t > t_2$, 有 $t^\alpha - 1 > t + 1$. ②

取 $t > \max\{t_1, t_2\}$.

接下来用数学归纳法证明: 对 $k \in \mathbf{N}$, 均有 $(t+k)^\alpha - (k+1) > t + (k+1)$.

当 $k = 0$ 时, 即为式②.

假设当 k 时结论成立.

当 $k+1$ 时,

$(t+k+1)^\alpha - (k+2) > t + (k+2) \Leftrightarrow (t+k+1)^\alpha - (t+k+2) > k+2$

$\Leftarrow (t+k+1)^\alpha - (t+k+2) > (t+k)^\alpha - (t+k+1) + 1$

$\Leftrightarrow (t+k+1)^\alpha - (t+k)^\alpha > 2$.

又 $t + k \geqslant t > t_1$, 故由式①知结论成立.

从而, 对于 $k \in \mathbf{N}$, 均有 $(t+k)^\alpha - (k+1) > t + (k+1)$.

回到原题.

下面对 $n \in \mathbf{Z}^+$, 证明 $a_n \leqslant t^\alpha$.

否则, 假设 $a_n > t^\alpha$, 即

$1 + (2 + (3 + (\cdots + (n+1)^{\frac{1}{\alpha}} \cdots)^{\frac{1}{\alpha}})^{\frac{1}{\alpha}})^{\frac{1}{\alpha}} > t^\alpha$,

$(l+1) + ((l+2) + (\cdots + (n+1)^{\frac{1}{\alpha}} \cdots)^{\frac{1}{\alpha}})^{\frac{1}{\alpha}} > (t+l)^\alpha$.

当 $l = 0$ 时，结论成立.

假设对 $l = k$，有

$(k+1) + ((k+2) + (\cdots + (n+1)^{\frac{1}{\alpha}} \cdots)^{\frac{1}{\alpha}})^{\frac{1}{\alpha}} > (t+k)^{\alpha}$.

则 $k+2 + (\cdots + (n+1)^{\frac{1}{\alpha}} \cdots)^{\frac{1}{\alpha}} > ((t+k)^{\alpha} - (k+1))^{\alpha} > (t+k+1)^{\alpha}$.

故当 $l = k+1$ 时，也有 $(l+1) + ((l+2) + (\cdots + (n+1)^{\frac{1}{\alpha}} \cdots)^{\frac{1}{\alpha}})^{\frac{1}{\alpha}} > (t+l)^{\alpha}$.

所以，当 $l = n$ 时，$n+1 > (t+n)^{\alpha}$，$0 > (t+n)^{\alpha} - (n+1) > t + (n+1)$.

矛盾. 从而，$a_n \leqslant t^{\alpha}$，即数列 $\{a_n\}$ 有界.

已知实数列 $\{a_n\}$：$a_1 = 1$，$a_{n+1} = 3 - \dfrac{a_n + 2}{2^{a_n}}$ $(n \in \mathbf{Z}^+)$. 证明：该数列存在有限的极限，并求出该极限值.

(2013，越南数学奥林匹克)

证明 首先，用数学归纳法证明：$a_n > 1$ $(n > 1)$. ①

事实上，$a_2 = \dfrac{3}{2} > 1$.

假设式 ① 对 $n = k > 1$ 成立.

只要证：$a_{k+1} = 3 - \dfrac{a_k + 2}{2^{a_k}} > 1$，即证明：$2^{a_k+1} > a_k + 2$.

考虑函数 $u(x) = 2^{x+1} - x - 2$ $(x \in (1, +\infty))$.

则 $u'(x) = 2^{x+1}\ln 2 - 1 > 0$.

故 $u(x)$ 严格单调递增，有 $u(a_k) > u(1) > 0$.

从而，式 ① 对于所有的 $n > 1$ 成立.

此外，$a_{n+1} = 3 - \dfrac{a_n + 2}{2^{a_n}} < 3 (n > 1)$.

其次证明：数列 $\{a_n\}$ 是严格递增的.

考虑函数 $f(x) = 3 - \dfrac{x+2}{2^x}$ $(x \in (1,3))$.

则 $f'(x) = \dfrac{\ln 4 + x\ln 2 - 1}{2^x} > 0$.

故 $f(x)$ 在区间 $(1,3)$ 上严格递增.

又 $a_2 = \dfrac{3}{2} > a_1$，则 $\{a_n\}$ 是严格递增的.

从而，数列 $\{a_n\}$ 严格递增有上界，必存在有限的极限.

记 $L = \lim\limits_{n \to \infty} a_n$. 显然，$L \in (1,3]$.

由极限公式得 $L = 3 - \dfrac{L+2}{2^L}$.

接下来证明：方程 $x = 3 - \dfrac{x+2}{2^x}$ 在区间 $(1,3]$ 上只有唯一解.

考虑函数 $g(x) = 3 - \dfrac{x+2}{2^x} - x\ (x \in (1,3])$.

则 $g'(x) = \dfrac{\ln 4 + x\ln 2 - 1}{2^x} - 1 = \dfrac{\ln 4 + x\ln 2 - 1 - 2^x}{2^x}$.

记 $h(x) = \ln 4 + x\ln 2 - 1 - 2^x\ (x \in (1,3])$.

则 $h'(x) = (1 - 2^x)\ln 2 < 0$.

故 $h(x)$ 严格单调递减，有 $h(x) < h(1) = \ln 8 - 3 < 0$.

从而，$g'(x) < 0 \Rightarrow g(x)$ 严格单调递减.

又 $g(2) = 0$，则 $x = 2$ 是方程 $x = 3 - \dfrac{x+2}{2^x}$ 在区间 $(1,3]$ 上的唯一解.

因此，$L = 2$ 为数列 $\{a_n\}$ 的极限.

若对于所有的整数 n，均有 $s_n = \dfrac{s_{n-1} + s_{n+1}}{4}$，则称无穷数列 $\cdots, s_{-2}, s_{-1}, s_0, s_1, s_2, \cdots$ 为"好数列".

(1) 找出一个好数列，使其各项均不相同；

(2) 证明：若 $\{s_n\}$ 为好数列，且存在不同的整数 m, n，使得 $s_m = s_n$，则这样的相异整数对 (m, n) 有无穷多个.

（2013，爱尔兰数学奥林匹克）

(1) **解** 设 $\{s_n\}$ 为好数列.

则对于任意的 $n \in \mathbf{Z}$，有 $s_{n+1} = 4s_n - s_{n-1} \Rightarrow s_{n-1} = 4s_n - s_{n+1}$.

故数列由 s_0 与 s_1 的值完全确定.

接下来只需证明由 $s_0 = 0, s_1 = 1$ 确定的数列满足(1).

用数学归纳法证明：当 $n \geqslant 0$ 时，有 $s_{n+1} > s_n \geqslant 0$.

当 $n = 0$ 时，结论是显然的.

归纳部分由 $s_{n+1} = 4s_n - s_{n-1} > 3s_n > s_n \geqslant 0$ 得到.

而由 $s_{-1} = -1$，易知，当 $n \geqslant 1$ 时，有 $s_{-n} = -s_n$.

类似地，当 $n \leqslant 0$ 时，有 $s_{n-1} < s_n \leqslant 0$.

故数列的项各不相同.

(2) **证明** 若 $\{s_n\}$ 为好数列，则数列 $\{s_n\}$ 经"平移"得到的数列 $\{t_n\}\ (t_k = s_{k+n})$ 也为好数列.

类似地，因为 $r_{n+1} = 4r_n - r_{n-1}$ 与 $s_{n-1} = 4s_n - s_{n+1}$ 等价，所以，数列 $\{s_n\}$ 的"对称"数列 $\{r_n\}\ (r_k = s_{-k})$ 也为好数列.

假定 $\{s_n\}$ 为好数列，且 $s_m = s_n\ (n < m)$.

考虑数列 $t_k = s_{k+n}$ 及 $r_k = s_{m-k}$，其满足 $t_0 = r_0 = s_n, t_{m-n} = r_{m-n} = s_m$.

记 $d_k = t_k - r_k$. 显然，d_k 也为好数列，且 $d_0 = d_{m-n} = 0$.

若 $d_1 \neq 0$，考虑数列 $\{q_n\}: q_k = \dfrac{d_k}{d_1}$. 则 $\{q_n\}$ 仍为好数列，且 $q_0 = 0, q_1 = 1$.

由(1),知数列 $\{q_n\}$ 的项各不相同,这与 $q_{m-n}=0=q_0$ 矛盾.故 $d_1=0$.从而,对于任意的 $k\in\mathbf{Z}$,均有 $d_k=0$,这表明, $t_k=r_k$,也即 $s_{k+n}=s_{m-k}$ 对于所有的 $k\in\mathbf{Z}$ 均成立.

递归数列 $\{a_n\}$ 满足: $a_1=2$;对于 $n\geqslant 2$,有 $a_n=2(n+a_{n-1})$.证明:对于所有的 $n\in\mathbf{N}$,均有 $a_n<2^{n+2}$.

(2013,克罗地亚数学竞赛)

证明　由题意知

$$a_1=2,a_2=2(2+2)=8,a_3=2(3+8)=22,a_4=2(4+22)=52\cdots$$

观察 $2^{n+2}-a_n$:

$$2^3-a_1=8-2=6,2^4-a_2=16-8=8,$$

$$2^5-a_3=32-22=10,2^6-a_4=64-52=12.$$

用数学归纳法证明: $a_n=2^{n+2}-2(n+2)$.

假设对于某个 $n\in\mathbf{N}$,有 $a_n=2^{n+2}-2(n+2)$.

由递归式得

$$a_{n+1}=2((n+1)+a_n)=2(n+1+2^{n+2}-2(n+2))=2^{n+3}-2(n+3).$$

从而,对于所有的 $n\in\mathbf{N}$,有 $a_n=2^{n+2}-2(n+2)<2^{n+2}$.

对于非负整数 m,n,定义实数列 $a(m,n)$ 如下: $a(0,0)=2$,对于每个正整数 n, $a(0,n)=1,a(n,0)=2$.对于任意正整数 m,n,均有

$$a(m,n)=a(m-1,n)+a(m,n-1).$$

证明:对于每个正整数 k,多项式 $P_k(x)=\sum_{i=0}^{k}a(i,2k+1-2i)x^i$ 的所有根均为实数.

(2013,第30届伊朗国家队选拔考试)

证明　设 $Q_k(x)=\sum_{i=0}^{k}a(i,2k-2i)x^i$.

由 $a(m,n)$ 的递归式知

$$P_k(x)=xP_{k-1}(x)+Q_k(x),Q_k(x)=xQ_{k-1}(x)+P_{k-1}(x).$$

由于 $Q_k(x)=P_k(x)-xP_{k-1}(x)$,则

$$P_k(x)-xP_{k-1}(x)=x(P_{k-1}(x)-xP_{k-2}(x))+P_{k-1}(x).$$

故 $P_k(x)=(2x+1)P_{k-1}(x)-x^2P_{k-2}(x)(P_1(x)=3x+1,P_2(x)=5x^2+5x+1)$.

下面证明一个命题.

命题　对于每个正整数 $k\geqslant 2$, $P_k(x),P_{k-1}(x)$ 的所有根均为实根,且两两不同.若设 $a_1<a_2<\cdots<a_{k-1}$ 为 $P_{k-1}(x)$ 的 $k-1$ 个实根, $b_1<b_2<\cdots<b_k$ 为 $P_k(x)$ 的 k 个实根,则 $b_1<a_1<b_2<a_2<\cdots<a_{k-1}<b_k$.

证明 当 $k=2$ 时,$-\dfrac{1}{3}$ 为 $P_1(x)$ 的实根.

由 $P_2\left(-\dfrac{1}{3}\right)<0$,知 $-\dfrac{1}{3}$ 在 $P_2(x)$ 的两个根之间.

假设 $P_{k-1}(x)$,$P_k(x)$ 满足归纳假设.

考虑 $P_{k+1}(x)=(2x+1)P_k(x)-x^2P_{k-1}(x)$ 及 $P_k(x)$,$P_{k-1}(x)$ 在不同实数 x 处的符号.
假设 k 为偶数.见表1.

表 1

x	$-\infty$	b_1	a_1	b_2	a_2	$\cdots$	b_{k-1}	a_{k-1}	b_k	$+\infty$
$P_k(x)$	+	0	−	0	+	$\cdots$	0	−	0	+
$x^2P_{k-1}(x)$	−	−	0	+	0	$\cdots$	−	0	+	+

又 $P_{k+1}(x)=(2x+1)P_k(x)-x^2P_{k-1}(x)$,对于 $P_{k+1}(x)$ 在各个 b_i 处的符号见表2.

表 2

x	$-\infty$	b_1	a_1	b_2	a_2	$\cdots$	b_{k-1}	a_{k-1}	b_k	$+\infty$
$P_{k+1}(x)$	−	+		−		$\cdots$			+	+

根据 $P_{k+1}(x)$ 的符号变化,由零点存在定理,知对于每个 $1\leqslant i\leqslant k-1$,$P_{k+1}(x)$ 在 b_i 和 b_{i+1} 之间有一个根,且还有一个根小于 b_1,一个根大于 b_k.

k 为奇数的情况类似,唯一不同的是 b_1 和 $-\infty$ 处的符号.

注:(1)0 不为任意 $P_k(x)$ 的根,这是因为 $P_k(0)=a(0,2k+1)=1$,$P_{k-1}(x)$,$x^2P_{k-1}(x)$ 同号;

(2)$P_k(x)$ 中 x^k 的系数 $a(k,1)>0$,则 $P_k(+\infty)>0$,$P_k(-\infty)$ 的符号与 k 的奇偶性有关.

求所有无穷正整数等差数列 $a_1,a_2,\cdots$,使得存在正整数 $N>1$,对于每个正整数 k,均有

$$a_1a_2\cdots a_k \mid a_{N+1}a_{N+2}\cdots a_{N+k}. \qquad ①$$

(2013,第 30 届伊朗国家队选拔考试)

解 设满足条件的等差数列的公差为 d、首项为 $a+d$(a,d 为整数),且对于每个正整数 n,均有 $a+nd>0$(a 可以为负,但 $a+d$,$a+2d$,$\cdots$ 均为正).

于是,$d>0$,且 $d>-a$.

在式 ① 中,取 $k=N+m$($m\in\mathbf{N}$),则 $a_1a_2\cdots a_{N+m} \mid a_{N+1}a_{N+2}\cdots a_{2N+m}$.

消去相等的项得 $a_1a_2\cdots a_N \mid a_{k+1}a_{k+2}\cdots a_{k+N}$. $\qquad ②$

因为 $m\geqslant 0$,所以,对于每个 $k\geqslant N$ 均有式 ② 成立.

设正整数 $n_0>N$,且 n_0 模 $p=a_1a_2\cdots a_N$ 与 -1 同余.

在式 ② 中取 $k=n_0$,得 $p\mid (a+(n_0+1)d)(a+(n_0+2)d)\cdots(a+(n_0+N)d)$.

因为 $p\mid (n_0+1)$,所以,$p\mid a(a+d)\cdots(a+(N-1)d)$.

又 $p=(a+d)(a+2d)\cdots(a+Nd)$，故 $(a+Nd)\mid a$.

若 $a>0$，则 $a+Nd\leqslant a$，$Nd\leqslant 0$.

由于 $N>1$，这表明，$d=0$.

于是，对于所有正整数 n，均有 $a_n=a(a$ 为正整数$)$，即任意常数列满足条件.

若 $a=0$，则 $a_n=a+nd=nd$，也是满足条件的数列.

若 $a<0$，则 $a+Nd\leqslant\mid a\mid=-a$. 于是，$Nd\leqslant-2a$.

因为 $N\geqslant 2$，$d>-a$，所以，$-2a<Nd\leqslant-2a$. 矛盾.

综上，$a_n=nd(d\in\mathbf{Z}^+)$ 和 $a_n=a(a\in\mathbf{Z}^+)$ 为满足条件的所有数列.

设整数列 $a_1,a_2,\cdots$ 满足：对于所有的素数 p、正整数 k 均有 $a_{pk+1}=pa_k-3a_p+13$. 求 a_{2013} 的全部可能值.

（2013，荷兰国家队选拔考试）

解 设 q,t 均为素数.

令 $k=q$，$p=t$，得 $a_{qt+1}=ta_q-3a_t+13$；

令 $k=t$，$p=q$，得 $a_{qt+1}=qa_t-3a_q+13$.

对比两式得

$$ta_q-3a_t=qa_t-3a_q\Rightarrow(t+3)a_q=(q+3)a_t\Rightarrow 5a_3=6a_2,5a_7=10a_2.$$

取 $k=3$，$p=2$，得 $2a_2=a_7=2a_3-3a_2+13=2\times\dfrac{6}{5}a_2-3a_2+13$.

解得 $a_2=5$.

故对于任一素数 p，有 $a_p=\dfrac{(p+3)a_2}{5}=p+3$.

取 $k=4$，$p=3$，得 $a_{13}=3a_4-3a_3+13$.

因为 $a_{13}=16$，$a_3=6$，所以，$a_4=7$.

取 $k=4$，$p=503$，得

$$a_{2013}=a_{4\times503+1}=503a_4-3a_{503}+13=503\times7-3(503+3)+13=2016.$$

故 $a_{2013}=2016$ 为唯一值.

接下来说明，存在某一满足题设条件的整数列，使得此值可以取到.

定义数列 $a_1,a_2,\cdots$ 为 $a_n=n+3(n\geqslant 1)$.

则对素数 p、正整数 k 有

$$a_{pk+1}=pk+4=pk+3p-3p+4=(pk+3p)-3p-9+9+4=pa_k-3a_p+13,$$

满足要求.

设 A 为由十个实系数二次多项式组成的集合. 已知存在 k 个连续的正整数 $n+1,n+2,\cdots,n+k$，及 $f_i(x)\in A(1\leqslant i\leqslant k)$，使得 $f_1(n+1),f_2(n+2),\cdots,f_k(n+k)$ 构成等差数列. 求 k 的最大可能值.

（第 39 届俄罗斯数学奥林匹克）

解 由 $f_1(n+1),f_2(n+2),\cdots,f_k(n+k)$ 构成等差数列,知存在实数 a,b,满足 $f_i(n+i)=ai+b$.

注意到,对于任意二次多项式 f,方程 $f(n+x)=ax+b$ 至多有两个实根.

于是,A 中每个多项式在 $f_1,f_2,\cdots,f_k$ 中至多出现两次.

从而,$k\leqslant 20$.

下面给出 $k=20$ 的例子.

令 $P_i(x)=(x-(2i-1))(x-2i)+x(i=1,2,\cdots,10)$

则 $f_{2i-1}=f_{2i}=P_i$. 故 $f_i(i)=i(1\leqslant i\leqslant 20)$.

已知数列 $\{a_n\}$:$a_1=1,a_2=2,a_{n+1}=\dfrac{a_n^2+(-1)^n}{a_{n-1}}(n=2,3,\cdots)$. 证明:该数列任意两个相邻项的平方和仍是该数列中的一个项.

(2013,第十届中国东南地区数学奥林匹克)

证明 由 $a_{a+1}=\dfrac{a_n^2+(-1)^n}{a_{n-1}}$,知 $a_{n+1}a_{n-1}=a_n^2+(-1)^n(n=2,3,\cdots)$.

则 $\dfrac{a_n-a_{n-2}}{a_{n-1}}=\dfrac{a_na_{n-2}-a_{n-2}^2}{a_{n-1}a_{n-2}}=\dfrac{a_{n-1}^2+(-1)^{n-1}-a_{n-2}^2}{a_{n-1}a_{n-2}}=\dfrac{a_{n-1}^2-a_{n-1}a_{n-3}}{a_{n-1}a_{n-2}}$

$=\dfrac{a_{n-1}-a_{n-3}}{a_{n-2}}=\cdots=\dfrac{a_3-a_1}{a_2}=2$.

故 $a_n=2a_{n-1}+a_{n-2}(n\geqslant 3)$.

于是,$a_1=1,a_2=2,a_3=5,a_4=12,a_5=29,a_6=70,a_7=169,\cdots$.

注意到,$a_1^2+a_2^2=5=a_3,a_2^2+a_3^2=29=a_5,a_3^2+a_4^2=169=a_7$.

从而,猜想 $a_n^2+a_{n+1}^2=a_{2n+1}$. 令 $f(n)=a_n^2+a_{n+1}^2-a_{2n+1}$ 则

$f(n+1)-f(n)=a_{n+1}^2+a_{n+2}^2-a_{2n+3}-a_n^2-a_{n+1}^2+a_{2n+1}$

$=(a_{n+2}-a_n)(a_{n+2}+a_n)-(a_{2n+3}-a_{2n+1})$

$=2a_{n+1}(a_{n+2}+a_n)-2a_{2n+2}=2g(n)(g(n)=a_{n+1}(a_{n+2}+a_n)-a_{2n+2})$.   ①

进一步有

$g(n+1)-g(n)=a_{n+2}(a_{n+3}+a_{n+1})-a_{2n+4}-a_{n+1}(a_{n+2}+a_n)+a_{2n+2}$

$=a_{n+2}a_{n+3}-a_{n+1}a_n-2a_{2n+3}=a_{n+2}(2a_{n+2}+a_{n+1})-a_{n+1}(a_{n+2}-2a_{n+1})-2a_{2n+3}$

$=2a_{n+2}^2+2a_{n+1}^2-2a_{2n+3}=2f(n+1)$.   ②

由式①,②得

$4f(n+1)=2g(n+1)-2g(n)=f(n+2)-f(n+1)-f(n+1)+f(n)$,即

$f(n+2)=6f(n+1)-f(n)$.

由于 $f(1)=f(2)=0$,根据递推式知 $f(n)=0$,即 $a_n^2+a_{n+1}^2=a_{2n+1}$.

设数列 $\{a_n\}$ 满足

$$a_1 = 1, a_{n+1} = \left(1 + \frac{k}{n}\right)a_n + 1 (n = 1, 2, \cdots).$$

求所有的正整数 k，使得数列 $\{a_n\}$ 中的每一项均为整数.

（第九届北方数学奥林匹克邀请赛）

解　当 $k = 1$ 时，$a_2 = 3, a_3 = \frac{11}{2}$，不满足条件.

当 $k = 2$ 时，由题设得 $\dfrac{a_{n+1}}{(n+1)(n+2)} = \dfrac{a_n}{n(n+1)} + \dfrac{1}{(n+1)(n+2)}$.

故 $\dfrac{a_n}{(n+1)} = \dfrac{a_1}{1 \times 2} + \displaystyle\sum_{i=2}^{n} \dfrac{1}{i(i+1)} = 1 - \dfrac{1}{n+1}$.

从而，$a_n = n^2$ 为正整数，满足条件.

当 $k \geqslant 3$ 时，由题设得

$$\frac{a_{n+1}}{(n+1)(n+2)\cdots(n+k)} = \frac{a_n}{n(n+1)\cdots(n+k-1)} + \frac{1}{(n+1)(n+2)\cdots(n+k)}.$$

故 $\dfrac{a_n}{n(n+1)\cdots(n+k-1)} = \dfrac{a_1}{1 \times 2 \times \cdots \times k} + \displaystyle\sum_{i=2}^{n} \dfrac{1}{i(i+1)\cdots(i+k-1)}$

$$= \frac{1}{k-1}\left(\frac{1}{1 \times 2 \times \cdots \times (k-1)} - \frac{1}{(n+1)(n+2)\cdots(n+k-1)}\right)$$

$$\Rightarrow a_n = \frac{1}{k-1} \cdot \frac{n(n+1)\cdots(n+k-1)}{1 \times 2 \times \cdots \times (k-1)} - \frac{n}{k-1}$$

$$= \frac{(n+k-1)(n+k-2)}{(k-1)^2}C_{n+k-3}^{k-2} - \frac{n}{k-1}.$$

当 $n+k-2 = (k-1)^2$，即 $n = (k-1)^2 - k + 2$ 时，由 $\dfrac{(n+k-1)(n+k-2)}{(k-1)^2}C_{n+k-3}^{k-2}$

$\in \mathbf{N}, \dfrac{n}{k-1} \notin \mathbf{N}$，知

$$a_n = \frac{(n+k-1)(n+k-2)}{(k-1)^2}C_{n+k-3}^{k-2} - \frac{n}{k-1} \notin \mathbf{N}.$$

综上，满足条件的正整数 k 的值为 2.

设数列 $\{a_n\}$ 满足 $a_1 = a_2 = 1, a_{n+2} = a_{n+1} + a_n (n \in \mathbf{Z}^+)$. 当 n 为奇数时，

$$\begin{cases} x + 2^x a_n + 2^y a_{n+1} = 1 + 2a_{n+2}, \\ y + 2^x a_{n+1} + 2^y a_{n+2} = 1 + 2a_{n+3}. \end{cases}$$

求满足方程组的所有实数解 (x, y).

（2013，中国台湾数学奥林匹克选训营）

解　显然，$(x, y) = (1, 1)$ 为一组实数解.

接下来证明无其他实数解.

若不然,假设$(x,y)=(x_1,y_1)\neq(1,1)$为题设方程组的另一组实数解.

为了叙述方便,令$(x_2,y_2)=(1,1)$.

将这两组解代入方程组并相减分别得

$$(x_1-x_2)+(2^{x_1}-2^{x_2})a_n+(2^{y_1}-2^{y_2})a_{n+1}=0, \qquad ①$$

$$(y_1-y_2)+(2^{x_1}-2^{x_2})a_{n+1}+(2^{y_1}-2^{y_2})a_{n+2}=0. \qquad ②$$

①$\times(2^{x_1}-2^{x_2})+$②$\times(2^{y_1}-2^{y_2})$整理得

$$(x_1-x_2)(2^{x_1}-2^{x_2})+(y_1-y_2)(2^{y_1}-2^{y_2})+(2^{x_1}-2^{x_2})^2a_n+$$
$$2(2^{x_1}-2^{x_2})(2^{y_1}-2^{y_2})a_{n+1}+(2^{y_1}-2^{y_2})^2a_{n+2}=0. \qquad ③$$

注意到,$f(x)=2^x$为递增函数.

于是,$(x_1-x_2)(2^{x_1}-2^{x_2})\geqslant0$,$(y_1-y_2)(2^{y_1}-2^{y_2})\geqslant0$.

当$(x_1,y_1)\neq(x_2,y_2)$时,$(x_1-x_2)(2^{x_1}-2^{x_2})+(y_1-y_2)(2^{y_1}-2^{y_2})>0$.

又由斐波那契数列的性质,当n为奇数时,均有$a_{n+1}^2-a_na_{n+2}=-1$.

则$(2^{x_1}-2^{x_2})^2a_n+2(2^{x_1}-2^{x_2})(2^{y_1}-2^{y_2})a_{n+1}+(2^{y_1}-2^{y_2})^2a_{n+2}$

$$=\frac{1}{a_n}((2^{x_1}-2^{x_2})a_n+(2^{y_1}-2^{y_2})a_{n+1})^2+\frac{1}{a_n}(2^{y_1}-2^{y_2})^2>0.$$

故$(x_1-x_2)(2^{x_1}-2^{x_2})+(y_1-y_2)(2^{y_1}-2^{y_2})+(2^{x_1}-2^{x_2})^2a_n+$

$2(2^{x_1}-2^{x_2})(2^{y_1}-2^{y_2})a_{n+1}+(2^{y_1}-2^{y_2})^2a_{n+2}>0.$

与式③矛盾.

因此,方程组恰有一组实数解$(x,y)=(1,1)$.

设正整数列$\{a_n\}(n=1,2,\cdots)$满足$a_{n+2}=\left[\dfrac{2a_{n+1}}{a_n}\right]+\left[\dfrac{2a_n}{a_{n+1}}\right]$.证明:存在正整数$m$,使得$a_m=4$,$a_{m+1}\in\{3,4\}$.

(2013—2014,第31届伊朗数学奥林匹克)

证明 先证明三个引理.

引理1 对于所有正整数$n\geqslant3$,均有$a_n\geqslant3$.

引理1的证明 假设存在正整数$n\geqslant3$,使得$a_n<3$.

由于a_n的递归式关于a_{n-1}和a_{n-2}是对称的,不妨设$a_{n-1}=\max\{a_{n-1},a_{n-2}\}$,即$a_{n-1}\geqslant a_{n-2}$.

故$\dfrac{2a_{n-1}}{a_{n-2}}\geqslant2\Rightarrow\left[\dfrac{2a_{n-1}}{a_{n-2}}\right]\geqslant2\Rightarrow\left[\dfrac{2a_{n-2}}{a_{n-1}}\right]=0\Rightarrow a_{n-1}>2a_{n-2}\Rightarrow\dfrac{2a_{n-1}}{a_{n-2}}>4.$

与$a_n<3$矛盾.

引理2 对于所有正整数$n\geqslant3$,均有$a_{n+1}=a_n$或$a_{n+2}<\max\{a_n,a_{n+1}\}$.

引理2的证明 假设存在正整数$n\geqslant3$,使得$a_{n+1}\neq a_n$.

由于a_{n+2}的递归式关于a_n,a_{n+1}对称,故不妨设$a_n=\max\{a_n,a_{n+1}\}$,则$\dfrac{2a_{n+1}}{a_n}<2$.

又$a_{n+1}\geqslant3,a_n\geqslant3\Rightarrow\dfrac{2a_n}{a_{n+1}}\leqslant\dfrac{2a_n}{3}\Rightarrow a_{n+2}=\left[\dfrac{2a_{n+1}}{a_n}\right]+\left[\dfrac{2a_n}{a_{n+1}}\right]\leqslant1+\dfrac{2a_n}{3}\leqslant\dfrac{a_n}{3}+\dfrac{2a_n}{3}=a_n.$

若 $a_{n+2} \geqslant \max\{a_n, a_{n+1}\} = a_n$，则上述不等式的等号成立.

于是，$a_n = a_{n+1} = 3$，与 $a_{n+1} \neq a_n$ 矛盾.

引理 3 存在正整数 k，使得 $a_k = a_{k+1}$.

引理 3 的证明 假设结论不成立.

由引理 2，知对于所有正整数 $n \geqslant 3$，均有

$$a_{n+2} < \max\{a_n, a_{n+1}\}, a_{n+3} < \max\{a_{n+1}, a_{n+2}\} \leqslant \max\{a_n, a_{n+1}\}.$$

故 $\max\{a_{n+2}, a_{n+3}\} < \max\{a_n, a_{n+1}\}$.

这表明，对正整数 $i \geqslant 2$，$\max\{a_{2i}, a_{2i+1}\}$ 是严格递减的正整数列，矛盾.

引理 $1 \sim 3$ 得证.

由引理 3，知存在正整数 k，使得 $a_k = a_{k+1}$. 这表明，$a_{k+2} = 4$.

若 $a_k = a_{k+1} \in \{3, 4\}$，则 $a_{k+3} \in \{3, 4\}$.

故要证明的结论成立.

若 $a_k = a_{k+1} > 4$，则存在正整数 j，使得 $a_{k+j} = a_{k+j+1}$.

由引理 3 的证明分两种情况.

当 j 为奇数时，

$$a_{k+1} = \max\{a_{k+1}, a_{k+2}\} > \max\{a_{k+3}, a_{k+4}\} > \cdots > \max\{a_{k+j}, a_{k+j+1}\} = a_{k+j};$$

当 j 为偶数时，

$$a_{k+1} = \max\{a_{k+1}, a_{k+2}\} > \max\{a_{k+3}, a_{k+4}\} > \cdots > \max\{a_{k+j-1}, a_{k+j}\} \geqslant a_{k+j}.$$

从而，若相邻两项相等，且大于 4，则存在另外一对相邻两项相等，且值比前面一对小. 继续进行，直到找出相邻两项相等，且不大于 4.

因为这两项后面的一对是 4，3 或 4，4，所以，要证明的结论成立.

> 已知 $n \in \mathbf{Z}^+$，$a_1, a_2, \cdots, a_{n-1}$ 为任意实数，定义数列 $u_0, u_1, \cdots, u_n$ 和 $v_0, v_1, \cdots, v_n$ 满足 $u_0 = u_1 = v_0 = v_1 = 1$，$u_{k+1} = u_k + a_k u_{k-1}$，$v_{k+1} = v_k + a_{n-k} v_{k-1}$，其中，$k = 1, 2, \cdots, n-1$. 证明：$u_n = v_n$.
>
> （第 54 届 IMO 预选题）

证明 对 k 用数学归纳法证明

$$u_k = \sum_{\substack{0 < i_1 < \cdots < i_t < k \\ i_{j+1} - i_j \geqslant 2}} a_{i_1} a_{i_2} \cdots a_{i_t}, \qquad ①$$

其中，定义平凡的和为 1（此情况对应着 $t = 0$ 时为空数列，其积为 1）.

对于 $k = 0, 1$，式 ① 右边的和只包含空数列的积，于是，$u_0 = u_1 = 1$.

对于 $k \geqslant 1$，假设对 $0, 1, \cdots, k$，式 ① 均成立. 则

$$u_{k+1} = \sum_{\substack{0 < i_1 < \cdots < i_t < k \\ i_{j+1} - i_j \geqslant 2}} a_{i_1} a_{i_2} \cdots a_{i_t} + \sum_{\substack{0 < i_1 < \cdots < i_t < k-1 \\ i_{j+1} - i_j \geqslant 2}} (a_{i_1} a_{i_2} \cdots a_{i_t} \cdot a_k)$$

$$= \sum_{\substack{0 < i_1 < \cdots < i_t < k+1 \\ i_{j+1} - i_j \geqslant 2 \\ k \notin \{i_1, i_2, \cdots, i_t\}}} a_{i_1} a_{i_2} \cdots a_{i_t} + \sum_{\substack{0 < i_1 < \cdots < i_t < k+1 \\ i_{j+1} - i_j \geqslant 2 \\ k \in \{i_1, i_2, \cdots, i_t\}}} (a_{i_1} a_{i_2} \cdots a_{i_t}) = \sum_{\substack{0 < i_1 < \cdots < i_t < k+1 \\ i_{j+1} - i_j \geqslant 2}} a_{i_1} a_{i_2} \cdots a_{i_t},$$

即对于 $k+1$,式 ① 也成立.

对于数列 $b_1,b_2,\cdots,b_{n-1}(b_k=a_{n-k},1\leqslant k\leqslant n-1)$,由式 ① 得

$$v_k=\sum_{\substack{0<i_1<\cdots<i_t<k\\i_{j+1}-i_j\geqslant2}}b_{i_1}b_{i_2}\cdots b_{i_t}=\sum_{\substack{n>i_1>\cdots>i_t\geqslant n-k\\i_j-i_{j+1}\geqslant2}}a_{i_1}a_{i_2}\cdots a_{i_t}. \qquad ②$$

当 $k=n$ 时,式 ① 与式 ② 相同.从而,$u_n=v_n$.

设 $n\in\mathbf{Z}^+$,考虑正整数列 $a_1,a_2,\cdots,a_n$,将该数列延拓为以 n 为周期的无穷数列,即对于所有正整数 i,均有 $a_{n+i}=a_i$.

若 $a_1\leqslant a_2\leqslant\cdots\leqslant a_n\leqslant a_1+n$,且对 $i=1,2,\cdots,n$ 有 $a_{a_i}\leqslant n+i-1$,证明:$a_1+a_2+\cdots+a_n\leqslant n^2$.

(第 54 届 IMO 预选题)

证明 先证明 $a_i\leqslant n+i-1(i=1,2,\cdots,n)$.   ①

假设存在 i,使得 $a_i>n+i-1$.

考虑使这个不等式成立的最小的 i.

由 $a_n\geqslant a_{n-1}\geqslant\cdots\geqslant a_i\geqslant n+i$,且 $a_{a_i}\leqslant n+i-1$,则

$a_i\not\equiv i,i+1,\cdots,n-1,n(\bmod n)$.   ②

故由 $a_i\geqslant n+i$,得 $a_i\geqslant 2n+1$.

因为 $a_1+n\geqslant a_n\geqslant a_i\geqslant 2n+1$,所以,$a_1\geqslant n+1$.

由于 i 是最小的,则 $i=1$,与式 ② 矛盾.

从而,式 ① 成立.

特别地,由式 ① 知 $a_1\leqslant n$.

若 $a_n\leqslant n$,则 $a_1\leqslant a_2\leqslant\cdots\leqslant a_n\leqslant n$.于是,$a_1+a_2+\cdots+a_n\leqslant n^2$.

若 $a_n>n$,则存在正整数 $t(1\leqslant t\leqslant n-1)$,使得

$a_1\leqslant a_2\leqslant\cdots\leqslant a_t\leqslant n<a_{t+1}\leqslant\cdots\leqslant a_n$.   ③

因为 $1\leqslant a_1\leqslant n,a_{a_1}\leqslant n$,所以,$a_1\leqslant t$.于是,$a_n\leqslant a_1+n\leqslant n+t$.

对于每个正整数 i,设 b_i 为满足 $a_j\geqslant n+i$ 的下标 $j(j\in\{t+1,t+2,\cdots,n\})$ 的个数.则 $n-t=b_1\geqslant b_2\geqslant\cdots\geqslant b_t\geqslant b_{t+1}=0$.

对于每一个 $i(1\leqslant i\leqslant t)$,由于 $n+i-1\geqslant a_{a_i},a_i\leqslant n$,则每个满足 $a_j\geqslant n+i$ 的 j 均属于 $\{a_i+1,a_i+2,\cdots,n\}$(这是因为 $a_j>a_{a_i}$).

于是,$b_i\leqslant n-a_i\Rightarrow a_i+b_i\leqslant n$.

由式 ③ 及 b_i 的定义知

$a_{t+1}+a_{t+2}+\cdots+a_n=(n+1)(b_1-b_2)+(n+2)(b_2-b_3)+\cdots+(n+t)(b_t-b_{t+1})$

$=nb_1+b_1+b_2+\cdots+b_t=n(n-t)+b_1+b_2+\cdots+b_t$.

在上式两边同时加上 $a_1+a_2+\cdots+a_t$,并结合 $a_i+b_i\leqslant n(1\leqslant i\leqslant t)$,得

$a_1+a_2+\cdots+a_n=a_1+a_2+\cdots+a_t+n(n-t)+b_1+b_2+\cdots+b_t$

$=(a_1+b_1)+(a_2+b_2)+\cdots+(a_t+b_t)+n(n-t)\leqslant tn+n(n-t)=n^2$.

已知 $r \in \mathbf{Z}^+$，$a_0, a_1, \cdots$ 为无穷项的实数列. 若对于每个非负整数 m, s，均存在正整数 $n \in [m+1, m+r]$，使得

$$a_m + a_{m+1} + \cdots + a_{m+s} = a_n + a_{n+1} + \cdots + a_{n+s}.$$

证明：该数列为周期数列，即存在正整数 p，使得对于任意非负整数 n，均有 $a_{n+p} = a_n$.

（第 54 届 IMO 预选题）

证明 对于每个下标 $m, n (m \leqslant n)$，记 $S(m, n) = a_m + a_{m+1} + \cdots + a_{n-1}$.

则 $S(n, n) = 0$.

引理 设 $b_0, b_1, \cdots$ 为无穷项的实数列. 若对于每个正整数 m，均存在一个正整数 $n \in [m+1, m+r]$，使得 $b_m = b_n$，则

(1) 对于每个下标 $k, l (k \leqslant l)$，均存在下标 $t \in [l, l+r-1]$，使得 $b_t = b_k$；

(2) 在数列 $\{b_i\}$ 中最多有 r 项不同.

证明 由于存在无穷项下标构成的数列 $k_1 = k, k_2, k_3, \cdots$，使得

$$b_{k_1} = b_{k_2} = b_{k_3} = \cdots (k_i < k_{i+1} \leqslant k_i + r, i = 1, 2, \cdots),$$

且数列 $\{k_i\}$ 为无界的，于是，在每个区间 $[l, l+r-1](l \geqslant k)$ 中均有数列 $\{k_i\}$ 中的项.

从而，(1) 成立.

用反证法证明 (2).

假设有 $r+1$ 个不同的实数 $b_{i_1}, b_{i_2}, \cdots, b_{i_{r+1}}$.

在 (1) 中，取 $k = i_1, i_2, \cdots, i_{r+1}, l = \max\{i_1, i_2, \cdots, i_{r+1}\}$.

则对于每个 $j \in \{1, 2, \cdots, r+1\}$，均存在 $t_j \in [l, l+r-1]$，使得 $b_{t_j} = b_{i_j}$.

这表明，在区间 $[l, l+r-1]$ 中包含了 $r+1$ 个不同的正整数，矛盾.

引理得证.

若 $s = 0$，则数列 $\{a_i\}$ 满足引理的条件. 于是，数列 $\{a_i\}$ 中最多有 r 个不同的值.

设有序 r 元数组 $A_i = (a_i, a_{i+1}, \cdots, a_{i+r-1})$. 则最多有 r^r 个不同的 A_i.

于是，对于每个非负整数 k，在 $A_k, A_{k+1}, \cdots, A_{k+r}$ 中一定存在两个相同的，即存在正整数 $p \leqslant r^r$，使得 $A_d = A_{d+p}$，且这样的非负整数 d 有无穷多个.

设这样的 d 构成的集合为 D.

接下来证明 $D = \mathbf{N}$.

因为集合 D 是无界的，所以，只需证明：若 $d+1 \in D$，则 $d \in D$.

设 $b_k = S(k, p+k)$. 则数列 $b_0, b_1, \cdots$ 满足引理的条件.

于是，存在下标 $t \in [d+1, d+r]$，使得 $S(t, t+p) = S(d, d+p)$.

由 $a_t + a_{t+1} + \cdots a_{d+p-1} a_{d+p} + \cdots a_{t+p-1}$

$= a_d + a_{d+1} + \cdots + a_{t-1} + a_t + \cdots + a_{d+p-1}$

$\Rightarrow a_{d+p} + a_{d+p+1} + \cdots + a_{t+p-1} = a_d + a_{d+1} + \cdots + a_{t-1}$

$\Rightarrow S(d, t) = S(d+p, t+p)$.

由 $A_{d+1} = A_{d+p+1}$，知对 $t \in [d+1, d+r]$ 有 $S(d+1, t) = S(d+p+1, t+p)$.

故 $a_d = S(d, t) - S(d+1, t) = S(d+p, t+p) - S(d+p+1, t+p) = a_{d+p}$.

因此,$A_d = A_{d+p}$.

综上,对于所有的非负整数 d,均有 $A_d = A_{d+p}$.

特别地,对于所有非负整数 d,均有 $a_d = a_{d+p}$.

已知 $\{a_n\}$ 为等差数列,且 a_1^2, a_2^2, a_3^2 均为该数列中的项.证明:$\{a_n\}$ 为整数列.

(2014,第 50 届蒙古数学奥林匹克)

证明 设 $\{a_n\}$ 为满足题意的等差数列,其公差为 d.

(1) 若 $d = 0$,则对于任意的 $n \in \mathbf{N}$,均有 $a_n = 0$ 或对于任意的 $n \in \mathbf{N}$,$a_n = 1$.

(2) 若 $d \neq 0$,由于 a_1^2, a_2^2, a_3^2 均为该数列中的项,则存在 $m, n, k \in \mathbf{N}$,使得

$$a_1^2 = a_1 + md, a_2^2 = a_1 + nd = (a_1 + d)^2, a_3^2 = a_1 + kd = (a_1 + 2d)^2.$$

故 $2a_1 + d = n - m$,且 $4a_1 + 4d = k - m$.

从而,$a_1 = \dfrac{4n - 3m - k}{4}$,$d = \dfrac{m - 2n + k}{2} \in \mathbf{Q}$.

又 $a_1^2 = a_1 + md \Leftrightarrow a_1^2 + (2m - 1)a_1 - m(d + 2a_1) = 0$,即 a_1 为整系数多项式

$P(x) = x^2 + (2m - 1)x - m(n - m)$ 的一个有理根.

由于 $P(x)$ 的首项系数为 1,故其有理根必为整数.从而,$a_1 \in \mathbf{Z}$.

因此,$d = n - m - 2a_1 \in \mathbf{Z}$.

已知 $\{a_n\}$ 为所有形如 $2^k \times 3^s (k, s \in \mathbf{N})$ 的正整数构成的递增数列(如 $a_1 = 1, a_2 = 2, a_3 = 3, a_4 = 4, a_5 = 6, a_6 = 8, a_7 = 9, \cdots$).证明:存在无穷多个正整数 n,使得

$$\frac{a_{n+1}}{a_n} < 1 + \frac{1}{10^{2014}}.$$

(2014,第 50 届蒙古数学奥林匹克)

证明 由伯努利不等式知

$$\left(1 + \frac{1}{10^{2014}}\right)^{10^{2014}} > 2. \qquad ①$$

对任意的 $n \in \mathbf{N}$,存在 $m \in \mathbf{N}$,使得 $2^m \leqslant 3^n \leqslant 2^{m+1}$.

注意到,$2^m \leqslant 3^n \leqslant 2^{m+1} \Leftrightarrow 1 \leqslant \dfrac{3^n}{2^m} \leqslant 2$.故存在无穷多个 $\dfrac{3^n}{2^m}$ 落在区间 $[1, 2]$ 内.

将区间 $[1, 2]$ 分成若干更小的区间段:$\left[\left(1 + \dfrac{1}{10^{2014}}\right)^k, \left(1 + \dfrac{1}{10^{2014}}\right)^{k+1}\right] (k = 1, 2, \cdots, t)$.

结合式 ① 知 $t < 10^{2014}$.

由于存在无穷多个 $\dfrac{3^n}{2^m}$ 在区间 $[1, 2]$ 内,结合抽屉原理,知存在两个不同的数 $\dfrac{3^{n_1}}{2^{m_1}}, \dfrac{3^{n_2}}{2^{m_2}}$

落在同一个小区间段里,即存在 $s \in \mathbf{N}$,使得

$$\left(1 + \frac{1}{10^{2014}}\right)^s \leqslant \frac{3^{n_1}}{2^{m_1}} < \frac{3^{n_2}}{2^{m_2}} \leqslant \left(1 + \frac{1}{10^{2014}}\right)^{s+1} \Rightarrow 1 < \frac{3^{n_2}}{2^{m_2}} \times \frac{2^{m_1}}{3^{n_1}} \leqslant 1 + \frac{1}{10^{2014}}.$$

令 $a_{n+q} = 3^{n_2} \times 2^{m_1}, a_n = 3^{n_1} \times 2^{m_2}$. 则 $1 + \dfrac{1}{10^{2014}} > \dfrac{a_{n+q}}{a_n} \geqslant \dfrac{a_{n+1}}{a_n}$.

这表明,至少存在一个满足题意的 n.

仿照上述构造 $\dfrac{a_{n+1}}{a_n}$ 的过程,对于任意的 $k \in \mathbf{N}$,均可构造出小于 $1 + \dfrac{1}{10^k}$ 的 $\dfrac{a_{n+1}}{a_n}$.

给出 $(x_0, y_0, z_0) = (1007\sqrt{2}, 2014\sqrt{2}, 1007\sqrt{14})$,定义三元数组序列 (x_n, y_n, z_n):

$$x_{n+1} = \sqrt{x_n(y_n + z_n - x_n)} \ (n \geqslant 0),$$

$$y_{n+1} = \sqrt{y_n(x_n + z_n - y_n)} \ (n \geqslant 0),$$

$$z_{n+1} = \sqrt{z_n(y_n + x_n - z_n)} \ (n \geqslant 0).$$

证明:数列 $\{x_n\}, \{y_n\}, \{z_n\}$ 存在极限并求出其极限.

(2014,印度国家队选拔考试)

证明 由余弦定理,知在边长为 x_0, y_0, z_0 组成的 $\triangle A_0 B_0 C_0$ 中,z_0 的对角 $\angle C_0 = 120°$,且记其面积为 F.

则 $2x_1^2 y_1^2 + 2y_1^2 z_1^2 + 2z_1^2 x_1^2 - x_1^4 - y_1^4 - z_1^4$
$= 2x_0^2 y_0^2 + 2y_0^2 z_0^2 + 2z_0^2 x_0^2 - x_0^4 - y_0^4 - z_0^4 = 16F^2$.

于是,边长分别为 x_1, y_1, z_1 组成了 $\triangle A_1 B_1 C_1$.

类似地,边长分别为 x_n, y_n, z_n 可组成 $\triangle A_n B_n C_n$,且所有三角形的面积均为 F.

由 $x_1 = \sqrt{x_0(y_0 + z_0 - x_0)} = 2\sqrt{Rr} \cos \dfrac{A_0}{2}$,知 $\triangle A_1 B_1 C_1$ 的三边比为

$\cos \dfrac{A_0}{2} : \cos \dfrac{B_0}{2} : \cos \dfrac{C_0}{2}$,且 $\cos \dfrac{A_0}{2} = \sin \dfrac{\pi - A_0}{2}$.

从而,其三个内角分别为 $\dfrac{\pi - \angle A_0}{2}, \dfrac{\pi - \angle B_0}{2}, \dfrac{\pi - \angle C_0}{2}$.

因此,$\triangle A_n B_n C_n$ 的内角 $\angle A_n$ 为 $\dfrac{\pi}{2} - \dfrac{\pi}{4} + \dfrac{\pi}{8} - \cdots + (-1)^{n-1} \dfrac{\angle A_0}{2^n}$. 其余两个内角类似.

易知,该极限是 $\dfrac{\pi}{3}$,即 $\triangle A_n B_n C_n$ 的极限是面积为 F 的正三角形.

记该三角形的边长为 t. 则 $t = \sqrt{\dfrac{4F}{\sqrt{3}}}$.

于是,$\lim\limits_{n \to \infty} x_n = \lim\limits_{n \to \infty} y_n = \lim\limits_{n \to \infty} z_n = t$.

故 $F = \dfrac{1}{2} \times 1007\sqrt{2} \times 2014\sqrt{2} \sin 120° = \dfrac{\sqrt{3}}{4} \times 2014^2$.

从而,$t = 2014$,即三个数列 $\{x_n\}, \{y_n\}, \{z_n\}$ 的共同极限为 2014.

证明:对于所有的 $x \in \left[\dfrac{1}{111}, \dfrac{110}{111}\right]$,存在 $a_i \in \{-1, 1\}(i = 1, 2, \cdots, 101)$,均有 $|x_{101} - x| \leqslant \dfrac{1}{402}$,其中,$x_0 = 1$,$x_k = (x_{k-1} + 1)^{a_k}(k = 1, 2, \cdots, 101)$.

(2014,克罗地亚国家队选拔考试)

证明 对于所有的正整数 n,用 S_n 表示对于数 $a_i(1 \leqslant i \leqslant n)$ 的不同选择,x_n 可以取到的所有可能值的集合.

例如,$S_1 = \left\{\dfrac{1}{2}, 2\right\}$,$S_2 = \left\{\dfrac{1}{3}, \dfrac{2}{3}, \dfrac{3}{2}, 3\right\}$,$S_3 = \left\{\dfrac{1}{4}, \dfrac{2}{5}, \dfrac{3}{5}, \dfrac{3}{4}, \dfrac{4}{3}, \dfrac{5}{3}, \dfrac{5}{2}, 4\right\}$,$\cdots$.

注意到,对每个 $y \in S_n$,$y + 1$,$\dfrac{1}{y+1} \in S_{n+1}$,且两数中一个小于 1,另一个大于 1.

故每个 S_n 均由偶数个数组成. 对于给定的正整数 n,令
$S_n = \{a_1, a_2, \cdots, a_{2m}\}(a_1 < a_2 < \cdots < a_{2m})$,$S_{n+1} = \{b_1, b_2, \cdots, b_{2k}\}(b_1 < b_2 < \cdots < b_{2k})$.
由数学归纳法易证明以下结论.

结论 1:$m = 2^{n-1}$,$k = 2^n$,即 $|S_{n+1}| = 2|S_n|$.

结论 2:$a_1 = \dfrac{1}{n+1}$,$a_m = \dfrac{n}{n+1}$,$a_{m+1} = \dfrac{n+1}{n}$,$a_{2m} = n+1$.

结论 3:$b_1 < b_2 < \cdots < b_{2m} < 1 < b_{2m+1} < \cdots < b_{4m}$.

结论 4:$a_i = \dfrac{1}{a_{2m+1-i}}$,$b_i = \dfrac{1}{b_{4m+1-i}}$.

结论 5:$b_i = \dfrac{1}{1 + a_{2m+1-i}}(1 \leqslant i \leqslant 2m)$.

结论 6:$b_i = 1 - b_{2m+1-i}(1 \leqslant i \leqslant 2m)$.

由结论 5 和结论 4,得 $b_i = \dfrac{a_i}{1 + a_i}(1 \leqslant i \leqslant 2m)$. ①

接下来证明:对于所有整数 $n \geqslant 2$,有 $a_{i+1} - a_i \leqslant \dfrac{1}{2n-1}(1 \leqslant i \leqslant m)$.

当 $n = 2$ 时,显然成立.

假设对于 n 结论成立.

当 $n+1$ 时,由式 ① 和结论 2,知 $b_m = \dfrac{n}{2n+1}$,$b_{m+1} = \dfrac{n+1}{2n+1}$. 故 $b_{m+1} - b_m = \dfrac{1}{2n+1}$.

当 $i = m$ 时,结论成立.

再证明 $i < m$ 时,结论也成立.

则 $b_{i+1} - b_i = \dfrac{a_{i+1}}{a_{i+1} + 1} - \dfrac{a_i}{a_i + 1} = \dfrac{a_{i+1} - a_i}{(1 + a_i)(1 + a_{i+1})}$.

由归纳假设得 $a_{i+1} - a_i \leqslant \dfrac{1}{2n-1}$,且由结论 2 知 $a_i \geqslant \dfrac{1}{n+1}$,且 $a_{i+1} \geqslant \dfrac{1}{n+1}$.

故 $b_{i+1} - b_i = \dfrac{a_{i+1} - a_i}{(1 + a_i)(1 + a_{i+1})} \leqslant \dfrac{\dfrac{1}{2n-1}}{\left(1 + \dfrac{1}{n+1}\right)\left(1 + \dfrac{1}{n+1}\right)} < \dfrac{1}{2n+1}$,其中,最后的

不等式在当 $n \geqslant 2$ 时等价于 $2n^2 - 5 > 0$.

最后证明:对于 $m < i < 2m$,有 $b_{i+1} - b_i \leqslant \dfrac{1}{2n+1}$.

由结论 6,得 $b_{i+1} - b_i = b_{j+1} - b_j < \dfrac{1}{2n+1}(j = 2m - i < m)$.

当 $n = 101$ 时,令 $S_{101} = \{c_1, c_2, \cdots, c_{2s}\}(c_1 < c_2 < \cdots < c_{2s})$.

由 $c_1 = \dfrac{1}{102}$,且 $c_s = \dfrac{101}{102}$,知 $c_1 - \dfrac{1}{111} < \dfrac{1}{201}$,且 $\dfrac{110}{111} - c_s < \dfrac{1}{201}$.

于是,在 $S'_n = \{c_0, c_1, \cdots, c_s, c_{s+1}\}$ 中,$c_0 = \dfrac{1}{111}, c_{s+1} = \dfrac{110}{111}$.

从而,$c_{i+1} - c_i \leqslant \dfrac{1}{201}(0 \leqslant i \leqslant s)$.

对于给定的 $x \in \left[\dfrac{1}{111}, \dfrac{110}{111}\right]$,令 j 为下标,使得 $c_j \leqslant x \leqslant c_{j+1}$.

由 $c_{j+1} - c_j \leqslant \dfrac{1}{201}$,得 $|x - c_j| \leqslant \dfrac{1}{402}$ 或 $|x - c_{j+1}| \leqslant \dfrac{1}{402}$.

已知实数列 $\{x_n\}$ 满足 $x_1 = 1, 2x_{n+1} = 3x_n + \sqrt{5x_n^2 - 4}(n = 1, 2, \cdots)$.

(1) 证明:数列 $\{x_n\}$ 为正整数列;

(2) 是否存在一项 x_s,使得 $2011 \mid x_s$?

（2014，希腊国家队选拔考试）

(1) **证明** 由题意得

$(2x_{n+1} - 3x_n)^2 = 5x_n^2 - 4 \Rightarrow x_{n+1}^2 - 3x_{n+1}x_n + x_n^2 = -1$

$\Rightarrow x_{n+2}^2 - 3x_{n+1}x_{n+2} + x_{n+1}^2 = -1$.

从而,x_n, x_{n+2} 为关于 x 的二次方程 $x_{n+1}^2 - 3x_{n+1}x + x^2 + 1 = 0$ 的两个根.

由韦达定理,知 $\begin{cases} x_n + x_{n+2} = 3x_{n+1}, & ① \\ x_n x_{n+2} = x_{n+1}^2 + 1. & ② \end{cases}$

由式 ① 及 $x_1 = 1, x_2 = 2$,知数列 $\{x_n\}$ 为正整数列.

(2) **解** 不存在.

假设存在一项 x_s,使得 $2011 \mid x_s$.

在式 ② 中令 $n = s$,得 $x_s x_{s+2} = x_{s+1}^2 + 1$.

由 $\{x_n\}$ 为正整数列,且 $2011 \mid x_s$,得

$2011 \mid (x_{s+1}^2 + 1) \Rightarrow x_{s+1}^2 \equiv -1 \pmod{2011}$

$\Rightarrow (x_{s+1}^2)^{1005} \equiv (-1)^{1005} \equiv -1 \pmod{2011} \Rightarrow x_{s+1}^{2010} \equiv -1 \pmod{2011}$. ③

注意到,2011 为素数.于是,$(x_{s+1}, 2011) = 1$.

由费马小定理,知 $x_{s+1}^{2010} \equiv 1 \pmod{2011}$,与式 ③ 矛盾.

设整数列 $\{a_n\}(n=1,2,\cdots)$ 满足 $a_1=-5,a_2=-6$. 对于整数 $n\geqslant2$, 均有

$$a_{n+1}=a_n+\left(\prod_{k=1}^{n-1}(ka_k+1)\right)((n^2+n)a_n+2n+1).$$

证明: 若素数 p 满足对于某个正整数 n, 有 $p\mid(na_n+1)$, 则存在正整数 m, 使得 $m^2\equiv5(\bmod\ p)$.

(2014, 土耳其国家队选拔考试)

证明 定义数列 $\{b_n\}$: $b_1=1,b_n=\prod_{k=1}^{n-1}(ka_k+1)(n=2,3,\cdots)$.

下面用数学归纳法证明: 对正整数 n, 有 $b_{n+1}=\left(\sum_{k=1}^{n}kb_k\right)^2-5$.　　　①

当 $n=1$ 时, $b_2=a_1+1=-4=b_1^2-5$. 从而, 式 ① 成立.

假设当 $n=k-1$ 时, 式 ① 成立. 则 $b_k=\left(\sum_{i=1}^{k-1}ib_i\right)^2-5$.

为了证明 $n=k$ 时, 式 ① 成立, 只要证明

$$b_{k+1}-b_k=k^2b_k^2+2kb_k\sum_{i=1}^{k-1}ib_i.$$　　　②

由 b_n 的定义得

$$a_{n+1}-a_n=\prod_{k=1}^{n-1}(ka_k+1)((n^2+n)a_n+2n+1)=(n+1)b_{n+1}+nb_n.$$

故 $a_k-a_2=\sum_{i=3}^{k}(a_i-a_{i-1})=\sum_{i=3}^{k}(ib_i+(i-1)b_{i-1})=kb_k+2\sum_{i=3}^{k-1}ib_i+2b_2$.

因为 $a_2=-6,b_1=1,b_2=-4$, 所以, $a_k-kb_k=2\sum_{i=1}^{k-1}ib_i$.

于是, $\dfrac{b_{k+1}-b_k}{kb_k}-kb_k=2\sum_{i=1}^{k-1}ib_i$, 即式 ② 成立.

从而, 式 ① 成立.

若素数 $p\mid(na_n+1)$, 则 $p\mid b_{n+1}$.

可选择 $m=\sum_{k=1}^{n}kb_k$, 得 $m^2-5=b_{n+1}$. 从而, $m^2\equiv5(\bmod\ p)$.

已知由 n 个正整数 $x_1,x_2,\cdots,x_n(x_1<x_2<\cdots<x_n)$ 构成的集合 $X=\{x_1,x_2,\cdots,x_n\}$ 满足下述性质: 对于每个 $i(1<i\leqslant n),1\leqslant x_i-x_{i-1}\leqslant2$. 若存在一个正整数 j $(1\leqslant j\leqslant n)$, 使得 $|x_j-a|\leqslant\dfrac{1}{2}$, 则称实数 a 为"好的"; 若一个 X 的子集中其元素的算术平均数为好的, 则称 X 的子集为"稠密的". 证明: 至少有 2^{n-3} 个 X 的子集为稠密的.

(第 31 届伊朗国家队选拔考试)

证明　易知,在 X 平移的情况下结论不变.

不妨设 $x_1 = 0$.

首先证明三个引理.

引理 1　设 $0 \leqslant a < b \leqslant x_n$,且 $b - a = 1$.则要么 a 为好的,要么 b 为好的.

引理 1 显然成立.

引理 2　在原问题的条件下,对于给定的下标 $i(1 < i \leqslant n)$,至少有 $C_{n-2}^{x_i-1}$ 个 X 的 x_i 个元素的子集为稠密的.

引理 2 的证明　设 A 为 $X - \{x_1, x_i\}$ 的任意一个子集,且 $|A| = x_i - 1$.则这样的子集有 $C_{n-2}^{x_i-1}$ 个.

下面证明:要么 $A \bigcup \{x_1\}$ 是稠密的,要么 $A \bigcup \{x_i\}$ 是稠密的.

考虑到这两个集合中的元素的算术平均数分别为

$$\frac{x_1 + \sum\limits_{x \in A} x}{x_i} = \frac{\sum\limits_{x \in A} x}{x_i}, \quad \frac{x_i + \sum\limits_{x \in A} x}{x_i} = 1 + \frac{\sum\limits_{x \in A} x}{x_i}.$$

由引理 1,知这两个数中至少有一个为好的.

由于 $X - \{x_1, x_i\}$ 的不同子集得到不同的稠密子集,于是,至少有 $C_{n-2}^{x_i-1}$ 个 X 的 x_i 个元素的子集为稠密的.

引理 3　设数列 $\{a_i\}_{i=0}^{+\infty}$ 是严格递增的整数列,且满足 $a_0 = -1, a_i - a_{i-1} \in \{1, 2\}$ $(i \geqslant 1)$.则 $\sum\limits_{i=1}^{+\infty} C_n^{a_i} \geqslant 2^{n-1}$.

引理 3 的证明　对 n 用数学归纳法.

假设不超过 $n-1$ 时结论成立.则

$$\sum_{i=1}^{+\infty} C_n^{a_i} = \sum_{i=1}^{+\infty} C_{n-1}^{a_i} + \sum_{i=1}^{+\infty} C_{n-1}^{a_i-1} \geqslant 2^{n-2} + 2^{n-2} = 2^{n-1}.$$

引理 1～3 得证.

引理 2 表明至少有 $\sum\limits_{i=2}^{n} C_{n-2}^{x_i-1}$ 个稠密的子集.

由引理 3,知 $\sum\limits_{i=2}^{n} C_{n-2}^{x_i-1} \geqslant 2^{n-3}$.

已知 $x_1, x_2, \cdots, x_{100}$ 均为实数,且对于所有的 $k \in \{1, 2, \cdots, 98\}$,均有

$|2x_k - x_{k+1}| = x_{k+2}$,$|2x_{99} - x_{100}| = x_1$,$|2x_{100} - x_1| = x_2$.

证明:$x_1 = x_2 = \cdots = x_{100}$.

(2014,克罗地亚数学竞赛)

证明　将所给的方程平方得

$$4x_k^2 - 4x_k x_{k+1} + x_{k+1}^2 = x_{k+2}^2 \quad (k \in \{1, 2, \cdots, 98\});$$

$$4x_{99}^2 - 4x_{99} x_{100} + x_{100}^2 = x_1^2; \quad 4x_{100}^2 - 4x_{100} x_1 + x_1^2 = x_2^2.$$

将以上方程相加得

$$4(x_1^2 + x_2^2 + \cdots + x_{100}^2) - 4(x_1 x_2 + x_2 x_3 + \cdots + x_{99} x_{100} + x_{100} x_1) = 0$$
$$\Rightarrow (x_1 - x_2)^2 + (x_2 - x_3)^2 + \cdots + (x_{99} - x_{100})^2 + (x_{100} - x_1)^2 = 0.$$

由每项均为非负,知每项均为 0.

因此,$x_1 = x_2 = \cdots = x_{100}$.

已知 $2n$ 个实数 $a_1, a_2, \cdots, a_n$ 和 $b_1, b_2, \cdots, b_n$. 证明:存在整数 k $(1 \leqslant k \leqslant n)$,使得
$$\sum_{i=1}^n |a_i - a_k| \leqslant \sum_{i=1}^n |b_i - a_k|.$$

(2014,第 17 届地中海地区数学竞赛)

证明 不妨设 $a_1 \leqslant a_2 \leqslant \cdots \leqslant a_n$.

反证法. 假设对于所有的 $k \in \{1, 2, \cdots, n\}$,均有

$$\sum_{i=1}^n |a_i - a_k| > \sum_{i=1}^n |b_i - a_k|. \tag{①}$$

特别地,当 $k = 1, n$ 时,式 ① 也成立.

则 $\sum_{i=1}^n |a_i - a_1| + \sum_{i=1}^n |a_i - a_n| > \sum_{i=1}^n (|b_i - a_1| + |b_i - a_n|).$

而 $a_1 \leqslant a_2 \leqslant \cdots \leqslant a_n$,故

左边 $= \sum_{i=1}^n |a_i - a_1| + \sum_{i=1}^n |a_n - a_i|$

$= \sum_{i=1}^n a_i - na_1 + na_n - \sum_{i=1}^n a_i = n(a_n - a_1). \tag{②}$

又 $|b_i - a_1| + |b_i - a_n| \geqslant |(b_i - a_1) - (b_i - a_n)| = |a_n - a_1|$ $(i = 1, 2, \cdots, n)$,则
右边 $\geqslant n|a_n - a_1| = n(a_n - a_1)$.

代入式 ②,得 $n(a_n - a_1) > n(a_n - a_1)$. 矛盾.

因此,原命题成立.

设 m, k 为正整数,$m \geqslant k$. 定义 $a_{m,k} = C_m^{k-1} - 3^{m-k}$. 试确定所有的数列 $\{x_1, x_2, \cdots, x_n\}$ 满足对于任意的正整数 n,均有
$$a_{n,1} x_1 + a_{n,2} x_2 + \cdots + a_{n,n} x_n = 0. \tag{①}$$

(2014,德国数学竞赛)

解 在式 ① 中令 $n = 1$,得 $a_{1,1} x_1 = 0$.

由 $a_{1,1} = C_1^0 - 3^{1-1} = 0$,知 x_1 可取任意实数,设 $x_1 = c$.

当 $n > 1$ 时,有 $a_{n,n} = C_n^{n-1} - 3^{n-n} = n - 1 \neq 0$.

接下来用数学归纳法证明:对于任意的 $n \in \mathbf{Z}^+$,均有 $x_n = 2^{n-1} c$.

当 $n = 1$ 时,$x_1 = c = 2^{1-1} c$.

假设对 $i = 1, 2, \cdots, n-1$,均有 $x_i = 2^{i-1} c$.

则对 $i=n$，有

$$a_{n,n}x_n = -a_{n,1}x_1 - a_{n,2}x_2 - \cdots - a_{n,n-1}x_{n-1}$$

$$= c\sum_{j=0}^{n-2}(3^{j+1} - C_n^{n-2-j})2^{n-2-j} = c\left(\sum_{j=0}^{n-2}3^{j+1}\times 2^{n-2-j} - \sum_{j=0}^{n-2}C_n^j \times 2^j\right)$$

$$= c\left[3^{n-1}\frac{1-\left(\dfrac{2}{3}\right)^{n-1}}{1-\dfrac{2}{3}} - (1+2)^n + C_n^{n-1}\times 2^{n-1} + C_n^n \times 2^n\right]$$

$$= c(3^n - 3\times 2^{n-1} - 3^n + n\times 2^{n-1} + 2^n) = (n-1)2^{n-1}c.$$

从而，$x_n = \dfrac{c(n-1)\times 2^{n-1}}{a_{n,n}} = 2^{n-1}c.$

经检验，数列 $\{2^{n-1}c\}$ 满足题意.

因此，所求数列为 $x_n = 2^{n-1}c$（c 为任意实数）.

已知正整数列 $a_1, a_2, \cdots, a_{201}$ 满足 $a_1 = a_{201} = 19999$，对每个 $i = 2, 3, \cdots, 200$，$\dfrac{a_{i-1}+a_{i+1}}{2} - a_i$ 为相同的正整数. 求 a_{200}.

（2014，第 31 届阿根廷数学奥林匹克）

解 设 $\dfrac{a_{i-1}+a_{i+1}}{2} - a_i = c$. 则 $c \in \mathbf{Z}^+$，$a_{i+1} - a_i = a_i - a_{i-1} + 2c$.

令 $d_i = a_{i+1} - a_i (i = 1, 2, \cdots, 200)$，则 $d_i = d_{i-1} + 2c (i = 2, 3, \cdots, 200)$.

故 $d_i = d_1 + 2(i-1)c (i = 1, 2, \cdots, 200)$.

当 $i \geqslant 2$ 时，

$$a_i = \sum_{j=1}^{i-1}(a_{j+1} - a_j) + a_1 = \sum_{j=1}^{i-1}d_i + a_1 = a_1 + \sum_{j=1}^{i-1}(d_1 + 2(j-1)c)$$

$$= a_1 + (i-1)(d_1 + (i-2)c).$$

显然，a_1 也满足上式.

由 $a_{201} = a_1 + 200(d_1 + 199c) = a_1$，知 $d_1 = -199c$.

于是，$a_i = a_1 + (i-1)(i-201)c$.

又 $a_{101} = a_1 + 100(-100)c = a_1 - 100^2 c = 19999 - 100^2 c \in \mathbf{Z}^+$，则

$$c \leqslant \frac{19999}{10000} < 2 \Rightarrow c = 1 \Rightarrow a_i = 19999 + (i-1)(i-201)$$

$$\Rightarrow a_{200} = 19999 + 199(-1) = 19800.$$

数列 $a_1, a_2, \cdots$ 满足 $a_1 = 0, a_n = \max_{1\leqslant i\leqslant n-1}\{i + a_i + a_{n-i}\}$. 例如，$a_2 = 1, a_3 = 3$. 求 a_{200}.

（2014，澳大利亚数学奥林匹克）

代数部分

解 用第二数学归纳法证明：$a_n = \dfrac{n(n-1)}{2}$.

当 $n = 1$ 时，$a_1 = 0$.

假设 $n \leqslant k$ 时，有 $a_n = \dfrac{n(n-1)}{2}$.

当 $n = k+1$ 时，

$$a_{k+1} = \max_{1 \leqslant i \leqslant k}\{i + a_i + a_{k+1-i}\} = \max_{1 \leqslant i \leqslant k}\left\{i + \frac{i(i-1)}{2} + \frac{(k+1-i)(k-i)}{2}\right\}$$

$$= \max_{1 \leqslant i \leqslant k}\left\{i^2 - ki + \frac{k^2+k}{2}\right\} = \frac{k^2+k}{2} + \max_{1 \leqslant i \leqslant k}\{i(i-k)\}.$$

当 $1 \leqslant i \leqslant k-1$ 时，$i(i-k) < 0$；当 $i = k$ 时，$i(i-k) = 0$.

则 $\max\limits_{1 \leqslant i \leqslant k}\{i(i-k)\} = 0$. 故 $a_{k+1} = \dfrac{k^2+k}{2} = \dfrac{(k+1)((k+1)-1)}{2}$.

从而，当 $n = k+1$ 时，命题成立.

特别地，$a_{200} = \dfrac{200 \times 199}{2} = 19900$.

设数列 $\{a_n\}$ 满足 $a_0 = 4$，$a_n = a_{n-1}^2 - a_{n-1}$（$n \in \mathbf{Z}^+$）.

(1) 证明：存在无穷多个素数，使得其中每一个素数是数列 $\{a_n\}$ 中至少一项的因数；

(2) 是否存在无穷多个素数，使得这些素数均不能整除数列 $\{a_n\}$ 中的任何一项？

(2014，英国数学奥林匹克)

(1) **证明** 由 $a_n = a_{n-1}^2 - a_{n-1}$，得 $a_{n-1} \mid a_n$.

则任意一个素数只要能整除数列 $\{a_n\}$ 中的一项，就能整除该数列中的无限项.

又由 $a_n = a_{n-1}(a_{n-1} - 1)$，显然，$a_{n-1}$ 与 $a_{n-1} - 1$ 互素.

另外，由 $a_{n-1} - 1 > 1$，知数列 $\{a_n\}$ 为递增的. 从而，若素数 p 满足 $p \mid (a_{n-1} - 1)$，则 $p \mid a_n$，$p \nmid a_{n-1}$，且对于任意的 $m < n$（$m \in \mathbf{Z}^+$），均有 $p \nmid a_m$.

而对于数列中的每一项 a_n，只需取素数 p_n，使得 $p_n \mid (a_{n-1} - 1)$. 于是，一定可以找到无穷多个互不相等的素数组成数列 $\{p_n\}$ 满足题目要求.

(2) **解** 构造数列 $\{b_n\}$ 满足 $b_n = a_n - 2$. 则 $b_n = b_{n-1}(b_{n-1} + 3)$（$n \in \mathbf{Z}^+$）.

由 $b_0 = a_0 - 2 = 2$，知 $3 \nmid b_0$.

进而，由归纳法易得对于任意的 $n \in \mathbf{N}$，$3 \nmid b_n$.

于是，b_{n-1} 与 $b_{n-1} + 3$ 互素.

由(1)的结论，知必存在无穷多个互不相等的素数，使得这些素数至少可以整除数列 $\{b_n\}$ 中的一项，且 b_n 与 a_n 除去 2 以外没有其他任何公因数.

从而，必存在无穷多个互不相等的素数，使得这些素数均不能整除数列 $\{a_n\}$ 中的任何一项.

设非负整数的无穷数列 $a_1,a_2,\cdots$ 满足：对于任意正整数 m,n，均有 $\sum\limits_{i=1}^{2m} a_{in} \leqslant m$.

证明：存在正整数 k,d，满足 $\sum\limits_{i=1}^{2k} a_{id} = k - 2014$.

（2014，第30届中国数学奥林匹克）

证明　由于 $a_1,a_2,\cdots$ 为非负整数列，在条件中取 $m=1$，知对于任意正整数 n，均有 $0 \leqslant a_n + a_{2n} \leqslant 1$.

故 $a_n \in \{0,1\}$，且有无穷多个 n，使得 $a_n = 0$.

下面证明：有无穷多个正整数 n，使得 $a_n + a_{2n} = 0$.

否则，假设只有有限个这样的 n. 则存在正整数 N，使得当 $n \geqslant N$ 时，总有 $a_n + a_{2n} = 1$.

由于对无穷多个 n 有 $a_n = 0$，故可取定一个正整数 $d > N$，使得 $a_d = 0$.

则对于任意正整数 m，一方面，由条件知

$$\sum_{i=1}^{2m} a_{id} + \sum_{i=1}^{2m} a_{2id} \leqslant m + m = 2m; \qquad ①$$

另一方面，由于 $id > N$，故由假设知

$$\sum_{i=1}^{2m} a_{id} + \sum_{i=1}^{2m} a_{2id} = \sum_{i=1}^{2m}(a_{id} + a_{2id}) = \sum_{i=1}^{2m} 1 = 2m. \qquad ②$$

于是，由式①，②，知对于任意正整数 m，均有 $\sum\limits_{i=1}^{2m} a_{id} = m$. ③

而 $d > N$，故由假设知对于所有整数 $r \geqslant 1$，均有 $a_{rd} + a_{2rd} = 1$. ④

在式④中分别取 $r = 1,2,4$ 可依次得到

$a_{2d} = 1 - a_d = 1, a_{4d} = 1 - a_{2d} = 0, a_{8d} = 1 - a_{4d} = 1$.

由式③（取 $m=2$），知 $a_{3d} = 1$.

于是，由式④（取 $r=3,6$）得 $a_{6d} = 1 - a_{3d} = 0, a_{12d} = 1 - a_{6d} = 1$.

再在式③中取 $m=3$，知 $a_{5d} = 1$. 从而，$a_{10d} = 1 - a_{5d} = 0$.

最后，由式③（分别取 $m=4,5$）得 $a_{7d} = 0, a_{9d} = 1$.

故 $a_{3d} + a_{6d} + a_{9d} + a_{12d} = 1 + 0 + 1 + 1 = 3 > 2$.

这与已知条件（取 $n = 3d, m = 2$）矛盾.

从而，可证明有无穷多个 n，使得 $a_n + a_{2n} = 0$.

现在可取正整数 t，使得至少有 4028 个正整数 $n \leqslant t$，满足 $a_n + a_{2n} = 0$.

则 $\sum\limits_{i=1}^{t}(a_i + a_{2i}) \leqslant t - 4028$. 于是，$\sum\limits_{i=1}^{t} a_i \leqslant \dfrac{t}{2} - 2014$ 或 $\sum\limits_{i=1}^{t} a_{2i} \leqslant \dfrac{t}{2} - 2014$.

总之，存在正整数 $t,d(d=1$ 或 $2)$，使得 $\sum\limits_{i=1}^{t} a_{id} \leqslant \dfrac{t}{2} - 2014$.

令 $b_s = \sum\limits_{i=1}^{s} a_{id} - \dfrac{s}{2}(s=1,2,\cdots,t)$. 则 $b_1 = a_d - \dfrac{1}{2} \geqslant -\dfrac{1}{2}, b_t \leqslant -2014$.

设 l 为满足 $b_l \leqslant -2014$ 的最小正整数. 则 $b_{l-1} \geqslant -2014 + \dfrac{1}{2}$.

由 $b_l - b_{l-1} = a_{ld} - \dfrac{1}{2} \geqslant -\dfrac{1}{2}$, 知 $b_l \geqslant b_{l-1} - \dfrac{1}{2} \geqslant -2014$.

故 $b_l = -2014$, 即 $\displaystyle\sum_{i=1}^{l} a_{id} = \dfrac{l}{2} - 2014$.

由 $\displaystyle\sum_{i=1}^{l} a_{id}$ 为整数, 知上式中 l 为偶数.

记 $l = 2k$. 则 $\displaystyle\sum_{i=1}^{2k} a_{id} = k - 2014$.

给定整数 $n \geqslant 2$, 设实数 $x_1, x_2, \cdots, x_n$ 满足:

(1) $\displaystyle\sum_{i=1}^{n} x_i = 0$;

(2) $|x_i| \leqslant 1 (i = 1, 2, \cdots, n)$.

求: $\displaystyle\min_{1 \leqslant i \leqslant n-1} |x_i - x_{i+1}|$ 的最大值.

(2014, 中国西部数学邀请赛)

解 记 $A = \displaystyle\min_{1 \leqslant i \leqslant n-1} |x_i - x_{i+1}|$.

(i) 当 n 为偶数时, 由条件(2)知对 $1 \leqslant i \leqslant n-1$, 有 $|x_i - x_{i+1}| \leqslant |x_i| + |x_{i+1}| \leqslant 2$. 从而, $A \leqslant 2$.

取 $x_i = (-1)^i (i = 1, 2, \cdots, n)$, 满足条件(1)、(2), 且 $A = 2$. 因此, A 的最大值为 2.

(ii) 当 n 为奇数时, 设 $n = 2k+1$.

若存在 i 使得 $x_i \leqslant x_{i+1} \leqslant x_{i+2}$ 或 $x_i \geqslant x_{i+1} \geqslant x_{i+2}$, 则由 $A \leqslant |x_i - x_{i+1}|$, $A \leqslant |x_{i+1} - x_{i+2}|$, 知 $2A \leqslant |x_{i+2} - x_i| \leqslant 2$. 从而, $A \leqslant 1 < \dfrac{2n}{n+1}$.

否则, 不妨设 $x_{2i-1} > x_{2i}$, $x_{2i} < x_{2i+1} (i = 1, 2, \cdots, k)$. 于是,

$$(2k+2)A \leqslant \sum_{i=1}^{k} (|x_{2i-1} - x_{2i}|) + |x_{2i} - x_{2i+1}| + (|x_1 - x_2| + |x_{2k} - x_{2k+1}|)$$

$$= \sum_{i=1}^{k} (x_{2i-1} - x_{2i} + x_{2i+1} - x_{2i}) + (x_1 - x_2 + x_{2k+1} - x_{2k})$$

$$= 2\sum_{i=1}^{k+1} x_{2i-1} - 2\sum_{i=1}^{k} x_{2i} - x_2 - x_{2k}$$

$$= -4\sum_{i=1}^{k} x_{2i} - x_2 - x_{2k} \leqslant 4k+2$$

$$\Rightarrow A \leqslant \dfrac{4k+2}{2k+2} = \dfrac{2n}{n+1}.$$

取 $x_i = \begin{cases} \dfrac{k}{k+1}, & i = 1, 3, \cdots, 2k+1; \\ -1, & i = 2, 4, \cdots, 2k. \end{cases}$

容易验证此数列满足条件(1)、(2)，且 $A = \dfrac{2k+1}{k+1} = \dfrac{2n}{n+1}$.

因此，A 的最大值为 $\dfrac{2n}{n+1}$.

已知正整数列 $\{a_n\}$ 满足 $a_1 = 1$，对于任意的 $n \in \mathbf{Z}^+$，a_{n+1} 是满足下面条件的最小正整数：对于任意的正整数 $i, j, k (1 \leqslant i, j, k \leqslant n+1)$，$a_i + a_j \neq 3a_k$. 求 a_{2015}.

（2014，中国香港代表队选拔考试）

解 因为 $a_1 = 1, 1 + 2 = 3 \times 1$，所以，$a_2 \neq 2$. 容易验证 $a_2 = 3, a_3 = 4$.

又 $5 + 4 = 6 + 3 = 3 \times 3$，则 a_4 不可能为 5 或 6. 容易验证 $a_4 = 7$.

因为 $8 + 1 = 3 \times 3, 9 + 3 = 3 \times 4$，所以，$a_5$ 不可能为 8 或 9. 容易验证 $a_5 = 10$.

类似地，得数列 $\{a_n\}$ 的前 12 个数（见表 1）.

表　1

n	1	2	3	4	5	6	7	8	9	10	11	12
a_n	1	3	4	7	10	12	13	16	19	21	22	25

对于 $r = 0, 1, \cdots$，由表有如下猜想：

$a_{4r+1} = 9r + 1, a_{4r+2} = 9r + 3, a_{4r+3} = 9r + 4, a_{4r+4} = 9r + 7$.

接下来证明这个结论.

对于 $r = 0, 1, 2$，结论显然成立.

假设结论对于 $r = 0, 1, \cdots, m (m \geqslant 2)$ 成立，这表明，在 $a_1, a_2, \cdots, a_{4m+4}$ 中，没有一个数是模 3 余 2 的，且在区间 $[1, 9m+7]$ 中的数是存在模 3 余 1 的.

因为 $(9m+8) + 4 = 3(3m+4), (9m+9) + 3 = 3(3m+4)$，所以，

$a_{4m+5} \neq 9m + 8$ 或 $9m + 9$.

若 $(9m+10) + y = 3z$，则 $y \equiv 2 \pmod 3$.

因为 y 不在数列中，所以，$a_{4m+5} = 9m + 10$.

由 $(9m+11) + 1 = 3(3m+4)$，得 $a_{4m+6} \neq 9m + 11$.

若 $(9m+12) + y = 3z (y$ 在数列中$)$，则 $y \equiv 0 \pmod 3$. 记 $y = 9t + 3$（归纳假设）.

故 $z = 3m + 3t + 5 \equiv 2 \pmod 3$.

于是，z 不在数列中. 从而，$a_{4m+6} = 9m + 12$.

若 $(9m+13) + y = 3z$，则 $y \equiv 2 \pmod 3$.

因为 y 不在数列中，所以，$a_{4m+7} = 9m + 13$.

而 $(9m+14) + 7 = 3(3m+7)$，且 $3m + 7 \equiv 1 \pmod 3$ 在数列中，则 $a_{4m+8} \neq 9m + 14$.

又 $(9m+15) + (9m+15) = 3(6m+10)$，而 $6m + 10 \equiv 1 \pmod 3$ 在数列中，则

$a_{4m+8} \neq 9m + 15.$

假设有$(9m+16) + y = 3z.$ 则 $y \equiv 2 \pmod 3.$

因为 y 不在数列中,所以,$a_{4m+8} = 9m + 16.$

由此,$a_{2015} = a_{4 \times 503 + 3} = 9 \times 503 + 4 = 4531.$

设数列 $\{x_n\}$ 满足 $x_1 = 2014, x_{n+1} = \dfrac{(\sqrt{2}+1)x_n - 1}{(\sqrt{2}+1) + x_n}.$ 求 $x_{2015}.$

(2014—2015,英国数学奥林匹克)

解 令 $k = \sqrt{2} + 1, m = \sqrt{2} - 1.$ 则 $mk = 1, k - m = 2.$

由已知得

$$x_{n+1} = \frac{kx_n - 1}{x_n + k} = \frac{x_n - \dfrac{1}{k}}{\dfrac{x_n}{k} + 1} = \frac{x_n - m}{mx_n + 1}, x_{n+2} = \frac{k \cdot \dfrac{x_n - m}{mx_n + 1} - 1}{k + \dfrac{x_n - m}{mx_n + 1}} = \frac{x_n - 1}{x_n + 1}.$$

类似地,$x_{n+4} = \dfrac{-1}{x_n}, x_{n+8} = x_n.$

于是,$x_{n+8t} = x_n (t \in \mathbf{Z}^+).$

又 $x_5 = \dfrac{-1}{2014},$ 故 $x_{2015} = x_7 = \dfrac{x_5 - 1}{x_5 + 1} = \dfrac{-1 - 2014}{-1 + 2014} = -\dfrac{2015}{2013}.$

设 $a_0 < a_1 < \cdots$ 为无穷正整数列. 证明:存在唯一的整数 $n(n \geqslant 1),$ 满足

$$a_n < \frac{a_0 + a_1 + \cdots + a_n}{n} \leqslant a_{n+1}. \qquad \text{①}$$

(第 55 届 IMO)

证明 对于 $n = 1, 2, \cdots,$ 定义 $d_n = (a_0 + a_1 + \cdots + a_n) - na_n.$

则式 ① 中左端的不等式成立等价于 $d_n > 0.$

注意到,$na_{n+1} - (a_0 + a_1 + \cdots + a_n) = (n+1)a_{n+1} - (a_0 + a_1 + \cdots + a_{n+1}) = -d_{n+1}.$

故式 ① 中右端的不等式成立等价于 $d_{n+1} \leqslant 0.$

于是,只需证明存在唯一的整数 $n,$ 满足 $d_n > 0 \geqslant d_{n+1}.$

由定义,知数列 $d_1, d_2, \cdots$ 的元素均为整数,且 $d_1 = (a_0 + a_1) - 1 \cdot a_1 = a_0 > 0.$

而 $d_{n+1} - d_n = ((a_0 + a_1 + \cdots + a_n) - na_{n+1}) - ((a_0 + a_1 + \cdots + a_n) - na_n)$

$= n(a_n - a_{n+1}) < 0,$

于是,$d_{n+1} < d_n.$ 从而,数列 $d_1, d_2, \cdots$ 是首项为正的严格单调递减的整数列.

因此,存在唯一的 $n,$ 满足 $d_n > 0 \geqslant d_{n+1}.$

对于实数列 $x_1, x_2, \cdots, x_n$，定义其"价值"为 $\max\limits_{1 \leqslant i \leqslant n}\{|x_1 + x_2 + \cdots + x_i|\}$. 给定 n 个实数，大卫和乔治想把这 n 个实数排成低价值的数列. 一方面，勤奋的大卫检验了所有可能的方式来寻找其可能的最小价值 D. 另一方面，贪婪的乔治选择 x_1，使得 $|x_1|$ 尽可能地小；在剩下的数中，他选择 x_2，使得 $|x_1 + x_2|$ 尽可能地小；$\cdots$；在第 i 步，他在剩下的数中选择 x_i，使得 $|x_1 + x_2 + \cdots + x_i|$ 尽可能小. 在每一步，若有不止一个数给出的最小的和的绝对值相同，则乔治任意选择一个数，最后他得到的数列价值为 G. 求最小的常数 c，使得对于每个正整数 n，每个由 n 个实数构成的数组和每个乔治可以得到的数列，均有 $G \leqslant cD$.

（第 55 届 IMO 预选题）

解 $c = 2$.

若开始给出的数为 $1, -1, 2, -2$，则大卫把这四个数排成 $1, -2, 2, -1$，而乔治可以得到数列 $1, -1, 2, -2$.

于是，$D = 1, G = 2$. 从而，$c \geqslant 2$.

下面证明：$G \leqslant 2D$.

设 n 个实数为 $x_1, x_2, \cdots, x_n$，大卫，乔治已经得到了各自的排列. 假设大卫和乔治得到的数列分别为 $d_1, d_2, \cdots, d_n$ 和 $g_1, g_2, \cdots, g_n$.

记 $M = \max\limits_{1 \leqslant i \leqslant n}\{|x_i|\}$，$S = |x_1 + x_2 + \cdots + x_n|$，$N = \max\{M, S\}$.

则 $D \geqslant S$，$D \geqslant \dfrac{M}{2}$，$G \leqslant N = \max\{M, S\}$.

由 $D \geqslant S$，$D \geqslant \dfrac{M}{2}$，$G \leqslant N = \max\{M, S\}$ 得

$G \leqslant \max\{M, S\} \leqslant \max\{M, 2S\} \leqslant 2D$.

事实上，由价值的定义，知 $D \geqslant S$ 成立.

对于 $D \geqslant \dfrac{M}{2}$，考虑一个下标 i，使得 $|d_i| = M$.

故 $M = |d_i| = |(d_1 + d_2 + \cdots + d_i) - (d_1 + d_2 + \cdots + d_{i-1})|$

$\leqslant |d_1 + d_2 + \cdots + d_i| + |d_1 + d_2 + \cdots + d_{i-1}| \leqslant 2D$.

从而，$D \geqslant \dfrac{M}{2}$ 成立.

最后证明 $G \leqslant N = \max\{M, S\}$ 成立.

设 $h_i = g_1 + g_2 + \cdots + g_i$.

对 i 用数学归纳法证明 $|h_i| \leqslant N$.

当 $i = 1$ 时，$|h_1| = |g_1| \leqslant M \leqslant N$，结论成立.

注意到，$|h_n| = S \leqslant N$，结论也成立.

假设 $|h_{i-1}| \leqslant N$，分两种情况.

（1）假设 $g_i, g_{i+1}, \cdots, g_n$ 中不存在两项符号相反，不失一般性，假设它们均为非负.

则 $h_{i-1} \leqslant h_i \leqslant \cdots \leqslant h_n$. 故 $|h_i| \leqslant \max\{|h_{i-1}|, |h_n|\} \leqslant N$.

(2) 在 $g_i, g_{i+1}, \cdots, g_n$ 中有正数,也有负数,则存在下标 $j \geqslant i$,使得 $h_{i-1}g_j \leqslant 0$.
由乔治得到的数列的定义得
$$|h_i| = |h_{i-1} + g_i| \leqslant |h_{i-1} + g_j| \leqslant \max\{|h_{i-1}|, |g_j|\} \leqslant N.$$
于是,结论成立.

这表明,$G \leqslant N = \max\{M, S\}$ 也成立.

已知实数列 $\{a_n\}(n \in \mathbf{Z})$ 满足 $a_{n+3} = \dfrac{a_n + a_{n+1} + a_{n+2}}{3} (n \in \mathbf{Z})$. 证明:若 $\{a_n\}$ 有界,则 $\{a_n\}$ 为常数列.

(2015,爱尔兰数学奥林匹克)

证明 令 $b_n = a_{-n}$.

由 $a_{n+3} = \dfrac{a_n + a_{n+1} + a_{n+2}}{3} \Rightarrow 3b_{-(n+3)} = b_{-n} + b_{-(n+1)} + b_{-(n+2)}$.

令 $-(n+3) = m$. 则

$$3b_m = b_{m+3} + b_{m+2} + b_{m+1} \Rightarrow b_{m+3} = -b_{m+2} - b_{m+1} + 3b_m \ (m \in \mathbf{Z}).$$

数列 $\{b_m\}$ 的特征方程为 $x^3 + x^2 + x - 3 = 0$,三个特征根为 $1, s = -1 + \sqrt{2}\mathrm{i}, \bar{s} = -1 - \sqrt{2}\mathrm{i}$.

所以,$b_n = \beta + \gamma s^n + \delta \bar{s}^n$.

由
$$\begin{cases} \beta + \gamma \cdot \dfrac{-1 - \sqrt{2}\mathrm{i}}{3} + \delta \cdot \dfrac{-1 + \sqrt{2}\mathrm{i}}{3} = b_{-1} \in \mathbf{R}, \\ \beta + \gamma + \delta = b_0 \in \mathbf{R}, \\ \beta + \gamma(-1 + \sqrt{2}\mathrm{i}) + \delta(-1 - \sqrt{2}\mathrm{i}) = b_1 \in \mathbf{R}, \end{cases}$$
得 $\beta \in \mathbf{R}, \delta = \bar{\gamma}$.

于是,$b_n = \beta + 2\mathrm{Re}(\gamma s^n)$.

要证 $\{a_n\}$ 为常数列,只需证 $\gamma = 0$.

现假设 $\gamma \neq 0$.

对于正整数 t,若 γs^t 的辐角主值 $\theta \in \left[0, \dfrac{3\pi}{8}\right] \cup \left[\dfrac{13\pi}{8}, 2\pi\right)$,则称 t 为"好数".

记 $c = \cos \dfrac{3\pi}{8}$.

对于好数 t,有 $\mathrm{Re}(\gamma s^t) \geqslant c|\gamma||s|^t$.

因为 s 的辐角主值为 $\pi - \arctan\sqrt{2} \in \left(\dfrac{2\pi}{3}, \dfrac{3\pi}{4}\right)$,所以,连续的四个正整数 n_0、$n_0 + 1$、$n_0 + 2$、$n_0 + 3$ 中至少有一个好数. 从而,存在任意大的好数.

对于每一个好数 n,均有 $b_n > \beta + 2c|\gamma||s|^n$.

而 $|s| = \sqrt{3} > 1$,当好数 n 充分大之后,$b_n \to +\infty$. 这与 $\{a_n\}$ 有界矛盾.

故 $\gamma = 0, b_n = \beta, a_n = \beta$.

所以,$\{a_n\}$ 为常数列.

证明:集合 $\{\sqrt{1},\sqrt{2},\cdots,\sqrt{2015}\}$ 中不含有长度为 45 的非常值等差数列.

(2015,罗马尼亚数学奥林匹克)

证明　若 $m,n,p\in \mathbf{Z}^+,\sqrt{m},\sqrt{n},\sqrt{p}$ 构成等差数列,则

$$p+m+2\sqrt{pm}=4n\Rightarrow \sqrt{pm}\in \mathbf{Q}.$$

故 $m=a^2d,p=c^2d,n=b^2d(a,b,c,d\in \mathbf{Z}^+,$ 且 $a+c=2b).$

若可以选出 45 项构成等差数列,则每一项可写为 $a_1\sqrt{d},a_2\sqrt{d},\cdots,a_{45}\sqrt{d}$ 的形式,其中,$a_1,a_2,\cdots,a_{45},d\in \mathbf{Z}^+,$ 且 $a_1,a_2,\cdots,a_{45}$ 构成等差数列.

从而,最大项至少为 $\sqrt{45^2d}\geqslant \sqrt{2025}$,矛盾.

设 $n\in \mathbf{Z}^+,$ 两数列 $a_0,a_1,\cdots,a_k;b_0,b_1,\cdots,b_k$ 满足 $a_0=b_0=1,a_k=b_k=n,$ 且对于任意的 $i(1\leqslant i\leqslant k),$ 均有 $(a_i,b_i)=(1+a_{i-1},b_{i-1})$ 或 $(a_{i-1},1+b_{i-1}).$

若对于 $i(1\leqslant i\leqslant k),$ 数 $c_i=\begin{cases}a_i,&a_i=a_{i-1};\\b_i,&b_i=b_{i-1}\end{cases}$ 证明:$c_1+c_2+\cdots+c_k=n^2-1.$

(2015,第 53 届荷兰国家队选拔考试)

证明　对 j 用数学归纳法证明:

$$c_1+c_2+\cdots+c_j=a_jb_j-1. \qquad ①$$

当 $j=1$ 时,由 $(a_1,b_1)\in \{(1,2),(2,1)\},$ 则 $c_1=a_1b_1-1.$

假设 $j=i-1$ 时,结论成立,即 $c_1+c_2+\cdots+c_{i-1}=a_{i-1}b_{i-1}-1.$

当 $j=i$ 时,不妨设 $(a_i,b_i)=(a_{i-1},1+b_{i-1}).$

则 $a_i=a_{i-1}\Rightarrow c_i=a_{i-1}$

$\Rightarrow (c_1+c_2+\cdots+c_{i-1})+c_i=(a_{i-1}b_{i-1}-1)+a_{i-1}=a_{i-1}(b_{i-1}+1)-1=a_ib_i-1.$

从而,式 ① 成立.

综上,结论成立.

将 $j=k$ 代入得 $c_1+c_2+\cdots+c_k=a_kb_k-1=n^2-1.$

实数列 $\{a_n\},\{b_n\}(n\geqslant 0)$ 满足 $a_0>\dfrac{1}{2},a_{n+1}\geqslant a_n,b_{n+1}=a_n(b_n+b_{n+2}).$ 证明:$\{b_n\}$ 为有界数列.

(2015,第 66 届罗马尼亚国家队选拔考试)

证明　注意到,

$$b_{n+1}=a_n(b_n+b_{n+2})\Leftrightarrow (b_n-b_{n+2})b_{n+1}=a_n(b_n^2-b_{n+2}^2)$$

$$\Leftrightarrow (b_n-b_{n+1})^2-(b_{n+1}-b_{n+2})^2=(1-2a_n)(b_n^2-b_{n+2}^2)$$

$$\Leftrightarrow b_{n+2}^2-b_n^2=\frac{(b_{n+1}-b_n)^2-(b_{n+2}-b_{n+1})^2}{2a_n-1}.$$

代数部分

将下标 n 换为 $0,1,\cdots,n-2$ 后求和得

$$b_n^2 + b_{n-1}^2 - b_1^2 - b_0^2$$

$$= \frac{(b_1-b_0)^2}{2a_0-1} - \sum_{k=0}^{n-3}\left(\frac{1}{2a_k-1}-\frac{1}{2a_{k+1}-1}\right)(b_{k+2}-b_{k+1})^2 - \frac{(b_n-b_{n-1})^2}{2a_{n-2}-1}$$

$$\leqslant \frac{(b_1-b_0)^2}{2a_0-1},$$

其中,最后一个小于等于号是因为 $a_{k+1} \geqslant a_k$ 及 $a_{n-2} \geqslant a_0 > \dfrac{1}{2}$.

故 $b_n^2 \leqslant b_n^2 + b_{n-1}^2 \leqslant b_0^2 + b_1^2 + \dfrac{(b_1-b_0)^2}{2a_0-1}$.

注:除了所有 b_n 全为 0 的例子,还可发现 $a_n = 1$,$b_n = \cos\dfrac{n\pi}{3}$ 也是符合题中递推式的例子,从而,题中的假设不是无意义的.

已知整数列 $\{a_n\}$:$a_0 = 1$,$a_n = \displaystyle\sum_{k=0}^{n-1}\mathrm{C}_n^k a_k$($n \geqslant 1$). 令 m 为正整数,p 为素数,q,r 为非负整数. 证明:两项之差 $a_{p^m q+r} - a_{p^{m-1} q+r}$ 被 p^m 整除.

(2015,第 66 届罗马尼亚国家队选拔考试)

证明 考虑所有实系数多项式构成的 $\mathbf{R}$ 上的向量空间 $\mathbf{R}[x]$,在其上定义一个实系数的线性泛函 $L:\mathbf{R}[x] \rightarrow \mathbf{R}$:$Lx^n = a_n$($n = 0,1,\cdots$).

若 $f = \displaystyle\sum_k \alpha_k x^k$($\alpha_k \in \mathbf{R}$),则 $Lf = \displaystyle\sum_k \alpha_k a_k$.

由于 $(x+1)^n = \displaystyle\sum_{k=0}^{n}\mathrm{C}_n^k x^k$,于是,

$$L(x+1)^n = \sum_{k=0}^{n}\mathrm{C}_n^k Lx^k = \sum_{k=0}^{n}\mathrm{C}_n^k a_k = \sum_{k=0}^{n-1}\mathrm{C}_n^k a_k + a_n = 2a_n = 2Lx^n.$$

故对每个 $\mathbf{R}[x]$ 中的多项式 f,均有 $Lf(x+1) = 2Lf(x) - f(0)$.

特别地,取 $f(x) = \mathrm{C}_x^k$.

由组合恒等式 $\mathrm{C}_{x+1}^k = \mathrm{C}_x^k + \mathrm{C}_x^{k-1}$($k \geqslant 1$),得 $L\mathrm{C}_x^k = L\mathrm{C}_x^{k-1}$($k \geqslant 1$).

这可以推得 $L\mathrm{C}_x^k = 1$($k \geqslant 0$).

进一步,$\mathbf{R}[x]$ 中的每个整数值多项式 f,Lf 也为整数,这是因为若对每个整数 k,$f(k)$ 均为整数,则 f 可表示为 $\displaystyle\sum_k \alpha_k \mathrm{C}_x^k$($\alpha_k$ 为整数),故 $Lf = \displaystyle\sum_k \alpha_k$ 也为整数.

最后,由于对每个整数 a,$a^{p^m} \equiv a^{p^{m-1}} \pmod{p^m}$,于是,$f(x) = \dfrac{x^{p^m q+r} - x^{p^{m-1}q+r}}{p^m}$ 是 $\mathbf{R}[x]$ 中的整数值多项式.

故 $Lf = \dfrac{a_{p^m q+r} - a_{p^{m-1}q+r}}{p^m}$ 为整数值.

注:本证明中用到的结论:有理系数多项式 $f(x)$ 为整数值多项式当且仅当其可分解

成组合数 C_x^k 的整数值线性组合时，证明可参考波利亚、舍贵的《数学分析中的问题和定理》第二卷的问题 85. 事实上，分解出的线性系数就是第二类斯特林（$Stirling$）数，该数列可递推得到.

> 设整数 $n \geqslant 5$，$a_1, a_2, \cdots, a_n$ 为实数，任取其中的两个数作和 $a_i + a_j (1 \leqslant i < j \leqslant n)$，则有 $\dfrac{n(n-1)}{2}$ 种可能情况，重新排列这 $\dfrac{n(n-1)}{2}$ 个数后得到一个等差数列.
>
> 证明：$a_1 = a_2 = \cdots = a_n$.
>
> （2015，爱沙尼亚国家队选拔考试）

证明　设公差 $d \geqslant 0$. 不妨假设 $a_1 \leqslant a_2 \leqslant \cdots \leqslant a_n$.

若 $d = 0$，则 $a_1 = a_2 = \cdots = a_n$.

事实上，由 $a_1 + a_3 = a_2 + a_3$，知 $a_1 = a_2$. 而对于任意的 $i = 2, 3, \cdots, n-1$，均有
$$a_1 + a_i = a_1 + a_{i+1} \Rightarrow a_i = a_{i+1}.$$

若 $d > 0$，在所有的和 $a_i + a_j (1 \leqslant i < j \leqslant n)$ 中最小的为 $a_1 + a_2$，其次为 $a_1 + a_3$.

事实上，当 $i > 3$ 时，$a_1 + a_i \geqslant a_1 + a_3$；当 $i > 1$，且 $j > i$ 时，$a_i + a_j \geqslant a_1 + a_3$.

则 $(a_1 + a_3) - (a_1 + a_2) = d$，即 $a_3 - a_2 = d$.

类似地，在所有的和 $a_i + a_j (1 \leqslant i < j \leqslant n)$ 中最大的两个为 $a_n + a_{n-1}$，$a_n + a_{n-2}$，得
$$a_{n-1} - a_{n-2} = d.$$

（1）$n \geqslant 6$，则 $2, 3, n-2, n-1$ 两两不同. 于是，$a_2 + a_{n-1}$，$a_3 + a_{n-2}$ 为等差数列中两个不同的项.

由 $a_3 + a_{n-2} = (a_2 + d) + (a_{n-1} - d) = a_2 + a_{n-1}$，知 $d = 0$，矛盾.

（2）$n = 5$，据 $a_{n-1} - a_{n-2} = d$，得 $a_3 = a_2 + d$，$a_4 = a_3 + d$.

由 $(a_1 + a_3) - (a_1 + a_2) = (a_1 + a_4) - (a_1 + a_3) = d$，知 $a_1 + a_2$，$a_1 + a_3$，$a_1 + a_4$ 为等差数列的前三项.

类似地，$a_2 + a_5$，$a_3 + a_5$，$a_4 + a_5$ 为等差数列的后三项.

因为 $a_2 + a_4 = a_3 + a_3$，所以，$a_i + a_j (1 \leqslant i < j \leqslant 5)$ 有两种情况，分别为
$$a_1 + a_2 < a_1 + a_3 < a_1 + a_4 < a_1 + a_5 < a_2 + a_3 < a_2 + a_4 < a_3 + a_4 < a_2 + a_5 < a_3 + a_5 < a_4 + a_5,$$
或 $a_1 + a_2 < a_1 + a_3 < a_1 + a_4 < a_2 + a_3 < a_2 + a_4 < a_3 + a_4 < a_1 + a_5 < a_2 + a_5 < a_3 + a_5 < a_4 + a_5$.

在第一种情况中，由第三项和第四项，得 $a_5 - a_4 = d$. 则 $a_2 + a_5 = a_3 + a_4$. 矛盾. 在第二种情况中，由倒数第三项和倒数第四项，得 $a_2 - a_1 = d$. 则 $a_1 + a_4 = a_2 + a_3$. 矛盾.

综上，$a_1 = a_2 = \cdots = a_n$.

若非负整数 i 和正整数 p 满足 $i+2p \leqslant n$,且对 $j=1,2,\cdots,p$,有 $a_{i+j}=a_{i+p+j}$,则称 n 元数组 $(a_1,a_2,\cdots,a_n)$ 是"局部周期的". 对固定的正整数 k,求最小的正整数 n,满足:存在 n 元数组 $(a_1,a_2,\cdots,a_n)(a_i \in \{1,2,\cdots,k\})$ 不是局部周期的;其 $n+1$ 元延拓 $(a_1,a_2,\cdots,a_{n+1})(a_{n+1} \in \{1,2,\cdots,k\})$ 是局部周期的.

(2015,爱沙尼亚国家队选拔考试)

解 首先证明,满足题意要求的数组至少有 2^k-1 个元素.

设 $(a_1,a_2,\cdots,a_n)(a_i \in \{1,2,\cdots,k\})$ 不是局部周期的. $n+1$ 元延拓 $(a_1,a_2,\cdots,a_{n+1})(a_{n+1} \in \{1,2,\cdots,k\})$ 是局部周期的.这表明,在增加元素 a_{n+1} 后,两个重复周期的最后一个元素相等,即 $a_{i+p}=a_{i+2p}=a_{n+1}$.

设 $a_{n+1}=l \in \{1,2,\cdots,k\}$,用 p_l 表示 $n+1$ 元数组 $(a_1,a_2,\cdots,a_n,l)$ 中重复区间的长度.

先证明两个引理.

引理 1 $p_1,p_2,\cdots,p_k$ 两两不等.

引理 1 的证明 假设存在 $1 \leqslant u < v \leqslant k$,使得 $p_u=p_v$.

若 $a_{n+1}=u$,则 $i+2p_u=n+1$.

据局部周期性,知 $a_{i+p_u}=a_{i+2p_u}=a_{n+1}=u$.

若 $a_{n+1}=v$,则 $i+2p_v=n+1$.

据局部周期性,知 $a_{i+p_v}=a_{i+2p_v}=a_{n+1}=v$.

综上,$u=v$,矛盾.

从而,$p_1,p_2,\cdots,p_k$ 两两不等.

不妨设 $p_1 < p_2 < \cdots < p_k$.

引理 2 $p_{s+1} \geqslant 2p_s (1 \leqslant s \leqslant k-1)$.

引理 2 的证明 假设 $p_{s+1} < 2p_s$.则对于 $1 \leqslant j \leqslant p_{s+1}-p_s$,有
$$a_{n+1-2p_s+j}=a_{n+1-p_s+j}=a_{n+1-p_s+(p_{s+1}-p_s)+j}=a_{n+1-2p_{s+1}+(p_{s+1}-p_s)+j}=a_{n+1-2p_s-(p_{s+1}-p_s)+j}.$$

又 $j \leqslant p_{s+1}-p_s < 2p_s-p_s=p_s$,即 $p_{s+1}-p_s+j < p_{s+1}$,则 n 元数组 $(a_1,a_2,\cdots,a_n)$ 是局部周期的,矛盾.

因此,$p_{s+1} \geqslant 2p_s$.

引理 1,2 得证.

由引理 2,知 $p_k \geqslant 2p_{k-1} \geqslant 2^2 p_{k-2} \geqslant \cdots \geqslant 2^{k-1} p_1 \geqslant 2^{k-1}$.

则 $n+1 \geqslant 2 \times 2^{k-1}=2^k \Rightarrow n \geqslant 2^k-1$.

其次证明:满足题意要求的 n 的最小值 2^k-1 是可以取到的.

当 $k=1$ 时,$L_1=(1)$,其 $n+1$ 元延拓 $(1,1)$ 是局部周期的.

当 $k=2$ 时,$L_2=(L_1,2,L_1)$,即 $L_2=(1,2,1)$,经验证,L_2 不是局部周期的,其 $n+1$ 元延拓 $(L_2,a_4)(a_4 \in \{1,2\})$ 是局部周期的.

假设当 $k=m$ 时,L_m 不是局部周期的,其 $n+1$ 元延拓是局部周期的.

则当 $k=m+1$ 时,取 $L_{m+1}=(L_m,m+1,L_m)$,显然,满足 L_{m+1} 不是局部周期的,此时,$n=(2^m-1)+1+(2^m-1)=2^{m+1}-1$.

对于 L_{m+1} 的 $n+1$ 元延拓 $(L_m, m+1, L_m, a_{n+1})$，若 $a_{n+1} \in \{1, 2, \cdots, m\}$，根据归纳假设，知 $(L_m, m+1, L_m, a_{n+1})$ 是局部周期的；若 $a_{n+1} = m+1$，则 $(L_m, m+1, L_m, a_{n+1}) = (L_m, m+1, L_m, m+1)$ 是局部周期的，且是重复周期的.

　　若数列 $\{a_n\}$ 满足：对于任意的正整数 $n, a_n \in \mathbf{Z}^+, a_n < a_{n+1}$，且 $a_{2n} = 2a_n$，则称该数列是"倍增数列". 证明：

　　(1) 若数列 $\{a_n\}$ 为倍增数列，则对于任意一个大于 a_1 的素数 p，在 $\{a_n\}$ 的项中总有一个 p 的倍数；

　　(2) 若 p 为奇素数，则存在一个倍增数列 $\{a_n\}$，使得 p 的倍数均不出现在数列 $\{a_n\}$ 的项中.

(2015，第 25 届日本数学奥林匹克)

证明　(1) 由数列 $\{a_n\}$ 是递增的，知对于任意的正整数 n，总有 $a_{n+1} - a_n$ 为正整数.

记 s 为 $a_{n+1} - a_n (n \geqslant 1)$ 的最小值. 则 s 为正整数.

设 m 为使 $a_{m+1} - a_m = s$ 的正整数，k 为使得 $2^k > p$ 的正整数.

反复应用 $a_{2n} = 2a_n$，得

$$a_{2^k(m+1)} - a_{2^k m} = 2(a_{2^{k-1}(m+1)} - a_{2^{k-1}m}) = \cdots = 2^{k-1}(a_{2(m+1)} - a_{2m}) = 2^k s.$$

又对于满足 $2^k m \leqslant n \leqslant 2^k(m+1) - 1$ 的任意 n，均有 $a_{n+1} - a_n \geqslant s$，知对于所有的 n，必有 $a_{n+1} - a_n = s$.

这表明，数列 $a_{2^k m}, a_{2^k m+1}, \cdots, a_{2^k(m+1)}$ 是以 s 为公差的等差数列.

假设对于整数对 $(i, j)(0 \leqslant i < j \leqslant p-1)$，均有 $a_{2^k m+i} \equiv a_{2^k m+j} (\bmod\ p)$.

则 $a_{2^k m+i} - a_{2^k m+j} = (j-i)s$ 必为 p 的倍数.

由 $0 < j - i < p$，且 $0 < s \leqslant a_2 - a_1 = a_1 < p$ 同时成立，知这与 p 为素数矛盾.

由此，$a_{2^k m}, a_{2^k m+1}, \cdots, a_{2^k m+p-1}$ 为 p 的一个完全剩余类.

当然，这里存在一个数为 p 的倍数，(1) 得证.

(2) 对于一个正整数 n，设 k_n 为非负整数，且满足 $2^{k_n} \leqslant n < 2^{k_n+1}$.

由 $k_n \leqslant k_{n+1}$，且 $k_{2n} = k_n + 1$，令 $a_n = np + 2^{k_n}$，则显然 $\{a_n\}$ 为倍增数列.

又 p 为奇素数，于是，2^{k_n} 不为 p 的倍数.

因此，a_n 也不为 p 的倍数. (2) 得证.

　　对于给定的正整数 k，定义两个数列 $\{a_n\}, \{b_n\}$：

$$\{a_n\}: a_1 = a_2 = k, a_{n+2} = a_n a_{n+1} (n \in \mathbf{Z}^+),$$

$$\{b_n\}: b_1 = 1, b_2 = k, b_{n+2} = \frac{b_{n+1}^3 + 1}{b_n} (n \in \mathbf{Z}^+).$$

　　证明：对于任意正整数 n，均有 $a_{2n} b_{n+3}$ 为整数.

(2015，第 28 届韩国数学奥林匹克)

证明 定义数列 $\{f_n\}$：$f_1 = f_2 = 1$，$f_{n+2} = f_n + f_{n+1}(n \in \mathbf{Z}^+)$.

由上述递归式定义 $f_0 = 0$，$f_{-1} = 1$，$f_{-2} = -1$.

则对于所有的整数 $n \geqslant -2$，均有 $f_{n+2} = f_n + f_{n+1}$.

于是，对于所有的正整数 n，均有 $a_n = k^{f_n}$.

定义：$a_n = k^{f_n}(n = -2, -1, 0)$，$c_n = a_{2n}b_{n+3} = k^{f_{2n}}b_{n+3}(n \geqslant -1)$.

则 $c_{-1} = a_{-2}b_2 = 1$，$c_0 = a_0 b_3 = k^3 + 1$，$c_1 = a_2 b_4 = b_3^3 + 1 = c_0^3 + 1$，

$$c_2 = a_4 b_5 = k^3 \cdot \frac{b_4^3 + 1}{b_3} = \frac{k^3\left(\frac{b_3^3 + 1}{k}\right)^3 + k^3}{b_3}$$

$$= \frac{b_3^9 + 3b_3^6 + 3b_3^3 + 1 + k^3}{b_3} = b_3^8 + 3b_3^5 + 3b_3^2 + 1.$$

于是，c_{-1}, c_0, c_1, c_2 均为正整数.

假设 $c_{-1}, c_0, \cdots, c_{n+1}(n \in \mathbf{Z}^+)$ 为正整数.

下面证明：c_{n+2} 为正整数.

引理 1 对于 $n \geqslant -1$，有 $f_{2n} + f_{2n+4} = 3f_{2n+2}$，$c_n c_{n+2} = c_{n+1}^3 + k^{3f_{2n+2}}$.

引理 1 的证明

$$f_{2n} + f_{2n+4} = f_{2n} + f_{2n+3} + f_{2n+2} = f_{2n} + f_{2n+1} + f_{2n+2} + f_{2n+2} = 3f_{2n+2},$$

$$c_n c_{n+2} = a_{2n}a_{2n+4}b_{n+3}b_{n+5} = k^{f_{2n}+f_{2n+4}}(b_{n+4}^3 + 1)$$

$$= k^{3f_{2n+2}}b_{n+4}^3 + k^{3f_{2n+2}} = a_{2n+2}^3 b_{n+4}^3 + k^{3f_{2n+2}} = c_{n+1}^3 + k^{3f_{2n+2}}.$$

引理 2 对于满足 $p \mid k$ 的奇素数 p，有 $(c_m, p) = 1(-1 \leqslant m \leqslant n+1)$.

引理 2 的证明 因为 $c_{-1} = 1$，所以，$(c_{-1}, p) = 1$.

又 $c_0 = k^3 + 1$，则 $(c_0, p) = 1$.

假设 $(c_{m-1}, p) = (c_m, p) = 1$.

由引理 1，知 $(c_{m+1}, p) = 1$.

引理 3 对于 $-1 \leqslant m \leqslant n-1$，有 $(c_m, c_{m+1}) = 2^\alpha(\alpha \in \mathbf{N})$.

引理 3 的证明 若存在奇素数 p，使得 $p \mid (c_m, c_{m+1})$，由引理 1，知 $p \mid k$，与引理 2 矛盾.

引理 4 若奇素数 p 满足 $p^m \parallel c_n(m \in \mathbf{Z}^+)$. 则 $p^m \mid (c_{n+1}^3 + k^{3f_{2n+2}})$.

引理 4 的证明 由引理 3，知 $p \nmid c_{n-1}$.

$$故 \ c_{n+2} = \frac{c_{n+1}^3 + k^{3f_{2n+2}}}{c_n} = \frac{c_{n-1}^3 c_{n+1}^3 + c_{n-1}^3 k^{3f_{2n+2}}}{c_{n-1}^3 c_n} = \frac{(c_n^3 + k^{3f_{2n}})^3 + c_{n-1}^3 k^{3f_{2n+2}}}{c_{n-1}^3 c_n}$$

$$= \frac{c_n^9 + 3c_n^6 k^{3f_{2n}} + 3c_n^3 k^{6f_{2n}} + k^{9f_{2n}} + c_{n-1}^3 k^{3f_{2n+2}}}{c_{n-1}^3 c_n} = \frac{c_n^9 + 3c_n^6 k^{3f_{2n}} + 3c_n^3 k^{6f_{2n}} + k^{3f_{2n+2}}(c_{n-1}^3 + k^{3f_{2n-2}})}{c_{n-1}^3 c_n}$$

$$= \frac{c_n^9 + 3c_n^6 k^{3f_{2n}} + 3c_n^3 k^{6f_{2n}} + k^{3f_{2n+2}} c_{n-2} c_n}{c_{n-1}^3 c_n} = \frac{1}{c_{n-1}^3}(c_n^8 + 3c_n^5 k^{3f_{2n}} + 3c_n^2 k^{6f_{2n}} + k^{3f_{2n+2}} c_{n-2}). \ ①$$

这表明，$p^m \mid (c_{n+1}^3 + k^{3f_{2n+2}})$.

对于每个正整数 n，若 $2^\alpha \parallel n(\alpha \in \mathbf{N})$，定义 $v(n) = \alpha$.

对于正有理数 $q = \dfrac{m}{n}(m, n \in \mathbf{Z})$，定义 $v(q) = v(m) - v(n)$.

引理 5 若 $k \equiv 0 \pmod 4$，则 $v(c_n) = f_{2n}(n \in \mathbf{Z}^+)$.

引理 5 的证明 由 $c_1 = c_0^3 + 1 = (k^3 + 1)^3 + 1 \equiv 2(\bmod\ 4)$，得 $v(c_1) = 1 = f_2$.

又由 $c_2 = k^3 \cdot \dfrac{b_4^3 + 1}{b_3} = \dfrac{c_1^3 + k^3}{b_3} = \dfrac{c_1^3 + k^3}{k^3 + 1}$，得

$$v(c_2) = v(c_1^3 + k^3) - v(k^3 + 1) = 3v(c_1) = 3 = f_4.$$

假设 $v(c_n) = f_{2n}, v(c_{n+1}) = f_{2n+2}$.

而 $v(c_{n+1}^3) = 3f_{2n+2} < 3f_{2n+2}v(k) = v(k^{3f_{2n+2}})$，则由引理 1 得

$$v(c_{n+2}) = v(c_{n+1}^3 + k^{3f_{2n+2}}) - v(c_n) = 3f_{2n+2} - f_{2n} = f_{2n+4}.$$

引理 6 若 $k \equiv 2(\bmod\ 4)$：

当 $n \equiv 2(\bmod\ 3)$ 时，$v(c_n) > f_{2n}$；当 $n \not\equiv 2(\bmod\ 3)$ 时，$v(c_n) = f_{2n}$.

引理 6 的证明 因为 $c_{-1} = 1$，所以，$v(c_{-1}) = 0 > f_{-2} = -1$.

又 $c_0 = k^3 + 1$，则 $v(c_0) = 0 = f_0$.

由 $c_1 = (k^3 + 1)^3 + 1 \equiv 2(\bmod\ 8)$，得 $v(c_1) = 1 = f_2$.

由 $v(c_1) = v(k) = 1, v(b_3) = 0$ 及 $c_2 = \dfrac{c_1^3 + k^3}{b^3}$，得 $v(c_2) > 3 = f_4$.

假设 $v(c_{3m}) = f_{6m}, v(c_{3m+1}) = f_{6m+2}$.

因为 $v(c_{3m+1}^3) = 3f_{6m+2}, v(k^{3f_{6m+2}}) = 3f_{6m+2}$，所以，$v(c_{3m+1}^3 + k^{3f_{6m+2}}) > 3f_{6m+2}$.

故 $v(c_{3m+2}) = v(c_{3m+1}^3 + k^{3f_{6m+2}}) - v(c_{3m}) > 3f_{6m+2} - f_{6m} = f_{6m+4}$.

假设 $v(c_{3m+1}) = f_{6m+2}, v(c_{3m+2}) > f_{6m+4}$.

因为 $v(c_{3m+2}^3) > 3f_{6m+4}, v(k^{3f_{6m+4}}) = 3f_{6m+4}$，所以，$v(c_{3m+2}^3 + k^{3f_{6m+4}}) = 3f_{6m+4}$.

故 $v(c_{3m+3}) = v(c_{3m+2}^3 + k^{3f_{6m+4}}) - v(c_{3m+1}) = 3f_{6m+4} - f_{6m+2} = f_{6m+6}$.

假设 $v(c_{3m-3}) = f_{6m-6}, v(c_{3m-2}) = f_{6m-4}, v(c_{3m-1}) \geqslant f_{6m-2} + 1, v(c_{3m}) = f_{6m}$.

由式 ① 得

$$v(c_{3m+1}) = v(c_{3m}^3 + k^{3f_{6m}}) - v(c_{3m-1})$$

$$= v(c_{3m-1}^8 + 3c_{3m-1}^5 k^{3f_{6m-2}} + 3c_{3m-1}^2 k^{6f_{6m-2}} + k^{3f_{6m}} c_{3m-3}) - 3v(c_{3m-2})$$

$$= v(k^{3f_{6m}} c_{3m-3}) - 3v(c_{3m-2}) = 3f_{6m} + f_{6m-6} - 3f_{6m-4} = f_{6m+2}.$$

引理 $1 \sim 6$ 得证.

由引理 5，6，知若 $2^m \parallel c_n$，则 $2^m \mid (c_{n+1}^3 + k^{3f_{2n+2}})$.

结合引理 4，知对于正整数 n，均有 $c_n \mid (c_{n+1}^3 + k^{3f_{2n+2}})$.

由引理 1，知 c_{n+2} 为正整数.

考虑数列 $\{a_n\}$：$a_1 = a, a_2 = b(a, b$ 为正整数$)$，且对于所有的 $n \geqslant 2, a_{n+1}$ 为满足 $a_i = a_n(1 \leqslant i \leqslant n)$ 的角标 i 的个数. 如对于 $a = 2, b = 1$，数列起始于 $2, 1, 1, 2, 2, 3$，$\cdots$. 试求所有数对 (a, b)，使得存在角标 n_0，满足数列 $\{a_n + a_{n+1}\}(n \geqslant n_0)$ 是不降的.

（2015，第 55 届乌克兰数学奥林匹克）

解 $a = b = 1$.

若 $a = b = 1$，则 $\{a_n\}$ 为 $1, 1, 2, 1, 3, 1, 4, 1, 5, 1, \cdots$；

而 $\{a_n + a_{n+1}\}$ 为 $2, 3, 3, 4, 4, 5, 5, 6, 6, 7, \cdots$.

从而,$a=b=1$ 满足问题的条件.

令 $a_1=a,a_2=b$.

假设 $a_1 \neq 1$ 或 $a_2 \neq 1$.

不妨设 $a_1 \neq 1$(否则只需交换 a_1 与 a_2).

显然,$\{a_n\}$ 是无界的.

否则,若 $\max\{a_i \mid i \in \mathbf{Z}^+\}=s$,则在 $a_1,a_2,\cdots,a_{s^2+1}$ 中至少有 $s+1$ 个相等的数.故这些数中最后一项的下一个数不小于 $s+1$.矛盾.

现假设对于 $n \geqslant n_0$,数列 $\{a_n+a_{n+1}\}$ 是不降的.

考虑数 $k \geqslant n_0+1$,使得 $a_k=t \geqslant \max\{a,b\}+1$,且为该数列中第一个等于 t 的项.

显然,a_k 之前的所有数均比 t 小.

于是,$a_{k+1}=1$,且由于 $\{a_n+a_{n+1}\}$ 是不降的,得 $a_{k-1}=1$.从而,恰存在 $t(1<i_1<i_2<\cdots<i_t=k-1)$ 个角标,使得 $a_{i_1}=a_{i_2}=\cdots=a_{i_t}=1$.

但数 $a_{i_1-1},a_{i_2-1},\cdots,a_{i_t-1}$ 均不大于 $t-1$,故在 $a_{i_1-1},a_{i_2-1},\cdots,a_{i_t-1}$ 中至少有两个相等的数.于是,在数列 $\{\cdots,l,1,\cdots\}$ 中至少出现两次.然而,在第二个数 l 之后必定至少为 2,矛盾.

已知数列 $a_1,a_2,\cdots$ 满足 $a_1=2,a_2=12$.对于正整数 $n(n \geqslant 2)$,$a_{n+1}=6a_n-a_{n-1}$,证明:该数列中任何一项均不为一个正整数的整数次幂(幂大于 1).

(2015,第 64 届保加利亚数学奥林匹克)

证明 **引理** 设正整数 $k \geqslant 2$.则方程 $2x^{2k}+1=y^2$ 没有正整数解.

证明 假设存在正整数 x,y,使得 $2x^{2k}+1=y^2$,且 x 是最小的.则 x 为偶数,y 为奇数.

设 $x=2a,y=2b+1(a,b \in \mathbf{Z}^+)$.则 $2^{2k-1}a^{2k}=b(b+1)$.

由于 $(b,b+1)=1$,则有两种可能的情况.

(1) 若 $b=x_1^{2k},b+1=2^{2k-1}x_2^{2k}(x_1,x_2 \in \mathbf{Z}^+,x_1x_2=a$,且 x_1 为奇数),则
$$2^{2k-1}x_2^{2k}-x_1^{2k}=1.$$

于是,$-1 \equiv 1(\bmod 4)$,矛盾.

(2) 若 $b=2^{2k-1}x_1^{2k},b+1=x_2^{2k}(x_1,x_2 \in \mathbf{Z}^+,$ 且 x_2 为奇数,$x_1x_2=a)$,则
$$x_2^{2k}-2^{2k-1}x_1^{2k}=1.$$

于是,$y_1^2=2^{2k-1}x_1^{2k}+1(y_1=x_2^k,x_1<x)$.

由上述结论,知原不定方程中 2 的幂是递增的.

继续类似的代换,得 2 的幂至少为 5.

故 $y_0^2=8x_0^{2k}+1(x_0<x,y_0=y_2^k,y_2 \in \mathbf{Z}^+)$.

由于 y_0 为奇数,设 $y_0=2c+1(c \in \mathbf{Z}^+)$.于是,$c(c+1)=2x_0^{2k}$.

又 $(c,c+1)=1$,则有两种可能的情况.

(1) 若 $c=x_3^{2k},c+1=2x_4^{2k}(x_3,x_4 \in \mathbf{Z}^+,$ 且 x_3 为奇数,$x_3x_4=x_0)$,则
$$4x_4^{2k}=2c+2=y_2^k+1.$$

于是,$(2x_4^k-1)(2x_4^k+1)=y_2^k$.

因为 $(2x_4^k-1,2x_4^k+1)=1$，所以，$2x_4^k-1=y_3^k,2x_4^k+1=y_4^k(y_3,y_4\in\mathbf{Z}^+,y_3y_4=y_2)$.

从而，$y_4^k-y_3^k=2$，矛盾.

(2) 若 $c=2x_3^{2k},c+1=x_4^{2k}(x_3,x_4\in\mathbf{Z}^+$，且 x_4 为奇数，$x_3x_4=x_0)$，则

$$2x_3^{2k}+1=(x_4^k)^2.$$

由于 $x_3<x$，则与 x 最小矛盾.

引理得证.

由于数列的特征方程为 $t^2-6t+1=0$，则特征根 $t_{1,2}=3\pm2\sqrt{2}$.

由 $a_1=2,a_2=12$，得 $a_n=\dfrac{(3+2\sqrt{2})^n-(3-2\sqrt{2})^n}{2\sqrt{2}}$.

设 $(3+2\sqrt{2})^n=\alpha_n+\beta_n\sqrt{2}(\alpha_n,\beta_n\in\mathbf{Z}^+)$. 则 $(3-2\sqrt{2})^n=\alpha_n-\beta_n\sqrt{2}$.

于是，$a_n=\beta_n$，且 $\alpha_n^2-2\beta_n^2=1$.

若存在正整数 n，使得 $a_n=x^k$（正整数 $k\geqslant2$），则 $2x^{2k}+1=\alpha_n^2$.

由引理，知这是不可能的.

令 a 为非负实数，且对于所有 $n\geqslant1$，定义数列 $\{u_n\}$：

$$u_1=3,u_{n+1}=\frac{1}{2}u_n+\frac{n^2}{4n^2+a}\sqrt{u_n^2+3}.$$

证明：(1) 对于 $a=0$，数列 $\{u_n\}$ 收敛，并求其极限；

(2) 对于任意 $a\in[0,1]$，数列 $\{u_n\}$ 收敛.

（2015，越南数学奥林匹克）

证明 (1) 对于 $a=0$，有 $u_{n+1}=\dfrac{1}{2}u_n+\dfrac{1}{4}\sqrt{u_n^2+3}$.

对于 $x>0$，令 $f(x)=\dfrac{x}{2}+\dfrac{\sqrt{x^2+3}}{4}$.

则对于任意的 $x>0$，均有 $f'(x)=\dfrac{1}{2}+\dfrac{1}{4}\cdot\dfrac{x}{\sqrt{x^2+3}}>0$.

故 $f(x)$ 在区间 $(0,+\infty)$ 上是严格单调递增的.

由递推公式，知 $u_1>u_2$. 则数列 $\{u_n\}$ 为递减的且下界为 0.

于是，$\{u_n\}$ 收敛. 设其极限为 x.

从而，$x>0$，且 x 满足方程 $x=\dfrac{1}{2}x+\dfrac{1}{4}\sqrt{x^2+3}$.

解得 $x=1$，即 $\lim\limits_{n\to\infty}u_n=1$.

(2) 对于 $a\in[0,1]$，有 $\dfrac{n^2}{4n^2+1}\leqslant\dfrac{n^2}{4n^2+a}\leqslant\dfrac{1}{4}$.

故 $\dfrac{1}{2}u_n+\dfrac{n^2}{4n^2+1}\sqrt{u_n^2+3}\leqslant u_{n+1}\leqslant\dfrac{1}{2}u_n+\dfrac{1}{4}\sqrt{u_n^2+3}$.

定义数列

$$\{x_n\}: x_1 = 3, x_{n+1} = \frac{1}{2}x_n + \frac{1}{4}\sqrt{x_n^2 + 3};$$

$$\{y_n\}: y_1 = 3, y_{n+1} = \frac{1}{2}y_n + \frac{n^2}{4n^2 + 1}\sqrt{y_n^2 + 3}.$$

由(1)知,$\lim\limits_{n \to \infty} x_n = 1$.

若对于任意的 $n \in \mathbf{Z}^+$,均有 $y_n > 1$,易得 $y_{n+1} - 1 < \frac{3}{4}(y_n - 1)$. 则 $\lim\limits_{n \to \infty} y_n = 1$.

若存在 $n_0 \in \mathbf{Z}^+, y_{n_0} \leqslant 1$,则当 $n > n_0$ 时,$y_n < 1$. 故 $\{y_n\}(n > n_0)$ 为递增数列.

从而,存在 $\lim\limits_{n \to \infty} y_n = y \leqslant 1$.

代入 $\{y_n\}$ 的递推公式,得 $\lim\limits_{n \to +\infty} y_n = 1$. 于是,$\lim\limits_{n \to \infty} x_n = \lim\limits_{n \to \infty} y_n = 1$.

从而,可得数列 $\{u_n\}$ 收敛.

已知 $f_0, f_1, \cdots$ 为斐波那契数列,即 $f_0 = f_1 = 1, f_n = f_{n-1} + f_{n-2}(n \geqslant 2)$. 求所有的正整数 n,使得存在正整数 a,满足

$$f_n \leqslant a \leqslant f_{n+1}, \text{且 } a\left(\frac{1}{f_1} + \frac{1}{f_1 f_2} + \cdots + \frac{1}{f_1 f_2 \cdots f_n}\right) \in \mathbf{Z}.$$

(2015,新加坡数学奥林匹克)

解 $n = 1, 2$.

原式改写为 $\dfrac{a}{f_1 f_2 \cdots f_n}\left[\sum\limits_{k=2}^{n}\prod\limits_{i=k}^{n} f_i + 1\right]$.

若原式为整数,则 $f_n \Big| a\left[\sum\limits_{k=2}^{n}\prod\limits_{i=k}^{n} f_i + 1\right]$. 故,$f_n \mid a$.

当 $n \geqslant 2$ 时,$f_n \leqslant a \leqslant f_{n+1} < 2f_n$. 于是,$a = f_n$.

则 $\dfrac{1}{f_1 f_2 \cdots f_{n-1}}\left[\sum\limits_{k=2}^{n}\prod\limits_{i=k}^{n} f_i + 1\right]$ 为整数. 故 $f_{n-1} \mid 1$.

从而,$n - 1 = 0$ 或 1. 因此,n 的可能值为 1 或 2.

当 $n = 1$ 时,$1 = f_1 \leqslant 1 \leqslant f_2$,且 $\dfrac{a}{f_1} = \dfrac{1}{1} = 1$ 为整数.

当 $n = 2$ 时,$f_2 \leqslant 2 \leqslant f_3$,且 $2\left(\dfrac{1}{f_1} + \dfrac{1}{f_1 f_2}\right) = 2\left(1 + \dfrac{1}{2}\right)$ 为整数.

已知 $x_0, x_1, \cdots, x_{n-1}$ 为两两不同的实数,且 $0 < |x_0| \leqslant |x_1| \leqslant \cdots \leqslant |x_{n-1}|$. 集合 $\{x_0, x_1, \cdots, x_{n-1}\}$ 共有 2^n 个子集,将这些子集中的元素相加,所得的和按照递增顺序排成一列. 证明:数列是等差数列当且仅当 $|x_0|, |x_1|, \cdots, |x_{n-1}|$ 中任意两个数的比为 $2^i (0 \leqslant i \leqslant n-1)$.

(2015,爱沙尼亚数学奥林匹克)

证明 必要性.

设 $X = \{x_0, x_1, \cdots, x_{n-1}\}$,集合 X 有 2^n 个子集,将这些子集中的元素相加,所得的和按照递增顺序排成一列.若此数列为等差数列,设其公差为 $d(d > 0)$,下面证明:

$|x_i| = 2^i d (0 \leqslant i < n)$.

当 $n = 1$ 时,集合 $X = \{x_0\}$,集合 X 的两个子集为 $\varnothing$,$\{x_0\}$. $\varnothing$ 的元素和为 0,$\{x_0\}$ 的元素和为 x_0.显然,$d = |x_0|$.

假设当 $n = k - 1$ 时,结论成立.

设 s 为 2^k 个子集中元素和最小的数,s' 为第二小的数.

又 s 是由集合 X 中所有的负数相加得到,此时,记所有负数所组成的集合为 N.

为了得到 s',将 s 中某些负数(可能为 0)去掉,或者某些正数加进来.容易验证,当 $x_0 \in N$ 时,去掉集合 N 中的元素 x_0;当 $x_0 \notin N$ 时,将元素 x_0 加入集合 N.

于是,$d = s' - s = |x_0|$.

去掉集合 X 中的元素 x_0,即数列中一半的项还保留着,另一半包含元素 x_0 的集合,其元素和虽然改变了但增减的趋势未变.当 $d = |x_0|$ 时,这表明,等差数列中任意相邻两项中有且只有一个集合中包含元素 x_0(这是因为 $|x_0| > 0$,$\varnothing$,$\{x_0\}$ 的元素和分别为 0,x_0,则 $d > 0$);当 $|x_i| = |x_{i+1}|$ 时,若 $x_i = x_{i+1}$,则集合 $\{x_i\}$,$\{x_{i+1}\}$ 的元素和分别为 x_i,x_{i+1},$x_i = x_{i+1}$ 与 $d > 0$ 矛盾;若 $x_i = -x_{i+1}$,则集合 $\varnothing$,$\{x_i, x_{i+1}\}$ 的元素和均为 0,与 $d > 0$ 矛盾.从而,等差数列的公差为 $2d$.

据数学归纳法,知 $|x_i| = 2^{i-1} \times 2d = 2^i d (1 \leqslant i < k)$,包括 $|x_0| = d = 2^0 d$.

充分性.

设 $|x_i| = 2^i d (1 \leqslant i < n)$.

考虑集合 X 的两个不同的子集,且这两个不同子集的元素和相等.

假设这两个不同的子集互不相交,对属于这两个集合中的每个元素 x_k 均能用系数为 1 或 -1 的这两个集合中的其他元素的线性组合表示出来.但若绝对值最大的元素 x_k 出现在这样的两个子集中,则表示不出来.

又 $|x_k| = 2^k d > d \sum_{i=0}^{k-1} 2^i = \sum_{i=0}^{k-1} |x_i|$,则集合 X 的所有子集的和是不同的.

假设这两个不同的子集相交.则去掉相交元素之后,这两个子集中剩下的元素互不相等.类似地,可证明集合 X 的所有子集的元素和是不同的.

设集合 X 所有子集中元素和的最大值为 t,最小值为 s.则

$$t - s = \sum_{i=0}^{n-1} |x_i| = d \sum_{i=0}^{n-1} 2^i = (2^n - 1)d.$$

因为所有子集中元素的和是 d 的整数倍,所以,2^n 个和均固定在区间 $[s, t]$ 中.

根据分组的不同,集合 X 的所有子集的元素和为 d 的整数倍,且在 s 和 t 之间.从而,此数列为等差数列.

已知数列 $\{a_n\}$ 满足 $a_1 = 4$,$a_2 = 7$,$a_{n+1} = 2a_n - a_{n-1} + 2(n \geqslant 2)$.证明:对于任意的正整数 m,$a_m a_{m+1}$ 为数列中的项.

(2015,澳大利亚数学奥林匹克)

证明 由已知得 $a_{n+1}-a_n=a_n-a_{n-1}+2$.

又 $a_2-a_1=7-4=3$,则 $\{a_{n+1}-a_n\}$ 是首项为3,公差为2的等差数列,其前 n 项和为

$$S_n=n\times 3+\frac{n(n-1)}{2}\times 2=n^2+2n.$$

当 $n\geqslant 2$ 时,$a_n=a_1+S_{n-1}=4+(n-1)^2+2(n-1)=n^2+3$.

故 $a_m a_{m+1}=(m^2+3)((m+1)^2+3)=(m^2+3)(m^2+2m+4)$

$=m^4+2m^3+7m^2+6m+12=(m^2+m+3)^2+3=a_{m^2+m+3}$

$\Rightarrow a_m a_{m+1}=a_{m^2+m+3}$.

从而,结论得证.

若实数列 $\{a_n\mid n\in \mathbf{N}\}$ 满足:

(1)$a_0\in \mathbf{Z}^+$;

(2)对于任意的 $i\in \mathbf{N}$,均有 $a_{i+1}=2a_i+1$ 或 $a_{i+1}=\dfrac{a_i}{a_i+2}$;

(3)存在 $k\in \mathbf{Z}^+$,使得 $a_k=2014$,

则称数列 $\{a_n\}$ 为"好的".

求最小的正整数 k,使得存在一个好的实数列 $\{a_n\mid n\in \mathbf{N}\}$,满足 $a_k=2014$.

(2015,第27届亚太地区数学奥林匹克)

解 结合条件(1),(2),知 $a_0,a_1,\cdots$ 均为正有理数.

对于任意的非负整数 i,令 $a_i=\dfrac{p_i}{q_i}(p_i,q_i\in \mathbf{Z}^+,(p_i,q_i)=1)$.

由条件(2)有

$$\frac{p_{i+1}}{q_{i+1}}=\frac{2p_i+q_i}{q_i} \text{ 或 } \frac{p_{i+1}}{q_{i+1}}=\frac{p_i}{p_i+2q_i}. \tag{①}$$

若 p_i,q_i 均为奇数,则 $2p_i+q_i$,p_i+2q_i 也为奇数.

由结论①,知两等式右边的分子、分母均为奇数. 故 p_{i+1},q_{i+1} 均为奇数.

利用数学归纳法易证:若 p_i,q_i 均为奇数,则对于任意的 $n\geqslant i$,p_n,q_n 均为奇数.

因为 $a_k=\dfrac{p_k}{q_k}=2014$,所以,对于任意的 $i\leqslant k$,p_i,q_i 不能均为奇数.

又 $(p_i,q_i)=1$,从而,对于任意的 $i=0,1,\cdots,k$,p_i,q_i 的奇偶性不同.

若存在 $i<k$,使得 p_i 为奇数,q_i 为偶数,则当 $\dfrac{p_{i+1}}{q_{i+1}}=\dfrac{p_i}{p_i+2q_i}$ 时,p_{i+1},q_{i+1} 均为奇数,

矛盾.于是,$\dfrac{p_{i+1}}{q_{i+1}}=\dfrac{2p_i+q_i}{q_i}$.

又 $(2p_i+q_i,q_i)=(2p_i,q_i)=2$,故

$$p_{i+1}=p_i+\frac{q_i}{2},q_{i+1}=\frac{q_i}{2}. \tag{②}$$

若存在 $i<k$,使得 p_i 为偶数,q_i 为奇数,则当 $\dfrac{p_{i+1}}{q_{i+1}}=\dfrac{2p_i+q_i}{q_i}$ 时,p_{i+1},q_{i+1} 均为奇数,

矛盾. 于是, $\dfrac{p_{i+1}}{q_{i+1}} = \dfrac{p_i}{p_i + 2q_i}$.

又 $(p_i, p_i + 2q_i) = (p_i, 2q_i) = 2$, 故

$$p_{i+1} = \dfrac{p_i}{2}, q_{i+1} = \dfrac{p_i}{2} + q_i. \qquad ③$$

由结论 ②, ③ 均得到 $p_{i+1} + q_{i+1} = p_i + q_i$.

而 $p_k + q_k = 2015$, 则对于任意的 $i \leqslant k$, 均有 $p_i + q_i = 2015$.

若 p_i 为奇数, 由结论 ②, 知 $q_i = 2q_{i+1}$. 则

$$q_i \equiv 2q_{i+1} (\bmod 2015),$$

$$p_i = p_{i+1} - \dfrac{q_i}{2} = p_{i+1} - q_{i+1} = 2p_{i+1} - 2015 \equiv 2p_{i+1} (\bmod 2015).$$

若 p_i 为偶数, 由结论 ③, 知 $p_i = 2p_{i+1}$. 则

$$p_i \equiv 2p_{i+1} (\bmod 2015),$$

$$q_i = q_{i+1} - \dfrac{p_i}{2} = q_{i+1} - p_{i+1} = 2q_{i+1} - 2015 \equiv 2q_{i+1} (\bmod 2015).$$

于是, 无论 p_i 的奇偶性如何, 均有 $\begin{cases} p_i \equiv 2p_{i+1} (\bmod 2015), \\ q_i \equiv 2q_{i+1} (\bmod 2015). \end{cases}$

由数学归纳法, 知 $\begin{cases} p_0 \equiv 2^k p_k (\bmod 2015), \\ q_0 \equiv 2^k q_k (\bmod 2015). \end{cases} \qquad ④$

因为 $a_k = 2014$, 所以, $q_k = 1$.

又 a_0 为正整数, 则 $q_0 = 1$.

故由同余方程组 ④, 知 $2^k \equiv 1 (\bmod 2015)$.

注意到, $2015 = 5 \times 13 \times 31$.

则 $5 \mid (2^k - 1) \Rightarrow 4 \mid k, 13 \mid (2^k - 1) \Rightarrow 12 \mid k, 31 \mid (2^k - 1) \Rightarrow 5 \mid k$.

又 $[4, 12, 5] = 60$, 则满足 $2^k \equiv 1 (\bmod 2015)$ 的 k 为 60 的倍数.

故 k 的最小值为 60.

求满足下列条件的正整数列 $\{a_n \mid n \in \mathbf{N}\}$, 其中, $a_0 \geqslant 2015$, 对于任意的 $n \in \mathbf{Z}^+$, 均有

(1) $a_n \mid a_{n+2}$;

(2) $|S_{n+1} - (n+1)a_n| = 1 (S_{n+1} = a_{n+1} - a_n + a_{n-1} - \cdots + (-1)^{n+1}a_0)$.

(2015, 第 27 届亚太地区数学奥林匹克)

解 由条件, 知 $|S_{n+1} - (n+1)a_n| = 1 \Leftrightarrow S_{n+1} = (n+1)a_n + h_n (h_n \in \{1, -1\})$.

于是, $S_n = na_{n-1} + h_{n-1}$.

两式相加得

$$a_{n+1} = (n+1)a_n + na_{n-1} + \delta_n (\delta_n = h_n + h_{n-1}, \delta_n \in \{-2, 0, 2\}). \qquad ①$$

当 $n = 1$ 时, $|S_2 - 2a_1| = 1$.

则 $|a_2 - 3a_1 + a_0| = 1 \Rightarrow a_0 = 3a_1 - a_2 \pm 1 \leqslant 3a_1$

$\Rightarrow a_1 \geqslant \dfrac{a_0}{3} \geqslant \dfrac{2015}{3} \Rightarrow a_1 \geqslant 672.$

当 $n = 2$ 时,式 ① 变为 $a_3 = 3a_2 + 2a_1 + \delta_2.$

结合 $a_1 \mid a_3$,知 $a_1 \mid (3a_2 + \delta_2).$

故 $a_1 \leqslant 3a_2 + \delta_2 \Leftrightarrow a_2 \geqslant \dfrac{a_1 - \delta_2}{3} \Rightarrow a_2 \geqslant 224.$

由式 ①,知当 $n \geqslant 2$ 时,$a_n \geqslant 224.$

进而,对于任意的 $n \geqslant 0$,均有 $a_n \geqslant 224.$

接下来证明三个引理.

引理 1 当 $n \geqslant 4$ 时,$a_{n+2} = (n+1)(n+4)a_n.$

引理 1 的证明 当 $n \geqslant 3$ 时,

$a_n = na_{n-1} + (n-1)a_{n-2} + \delta_{n-1} > na_{n-1} + 3.$

当 $n \geqslant 4$ 时,在上式中用 $n-1$ 替换 n,则

$a_{n-1} > (n-1)a_{n-2} + 3 \Rightarrow (n-1)a_{n-2} < a_{n-1} - 3.$

故 $a_n = na_{n-1} + (n-1)a_{n-2} + \delta_{n-1} < na_{n-1} + (a_{n-1} - 3) + \delta_{n-1} < (n+1)a_{n-1}.$

由式 ① 得

$a_{n+2} = (n+2)a_{n+1} + (n+1)a_n + \delta_{n+1}$

$= (n+2)((n+1)a_n + na_{n-1} + \delta_n) + (n+1)a_n + \delta_{n+1}$

$= (n+1)(n+3)a_n + n(n+2)a_{n-1} + (n+2)\delta_n + \delta_{n+1}$

$> (n+1)(n+3)a_n + na_n = (n^2 + 5n + 3)a_n.$

又 $a_{n+2} = (n+1)(n+3)a_n + n(n+2)a_{n-1} + (n+2)\delta_n + \delta_{n+1}$

$< (n+1)(n+3)a_n + n(n+2)a_{n-1} + 3(n+2)$

$< (n+1)(n+3)a_n + (n+2)(a_n - 3) + 3(n+2) = (n^2 + 5n + 5)a_n,$

因为 $a_n \mid a_{n+2}$,所以,$a_{n+2} = (n^2 + 5n + 4)a_n = (n+1)(n+4)a_n.$

引理 2 当 $n \geqslant 4$ 时,$a_{n+1} = \dfrac{(n+1)(n+3)}{n+2}a_n.$

引理 2 的证明 由式 ①,得 $a_{n+3} = (n+3)a_{n+2} + (n+2)a_{n+1} + \delta_{n+2}.$

由引理 1 知

$a_{n+3} = (n+2)(n+5)a_{n+1}$

$\Rightarrow (n+2)(n+5)a_{n+1} = (n+3)(n+1)(n+4)a_n + (n+2)a_{n+1} + \delta_{n+2}$

$\Rightarrow (n+2)(n+4)a_{n+1} = (n+3)(n+1)(n+4)a_n + \delta_{n+2}$

$\Rightarrow (n+4) \mid \delta_{n+2} \Rightarrow \delta_{n+2} = 0 \Rightarrow a_{n+1} = \dfrac{(n+1)(n+3)}{n+2}a_n.$

引理 3 当 $n \geqslant 1$ 时,$a_{n+1} = \dfrac{(n+1)(n+3)}{n+2}a_n.$

引理 3 的证明 假设存在 $n \in \mathbf{Z}^+$,使得

$a_{n+1} \neq \dfrac{(n+1)(n+3)}{n+2}a_n.$

由引理 2,知 $n=1,2,3$.

不妨设满足式 ② 的最大整数为 m. 则 $a_{m+2}=\dfrac{(m+2)(m+4)}{m+3}a_{m+1}$.

若 $\delta_{m+1}=0$,则 $a_{m+1}=\dfrac{(m+1)(m+3)}{m+2}a_m$,与 m 的最大性矛盾.

于是,$\delta_{m+1}\neq 0$.

显然,$(m+3)\mid a_{m+1}$.

从而,存在 $k\in \mathbf{Z}^+$,使得 $a_{m+1}=k(m+3)$.

故 $a_{m+2}=k(m+2)(m+4)$.

由式 ① 得

$a_{m+2}=(m+2)a_{m+1}+(m+1)a_m+\delta_{m+1}$

$\Rightarrow (m+1)a_m+\delta_{m+1}=a_{m+2}-(m+2)a_{m+1}=k(m+2)$

$\Rightarrow a_m\mid(k(m+2)-\delta_{m+1})$.

结合 $a_{m+2}=k(m+2)(m+4)$,且 $a_m\mid a_{m+2}$,知 $a_m\mid(m+4)\delta_{m+1}$.

因为 $\delta_{m+1}\neq 0$,所以,$a_m\leqslant(m+4)\mid\delta_{m+1}\mid\leqslant 2(m+4)\leqslant 14$,与 $a_n\geqslant 224$ 矛盾.

故假设不成立.

引理 1,2,3 得证.

对于任意的 $n\geqslant 1$,均有 $a_{n+1}=\dfrac{(n+1)(n+3)}{n+2}a_n$.

当 $n=1$ 时,$a_2=\dfrac{8}{3}a_1\in\mathbf{Z}^+\Rightarrow 3\mid a_1$.

设 $a_1=3c(c\in\mathbf{Z}^+)$. 则 $a_2=8c$.

结合引理 1,3,当 $n\geqslant 1$ 时,由数学归纳法易证 $a_n=(n!)(n+2)c$.

因为 $\mid S_2-2a_1\mid=1$,所以,$a_0=c\pm 1$.

又 $(n!)(n+2)=n!+(n+1)!$,则 $S_{n+1}=c((n+2)!)+(-1)^n(c-a_0)$.

因此,以上两组解均满足题意.

综上,满足条件的正整数列 $\{a_n\}$ 为:

当 $n\geqslant 1$ 时,$a_n=(n!)(n+2)c$,若 $c\geqslant 2014$,$a_0=c+1$;

当 $n\geqslant 1$ 时,$a_n=(n!)(n+2)c$,若 $c\geqslant 2016$,$a_0=c-1$.

是否存在一个无穷正整数列满足:对于任意正整数 k,数列的任意连续 k 项的和为 $k+1$ 的倍数?

（第 41 届俄罗斯数学奥林匹克）

解 不存在.

设存在满足条件数列 $a_1,a_2,\cdots$,对于任意正整数 k,均有 $a_1+a_2+\cdots+a_{2k-1}$ 为 $2k$ 的倍数,而 $a_2+a_3+\cdots+a_k$ 与 $a_{k+1}+a_{k+2}+\cdots+a_{2k-1}$ 均为 k 的倍数. 因此,a_1 为 k 的倍数. 矛盾.

是否存在无穷项正整数列 $a_1,a_2,\cdots,a_n,\cdots$ 满足:对于任意正整数 n,均有 $a_{n+2}=a_{n+1}+\sqrt{a_{n+1}+a_n}$?

(2015,欧洲女子数学奥林匹克)

解 假设存在正整数列 $|a_n|$ 满足题意.

记 $b_n=a_{n+1}-a_n(n\geqslant 2)$.

则由定义,知对于每一个 $b_n=\sqrt{a_n+a_{n-1}}(n\geqslant 2)$,有

$$b_{n+1}^2-b_n^2=(a_{n+1}+a_n)-(a_n+a_{n-1})=(a_{n+1}-a_n)+(a_n-a_{n-1})=b_n+b_{n-1}.$$

由 a_n 为正整数,故对于任意的正整数 $n\geqslant 2$,b_n 也为正整数,且当 $n\geqslant 3$ 时,数列 $\{b_n\}$ 严格单调递增.

而 $b_n+b_{n-1}=(b_{n+1}-b_n)(b_{n+1}+b_n)\geqslant b_{n+1}+b_n\Rightarrow b_{n-1}\geqslant b_{n+1}$,数列 $\{b_n\}$ 严格单调递增矛盾. 故不存在满足题意的正整数列 $\{a_n\}$.

对数列 $a_1,a_2,\cdots,a_m$,定义集合 $A=\{a_i\mid 1\leqslant i\leqslant m\}$,$B=\{a_i+2a_j\mid 1\leqslant i,j\leqslant m,i\neq j\}$.

设 n 为给定的大于 2 的整数. 对所有由正整数组成的严格递增的等差数列 $a_1,a_2,\cdots,a_n$,求集合 $A\triangle B$ 的元素个数的最小值,其中,$A\triangle B=(A\bigcup B)\backslash(A\bigcap B)$.

(2015,中国西部数学邀请赛)

解 当 $n=3$ 时,所求最小值为 5;当 $n\geqslant 4$ 时,所求最小值为 $2n$.

引理 当 $n\geqslant 4$ 时,对公差为 d 的等差数列 $a_1,a_2,\cdots,a_n$,有

$$B=\{3a_1+kd\mid 1\leqslant k\leqslant 3n-4,k\in\mathbf{Z}\}.$$

证明 对任意 $1\leqslant i,j\leqslant n,i\neq j$,均有

$$a_i+2a_j=3a_1+(i-1)d+2(j-1)d=3a_1+(i+2j-3)d.$$

而 $1\leqslant i+2j-3\leqslant 3n-4$,故 $B\subseteq\{3a_1+kd\mid 1\leqslant k\leqslant 3n-4,k\in\mathbf{Z}\}$.

又对 $1\leqslant k\leqslant 3n-4$,可证明:存在 $1\leqslant i,j\leqslant n,i\neq j$,使得 $i+2j-3=k$.

(1) 当 $k\geqslant 2n-2$ 时,取 $i=k+3-2n,j=n$,有

$1\leqslant i\leqslant n-1<j=n$,且 $i+2j-3=k$;

(2) 当 $k\leqslant 2n-3$,且 k 为偶数时,取 $i=1,j=\dfrac{k+2}{2}$,有

$1=i<j<n$,且 $i+2j-3=k$;

(3) 当 $5\leqslant k\leqslant 2n-3$,且 k 为奇数时,取 $i=2,j=\dfrac{k+1}{2}$,有

$1<i<j<n$,且 $i+2j-3=k$;

(4) 当 $k=1$ 时,取 $i=2,j=1$;当 $k=3$ 时,取 $i=4,j=1$.

由上讨论,知总存在 $1\leqslant i,j\leqslant n,i\neq j$,使得 $i+2j-3=k$.

故 $\{3a_1+kd\mid 1\leqslant k\leqslant 3n-4,k\in\mathbf{Z}\}\subseteq B$.

引理得证.

先讨论 $n \geqslant 4$ 的情况.

设由正整数组成的等差数列 $a_1, a_2, \cdots, a_n$ 严格递增,即公差 $d > 0$.显然, $|A| = n$.

由引理知 $B = \{3a_1 + kd \mid 1 \leqslant k \leqslant 3n-4, k \in \mathbf{Z}\}$.于是, $|B| = 3n-4$.

又由 $a_2 = a_1 + d < 3a_1 + d$,知 a_1, a_2 不属于 B.于是, $|A \cap B| \leqslant n-2$.

故 $|A \triangle B| = |A| + |B| - 2|A \cap B| \geqslant n + (3n-4) - 2(n-2) = 2n$.

又当等差数列为 $1, 3, \cdots, 2n-1$ 时,有 $A = \{1, 3, \cdots, 2n-1\}$.

而由引理得 $B = \{5, 7, \cdots, 6n-5\}$,此时, $|A \triangle B| = 2n$.

当 $n = 3$ 时,设 a_1, a_2, a_3 为正整数组成的严格递增等差数列.则 $|A| = 3$.

由 $2a_1 + a_2 < 2a_1 + a_3 < 2a_3 + a_1 < 2a_3 + a_2 \Rightarrow |B| \geqslant 4$.

又由 a_1, a_2 不属于 B,知 $|A \cap B| \leqslant 1$.从而, $|A \triangle B| \geqslant 5$.

另一方面,当 $a_1 = 1, a_2 = 3, a_3 = 5$ 时, $A = \{1, 3, 5\}$, $B = \{5, 7, 11, 13\}$, $|A \triangle B| = 5$.由此即得 $|A \triangle B|$ 的最小值为 5.

数列 $\{a_n\}$ 满足 $a_1 = 1, a_{2k} = a_{2k-1} + a_k, a_{2k+1} = a_{2k} (k = 1, 2, \cdots)$.

证明:对于任意的整数 $n \geqslant 3$,均有 $a_{2^n} < 2^{\frac{n^2}{2}}$.

(第 12 届中国东南地区数学奥林匹克)

证明　经计算得 $a_4 = a_3 + a_2 = 2a_2 = 4a_1 = 4$.

对于任意的整数 $i \geqslant 2$,均有 $a_{2i} - a_{2i-2} = (a_{2i-1} + a_i) - a_{2i-1} = a_i$.

而数列 $\{a_n\}$ 单调不减,则对一切正整数 m,有

$$a_{2^{m+1}} - a_{2^m} = \sum_{i=2^{m-1}+1}^{2^m} (a_{2i} - a_{2i-2}) = \sum_{i=2^{m-1}+1}^{2^m} a_i \leqslant 2^{m-1} a_{2^m}.$$

从而, $\dfrac{a_{2^{m+1}}}{a_{2^m}} \leqslant 1 + 2^{m-1} \leqslant 2^m$.

于是,对于任意的整数 $n \geqslant 3$,均有

$$a_{2^n} = a_4 \prod_{m=2}^{n-1} \frac{a_{2^{m+1}}}{a_{2^m}} \leqslant 4 \prod_{m=2}^{n-1} 2^m = 2^{(n-1)+(n-2)+\cdots+2+2} = 2^{\frac{n^2-n+2}{2}} < 2^{\frac{n^2}{2}}.$$

数列 $\{a_n\}$ 满足 $a_1 = 1, a_{2k} = a_{2k-1} + a_k, a_{2k+1} = a_{2k} (k = 1, 2, \cdots)$.

证明:对于任意的正整数 n,均有 $a_{2^n} > 2^{\frac{n^2}{4}}$.

(第 12 届中国东南地区数学奥林匹克)

证明　由条件知数列 $\{a_n\}$ 单调不减.

进一步知对于任意的整数 $s, t(0 \leqslant t < s)$,有 $a_{s+t+1} + a_{s-t} \geqslant a_{s+t} + a_{s+1-t}$.　　①

事实上,若 s, t 的奇偶性相同,则 $s \pm t$ 为偶数.

于是, $a_{s+t+1} = a_{s+t}, a_{s-t} = a_{s+1-t}$.故式 ① 成立(此时式 ① 的两边相等).

若 s,t 的奇偶性不同,则 $s+1\pm t$ 为偶数.

故 $(a_{s+t+1}+a_{s-t})-(a_{s+t}+a_{s+1-t})=(a_{s+t+1}-a_{s+t})-(a_{s+1-t}-a_{s-t})=a_{\frac{s+t+1}{2}}-a_{\frac{s+1-t}{2}}\geqslant 0.$

此时,式 ① 也成立.利用式 ① 得 $a_{2s}+a_1\geqslant a_{2s-1}+a_2\geqslant\cdots\geqslant a_{s+1}+a_s.$

故 $a_1+a_2+\cdots+a_{2s}\geqslant s(a_{s+1}+a_s)\geqslant 2sa_s.$ ②

又据条件知

$$a_1+a_2+\cdots+a_{2s}=\sum_{i=1}^{2s}(a_{2i}-a_{2i-1})=a_{4s}-\left(\sum_{i=1}^{2s-1}(a_{2i+1}-a_{2i})\right)-a_1<a_{4s}. \quad ③$$

比较式 ②,③ 知 $a_{4s}>2sa_s.$

特别地,当 $s=2^{m-2}(m\geqslant 2)$ 时,有 $a_{2^m}>2^{m-1}a_{2^{m-2}}.$ ④

下面用数学归纳法证明: $a_{2^n}>2^{\frac{n^2}{4}}(n\in\mathbf{Z}^+).$

当 $n=1,2$ 时, $a_2=2>2^{\frac{1^2}{4}}$, $a_4=4>2^{\frac{2^2}{4}}.$

若当 $n=m-2$ 时结论成立,则由式 ④ 及归纳假设知 $a_{2^m}>2^{m-1}a_{2^{m-2}}>2^{m-1+\frac{(m-2)^2}{4}}=2^{\frac{m^2}{4}}.$

故结论对 $n=m$ 也成立.

从而,对一切正整数 n,均有 $a_{2^n}>2^{\frac{n^2}{4}}.$

数列 $\{x_n\}$ 满足:

$x_0=1,x_1=6,x_2=x_1+\sin x_1=5.72\cdots,x_3=x_2+\cos x_2=6.56\cdots.$

一般地,若 $x_n\geqslant x_{n-1}$,则 $x_{n+1}=x_n+\sin x_n$;若 $x_n<x_{n-1}$,则 $x_{n+1}=x_n+\cos x_n$. 对于任意的 $n\in\mathbf{Z}^+$,求满足 $x_n<c$ 的最小常数 c.

(第六届陈省身杯全国高中数学奥林匹克)

解 首先指出:若 $x<3\pi$,则 $x+\sin x=x+\sin(3\pi-x)<x+(3\pi-x)=3\pi.$

下面证明: $x_n<3\pi(n\in\mathbf{Z}^+).$

若不然,存在 $k\in\mathbf{Z}^+$,使得 $x_k\geqslant 3\pi,x_{k-1}<3\pi$,则 $x_k=x_{k-1}+\cos x_{k-1}.$

故 $x_{k-1}=x_k-\cos x_{k-1}\geqslant 3\pi-1>\dfrac{5\pi}{2}.$

于是, $\cos x_{k-1}<0,x_k<x_{k-1}<3\pi.$ 矛盾.

由 $x_3=6.56\cdots>2\pi$,用数学归纳法易得 $x_n>2\pi$, $\{x_n\}$ 单调递增.

故 $x_{n+1}=x_n+\cos x_n(n\geqslant 3).$

若 $x_n<c<3\pi(n\in\mathbf{Z})$,则 $x_{n+1}-x_n=\sin x_n\geqslant\min\{\sin x_3,\sin c\}(n\geqslant 3).$

这表明, $\{x_n\}$ 无界.从而, $c_{\min}=3\pi.$

已知 $a,a_2,\cdots,a_{108}$ 为 108 个不超过 2015 的互不相同的正整数.证明:存在正整数 k,使得至少有不同的四对 (i,j) 满足 $a_i-a_j=k$.

(第 11 届中国北方数学奥林匹克)

证明　假设不存在. 则对于每个正整数 k, 至多有三对 (i,j) 满足 $a_i - a_j = k$.

由对称性, 不妨设 $a_1 < a_2 < \cdots < a_{108}$,

考虑所有这样的数 $a_2 - a_1, a_3 - a_2, \cdots, a_{108} - a_{107}$ (即所有相邻两项的差) 及 $a_3 - a_1$, $a_5 - a_3, \cdots, a_{107} - a_{105}$ (即所有相隔两项的差), 前者共 107 个数, 后者共 53 个数, 共有 160 个数. 显然, 这 160 个数均为正整数, 且由假设结论不成立, 知对于每个正整数 k, 这 160 个数中最多有三个数等于 k.

故 $2015 \times 2 > \sum\limits_{i=1}^{107}(a_{i+1} - a_i) + \sum\limits_{i=1}^{105}(a_{i+2} - a_i) \geqslant 3(1 + 2 + \cdots + 53) + 54 = 4347.$ 矛盾.

从而, 存在正整数 k 满足题意.

数列 $\{a_n\}$ 定义如下: a_1 为正有理数, 若 $a_n = \dfrac{p_n}{q_n}(n = 1, 2, \cdots)$, 其中, p_n, q_n 为互素的正整数, 则 $a_{n+1} = \dfrac{p_n^2 + 2015}{p_n q_n}$. 问: 是否存在 $a_1 > 2015$, 使得数列 $\{a_n\}$ 为有界数列? 证明你的结论.

(第 11 届中国北方数学奥林匹克)

解　存在.

下面证明: 构造数列 $\{b_n\}$ 满足 $b_1 = 1, b_2 = 1, b_{n+2} = 2017 b_{n+1} - b_n (n = 1, 2, \cdots)$.

注意到, $(b_{n+2}, b_{n+1}) = (2017 b_{n+1} - b_n, b_{n+1}) = (b_{n+1}, b_n), (b_2, b_1) = 1.$

于是, $(b_{n+1}, b_n) = 1.$

接下来, 用数学归纳法证明: $b_{n+1}^2 - b_n b_{n+2} = -2015.$

当 $n = 1$ 时, 由 $b_3 = 2016$, 知 $b_2^2 - b_1 b_3 = -2015.$

则当 $n = 1$ 时, 结论成立.

假设 n 时结论成立, 则 $n + 1$ 时, 只要证明:

$$b_{n+2}^2 - b_{n+1} b_{n+3} = b_{n+1}^2 - b_n b_{n+2}, \ \text{即} \ \frac{b_{n+3} + b_{n+1}}{b_{n+2}} = \frac{b_{n+2} + b_n}{b_{n+1}}. \tag{①}$$

而 $\dfrac{b_{n+2} + b_n}{b_{n+1}} = 2017$ 为常数, 故式 ① 成立, 即 $n + 1$ 时, 结论成立.

综上, 结论成立.

再令 $a_n = \dfrac{b_{n+1}}{b_n}$. 则 $a_{n+1} = \dfrac{b_{n+1}^2 + 2015}{b_n b_{n+1}} = \dfrac{b_{n+2}}{b_{n+1}}.$

由数列 $\{b_n\}$ 的通项 $b_n = A\left(\dfrac{2017 + \sqrt{2017^2 - 4}}{2}\right)^n + B\left(\dfrac{2017 - \sqrt{2017^2 - 4}}{2}\right)^n (A, B$ 为常数),

知 $\lim\limits_{n \to \infty} \dfrac{b_{n+1}}{b_n} = \dfrac{2017 + \sqrt{2017^2 - 4}}{2}.$

于是, 数列 $\{a_n\}$ 有极限. 因此, 数列有界.

又因为数列 $\{a_n\}$ 的极限大于 2015, 所以, 从某项 a_k 以后, 数列各项的值均大于 2015.

从而, 只要把数列中 a_k 前面的项去掉, 则剩下的数列满足条件.

代数部分

设数列 $a_1,a_2,\cdots,a_n$ 满足:

(1) 对于任意的 $1\leqslant i\leqslant n$,均有 $-1<a_i<1$;

(2) $a_1+a_2+\cdots+a_n=0$;

(3) $a_1^2+a_2^2+\cdots+a_n^2=40$.

求 n 的最小值.

(2015,中国香港数学奥林匹克)

解 由 $40=a_1^2+a_2^2+\cdots+a_n^2<1+1+\cdots+1=n\Rightarrow n\geqslant 41$.

假设 $n=41$.

由 n 的最小性,知各项均为非零.又不妨设数列递增,则存在唯一的 k,使得

$$-1<a_1\leqslant\cdots\leqslant a_k<0<a_{k+1}\leqslant\cdots\leqslant a_{41}<1.$$

因为此时数列 $-a_{41},-a_{40},\cdots,-a_1$ 也满足题意,所以,不妨设 $k\leqslant\left[\dfrac{41}{2}\right]=20$.

故 $40=a_1^2+a_2^2+\cdots+a_{41}^2=(a_1^2+a_2^2+\cdots+a_k^2)+(a_{k+1}^2+\cdots+a_{41}^2)$

$<(a_1^2+a_2^2+\cdots+a_k^2)+(a_{k+1}+\cdots+a_{41})$

$=(a_1^2+a_2^2+\cdots+a_k^2)-(a_1+\cdots+a_k)$

$<2k\leqslant 40,$

矛盾.从而,$n\geqslant 42$.

取 $a_i=-\sqrt{\dfrac{20}{21}}(1\leqslant i\leqslant 21),a_i=\sqrt{\dfrac{20}{21}}(22\leqslant i\leqslant 42)$.

易知,此取法符合题意.

因此,$n=42$.

设 $x_0,x_1,\cdots$ 为有理数列,满足以下递推关系:x_0 为有理数,对于 $n\geqslant 0$,将 x_n 化为最简分数

$$x_{n+1}=\begin{cases}\left|\dfrac{x_n}{2}-1\right|, & x_n \text{ 的分子为偶数};\\[2mm]\left|\dfrac{1}{x_n}-1\right|, & x_n \text{ 的分子为奇数}.\end{cases}$$

证明:对于任意的 x_0,

(1) 数列中只有有限个不同的最简分数;

(2) 数列中恰包含 0 与 $\dfrac{2}{3}$ 中的一个(即要么存在 k 使得 $x_k=0$,要么存在 m 使得 $x_m=\dfrac{2}{3}$,且上述两情况不同时出现).

(2016,第 32 届意大利数学奥林匹克)

证明 (1) 假设除第一项外,所有的 x_n 均大于 0.可以将数列中的每一项均写成最简

分数的形式 $x_n = \dfrac{p_n}{q_n}$.

设新数列 $y_n = \max\{p_n, q_n\}$,只要证对于任意的 $n \geqslant 0$,均有 $y_{n+1} \leqslant y_n$. 从而, $p_n, q_n \leqslant y_n \leqslant y_0$.

由于受到 y_0 的限制,于是,数列中只有有限个不同的有理数的分子和分母. 从而,数列 $\{x_n\}$ 中只有有限个不同的项.

要证明 $y_{n+1} \leqslant y_n$,考虑以下两种情况.

(i) 若 p_n 为偶数,由 $\dfrac{p_n}{q_n}$ 为最简分数知 $\left(\dfrac{p_n}{2} - q_n, q_n \right) = \left(\dfrac{p_n}{2}, q_n \right) = 1$.

于是, $x_{n+1} = \dfrac{\left| \dfrac{p_n}{2} - q_n \right|}{q_n}$ 已化为最简分数.

此外,注意到若 a, b 为正数,则

$| a - b | \leqslant \max\{a, b\}$

$\Rightarrow y_{n+1} = \max\left\{ \left| \dfrac{p_n}{2} - q_n \right|, q_n \right\} \leqslant \max\left\{ \dfrac{p_n}{2}, q_n \right\} \leqslant \max\{p_n, q_n\} = y_n.$

(ii) 若 p_n 为奇数,则 $x_{n+1} = \dfrac{| q_n - p_n |}{p_n}$.

类似地,此分数已化为最简分数.

故 $y_{n+1} = \max\{| q_n - p_n |, p_n\} \leqslant \max\{p_n, q_n\} = y_n$.

(2) 注意到,由于数列 $\{x_n\}$ 有有限个不同的最简分数,从某一项起会重复出现. 于是,数列会从此出现周期性.

先证明: 0 和 $\dfrac{2}{3}$ 不会同时出现在数列中.

若 0 先出现,且 $x_k = 0$,则 $x_{k+1} = 1$, $x_{k+2} = 0$.

依次类推,故 $\dfrac{2}{3}$ 不会出现.

类似地,若 $\dfrac{2}{3}$ 先出现,且 $x_m = \dfrac{2}{3}$,则 $x_{m+1} = \dfrac{2}{3}$, $x_{m+2} = \dfrac{2}{3}$.

依次类推,故 0 不会出现.

再证明: 0 或 $\dfrac{2}{3}$ 中必有一个出现.

假设 0 不出现,则 1 也不会出现(若 $x_n = 1$,则 $x_{n+1} = 0$).

因为 y_n 是正整数,所以,若 $y_{n+1} \leqslant y_n$ 中有无穷多个严格不等号. 于是, y_n 最终会小于 0. 从而, $y_{n+1} \leqslant y_n$ 中只有有限个严格不等号.

分以下几种情况讨论.

(i) $p_n > q_n$,且 p_n 为偶数,则 $y_n = p_n$,且 $y_{n+1} = \max\left\{ \left| \dfrac{p_n}{2} - q_n \right|, q_n \right\} < p_n = y_n$;

(ii) $p_n < q_n$,且 p_n 为奇数,则 $y_n = q_n$,且 $y_{n+1} = \max\{q_n - p_n, p_n\} < q_n = y_n$;

(iii) $p_n > q_n$,且 p_n 为奇数;

(iv) $p_n < q_n$,且 p_n 为偶数.

由于(i)、(ii)包含严格不等号,于是,它们只有有限个.从而,在某确定的点之后,只有(iii)、(iv)会出现.

下面考虑(iii)、(iv).

在(iii)中,$x_{n+1} = \dfrac{|q_n - p_n|}{p_n} = \dfrac{p_n - q_n}{p_n} < 1$.

此时,(iii)不能再次出现.

从而,x_{n+1} 最终归结为(iv).

考虑(iv).

则 $x_{n+1} = \dfrac{\left|\dfrac{p_n}{2} - q_n\right|}{q_n} = \dfrac{q_n - \dfrac{p_n}{2}}{q_n} < 1$.

于是,x_{n+1} 最终又归结为(iv).

总之,在某项之后,只有(iv)会出现,如前所证,此时数列将会为周期数列.

设 n_0 为正整数,满足对于任意的 $n \geq n_0$,只有(iv)出现,此时数列为周期数列.

特别地,存在正整数 k,使得 $x_{n_0+k} = x_{n_0}$.

因为 $x_{n+1} = \dfrac{\left|\dfrac{p_n}{2} - q_n\right|}{q_n} = \dfrac{q_n - \dfrac{p_n}{2}}{q_n}$,所以,

$p_{n+1} = q_n - \dfrac{p_n}{2}, q_{n+1} = q_n \Rightarrow p_{n_0+k} = \dfrac{2^k - (-1)^k}{3 \times 2^{k-1}} q_{n_0} + \dfrac{(-1)^k}{2^k} p_{n_0}$.

最后,由 $p_{n_0+k} = p_{n_0}$,得

$\dfrac{2^k - (-1)^k}{3 \times 2^{k-1}} q_{n_0} + \dfrac{(-1)^k p_{n_0}}{2^k} = p_{n_0} \Rightarrow \dfrac{2^k - (-1)^k}{3 \times 2^{k-1}} q_{n_0} = p_{n_0}\left(\dfrac{2^k - (-1)^k}{2^k}\right)$

$\Rightarrow \dfrac{p_{n_0}}{q_{n_0}} = \dfrac{2}{3}$.

> 对于无穷数列 $\{a_n\}(n \in \mathbf{Z}^+)$,所有的项均为正数.若存在实数 $q > 1$,使得对于任意的 $n \in \mathbf{Z}^+$,总有 $\dfrac{a_{n+1}}{a_n} \geq q$,则称 $\{a_n\}$ 为"L 数列";若存在实数 $r > 1$,使得对于任意的正实数 x,区间 (x, rx) 中至多包含数列 $\{a_n\}$ 中的一项,则称此数列为"S 数列".问:
> (1) L 数列是否必为 S 数列?
> (2) S 数列是否必为 L 数列?
>
> (2016,第 66 届白俄罗斯数学奥林匹克)

解 (1)由 $\{a_n\}$ 为 L 数列,知存在实数 $q > 1$,使得对于任意的 $n \in \mathbf{Z}^+$,均有

$$a_{n+1} \geq q a_n. \qquad \qquad ①$$

显然,任意的 L 数列均为递增的.

下面证明:在任意区间 (x, qx) 中至多有数列中的一项.

事实上,若 a_n, a_{n+1} 均在该区间内,则 $\dfrac{a_{n+1}}{a_n} < \dfrac{qx}{x} = q$,与式①矛盾.

从而,任意的 L 数列均为 S 数列.

(2) 考虑 L 数列:$a_n = 2^n (n \in \mathbf{Z}^+)$.

由(1),知此数列满足对于任意区间 $(x, 2x)(x > 0)$,至多含有数列中的一项.

下面构造一个新的数列 $\{x_n\}$,满足对于任意的 $n \in \mathbf{Z}^+$,均有

$$x_{2n-1} = a_{2n}, x_{2n} = a_{2n-1}.$$

显然,此数列为 S 数列,但不是递增的,不为 L 数列.

从而,S 数列不一定为 L 数列.

已知无穷数列 $\{a_n\}$,所有的项均为正数. 若存在实数 $q > 1$,使得对于任意的 $n \in \mathbf{Z}^+$,总有 $\dfrac{a_{n+1}}{a_n} \geqslant q$,则称此数列为"$L$ 数列";类似地,若存在正整数 k,使得对于任意正实数 x,在区间 $(x, 2x)$ 中均有数列的至多 k 项,则称此数列为"R 数列". 问:

(1)L 数列是否必为 R 数列?

(2)R 数列是否必为 L 数列?

(2016,第 66 届白俄罗斯数学奥林匹克)

解 (1) 由 $\{a_n\}$ 为 L 数列,知存在实数 $q > 1$,使得对于任意的 $n \in \mathbf{Z}^+$,均有

$$a_{n+1} \geqslant qa_n. \qquad ①$$

显然,任意的 L 数列均为递增的.

由式 ①,知在区间 $(x, qx]$ 内至多只有数列中的一项. 否则,假设 a_n, a_{n+1} 均在区间 $(x, qx]$ 内. 则 $\dfrac{a_{n+1}}{a_n} < \dfrac{qx}{x} = q$,与式 ① 矛盾.

考虑任意使 $q^k > 2$ 成立的正整数 k(如 $k = [\log_q 2] + 1$).

显然,$(x, 2x) \subset \bigcup\limits_{i=1}^{k} (q^{i-1}x, q^i x]$. $\qquad ②$

因为在区间 $(q^{i-1}x, q^i x]$ 内至多只有数列 $\{a_n\}$ 的一项,并由式 ② 知在区间 $(x, 2x)$ 内至多只有数列 $\{a_n\}$ 的 k 项,所以,L 数列必为 R 数列.

(2) 取数列 $\{a_n\}(n \in \mathbf{Z}^+)$,其中,

$$a_{2n-1} = 2^n, a_{2n} = 2^n \left(1 + \dfrac{1}{n+1}\right)(n \in \mathbf{Z}^+). \qquad ③$$

显然,对于任意的 $n \in \mathbf{Z}^+$,恒有 $a_{2n-1} < a_{2n} < a_{2n+1}$.

于是,数列 $\{a_n\}$ 递增.

另外,在区间 $(x, 2x)$ 内至多只有 $2^m (m \in \mathbf{Z}^+)$ 的一项,故在此区间内至多只有数列 $\{a_n\}$ 的三项.

从而,$\{a_n\}$ 为 R 数列.

注意到,$\dfrac{a_{2n}}{a_{2n-1}} = 1 + \dfrac{1}{n+1}(n \in \mathbf{Z}^+)$. 当 $n \to +\infty$ 时,$1 + \dfrac{1}{n+1} \to 1$.

因此,$\{a_n\}$ 不是 L 数列.

将 125 个不同的正整数排成一行,使得连续三个数中的中间数大于两旁数的算术平均数. 求这一行中,最大数的最小可能值.

(2016,爱沙尼亚数学奥林匹克)

解 设这一行的数为 $a_1, a_2, \cdots, a_{125}$.

由条件,得 $a_{i+1} > \dfrac{a_i + a_{i+2}}{2}(i = 1, 2, \cdots, 123) \Leftrightarrow a_{i+1} - a_i > a_{i+2} - a_{i+1}$.

记 $d_i = a_{i+1} - a_i$,则 $d_1 > d_2 > \cdots > d_{124}$.

令 a_m 为 $a_1, a_2, \cdots, a_{125}$ 中的最大数,于是,

$$d_1 > d_2 > \cdots > d_{m-1} > 0 > d_m > d_{m+1} > \cdots > d_{124}.$$

若 $d_1, d_2, \cdots, d_{124}$ 中同时有 1 和 -1,则 1 与 -1 一定是连续出现的,即存在一个 i,使得 $d_i = 1, d_{i+1} = -1$. 于是,$a_{i+1} = a_{i-1}$,矛盾.

从而,不妨设没有 1(若没有 -1,则把整个数列倒过来排列即可化为没有 1 的情况).

故 $a_m = a_1 + (d_1 + d_2 + \cdots + d_{m-1})$

$\geqslant 1 + (m + (m-1) + \cdots + 2) = 1 + 2 + \cdots + m$,

$a_m = a_{125} - (d_m + d_{m+1} + \cdots + d_{124}) \geqslant 1 + (1 + 2 + \cdots + (125 - m))$,

在 m 与 $125 - m$ 中有一个至少为 63,则由之前的不等式知 $a_m \geqslant 1 + 2 + \cdots + 63$.

取 $a_1 = 1, d_i = 64 - i(1 \leqslant i \leqslant 62)$ 和 $d_i = 62 - i(63 \leqslant i \leqslant 124)$,最大数 $a_{63} = 1 + 2 + \cdots + 63$,其中,每个 a_i 均为正数,

$$1 < a_1 < a_2 < \cdots < a_{63},$$

$$a_{63} > a_{64} > \cdots > a_{125} = (1 + 2 + \cdots 63) - (1 + 2 + \cdots + 62) = 63.$$

再证明这些数确实两两不同.

事实上,对于 $i = 64, 65, \cdots, 125$,有

$$a_i = (1 + 2 + \cdots + 63) - (1 + 2 + \cdots + (i - 63))$$

$$= (i - 62) + (i - 61) + \cdots + 63 = a_{127-i} - 1.$$

从而,a_i 介于 a_{126-i} 与 a_{127-i} 之间.

因此,最大数为 $1 + 2 + \cdots + 63 = 2016$.

正整数 n 满足存在小于 $\sqrt{n}$ 且不整除 n 的正整数. 记 $(a_1, a_2, \cdots, a_n)$ 为 $1, 2, \cdots, n$ 的任意一个排列,$a_{i_1} < a_{i_2} < \cdots < a_{i_k}$ 为排列的最大递增子序列,$a_{j_1} > a_{j_2} > \cdots > a_{j_l}$ 为排列的最大递减子序列. 证明:$(a_{i_1}, a_{i_2}, \cdots, a_{i_k})$ 与 $(a_{j_1}, a_{j_2}, \cdots, a_{j_l})$ 中至少含有一个不整除 n 的数.

(2016,爱沙尼亚国家队选拔考试)

证明 对每个 $i = 1, 2, \cdots, n$,用 $f(i)$ 表示以 a_i 结尾的最长的递增子序列的项数,$g(i)$ 表示以 a_i 结尾的最长的递减子序列的项数.

于是,对于不同的 $i < j$:

若 $a_i < a_j$，则 $f(i) < f(j)$；若 $a_i > a_j$，则 $g(i) < g(j)$.

从而，每对 $(f(i), g(i))(i = 1, 2, \cdots, n)$ 均不相同.

因此，共有 n 个不同的对.

由题意，知 $f(i)$ 的最大值为 k，$g(i)$ 的最大值为 l. 则 $(f(i), g(i))$ 至多有 kl 对.

故 $kl \geqslant n$.

于是，$k + l \geqslant 2\sqrt{kl} \geqslant 2\sqrt{n}$.

而一个递增序列和一个递减序列中至多有一个数同时出现，从而，子数列 $(a_{i_1}, a_{i_2}, \cdots, a_{i_k})$ 与 $(a_{j_1}, a_{j_2}, \cdots, a_{j_l})$ 中至少有 $2\sqrt{n} - 1$ 个不同的自然数.

又由题设，知 n 至多有 $[\sqrt{n}] - 1$ 个不超过 $\sqrt{n}$ 的约数，则 n 的约数个数为

$$\delta(n) \leqslant 2([\sqrt{n}] - 1).$$

因此，子数列 $(a_{i_1}, a_{i_2}, \cdots, a_{i_k})$ 与 $(a_{j_1}, a_{j_2}, \cdots, a_{j_l})$ 中至少含有一个不整除 n 的数.

已知数列 $\{a_n\}(n \geqslant 0)$，满足 $a_0 = 3$，$a_{n+1} - a_n = n(a_n - 1)$. 求所有正整数 m，使得对于所有的非负整数 n，均有 $(m, a_n) = 1$.

(2016，希腊国家队选拔考试)

解 由条件知

$a_{n+1} - 1 = (n+1)(a_n - 1)$

$\Rightarrow a_{n+1} - 1 = (n+1)n(n-1)\cdots 2 \times 2 = 2((n+1)!)$

$\Rightarrow a_n = 2(n!) + 1$.

考虑正整数 $m(m > 1)$.

若 $m = 2^s$，由数列 $\{a_n\}$ 中每一项均为奇数，知 $(m, a_n) = 1$.

若存在素数 $p(p \geqslant 3)$，使得 $p \mid m$，则 $(m, a_{p-3}) \neq 1$.

事实上，对于素数 p，由威尔逊定理知

$a_{p-3} = 2((p-3)!) + 1 \equiv (p-1)! + 1 \equiv 0 \pmod{p}$.

于是，$p \mid a_{p-3} \Rightarrow p \mid (m, a_{p-3})$.

从而，$(m, a_{p-3}) \neq 1$.

综上，$m = 2^s(s \geqslant 0)$.

求所有的整数 $k \geqslant 2$，存在正整数 n_0，使得当 $n \geqslant n_0$ 时，$\{C_{2n}^n \pmod{k}\}$ 为周期数列.

(2016，第 67 届罗马尼亚国家队选拔考试)

解 由 $C_{2n}^n = 2C_{2n-1}^n \equiv 0 \pmod 2 (n = 1, 2, \cdots)$，知 2 符合要求.

接下来证明 $k \geqslant 3$ 均不符合要求.

若 d 为整数 k 的约数，数列 $\{C_{2n}^n \pmod{k}\}(n = 0, 1, \cdots)$ 最终为一个周期数列，则数列 $\{C_{2n}^n \pmod{d}\}(n = 0, 1, \cdots)$ 最终也为一个周期数列.

下面证明：对于每个整数 $k \geqslant 3$，均含有一个整数因子，使得数列 $\{C_{2n}^n \pmod{d}\}(n =$

$0,1,\cdots)$ 含有任意连续多个 0 且任意大的项数后均有非零项，这表明，数列不可能最终为周期数列，即数列 $\{C_{2n}^n(\bmod k)\}(n=0,1,\cdots)$ 最终不是周期数列.

事实上，这样的约数是存在的.

注意到，每个整数 $k \geqslant 3$ 要么为 4 的倍数，要么至少有一个奇素数因子 p.

分两种情况讨论.

(1) 若正整数 k 为 4 的倍数，则对于正整数 m，记 $n=2^m+r(r=0,1,\cdots,2^m-1)$.

注意到，$(1+x)^{2n}=(1+x)^{2^{m+1}}(1+x)^{2r}\equiv(1+2x^{2^m}+x^{2^{m+1}})(1+x)^{2r}(\bmod 4)$.

比较 x^n 的系数，知 $C_{2n}^n\equiv 2C_{2r}^r\equiv\begin{cases}2(\bmod 4), & r=0;\\ 4C_{2r-1}^r\equiv 0(\bmod 4), & r=1,2,\cdots,2^m-1.\end{cases}$

因为 m 可以任意大，所以，数列 $\{C_{2n}^n(\bmod 4)\}(n=0,1,\cdots)$ 含有任意连续多个 0 且任意大的项数后均有非零项.

(2) 若正整数 k 被奇素数 p 整除，则考虑正整数 m. 记 $n=\dfrac{p^m+r}{2}$，r 取遍所有不超过 p^m 的奇数.

注意到，
$$(1+x)^{2n}=(1+x)^{p^m}(1+x)^r\equiv(1+x^{p^m})(1+x)^r(\bmod p)$$
$$=\text{次数小于 }r\text{ 的项}+x^r+x^{p^m}+\text{次数大于 }p^m\text{ 的项}.$$

于是，当 $r<p^m$ 时，由 $r<n<p^m$，知 $C_{2n}^n\equiv 0(\bmod p)$；

当 $r=n=p^m$ 时，$C_{2n}^n\equiv 2(\bmod p)$.

因为 m 可以任意大，所以，数列 $\{C_{2n}^n(\bmod p)\}(n=0,1,\cdots)$ 含有任意连续多个 0 且任意大的项数后均有非零项.

---

(1) 若 $\{a_n\}(n\geqslant 1)$ 为严格递增的正整数列，使得 $\dfrac{a_{2n-1}+a_{2n}}{a_n}$ 对于任意的正整数 n 均为常数，证明：该常数一定为不小于 4 的正整数；

(2) 给定正整数 $N\geqslant 4$，一定存在严格递增的正整数列 $\{a_n\}(n\geqslant 1)$，使得对于任意的正整数 n，有 $\dfrac{a_{2n-1}+a_{2n}}{a_n}=N$.

(2016，第 67 届罗马尼亚国家队选拔考试)

(1) **证明** 记 $k=\dfrac{a_{2n-1}+a_{2n}}{a_n}\in\mathbf{Q}^+$.

先证明 $k\in\mathbf{Z}^+$，否则，设 $k=\dfrac{p}{q}$ 为既约分数. 从而，所有的 a_n 均为 q 的倍数.

将数列每一项均除以 q 后，常值 k 均不变，重复这样的操作，知每个 a_n 均能被 q 的任意次幂整除. 于是，只能 $q=1$，进而，$k\in\mathbf{Z}^+$.

由于 $\{a_n\}(n\geqslant 1)$ 为严格递增的正整数列，于是，$k>2$.

下面证明：$k\neq 3$.

否则，记 $b_n = a_{n+1} - a_n$.

由 $3a_n = a_{2n-1} + a_{2n}$，$3a_{n+1} = a_{2n+1} + a_{2n+2}$，两式作差得

$3b_n = a_{2n+1} + a_{2n+2} - a_{2n-1} - a_{2n} = b_{2n+1} + 2b_{2n} + b_{2n-1}$.

上式 b_{2n+1}，b_{2n}，b_{2n-1} 中一定有一个小于 b_n，这表明，对于每个下标 m，存在一个 $n > m$，满足 $b_m > b_n$，这与 $\{b_n\}$ 为正整数列矛盾.

从而，$k \geqslant 4$.

(2) **解** 对于 $N = 4$，取 $a_n = 2n - 1$.

由 $\dfrac{2(2n-1) - 1 + 2 \times 2n - 1}{2n - 1} = 4$，知符合要求.

对于 $N \geqslant 5$，取 $a_1 = 1$，$a_{2n-1} = \left[\dfrac{Na_n - 1}{2}\right]$，$a_{2n} = \left[\dfrac{Na_n}{2}\right] + 1$. 则 $\dfrac{a_{2n-1} + a_{2n}}{a_n} = N$.

显然，$a_{2n-1} < a_{2n}$.

下面用数学归纳法证明：$a_{2n} < a_{2n+1}$.

首先，归纳基础是 $a_2 < a_3$.

进一步，若下标不大于 $2n$ 结论成立，则

$$a_{2n+1} - a_{2n} \geqslant \frac{Na_{n+1} - 2}{2} - \left(\frac{Na_n}{2} + 1\right) = \frac{N}{2}(a_{n+1} - a_n) - 2 \geqslant \frac{N}{2} - 2 \geqslant \frac{1}{2}.$$

这便完成了归纳.

已知实数 $a_1, a_2, \cdots, a_n (n \geqslant 3)$ 互不相等，将 $\dfrac{n(n-1)}{2}$ 个 $a_i + a_j (1 \leqslant i < j \leqslant n)$ 按升序排成一个新数列. 若新数列为等差数列，求 n 的值.

(2016，第 54 届荷兰国家队选拔考试)

解 当 $n = 3$ 时，考虑 $(a_1, a_2, a_3) = (1, 2, 3)$.

两两之和为 3，4，5，构成等差数列.

当 $n = 4$ 时，考虑 $(a_1, a_2, a_3, a_4) = (1, 3, 4, 5)$.

两两之和为 4，5，6，7，8，9，构成等差数列.

下面假设当 $n \geqslant 5$ 时，$a_1, a_2, \cdots, a_n$ 两两之和的升序排列构成等差数列.

不妨设 $a_1 < a_2 < \cdots < a_n$，d 为和数列的公差.

显然，在和项中，$a_1 + a_2$ 最小，$a_1 + a_3$ 次小，$a_n + a_{n-2}$ 次大，$a_n + a_{n-1}$ 最大.

于是，当 $a_3 - a_2 = d$，$a_{n-1} - a_{n-2} = d$.

故 $a_2 + a_{n-1} = (a_3 - d) + (a_{n-2} + d) = a_3 + a_{n-2}$. ①

若 $n \geqslant 6$，则上式左端与右端为不同数对的和，与数对和之差至少为 d 矛盾.

于是，当 $n \geqslant 6$ 时无解.

若 $n = 5$，则 $a_3 - a_2 = d$，$a_4 - a_3 = d$.

从而，第三最小和项为 $a_1 + a_4$（这是因为 $a_1 + a_4 = (a_1 + a_3) + d$），第三最大和项为

$a_5 + a_2$.

又 $a_2 + a_3 < a_2 + a_4 < a_3 + a_4$,且每相邻两个和项之差均为 d,于是,$a_1 + a_5$ 为第四最小和项或第四最大和项.

不妨设 $a_1 + a_5$ 为第四最小和项.则

$a_1 + a_2 < a_1 + a_3 < a_1 + a_4 < a_1 + a_5 < a_2 + a_3 < a_2 + a_4$

$< a_3 + a_4 < a_2 + a_5 < a_3 + a_5 < a_4 + a_5$.

故 $(a_5 + a_2) - (a_3 + a_4) = d \Rightarrow a_5 - a_4 = d + a_3 - a_2 = 2d$.

这与 $(a_1 + a_5) - (a_1 + a_4) = d$ 矛盾.

因此,当 $n = 5$ 时无解.

综上,$n = 3, 4$.

定义立方序列:$a_n = n^3 + bn^2 + cn + d$($b, c, d$ 为整数且为常数,n 取遍所有整数).

(1) 证明:存在一个立方序列,使得在此序列中只有 a_{2015}, a_{2016} 为完全平方数;

(2) 若一个立方序列满足条件(1),求 a_{2015}, a_{2016} 的所有可能值.

(2016,第八届罗马尼亚大师杯数学竞赛)

解 由于对数列的平移不改变问题,为简化起见,可用 a_0 代替 a_{2015},用 a_1 代替 a_{2016}.

若有一个立方序列 a_n,只有 a_0, a_1 为完全平方数,设 $a_0 = p^2, a_1 = q^2$.

考虑过点 $(0, p), (1, q)$ 的直线 $y = (q - p)x + p$.

故方程 $((q - p)x + p)^2 = x^3 + bx^2 + cx + d$ 有根 $x = 0, 1$.

由韦达定理,知其另一个根为 $x = (q - p)^2 - b - 1$,即当 $n = (q - p)^2 - b - 1$ 时,a_n 也为完全平方数.

而由题意知

$x = 0$ 或 $x = 1 \Rightarrow (q - p)^2 - b - 1 = 0$ 或 $(q - p)^2 - b - 1 = 1$.

类似地,考虑过点 $(0, -p), (1, q)$ 的直线 $y = (q + p)x - p$,得

$(q + p)^2 - b - 1 = 0$ 或 $(q + p)^2 - b - 1 = 1$.

因为 $(q - p)^2$ 与 $(q + p)^2$ 有相同的奇偶性,所以,必有 $pq = 0$.

下面只需证明这样的数列存在即可.

记 $p = 0$.

考虑数列 $a_n = n^3 + (q^2 - 2)n^2 + n$,满足 $a_0 = 0, a_1 = q^2$.

下面证明 $q = 1$ 符合.

事实上,若 $a_n = n(n^2 - n + 1)$ 为完全平方数,由 $n^2 - n + 1$ 为正整数,知若 $n \neq 0$,必有 $n, n^2 - n + 1$ 均为完全平方数,从而,必有 $n > 0$.

当 $n > 1$ 时,$(n - 1)^2 < n^2 - n + 1 < n^2$.

故 $n^2 - n + 1$ 不为完全平方数.

从而,$n = 0$ 或 1.

已知数列 $\{u_n\}$，$\{v_n\}$ 满足：

$u_0 = u_1 = 1$，$u_n = 2u_{n-1} - 3u_{n-2}(n \geqslant 2)$；

$v_0 = a$，$v_1 = b$，$v_2 = c$，$v_n = v_{n-1} - 3v_{n-2} + 27v_{n-3}(n \geqslant 3)$.

假设存在正整数 N，使得当 $n \geqslant N$ 时，v_n 均为整数且可被 u_n 整除. 证明：
$3a = 2b + c$.

（第 32 届中国数学奥林匹克）

证明　由 $v_n = \dfrac{1}{27}(v_{n+3} - v_{n+2} + 3v_{n+1})$，则由逆向归纳法可证：对于任意的 $n \in \mathbf{N}$，均有 $v_n \in \mathbf{Q}$.

特别地，$a, b, c \in \mathbf{Q}$.

利用特征方程易得 $\{u_n\}$，$\{v_n\}$ 的通项公式分别为：

$u_n = \dfrac{1}{2}((1 + \sqrt{2}\,\mathrm{i})^n + (1 - \sqrt{2}\,\mathrm{i})^n)$，

$v_n = c_1(-1 + 2\sqrt{2}\,\mathrm{i})^n + c_2(-1 - 2\sqrt{2}\,\mathrm{i})^n + 3^n c_3$.

则 $v_0 = c_1 + c_2 + c_3 = a$，　　　　　　　　　　　　①

$v_1 = (-1 + 2\sqrt{2}\,\mathrm{i})c_1 + (-1 - 2\sqrt{2}\,\mathrm{i})c_2 + 3c_3 = b$，　　②

$v_2 = (-7 - 4\sqrt{2}\,\mathrm{i})c_1 + (-7 + 4\sqrt{2}\,\mathrm{i})c_2 + 9c_3 = c$.　　③

（②－①×3）÷2 得

$(-2 + \sqrt{2}\,\mathrm{i})c_1 + (-2 - \sqrt{2}\,\mathrm{i})c_2 = m_1\left(m_1 = \dfrac{b - 3a}{2} \in \mathbf{Q}\right)$.　　④

（③－①×9）÷4 得

$(-4 - \sqrt{2}\,\mathrm{i})c_1 + (-4 + \sqrt{2}\,\mathrm{i})c_2 = m_2\left(m_2 = \dfrac{c - 9a}{4} \in \mathbf{Q}\right)$.　　⑤

（④＋⑤）÷（－6）得

$c_1 + c_2 = m_3\left(m_3 = -\dfrac{m_1 + m_2}{6} \in \mathbf{Q}\right)$.　　⑥

（④×2－⑤）÷$3\sqrt{2}\,\mathrm{i}$ 得

$c_1 - c_2 = m_4\sqrt{2}\,\mathrm{i}\left(m_4 = -\dfrac{2m_1 - m_2}{6} \in \mathbf{Q}\right)$.　　⑦

由式⑥，⑦，得 $c_1 = r + s\sqrt{2}\,\mathrm{i}$，$c_2 = r - s\sqrt{2}\,\mathrm{i}(r, s \in \mathbf{Q})$.

再由式①，得 $c_3 \in \mathbf{Q}$.

记 $t = c_3$.

故 $v_n = (r + s\sqrt{2}\,\mathrm{i})(-1 + 2\sqrt{2}\,\mathrm{i})^n + (r - s\sqrt{2}\,\mathrm{i})(-1 - 2\sqrt{2}\,\mathrm{i})^n + t \times 3^n$.

因为 $r, s, t \in \mathbf{Q}$，所以，存在正整数 k，使得 $kr, ks, kt \in \mathbf{Z}$.

记 $w_n = 2k((r + s\sqrt{2}\,\mathrm{i})(1 + \sqrt{2}\,\mathrm{i})^n + (r - s\sqrt{2}\,\mathrm{i})(1 - \sqrt{2}\,\mathrm{i})^n)$.

因为 $w_0 = 4kr \in \mathbf{Z}$，$w_1 = 4k(r - 2s) \in \mathbf{Z}$，且数列 $\{w_n\}$ 满足递推关系

$w_n = 2w_{n-1} - 3w_{n-2}(n \geqslant 2)$，

代数部分

所以，对于任意的 $n \in \mathbf{N}$，均有 $w_n \in \mathbf{Z}$.

故 $u_n w_n = k((r + s\sqrt{2}\,\mathrm{i})(-1 + 2\sqrt{2}\,\mathrm{i})^n + (r - s\sqrt{2}\,\mathrm{i})(-1 - 2\sqrt{2}\,\mathrm{i})^n + 2r3^n)$

$= kv_n + m \times 3^n \ (m = k(2r - t) \in \mathbf{Z})$.

于是，$m \times 3^n = u_n w_n - kv_n$.

当 $n \geqslant N$ 时，由 $v_n \in \mathbf{Z}$ 且 $u_n \mid v_n$，得 $u_n \mid m \times 3^n$.

据递推关系 $u_n = 2u_{n-1} - 3u_{n-2} (n \geqslant 2)$，由数学归纳法易证，对于任意的 $n \in \mathbf{N}$，均有 $3 \nmid u_n$，即 $(u_n, 3^n) = 1$. 从而，$u_n \mid m$.

下面证明：数列 $\{u_n\}$ 无上界.

由复数的三角形式，有 $u_n = (\sqrt{3})^n \cos n\theta (\theta = \arctan \sqrt{2})$.

对每个正整数 n，将 $n\theta$ 对 2π 作带余除法，记作 $n\theta = 2k_n\pi + \theta_n \left(k_n = \left[\dfrac{n\theta}{2\pi}\right]\right)$，存在无穷多个正整数 n，满足 $\theta_n \in [0, \theta]$. 对这些 n 有

$\cos \theta_n \geqslant \cos \theta = \dfrac{1}{\sqrt{3}} \Rightarrow u_n \geqslant (\sqrt{3})^{n-1} \Rightarrow$ 数列 $\{u_n\}$ 无上界.

若 $m \neq 0$，由于存在 $n \geqslant N$，使得 $u_n > |m|$，与 $u_n \mid m$ 矛盾，则 $m = 0$，即 $kv_n = u_n w_n$.

故 $a = v_0 = \dfrac{1}{k}u_0 w_0 = 4r, b = v_1 = \dfrac{1}{k}u_1 w_1 = 4(r - 2s), c = v_2 = \dfrac{1}{k}u_2 w_2 = 4(r + 4s)$.

从而，$3a = 2b + c = 12r$.

设 p 与 $p + 2$ 均为素数，$p > 3$. 定义数列 $\{a_n\}$：

$$a_1 = 2, a_n = a_{n-1} + \left\lceil \frac{pa_{n-1}}{n} \right\rceil (n = 2, 3, \cdots).$$

证明：对 $n = 3, 4, \cdots, p - 1$，均有 $n \mid (pa_{n-1} + 1)$.

（2016，全国高中数学联合竞赛）

证明 首先注意，$\{a_n\}$ 为整数列.

对 n 用数学归纳法.

当 $n = 3$ 时，由条件知 $a_2 = 2 + p \Rightarrow pa_2 + 1 = (p + 1)^2$.

因为 p 与 $p + 2$ 均为素数，且 $p > 3$，所以，$3 \mid (p + 1)$.

于是，$3 \mid (pa_2 + 1)$，即当 $n = 3$ 时结论成立.

当 $3 < n \leqslant p - 1$ 时，设对 $k = 3, \cdots, n - 1$，均有 $k \mid (pa_{k-1} + 1)$，此时，

$$\left\lceil \frac{pa_{k-1}}{k} \right\rceil = \frac{pa_{k-1} + 1}{k}.$$

故 $pa_{k-1} + 1 = p\left(a_{k-2} + \left\lceil \dfrac{pa_{k-2}}{k-1} \right\rceil\right) + 1 = p\left(a_{k-2} + \dfrac{pa_{k-2} + 1}{k-1}\right) + 1$

$$= \frac{(pa_{k-2} + 1)(p + k - 1)}{k - 1}.$$

从而，对 $3 < n \leqslant p - 1$，有

$$pa_{n-1}+1=\frac{p+n-1}{n-1}(pa_{n-2}+1)=\frac{p+n-1}{n-1}\cdot\frac{p+n-2}{n-2}(pa_{n-3}+1)=\cdots=$$

$$\frac{p+n-1}{n-1}\cdot\frac{p+n-2}{n-2}\cdot\cdots\cdot\frac{p+3}{3}(pa_2+1)$$

$$\Rightarrow pa_{n-1}+1=\frac{2n(p+1)}{(p+n)(p+2)}C_{p+n}^n.$$

又 C_{p+n}^n 为整数,故 $n\mid(p+n)(p+2)(pa_{n-1}+1)$. ①

因为 $n<p(p$ 为素数$)$,所以,$(n,n+p)=(n,p)=1$.

又 $p+2$ 为大于 n 的素数,故 $(n,p+2)=1$,从而,n 与 $(p+n)(p+2)$ 互素.

于是,由式 ① 知 $n\mid(pa_{n-1}+1)$.

由数学归纳法知本题得证.

设数列 $a_1,a_2,\cdots$ 的前 n 项之和为 $S_n=a_1+a_2+\cdots+a_n$,满足 $S_1=1,S_{n+1}=\frac{(2+S_n)^2}{4+S_n}(n\geqslant1)$. 证明:对每个正整数 n,有 $a_n\geqslant\frac{4}{\sqrt{9n+7}}$.

(2016,中国女子数学奥林匹克)

证明 由 $S_{n+1}=S_n+\frac{4}{4+S_n}$ 及 $S_1=1$,知 $\{S_n\}$ 为递增的正数列.

当 $n=1$ 时,$a_1=1=\frac{4}{\sqrt{9\times1+7}}$,结论成立.

下面只需考虑 $n\geqslant2$ 的情况.

由 $a_n=S_n-S_{n-1}=\frac{4}{4+S_{n-1}}$,只需证明:$4+S_{n-1}\leqslant\sqrt{9n+7}$. ①

当 $n=2$ 时,$4+S_1=4+1=5=\sqrt{9\times2+7}$,式 ① 成立.

若式 ① 对 n 成立,即 $4+S_{n-1}\leqslant\sqrt{9n+7}$,接下来证明其对 $n+1$ 也成立.

事实上,

$$(4+S_n)^2=\left(4+S_{n-1}+\frac{4}{4+S_{n-1}}\right)^2=(4+S_{n-1})^2+8+\frac{16}{(4+S_{n-1})^2}$$

$$\leqslant9n+7+8+1=9(n+1)+7\Rightarrow4+S_n\leqslant\sqrt{9(n+1)+7}.$$

由数学归纳法,知式 ① 对于任意的 $n\geqslant2$ 成立.

已知数列 $\{a_n\}$ 满足 $a_1=1,a_2=\frac{1}{2}$,且对于任意的整数 $n\geqslant2$,均有 $n(n+1)a_{n+1}a_n+na_na_{n-1}=(n+1)^2a_{n+1}a_{n-1}$.

(1) 求数列 $\{a_n\}$ 的通项;

(2) 对于任意的整数 $n>2$,证明:$\frac{2}{n+1}<\sqrt[n]{a_n}<\frac{1}{\sqrt{n}}$.

(第 13 届中国东南地区数学奥林匹克)

（1）**解** 已知等式等价于

$$na_n a_{n-1} = (n+1)a_{n+1}((n+1)a_{n-1} - na_n) \Leftrightarrow \frac{1}{(n+1)a_{n+1}} - \frac{1}{a_n} = \frac{1}{na_n} - \frac{1}{a_{n-1}}. \qquad ①$$

据式 ①，并注意到 $a_1 = 1, a_2 = \frac{1}{2}$，有 $\frac{1}{na_n} - \frac{1}{a_{n-1}} = \frac{1}{(n-1)a_{n-1}} - \frac{1}{a_{n-2}} = \cdots = \frac{1}{2a_2} - \frac{1}{a_1} = 0.$

这表明，$a_n = \frac{1}{n}a_{n-1} = \frac{1}{n} \cdot \frac{1}{n-1}a_{n-2} = \cdots = \frac{1}{n!}.$

（2）**证明** 要证明 $\frac{2}{n+1} < \sqrt[n]{a_n} < \frac{1}{\sqrt{n}}$，即证明 $\sqrt{n} < \sqrt[n]{n!} < \frac{n+1}{2}.$ ②

由均值不等式得 $\sqrt[n]{n!} < \frac{1+2+\cdots+n}{n} = \frac{n+1}{2}.$

又由对于任意整数 $k(1 < k < n)$，有

$$k(n-k+1) - n = (k-1)(n-k) > 0 \Rightarrow k(n-k+1) > n,$$

故 $(n!)^2 = (1 \cdot n)(2(n-1))\cdots(k(n-k+1))\cdots(n \cdot 1) > n^n$

$\Rightarrow \sqrt{n} < \sqrt[n]{n!}.$

因此，式 ② 得证.

给定整数 $n \geq 3$，称同时满足条件（1），（2）的有限数列为"n-数列"：

（1）该数列至少有三项，且每一项的值属于集合 $\{1, 2, \cdots, n\}$；

（2）若该数列共 m 项，依次为 $a_1, a_2, \cdots, a_m$，则对 $k = 1, 2, \cdots, m-2$，均有

$$(a_{k+1} - a_k)(a_{k+2} - a_k) < 0.$$

求 n-数列的个数.

（第 13 届中国东南地区数学奥林匹克）

解 考虑任意一个 m 项的 n-数列 $S_0: a_1, a_2, \cdots, a_m.$

由条件（1）知 $m \geq 3.$

据条件（2），对 $k = 1, 2, \cdots, m-2$，有 $\min\{a_{k+1}, a_{k+2}\} < a_k < \max\{a_{k+1}, a_{k+2}\}$，   ①

这表明，a_k 不是 S_0 中的最大项或最小项. 于是，a_m, a_{m-1} 必为 S_0 中最大项与最小项的一个排列.

考虑 S_0 去掉 a_m 后的子数列 $S_1: a_1, a_2, \cdots, a_{m-1}.$

由于 $m - 1 \geq 2$，同上讨论，知 a_{m-1}, a_{m-2} 是 S_1 中最大项与最小项的一个排列.

依次类推，当 $t = 0, 1, \cdots, m-2$ 时，a_{m-t}, a_{m-t-1} 总是子数列 $S_t: a_1, a_2, \cdots, a_{m-t}$ 中最大项与最小项的一个排列.

因此，有以下两种情况：

【情况 1】a_m 为 S_0 中的最大项.

此时，a_{m-1} 为 S_0 中的最小项，故也为 S_1 中的最小项. 从而，a_{m-2} 只可能为 S_1 中的最大项.

依次类推,当 m 为奇数时, $a_m > a_{m-2} > \cdots > a_1 > a_2 > a_4 > \cdots > a_{m-1}$;　②

当 m 为偶数时, $a_m > a_{m-2} > \cdots > a_2 > a_1 > a_3 > \cdots > a_{m-1}$.　③

【情况 2】 a_m 为 S_0 中的最小项.

类似情况 1,当 m 为奇数时, $a_m < a_{m-2} < \cdots < a_1 < a_2 < a_4 < \cdots < a_{m-1}$;　④

当 m 为偶数时, $a_m < a_{m-2} < \cdots < a_2 < a_1 < a_3 < \cdots < a_{m-1}$.　⑤

反之,当 S_0 满足式 ②～⑤ 中的某个式子时,由式 ① 知 S_0 必满足条件(2).

因此,集合 $\{1,2,\cdots,n\}$ 的每个 $m(m \geqslant 3)$ 元子集必对应两个 n-数列,或者是满足式 ② 或式 ④ 的两个 n-数列,或者是满足式 ③ 或式 ⑤ 的两个 n-数列.

注意到, $\{1,2,\cdots,n\}$ 的 $m(m \geqslant 3)$ 元子集共有 $2^n - C_n^0 - C_n^1 - C_n^2$ 个.

故 n-数列的个数为 $2(2^n - C_n^0 - C_n^1 - C_n^2) = 2^{n+1} - n^2 - n - 2$.

设正整数列 $\{a_n\}$ 满足:对于任意的整数 $n \geqslant 2016$,均有
$$n^2 \mid (a_1 + a_2 + \cdots + a_n) \text{ 及 } a_n \leqslant (n+2016)^2.$$
令 $b_n = a_{n+1} - a_n$. 证明:数列 $\{b_n\}$ 从某项起恒为常数.

(第 13 届中国东南地区数学奥林匹克)

证明 设 $c_n = \dfrac{a_1 + a_2 + \cdots + a_n}{n^2}(n = 1,2,\cdots)$.

由条件,知对于任意的 $n \geqslant 2016$, c_n 恒为整数,且 $c_n = \dfrac{a_1 + a_2 + \cdots + a_{n-1}}{n^2} + \dfrac{a_n}{n^2} =$

$$\dfrac{(n-1)^2}{n^2}c_{n-1} + \dfrac{a_n}{n^2}.　①$$

下面证明:数列 $\{c_n\}$ 从某项起恒为常数.

先用反证法证明数列 $\{c_n\}$ 有上界.

假设 $\{c_n\}$ 无上界,则存在某个 $m \geqslant 2016$,使得 $c_m \geqslant 10000$.

当 $k = m$ 时, $c_k \leqslant c_m$ 显然成立.

若 $c_{k-1} \leqslant c_m(k > m \geqslant 2016)$,由式 ① 及条件知

$$c_k = \left(1 - \dfrac{2k-1}{k^2}\right)c_{k-1} + \dfrac{a_k}{k^2} \leqslant \left(1 - \dfrac{2k-1}{k^2}\right)c_m + \dfrac{(k+2016)^2}{k^2}$$

$$= c_m + 1 - \dfrac{1}{k^2}((2k-1)c_m - 2016(2k+2016)) < c_m + 1,　②$$

其中,最后一步是因为

$$(2k-1)c_m - 2016(2k+2016) > kc_m - 2016 \times 3k > 0.$$

注意到, c_m, c_k 均为整数.

由式 ②,知 $c_k \leqslant c_m$.

由数学归纳法得 $c_k \leqslant c_m(k = m, m+1, \cdots)$,但这与数列 $\{c_n\}$ 无上界矛盾.

再设数列 $\{c_n\}$ 有上界 M. 由式 ① 知对于任意的 $n > \max\{2M, 2016\} = t_1$,有

$$c_n > \dfrac{(n-1)^2}{n^2}c_{n-1} > \left(1 - \dfrac{2}{n}\right)c_{n-1} \geqslant c_{n-1} - \dfrac{2M}{n} > c_{n-1} - 1 \Rightarrow c_n \geqslant c_{n-1}.$$

这表明,数列$\{c_n\}$从第t_1项起单调不减.

因为数列$\{c_n\}$有上界,所以,至多只有有限个$c_n - c_{n-1}(n > t_1)$取正整数值.从而,存在一个整数$t \geqslant t_1$,使得数列$\{c_n\}$自第t项起不再增加.于是,$\{c_n\}$自第t项起恒为常数.

不妨设$c_t = c_{t+1} = \cdots = K$.

则对于任意整数$n > t$,由比例性质知

$$K = \frac{(a_1 + a_2 + \cdots + a_n) - (a_1 + a_2 + \cdots + a_{n-1})}{n^2 - (n-1)^2} = \frac{a_n}{2n-1}.$$

于是,当$n > t$时,

$$b_n = a_{n+1} - a_n = (2n+1)K - (2n-1)K = 2K(常数).$$

已知$a_1 = 2$,$a_{n+1} = \dfrac{2^{n+1}a_n}{\left(n+\frac{1}{2}\right)a_n + 2^n}(n \in \mathbf{Z}^+)$.

(1) 求数列$\{a_n\}$的通项公式;

(2) 设$b_n = \dfrac{n^3 + 2n^2 + 2n + 2}{n(n+1)(n^2+1)a_n}$,求数列$\{b_n\}$的前$n$项和$S_n$.

(第12届中国北方数学奥林匹克)

解 由已知得$\dfrac{\frac{2^{n+1}}{a_{n+1}}}{\left(n+\frac{1}{2}\right) + \frac{2^n}{a_n}} = 1$.

设$c_n = \dfrac{2^n}{a_n}$.则$c_{n+1} = c_n + n + \dfrac{1}{2}$.

故$c_2 - c_1 = 1 + \dfrac{1}{2}$,$c_3 - c_2 = 2 + \dfrac{1}{2}$,$\cdots$,$c_n - c_{n-1} = n - 1 + \dfrac{1}{2}$.

以上各式累加得$c_n - c_1 = \dfrac{n(n-1)}{2} + \dfrac{n-1}{2} = \dfrac{n^2 - 1}{2}$.

因为$c_1 = \dfrac{2}{a_1} = 1$,所以,$c_n = \dfrac{n^2 - 1}{2} + c_1 = \dfrac{n^2 + 1}{2}$.

从而,数列$\{a_n\}$的通项公式为$a_n = \dfrac{2^{n+1}}{n^2 + 1}(n \in \mathbf{Z}^+)$.

(2) 由(1)知

$$b_n = \frac{n^2(n+1) + (n^2 + n) + (n+1) + 1}{n(n+1)2^{n+1}} = \left(n + 1 + \frac{1}{n} + \frac{1}{n(n+1)}\right)\frac{1}{2^{n+1}}$$

$$= \left(n + 1 + \frac{2}{n} - \frac{1}{n+1}\right)\frac{1}{2^{n+1}} = \frac{n+1}{2^{n+1}} + \frac{1}{2^n n} - \frac{1}{2^{n+1}(n+1)}.$$

设$S = \dfrac{2}{2^2} + \dfrac{3}{2^3} + \cdots + \dfrac{n}{2^n} + \dfrac{n+1}{2^{n+1}}$.   ①

则$\dfrac{1}{2}S = \dfrac{2}{2^3} + \dfrac{3}{2^4} + \cdots + \dfrac{n}{2^{n+1}} + \dfrac{n+1}{2^{n+2}}$.   ②

①－② 得

$$\frac{1}{2}S = \frac{2}{2^2} + \frac{1}{2^3} + \frac{1}{2^4} + \cdots + \frac{1}{2^{n+1}} - \frac{n+1}{2^{n+2}}$$

$$= \frac{1}{2^2} + \left(\frac{1}{2^2} + \frac{1}{2^3} + \cdots + \frac{1}{2^{n+1}}\right) - \frac{n+1}{2^{n+2}}$$

$$= \frac{1}{2^2} + \frac{\frac{1}{2^2}\left(1 - \frac{1}{2^n}\right)}{1 - \frac{1}{2}} - \frac{n+1}{2^{n+2}} = \frac{3}{4} - \frac{1}{2^{n+1}} - \frac{n+1}{2^{n+2}} = \frac{3}{4} - \frac{n+3}{2^{n+2}} \Rightarrow S = \frac{3}{2} - \frac{n+3}{2^{n+1}}.$$

设 $T = \dfrac{1}{1 \times 2^1} - \dfrac{1}{2 \times 2^2} + \dfrac{1}{2 \times 2^2} - \dfrac{1}{3 \times 2^3} + \cdots + \dfrac{1}{2^n n} - \dfrac{1}{2^{n+1}(n+1)}$

$\Rightarrow T = \dfrac{1}{2} - \dfrac{1}{2^{n+1}(n+1)}.$

故 $S_n = b_1 + b_2 + \cdots + b_n = S + T = \left(\dfrac{3}{2} - \dfrac{n+3}{2^{n+1}}\right) + \left(\dfrac{1}{2} - \dfrac{1}{2^{n+1}(n+1)}\right)$

$= 2 - \dfrac{(n+2)^2}{2^{n+1}(n+1)}.$

已知整数列 $\{a_n\}$，满足对于所有的正整数 n，均有

$$a_n + a_{n+1} = 2a_{n+2}a_{n+3} + 2016. \qquad ①$$

求 a_1, a_2 的所有可能值.

(2016，中国香港代表队选拔考试)

解 由式①，得 $a_{n+1} + a_{n+2} = 2a_{n+3}a_{n+4} + 2016.$ ②

②－① 得 $a_{n+2} - a_n = 2a_{n+3}(a_{n+4} - a_{n+2}).$

则 $a_{n+2} - a_n = 2^k a_{n+3} a_{n+5} \cdots a_{n+2k+1}(a_{n+2k+2} - a_{n+2k}).$

于是，对于任意的正整数 k，均有 $2^k \mid (a_{n+2} - a_n).$

从而，$a_{n+2} - a_n = 0.$ 故 $a_2 = a_4 = \cdots = a_{2n} = \cdots.$

类似地，$a_1 = a_3 = \cdots = a_{2n+1} = \cdots.$

从而，式① 变为 $a_1 + a_2 = 2a_1 a_2 + 2016 \Rightarrow (2a_1 - 1)(2a_2 - 1) = -4031.$

注意到，$4031 = 29 \times 139$，且 $29, 139$ 均为素数.

则 $2a_1 - 1 = \pm 1, \pm 29, \pm 139, \pm 4031.$

故 $(a_1, a_2) = (1, -2015), (15, -69), (70, -14), (2016, 0)$ 及其轮换.

给定无穷实数列 $a_1, a_2, \cdots$ 及 $b_1, b_2, \cdots$，对于 $n \geqslant 1$，有：

$$a_{n+1} + b_{n+1} = \frac{a_n + b_n}{2}, a_{n+1}b_{n+1} = \sqrt{a_n b_n}.$$

设 $b_{2016} = 1$ 及 $a_1 > 0.$ 求 a_1 的所有可能值.

(2016，中国香港代表队选拔考试)

解 对于任意的 $n > 1$,令 $A_n = a_n + b_n$,$B_n = a_n b_n$.

则 a_{n+1},b_{n+1} 为 $f_{n+1}(x) = x^2 - A_{n+1}x + B_{n+1}$ 的两个实根.

注意到,对于任意的 $n > 1$,$A_{n+1} = \dfrac{A_n}{2}$,$B_{n+1} = \sqrt{B_n}$.

则 $A_{n+1} = \dfrac{A_1}{2^n}$,$B_{n+1} = \sqrt[2^n]{B_1}$.

故 $f_{n+1}(x)$ 的判别式 $\Delta = A_{n+1}^2 - 4B_{n+1} = \dfrac{A_1^2}{4^n} - 4\sqrt[2^n]{B_1}$.

若 $B_1 \neq 0$,当 $n \to \infty$ 时,$\Delta \to -4$,与方程有两个实根矛盾.

于是,$B_1 = 0$,对于任意的 $n > 1$,$B_n = 0$.

从而,a_{2016},b_{2016} 中只有一个为 0.则 $a_{2016} = 0$.

故 $1 = \dfrac{a_{2015} + b_{2015}}{2}$,$0 = a_{2015} b_{2015}$.

因此,$a_{2015} = 0$,$b_{2015} = 2$ 或 $a_{2015} = 2$,$b_{2015} = 0$.

以此类推,$a_1 = 2^{2015}$.

设 $\{f_n\}$ 为斐波那契数列,即 $f_0 = 0$, $f_1 = 1$,且对于所有非负整数 n,均有 $f_{n+2} = f_{n+1} + f_n$.求所有的正整数对 (a,b) 满足 $a < b$,且对任意的正整数 n,$f_n - 2na^n$ 总能被 b 整除.

(2016,中国台湾数学奥林匹克选训营)

解 由题设,知 $b \mid (f_1 - 2a) \Rightarrow b \mid (1 - 2a)$.

而 $a < b$,于是,$b = 2a - 1$.

注意到,对于任意的正整数 n,均有

$b \mid (f_n - 2na^n)$,$b \mid (f_{n+1} - 2(n+1)a^{n+1})$,$b \mid (f_{n+2} - 2(n+2)a^{n+2})$.

以上三式结合 $f_{n+2} = f_{n+1} + f_n$ 及 $(b, 2a) = 1$,知

$$b \mid ((n+2)a^2 - (n+1)a - n). \tag{①}$$

在结论 ① 中用 $n+1$ 代替 n 得

$$b \mid ((n+3)a^2 - (n+2)a - (n+1)). \tag{②}$$

由结论 ①,② 知

$b \mid (a^2 - a - 1) \Rightarrow (2a - 1) \mid (a^2 - a - 1) \Rightarrow (2a - 1) \mid (4a^2 - 4a - 4)$.

又 $4a^2 - 4a - 4 = (2a - 1)^2 - 5$,故

$(2a - 1) \mid 5 \Rightarrow 2a - 1 = 1$ 或 $5 \Rightarrow (a, b) = (3, 5)$ 或 $(1, 1)$(舍去).

最后验证 $(a, b) = (3, 5)$ 满足题设,即对于所有的正整数 n,$f_n - 2n \times 3^n$ 都能被 5 整除.

当 $n = 1, 2$ 时,

$f_1 - 2 \times 1 \times 3 = 1 - 6 = -5$,$f_2 - 2 \times 2 \times 3^2 = 1 - 36 = -35$,

均能被 5 整除.

现假设当 $n = k$,$k + 1$ 时结论成立,即 $f_k - 2k \times 3^k$,$f_{k+1} - 2(k+1)3^{k+1}$ 均能被 5 整

除,于是,5 也能整除

$$(f_k - 2k \times 3^k) + (f_{k+1} - 2(k+1)3^{k+1}) = f_{k+2} - 2 \times 3^k (4k+3).$$

若要 5 能整除 $f_{k+2} - 2(k+2) \times 3^{k+2}$,等价于证明 $9(k+2) \equiv 4k+3 \pmod 5$,但此式等价于 $5 \mid (5k+15)$,显然成立.

从而,本题得证.

给定正整数 k,设正整数列 $a_0, a_1, \cdots, a_n (n > 0)$ 满足:

(1) $a_0 = a_n = 1$;

(2) 对于任意的 $i(i = 1, 2, \cdots, n-1)$,均有 $2 \leqslant a_i \leqslant k$;

(3) 对于任意的 $j(j = 2, 3, \cdots, k)$,j 在 $a_0, a_1, \cdots, a_n$ 中出现 $\varphi(j)$ 次,其中,$\varphi(j)$ 表示不超过 j 且与 j 互素的正整数个数;

(4) 对于任意的 $i(i = 1, 2, \cdots, n-1)$,均有
$$(a_{i-1}, a_i) = 1 = (a_i, a_{i+1}), a_i \mid (a_{i-1} + a_{i+1}).$$

现有整数列 $b_0, b_1, \cdots, b_n$ 满足对于所有的 $i(i = 1, 2, \cdots, n-1)$,均有 $\dfrac{b_{i+1}}{a_{i+1}} > \dfrac{b_i}{a_i}$,求 $b_n - b_0$ 的最小值.

(2016,中国台湾数学奥林匹克选训营)

解 $b_n - b_0$ 的最小值为 1.

为了方便起见,称满足题意的数列 $a_0, a_1, \cdots, a_n$ 为 k-好数列.

首先证明:k-好数列是唯一的.

为此,将命题加强,同时证明 k-好数列满足性质.

性质 若 $(a, b) = 1, a + b \geqslant k+1$,且 $1 \leqslant a, b \leqslant k$,则存在唯一的正整数 i 满足 $a_i = a, a_{i+1} = b$.

对 k 进行归纳.

当 $k = 1$ 时,若 $n \geqslant 2$,则 $1 \leqslant i \leqslant n-1$. 于是,由条件(2),知 $2 \leqslant a_i \leqslant 1$,矛盾. 故 $n = 1$. 从而,这个数列只能是 $\{1, 1\}$,是唯一的. 若 $(a, b) = 1, a + b \geqslant k+1$,且 $1 \leqslant a, b \leqslant k$,则由 $k = 1$,知 $a = b = 1$. 又 $a_0 = a_1 = 1$,故性质成立.

若 $k = t-1(t \geqslant 2)$,性质成立,则当 $k = t$ 时,若 $a_i = t$,则由 $a_0 = a_n = 1 \neq t$,知 $1 \leqslant i \leqslant n-1$.

由条件(4),得 $a_{i-1} \neq t, a_{i+1} \neq t$,这表明,$t$ 不会相邻. 故 $a_{i-1} < t, a_{i+1} < t$.

再由条件(4),知 $a_i \mid (a_{i-1} + a_{i+1})$.

而 $0 < a_{i-1} + a_{i+1} < 2t$,故结合 $a_i = t$,有 $a_{i-1} + a_{i+1} = t$.

将所有是 t 的数从 $a_0, a_1, \cdots, a_n$ 中移除,形成新数列 $A_0, A_1, \cdots, A_N$.

由于 $t \neq 1$,于是,$A_0 = A_N = 1$,且 $N > 0$.

令 $f: [0, N] \to [0, n]$ 代表 A_i 原本在数列 $a_0, a_1, \cdots, a_n$ 中的位置. 由于原本 $a_0, a_1, \cdots, a_n$ 满足条件(1)、(2),并且已将所有 t 从中移除,故 $A_0, A_1, \cdots, A_N$ 满足条件(1)、(2),余下证明满足条件(4).

设 $0 \leqslant i \leqslant N-1$. 若 $f(i+1) = f(i)+1$, 则 $(A_i, A_{i+1}) = (a_{f(i)}, a_{f(i)+1}) = 1$.

若不然，在 $a_{f(i)}$ 和 $a_{f(i)+1}$ 之间有 t 被移除了，因为 t 不相邻，所以，被移除的 t 只有一个，即 $a_{f(i)} = A_i, a_{f(i)+1} = t, a_{f(i)+2} = A_{i+1}$.

由前面证明，知 $A_i + A_{i+1} = t = a_{f(i)+1}$.

又因为数列 $\{a_n\}$ 满足条件（4），所以，

$(A_i, A_{i+1}) = (A_i, A_i + A_{i+1}) = (a_{f(i)}, a_{f(i)+1}) = 1$.

综上，无论如何，均有 $(A_i, A_{i+1}) = 1$, 这同时表明，对任意的 $1 \leqslant i \leqslant N-1$, 均有

$(A_{i-1}, A_i) = (A_i, A_{i+1}) = 1$.

对于任意的 $1 \leqslant i \leqslant N-1$, 若 $f(i+1) = f(i)+1$, 则

$a_{f(i)-1} \equiv A_{i-1} \pmod{A_i}, a_{f(i)+1} \equiv A_{i+1} \pmod{A_i}$.

故 $A_i \mid (A_i + A_{i+1})$ 显然成立.

若不然，同前面讨论，知 $a_{f(i)} = A_i, a_{f(i)+2} = A_{i+1}$, 且 $A_i + A_{i+1} = a_{f(i)+1}$.

故 $a_{f(i)+1} = A_i + A_{i+1} \equiv A_{i+1} \pmod{A_i}$. 于是，$a_{f(i)+1} \equiv A_{i+1} \pmod{A_i}$.

类似地，$a_{f(i)-1} \equiv A_{i-1} \pmod{A_i}$.

结合数列 $\{a_n\}$ 满足条件（4），知 $A_i \mid (A_i + A_{i+1})$.

从而，证明了数列 $\{A_N\}$ 满足条件（4）.

因此，$\{A_N\}$ 为 $(t-1)$-好数列.

由归纳假设，知 $\{A_N\}$ 是唯一的且满足性质.

接着证明数列 $\{a_n\}$ 是唯一的.

注意到，由数列 $\{A_N\}$ 的取法，只需证明 $\varphi(t)$ 个 t 插入 $A_0, A_1, \cdots, A_N$ 的方法唯一即可.

事实上，由前所证，知两个 t 不能同时出现在某个 A_i, A_{i+1} 之间，且若 t 在 A_i, A_{i+1} 之间，则 $A_i + A_{i+1} = t$.

又 $(A_i, A_{i+1}) = 1$, 且 $A_i \leqslant t, A_{i+1} \leqslant t$, 结合性质，知若 t 可以在 A_i, A_{i+1} 之间和在 $A_j, A_{j+1} (i \neq j)$ 之间，则 $A_i \neq A_j$（否则，$A_{i+1} = A_{j+1}$ 与性质矛盾）.

又因为 $(A_i, t) = 1, A_i \leqslant t$, 所以，$A_i$ 的取法只有 $\varphi(t)$ 种. 这表明，t 能插入的位置至多只有 $\varphi(t)$ 个. 从而，插入 t 的方法唯一，即数列 $\{a_n\}$ 唯一. 同时注意到，若 $A_i + A_{i+1} = t$, 则一定会有 t 插在 A_i, A_{i+1} 之间（否则，位置不够）.

接着证明数列 $a_0, a_1, \cdots, a_n$ 满足性质.

设 $(a, b) = 1, a+b \geqslant t+1$, 且 $1 \leqslant a, b \leqslant t$.

若 $a, b \neq t$, 则由数列 $\{A_N\}$ 满足性质及 $a+b \neq t$ 易知，存在唯一的正整数 i 满足 $a_i = a, a_{i+1} = b$.

若 $a = t$, 由于 $(t-b, b) = (t, b) = 1, (t-b)+b = t \geqslant t$, 且 $t-b, b \leqslant t-1$（注意到，t 不相邻，则 $b \neq t$），结合数列 $\{A_N\}$ 满足性质，知存在一个正整数 i 满足 $A_i = t-b, A_{i+1} = b$.

因为 $A_i + A_{i+1} = t$, 所以，由前面所证知 $a_{f(i)+1} = t, a_{f(i)+2} = A_{i+1}$.

从而，性质的存在性得证.

若 $a_i = t, a_{i+1} = b$, 则 $a_{i-1} = t-b$ 且存在唯一的 I 满足

$f(I) = i-1, \ f(I+1) = i+1$.

因此，$A_I = t - b, A_{I+1} = b$.

又由于数列 $\{A_N\}$ 满足性质，故存在唯一的 I 满足 $A_I = t - b, A_{I+1} = b$. 由此便知 i 也是唯一的. 从而，性质的唯一性得证.

故数列 $a_0, a_1, \cdots, a_n$ 满足性质.

由数学归纳法，知 k-好数列唯一且满足性质.

将所有分母不超过 k 且在区间 $[0, 1]$ 之间的最简分数由小排到大（含 $\dfrac{0}{1}$），设分子依次为 $b_0, b_1, \cdots, b_n$，分母依次为 $c_0, c_1, \cdots, c_n$.

为方便起见，分别称数列 $\{b_n\}, \{c_n\}$ 为"k-分子数列"，"k-分母数列".

以下证明：$c_0, c_1, \cdots, c_n$ 是 k-好数列且对于任意 $1 \leqslant i \leqslant n, c_i b_{i-1} - c_{i-1} b_i = 1$. 由此，再结合 k-好数列的唯一性，即知分子的 $b_0, b_1, \cdots, b_n$ 满足题设.

因为 $b_0 = 0, b_n = 1$，所以，$b_n - b_0$ 的最小值为 1.

易知，$c_0, c_1, \cdots, c_n$ 满足条件 (1)，(2)，接着对 k 使用数学归纳法证明 $\{c_n\}$ 也满足条件 (4) 且对于任意 $1 \leqslant i \leqslant n, c_i b_{i-1} - c_{i-1} b_i = 1$.

当 $k = 1$ 时，显然成立.

假设当 $k = t - 1$ 时成立.

则当 $k = t$ 时，设 $B_0, B_1, \cdots, B_N; C_0, C_1, \cdots, C_N$ 分别为 $(t-1)$-分子数列，$(t-1)$-分母数列.

考虑在区间 $[0, 1]$ 中的最简分数 $\dfrac{x}{t}$，设它落在区间 $\left(\dfrac{B_i}{C_i}, \dfrac{B_{i+1}}{C_{i+1}}\right)$ 中.

由归纳假设，只需证明：

$(t, C_i) = (t, C_{i+1}) = 1, C_i \equiv t \pmod{C_{i+1}}, C_{i+1} \equiv t \pmod{C_i}$,

$t \mid (C_i + C_{i+1}), x C_i - B_i t = B_{i+1} t - x C_{i+1} = 1$.

由 $(x, t) = 1$，设 $q < t$，且 $qx \equiv 1 \pmod t, p = \left[\dfrac{qx}{t}\right]$，则 $\dfrac{p}{q} < \dfrac{x}{t}$.

由数列 $\{B_N\}, \{C_N\}$ 的定义及 $q < t$，知 $\dfrac{p}{q} \leqslant \dfrac{B_i}{C_i}$.

注意到，$xq - pt = qx - t\left[\dfrac{qx}{t}\right] = qx$ 除以 t 的余数为 1.

类似地，$x C_i - B_i t = C_i x$ 除以 t 的余数为 r，这里用到了 $\dfrac{B_i}{C_i}$ 是离 $\dfrac{x}{t}$ 最近的分数.

由 $rqx \equiv r \equiv C_i x \pmod t \Rightarrow C_i \equiv rq \pmod t$.

又 $C_i \leqslant t$，且 $rq > 0$，则 $C_i \leqslant rq$.

由 $\dfrac{p}{q} \leqslant \dfrac{B_i}{C_i} \Rightarrow \dfrac{x}{t} - \dfrac{B_i}{C_i} \leqslant \dfrac{x}{t} - \dfrac{p}{q}$.

但 $\dfrac{x}{t} - \dfrac{p}{q} = \dfrac{xq - pt}{qt} = \dfrac{1}{qt}$，且 $\dfrac{x}{t} - \dfrac{B_i}{C_i} = \dfrac{xC_i - tB_i}{C_i t} \geqslant \dfrac{r}{rqt}$（因 $C_i \leqslant rq$）$= \dfrac{1}{qt} = \dfrac{x}{t} - \dfrac{p}{q}$,

于是，等号必成立，这表明，$B_i = p, C_i = q$.

故 $(t, C_i) = (t, q) = 1, x C_i \equiv 1 \pmod t, x C_i - B_i t = xq - pt = 1$.

类似地，$(t, C_{i+1}) = 1, x C_{i+1} \equiv -1 \pmod t, B_{i+1} t - x C_{i+1} = 1$.

从而,$x(C_i + C_{i+1}) \equiv 0 \pmod{t}$,即 $t \mid (C_i + C_{i+1})$.

综上,由数学归纳法知 $c = a$,且对于任意的 $1 \leqslant i \leqslant n, c_i b_{i-1} - c_{i-1} b_i = 1$.

因此,结论成立.

已知数列 $\{x_n\}$ 满足 $x_1 = \dfrac{4}{3}, x_{n+1} = \dfrac{x_n^2}{x_n^2 - x_n + 1}(n \geqslant 1)$. 证明:$\displaystyle\sum_{k=1}^{n} x_k$ 化成最简分数后,分子为完全平方数.

(2017,第 68 届罗马尼亚国家队选拔考试)

证明 归纳易知 $x_n > 1$.

由已知得

$$x_{n+1} - 1 = \frac{x_n - 1}{x_n^2 - x_n + 1} \Rightarrow \frac{1}{x_{n+1} - 1} = \frac{1}{x_n - 1} + x_n$$

$$\Rightarrow \sum_{k=1}^{n} x_k = \sum_{k=1}^{n} \left(\frac{1}{x_{k+1} - 1} - \frac{1}{x_k - 1} \right) = \frac{1}{x_{n+1} - 1} - \frac{1}{x_1 - 1}$$

$$= \frac{x_n^2 - x_n + 1}{x_n - 1} - 3 = \frac{(x_n - 2)^2}{x_n - 1}.$$

设正有理数 $x_n - 1 = \dfrac{a}{b}((a, b) = 1)$. 则 $\displaystyle\sum_{k=1}^{n} x_k = \dfrac{(a-b)^2}{ab}$.

由 $((a-b), ab) = 1$,知结论成立.

给定正整数 $n(n \geqslant 2)$. 正数列 $a_1, a_2, \cdots, a_n$ 满足

$$a_k \geqslant a_1 + a_2 + \cdots + a_{k-1} (k = 2, 3, \cdots, n).$$

求 $\dfrac{a_1}{a_2} + \dfrac{a_2}{a_3} + \cdots + \dfrac{a_{n-1}}{a_n}$ 的最大值,并求取得最大值的条件.

(2017,第 68 届罗马尼亚国家队选拔考试)

解 记 $S = \displaystyle\sum_{k=1}^{n-1} \dfrac{a_k}{a_{k+1}}, A_0 = 0, A_k = a_1 + a_2 + \cdots + a_k (k = 1, 2, \cdots, n)$. 则

$$S = \sum_{k=1}^{n-1} \frac{A_k - A_{k-1}}{a_{k+1}} = \sum_{k=1}^{n-2} A_k \left(\frac{1}{a_{k+1}} - \frac{1}{a_{k+2}} \right) + \frac{A_{n-1}}{a_n} \leqslant \sum_{k=1}^{n-2} a_{k+1} \left(\frac{1}{a_{k+1}} - \frac{1}{a_{k+2}} \right) + 1$$

$$= \sum_{k=1}^{n-2} \left(1 - \frac{a_{k+1}}{a_{k+2}} \right) + 1 = n - 1 + \frac{a_1}{a_2} - \sum_{k=1}^{n-1} \frac{a_k}{a_{k+1}} \leqslant n - 1 + 1 - S$$

$$\Rightarrow S \leqslant \frac{n}{2},$$

当且仅当 $A_k = a_{k+1}$,即 $a_k = 2^{k-2} a_1 (a_1 > 0)$ 时,$S = \dfrac{n}{2}$.

故 $S_{\max} = \dfrac{n}{2}$.

对于正整数 $n \geqslant 2$，$C(n)$ 为最小正常数，使得存在一个不全为零且满足如下条件的数列 $a_1, a_2, \cdots, a_n$：

(i) $a_1 + a_2 + \cdots + a_n = 0$；

(ii) 对于每个 $i = 1, 2, \cdots, n, a_i \leqslant a_{i+1}$ 或 $a_i \leqslant a_{i+1} + C(n) a_{i+2}$，规定 $a_{n+1} = a_1, a_{n+2} = a_2$．

证明：(1) 对于所有的 n，均有 $C(n) \geqslant 2$；

(2) $C(n) = 2$ 当且仅当 n 为偶数.

（2017，塞尔维亚国家队选拔考试）

证明 (1) 若 $a_{i-1} > 0 \geqslant \max\{a_i, a_{i+1}\}$，则 $a_{i-1} > \max\{a_i, a_i + C(n) a_{i+1}\}$，与条件 (ii) 矛盾. 于是，数列 $\{x_n\}$ 不含两个连续的非正实数.

从而，此数列由连续的正数和单个的非正实数组成.

考虑数列中两个非正实数间的连续正项子列 $a_k, a_{k+1}, \cdots, a_{k+l-1}$，称 a_k 为"最初的"，a_{k+l-1} 为"最终的".

令 P 为所有最初的元素之和，K 为所有最终的元素之和，N 为数列中所有非正实数之和，S 为数列中除了最初的与最终的之外剩下的正实数的和.

将所有不等式 $a_{k+l-1} \leqslant a_{k+l} + C(n) a_{k+l+1}$ 对所有连续正项子列累加得

$K \leqslant N + C(n) P$．

因为 $N = -K - S - P$，所以，

$2K \leqslant (C(n) - 1) P - S.$ ①

现假设 $C(n) \leqslant 2$.

当 l 为奇数时，将所有满足 $0 \leqslant i \leqslant \dfrac{l-3}{2}$ 的不等式 $a_{k+2i} \leqslant a_{k+2i+1} + 2 a_{k+2i+2}$ 累加得

$a_k \leqslant a_{k+1} + a_{k+2} + \cdots + a_{k+l-2} + 2 a_{k+l-1}$；

当 l 为偶数时，将所有满足 $0 \leqslant i \leqslant \dfrac{l-3}{2}$ 的不等式 $a_{k+2i} \leqslant a_{k+2i+1} + 2 a_{k+2i+2}$ 累加并加上不等式 $a_{k+l-2} \leqslant 2 a_{k+l-1}$，得

$a_k \leqslant a_{k+1} + a_{k+2} + \cdots + a_{k+l-2} + 2 a_{k+l-1}.$

将每个正项子列串所对应的类似不等式再累加知

$P \leqslant S + 2K.$ ②

仅当 l 为奇数时，式 ② 的等号成立. 这是因为若 $2 \mid l$，且累加后得到的是等式，所以，必有

$a_{k+l-2} = 2 a_{k+l-1}.$

注意到，$a_{k+l} < 0$，这与条件 (ii) 矛盾.

① + ② 知 $0 \leqslant (C(n) - 2) P$. 于是，$C(n) \geqslant 2$.

(2) 一方面，若 $C(n) = 2$，则数列中连续正项子列串的项数必须均为奇数，这表明，n 为偶数.

另一方面，对于任意偶数 n，数列的通项公式为 $a_r = (-1)^r (r = 1, 2, \cdots, n)$ 时，有 $C(n) = 2.$

给定 2017 个正数 $a_1, a_2, \cdots, a_{2017}$. 对每个 $n > 2017$,记

$$a_n = \max\{a_{i_1} a_{i_2} a_{i_3} \mid i_1 + i_2 + i_3 = n, 1 \leqslant i_1 \leqslant i_2 \leqslant i_3 \leqslant n-1\}.$$

证明:存在正整数 $m \leqslant 2017$ 和 $N > 4m$,使得对于所有的 $n > N$,均有

$$a_n a_{n-4m} = a_{n-2m}^2.$$

(2017,越南国家队选拔考试)

证明 记 $b_n = \ln a_n$.

则问题转化为:给定 2017 个实数 $b_1, b_2, \cdots, b_{2017}$,对每个 $n > 2017$,记

$$b_n = \max\{b_{i_1} + b_{i_2} + b_{i_3} \mid i_1 + i_2 + i_3 = n, 1 \leqslant i_1 \leqslant i_2 \leqslant i_3 \leqslant n-1\}.$$

证明:存在正整数 $m \leqslant 2017$ 和 $N > 4m$,使得对于所有的 $n > N$,均有

$$b_n + b_{n-4m} = 2b_{n-2m}.$$

记 l 满足 $1 \leqslant l \leqslant 2017$,且 $\dfrac{b_l}{l} = \max\left\{\dfrac{b_i}{i} \mid 1 \leqslant i \leqslant 2017\right\}$.

结论 1 对于任意的正整数 n,均有 $\dfrac{b_n}{n} \leqslant \dfrac{b_l}{l}$.

结论 1 的证明 对 n 用数学归纳法.

当 $n \leqslant 2017$ 时,结论 1 显然成立.

假设对于所有的 $k < n$,结论 1 成立.据题意,知存在 $j_1, j_2, j_3 \in \mathbf{Z}^+$,满足 $j_1 + j_2 + j_3 = n$,使得 $b_n = b_{j_1} + b_{j_2} + b_{j_3}$.

由归纳假设有 $b_n \leqslant j_1 \cdot \dfrac{b_l}{l} + j_2 \cdot \dfrac{b_l}{l} + j_3 \cdot \dfrac{b_l}{l} = n \cdot \dfrac{b_l}{l} \Rightarrow \dfrac{b_n}{n} \leqslant \dfrac{b_l}{l}$.

由此,结论 1 成立.

记 $c_n = nb_l - lb_n$.由上面结论得 $c_n \geqslant 0$,及当 $n \geqslant 2017$ 时,

$$c_{n+2l} = (n+2l)b_l - lb_{n+2l} \leqslant (n+2l)b_l - l(b_n + b_l + b_l) = nb_l - lb_n = c_n.$$

则 $c_{n+2kl} \leqslant c_{n+2(k-1)l} \leqslant \cdots \leqslant c_n (n \geqslant 2017, k \geqslant 1)$.

记 x 为满足 $2xl > 2017$ 的最小正整数,且 $M = \max\{c_i \mid 1 \leqslant i \leqslant 4xl - 1\}$.

于是,当 $n = 2kxl + r (0 \leqslant r < 2xl)$ 时,$c_n \leqslant c_{r+2(k-1)xl} \leqslant \cdots \leqslant c_{r+2xl} \leqslant M$.

结论 2 对于任意的正整数 n,存在自然数 $s_1, s_2, \cdots, s_{2017}$,使得 $c_n = \displaystyle\sum_{i=1}^{2017} s_i c_i$.

结论 2 的证明 对 n 用数学归纳法.

当 $n \leqslant 2017$ 时,结论 2 显然成立.

假设对于所有的 $k < n$,结论 2 成立.对于任意的 $n > 2017$,由

$$c_n = \min\{c_{i_1} + c_{i_2} + c_{i_3} \mid i_1 + i_2 + i_3 = n, 1 \leqslant i_1 \leqslant i_2 \leqslant i_3 \leqslant n-1\},$$

知存在 $j_1, j_2, j_3 \in \mathbf{Z}^+$,满足 $j_1 + j_2 + j_3 = n$,使得 $c_n = c_{j_1} + c_{j_2} + c_{j_3}$.

由归纳假设,知存在自然数 $u_i, v_i, w_i (i = 1, 2, \cdots, 2017)$,使得

$$c_{j_1} = \sum_{i=1}^{2017} u_i c_i, \quad c_{j_2} = \sum_{i=1}^{2017} v_i c_i, \quad c_{j_3} = \sum_{i=1}^{2017} w_i c_i.$$

三式相加,即知为 n 时结论 2 成立.

结论3 数列 $\{c_n\}$ 只取有限个数值.

结论3的证明 由前面结论1,2易证.

由数列 $\{c_n\}$ 只取有限个数值,且对于任意的 $n \geq 2017$,有

$$c_{n+2kxl} \leqslant c_{n+2(k-1)xl} \leqslant \cdots \leqslant c_n,$$

于是,存在足够大的 N_1,使得对于任意的 $n > N_1$,均有 $c_n = c_{n-2xl}$.

则 $nb_l - lb_n = (n-2xl)b_l - lb_{n-2xl} \Rightarrow b_n = 2b_l + b_{n-2xl}$.

由此,对于任意的 $n > N_1 + 2xl$,均有

$$b_{n-2xl} = 2b_l + b_{n-4xl} \Rightarrow b_n + b_{n-4xl} = 2b_{n-2xl}.$$

取 $N = N_1 + 2xl$ 和 $m = xl$,命题成立.

对给定的正整数 m,若一个无穷数列 $a = \{a_1, a_2, \cdots\}$ 满足:对于任意的正整数 n,均有 $\left(\sum\limits_{k=1}^{n} a_k\right)^m = \sum\limits_{k=1}^{n} a_k^m$,则称该数列为"$m$ 次的".

(1) 证明:一个无穷数列为 30 次的当且仅当该数列中至多有一项不为零;

(2) 构造一个 2017 次的无穷数列,且其所有项均不为零.

(2017,爱尔兰数学奥林匹克)

解 显然,若一个无穷数列 a 中至多有一项不为 0,则对于任意的 $m \in \mathbf{Z}^+$,a 均为 m 次的.

下面说明:当 m 为偶数时,除上述数列外不再有其他的 m 次数列;当 m 为奇数时,除上述数列外还存在无穷多个其他的 m 次数列.

引理 对 $m \in \mathbf{Z}^+$,$m \geqslant 2$,令 $P_m(x,y) = (x+y)^m - x^m - y^m$ $(x,y \in \mathbf{R})$.

则当 $xy = 0$ 时,$P_m(x,y) = 0$.

进一步地,当 m 为偶数时,P_m 不再有其他的根;当 m 为奇数时,有 $P_m(x,-x) = 0$.

证明 令 $p(t) = (1+t)^m - 1 - t^m$ $(t \in \mathbf{R})$.

则由 $(1+t)^m$ 的展开式,知 p 是各项系数均为非负的多项式.

于是,当 $m \geqslant 2$ 时,对于任意的 $t > 0$,均有 $p(t) > 0$.

假定 m 为偶数.

若 $-1 \leqslant t < 0$,则 $(1+t)^m - 1 \leqslant 0$,有 $p(t) \leqslant -t^m < 0$;

若 $t < -1$,则 $0 < (1+t)^m < t^m$,有 $p(t) < -1 < 0$.

从而,当 m 为偶数时,$p(t)$ 仅有一个实数根 0.

若 $xy \neq 0$,则 $P_m(x,y) = x^m p(t)$,其中,$t = \dfrac{y}{x} \neq 0$,$p(t)$ 如前面定义.

故 m 为偶数时,只要 $xy \neq 0$,就有 $P_m(x,y) \neq 0$.

此外,当 $xy = 0$ 时,$P_m(x,y) = 0$;当 m 为奇数时,$P_m(x,-x) = 0$.均显然可得.

引理得证.

任取定一个数列 $a = \{a_k\}$.

对于任意的 $m, n \in \mathbf{Z}^+$,令 $S(m,n) = \left(\sum\limits_{k=1}^{n} a_k\right)^m - \sum\limits_{k=1}^{n} a_k^m$,且令

$$D(m,n) = S(m,n+1) - S(m,n).$$

于是,a 为 m 次的,则表明对一切 $n \in \mathbf{Z}^+$,均有 $S(m,n) = 0$.

进而,$D(m,n) = 0$.

定义 $x_n = a_{n+1}, y_n = \sum\limits_{k=1}^{n} a_n$. 则方程 $S(m,n) = 0$ 化为 $y_n^m = \sum\limits_{k=1}^{n} a_k^m$.

若此方程成立,则方程 $D(m,n) = 0$ 可写为 $(x_n + y_n)^m - x_n^m - y_n^m = 0$.

假设 m 为偶数,且 a 是 m 次的.

由上式及引理,知对于任意的 $n \in \mathbf{Z}^+$,均有 $x_n y_n = 0$.

下面用归纳法证明:对于任意的 $i \in \mathbf{Z}^+$,$a_1, a_2, \cdots, a_i$ 中至多有一项不为零(称为性质 A_i).

性质 A_1 显然成立.

假设对某个 $i = n \in \mathbf{Z}^+$,性质 A_i 成立.

若 $a_1, a_2, \cdots, a_n$ 全为 0,则性质 A_{n+1} 显然成立. 故假设 $a_1, a_2, \cdots, a_n$ 中恰有一项不为零. 但此时 $y_n \neq 0$,故由 $x_n y_n = 0$,知 $x_n = a_{n+1} = 0$. 从而,性质 A_{n+1} 仍成立. 这就证明了当 m 为偶数时,m 次的数列必至多有一项不为零.(1) 得证.

当 m 为奇数时,取 $a_n = (-1)^n c(n = 1, 2, \cdots)$,即满足(2)的要求,其中,$c$ 为任意取定的非零实数.

已知数列 $\{a_n\}$ 满足:$a_0 = 1, a_n = \left(4 - \dfrac{2}{n}\right) a_{n-1}(n \geqslant 1)$. 证明:

(1) a_n 必为正整数;

(2) 若素数 p 满足 $n < p \leqslant 2n$,则 $p \mid a_n$;

(3) 若 n 为素数,则 $n \mid (a_n - 2)$.

(2017,德国数学竞赛)

证明 注意到,

$$a_n = \frac{4n-2}{n} a_{n-1} = \frac{4n-2}{n} \cdot \frac{4n-6}{n-1} a_{n-2} = \frac{4n-2}{n} \cdot \frac{4n-6}{n-1} \cdot \cdots \cdot \frac{2}{1} a_0$$

$$= \frac{2^n (2n-1)(2n-3) \cdot \cdots \cdot 1}{n!} = \frac{(2n)!}{(n!)^2} = \mathrm{C}_{2n}^n.$$

(1) 由于组合数均为正整数,于是,a_n 必为正整数;

(2) 对于素数 p,若满足 $n < p \leqslant 2n$,由 $p \mid (2n)!$,但 $p \nmid n!$,故

$$p \left| \frac{(2n)!}{(n!)^2} \Rightarrow p \mid a_n. \right.$$

(3) 由于 $a_n = \dfrac{(2n)!}{(n!)^2} = 2 \dfrac{(2n-1)(2n-2)\cdots(n+1)}{(n-1)!} = 2\mathrm{C}_{2n-1}^{n-1}$

必为整数,且当 n 为素数时,由威尔逊定理知

$$(2n-1)(2n-2)\cdots(n+1) \equiv (n-1)! \equiv -1 \pmod{n}.$$

故 $\mathrm{C}_{2n-1}^{n-1} \equiv 1 \pmod{n} \Rightarrow a_n = 2\mathrm{C}_{2n-1}^{n-1} \equiv 2 \pmod{n} \Rightarrow n \mid (a_n - 2)$.

给定实数 a,定义数列 $\{u_n\}$:

$$u_1 = a, u_{n+1} = \frac{1}{2} + \sqrt{\frac{2n+3}{n+1}u_n + \frac{1}{4}} \ (n \in \mathbf{Z}^+).$$

(1) 当 $a = 5$ 时,证明:数列 $\{u_n\}$ 收敛,并求其极限;

(2) 求所有使得数列 $\{u_n\}$ 收敛的 a 的值.

(2017,越南数学奥林匹克)

解　由数列 $\{u_n\}$ 的定义,知 $a \geqslant -\dfrac{1}{10}$.

下面证明:对于任意的 $a \geqslant -\dfrac{1}{10}$,数列 $\{u_n\}$ 均以 3 为极限.

由 $f(x) = \dfrac{2x+3}{x+1}$ 为严格递减函数,知对于任意的正整数 n,均有

$$\frac{2n+3}{n+1} > \frac{2(n+1)+3}{(n+1)+1}.$$

若存在正整数 n_0,使得 $u_{n_0} \geqslant u_{n_0+1}$,则

$$u_{n_0+2} = \frac{1}{2} + \sqrt{\frac{2(n_0+1)+3}{(n_0+1)+1}u_{n_0+1} + \frac{1}{4}} < \frac{1}{2} + \sqrt{\frac{2n_0+3}{n_0+1}u_{n_0} + \frac{1}{4}} = u_{n_0+1}.$$

依次类推,有 $u_{n_0} \geqslant u_{n_0+1} > u_{n_0+2} > \cdots$,即数列 $\{u_n\}$ 从第 n_0 项开始递减.

又当 $n \geqslant 2$ 时,$u_n \geqslant \dfrac{1}{2}$,于是,数列 $\{u_n\}$ 存在极限,记为 $L(L > \dfrac{1}{2})$.

对数列 $\{u_n\}$ 的递推关系式的两侧同时取极限得

$$L = \frac{1}{2} + \sqrt{2L + \frac{1}{4}} \Rightarrow L = 3.$$

若不存在上述的 n_0,则数列 $\{u_n\}$ 严格递增.

于是,对于任意的 $n \geqslant 2$,由 $u_{n+1} > u_n$,$\dfrac{2n+3}{n+1} < 3$,有

$$\frac{1}{2} + \sqrt{3u_n + \frac{1}{4}} > \frac{1}{2} + \sqrt{\frac{2n+3}{n+1}u_n + \frac{1}{4}} = u_{n+1} > u_n \Rightarrow u_n < 4.$$

从而,数列 $\{u_n\}$ 存在极限,同样得 $L = 3$.

综上,对于任意的 $a \geqslant -\dfrac{1}{10}$,数列 $\{u_n\}$ 均以 3 为极限.

已知正整数 $n \geqslant 3$. 证明:存在等比数列 $x_1, x_2, \cdots, x_n$ 与等差数列 $y_1, y_2, \cdots, y_n (x_i, y_i \in \mathbf{Z}^+ (i = 1, 2, \cdots, n))$,使得 $x_1 < y_1 < x_2 < y_2 < \cdots < x_n < y_n$.

(2017,新加坡数学奥林匹克)

证明　对于 $k \geqslant 2, a \leqslant \dfrac{1}{k^2}$,由二项式定理得

$$(1+a)^k = 1 + ka + a\sum_{j=1}^{k-1} \frac{a^j k(k-1)\cdots(k-j)}{(j+1)!} \leqslant 1 + ka + a\sum_{j=1}^{k-1} \frac{k(k-1)\cdots(k-j)}{k^{2j}((j+1)!)}$$

$$\leqslant 1 + ka + a\left(\frac{1}{2!} + \frac{1}{3!} + \cdots + \frac{1}{k!}\right) < 1 + ka + a\left(\frac{1}{1\times 2} + \cdots + \frac{1}{(k-1)k}\right)$$

$$\leqslant 1 + ka + a\left(1 - \frac{1}{k}\right) < 1 + (k+1)a.$$

设 $X_k = \left(1 + \dfrac{1}{n^2}\right)^k (k = 1, 2, \cdots, n)$.

当 $2 \leqslant k \leqslant n$ 时,有 $\dfrac{1}{n^2} \leqslant \dfrac{1}{k^2}$. 则 $1 + \dfrac{k}{n^2} < X_k < 1 + \dfrac{k+1}{n^2}$.

上式同时乘以 n^{2n} 得 $n^{2n} + kn^{2n-2} < n^{2n}\left(1 + \dfrac{1}{n^2}\right)^k < n^{2n} + (k+1)n^{2n-2}$.

设 $x_k = n^{2n}\left(1 + \dfrac{1}{n^2}\right)^k$, $y_k = n^{2n} + (k+1)n^{2n-2}(k = 1, 2, \cdots, n)$.

故 $x_1 < y_1 < x_2 < y_2 < \cdots < x_n < y_n$.

已知 N 为正整数. 考虑正整数列 $a_1, a_2, \cdots, a_N$, 其中,任意一项均不为 2^{N+1} 的倍数. 对于正整数 $n \geqslant N+1$, 定义 $a_n = 2a_k$, 其中, $k \in \{1, 2, \cdots, n-1\}$, 使得 a_k 除以 2^n 的余数最小(若存在多个 k, 则选择最大的 k). 证明:存在正整数 M, 使得对于任意的 $n \geqslant M$, 均有 $a_n = a_M$.

(2017, 日本数学奥林匹克)

证明 对于不小于 $N+1$ 的 n, 设 m 为 $a_1, a_2, \cdots, a_n$ 中的最小值, L_n 为 $a_1, a_2, \cdots, a_{n-1}$ 中的最大值.

因为当 $n \geqslant N+1$ 时, 总有 $a_n \geqslant 2m$, 所以, $a_1, a_2, \cdots, a_{n-1}$ 中的最小值总为 m.

首先, 假设存在 M 满足 $L_M < 2^M$.

当 $n \geqslant N+1$ 时, $a_n \leqslant 2L_n$, 且 $L_M < 2^M$, 则 $L_{n+1} \leqslant 2L_n < 2^{n+1}$.

归纳易知, 对于任意的 $n \geqslant M$, 均有 $L_n < 2^n$.

此时, a_n 总为 $a_1, a_2, \cdots, a_{n-1}$ 中最小数的 2 倍, 即 $a_n = 2m$.

从而, 对于任意的 $n \geqslant M$, 均有 $a_n = 2m = a_M$.

假设不存在 M 满足 $L_M < 2^M$. 则对于任意的 $n \geqslant N+1$, 均有 $L_n \geqslant 2^n$.

将满足 $L_n \geqslant 2^{n+a}$ 的最大非负整数 a 记为 A, 必然存在 $l \geqslant N+1$ 满足 $2^{l+A} \leqslant L_l < 2^{l+A+1}$.

则 $L_{l+1} \geqslant 2^{l+A+1}$. 故 $L_l < 2^{l+A+1} \leqslant L_{l+1} = a_l$.

若 $a_{l+1} \neq 2a_l$, 则 $L_{l+2} < 2^{l+A+2}$, 矛盾. 从而, $a_{l+1} = 2a_l$.

由于当 $n = l+1$ 时, $2^{n+A} \leqslant L_n < 2^{n+A+1}$, 归纳易证对于 $n \geqslant l+1$, 均有 $a_n = 2a_{n-1}$, 即对于 $n \geqslant l$, 有 $a_n = 2^{n-l}a_l$.

由上讨论, 知当 $n \geqslant l$ 时, 由 a_n 的生成方式, 可得 a_n 除以 2^{n+1} 所得余数必不大于 m.

记 r 为 a_l 除以 2^{l+1} 所得余数. 归纳可证当 $n \geqslant l$ 时, a_n 除以 2^{n+1} 所得余数为 $2^{n-l}r$.

而对于任意的 $n \geqslant l+1$，均有 $2^{n-l} r \leqslant m$，知 $r=0$.

从而，当 $n \geqslant l$ 时，a_n 必为 2^{n+1} 的倍数.

但由 $a_1, a_2, \cdots, a_N$ 中任意一个数均不为 2^{N+1} 的倍数，归纳易证对于任意的 $n > N$，a_n 不为 2^{n+1} 的倍数，与前面所得矛盾.

于是，必然存在 M，使得 $L_M < 2^M$.

因此，一定存在 $a_M = 2m$ 满足题意.

设正整数列 $x_1, x_2, \cdots$ 满足：对于任意的正整数对 (m, n)，均有 $x_{mn} \neq x_{m(n+1)}$. 证明：存在正整数 i，使得 $x_i \geqslant 2017$.

（2017，第 33 届意大利数学奥林匹克）

证明 对于正整数 m, n，若正整数 i, j 的形式分别为 $mn, m(n+1)$，则称 i 与 j 是"相关的".

易知，若 i 与 j 相关，则 x_i 与 x_j 不等.

下面证明：至少存在 2017 个正整数 $i_1, i_2, \cdots, i_{2017}$，使得 $x_{i_1}, x_{i_2}, \cdots, x_{i_{2017}}$ 两两不等，即存在正整数 $i_1, i_2, \cdots, i_{2017}$ 两两相关.

用数学归纳法证明：对于正整数 n，存在正整数 $i_1, i_2, \cdots, i_n$ 两两相关.

当 $n=1$ 时，显然成立.

假设存在 n 个正整数 $i_1, i_2, \cdots, i_n$ 两两相关，记其积为 k.

注意到，对于 $i < j$，i 与 j 相关当且仅当 $j-i$ 为 i 的因数.

于是，若 i 与 j 相关且 k 为 i 的倍数，则 $k+i$ 与 $k+j$ 相关.

从而，$k+i_1, k+i_2, \cdots, k+i_n$ 两两相关，且均与 k 相关.

因此，存在 $n+1$ 个正整数两两相关.

由抽屉原理，知存在正整数 i，使得 $x_i \geqslant 2017$.

已知有理数列 $\{a_n\}$ 满足：$a_0 = 2016$，$a_{n+1} = a_n + \dfrac{2}{a_n}(n \geqslant 0)$. 证明：数列 $\{a_n\}$ 中不存在某一项为一个有理数的平方.

（2017，第 48 届奥地利数学奥林匹克）

证明 注意到，

$a_0 \equiv 1 (\bmod 5)$，$a_1 \equiv 1+2 \equiv 3 (\bmod 5)$，$a_2 \equiv 3+2 \times 3^{-1} \equiv 3+2 \times 2 \equiv 2 (\bmod 5)$，

$a_3 \equiv 2+2 \times 2^{-1} \equiv 3 (\bmod 5)$，$a_4 \equiv 3+2 \times 3^{-1} \equiv 2 (\bmod 5) \cdots$

由此，知只有 a_0 模 5 余 1，其他项模 5 余 2 或 3，而一个有理数的平方模 5 只可能余 0，1 或 4.

又 $a_0 = 2016$ 不为有理数的平方，故数列 $\{a_n\}$ 中不存在某一项为有理数的平方.

设正整数 $n \geqslant 2, a_1 = \dfrac{n(2n-1)(2n+1)}{3}$,对于 $k = 2, 3, \cdots, n$,

$a_k = \dfrac{(n+k-1)(n-k+1)}{2(k-1)(2k+1)} a_{k-1}$.

证明:(1)$a_1, a_2, \cdots, a_n$ 均为整数;

(2)$2n-1$ 与 $2n+1$ 均为素数当且仅当 $a_1, a_2, \cdots, a_n$ 中恰除去一项外其他数均能被 $2n-1$ 整除,且 $a_1, a_2, \cdots, a_n$ 中恰除去一项外其他数均能被 $2n+1$ 整除.

(2017,第 30 届韩国数学奥林匹克)

证明 (1) 先用数学归纳法证明:

$$a_k = C_{n+k-1}^{2k-1} \frac{(2n-1)(2n+1)}{2k+1} (k = 1, 2, \cdots, n). \tag{①}$$

当 $k = 1$ 时,$a_1 = \dfrac{n(2n-1)(2n+1)}{3}$,满足条件.

假设当 $k < i$ 时结论成立.则

$$a_i = \frac{(n+i-1)(n-i+1)}{2(i-1)(2i+1)} a_{i-1}$$

$$= \frac{(n+i-1)(n-i+1)}{2(i-1)(2i+1)} C_{n+i-2}^{2i-3} \frac{(2n-1)(2n+1)}{2i-1}$$

$$= C_{n+i-1}^{2i-1} \frac{(2n-1)(2n+1)}{2i+1}.$$

故对于所有正整数 $k \in \{1, 2, \cdots, n\}$,式 ① 均成立.

再证明:a_k 为整数.

注意到,a_k 为整数当且仅当 $C_{n+k-1}^{2k-1}(2n-1)(2n+1)$ 为 $2k+1$ 的倍数.

由 $(2n-1)(2n+1) = 4n^2 - 1 \equiv 4(n-k)(n-k-1) \pmod{2k+1}$

$\Rightarrow C_{n+k-1}^{2k-1}(2n-1)(2n+1) \equiv C_{n+k-1}^{2k-1} 4(n-k)(n-k-1)$

$\equiv C_{n+k-1}^{2k+1} 4 \times 2k(2k+1) \equiv 0 \pmod{2k+1}$.

因此,a_k 为整数.

(2) 注意到,$a_{n-1} = 2(n-1)(2n+1), a_n = 2n-1$.

则 $(2n-1) \nmid a_{n-1}, (2n-1) \mid a_n, (2n+1) \mid a_{n-1}, (2n+1) \nmid a_n$.

于是,只要证 $2n-1, 2n+1$ 均为素数当且仅当 $a_1, a_2, \cdots, a_{n-2}$ 均为 $(2n-1)(2n+1)$ 的倍数.

若 $a_1, a_2, \cdots, a_{n-2}$ 均为 $(2n-1)(2n+1)$ 的倍数,假设 $2n-1$ 不为素数,设素数 p 满足 $p \mid (2n-1)$.

由 $\dfrac{a_{\frac{p-1}{2}}}{(2n-1)(2n+1)} = \dfrac{\prod\limits_{i=1}^{p-2}\left(n + \dfrac{p-1}{2} - i\right)}{(p-2)! \cdot p}$(整数),但

$p \left| \left(n + \dfrac{p-1}{2}\right) \Rightarrow p \nmid \prod\limits_{i=1}^{p-2}\left(n + \dfrac{p-1}{2} - i\right)\right.$,

矛盾.

从而,$2n-1$ 为素数.

类似地,$2n+1$ 为素数.

若 $2n-1,2n+1$ 均为素数,对于 $k=1,2,\cdots,n-2$,有

$$a_k = \frac{\prod\limits_{i=1}^{2k-1}(n+k-i)}{(2k-1)!\cdot(2k+1)}(2n-1)(2n+1).$$

又 $2k-1<2k+1<2n-1<2n+1$,且 $2n-1,2n+1$ 均为素数,故 $(2n-1)(2n+1)\mid a_k$.

设正整数 $n\geqslant 2$.称 n 元数组 $(a_1,a_2,\cdots,a_n)$ 为"昂贵数组"(数组中允许出现相同的数),当且仅当存在正整数 k,满足

$$(a_1+a_2)(a_2+a_3)\cdots(a_{n-1}+a_n)(a_n+a_1)=2^{2k-1}.$$

(1) 求一切正整数 $n\geqslant 2$,使得存在 n 元昂贵数组;

(2) 证明:对任意正奇数 m,存在正整数 $n\geqslant 2$,使得 m 在某一 n 元昂贵数组中.

(2017 欧洲女子数学奥林匹克)

(1) **解** 所求 n 为一切大于 1 的奇数.

注意到,对于任意奇数 $n\geqslant 3$,n 元数组 $(1,1,\cdots,1)$ 均为昂贵数组.

下面证明:对于任意偶数 $n\geqslant 4$,若存在 n 元昂贵数组,则也存在 $n-2$ 元昂贵数组.

事实上,设 $(a_1,a_2,\cdots,a_n)$ 为 n 元昂贵数组.不妨设 $a_n=\max\limits_{1\leqslant i\leqslant n}a_i$.

易见,$a_{n-1}+a_n\leqslant 2a_n<2(a_n+a_1),a_n+a_1\leqslant 2a_n<2(a_{n-1}+a_n)$.

而由题意,知 $a_{n-1}+a_n$ 与 a_n+a_1 均为 2 的正整数次幂,故只能是

$$a_{n-1}+a_n=a_n+a_1\triangleq 2^r(r\in\mathbf{Z}^+).$$

由上式知 $a_{n-1}=a_1$.

考虑 $n-2$ 元数组 $(a_1,a_2,\cdots,a_{n-2})$.

则 $\left(\prod\limits_{i=1}^{n-3}(a_i+a_{i+1})\right)(a_{n-2}+a_1)=\dfrac{\left(\prod\limits_{i=1}^{n-1}(a_i+a_{i+1})\right)(a_n+a_1)}{(a_{n-1}+a_n)(a_n+a_1)}=2^{2(k-r)-1}.$ ①

故 $(a_1,a_2,\cdots,a_{n-2})$ 为 $n-2$ 元昂贵数组.

由此,若存在偶数元昂贵数组,则必存在二元昂贵数组 (a_1,a_2),即

$$(a_1+a_2)^2=2^{2k-1}.$$

但式 ① 右端不为完全平方数,矛盾.

因此,所求 n 为一切大于 1 的奇数.

注:也可对 $\sum\limits_{i=1}^{n}a_i$ 用数学归纳法证明.

(2) **证明** 对 m 用数学归纳法.

显然,1 在三元昂贵数组 $(1,1,1)$ 中.故小于 2 的所有正奇数均在某个昂贵数组中.

假设小于 $2^k(k\in\mathbf{Z}^+)$ 的所有正奇数均在某个昂贵数组中.下面考虑 $(2^k,2^{k+1})$ 中的奇数.

对任意奇数 $s\in(2^k,2^{k+1})$，$r=2^{k+1}-s\in(0,2^k)$ 为奇数，则 r 在某个 n 元昂贵数组中，不妨设为 $(a_1,a_2,\cdots,a_{n-1},r)$.

由题意知

$$\left(\prod_{i=1}^{n-2}(a_i+a_{i+1})\right)(a_{n-1}+r)(r+a_1)=2^{2l-1}(l\in\mathbf{Z}^+).$$

故 $\left(\prod_{i=1}^{n-2}(a_i+a_{i+1})\right)(a_{n-1}+r)(r+s)(s+r)(r+a_1)=2^{2l-1}\times2^{2(k+1)}=2^{2(k+l+1)-1}.$

即 $(a_1,a_2,\cdots,a_{n-1},r,s,r)$ 也为昂贵数组，且包含 s.

由此，小于 2^{k+1} 的所有正奇数也均在某个昂贵数组中.

命题得正.

设数列 $\{a_n\}$ 定义为：

$$a_1=1,a_{n+1}=\begin{cases}a_n+n,&a_n\leqslant n;\\a_n-n,&a_n>n\end{cases}(n=1,2,\cdots).$$

求满足 $a_r<r\leqslant3^{2017}$ 的正整数 r 的个数.

(2017,全国高中数学联合竞赛)

解 由数列的定义，知 $a_1=1,a_2=2$.

假设对某个整数 $r\geqslant2$，有 $a_r=r$，只需证明对 $t=1,2,\cdots,r-1$，有

$$\begin{cases}a_{r+2t-1}=2r+t-1>r+2t-1,\\a_{r+2t}=r-t<r+2t.\end{cases}$$ ①

对 t 归纳证明.

当 $t=1$ 时，由于 $a_r=r\geqslant r$，结合定义得

$a_{r+1}=a_r+r=r+r=2r>r+1,$

$a_{r+2}=a_{r+1}-(r+1)=2r-(r+1)=r-1<r+2.$

结论 ① 成立.

设对某个 $1\leqslant t<r-1$，结论 ① 成立.则由定义

$a_{r+2t+1}=a_{r+2t}+(r+2t)=r-t+r+2t=2r+t>r+2t+1,$

$a_{r+2t+2}=a_{r+2t+1}-(r+2t+1)=2r+t-(r+2t+1)=r-t-1<r+2t+2,$

即结论 ① 对 $t+1$ 也成立.

由数学归纳法，知结论 ① 对所有 $t=1,2,\cdots,r-1$ 成立.

特别地，当 $t=r-1$ 时，有 $a_{3r-2}=1$.

从而，$a_{3r-1}=a_{3r-2}+(3r-2)=3r-1.$

若将所有满足 $a_r=r$ 的正整数 r 从小到大记为 $r_1,r_2,\cdots$，则由上面的结论知

$r_1=1,r_2=2,r_{k+1}=3r_k-1(k=2,3,\cdots).$

故 $r_{k+1}-\dfrac12=3\left(r_k-\dfrac12\right)(k=1,2,\cdots,m-1).$

从而，$r_m = 3^{m-1}\left(r_1 - \dfrac{1}{2}\right) + \dfrac{1}{2} = \dfrac{3^{m-1}+1}{2}$.

注意到，$r_{2018} = \dfrac{3^{2017}+1}{2} < 3^{2017} < \dfrac{3^{2018}+1}{2} = r_{2019}$.

于是，在 $1, 2, \cdots, 3^{2017}$ 中满足 $a_r = r$ 的数 r 共有 2018 个：$r_1, r_2, \cdots, r_{2018}$.

由结论 ①，知对每个 $k = 1, 2, \cdots, 2017, r_k + 1, r_k + 2, \cdots, 3r_k - 2$ 中恰有一半满足 $a_r < r$.

又 $r_{2018} + 1 = \dfrac{3^{2017}+1}{2} + 1$ 与 3^{2017} 均为奇数，而在 $r_{2018} + 1, \cdots, 3^{2017}$ 中，奇数均满足 $a_r > r$，偶数均满足 $a_r < r$，其中的偶数比奇数少 1 个.

因此，满足 $a_r < r \leqslant 3^{2017}$ 的正整数 r 的个数为 $\dfrac{1}{2}(3^{2017} - 2018 - 1) = \dfrac{3^{2017} - 2019}{2}$.

设实数列 $\{a_n\}$ 满足：

$a_1 = \dfrac{1}{2}, a_2 = \dfrac{3}{8}, a_{n+1}^2 + 3a_n a_{n+2} = 2a_{n+1}(a_n + a_{n+2})(n = 1, 2, \cdots)$.

（1）求数列 $\{a_n\}$ 的通项公式；

（2）证明：对于任意的正整数 n，均有 $0 < a_n < \dfrac{1}{\sqrt{2n+1}}$.

（第 14 届中国东南地区数学奥林匹克）

解　由

$a_{n+1}^2 + 3a_n a_{n+2} = 2a_{n+1}(a_n + a_{n+2})$

$\Rightarrow a_n a_{n+2} - a_{n+1}^2 = 2a_{n+1}(a_n + a_{n+2}) - 2a_n a_{n+2} - 2a_{n+1}^2$

$\Rightarrow a_{n+1}(a_n - a_{n+1}) - a_n(a_{n+1} - a_{n+2}) = 2(a_n - a_{n+1})(a_{n+1} - a_{n+2})$. ①

注意到，$(a_n - a_{n+1})(a_{n+1} - a_{n+2}) \neq 2$.

否则，$a_n - a_{n+1} = 0$ 或 $a_{n+1} - a_{n+2} = 0$ 均与已知不符.

由式 ① 得

$$\dfrac{a_{n+1}}{a_{n+1} - a_{n+2}} - \dfrac{a_n}{a_n - a_{n+1}} = 2$$

$$\Rightarrow \dfrac{a_n}{a_n - a_{n+1}} = \dfrac{a_1}{a_1 - a_2} + 2(n-1) = 2n+1 \Rightarrow a_{n+1} = \dfrac{2n+1}{2n+2} a_n$$

$$\Rightarrow a_n = \dfrac{2n-1}{2n} a_{n-1} = \dfrac{2n-1}{2n} \cdot \dfrac{2n-3}{2n-2} \cdots \cdots \dfrac{3}{4} a_1 = \dfrac{(2n-1)!!}{(2n)!!}.$$

（2）**证明**　显然，$a_n > 0$.

而 $a_n = \displaystyle\prod_{k=1}^{n} \dfrac{2k-1}{2k} < \prod_{k=1}^{n} \dfrac{2k}{2k+1} = \dfrac{(2n)!!}{(2n+1)!!} = \dfrac{1}{(2n+1)a_n}$，故 $a_n^2 < \dfrac{1}{2n+1}$.

因此，$0 < a_n < \dfrac{1}{\sqrt{2n+1}}$.

代数部分

设 m 为正整数,对于 $k = 1, 2, \cdots$,定义 $a_k = \dfrac{(2km)!}{3^{(k-1)m}}$. 证明:在数列 $a_1, a_2, \cdots$ 中,既有无穷多个整数项,又有无穷多个非整数项.

(第 14 届中国东南地区数学奥林匹克)

证明 对于任意给定正整数 t,取 $r_t \in \{0, 1, \cdots, m-1\}$ 满足 $r_t \equiv 3^t \pmod{m}$.

令 $k_t = \dfrac{3^t + r_t}{m}$.

下面证明:a_{k_t} 为整数,a_{k_t-1} 不为整数.

用 α_t, β_t 分别表示 $(2k_t m)!$,$((2k_t-1)m)!$ 所含素因子 3 的幂次.

一方面,由

$$2k_t m = 2(3^t + r_t) \geqslant 2 \times 3^t$$

$$\Rightarrow \alpha_t = \sum_{i=1}^{+\infty} \left[\frac{2k_t m}{3^i} \right] \geqslant \sum_{i=1}^{+\infty} \left[\frac{2 \times 3^t}{3^i} \right] = 2 \sum_{i=0}^{t-1} 3^i = 3^t - 1 \geqslant 3^t - (m - r_t) = k_t - m$$

$$\Rightarrow 3^{(k_t-1)m} \mid (2k_t m)! \Rightarrow a_{k_t} \text{ 为整数.}$$

另一方面,由

$$2(k_t - 1)m = 2(3^t + r_t - m) \leqslant 2(3^t - 1) < 2 \times 3^t$$

$$\Rightarrow \beta_t = \sum_{i=1}^{+\infty} \left[\frac{2(k_t - 1)m}{3^i} \right]$$

$$\leqslant \sum_{i=1}^{+\infty} \left[\frac{2(3^t - 1)}{3^i} \right] + \sum_{i=t+1}^{+\infty} \left[\frac{2}{3^{i-t}} \right] = \sum_{i=1}^{t} (2 \times 3^{t-i} - 1)$$

$$= 2 \sum_{i=0}^{t-1} 3^i - t = 3^t - 1 - t.$$

故当 $t \geqslant 2m$ 时,$\beta_t < 3^t - 2m \leqslant k_t m - 2m$.

从而,$3^{(k_t-2)m} \nmid (2(k_t-1)m)!$,即 a_{k_t-1} 不为正整数.

由 t 的取法的无穷性,知命题成立.

设数列 $\{a_n\}$ 满足:

$$a_1 = 1, a_2 = \frac{1}{3}, \frac{(1+a_n)(1+a_{n+2})}{(1+a_{n+1})^2} = \frac{a_n a_{n+2}}{a_{n+1}^2} \quad (n \in \mathbf{Z}^+).$$

证明:对于任意的正整数 n,均有 $a_1 + a_2 + \cdots + a_n < \dfrac{34}{21}$.

(第 13 届中国北方数学奥林匹克)

证明 由 $\dfrac{(1+a_n)(1+a_{n+2})}{(1+a_{n+1})^2} = \dfrac{a_n a_{n+2}}{a_{n+1}^2} \Rightarrow \dfrac{1+a_n}{a_n} \cdot \dfrac{1+a_{n+2}}{a_{n+2}} = \left(\dfrac{1+a_{n+1}}{a_{n+1}} \right)^2$.

则数列 $\left\{ \dfrac{1+a_n}{a_n} \right\}$ 是以 2 为首项,2 为公比的等比数列.

于是,$\dfrac{1+a_n}{a_n} = 2^n \Rightarrow a_n = \dfrac{1}{2^n - 1}$.

当 $n=1,2,3$ 时,易证 $a_1+a_2+\cdots+a_n<\dfrac{34}{21}$;

当 $n\geqslant 4$ 时,

$$a_n=\frac{1}{2^n-1}<\frac{1}{2^{n-3}(2^3-1)}=\frac{1}{7}\times\frac{1}{2^{n-3}}\Rightarrow a_1+a_2+\cdots+a_n$$

$$<1+\frac{1}{3}+\frac{1}{7}+\frac{1}{7}\left(\frac{1}{2}+\frac{1}{2^2}+\cdots+\frac{1}{2^{n-3}}\right)<1+\frac{1}{3}+\frac{1}{7}+\frac{1}{7}=\frac{34}{21}.$$

已知数列 $\{a_n\}$ 满足:

$a_1=\mathrm{e},a_2=\mathrm{e}^3,\mathrm{e}^{1-k}a_n^{k+2}=a_{n+1}a_{n-1}^{2k}(n\geqslant 2,n\in\mathbf{Z}^+,k\in\mathbf{R}^+).$

求 $\displaystyle\prod_{i=1}^{2017}a_i.$

(第13届中国北方数学奥林匹克)

解 对 $\mathrm{e}^{1-k}a_n^{k+2}=a_{n+1}a_{n-1}^{2k}$,两边同时取自然对数得

$1-k+(k+2)\ln a_n=\ln a_{n+1}2k\ln a_{n-1}$

$\Rightarrow 1+\ln a_{n+1}=(k+2)(1+\ln a_n)-2k(1+\ln a_{n-1}).$

设 $b_n=1+\ln a_n$. 则

$b_{n+1}=(k+2)b_n-2kb_{n-1}(n\geqslant 2)\Rightarrow b_{n+1}-2b_n=k(b_n-2b_{n-1})(n\geqslant 2).$

又 $b_1=1+\ln a_1=1+\ln\mathrm{e}=2,b_2=1+\ln a_2=1+\ln\mathrm{e}^3=4$,则

$b_{n+1}-2b_n=0\Rightarrow b_n=2^n(n\in\mathbf{Z}^+)\Rightarrow b_n=1+\ln a_n=2^n\Rightarrow a_n=\mathrm{e}^{2^n-1}.$

记 $s=\displaystyle\sum_{i=1}^{2017}(2^i-1).$ 故 $\displaystyle\prod_{i=1}^{2017}a_i=\mathrm{e}^s=\mathrm{e}^{2^{2018}-2019}.$

已知 $\{a_n\}(n\geqslant 0)$ 是公差为 d 的无穷项整数等差数列,首项满足 $1\leqslant a_0\leqslant d$,记此数列为 S_0.用递推的方式定义一组新数列,数列 S_{n+1} 为 S_n 经由以下两步操作得到的:

(1) 记 S_n 的首项为 b_n,将首项移除,并把数列中剩下的每一项都往前挪;

(2) 从新的首项开始算起,将该数列的前 b_n 项加1.

证明:存在常数 c,使得对 $n\geqslant 0$ 恒有 $b_n=[ca_n].$

(2017,中国台湾数学奥林匹克选训营)

证明 用归纳法证明:$c=\dfrac{1+\sqrt{1+\dfrac{4}{d}}}{2}$ 为方程 $c^2-c-\dfrac{1}{d}=0$ 的正根.

先证明 $n=0$ 时命题成立.

由定义,知 $b_0=a_0$.

注意到

$$\left[ca_0\right] = \left[\frac{1+\sqrt{1+\dfrac{4}{d}}}{2}a_0\right] = a_0 + \left[\frac{-1+\sqrt{1+\dfrac{4}{d}}}{2}a_0\right]$$

$$= a_0 + \left[\frac{2}{1+\sqrt{1+\dfrac{4}{d}}} \cdot \frac{a_0}{d}\right] = a_0.$$

从而,$b_0 = [ca_0]$.

再归纳证明命题对 $n > 0$ 均成立.

由题意,知 b_n 的值是由 a_n 加若干次 1 得到的. 当进行从 S_k 到 S_{k+1} 的操作时,若该项增加 1,则 $b_k + k \geqslant n (0 \leqslant k < n)$.

对于所有的 n,记 $X_n = \{k \mid b_k + k \geqslant n, 0 \leqslant k < n\}$. 则 $b_n = a_n + |X_n|$.

据归纳得

$$X_n = \{k \mid [ca_k] + k \geqslant n, 0 \leqslant k < n\} = \{k \mid ca_k + k \geqslant n, 0 \leqslant k < n\}$$

$$= \{k \mid ca_0 + k(1+cd) \geqslant n, 0 \leqslant k < n\} = \left\{k \,\middle|\, \frac{n-ca_0}{1+cd} \leqslant k < n\right\}.$$

事实上,即使 $n < ca_0$ 也无所谓.

因为 $\dfrac{n-ca_0}{1+cd} > -1$ 恒成立,所以,不影响 k 的个数.

故 $b_n = a_n + |X_n| = a_n + \left[\dfrac{ca_n}{1+cd}\right] = \left[\left(1 + \dfrac{c}{1+cd}\right)a_n\right] = [ca_n]$.

原命题得证.

九　不等式

已知 x,y,z 为正实数. 证明: $\dfrac{x(2x-y)}{y(2z+x)}+\dfrac{y(2y-z)}{z(2x+y)}+\dfrac{z(2z-x)}{x(2y+z)}\geqslant 1$. ①

（2012，第 20 届土耳其数学奥林匹克）

证明 注意到, $\dfrac{x(2x-y)}{y(2z+x)}+1=\dfrac{2(x^2+yz)}{y(2z+x)}$,

$\dfrac{y(2y-z)}{z(2x+y)}+1=\dfrac{2(y^2+zx)}{z(2x+y)}$, $\dfrac{z(2z-x)}{x(2y+z)}+1=\dfrac{2(z^2+xy)}{x(2y+z)}$.

则式 ①$\Leftrightarrow f(x,y,z)=\dfrac{x^2+yz}{y(2z+x)}+\dfrac{y^2+zx}{z(2x+y)}+\dfrac{z^2+xy}{x(2y+z)}\geqslant 2$.

对于正实数 $x_1,x_2,\cdots,x_n$, 由柯西不等式得 $\left(\displaystyle\sum_{i=1}^{n}x_i\right)\left(\displaystyle\sum_{i=1}^{n}\dfrac{a_i^2}{x_i}\right)\geqslant\left(\displaystyle\sum_{i=1}^{n}a_i\right)^2$.

则 $g(x,y,z)=\dfrac{x^2}{y(2z+x)}+\dfrac{y^2}{z(2x+y)}+\dfrac{z^2}{x(2y+z)}\geqslant\dfrac{(x+y+z)^2}{3(xy+yz+zx)}$,

$h(x,y,z)=\dfrac{z}{2z+x}+\dfrac{x}{2x+y}+\dfrac{y}{2y+z}\geqslant\dfrac{(x+y+z)^2}{2(x^2+y^2+z^2)+xy+yz+zx}$.

故 $f=g+h\geqslant(x+y+z)^2\left(\dfrac{1}{3(xy+yz+zx)}+\dfrac{1}{2(x^2+y^2+z^2)+xy+yz+zx}\right)$

$=\dfrac{2(x+y+z)^4}{3(xy+yz+zx)(2(x^2+y^2+z^2)+xy+yz+zx)}$

$=\dfrac{2(x+y+z)^4}{3(xy+yz+zx)(2(x+y+z)^2-3(xy+yz+zx))}$

$\geqslant\dfrac{2(x+y+z)^4}{\left(\dfrac{3(xy+yz+zx)+2(x+y+z)^2-3(xy+yz+zx)}{2}\right)^2}=2$,

其中, 最后一个不等式应用的是均值不等式.

正实数 $a_1,a_2,\cdots,a_n,k$ 满足

$a_1+a_2+\cdots+a_n=3k$, ①

$a_1^2+a_2^2+\cdots a_n^2=3k^2$, ②

$a_1^3+a_2^3+\cdots+a_n^3>3k^3+k$. ③

证明: 在 $a_1,a_2,\cdots,a_n$ 中存在两个数, 使得它们的差的绝对值大于 1.

（第 38 届俄罗斯数学奥林匹克）

证明 ①×③ 得 $\sum_{i=1}^{n} a_i^4 + \sum_{i \neq j} a_i a_j^3 > 9k^4 + 3k^2$.

又由式 ② 得 $\left(\sum_{i=1}^{n} a_i^2\right)^2 = 9k^4$,于是,$\sum_{i=1}^{n} a_i^4 + \sum_{i \neq j} a_i a_j^3 - \left(\sum_{i=1}^{n} a_i^2\right)^2 > 3k^2$,即

$$\sum_{i<j} a_i a_j (a_i - a_j)^2 > 3k^2.$$

注意到,$2\sum_{i<j} a_i a_j = \left(\sum_{i=1}^{n} a_i\right)^2 - \sum_{i=1}^{n} a_i^2 = 6k^2$. 则 $\sum_{i<j} a_i a_j (a_i - a_j)^2 > \sum_{i<j} a_i a_j$.

故 $\max_{i<j}(a_i - a_j)^2 > 1 \Rightarrow \max_{i<j} |a_i - a_j| > 1$.

实数 $a_1, a_2, \cdots, a_5$ 中任意两个的差的绝对值不小于 1. 已知存在实数 k 满足

$$a_1 + a_3 + \cdots + a_5 = 2k, a_1^2 + a_2^2 + \cdots + a_5^2 = 2k^2.$$

证明:$k^2 \geqslant \dfrac{25}{3}$.

(第 38 届俄罗斯数学奥林匹克)

证明 不妨设 $a_1 < a_2 < \cdots < a_5$. 由已知条件得 $a_{i+1} - a_i \geqslant 1 (1 \leqslant i \leqslant 4)$.

由此知 $a_j - a_i \geqslant j - i (1 \leqslant i < j \leqslant 5)$.

故 $4\sum_{i=1}^{5} a_i^2 - 2\sum_{1 \leqslant i < j \leqslant 5} a_i a_j = \sum_{1 \leqslant i < j \leqslant 5} (a_j - a_i)^2 \geqslant \sum_{1 \leqslant i < j \leqslant 5} (j - i)^2 = 50.$

又由已知条件得 $\sum_{i=1}^{5} a_i^2 + 2\sum_{1 \leqslant i < j \leqslant 5} a_i a_j = \left(\sum_{i=1}^{5} a_i\right)^2 = 4k^2.$

与前面不等式相加得 $\sum_{i=1}^{5} a_i^2 = 10k^2 \geqslant 50 + 4k^2.$

由此得 $k^2 \geqslant \dfrac{25}{3}$.

设 n 为正整数,$a_1, a_2, \cdots, a_n$ 为非负实数. 证明:

$$\frac{1}{1+a_1} + \frac{a_1}{(1+a_1)(1+a_2)} + \cdots + \frac{a_1 a_2 \cdots a_{n-1}}{(1+a_1)(1+a_2)\cdots(1+a_n)} \leqslant 1.$$

(2012,中国女子数学奥林匹克)

证明 注意到,$\dfrac{1}{1+a} = 1 - \dfrac{a}{1+a}$.

于是,对任何 $i (i = 1, 2, \cdots, n)$,均有

$$\frac{a_1}{1+a_1} \cdot \cdots \cdot \frac{a_{i-1}}{1+a_{i-1}} \cdot \frac{1}{1+a_i} = \frac{a_1}{1+a_1} \cdot \cdots \cdot \frac{a_{i-1}}{1+a_{i-1}}\left(1 - \frac{a_i}{1+a_i}\right)$$

$$= \frac{a_1}{1+a_1} \cdot \cdots \cdot \frac{a_{i-1}}{1+a_{i-1}} - \frac{a_1}{1+a_1} \cdot \cdots \cdot \frac{a_i}{1+a_i}.$$

对所有这些式子求和得

$$\sum_{i=1}^{n} \frac{a_1}{1+a_1} \cdot \cdots \cdot \frac{a_{i-1}}{1+a_{i-1}} \cdot \frac{1}{1+a_i} = \sum_{i=1}^{n} \left(\frac{a_1}{1+a_1} \cdot \cdots \cdot \frac{a_{i-1}}{1+a_1} - \frac{a_1}{1+a_1} \cdot \cdots \cdot \frac{a_i}{1+a_i} \right)$$

$$= 1 - \frac{a_1}{1+a_1} \cdot \cdots \cdot \frac{a_n}{1+a_n}.$$

从而,不等式成立.

求正整数 n 的最小值,使得

$$\sqrt{\frac{n-2011}{2012}} - \sqrt{\frac{n-2012}{2011}} < \sqrt[3]{\frac{n-2013}{2011}} - \sqrt[3]{\frac{n-2011}{2013}}.$$

(第九届中国东南地区数学奥林匹克)

证明　由已知得必有 $n \geqslant 2013$. 此时,

$$\sqrt{\frac{n-2011}{2012}} < \sqrt{\frac{n-2012}{2011}} \Leftrightarrow 2011(n-2011) < 2012(n-2012) \Leftrightarrow n > 4023, \quad ①$$

$$\sqrt[3]{\frac{n-2013}{2011}} \geqslant \sqrt[3]{\frac{n-2011}{2013}} \Leftrightarrow 2013(n-2013) \geqslant 2011(n-2011) \Leftrightarrow n \geqslant 4024. \quad ②$$

由式 ①,② 知,当 $n \geqslant 4024$ 时,

$$\sqrt{\frac{n-2011}{2012}} - \sqrt{\frac{n-2012}{2011}} < 0 \leqslant \sqrt[3]{\frac{n-2013}{2011}} - \sqrt[3]{\frac{n-2011}{2013}};$$

当 $2013 \leqslant n \leqslant 4023$ 时,

$$\sqrt{\frac{n-2011}{2012}} - \sqrt{\frac{n-2012}{2011}} \geqslant 0 > \sqrt[3]{\frac{n-2013}{2011}} - \sqrt[3]{\frac{n-2011}{2013}}.$$

综上,满足条件的正整数 n 的最小值为 4024.

设 n 为正整数. 证明:$\left(1+\dfrac{1}{3}\right)\left(1+\dfrac{1}{3^2}\right)\cdots\left(1+\dfrac{1}{3^n}\right) < 2$.

(第八届中国北方数学奥林匹克邀请赛)

证明　记 $f(n) = \left(1+\dfrac{1}{3}\right)\left(1+\dfrac{1}{3^2}\right)\cdots\left(1+\dfrac{1}{3^n}\right).$

当 $n=1$ 时,$f(1) = 1 + \dfrac{1}{3} = 2 - \dfrac{2}{3} < 2 - \dfrac{1}{3}.$

当 $n=2$ 时,

$$f(2) = \left(1+\frac{1}{3}\right)\left(1+\frac{1}{3^2}\right) = 1 + \frac{1}{3} + \frac{1}{3^2} + \frac{1}{3^3} < 1 + \frac{3}{3^2} + \frac{1}{3^2} + \frac{1}{3^2} = 1 + \frac{5}{3^2} < 2 - \frac{1}{3^2}.$$

下面用数学归纳法证明:$f(n) < 2 - \dfrac{1}{3^n}.$

假设 $f(k) < 2 - \dfrac{1}{3^k}$,则

$$f(k+1) = f(k)\left(1 + \frac{1}{3^{k+1}}\right) < \left(2 - \frac{1}{3^k}\right)\left(1 + \frac{1}{3^{k+1}}\right) = 2 - \frac{1}{3^k} + \frac{2}{3^{k+1}} - \frac{1}{3^{2k+1}}$$

$$< 2 - \frac{1}{3^k} + \frac{2}{3^{k+1}} = 2 - \frac{1}{3^{k+1}}.$$

故 $f(n) < 2 - \frac{1}{3^n} < 2$ 成立,即 $\left(1 + \frac{1}{3}\right)\left(1 + \frac{1}{3^2}\right)\cdots\left(1 + \frac{1}{3^n}\right) < 2.$

已知 $a, b, c > 0$.证明:

$$\left(a^3 + \frac{1}{b^3} - 1\right)\left(b^3 + \frac{1}{c^3} - 1\right)\left(c^3 + \frac{1}{a^3} - 1\right) \leqslant \left(abc + \frac{1}{abc} - 1\right)^3. \qquad ①$$

(第三届陈省身杯全国高中数学奥林匹克)

证明 由于式 ① 左边任意两个括号内的和大于 0,故三个括号中至多有一个为非正. 于是,不妨假设三个括号内的值均大于 0.

令 $k = abc$,$a^3 = \frac{kx}{y}$,$b^3 = \frac{ky}{z}$,$c^3 = \frac{kz}{x}$.

则式 ① 左边 $= \dfrac{(k^2 x + z - ky)(k^2 y + x - kz)(k^2 z + y - kx)}{k^3 xyz}$.

令 $k^2 x + z - ky = u$,$k^2 y + x - kz = v$,$k^2 z + y - kx = w$.

则 $x = \dfrac{ku + v}{k^3 + 1}$,$y = \dfrac{kv + w}{k^3 + 1}$,$z = \dfrac{kw + u}{k^3 + 1}$.

故式 ① 左边 $= \dfrac{uvw(1 + k^3)^3}{k^3(ku + v)(kv + w)(kw + u)}$.

注意到,$(ku + v)(kv + w)(kw + u) = (1 + k^3)uvw + (v^2 w + w^2 u + u^2 v)k^2 + (w^2 v + v^2 u + u^2 w)k \geqslant (1 + k^3)uvw + 3uvwk^2 + 3uvwk = uvw(k+1)^3.$

则式 ① 左边 $\leqslant \dfrac{(1 + k^3)^3}{k^3(k+1)^3} = \left(k + \dfrac{1}{k} - 1\right)^3.$

已知 $a, b, c > 1$,且 $a + b + c = 9$.证明:

$$\sqrt{ab + bc + ca} \leqslant \sqrt{a} + \sqrt{b} + \sqrt{c}.$$

(第三届陈省身杯全国高中数学奥林匹克)

证明 令 $a = \dfrac{9x^2}{x^2 + y^2 + z^2}$,$b = \dfrac{9y^2}{x^2 + y^2 + z^2}$,$c = \dfrac{9z^2}{x^2 + y^2 + z^2}$,$x + y + z = 1$.

则原不等式变为 $x^2 + y^2 + z^2 \geqslant 9(x^2 y^2 + y^2 z^2 + z^2 x^2)$.

因为 $a \geqslant 1$,所以,$9x^2 = a(x^2 + y^2 + z^2) \geqslant x^2 + y^2 + z^2 \geqslant \dfrac{(x+y+z)^2}{3} = \dfrac{1}{3}.$

从而,$x \geqslant \dfrac{1}{3\sqrt{3}}$.类似地,$y \geqslant \dfrac{1}{3\sqrt{3}}$,$z \geqslant \dfrac{1}{3\sqrt{3}}.$

不妨设 $x \geqslant y \geqslant z$. 则 $\dfrac{1}{3\sqrt{3}} \leqslant z \leqslant \dfrac{1}{3}, \dfrac{1}{3} \leqslant \dfrac{x+y}{2} = \dfrac{1-z}{2} \leqslant \dfrac{3\sqrt{3}-1}{6\sqrt{3}}$.

令 $f(x,y,z) = x^2 + y^2 + z^2 - 9(x^2 y^2 + y^2 z^2 + z^2 x^2)$.

则 $f(x,y,z) - f\left(\dfrac{x+y}{2}, \dfrac{x+y}{2}, z\right) = \dfrac{(x-y)^2}{2}\left(1 - 9z^2 + \dfrac{9}{8}(x+y)^2 + \dfrac{9}{2}xy\right) \geqslant 0$.

故只要证在 $t \in \left[\dfrac{1}{3}, \dfrac{3\sqrt{3}-1}{6\sqrt{3}}\right]$ 时，$f(t,t,1-2t) \geqslant 0$.

而 $f(t,t,1-2t) = 2t^2 + (1-2t)^2 - 9(t^4 + 2t^2(1-2t)^2) = (3t-1)^2(1+2t-9t^2) \geqslant 0$

$\Leftrightarrow \dfrac{1-\sqrt{10}}{9} < t < \dfrac{1+\sqrt{10}}{9}$.

故只要验证 $\dfrac{3\sqrt{3}-1}{6\sqrt{3}} < \dfrac{1+\sqrt{10}}{9}$. 显然成立.

证明：$\sqrt{2012 + \sqrt{2011 + \sqrt{\cdots + \sqrt{2 + \sqrt{1}}}}} < 46$.

（2012—2013，匈牙利数学奥林匹克）

证明 设 $\sqrt{2011 + \sqrt{2010 + \sqrt{\cdots + \sqrt{2 + \sqrt{1}}}}} = T$.

则 $T < \sqrt{2012 + \sqrt{2011 + \sqrt{\cdots + \sqrt{2 + \sqrt{1}}}}} = \sqrt{2012 + T}$

$\Rightarrow T^2 < 2012 + T \Rightarrow T^2 - T - 2012 < 0 \Rightarrow T < 104$

$\Rightarrow \sqrt{2012 + T} < \sqrt{2012 + 104} = 46$.

设整数 $n \geqslant 3$，正实数 $a_2, a_3, \cdots, a_n$ 满足 $a_2 a_3 \cdots a_n = 1$. 证明：
$(1+a_2)^2 (1+a_3)^3 \cdots (1+a_n)^n > n^n$.

（第 53 届 IMO）

证明 对 $k = 2, 3, \cdots, n$，由均值不等式有

$(1+a_k)^k = \left(\dfrac{1}{k-1} + \dfrac{1}{k-1} + \cdots + \dfrac{1}{k-1} + a_k\right)^k \geqslant k^k \left(\dfrac{1}{k-1}\right)^{k-1} a_k$.

故 $(1+a_2)^2 (1+a_3)^3 \cdots (1+a_n)^n$

$\geqslant 2^2 a_2 \times 3^3 \left(\dfrac{1}{2}\right)^2 a_3 \times 4^4 \left(\dfrac{1}{3}\right)^3 a_4 \times \cdots \times n^n \left(\dfrac{1}{n-1}\right)^{n-1} a_n = n^n$.

当 $a_k = \dfrac{1}{k-1}(k = 2, 3, \cdots, n)$ 时，上式等号成立，这与 $a_2 a_3 \cdots a_n = 1$ 矛盾.

因此，$(1+a_2)^2 (1+a_3)^3 \cdots (1+a_n)^n > n^n$.

已知正整数 $n \geqslant 2$. 设 $x_1, x_2, \cdots, x_n$ 满足 $\prod\limits_{i=1}^{n} x_i = 1, c_n = \sum\limits_{i=1}^{n} \dfrac{1}{i}$. 证明:

(1) $\sum\limits_{i=1}^{n} i x_i^i \geqslant c_n \left(\prod\limits_{i=1}^{n} i^{\frac{1}{i}} \right)^{\frac{2}{c_n}}$;

(2) $\left(\prod\limits_{i=1}^{n} i^{\frac{1}{i}} \right)^{\frac{1}{c_n}} < \dfrac{n}{c_n}$.

(2013,第 21 届朝鲜数学奥林匹克)

证明 给出一个引理.

引理 当 $\alpha_i > 0, x_i > 0 (1 \leqslant i \leqslant n)$ 时, 有 $\prod\limits_{i=1}^{n} x_i^{\alpha_i} \leqslant \left(\dfrac{\sum\limits_{i=1}^{n} \alpha_i x_i}{\sum\limits_{i=1}^{n} \alpha_i} \right)^{\sum\limits_{i=1}^{n} \alpha_i}$, 当且仅当 x_i 全相等时,等号成立.

引理可由 $\ln x$ 为凹函数及琴生不等式证明.

(1) 当 $1 \leqslant i \leqslant n$ 时, 设 $n_i = \left(\dfrac{n!}{i} \right)^2$.

由引理得

$$\sum_{i=1}^{n} i x_i^i = \sum_{i=1}^{n} \left(i n_i \cdot \dfrac{x_i^i}{n_i} \right) \geqslant \left(\sum_{i=1}^{n} i n_i \right) \left(\prod_{i=1}^{n} \left(\dfrac{x_i^i}{n_i} \right)^{i n_i} \right)^{\frac{1}{\sum\limits_{i=1}^{n} i n_i}} = c_n (n!)^2 \left(\prod_{i=1}^{n} \dfrac{x_i^{i^2 n_i}}{n_i^{i n_i}} \right)^{\frac{1}{c_n (n!)^2}}$$

$$= c_n (n!)^2 \left(\prod_{i=1}^{n} \dfrac{x_i^{(n!)^2}}{n_i^{\frac{(n!)^2}{i}}} \right)^{\frac{1}{c_n (n!)^2}} = c_n (n!)^2 \dfrac{1}{\left(\prod\limits_{i=1}^{n} \left(\dfrac{n!}{i} \right)^{\frac{2}{i}} \right)^{\frac{1}{c_n}}} = c_n \left(\prod_{i=1}^{n} i^{\frac{1}{i}} \right)^{\frac{2}{c_n}}.$$

(2) 由引理, 得 $\prod\limits_{i=1}^{n} i^{\frac{1}{i}} < \left(\dfrac{\sum\limits_{i=1}^{n} \dfrac{1}{i} \cdot i}{\sum\limits_{i=1}^{n} \dfrac{1}{i}} \right)^{\sum\limits_{i=1}^{n} \frac{1}{i}} = \left(\dfrac{n}{c_n} \right)^{c_n}.$

求最大的实数 M, 使得对于任意的正实数 a, b, c, 均有
$$a^3 + b^3 + c^3 - 3abc \geqslant M(ab^2 + bc^2 + ca^2 - 3abc).$$ ①

(2013,第 21 届土耳其数学奥林匹克)

解 不失一般性, 假设 $\min\{a, b, c\} = c$.

设 $a = c + x, b = c + y$ (x, y 为非负实数). 则

$a^3 + b^3 + c^3 - 3abc = (c + x)^3 + (c + y)^3 + c^3 - 3(c + x)(c + y)c$

$= (3c + x + y)(x^2 - xy + y^2),$

$ab^2 + bc^2 + ca^2 - 3abc = (c + x)(c + y)^2 + (c + y)c^2 + c(c + x)^2 - 3(c + x)(c + y)c$

$$= (x^2 - xy + y^2)c + xy^2.$$

故式 ① 转化为对每个 $c > 0, x, y \geq 0$, 均有

$$(3 - M)(x^2 - xy + y^2)c + x^3 + y^3 - Mxy^2 \geq 0. \qquad ②$$

对于 $x = 1, y = \sqrt[3]{2}$ 和任意的 $c > 0$, 式 ② 为

$$(3 - M)(1 - \sqrt[3]{2} + \sqrt[3]{4})c + 3 - \sqrt[3]{4}M \geq 0. \qquad ③$$

下面证明: $3 \geq \sqrt[3]{4}M$.

假设 $3 < \sqrt[3]{4}M$.

若 $3 - M \leq 0$, 对于任意的 $c > 0$, 式 ③ 不成立.

若 $3 - M > 0$, 对于满足 $0 < c < \dfrac{\sqrt[3]{4}M - 3}{(3 - M)(1 - \sqrt[3]{2} + \sqrt[3]{4})}$ 的实数 c, 式 ③ 不成立.

于是, $3 - \sqrt[3]{4}M \geq 0$.

接下来证明: 当 $M = \dfrac{3}{\sqrt[3]{4}}$ 时, 式 ② 成立.

由 $M < 3$, 知 $(3 - M)(x^2 - xy + y^2)c \geq 0$.

由均值不等式, 得 $x^3 + y^3 = x^3 + \dfrac{y^3}{2} + \dfrac{y^3}{2} \geq \dfrac{3}{\sqrt[3]{4}}xy^2 = Mxy^2$.

从而, $x^3 + y^3 - Mxy^2 \geq 0$. 因此, 式 ② 成立.

综上, 最大的实数 $M = \dfrac{3}{\sqrt[3]{4}}$.

设 $x = \sqrt{ab}, y = \sqrt{\dfrac{a^2 + b^2}{2}}$. 试比较正实数 a, b 的算术平均数与 x, y 的算术平均数的大小.

(2013, 第 64 届白俄罗斯数学奥林匹克)

解 注意到,

$$\dfrac{a + b}{2} \geq \dfrac{x + y}{2} \Leftrightarrow a + b \geq \sqrt{ab} + \sqrt{\dfrac{a^2 + b^2}{2}}$$

$$\Leftrightarrow (a + b)^2 \geq ab + \dfrac{a^2 + b^2}{2} + 2\sqrt{ab \cdot \dfrac{a^2 + b^2}{2}}$$

$$\Leftrightarrow (a + b)^2 \geq 4\sqrt{ab \cdot \dfrac{a^2 + b^2}{2}} \Leftrightarrow \left(\dfrac{(a + b)^2}{ab}\right)^2 \geq \dfrac{8(a^2 + b^2)}{ab}$$

$$\Leftrightarrow \left(\dfrac{a}{b} + \dfrac{b}{a} + 2\right)^2 \geq 8\left(\dfrac{a}{b} + \dfrac{b}{a}\right).$$

令 $t = \dfrac{a}{b} + \dfrac{b}{a}$. 则

$$\left(\dfrac{a}{b} + \dfrac{b}{a} + 2\right)^2 \geq 8\left(\dfrac{a}{b} + \dfrac{b}{a}\right) \Leftrightarrow (t + 2)^2 \geq 8t \Leftrightarrow (t - 2)^2 \geq 0.$$

因此,$\dfrac{a+b}{2} \geqslant \dfrac{x+y}{2}$,当且仅当 $a=b$ 时,等号成立.

求所有的实数 λ,使得对于任意的正实数 a,b,满足

$$\dfrac{a+b}{2} \geqslant \lambda \sqrt{ab} + (1-\lambda)\sqrt{\dfrac{a^2+b^2}{2}}. \qquad ①$$

(2013,第 64 届白俄罗斯数学奥林匹克)

解 $\lambda \in \left[\dfrac{1}{2},+\infty\right)$.

若 $a=b>0$,则式 ① 对所有的 $\lambda \in \mathbf{R}$ 均成立.

于是,只要研究 $a \neq b$ 的情况.

注意到,式 ① $\Leftrightarrow \lambda(\sqrt{2a^2+2b^2} - 2\sqrt{ab}) \geqslant \sqrt{2a^2+2b^2} - (a+b)$

$$\Leftrightarrow \dfrac{2\lambda(a-b)^2}{\sqrt{2a^2+2b^2} + 2\sqrt{ab}} \geqslant \dfrac{(a-b)^2}{\sqrt{2a^2+2b^2} + (a+b)}$$

$$\Leftrightarrow 2\lambda \geqslant \dfrac{\sqrt{2a^2+2b^2} + 2\sqrt{ab}}{\sqrt{2a^2+2b^2} + (a+b)} = 1 - \dfrac{(a+b) - 2\sqrt{ab}}{\sqrt{2a^2+2b^2} + (a+b)}$$

$$\Leftrightarrow 2\lambda \geqslant 1 - \dfrac{(\sqrt{a} - \sqrt{b})^2}{(\sqrt{2a^2+2b^2} + (a+b))}.$$

设 $a=1,b=(1+\varepsilon)^2$(ε 为一个任意的正实数).

此时,最后一个分式的分母不小于 4.从而,$2\lambda \geqslant 1 - \dfrac{\varepsilon^2}{4}$.

因为 $1 - \dfrac{\varepsilon^2}{4}$ 能无限趋近于 1,所以,$2\lambda \geqslant 1 \Rightarrow \lambda \geqslant \dfrac{1}{2}$.

又容易验证不等式 ① 在 $\lambda = \dfrac{1}{2}$ 时(见上题)成立.

注意到,当 λ 增大时,式 ① 的右边递减.

因此,式 ① 对所有的 $\lambda \geqslant \dfrac{1}{2}$ 均成立.

设 x,y 为任意正实数.证明:$\dfrac{1}{x+y+1} - \dfrac{1}{(x+1)(y+1)} < \dfrac{1}{11}$.

(2013,第 64 届白俄罗斯数学奥林匹克)

证明 由均值不等式得

$$(x+1)(y+1) \leqslant \dfrac{((x+1)+(y+1))^2}{4} = \dfrac{(x+y+2)^2}{4}.$$

于是,为证明原不等式,只要证 $\dfrac{1}{x+y+1} - \dfrac{4}{(x+y+2)^2} < \dfrac{1}{11}$. ①

设 $x+y+1=t(t>1)$. 则

式 ① $\Leftrightarrow \dfrac{1}{t}-\dfrac{4}{(t+1)^2}<\dfrac{1}{11}\Leftrightarrow t^3-9t^2+23t-11>0$

$\Leftrightarrow (t-1)(t-3)(t-5)+4>0.$　　　　　　　　　②

注意到,当 $t>1$ 时,仅当 $t\in[3,5]$ 时,$(t-1)(t-3)(t-5)\leqslant 0.$

但此时,$0<t-1\leqslant 4$,且 $(t-3)(t-5)\geqslant-1.$

故 $(t-1)(t-3)(t-5)>-4(t\in[3,5]).$

从而,式 ② 成立.

因此,要证明的式子成立.

证明:(1) 当 $m\in\mathbf{Z}^+$ 时,有 $\dfrac{1}{2}+\dfrac{1}{3}+\cdots+\dfrac{1}{2^m}<m$;

(2) 若 $p_1,p_2,\cdots,p_n$ 为小于 2^{100} 的所有素数从小到大的排列,则

$$\dfrac{1}{p_1}+\dfrac{1}{p_2}+\cdots+\dfrac{1}{p_n}<10.$$

(2013,第 64 届罗马尼亚数学奥林匹克)

证明 (1) $\dfrac{1}{2}+\dfrac{1}{3}+\cdots+\dfrac{1}{2^m}<\displaystyle\sum_{k=1}^{m}\sum_{i=0}^{2^k-1}\dfrac{1}{2^k+i}<\sum_{k=1}^{m}\dfrac{1}{2^k}\times 2^k=m.$

(2) 当 $1\leqslant i\leqslant j\leqslant k\leqslant l\leqslant n$ 时,$p_ip_jp_kp_l\leqslant(2^{100})^4=2^{400}.$

则 $\left(\dfrac{1}{p_1}+\dfrac{1}{p_2}+\cdots+\dfrac{1}{p_n}\right)^4\leqslant 4!\displaystyle\sum_{1\leqslant i\leqslant j\leqslant k\leqslant l\leqslant n}\dfrac{1}{p_ip_jp_kp_l}<24\times 400<10000.$

故 $\dfrac{1}{p_1}+\dfrac{1}{p_2}+\cdots+\dfrac{1}{p_n}<10.$

求所有实数 p,使得对于任意的实数 a,b,均有

$$\sqrt{a^2+pb^2}+\sqrt{b^2+pa^2}\geqslant a+b+(p-1)\sqrt{ab}.　　　　①$$

(2013,第 62 届捷克和斯洛伐克数学奥林匹克)

解 显然 a,b 同号.

先估计实数 p 的取值范围.

令 $a=0$. 由根号的定义知 $p\geqslant 2$. 令 $a=b=1$,参数 $p\geqslant 0$.

则不等式 ① 可化为 $2\sqrt{1+p}\geqslant p+1\Rightarrow 2\geqslant\sqrt{1+p}\Rightarrow p\leqslant 3.$

只要证:当 $p\in[0,3]$ 时,对于任意的实数 a,b,不等式 ① 成立.

事实上,当 $p\in[0,1]$ 时,显然,

$\sqrt{a^2+pb^2}\geqslant a,\sqrt{b^2+pa^2}\geqslant b,0\geqslant(p-1)\sqrt{ab}.$

故不等式 ① 成立.

当 $p\in(1,3]$ 时,式 ① 不等号前边的式子可看成向量 $\boldsymbol{a}=(a,b\sqrt{p})$ 和 $\boldsymbol{b}=(b,a\sqrt{p})$

代数部分

的模长之和.

据三角不等式得

$$\sqrt{a^2 + pb^2} + \sqrt{b^2 + pa^2} = |(a, b\sqrt{p})| + |(b, a\sqrt{p})|$$

$$\geqslant |(a+b, (a+b)\sqrt{p})| = |a+b||(1, \sqrt{p})| = |a+b|\sqrt{1+p},$$ ②

$$a + b + (p-1)\sqrt{ab} \leqslant |a+b| + (p-1)\frac{|a+b|}{2} = \frac{|a+b|(p+1)}{2}.$$

则由 $\sqrt{p+1} \leqslant 2$,当 $p \in (1, 3]$ 时成立,知不等式 ① 成立.

综上,满足题目条件的实数 p 的取值范围为 $p \in [0, 3]$.

注:利用柯西不等式,也可以证明不等式 ②.

由柯西不等式,得 $|a + pb| \leqslant \sqrt{a^2 + pb^2} \cdot \sqrt{1+p}$.

故 $\sqrt{a^2 + pb^2} \geqslant \frac{|a + pb|}{\sqrt{1+p}}$,$\sqrt{b^2 + pa^2} \geqslant \frac{|b + pa|}{\sqrt{1+p}}$.

两式相加得

$$\sqrt{a^2 + pb^2} + \sqrt{b^2 + pa^2} \geqslant \left| \frac{a + pb + b + pa}{\sqrt{1+p}} \right|$$

$$= \frac{|(a+b)(1+p)|}{\sqrt{1+p}} = |a+b|\sqrt{1+p}.$$

已知正整数 a, b, c, d, n 满足 $a + c < n$ 和 $\dfrac{a}{b} + \dfrac{c}{d} < 1$. 证明:

$$\frac{a}{b} + \frac{c}{d} < 1 - \frac{1}{n^3}.$$

(2013,第 53 届乌克兰数学奥林匹克)

证明 因为 $n > a + c \geqslant 2$,所以,$n \geqslant 3$.

又由 $\dfrac{a}{b} + \dfrac{c}{d} < 1$,得 $a < b$,且 $c < d$.

下面分四种情况讨论.

(1) 若 $b \geqslant n, d \geqslant n$,则 $\dfrac{a}{b} + \dfrac{c}{d} \leqslant \dfrac{a}{n} + \dfrac{c}{n} = \dfrac{a+c}{n} \leqslant \dfrac{n-1}{n} = 1 - \dfrac{1}{n} < 1 - \dfrac{1}{n^3}$.

(2) 若 $b \leqslant n, d \leqslant n$,则 $\dfrac{a}{b} + \dfrac{c}{d} < 1 \Leftrightarrow ad + bc < bd \Leftrightarrow ad + bc + 1 \leqslant bd$.

故 $\dfrac{a}{b} + \dfrac{c}{d} \leqslant 1 - \dfrac{1}{bd} \leqslant 1 - \dfrac{1}{n^2} < 1 - \dfrac{1}{n^3}$.

(3) 若 $b < n < d$,再分情况讨论.

(i) $d \leqslant n^2$,则 $bd < n^3$. 故 $\dfrac{a}{b} + \dfrac{c}{d} \leqslant 1 - \dfrac{1}{bd} < 1 - \dfrac{1}{n^3}$.

(ii) $d > n^2$,由 $c < n - a \leqslant n - 1 \Rightarrow c \leqslant n - 2 \Rightarrow \dfrac{c}{d} \leqslant \dfrac{n-2}{n^2} = \dfrac{1}{n} - \dfrac{2}{n^2}$.

假设 $\dfrac{a}{b}+\dfrac{c}{d}\geqslant 1-\dfrac{1}{n^3}$. 则 $1-\dfrac{a}{b}\leqslant\dfrac{c}{d}+\dfrac{1}{n^3}\leqslant\dfrac{1}{n}-\dfrac{2}{n^2}+\dfrac{1}{n^3}<\dfrac{1}{n}$.

这表明,$b>n(b-a)\geqslant n$,这与 $b<n<d$ 矛盾.

从而,$\dfrac{a}{b}+\dfrac{c}{d}<1-\dfrac{1}{n^3}$.

（4）若 $d<n<b$,同（3）可证,结论成立.

综上,总有 $\dfrac{a}{b}+\dfrac{c}{d}<1-\dfrac{1}{n^3}$.

已知 $a,b,c\in(0,1]$. 证明:
$$a+b+c+|a-b|+|b-c|+|c-a|\leqslant\dfrac{1}{a}+\dfrac{1}{b}+\dfrac{1}{c}.$$

（2013,第53届乌克兰数学奥林匹克）

证明　不失一般性,不妨设 $0<a\leqslant b\leqslant c\leqslant 1$.

则只要证 $\left(\dfrac{1}{a}+a\right)+\left(\dfrac{1}{b}-b\right)+\left(\dfrac{1}{c}-3c\right)\geqslant 0$.

因为 $a>0$,所以,$a+\dfrac{1}{a}\geqslant 2$.

由 $0<b\leqslant 1$,知 $\dfrac{1}{b}-b=\dfrac{1-b^2}{b}=\dfrac{(1-b)(1+b)}{b}\geqslant 0$.

由 $0<c\leqslant 1$,知 $\dfrac{1}{c}-3c=-2+\dfrac{(1-c)(1+3c)}{c}\geqslant-2$.

三式相加即证.

定义正整数列 $\{a_n\}$:$a_1=1,a_2=2,a_{k+2}=2a_{k+1}+a_k(k\geqslant 1)$.

（1）求所有正实数 β,使得存在无数个正整数对 (p,q) 满足 $\left|\dfrac{p}{q}-\sqrt{2}\right|<\dfrac{\beta}{q^2}$;

（2）求所有正实数 β,使得只有有个正整数对 (p,q) 满足 $\left|\dfrac{p}{q}-\sqrt{2}\right|<\dfrac{\beta}{q^2}$,且不存在某个 n,使得 $q=a_n$.

（2013,德国数学奥林匹克）

解　首先给出两个引理.

引理1　佩尔方程 $|p^2-2q^2|=1$ 的正整数解为 $p=b_n,q=a_n(n\in\mathbf{Z}^+)$,其中,$b_1=1,b_2=3,b_{k+2}=2b_{k+1}+b_k(k\geqslant 1)$.

引理2　佩尔方程 $|p^2-2q^2|=2$ 的正整数解为 $p=2a_n,q=b_n(n\in\mathbf{Z}^+)$.

两个引理均可用佩尔方程基本解法证得.

计算得 $\lim\limits_{n\to+\infty}a_n^2\left|\dfrac{b_n}{a_n}-\sqrt{2}\right|=\lim\limits_{n\to+\infty}|a_nb_n-\sqrt{2}a_n^2|=\lim\limits_{n\to+\infty}\dfrac{a_n}{b_n+\sqrt{2}a_n}=\dfrac{\sqrt{2}}{4}$.

故猜测(1)中的 β 为所有不小于 $\dfrac{\sqrt{2}}{4}$ 的实数.

事实上, $\left|\dfrac{p}{q}-\sqrt{2}\right|<\dfrac{\sqrt{2}}{4q^2}\Leftrightarrow-\dfrac{\sqrt{2}}{4q^2}<\dfrac{p}{q}-\sqrt{2}<\dfrac{\sqrt{2}}{4q^2}\Leftrightarrow\sqrt{2}q-\dfrac{\sqrt{2}}{4q}<p<\sqrt{2}q+\dfrac{\sqrt{2}}{4q}$

$\Leftrightarrow 2q^2-1+\dfrac{1}{8q^2}<p^2<2q^2+1+\dfrac{1}{8q^2}\Leftrightarrow p^2=2q^2+1\Leftrightarrow p=b_n,q=a_n(n\text{ 为正偶数}).$

从而,当 $\beta\geqslant\dfrac{\sqrt{2}}{4}$ 时,有无数个满足题意的 (p,q),而当 $\beta<\dfrac{\sqrt{2}}{4}$ 时,据极限式知只有有限个.

(2)因为不存在某个 n 使得 $q=a_n$,所以, $|p^2-2q^2|\geqslant2$.

与(1)类似, $\lim\limits_{n\to+\infty}b_n^2\left|\dfrac{2a_n}{b_n}-\sqrt{2}\right|=\dfrac{\sqrt{2}}{2}$.

故猜测(2)中的 β 为所有小于 $\dfrac{\sqrt{2}}{2}$ 的正实数(这里认为一个没有也属于"只有有限个").

这是因为,与(1)类似,

$\left|\dfrac{p}{q}-\sqrt{2}\right|<\dfrac{\sqrt{2}}{2q^2}$ 且不存在 n 使 $q=a_n\Leftrightarrow p^2=2q^2+2(q>1)\Leftrightarrow p=2a_n,q=b_n$

(n 为 大于1的正奇数).

据极限式,知当 $0<\beta<\dfrac{\sqrt{2}}{2}$ 时,只有有限个.

注:若要求至少有一个,则数列 $\left\{b_n^2\left|\dfrac{2a_n}{b_n}-\sqrt{2}\right|\right\}$ 中, $n>1$ 的项中当 $n=3$ 时最小.此时, $\beta=70-49\sqrt{2}$.

从而, $\beta\in\left(70-49\sqrt{2},\dfrac{\sqrt{2}}{2}\right)$.

已知 $n\in\mathbf{Z},n>1,n$ 个实数 $a_1,a_2,\cdots,a_n$ 满足

$$a_1+a_2+\cdots+a_n=0,\ |a_1|+|a_2|+\cdots+|a_n|=1.$$

证明: $\left|a_1+2a_2+\cdots+na_n\right|\leqslant\dfrac{n-1}{2}.$

(2013,爱沙尼亚数学奥林匹克)

证明 设 $A^+=\sum\limits_{a_i\geqslant0}a_i,A^-=\sum\limits_{a_i<0}a_i.$ 则

$$A^++A^-=0,A^+-A^-=1,A^+=\dfrac{1}{2},A^-=-\dfrac{1}{2}.$$

故 $\sum\limits_{i=1}^{n}ia_i\leqslant n\sum\limits_{a_i\geqslant0}a_i+1\times\sum\limits_{a_i<0}a_i=nA^++A^-=\dfrac{n-1}{2},$

$$\sum_{i=1}^{n} i a_i \geqslant 1 \times \sum_{a_i \geqslant 0} a_i + n \sum_{a_i < 0} a_i = A^+ + n A^- = -\frac{n-1}{2}.$$

于是，$\left| \sum_{i=1}^{n} i a_i \right| \leqslant \frac{n-1}{2}.$

注：当 $a_1 = -a_n = \frac{1}{2}, a_2 = a_3 = \cdots = a_{n-1} = 0$ 时，本题结论中的等号成立。

已知实数 $x_1, x_2, x_3, x_4 \in [0,1]$，令 $k = \prod_{1 \leqslant i < j \leqslant 4} |x_i - x_j|$. 证明：

$$\frac{4}{243} < k_{\max} < \frac{1}{27}.$$

（2013，爱沙尼亚数学奥林匹克）

证明　当 x_1, x_2, x_3, x_4 中有两个相等时，$k = 0$，这显然不是最大的.

不妨设 $x_1 > x_2 > x_3 > x_4$.

由 $\sqrt[3]{(x_1 - x_2)(x_2 - x_3)(x_3 - x_4)} \leqslant \dfrac{(x_1 - x_2) + (x_2 - x_3) + (x_3 - x_4)}{3}$

$= \dfrac{x_1 - x_4}{3} \leqslant \dfrac{1}{3},$

则 $|x_1 - x_2||x_2 - x_3||x_3 - x_4| \leqslant \dfrac{1}{27}.$

而 $|x_1 - x_3|, |x_1 - x_4|, |x_2 - x_4|$ 均不超过 1，且至少有一个小于 1，故 $k_{\max} < \dfrac{1}{27}.$

当 $x_1 = 1, x_2 = \dfrac{3}{4}, x_3 = \dfrac{1}{4}, x_4 = 0$ 时，$k = \dfrac{1}{4} \times \dfrac{3}{4} \times 1 \times \dfrac{1}{2} \times \dfrac{3}{4} \times \dfrac{1}{4} = \dfrac{9}{512} > \dfrac{4}{243}.$

因此，$\dfrac{4}{243} < k_{\max} < \dfrac{1}{27}.$

注：事实上，可以求出 k 的最大值.

不妨设 $x_1 > x_2 > x_3 > x_4$，要使 k 最大，则 $x_1 = 1, x_4 = 0$. 此时，设 $x_2 = y, x_3 = z$.

则 $k = (y - z)(1 - y)z(1 - z)y.$

当固定 $y - z$ 时，由于 $(1 - y) + z = 1 - (y - z)$，$(1 - z) + y = 1 + (y - z)$，可知 $(1 - y) + z$ 与 $(1 - z) + y$ 也是固定的.

注意到，有固定和的两数当且仅当这两数相等时，其乘积最大. 而由 $1 - y = z, 1 - z = y$ 均得到 $y + z = 1$，于是，要求 k 的最大值，可令 $y = 1 - z$. 此时，$k = (1 - 2z)(1 - z)^2 z^2.$

设 $f(z) = (1 - 2z)(1 - z)^2 z^2 (z \in (0,1))$. 则 $f'(z) = 2z(1 - z)(1 - 5z + 5z^2).$

故 $f(z)$ 在 $z \in (0,1)$ 的极值点为 $\dfrac{5 - \sqrt{5}}{10}$ 和 $\dfrac{5 + \sqrt{5}}{10}.$

易得 $k_{\max} = f\left(\dfrac{5 - \sqrt{5}}{10} \right) = \dfrac{\sqrt{5}}{125}.$

证明:$1 - \dfrac{1}{2012}\left(\dfrac{1}{2} + \dfrac{1}{3} + \cdots + \dfrac{1}{2013}\right) > \dfrac{1}{\sqrt[2012]{2013}}$.

(2013,爱尔兰数学奥林匹克)

证明 事实上,

$$1 - \dfrac{1}{2012}\left(\dfrac{1}{2} + \dfrac{1}{3} + \cdots + \dfrac{1}{2013}\right)$$

$$= \dfrac{1}{2012}\left(1 - \dfrac{1}{2} + 1 - \dfrac{1}{3} + \cdots + 1 - \dfrac{1}{2013}\right)$$

$$= \dfrac{1}{2012}\left(\dfrac{1}{2} + \dfrac{2}{3} + \cdots + \dfrac{2012}{2013}\right)$$

$$> \sqrt[2012]{\dfrac{1}{2} \times \dfrac{2}{3} \times \cdots \times \dfrac{2012}{2013}} = \dfrac{1}{\sqrt[2012]{2013}}.$$

已知 a, b, c 为实数,设

$$x = a + b + c, \quad y = a^2 + b^2 + c^2, \quad z = a^3 + b^3 + c^3, \quad S = 2x^3 - 9xy + 9z.$$

证明:(1) 对于任意实数 t,用 $a + t, b + t, c + t$ 的值替代 a, b, c 后,S 的值不变;

(2) $(3y - x^2)^3 \geqslant 2S^2$.

(2013,爱尔兰数学奥林匹克)

证明 (1) 设用 $a + t, b + t, c + t$ 的值替代 a, b, c 后,x, y, z, S 的值分别变为 x', y', z', S'.

故 $x' = (a + t) + (b + t) + (c + t) = x + 3t$,

$y' = (a + t)^2 + (b + t)^2 + (c + t)^2 = y + 2xt + 3t^2$,

$z' = (a + t)^3 + (b + t)^3 + (c + t)^3$

$= (a^3 + b^3 + c^3) + 3(a^2 + b^2 + c^2)t + 3(a + b + c)t^2 + 3t^3$

$= z + 3yt + 3xt^2 + 3t^3$,

$S' = 2x'^3 - 9x'y' + 9z'$

$= 2(x + 3t)^3 - 9(x + 3t)(y + 2xt + 3t^2) + 9(z + 3yt + 3xt^2 + 3t^3)$

$= 2x^3 - 9xy + 9z = S.$

(2) 令 $T = 3y - x^2$,$T' = 3y' - x'^2$.

则 $T = 3(a^2 + b^2 + c^2) - (a + b + c)^2 = 2(a^2 + b^2 + c^2 - ab - bc - ca)$

$= (a - b)^2 + (b - c)^2 + (c - a)^2 = (a' - b')^2 + (b' - c')^2 + (c' - a')^2 = T'.$

结合(1)有 $T'^3 - 2S'^2 = T^3 - 2S^2$.

于是,要证明原结论,只需取某一个特定的 t 值来证明 $T^3 - 2S^2 \geqslant 0$ 即可.

令 $t = -c$,即 a, b, c 被 $a - c, b - c, 0$ 替换,从而,

$T = 3(a^2 + b^2) - (a + b)^2 = 2(a^2 - ab + b^2)$,

$S = 2(a + b)^3 - 9(a + b)(a^2 + b^2) + 9(a^3 + b^3) = 2a^3 - 3a^2b - 3ab^2 + 2b^3$

$= 2(a^3 + b^3) - 3ab(a + b) = (a + b)(2(a^2 - ab + b^2) - 3ab).$

故 $T^3 - 2S^2 = 8(a^2 - ab + b^2)^3 - 2(a+b)^2(2(a^2 - ab + b^2) - 3ab)^2$

$= 8(a^2 - ab + b^2)^3 - 8(a+b)^2(a^2 - ab + b^2)^2$

$\quad + 24ab(a+b)^2(a^2 - ab + b^2) - 18a^2b^2(a+b)^2$

$= -24ab(a^2 - ab + b^2)^2 + 24ab(a+b)^2(a^2 - ab + b^2) - 18a^2b^2(a+b)^2$

$= 24ab(a^2 - ab + b^2)((a+b)^2 - (a^2 - ab + b^2)) - 18a^2b^2(a+b)^2$

$= 72a^2b^2(a^2 - ab + b^2) - 18a^2b^2(a^2 + 2ab + b^2)$

$= 18a^2b^2(4(a^2 - ab + b^2) - (a^2 + 2ab + b^2)) = 54a^2b^2(a-b)^2 \geqslant 0.$

试确定最大的常数 $k \in \mathbf{R}$，满足若 $a_1, a_2, a_3, a_4 > 0$，对于任意的 $1 \leqslant i < j < k \leqslant 4\,(i, j, k \in \mathbf{N})$，有 $a_i^2 + a_j^2 + a_k^2 \geqslant 2(a_i a_j + a_j a_k + a_k a_i)$，则

$$a_1^2 + a_2^2 + a_3^2 + a_4^2 \geqslant k(a_1 a_2 + a_1 a_3 + a_1 a_4 + a_2 a_3 + a_2 a_4 + a_3 a_4).$$

(2013，塞尔维亚数学奥林匹克)

解 设 $\max\{a_1, a_2\} \leqslant a_3 \leqslant a_4$. 记 $a_2 = \beta^2, a_3 = \gamma^2(\beta, \gamma > 0)$.

于是，$a_1 \leqslant (\gamma - \beta)^2$，且 $a_4 \geqslant (\gamma + \beta)^2$.

若上述不等式的等号成立，则

$$a_1^2 + a_2^2 + a_3^2 + a_4^2 = 3(\beta^4 + 4\beta^2\gamma^2 + \gamma^4), \quad \sum_{1 \leqslant i < j \leqslant 4} a_i a_j = 3(\beta^4 + \beta^2\gamma^2 + \gamma^4).$$

当 $\gamma \leqslant 2\beta$ 时，注意到，

$$\frac{\beta^4 + 4\beta^2\gamma^2 + \gamma^4}{\beta^4 + \beta^2\gamma^2 + \gamma^4} = 1 + \frac{3\beta^2\gamma^2}{\beta^4 + \beta^2\gamma^2 + \gamma^4} = 1 + \frac{3}{1 + \dfrac{\beta^2}{\gamma^2} + \dfrac{\gamma^2}{\beta^2}} \geqslant \frac{11}{7},$$

当且仅当 $\gamma = 2\beta$ 时，上式等号成立.

于是，$k \leqslant \dfrac{11}{7}$. 此时，$a_1 : a_2 : a_3 : a_4 = 1 : 1 : 4 : 9$.

接下来说明：$a_1 = (\gamma - \beta)^2, a_4 = (\gamma + \beta)^2$ 是可以取到的.

构造函数 $F = \sum_{i=1}^{4} a_i^2 - \dfrac{11}{7} \sum_{1 \leqslant i < j \leqslant 4} a_i a_j$.

固定 a_2, a_3, a_4，当 $a_1 < \dfrac{11}{14}(a_2 + a_3 + a_4)$ 时，函数 F 关于 a_1 单调递减，这是因为

$$\frac{11}{14}(a_2 + a_3 + a_4) \geqslant \frac{11}{14}(\beta^2 + \gamma^2 + (\beta + \gamma)^2) \geqslant (\gamma - \beta)^2 \geqslant a_1.$$

于是，当 $a_1 = (\gamma - \beta)^2$ 时，函数 F 达到极小值.

不失一般性，假设 $a_1 \leqslant a_2$，即 $\beta \leqslant \gamma \leqslant 2\beta$.

类似地，固定 a_1, a_2, a_3，当 $a_4 \geqslant \dfrac{11}{14}(a_1 + a_2 + a_3)$ 时，函数 F 关于 a_4 单调递增，这是因为

$$\frac{11}{14}(a_1 + a_2 + a_3) \leqslant \frac{11}{14}(\beta^2 + \gamma^2 + (\gamma - \beta)^2) \leqslant (\gamma + \beta)^2 \leqslant a_4.$$

于是，当 $a_4 = (\gamma + \beta)^2$ 时，函数 F 达到极小值.

对于任意满足 $abc = 1$ 的正实数 a, b, c,均有

$$\frac{1}{a} + \frac{1}{b} + \frac{1}{c} + \frac{k}{a+b+c+1} \geq \frac{k}{4} + 3. \qquad ①$$

求最大的正整数 k.

(2013,越南国家队选拔考试)

解 将 $b = c = \dfrac{2}{3}$,$a = \dfrac{9}{4}$ 代入式 ① 得

$$\frac{4}{9} + 2 \times \frac{3}{2} + \frac{k}{\frac{9}{4} + \frac{2}{3} + \frac{2}{3} + 1} \geq \frac{k}{4} + 3 \Rightarrow k \leq \frac{880}{63} < 14.$$

由于 k 为正整数,因而,$k \leq 13$.

接下来证明:$k = 13$ 符合题意.

事实上,当 $k = 13$ 时,式 ① 变形为

$$\frac{1}{a} + \frac{1}{b} + \frac{1}{c} + \frac{13}{a+b+c+1} \geq \frac{25}{4}. \qquad ②$$

记 $f(a, b, c) = \dfrac{1}{a} + \dfrac{1}{b} + \dfrac{1}{c} + \dfrac{13}{a+b+c+1}$.

不失一般性,设 $a = \max\{a, b, c\}$. 则

$$f(a, b, c) - f(a, \sqrt{bc}, \sqrt{bc})$$

$$= \left(\frac{1}{b} + \frac{1}{c} - \frac{2}{\sqrt{bc}} \right) + 13 \left(\frac{1}{a+b+c+1} - \frac{1}{a+2\sqrt{bc}+1} \right)$$

$$= (\sqrt{b} - \sqrt{c})^2 \left[\frac{1}{bc} - \frac{13}{(a+b+c+1)(a+2\sqrt{bc}+1)} \right].$$

由于 $a = \max\{a, b, c\}$ 及 $abc = 1$,有 $bc \leq 1$.

另外,由均值不等式得

$$\frac{13}{(a+b+c+1)(a+2\sqrt{bc}+1)} \leq \frac{13}{(3\sqrt[3]{abc}+1)(3\sqrt[3]{abc}+1)} = \frac{13}{16} < 1.$$

从而,$f(a, b, c) \geq f(a, \sqrt{bc}, \sqrt{bc})$.

问题转化为证明:当 $0 < x \leq 1$ 时,有 $f\left(\dfrac{1}{x^2}, x, x \right) \geq \dfrac{25}{4}$.

事实上,当 $x = 1$ 时,显然成立.

当 $0 < x < 1$ 时,

$$x^2 + \frac{2}{x} + \frac{13}{2x + \frac{1}{x^2} + 1} \geq \frac{25}{4} \Leftrightarrow \frac{x^3 + 2 - 3x}{x} + \frac{13x^2}{2x^3 + x^2 + 1} \geq \frac{13}{4}$$

$$\Leftrightarrow \frac{(x+2)(x-1)^2}{x} \geq \frac{13(2x+1)(x-1)^2}{4(2x^3 + x^2 + 1)}$$

$$\Leftrightarrow \frac{(x+2)(2x^3 + x^2 + 1)}{x(2x+1)} \geq \frac{13}{4} \Leftrightarrow 4(x+2)(2x^3 + x^2 + 1) \geq 13x(2x+1)$$

$\Leftrightarrow 8x^4 + 20x^3 - 18x^2 - 9x + 8 \geqslant 0$

$\Leftrightarrow 2(2x^2-1)^2 + 5x(2x-1)^2 + 2(5x^2-7x+3) > 0.$

显然成立.

因此, $k = 13$ 为使得题目成立的最大正整数.

> 对于任意正实数 $x, y, z, xy + yz + zx = 1$. 确定 M 的最大值, 使得
>
> $$\frac{x}{1+\frac{yz}{x}} + \frac{y}{1+\frac{zx}{y}} + \frac{z}{1+\frac{xy}{z}} \geqslant M.$$
>
> (2013, 希腊国家队选拔考试)

解 原不等式可变成 $\dfrac{x^2}{x+yz} + \dfrac{y^2}{y+zx} + \dfrac{z^2}{z+xy} \geqslant M.$

因为 $x, y, z > 0$, 所以, 由柯西不等式得

$$\left(\frac{x^2}{x+yz} + \frac{y^2}{y+zx} + \frac{z^2}{z+xy}\right)(x+yz+y+zx+z+xy) \geqslant (x+y+z)^2$$

$$\Leftrightarrow \frac{x^2}{x+yz} + \frac{y^2}{y+zx} + \frac{z^2}{z+xy} \geqslant \frac{(x+y+z)^2}{x+y+z+xy+yz+zx}$$

$$\Leftrightarrow \frac{x^2}{x+yz} + \frac{y^2}{y+zx} + \frac{z^2}{z+xy} \geqslant \frac{(x+y+z)^2}{x+y+z+1}. \tag{①}$$

故对于任意正实数 $x, y, z, xy + yz + zx = 1$, 当且仅当 $\dfrac{x^2}{x^2+xyz} = \dfrac{y^2}{y^2+xyz} =$

$\dfrac{z^2}{z^2+xyz}$ 时, 式 ① 等号成立, 即 $x = y = z = \dfrac{\sqrt{3}}{3}.$

由 $(x+y+z)^2 \geqslant 3(xy+yz+zx)$, 有 $x + y + z \geqslant \sqrt{3}.$ ②

当 $x = y = z = \dfrac{\sqrt{3}}{3}$ 时, 式 ② 等号成立.

接下来证明函数 $f(u) = \dfrac{u^2}{u+1}(u \geqslant \sqrt{3})$ 严格递增.

事实上,

$$f(u) > f(v) \Leftrightarrow \frac{u^2}{u+1} > \frac{v^2}{v+1} \Leftrightarrow u^2 v + u^2 - uv^2 - v^2 > 0$$

$$\Leftrightarrow (u-v)(uv+u+v) > 0 \Leftrightarrow u - v > 0.$$

于是, $f(u) \geqslant f(\sqrt{3}) = \dfrac{3(\sqrt{3}-1)}{2}.$

故对于任意正实数 $x, y, z, xy + yz + zx = 1$, 均有

$$\frac{x^2}{x+yz} + \frac{y^2}{y+zx} + \frac{z^2}{z+xy} \geqslant \frac{(x+y+z)^2}{x+y+z+1} \geqslant \frac{3(\sqrt{3}-1)}{2}.$$

因此, $M_{\max} = \dfrac{3(\sqrt{3}-1)}{2}.$

对于任意的正实数 x,整数 n,证明:$x^n + \dfrac{1}{x^n} - 2 \geqslant n^2 \left(x + \dfrac{1}{x} - 2 \right)$.

(2013,第13届捷克 — 波兰 — 斯洛伐克数学竞赛)

证明 当 $x = 1$ 时,不等式显然成立.

不失一般性,设 $y = \sqrt{x} > 1$.

则原不等式 $\Leftrightarrow y^{2n} + \dfrac{1}{y^{2n}} - 2 \geqslant n^2 \left(y^2 + \dfrac{1}{y^2} - 2 \right) \Leftrightarrow \left(y^n - \dfrac{1}{y^n} \right)^2 \geqslant n^2 \left(y - \dfrac{1}{y} \right)^2$

$\Leftrightarrow y^n - \dfrac{1}{y^n} \geqslant n \left(y - \dfrac{1}{y} \right) \Leftrightarrow y^{2n} - 1 \geqslant ny^{n-1}(y^2 - 1)$

$\Leftrightarrow \dfrac{y^{2n} - 1}{y - 1} - \dfrac{ny^{n-1}(y^2 - 1)}{y - 1} = \sum_{i=0}^{2n-1} y^i - n(y^n + y^{n-1}) = \sum_{i=0}^{n-1} (y^{2n-1-i} - y^n - y^{n-1} + y^i)$

$= \sum_{i=0}^{n-1} y^i (y^{n-1-i} - 1)(y^{n-i} - 1) \geqslant 0$.

故原命题得证.

非负整数 $a_1, a_2, \cdots, a_n$ 满足对于所有的实数 $x_1 > x_2 > \cdots > x_n > 0$,且 $x_1 + x_2 + \cdots + x_n < 1$,必有 $\sum_{k=1}^{n} a_k x_k^3 < 1$.证明:

$$na_1 + (n-1)a_2 + \cdots + (n-j+1)a_j + \cdots + a_n \leqslant \dfrac{n^2(n+1)^2}{4}.$$

(2013,奥地利数学竞赛)

证明 要证该结论等价于证明 $\sum_{k=1}^{n} \sum_{j=1}^{k} a_j \leqslant \sum_{k=1}^{n} k^3$.

只要证 $\sum_{j=1}^{k} a_j \leqslant k^3 (k = 1, 2, \cdots, n)$.   ①

对式 ①,固定 k,取 $x_i = \begin{cases} \dfrac{1}{k} - \dfrac{i}{N}, & i = 1, 2, \cdots, k; \\ \dfrac{n+1-i}{N^2}, & i = k+1, k+2, \cdots, n. \end{cases}$

接下来确定正整数 N.

当 $k = n$ 时,由 $x_1 > x_2 > \cdots > x_n > 0$,知 $N > n^2$.

当 $k < n$ 时,仅有一个非平凡式 $x_k > x_{k+1}$,即 $\dfrac{1}{k} - \dfrac{k}{N} > \dfrac{n-k}{N^2}$.

从而,取 $N > kn$,使得 $\dfrac{1}{k} - \dfrac{k}{N} > \dfrac{n-k}{N} \geqslant \dfrac{n-k}{N^2}$.

由 $x_1 + x_2 + \cdots + x_n < 1$,知

$$1 - \dfrac{\dfrac{k(k+1)}{2}}{N} + \dfrac{\dfrac{(n-k)(n-k+1)}{2}}{N^2} < 1 \Rightarrow N > \dfrac{(n-k)(n-k+1)}{k(k+1)}.$$

当 $N > \max\left\{kn, \dfrac{(n-k)(n-k+1)}{k(k+1)}\right\}$ 时, $x_1, x_2, \cdots, x_n$ 满足条件,且 $\displaystyle\sum_{i=1}^{n} a_i x_i^3 < 1$.

取 $N \to \infty$, 得 $\displaystyle\sum_{i=1}^{n} a_i \lim_{N \to \infty} x_i^3 \leqslant 1 \Rightarrow \sum_{i=1}^{k} a_i \dfrac{1}{k^3} \leqslant 1$.

因此,式 ① 成立.

设 $x, y, z > 0$,且满足 $x^2 y^2 + y^2 z^2 + z^2 x^2 = 6xyz$. 证明:

$$\sqrt{\frac{x}{x+yz}} + \sqrt{\frac{y}{y+zx}} + \sqrt{\frac{z}{z+xy}} \geqslant \sqrt{3}.$$

(2013,地中海地区数学竞赛)

证明 由题设等式得

$$\frac{xy}{z} + \frac{yz}{x} + \frac{zx}{y} = 6 \Rightarrow \sqrt{\frac{x}{x+yz}} + \sqrt{\frac{y}{y+zx}} + \sqrt{\frac{z}{z+xy}} = \sum \frac{1}{\sqrt{1 + \dfrac{yz}{x}}}$$

$$\geqslant \frac{3\sqrt{3}}{\sqrt{3 + \sum \dfrac{yz}{x}}} = \sqrt{3}.$$

已知 $\triangle ABC$ 的三边长分别为 a, b, c,且 $a \geqslant b \geqslant c$. 证明:

$$\sqrt{a(a+b-\sqrt{ab})} + \sqrt{b(a+c-\sqrt{ac})} + \sqrt{c(b+c)-\sqrt{bc}} \geqslant a+b+c.$$

(2013,第30届伊朗国家队选拔考试)

证明 设 $a = x^2, b = y^2, c = z^2 (x, y, z > 0)$. 则 $x \geqslant y \geqslant z$.

由 $x^2 \leqslant y^2 + z^2 < (y+z)^2$, 知 $x < y + z$.

于是, x, y, z 也为三角形的三边长.

设 $A_x = \sqrt{y^2 + z^2 - yz}$, $A_y = \sqrt{z^2 + x^2 - zx}$, $A_z = \sqrt{x^2 + y^2 - xy}$.

则 $A_x \leqslant A_y \Leftrightarrow y^2 + z^2 - yz \leqslant z^2 + x^2 - zx \Leftrightarrow (x-y)(x+y-z) \geqslant 0$,

$A_y \leqslant A_z \Leftrightarrow z^2 + x^2 - zx \leqslant x^2 + y^2 - xy \Leftrightarrow (y-z)(y+z-x) \geqslant 0$.

故 $A_x \leqslant A_y \leqslant A_z$.

又 $xA_z + yA_y \geqslant yA_z + xA_y \Leftrightarrow (A_z - A_y)(x-y) \geqslant 0$,

$yA_y + zA_x \geqslant zA_y + yA_x \Leftrightarrow (A_y - A_x)(y-z) \geqslant 0$,

则 $2(xA_z + yA_y + zA_x) = (xA_z + yA_y) + (yA_y + zA_x) + xA_z + zA_x$

$\geqslant (yA_z + xA_y) + (zA_y + yA_x) + xA_z + zA_x = (y+z)A_x + (x+z)A_y + (x+y)A_z$.

由柯西不等式得

$$(x+y)A_z = (x+y)\sqrt{x^2 + y^2 - xy} = \sqrt{(x+y)(x^3+y^3)} \geqslant x^2 + y^2.$$

类似地, $(y+z)A_x \geqslant y^2 + z^2$, $(x+z)A_y \geqslant x^2 + z^2$.

于是, $xA_z + yA_y + zA_x \geqslant x^2 + y^2 + z^2$. 这就是要证明的不等式.

设 $a,b,c \in \mathbf{R}^+$，满足 $abc = 1$. 证明：

$$a + b + c \geqslant \sqrt{\frac{1}{3}(a+2)(b+2)(c+2)}.$$

(2013,荷兰国家队选拔考试)

证明 注意到，$a,b,c \in \mathbf{R}^+$.

由均值不等式，得 $a^2 + 1 \geqslant 2a, b^2 + 1 \geqslant 2b, c^2 + 1 \geqslant 2c$.

以上三式相加得 $a^2 + b^2 + c^2 + 3 \geqslant 2a + 2b + 2c$.   ①

又由均值不等式得

$$bc + ca + ab \geqslant 3\sqrt[3]{a^2 b^2 c^2} = 3,$$ ②

$$a^2 + b^2 + c^2 \geqslant 3\sqrt[3]{a^2 b^2 c^2} = 3.$$ ③

$2 \times ① + 4 \times ② + ③$ 得

$2a^2 + 2b^2 + 2c^2 + 6 + 4bc + 4ca + 4ab + a^2 + b^2 + c^2 \geqslant 4a + 4b + 4c + 12 + 3$

$\Rightarrow 3a^2 + 3b^2 + 3c^2 + 6bc + 6ca + 6ab \geqslant 2bc + 2ca + 2ab + 4a + 4b + 4c + 9$

$\Rightarrow 3(a+b+c)^2 \geqslant 2bc + 2ca + 2ab + 4a + 4b + 4c + 8 + abc = (a+2)(b+2)(c+2)$

$\Rightarrow a + b + c \geqslant \sqrt{\frac{1}{3}(a+2)(b+2)(c+2)}.$

设 $x_1, x_2, \cdots, x_n$ 是 n 个不全为 0 的非负实数. 证明：

$$1 \leqslant \frac{\left(\sum\limits_{k=1}^{n} \frac{1}{k} x_k\right)\left(\sum\limits_{k=1}^{n} k x_k\right)}{\left(\sum\limits_{k=1}^{n} x_k\right)^2} \leqslant \frac{(n+1)^2}{4n},$$

并说明等号可以取到.

(2013,爱沙尼亚国家队选拔考试)

证明 注意到，

$$\left(\sum_{k=1}^{n} \frac{1}{k} x_k\right)\left(\sum_{k=1}^{n} k x_k\right) = \frac{1}{n}\left(\sum_{k=1}^{n} \frac{n}{k} x_k\right)\left(\sum_{k=1}^{n} k x_k\right) \leqslant \frac{1}{4n}\left(\sum_{k=1}^{n} x_k\left(\frac{n}{k} + k\right)\right)^2$$

$$\leqslant \frac{1}{4n}\left(\sum_{k=1}^{n} x_k(n+1)\right)^2 = \frac{(n+1)^2}{4n}\left(\sum_{k=1}^{n} x_k\right)^2.$$

这里用到了 $(n-k)(k-1) \geqslant 0 \Leftrightarrow \frac{n}{k} + k \leqslant n + 1 (k \in \{1, 2, \cdots, n\})$.

当 $x_1 = x_n = 1, x_2 = x_3 = \cdots = x_{n-1} = 0$ 时，可取等号.

又 $\left(\sum\limits_{k=1}^{n} \frac{1}{k} x_k\right)\left(\sum\limits_{k=1}^{n} k x_k\right) \geqslant \left(\sum\limits_{k=1}^{n}\left(\sqrt{\frac{x_k}{k}} \cdot \sqrt{k x_k}\right)\right)^2 = \left(\sum\limits_{k=1}^{n} x_k\right)^2$，当且仅当有某一个 x_i

为非零时，可取等号.

已知正整数 $n \geqslant 2$，非零实数 $x_i(i=1,2,\cdots,n)$ 满足 $x_1+x_2+\cdots+x_n=0$．证明：存在不同的正整数 $i,j(i,j \leqslant n)$，使得 $\dfrac{1}{2} \leqslant \left|\dfrac{x_i}{x_j}\right| \leqslant 2$．

（2013，克罗地亚国家队选拔考试）

证明　若有两个相等的数在所给数之中，则可选择这两个数．

若所有的数均不同，不失一般性，假设 $x_1 > x_2 > \cdots > x_n$．

由于所有数之和为 0，则存在正整数 $k(1<k<n)$，使得 $x_k>0>x_{k+1}$．

故 $|x_1|+|x_2|+\cdots+|x_k|=|x_{k+1}|+|x_{k+2}|+\cdots+|x_n|$．

假设不存在这样的 i,j．

对于 $i(i=1,2,\cdots,k-1)$ 有 $\dfrac{|x_i|}{|x_{i+1}|}>1>\dfrac{1}{2}$．从而，$\dfrac{x_i}{x_{i+1}}>2$．

则对于 $i(i=1,2,\cdots,k)$ 均有 $x_i<\dfrac{1}{2}x_{i-1}<\dfrac{1}{2^2}x_{i-2}<\cdots<\dfrac{1}{2^{i-1}}x_1$．

类似地，可证明对于 $j(j=k,k+1,\cdots,n)$ 均有 $|x_j|<\dfrac{1}{2^{n-j}}|x_n|$．

故 $|x_1| \leqslant |x_1|+|x_2|+\cdots+|x_k|=|x_{k+1}|+|x_{k+2}|+\cdots+|x_n|$

$\leqslant |x_n|\left(1+\dfrac{1}{2}+\dfrac{1}{4}+\cdots+\dfrac{1}{2^{n-(k+1)}}\right)<2|x_n|$．

类似地，

$|x_n|<|x_k|+|x_{k+1}|+\cdots+|x_n|=|x_1|+|x_2|+\cdots+|x_k|$

$<|x_1|\left(1+\dfrac{1}{2}+\dfrac{1}{4}+\cdots+\dfrac{1}{2^{k-1}}\right)<2|x_1|$．

因此，$\dfrac{1}{2} \leqslant \left|\dfrac{x_1}{x_n}\right| \leqslant 2$．矛盾．

已知 $a_1,a_2,\cdots,a_n$ 为正实数，且满足 $a_1+a_2+\cdots+a_n=1$．证明：
$$\dfrac{a_1^3}{a_1^2+a_2a_3}+\dfrac{a_2^3}{a_2^2+a_3a_4}+\cdots+\dfrac{a_{n-1}^3}{a_{n-1}^2+a_na_1}+\dfrac{a_n^3}{a_n^2+a_1a_2} \geqslant \dfrac{1}{2}.$$

（2013，克罗地亚国家队选拔考试）

证明　注意到，

$\dfrac{a_1^3}{a_1^2+a_2a_3}=\dfrac{a_1^3+a_1a_2a_3-a_1a_2a_3}{a_1^2+a_2a_3}=a_1-a_1a_2a_3 \cdot \dfrac{1}{a_1^2+a_2a_3}$

$\geqslant a_1-a_1a_2a_3 \cdot \dfrac{1}{2a_1\sqrt{a_2a_3}}=a_1-\dfrac{1}{2}\sqrt{a_2a_3} \geqslant a_1-\dfrac{a_2+a_3}{4}$．

将 n 个不等式相加得

$\dfrac{a_1^3}{a_1^2+a_2a_3}+\dfrac{a_2^3}{a_2^2+a_3a_4}+\cdots+\dfrac{a_{n-1}^3}{a_{n-1}^2+a_na_1}+\dfrac{a_n^3}{a_n^2+a_1a_2}$

$$\geqslant \left(a_1 - \frac{a_2 + a_3}{4}\right) + \left(a_2 - \frac{a_3 + a_4}{4}\right) + \cdots + \left(a_{n-1} - \frac{a_n + a_1}{4}\right) + \left(a_n - \frac{a_1 + a_2}{4}\right)$$

$$= \frac{a_1 + a_2 + \cdots + a_n}{2} = \frac{1}{2}.$$

已知正整数 k 及所有非负实数 a,b,c,d 均有 $a^k + b^k + c^k + d^k = 4$. 求最小的实数 D_k，使得 $(abc)^2 + (bcd)^2 + (cda)^2 + (dab)^2 \leqslant D_k$.

（2013，克罗地亚国家队选拔考试）

解 显然，对于每个正整数 k，$(a,b,c,d)=(1,1,1,1)$ 满足所给条件，即 $D_k \geqslant 4$.

只需证明：对于每个 $k \geqslant 1$，有 $D_k = 4$.

（1）若 $k \geqslant 2$，由幂平均不等式得

$$\sqrt{\frac{a^2 + b^2 + c^2 + d^2}{4}} \leqslant \sqrt[k]{\frac{a^k + b^k + c^k + d^k}{4}} = 1 \Rightarrow a^2 + b^2 + c^2 + d^2 \leqslant 4.$$

将 $x = a^2, y = b^2, z = c^2, w = d^2$ 代入上式得 $x + y + z + w \leqslant 4$，且所给不等式变为

$$xyz + xyw + xzw + yzw \leqslant 4. \qquad \text{①}$$

下面证明 $16(xyz + xyw + xzw + yzw) \leqslant (x + y + z + w)^3$.

由 $(x - y + z - w)^2 \geqslant 0 \Leftrightarrow (x + y + z + w)^2 \geqslant 4(xy + yz + zw + wx)$. ②

又 $(x + y + z + w)(xy + yz + zw + wx) \geqslant 4(xyz + xyw + xzw + yzw)$ ③

$\Leftrightarrow (x^2 + z^2)(y + w) + (y^2 + w^2)(x + z) \geqslant 2(xyz + xzw + xyw + yzw)$.

由均值不等式，得 $x^2 + z^2 \geqslant 2xz$，$y^2 + w^2 \geqslant 2yw$.

将式 ② 与式 ③ 相乘可得式 ①.

（2）若 $k = 1$，则 $D_k > 4$.

由 $\left(\frac{4}{3}, \frac{4}{3}, \frac{4}{3}, 0\right)$，得 $D_1 \geqslant \left(\frac{4}{3}\right)^6 > 4$.

接下来证明：$D_1 = \left(\frac{4}{3}\right)^6$.

假设 a,b,c,d 为实数，满足 $a + b + c + d = 4$，且 $a \geqslant b \geqslant c \geqslant d \geqslant 0$.

令 $a' = a, b' = b + \frac{d}{2}, c' = c + \frac{d}{2}, d' = 0$.

将所给不等式的左边依次替换 $(a,b,c,d) \rightarrow (a',b',c',d')$.

则 $(a'b'c')^2 + (a'b'd')^2 + (a'c'd')^2 + (b'c'd')^2$

$$= a^2\left(b + \frac{d}{2}\right)^2\left(c + \frac{d}{2}\right)^2 = a^2\left(b^2 + bd + \frac{d^2}{4}\right)\left(c^2 + cd + \frac{d^2}{4}\right)$$

$$\geqslant a^2 b^2 c^2 + a^2 b^2 cd + a^2 bdc^2 + a^2 bcd^2 \geqslant (abc)^2 + (abd)^2 + (acd)^2 + (bcd)^2,$$

其中，最后一个不等式成立是由 a,b,c,d 的轮换性，即当其中一个数为 0 时，不等式的左边取到最大值. 不妨设 $d = 0$.

则 $(abc)^2 + (abd)^2 + (acd)^2 + (bcd)^2 = (abc)^2 \leqslant \left(\frac{a + b + c}{3}\right)^6 = \left(\frac{4}{3}\right)^6$.

于是, $D_1 = \left(\dfrac{4}{3}\right)^6$.

若对于所有满足 $-2 < x, y, z < 2, x^2 + y^2 + z^2 + xyz = 4$ 的实数 x, y, z, 均有 $\dfrac{z(xz + yz + y)}{xy + y^2 + z^2 + 1} \leqslant K$, 求 K 的最小值.

(2013, 土耳其国家队选拔考试)

解 $K_{\min} = 1$.

设 $f(x, y, z) = \dfrac{z(xz + yz + y)}{xy + y^2 + z^2 + 1}$. 则 $f\left(\dfrac{1 + \sqrt{5}}{2}, \dfrac{1 - \sqrt{5}}{2}, \dfrac{1 - \sqrt{5}}{2}\right) = 1$.

接下来证明: $f(x, y, z) \leqslant 1$.

由 $xy + y^2 + z^2 + 1 = \left(y + \dfrac{x}{2}\right)^2 + z^2 + \left(1 - \dfrac{x^2}{4}\right) > 0$, 则只要证

$xy + y^2 + z^2 + 1 - z(xz + yz + y) \geqslant 0$.

下面证明: $xy + y^2 + z^2 + 1 - z(xz + yz + y) = A + B + C$, 其中,

$A = \left(x + y - \dfrac{x + z^2}{2}\right)^2, B = \dfrac{4 - x^2}{4}\left(1 - \dfrac{z(xz + 2y)}{4 - x^2}\right)^2, C = \dfrac{(4 - x^2 - y^2 - z^2 - xyz)z^2}{4 - x^2}$.

事实上,

$A = (x + y)^2 - (x + y)(x + z^2) + \dfrac{(x + z^2)^2}{4} = y^2 + xy - yz^2 - \dfrac{xz^2}{2} + \dfrac{x^2}{4} + \dfrac{z^4}{4}$,

$B = \dfrac{4 - x^2}{4} - \dfrac{z(xz + 2y)}{2} + \dfrac{z^2(xz + 2y)^2}{4(4 - x^2)}$,

$B + C = \dfrac{4 - x^2}{4} - \dfrac{z(xz + 2y)}{2} + \dfrac{z^2(xz + 2y)^2}{4(4 - x^2)} + \dfrac{(4 - x^2 - y^2 - z^2 - xyz)z^2}{4 - x^2}$

$= \dfrac{4 - x^2}{4} - \dfrac{z(xz + 2y)}{2} + \dfrac{z^2(4 - z^2)}{4}$,

$A + B + C = xy + y^2 + z^2 + 1 - z(xz + yz + y)$.

因为 $A, B, C \geqslant 0$, 所以, $A + B + C \geqslant 0$.

设 $0 \leqslant x, y, z \leqslant 1$. 证明: $\dfrac{x^2}{1 + x + xyz} + \dfrac{y^2}{1 + y + xyz} + \dfrac{z^2}{1 + z + xyz} \leqslant 1$.

(2013, 第五届欧拉数学竞赛)

证明 因为 $(1 - y)(1 - z) \geqslant 0$, 所以, $1 + yz \geqslant y + z$.

则 $1 + x + xyz = 1 + x(1 + yz) \geqslant 1 + x(y + z) = 1 + xy + xz \geqslant x^2 + xy + xz$.

故 $\dfrac{x^2}{1 + x + xyz} \leqslant \dfrac{x^2}{x^2 + xy + xz} = \dfrac{x}{x + y + z}$.

类似地, $\dfrac{y^2}{1 + y + xyz} \leqslant \dfrac{y}{x + y + z}, \dfrac{z^2}{1 + z + xyz} \leqslant \dfrac{z}{x + y + z}$.

将以上三个不等式相加,即得所证.

已知正数 a,b,c,d 满足 $2(a+b+c+d) \geqslant abcd$. 证明:$a^2+b^2+c^2+d^2 \geqslant abcd$.

（第 39 届俄罗斯数学奥林匹克）

证明 若 $abcd \geqslant 16$,则 $a^2+b^2+c^2+d^2 \geqslant 4\left(\dfrac{a+b+c+d}{4}\right)^2 \geqslant 4\left(\dfrac{abcd}{8}\right)^2 \geqslant abcd$;

若 $abcd < 16$,则 $a^2+b^2+c^2+d^2 \geqslant 4\sqrt[4]{a^2b^2c^2d^2} > abcd$.

给定正实数 $a_1,a_2,\cdots,a_n$. 证明:存在正实数 $x_1,x_2,\cdots,x_n$,满足 $\sum\limits_{i=1}^{n} x_i = 1$,且对于任意满足 $\sum\limits_{i=1}^{n} y_i = 1$ 的正实数 $y_1,y_2,\cdots,y_n$,均有 $\sum\limits_{i=1}^{n} \dfrac{a_i x_i}{x_i+y_i} \geqslant \dfrac{1}{2}\sum\limits_{i=1}^{n} a_i$.

（2013,中国女子数学奥林匹克）

证明 令 $x_i = \dfrac{a_i}{\sum\limits_{i=1}^{n} a_i}$. 则 $\sum\limits_{i=1}^{n} x_i = 1$,$\sum\limits_{i=1}^{n} \dfrac{a_i x_i}{x_i+y_i} = \left(\sum\limits_{i=1}^{n} a_i\right)\left(\sum\limits_{i=1}^{n} \dfrac{x_i^2}{x_i+y_i}\right)$.

对于 $\sum\limits_{i=1}^{n} y_i = 1 (y_1,y_2,\cdots,y_n \in \mathbf{R}^+)$,由柯西不等式知

$$2\sum_{i=1}^{n} \frac{x_i^2}{x_i+y_i} = \left(\sum_{i=1}^{n}(x_i+y_i)\right)\left(\sum_{i=1}^{n}\frac{x_i^2}{x_i+y_i}\right) \geqslant \left(\sum_{i=1}^{n} x_i\right)^2 = 1.$$

故 $\sum\limits_{i=1}^{n} \dfrac{a_i x_i}{x_i+y_i} = \left(\sum\limits_{i=1}^{n} a_i\right)\left(\sum\limits_{i=1}^{n} \dfrac{x_i^2}{x_i+y_i}\right) \geqslant \dfrac{1}{2}\sum\limits_{i=1}^{n} a_i$.

设整数 $n \geqslant 2$,且实数 $x_1,x_2,\cdots,x_n \in [0,1]$. 证明:$\sum\limits_{1 \leqslant k < l \leqslant n} kx_k x_l \leqslant \dfrac{n-1}{3}\sum\limits_{k=1}^{n} kx_k$.

（2013,中国西部数学邀请赛）

证明 由 $x_1,x_2,\cdots,x_n \in [0,1]$,知 $x_i x_j \leqslant x_i$.

故 $3\sum\limits_{1 \leqslant k < l \leqslant n} kx_k x_l = \sum\limits_{1 \leqslant k < l \leqslant n} 3kx_k x_l \leqslant \sum\limits_{1 \leqslant k < l \leqslant n}(kx_k + 2kx_l)$.

对于 $1 \leqslant k \leqslant n$,上式中 x_k 的系数为 $2(1+2+\cdots+(k-1))+k(n-k) = k(n-1)$.

则 $3\sum\limits_{1 \leqslant k < l \leqslant n} kx_k x_l \leqslant \sum\limits_{1 \leqslant k < l \leqslant n}(kx_k + 2kx_l) = \sum\limits_{k=1}^{n} k(n-1)x_k = (n-1)\sum\limits_{k=1}^{n} kx_k$.

从而,原不等式得证.

设整数 $n \geqslant 3, \alpha, \beta, \gamma \in (0,1), a_k, b_k, c_k \geqslant 0 (k=1,2,\cdots,n)$ 满足

$$\sum_{k=1}^{n}(k+\alpha)a_k \leqslant \alpha, \sum_{k=1}^{n}(k+\beta)b_k \leqslant \beta, \sum_{k=1}^{n}(k+\gamma)c_k \leqslant \gamma.$$

若对于任意满足上述条件的 $a_k, b_k, c_k (k=1,2,\cdots,n)$,均有 $\sum_{k=1}^{n}(k+\lambda)a_k b_k c_k \leqslant \lambda$,求 λ 的最小值.

(2013,第十届东南地区数学奥林匹克)

解 令 $a_1 = \dfrac{\alpha}{1+\alpha}, b_1 = \dfrac{\beta}{1+\beta}, c_1 = \dfrac{\gamma}{1+\gamma}$,其中,$a_i, b_i, c_i = 0 (i=2,3,\cdots,n)$,此时,条件成立.故 λ 需满足

$$(1+\lambda)\frac{\alpha}{1+\alpha} \cdot \frac{\beta}{1+\beta} \cdot \frac{\gamma}{1+\gamma} \leqslant \lambda \Rightarrow \lambda \geqslant \frac{\alpha\beta\gamma}{(1+\alpha)(1+\beta)(1+\gamma)-\alpha\beta\gamma}.$$

记 $\dfrac{\alpha\beta\gamma}{(1+\alpha)(1+\beta)(1+\gamma)-\alpha\beta\gamma} = \lambda_0.$

接下来证明:对于任意满足条件的 $a_k, b_k, c_k (k=1,2,\cdots,n)$ 有

$$\sum_{k=1}^{n}(k+\lambda_0)a_k b_k c_k \leqslant \lambda_0. \tag{①}$$

由已知得

$$\sum_{k=1}^{n}\left(\frac{k+\alpha}{\alpha}a_k \cdot \frac{k+\beta}{\beta}b_k \cdot \frac{k+\gamma}{\gamma}c_k\right)^{\frac{1}{3}} \leqslant \left(\sum_{k=1}^{n}\frac{k+\alpha}{\alpha}a_k\right)^{\frac{1}{3}}\left(\sum_{k=1}^{n}\frac{k+\beta}{\beta}b_k\right)^{\frac{1}{3}}\left(\sum_{k=1}^{n}\frac{k+\gamma}{\gamma}c_k\right)^{\frac{1}{3}}$$
$$\leqslant 1,$$

这是因为当 $x_i, y_i, z_i \geqslant 0 (i=1,2,\cdots,n)$ 时,有

$$\left(\sum_{i=1}^{n}x_1 y_i z_i\right)^3 \leqslant \left(\sum_{i=1}^{n}x_i^3\right)\left(\sum_{i=1}^{n}y_i^3\right)\left(\sum_{i=1}^{n}z_i^3\right). \tag{②}$$

于是,为证式①,只要证对 $k=1,2,\cdots,n$,有 $\dfrac{k+\lambda_0}{\lambda_0}a_k b_k c_k \leqslant \left(\dfrac{k+\alpha}{\alpha} \cdot \dfrac{k+\beta}{\beta} \cdot \dfrac{k+\gamma}{\gamma}a_k b_k c_k\right)^{\frac{1}{3}}$,

即 $\dfrac{k+\lambda_0}{\lambda_0}(a_k b_k c_k)^{\frac{2}{3}} \leqslant \left[\dfrac{(k+\alpha)(k+\beta)(k+\gamma)}{\alpha\beta\gamma}\right]^{\frac{1}{3}}. \tag{③}$

事实上,$\lambda_0 = \dfrac{\alpha\beta\gamma}{1+(\alpha+\beta+\gamma)+(\alpha\beta+\beta\gamma+\gamma\alpha)} \geqslant \dfrac{\alpha\beta\gamma}{k^2+(\alpha+\beta+\gamma)k+(\alpha\beta+\beta\gamma+\gamma\alpha)} =$

$\dfrac{k\alpha\beta\gamma}{(k+\alpha)(k+\beta)(k+\gamma)-\alpha\beta\gamma}.$

故 $\dfrac{k+\lambda_0}{\lambda_0} \leqslant \dfrac{(k+\alpha)(k+\beta)(k+\gamma)}{\alpha\beta\gamma}. \tag{④}$

又 $(k+\alpha)a_k \leqslant \alpha, (k+\beta)b_k \leqslant \beta, (k+\gamma)c_k \leqslant \gamma$,则

$$(a_k b_k c_k)^{\frac{2}{3}} \leqslant \left(\frac{\alpha\beta\gamma}{(k+\alpha)(k+\beta)(k+\gamma)}\right)^{\frac{2}{3}}. \tag{⑤}$$

由式④,⑤知③成立.从而,式①成立.

综上,$\lambda_{\min} = \lambda_0 = \dfrac{\alpha\beta\gamma}{(1+\alpha)(1+\beta)(1+\gamma)-\alpha\beta\gamma}.$

【注】式②可直接用赫尔德不等式证明,亦可由柯西不等式得

$$\left(\sum_{i=1}^{n} x_i^3\right)\left(\sum_{i=1}^{n} y_i^3\right) \geqslant \left(\sum_{i=1}^{n} \sqrt{x_i^3 y_i^3}\right)^2, \left(\sum_{i=1}^{n} z_i^3\right)\left(\sum_{i=1}^{n} x_i y_i z_i\right) \geqslant \left(\sum_{i=1}^{n} \sqrt{x_i y_i z_i^4}\right)^2,$$

$$\left(\sum_{i=1}^{n} \sqrt{x_i^3 y_i^3}\right)^2 \left(\sum_{i=1}^{n} \sqrt{x_i y_i z_i^4}\right)^2 \geqslant \left(\sum_{i=1}^{n} \sqrt{\sqrt{x_i^3 y_i^3}\sqrt{x_i y_i z_i^4}}\right)^4 = \left(\sum_{i=1}^{n} x_i y_i z_i\right)^4.$$

以上三式相乘并整理得

$$\left(\sum_{i=1}^{n} x_i^3\right)\left(\sum_{i=1}^{n} y_i^3\right)\left(\sum_{i=1}^{n} z_i^3\right) \geqslant \left(\sum_{i=1}^{n} x_i y_i z_i\right)^3.$$

设正实数 a,b,c 满足 $ab+bc+ca=1$. 证明:

$$\sqrt[4]{\frac{\sqrt{3}}{a} + 6\sqrt{3}b} + \sqrt[4]{\frac{\sqrt{3}}{b} + 6\sqrt{3}c} + \sqrt[4]{\frac{\sqrt{3}}{c} + 6\sqrt{3}a} \leqslant \frac{1}{abc},$$

并说明等号成立的条件.

(2013,中国香港数学奥林匹克)

证明 由 $\frac{1}{4} + \frac{3}{4} = 1$, 利用赫尔德不等式得

$$\left[\left[\sqrt[4]{\frac{\sqrt{3}}{a} + 6\sqrt{3}b}\right]^4 + \left[\sqrt[4]{\frac{\sqrt{3}}{b} + 6\sqrt{3}c}\right]^4 + \left[\sqrt[4]{\frac{\sqrt{3}}{c} + 6\sqrt{3}a}\right]^4\right]^{\frac{1}{4}} \left(1^{\frac{4}{3}} + 1^{\frac{4}{3}} + 1^{\frac{4}{3}}\right)^{\frac{3}{4}}$$

$$\geqslant \sqrt[4]{\frac{\sqrt{3}}{a} + 6\sqrt{3}b} + \sqrt[4]{\frac{\sqrt{3}}{b} + 6\sqrt{3}c} + \sqrt[4]{\frac{\sqrt{3}}{c} + 6\sqrt{3}a}.$$

下面只要证明:$27\left(\sqrt{3}\left(\frac{1}{a} + \frac{1}{b} + \frac{1}{c}\right) + 6\sqrt{3}(a+b+c)\right) \leqslant \frac{1}{a^4 b^4 c^4}.$ ①

由已知及均值不等式,得 $abc \leqslant \frac{1}{3\sqrt{3}} \Rightarrow \frac{1}{3\sqrt{3}a^3 b^3 c^3} \geqslant 27.$

代入式① 知只要证明 $\frac{1}{3}\left(\frac{1}{a} + 6b + \frac{1}{b} + 6c + \frac{1}{c} + 6a\right) \leqslant \frac{1}{abc}.$ ②

由已知,得式② $\Leftrightarrow 1 + 6abc(a+b+c) \leqslant 3 \Leftrightarrow 3abc(a+b+c) \leqslant 1.$

又 $1 = (ab+bc+ca)^2 = a^2b^2 + b^2c^2 + c^2a^2 + 2abc(a+b+c) \geqslant 3abc(a+b+c)$,

故结论成立.

原式等号成立当且仅当 $a = b = c = \frac{\sqrt{3}}{3}.$

设 a,b,c 为正实数. 证明:

$$\frac{8a^2 + 2ab}{(b + \sqrt{6ac} + 3c)^2} + \frac{2b^2 + 3bc}{(3c + \sqrt{2ab} + 2a)^2} + \frac{18c^2 + 6ac}{(2a + \sqrt{3bc} + b)^2} \geqslant 1.$$

(2013,中国台湾数学奥林匹克选训营)

证明　令 $a=\dfrac{1}{2}x,b=y,c=\dfrac{1}{3}z$. 则原不等式变为

$$\frac{2x^2+xy}{(y+\sqrt{xz}+z)^2}+\frac{2y^2+yz}{(z+\sqrt{xy}+x)^2}+\frac{2z^2+xz}{(x+\sqrt{yz}+y)^2}\geqslant 1.$$

由柯西不等式,得 $\left(yx+x^2+x^2\right)\left(\dfrac{y}{x}+\dfrac{z}{x}+\dfrac{z^2}{x^2}\right)\geqslant\left(y+\sqrt{xz}+z\right)^2.$

于是,$\dfrac{2x^2+xy}{(y+\sqrt{xz}+z)^2}\geqslant\dfrac{x^2}{xy+xz+z^2}$,当且仅当 $x=z$ 时,等号成立.

类似地,$\dfrac{2y^2+yz}{(z+\sqrt{xy}+x)^2}\geqslant\dfrac{y^2}{yz+yx+x^2},\dfrac{2z^2+xz}{(x+\sqrt{yz}+y)^2}\geqslant\dfrac{z^2}{zx+zy+y^2}$,当且仅当 $y=x,z=y$ 时,两式的等号分别成立.

令 $M=\dfrac{x^2}{xy+xz+z^2}+\dfrac{y^2}{yz+yx+x^2}+\dfrac{z^2}{zx+zy+y^2}.$

再次使用柯西不等式,得 $M\sum(xy+xz+z^2)\geqslant(x+y+z)^2.$

而 $\sum(xy+xz+z^2)=(x+y+z)^2$,则 $M\geqslant 1$,当且仅当 $x=y=z$,即 $2a=b=3c$ 时,所证不等式的等号成立.

已知 $m\geqslant 0$,$f(x)=x^2+\sqrt{m}x+m+1$. 证明:对于任意的正实数 $x_1,x_2,\cdots,x_n$,均有 $f(\sqrt[n]{x_1x_2\cdots x_n})\leqslant\sqrt[n]{f(x_1)f(x_2)\cdots f(x_n)}$,且等号成立的充分必要条件为 $x_1=x_2=\cdots=x_n$.

(2013,中国台湾数学奥林匹克选训营)

证明　利用倒推归纳证明.

因为判别式 $\Delta=(\sqrt{m})^2-4(m+1)<0$,所以,对于任意的 x,均有 $f(x)>0.$

先利用数学归纳法证明:当 $n=2^k$ 时,命题成立.

当 $k=1$ 时,$n=2.$

由柯西不等式知

$$\left(x_1x_2+\sqrt{mx_1x_2}+m+1\right)^2\leqslant\left(x_1^2+\sqrt{m}x_1+m+1\right)\left(x_2^2+\sqrt{m}x_2+m+1\right),$$

即 $f(\sqrt{x_1x_2})\leqslant\sqrt{f(x_1)f(x_2)}$,当且仅当 $x_1=x_2$ 时,等号成立.

假设当 $n=2^k$ 时,命题成立.

当 $n=2^{k+1}$ 时,有

$$f(\sqrt[2^{k+1}]{x_1x_2\cdots x_{2^{k+1}}})\leqslant f(\sqrt{\sqrt[2^k]{x_1x_2\cdots x_{2^k}}\cdot\sqrt[2^k]{x_{2^k+1}x_{2^k+2}\cdots x_{2^{k+1}}}})$$

$$\leqslant\sqrt{f(\sqrt[2^k]{x_1x_2\cdots x_{2^k}})f(\sqrt[2^k]{x_{2^k+1}x_{2^k+2}\cdots x_{2^{k+1}}})}\leqslant\sqrt[2^{k+1}]{f(x_1)f(x_2)\cdots f(x_{2^{k+1}})}.$$

考虑任意正整数 n,则一定存在整数 k,使得 $2^k\leqslant n<2^{k+1}.$

令 $G=\sqrt[n]{x_1x_2\cdots x_n}$. 则

$$f(G)=f(\sqrt[2^{k+1}]{x_1x_2\cdots x_nG^{2^{k+1}-n}})\leqslant\sqrt[2^{k+1}]{f(x_1)f(x_2)\cdots f(x_n)\left(f(G)\right)^{2^{k+1}-n}},$$

即 $f^n(G) \leqslant f(x_1)f(x_2)\cdots f(x_n)$,也即 $f(\sqrt[n]{x_1x_2\cdots x_n}) \leqslant \sqrt[n]{f(x_1)f(x_2)\cdots f(x_n)}$,当且仅当 $x_1 = x_2 = \cdots = x_n$ 时,等号成立.

已知 $a_1, a_2, \cdots, a_{2014}$ 为小于1的正实数,用 A 表示其乘积,$A_i = \dfrac{A}{a_i}(i \in \{1, 2, \cdots, 2014\})$. 证明:

$$1 < \frac{1}{\log_{a_1} a_1 a_2} + \frac{1}{\log_{a_2} a_2 a_3} + \cdots + \frac{1}{\log_{a_{2014}} a_{2014} a_1}$$

$$< \frac{1}{\log_{A_1} A} + \frac{1}{\log_{A_2} A} + \cdots + \frac{1}{\log_{A_{2014}} A}.$$

(2013—2014,匈牙利数学奥林匹克)

证明 引理 设 $x_1, x_2, \cdots, x_n$ 为 n 个正数,满足 $\prod\limits_{i=1}^{n} x_i = 1(n \geqslant 2)$.

则 $1 \leqslant \sum\limits_{i=1}^{n} \dfrac{1}{1+x_i} \leqslant n-1$,其中,等号只在 $n = 2$ 时成立.

证明 当 $n = 2$ 时,$\dfrac{1}{1+x_1} + \dfrac{1}{1+x_2} = \dfrac{2+x_1+x_2}{(1+x_1)(1+x_2)} = \dfrac{2+x_1+x_2}{2+x_1+x_2} = 1$.

假设当 $n = k$ 时,结论成立.

当 $n = k+1$ 时,

$\dfrac{1}{1+x_k} + \dfrac{1}{1+x_{k+1}} > \dfrac{1}{1+x_kx_{k+1}} \Leftrightarrow \dfrac{2+x_k+x_{k+1}}{(1+x_k)(1+x_{k+1})} > \dfrac{1}{1+x_kx_{k+1}}$

$\Leftrightarrow (2+x_k+x_{k+1})(1+x_kx_{k+1}) > (1+x_k)(1+x_{k+1})$

$\Leftrightarrow 1 + x_kx_{k+1}(1+x_k+x_{k+1}) > 0.$

故 $\sum\limits_{i=1}^{k+1} \dfrac{1}{1+x_i} > \sum\limits_{i=1}^{k-1} \dfrac{1}{1+x_i} + \dfrac{1}{1+x_kx_{k+1}} \geqslant 1.$

而 $\dfrac{1}{1+x_k} + \dfrac{1}{1+x_{k+1}} < \dfrac{1}{1+x_kx_{k+1}} + 1 \Leftrightarrow \dfrac{2+x_k+x_{k+1}}{(1+x_k)(1+x_{k+1})} < \dfrac{2+x_kx_{k+1}}{1+x_kx_{k+1}}$

$\Leftrightarrow (2+x_k+x_{k+1})(1+x_kx_{k+1}) < (2+x_kx_{k+1})(1+x_k+x_{k+1}+x_kx_{k+1})$

$\Leftrightarrow x_k+x_{k+1}+x_kx_{k+1}(1+x_kx_{k+1}) > 0.$

则 $\sum\limits_{i=1}^{k+1} \dfrac{1}{1+x_i} < \sum\limits_{i=1}^{k-1} \dfrac{1}{1+x_i} + \dfrac{1}{1+x_kx_{k+1}} + 1 \leqslant (k-1)+1 = k.$

从而,对于 $n \geqslant 2, 1 \leqslant \sum\limits_{i=1}^{n} \dfrac{1}{1+x_i} \leqslant n-1$,且等号仅在 $n = 2$ 时成立.

引理得证.

注意到,$\dfrac{1}{\log_{a_i} a_i a_{i+1}} = \dfrac{1}{1 + \dfrac{\ln a_{i+1}}{\ln a_i}}(a_{2015} = a_1)$,

$$\sum_{i=1}^{2014}\frac{1}{\log_{A_i}A}=\sum_{i=1}^{2014}\frac{\ln A_i}{\ln A}=\frac{\ln\dfrac{A^{2014}}{a_1a_2\cdots a_{2014}}}{\ln A}=\frac{\ln A^{2014-1}}{\ln A}=2013.$$

令 $x_i=\dfrac{\ln a_{i+1}}{\ln a_i}$. 则由 $0<a_i<1$，知 $x_i>0$，且 $\displaystyle\prod_{i=1}^{2014}x_i=1$.

由引理，知 $1<\displaystyle\sum_{i=1}^{2014}\frac{1}{1+x_i}<2013$，即

$$1<\frac{1}{\log_{a_1}a_1a_2}+\frac{1}{\log_{a_2}a_2a_3}+\cdots+\frac{1}{\log_{a_{2014}}a_{2014}a_1}$$
$$<\frac{1}{\log_{A_1}A}+\frac{1}{\log_{A_2}A}+\cdots+\frac{1}{\log_{A_{2014}}A}.$$

设 $a_1\leqslant a_2\leqslant\cdots\leqslant a_n\leqslant b_1\leqslant b_2\leqslant\cdots\leqslant b_n$，且每个数均为实数. 证明：
$$(a_1+a_2+\cdots+a_n+b_1+b_2+\cdots+b_n)^2\geqslant 4n(a_1b_1+a_2b_2+\cdots+a_nb_n).$$

（2013—2014，匈牙利数学奥林匹克）

证明 考虑在 $\displaystyle\sum_{i=1}^{n}(a_i+b_i)$ 不变的情况下不等式右边的最大取值.

若对于某对 i_0,j_0（$i_0\in\{1,2,\cdots,n-1\}$，$j_0\in\{2,3,\cdots,n\}$），有
$a_{i_0}<a_{i_0+1},b_{j_0-1}<b_{j_0}$.

设 $x=\min\{a_{i_0+1}-a_{i_0},b_{j_0}-b_{j_0-1}\}$，用

$$a'_k=\begin{cases}a_k, & k\neq i_0,\\ a_k+x, & k=i_0;\end{cases}\quad b'_k=\begin{cases}b_k, & k\neq j_0,\\ b_k-x, & k=j_0\end{cases}\quad\text{替换原序列称为一次调整.}$$

显然，调整之后仍有 $a'_1\leqslant a'_2\leqslant\cdots\leqslant a'_n\leqslant b'_1\leqslant b'_2\leqslant\cdots\leqslant b'_n$，且所有元素之和不变.

接下来证明：$\displaystyle\sum_{i=1}^{n}a'_ib'_i\geqslant\sum_{i=1}^{n}a_ib_i$.

（1）若 $i_0\neq j_0$，则

$$\sum_{i=1}^{n}a'_ib'_i-\sum_{i=1}^{n}a_ib_i=a'_{i_0}b'_{i_0}+a'_{j_0}b'_{j_0}-a_{i_0}b_{i_0}-a_{j_0}b_{j_0}=b_{i_0}x-a_{j_0}x=(b_{i_0}-a_{j_0})x.$$

显然为非负.

（2）若 $i_0=j_0$，则 $\displaystyle\sum_{i=1}^{n}a'_ib'_i-\sum_{i=1}^{n}a_ib_i=a'_{i_0}b'_{i_0}-a_{i_0}b_{i_0}$

$$=(a_{i_0}+x)(b_{i_0}-x)-a_{i_0}b_{i_0}=x(b_{i_0}-a_{i_0}-x).$$

因为 $a_{i_0}+x\leqslant a_{i_0+1}\leqslant b_{i_0}$，所以，$x(b_{i_0}-a_{i_0}-x)\geqslant 0$.

综上，调整后，$\displaystyle\sum_{i=1}^{n}a'_ib'_i\geqslant\sum_{i=1}^{n}a_ib_i$.

显然，有限次调整后要么 $a_i(i=1,2,\cdots,n)$ 均相同，要么 b_i 均相同.
不妨设 $a_1=a_2=\cdots=a_n=a$. 则

$$\left(\sum_{i=1}^{n}(a_i+b_i)\right)^2=\left(na+\sum_{i=1}^{n}b_i\right)^2\geqslant 4na\sum_{i=1}^{n}b_i=4n\sum_{i=1}^{n}a_ib_i.$$

由于调整后右端不减,则对于任意的 $a_1 \leqslant a_2 \leqslant \cdots \leqslant a_n \leqslant b_1 \leqslant b_2 \leqslant \cdots \leqslant b_n$,均有

$$\left(\sum_{i=1}^{n} (a_i + b_i) \right)^2 \geqslant 4n \sum_{i=1}^{n} a_i b_i.$$

设正实数 x, y, z 满足 $xy + yz + zx = 3xyz$. 证明:
$$x^2 y + y^2 z + z^2 x \geqslant 2(x + y + z) - 3,$$
并确定等号成立的条件.

(2014,第 31 届巴尔干地区数学奥林匹克)

证明 由均值不等式,得 $x^2 y + \dfrac{1}{y} \geqslant 2\sqrt{x^2 y \cdot \dfrac{1}{y}} = 2x$.

类似地,$y^2 z + \dfrac{1}{z} \geqslant 2y, z^2 x + \dfrac{1}{x} \geqslant 2z$.

将上述三个不等式相加,得 $x^2 y + y^2 z + z^2 x + \dfrac{1}{x} + \dfrac{1}{y} + \dfrac{1}{z} \geqslant 2(x + y + z)$.

由已知,得 $x^2 y + y^2 z + z^2 x \geqslant 2(x + y + z) - 3$.
当且仅当 $x = y = z = 1$ 时,上式的等号成立.

试比较数 $(100!)!$ 与 $(99!)^{100!} \times (100!)^{99!}$ 的大小.

(2014,第 40 届俄罗斯数学奥林匹克)

解 记 $99! = a$. 只需比较数 $(100a)!$ 与 $a^{100a}(100a)^a$ 的大小.

注意到,$1 \times 2 \times \cdots \times a < a^a, (a+1)(a+2) \cdot \cdots \cdot 2a < (2a)^a$,

$(2a+1)(2a+2) \cdot \cdots \cdot 3a < (3a)^a, \cdots$,

$(99a+1) \cdot (99a+2) \cdot \cdots \cdot 100a < (100a)^a$.

将上述各不等式相乘,得 $(100a)! < a^{100a}(100!)^a$.

因此,$(100!)! < (99!)^{100!} \times (100!)^{99!}$.

证明:对于任意的 $a \geqslant 0$,均有
$$(1 + a^{1007})(1 + a + a^2 + \cdots + a^{1007}) \geqslant 2014 a^{1007}.$$

(2014,第 58 届摩尔多瓦数学奥林匹克)

证明 事实上
$(1 + a^{1007})(1 + a + a^2 + \cdots + a^{1007})$
$= 1 + a + \cdots + a^{1007} + a^{1007} + a^{1008} + \cdots + a^{2014}$
$= (1 + a^{2014}) + (a + a^{2013}) + \cdots + (a^{1007} + a^{1007})$
$\geqslant 2a^{1007} + 2a^{1007} + \cdots + 2a^{1007} = 2016 a^{1007} \geqslant 2014 a^{1007}.$

对于任意整数 x,y,z,证明:$(x^2+y^2z^2)(y^2+z^2x^2)(z^2+x^2y^2)\geqslant 8xy^2z^3$,并指出等号成立的条件.

(第 45 届奥地利数学奥林匹克)

证明　当整数 x,y,z 中有一个为 0 时,不妨设 $x=0$.不等式可化为 $y^4z^4\geqslant 0$.命题得证.此时,y 或 z 有一个为 0,即当 (x,y,z) 为 $(0,0,t)$ 或 $(0,t,0)$ 或 $(t,0,0)(t\in \mathbf{Z})$ 时,等号成立.

当整数 x,y,z 均不为 0 时,由均值不等式得

$$(x^2+y^2z^2)(y^2+z^2x^2)(z^2+x^2y^2)\geqslant 8\sqrt{x^2y^2z^2}\sqrt{y^2z^2x^2}\sqrt{z^2x^2y^2}$$

$$=8\sqrt{x^6y^6z^6}=8\mid x^3\mid\mid y^3\mid\mid z^3\mid.$$

因为 $x,y,z\in \mathbf{Z}$,所以,$\mid x^3\mid\geqslant\mid x\mid\geqslant x,\mid y^3\mid\geqslant\mid y^2\mid\geqslant y^2,\mid z^3\mid\geqslant z^3$.

从而,$8\mid x^3\mid\mid y^3\mid\mid z^3\mid\geqslant 8xy^2z^3$.

命题得证,

当且仅当 $x^2=y^2=z^2=1$,即 $\mid x\mid=\mid y\mid=\mid z\mid=1$,且 $xz>0$ 时,等号成立.

综上,不等式中等号成立的条件为

$(x,y,z)=(0,0,t),(0,t,0),(t,0,0),(1,1,1),(1,-1,1),(-1,1,-1),(-1,-1,-1)(t\in \mathbf{Z})$.

求实数 a,使得关于 x 的不等式 $\sqrt{x-a}+\sqrt{a-x^2}\leqslant\sqrt{2x-2x^2}$ 恰有一个实数解.

(2014,第 54 届乌克兰数学奥林匹克)

解　记 $A=x-a,B=a-x^2,C=2x-2x^2$.

则 $\sqrt{A}+\sqrt{B}\leqslant\sqrt{C}$,且 $2A+2B=C$.

两边平方,得 $A+2\sqrt{AB}+B\leqslant C=2A+2B\Leftrightarrow 2\sqrt{AB}\leqslant A+B$.

最后一个不等式对于任意的实数 A,B 均成立.

从而,对于原不等式,只要满足 $x\geqslant a,a\geqslant x^2$,且 $x\geqslant x^2$ 即可.

显然,$a\geqslant 0$ 且 $a\leqslant\sqrt{a}$,得 $a\in[0,1]$.

当 a 取到上述区间的值时,不等式的解即为 $a\leqslant x\leqslant\sqrt{a}$.若要不等式恰有一个实数解,则 $a=\sqrt{a}$.因此,$a\in\{0,1\}$.

设 a,b 为非负实数.证明:

$$\frac{a}{\sqrt{b^2+1}}+\frac{b}{\sqrt{a^2+1}}\geqslant\frac{a+b}{\sqrt{ab+1}},\qquad ①$$

并指出等号成立的条件.

(2014,第 63 届捷克和斯洛伐克数学奥林匹克)

代数部分

证明 当 $ab=0$ 时，式①的等号成立.

当 $a,b\in \mathbf{R}^+$ 时，由柯西不等式知

$$\left(\frac{a}{\sqrt{b^2+1}}+\frac{b}{\sqrt{a^2+1}}\right)(a\sqrt{b^2+1}+b\sqrt{a^2+1})\geqslant (a+b)^2.$$

故 $\dfrac{a}{\sqrt{b^2+1}}+\dfrac{b}{\sqrt{a^2+1}}\geqslant \dfrac{(a+b)^2}{a\sqrt{b^2+1}+b\sqrt{a^2+1}}.$ ②

由柯西不等式得

$$(a\sqrt{b^2+1}+b\sqrt{a^2+1})^2=(\sqrt{a}\sqrt{ab^2+a}+\sqrt{b}\sqrt{a^2b+b})^2$$

$$\leqslant (a+b)(ab^2+a+a^2b+b)=(a+b)^2(ab+1).$$

则 $\dfrac{(a+b)^2}{a\sqrt{b^2+1}+b\sqrt{a^2+1}}\geqslant \dfrac{a+b}{\sqrt{ab+1}}.$ ③

由式②、③，得 $\dfrac{a}{\sqrt{b^2+1}}+\dfrac{b}{\sqrt{a^2+1}}\geqslant \dfrac{a+b}{\sqrt{ab+1}}.$

当且仅当 $\begin{cases}\dfrac{\frac{a}{\sqrt{b^2+1}}}{a\sqrt{b^2+1}}=\dfrac{\frac{b}{\sqrt{a^2+1}}}{b\sqrt{a^2+1}},\\[3mm]\dfrac{\sqrt{ab^2+a}}{\sqrt{a}}=\dfrac{\sqrt{a^2b+b}}{\sqrt{b}},\end{cases}$ 即 $a=b$ 时，上述各不等式的等号成立.

综上，式①中等号成立的条件为 $a=b$ 或 $ab=0$.

设 $a_1,a_2,\cdots,a_n$ 为正实数，且 $a_1a_2\cdots a_n=1$. 证明：$\displaystyle\sum_{m=1}^{n}\frac{a_m}{\prod\limits_{k=1}^{m}(1+a_k)}\geqslant \frac{2^n-1}{2^n}.$

（2014，第46届加拿大数学奥林匹克）

证明 对于任意的正整数 $m(m\leqslant n)$，均有

$$\frac{a_m}{\prod\limits_{k=1}^{m}(1+a_k)}=\frac{1+a_m}{\prod\limits_{k=1}^{m}(1+a_k)}-\frac{1}{\prod\limits_{k=1}^{m}(1+a_k)}=\frac{1}{\prod\limits_{k=1}^{m-1}(1+a_k)}-\frac{1}{\prod\limits_{k=1}^{m}(1+a_k)}.$$

设 $b_m=\prod\limits_{k=1}^{m}(1+a_k),b_0=1.$

裂项求和，得 $\displaystyle\sum_{m=1}^{n}\frac{a_m}{\prod\limits_{k=1}^{m}(1+a_k)}=\sum_{m=1}^{n}\left(\frac{1}{b_{m-1}}-\frac{1}{b_m}\right)=1-\frac{1}{b_n}.$

注意到，$b_n=\prod\limits_{k=1}^{n}(1+a_k)\geqslant \prod\limits_{k=1}^{n}(2\sqrt{a_k})=2^n.$

当且仅当 $a_i=1(i=1,2,\cdots,n)$ 时，上式中的等号成立.

故 $1-\dfrac{1}{b_n}\geqslant 1-\dfrac{1}{2^n}=\dfrac{2^n-1}{2^n}.$

下面验证可以取到最小值.

事实上,当 $a_i = 1(i = 1, 2, \cdots, n)$ 时,有

$$\frac{1}{2} + \frac{1}{2^2} + \cdots + \frac{1}{2^n} = \frac{2^{n-1} + 2^{n-2} + \cdots + 1}{2^n} = \frac{2^n - 1}{2^n}.$$

设 $a, b, c, d \in \mathbf{R}^+$,满足 $a + b + c + d = 4$. 证明:$\sum \dfrac{(a + \sqrt{b})^2}{\sqrt{a^2 - ab + b^2}} \leqslant 16$.

（第 50 届蒙古数学奥林匹克）

证明 注意到,$(a + \sqrt{b})^2 = a^2 + 2a\sqrt{b} + b \leqslant a^2 + a(b + 1) + b = (a + b)(a + 1)$.

由 $\sqrt{a^2 - ab + b^2} \geqslant \sqrt{a^2 - \dfrac{a^2 + b^2}{2} + b^2} = \sqrt{\dfrac{a^2 + b^2}{2}} \geqslant \dfrac{a + b}{2}$,则

$$\frac{(a + \sqrt{b})^2}{\sqrt{a^2 - ab + b^2}} \leqslant \frac{(a + b)(a + 1)}{\dfrac{a + b}{2}} = 2(a + 1).$$

因此,原式左边 $\leqslant 2\sum (a + 1) = 16$.

已知 $a, b, c \in \mathbf{R}^+$. 证明:$\dfrac{a^2(a^3 + b^3)}{a^2 + ab + b^2} + \dfrac{b^2(b^3 + c^3)}{b^2 + bc + c^2} + \dfrac{c^2(c^3 + a^3)}{c^2 + ca + a^2} \geqslant 2abc$.

（第 50 届蒙古数学奥林匹克）

证明 首先证明:对于任意的 $x, y > 0$,均有

$$\frac{x^2 - xy + y^2}{x^2 + xy + y^2} \geqslant \frac{1}{3}. \qquad ①$$

则式 ① $\Leftrightarrow 3(x^2 - xy + y^2) \geqslant x^2 + xy + y^2$

$\Leftrightarrow 2(x^2 + y^2) - 4xy \geqslant 0 \Leftrightarrow 2(x - y)^2 \geqslant 0$.

于是,式 ① 显然成立.

故 $\dfrac{a^2(a^3 + b^3)}{a^2 + ab + b^2} = a^2(a + b)\dfrac{a^2 - ab + b^2}{a^2 + ab + b^2} \geqslant \dfrac{1}{3}a^2(a + b)$.

类似可得其他两式.

故原式左边 $\geqslant \dfrac{1}{3}(a^3 + b^3 + c^3) + \dfrac{1}{3}(a^2b + b^2c + c^2a)$

$\geqslant \dfrac{1}{3} \times 3\sqrt[3]{a^3 b^3 c^3} + \dfrac{1}{3} \times 3\sqrt[3]{a^2b \cdot b^2c \cdot c^2a} = 2abc$,

上式等号成立的条件为 $a = b = c$.

设 a, b 为正实数. 证明:$(1 + a)^8 + (1 + b)^8 \geqslant 128ab(a + b)^2$.

（2014,印度国家队选拔考试）

证明 由均值不等式,得 $(1+a)^8+(1+b)^8 \geqslant 2((1+a)(1+b))^4$.

又由均值不等式,得 $1+a+b+ab \geqslant 2\sqrt{ab}+(a+b) \geqslant 2\sqrt{2\sqrt{ab}(a+b)}$.

于是,$(1+a+b+ab)^4 \geqslant 16 \times 4ab(a+b)^2$.

从而,$(1+a)^8+(1+b)^8 \geqslant 2 \times 16 \times 4ab(a+b)^2 = 128ab(a+b)^2$.

证明:对于所有的正实数 a,b,c,d,均有

$$\sum \frac{a^4}{a^3+a^2b+ab^2+b^3} \geqslant \frac{a+b+c+d}{4}.$$

（2014,保加利亚国家队选拔考试）

证法 1 因为

$$\sum \frac{a^4}{a^3+a^2b+ab^2+b^3} - \sum \frac{b^4}{a^3+a^2b+ab^2+b^3}$$

$$= \sum \frac{a^4-b^4}{a^3+a^2b+ab^2+b^3} = \sum(a-b) = 0,$$

所以,只要证 $\sum \dfrac{a^4+b^4}{a^3+a^2b+ab^2+b^3} \geqslant \dfrac{a+b+c+d}{2}$.

而 $\dfrac{a^4+b^4}{a^3+a^2b+ab^2+b^3} \geqslant \dfrac{a+b}{4} \Leftrightarrow 4(a^4+b^4) \geqslant (a+b)(a^3+a^2b+ab^2+b^3)$

$\Leftrightarrow 3(a^4+b^4) \geqslant 2(a^3b+a^2b^2+ab^3)$,

最后一个不等式可由

$$a^4+b^4 \geqslant 2a^2b^2, \quad a^4+b^4 \geqslant a^3b+ab^3 \Leftrightarrow (a-b)(a^3-b^3) \geqslant 0$$

得到.因此,要证明的不等式成立.

证法 2

$$\frac{a^4}{a^3+a^2b+ab^2+b^3} \geqslant \frac{5}{8}a - \frac{3}{8}b \Leftrightarrow 3(a^4+b^4) \geqslant 2(a^3b+a^2b^2+ab^3)$$

$$\Rightarrow \sum \frac{a^4}{a^3+a^2b+ab^2+b^3} \geqslant \sum\left(\frac{5}{8}a - \frac{3}{8}b\right) = \frac{a+b+c+d}{4}.$$

记 a,b,c 为正实数,且 $a+b+c=1$.证明:

$$\frac{a^2}{b^3+c^4+1} + \frac{b^2}{c^3+a^4+1} + \frac{c^2}{a^3+b^4+1} > \frac{1}{5}.$$

（2014,爱沙尼亚国家队选拔考试）

证明 因为 $a,b,c \in (0,1)$,所以,$b^3 < b, c^4 < c$.

故 $b^3+c^4+1 < b+c+1 = 2-a$.于是,$\dfrac{a^2}{b^3+c^4+1} > \dfrac{a^2}{2-a}$.

类似地,$\dfrac{b^2}{c^3+a^4+1} > \dfrac{b^2}{2-b}, \dfrac{c^2}{a^3+b^4+1} > \dfrac{c^2}{2-c}$.

由柯西不等式得

$$5\left(\frac{a^2}{2-a}+\frac{b^2}{2-b}+\frac{c^2}{2-c}\right)=(2-a+2-b+2-c)\left(\frac{a^2}{2-a}+\frac{b^2}{2-b}+\frac{c^2}{2-c}\right)$$

$$\geqslant(a+b+c)^2=1.$$

故 $\dfrac{a^2}{b^3+c^4+1}+\dfrac{b^2}{c^3+a^4+1}+\dfrac{c^2}{a^3+b^4+1}>\dfrac{a^2}{2-a}+\dfrac{b^2}{2-b}+\dfrac{c^2}{2-c}\geqslant\dfrac15.$

设非负实数 a,b,c 满足 $a^2+b^2+c^2=1$. 证明:

$$\sqrt{a+b}+\sqrt{b+c}+\sqrt{c+a}\geqslant5abc+2.$$

(2014,土耳其国家队选拔考试)

证明 先证明: $\sqrt{a+b}+\sqrt{b+c}+\sqrt{c+a}\geqslant\sqrt{7(a+b+c)-3}.$ ①

设 $a+b+c=x$. 则 $ab+bc+ca=\dfrac{x^2-1}{2}$.

由柯西不等式,得 $1=a^2+b^2+c^2\leqslant(a+b+c)^2\leqslant3(a^2+b^2+c^2)$.

于是,$1\leqslant x\leqslant\sqrt3$.

容易证明 $(\sqrt{a+b}+\sqrt{b+c}+\sqrt{c+a})^2$

$$=2x+2\left(\sqrt{a^2+\frac{x^2-1}{2}}+\sqrt{b^2+\frac{x^2-1}{2}}+\sqrt{c^2+\frac{x^2-1}{2}}\right).$$

注意到,$0\leqslant a\leqslant1,x\geqslant1.$ 则

$$\sqrt{a^2+\frac{x^2-1}{2}}\geqslant a+\frac{x-1}{2}.$$ ②

事实上,式 ② 等价于

$$a^2+\frac{x^2-1}{2}\geqslant a^2+a(x-1)+\frac{(x-1)^2}{4}\Leftrightarrow(x-1)(x+3-4a)\geqslant0.$$

因为 $x\geqslant1\geqslant a$,所以,式 ② 成立.

由式 ② 及类似的不等式,知式 ① 成立.

于是,只要证 $7(a+b+c)-3\geqslant(5abc+2)^2$.

由均值不等式,得 $ab+bc+ca\geqslant3\sqrt[3]{a^2b^2c^2}$. 故 $abc\leqslant\left(\dfrac{x^2-1}{6}\right)^{\frac32}$.

从而,$(5abc+2)^2\leqslant\left(5\left(\dfrac{x^2-1}{6}\right)^{\frac32}+2\right)^2$.

因此,只要证 $\left(5\left(\dfrac{x^2-1}{6}\right)^{\frac32}+2\right)^2\leqslant7x-3$.

事实上,

$$\left(5\left(\frac{x^2-1}{6}\right)^{\frac32}+2\right)^2\leqslant7x-3\Leftrightarrow7(x-1)\geqslant25\left(\frac{x^2-1}{6}\right)^3+20\left(\frac{x^2-1}{6}\right)^{\frac32}$$

$$\Leftrightarrow\left(\frac{25(x^2-1)^2(x+1)}{216}+\frac{5\sqrt6(x^2-1)^{\frac12}(x+1)}{9}-7\right)(x-1)\leqslant0.$$ ③

因为 $1\leqslant x\leqslant\sqrt3$,且关于 x 的函数

代数部分

$$f(x) = \frac{25(x^2-1)^2(x+1)}{216} + \frac{5\sqrt{6}(x^2-1)^{\frac{1}{2}}(x+1)}{9}$$

严格递增,所以,

$$f(x) \leqslant f(\sqrt{3}) = \frac{205 + 85\sqrt{3}}{54} \approx 6.52 < 7.$$

由 $f(x) - 7 \leqslant 0$ 及 $x - 1 \geqslant 0$,知式 ③ 成立.

求最小的常数 c,满足对于任意正整数 n 和任意正实数 $x_1, x_2, \cdots, x_n$,均有

$$\sum_{k=1}^{n} \left(\frac{1}{k} \sum_{j=1}^{k} x_j \right)^2 \leqslant c \sum_{k=1}^{n} x_k^2.$$

(2014,第 65 届罗马尼亚国家队选拔考试)

解 最小的常数 c 为 4.

首先证明:若 n 为正整数,且 $x_1, x_2, \cdots, x_n$ 为正实数,则

$$\sum_{k=1}^{n} \left(\frac{1}{k} \sum_{j=1}^{k} x_j \right)^2 + \frac{2}{n} \left(\sum_{k=1}^{n} x_k \right)^2 \leqslant 4 \sum_{k=1}^{n} x_k^2.$$

于是,$c \leqslant 4$.

为证明此不等式,对 n 进行归纳.

当 $n = 1$ 时,显然成立.

对于归纳步骤,记 $\overline{x}_k = \dfrac{x_1 + x_2 + \cdots + x_k}{k}(k \geqslant 1)$,且注意到,只要证明

$$(2n+3)(\overline{x}_{n+1})^2 - 2n(\overline{x}_n)^2 < 4x_{n+1}^2.$$

因为 $x_{n+1} = (n+1)\overline{x}_{n+1} - n\overline{x}_n$,所以,上述不等式等价于

$$2n(2n+1)(\overline{x}_n)^2 - 8n(n+1)\overline{x}_n \overline{x}_{n+1} + 4(n^2+6n+1)(\overline{x}_{n+1})^2 > 0.$$

左边是关于 $\overline{x}_n$ 与 $\overline{x}_{n+1}$ 的二次多项式,其判别式等于 $-2n$.

因此,该不等式成立.

为证明 $c \geqslant 4$,接下来证明:$\displaystyle\sum_{k=1}^{n} \left(\frac{1}{k} \sum_{j=1}^{k} \frac{1}{\sqrt{j}} \right)^2 > 4 \sum_{k=1}^{n} \frac{1}{k} - 24.$

结合调和级数发散便解决了这种情况.

由 $\dfrac{1}{\sqrt{j}} > 2(\sqrt{j+1} - \sqrt{j})$,得

$$\left(\frac{1}{k} \sum_{j=1}^{k} \frac{1}{\sqrt{j}} \right)^2 > \frac{4}{k^2}(\sqrt{k+1} - 1)^2 > \frac{4}{k}\left(1 - \frac{2}{\sqrt{k}}\right) = \frac{4}{k} - \frac{8}{k\sqrt{k}}.$$

最后,注意到 $\dfrac{1}{2k\sqrt{k}} < \dfrac{1}{\sqrt{k-1}} - \dfrac{1}{\sqrt{k}}(k \geqslant 2)$. 于是,$\displaystyle\sum_{k=1}^{n} \frac{1}{k\sqrt{k}} \leqslant 3 - \frac{2}{\sqrt{n}} < 3.$

从而,证明了所要证明的不等式.

设 $n \in \mathbf{Z}^+$. 对于满足 $x_1 x_2 \cdots x_{n+1} = 1$ 的任意正实数 $x_1, x_2, \cdots, x_{n+1}$, 证明:

$$n^{\frac{1}{x_1}} + n^{\frac{1}{x_2}} + \cdots + n^{\frac{1}{x_{n+1}}} \geqslant n^{\frac{1}{x_1^n}} + n^{\frac{1}{x_2^n}} + \cdots + n^{\frac{1}{x_{n+1}^n}}.$$

（第 31 届伊朗国家队选拔考试）

证明　令 $\alpha = \displaystyle\sum_{\substack{i=1 \\ i \neq j}}^{n+1} \frac{1}{x_i}, \beta = \prod_{\substack{i=1 \\ i \neq j}}^{n+1} \frac{1}{x_i}.$

由均值不等式得

$$n \sum_{i=1}^{n+1} n^{\frac{1}{x_i}} = \sum_{j=1}^{n+1} \left(\sum_{\substack{i=1 \\ i \neq j}}^{n+1} n^{\frac{1}{x_i}} \right) \geqslant \sum_{j=1}^{n+1} n n^{\alpha \cdot \frac{1}{n}} = n \sum_{j=1}^{n+1} n^{\frac{\alpha}{n}} \geqslant n \sum_{j=1}^{n+1} n^{\beta \cdot \frac{1}{n}} = n \sum_{j=1}^{n+1} n^{\frac{1}{x_j^n}}.$$

于是, $\displaystyle\sum_{i=1}^{n+1} n^{\frac{1}{x_i}} \geqslant \sum_{j=1}^{n+1} n^{\frac{1}{x_j^n}}.$

若正实数 x, y, z 满足 $x^2 + y^2 + z^2 = x^2 y^2 + y^2 z^2 + z^2 x^2$, 证明:

$$(x-y)^2 (y-z)^2 (z-x)^2 \leqslant (x^2-y^2)^2 + (y^2-z^2)^2 + (z^2-x^2)^2.$$

（第 31 届伊朗国家队选拔考试）

证明　由已知条件, 知只要证

$$(x-y)^2 (y-z)^2 (z-x)^2 (x^2+y^2+z^2)$$
$$\leqslant ((x^2-y^2)^2 + (y^2-z^2)^2 + (z^2-x^2)^2)(x^2 y^2 + y^2 z^2 + z^2 x^2).$$

由柯西不等式得

$$(xy(x^2-y^2) + yz(y^2-z^2) + zx(z^2-x^2))^2$$
$$\leqslant ((x^2-y^2)^2 + (y^2-z^2)^2 + (z^2-x^2)^2)(x^2 y^2 + y^2 z^2 + z^2 x^2). \qquad ①$$

又容易证明

$$(x-y)^2 (y-z)^2 (z-x)^2 (x+y+z)^2 = (xy(x^2-y^2) + yz(y^2-z^2) + zx(z^2-x^2))^2.$$

则 $(x-y)^2 (y-z)^2 (z-x)^2 (x^2+y^2+z^2)$

$$\leqslant (x-y)^2 (y-z)^2 (z-x)^2 (x+y+z)^2$$
$$= (xy(x^2-y^2) + yz(y^2-z^2) + zx(z^2-x^2))^2. \qquad ②$$

由式 ①, ② 知要证明的不等式成立.

已知 a, b, c 为正实数. 证明: $\dfrac{a^2}{a+b} + \dfrac{b^2}{b+c} \geqslant \dfrac{3a+2b-c}{4}.$

（2014, 克罗地亚数学竞赛）

证明　由均值不等式, 得 $\dfrac{a^2}{a+b} + \dfrac{a+b}{4} \geqslant a, \dfrac{b^2}{b+c} + \dfrac{b+c}{4} \geqslant b.$

将两个不等式相加得

$$\left(\frac{a^2}{a+b}+\frac{a+b}{4}\right)+\left(\frac{b^2}{b+c}+\frac{b+c}{4}\right)\geqslant a+b \Rightarrow \frac{a^2}{a+b}+\frac{b^2}{b+c}\geqslant\frac{3a+2b-c}{4}.$$

已知 a,b,c 是周长为 1 的三角形的边长. 证明:

$$\sqrt{a^2+b^2}+\sqrt{b^2+c^2}+\sqrt{c^2+a^2}<1+\frac{\sqrt{2}}{2}.$$

(2014,克罗地亚数学竞赛)

证明 不失一般性,假设 $a\geqslant b\geqslant c$.

由三角形不等式及 $a+b+c=1$,得 $a<b+c=1-a \Rightarrow a<\frac{1}{2}$.

由于 $b\leqslant a$,则 $\sqrt{a^2+b^2}\leqslant\sqrt{2a^2}=a\sqrt{2}<\frac{\sqrt{2}}{2}$;

由于 $c\leqslant b$,则 $b^2+c^2\leqslant b^2+bc<b^2+bc+\frac{c^2}{4}=\left(b+\frac{c}{2}\right)^2 \Rightarrow \sqrt{b^2+c^2}<b+\frac{c}{2}$.

类似地,$\sqrt{a^2+c^2}<a+\frac{c}{2}$.

将所得不等式相加得

$$\sqrt{a^2+b^2}+\sqrt{b^2+c^2}+\sqrt{a^2+c^2}<\frac{\sqrt{2}}{2}+\left(b+\frac{c}{2}\right)+\left(a+\frac{c}{2}\right)=1+\frac{\sqrt{2}}{2}.$$

已知正实数 a,b,c,d 满足 $\frac{1}{a}+\frac{1}{b}+\frac{1}{c}+\frac{1}{d}=1$. 证明:

$$\sum\frac{a+b}{a^2-ab+b^2}\leqslant 2.$$

(2014,第 65 届白俄罗斯数学奥林匹克)

证明 设 $x=\frac{1}{a},y=\frac{1}{b},z=\frac{1}{c},u=\frac{1}{d}$. 则

$x+y+z+u=1$,且 $xyzu\neq 0$.

由 $\frac{a+b}{a^2-ab+b^2}=\frac{ab(b^{-1}+a^{-1})}{a^2b^2(b^{-2}-a^{-1}b^{-1}+a^{-2})}=\frac{xy(y+x)}{y^2-xy+x^2}$,知所要证明的不等式等价于 $\sum\frac{xy(x+y)}{x^2-xy+y^2}\leqslant 2$.

因为 $x\neq 0,y\neq 0$,所以,

$$x^2-xy+y^2=\left(x-\frac{y}{2}\right)^2+\frac{3y^2}{4}>0,0\leqslant(x-y)^2=(x^2-xy+y^2)-xy.$$

于是,$x^2-xy+y^2\geqslant xy \Rightarrow \frac{xy}{x^2-xy+y^2}\leqslant 1$.

从而,$\sum\frac{xy(x+y)}{x^2-xy+y^2}\leqslant\sum(x+y)=2\sum x=2$.

当 $x = y = z = u = \dfrac{1}{4}$，即 $a = b = c = d = 4$ 时，所证不等式的等号成立.

已知实数 a, b, c, d 均在区间 $[1, 2]$ 内. 证明：

$$| (a-b)(b-c)(c-d)(d-a) | \leqslant \dfrac{abcd}{4}.$$

（2014，第 65 届白俄罗斯数学奥林匹克）

证明　显然，$| (a-b)(b-c)(c-d)(d-a) | \leqslant \dfrac{abcd}{4}$

$$\Leftrightarrow \dfrac{(a-b)^2}{ab} \cdot \dfrac{(b-c)^2}{bc} \cdot \dfrac{(c-d)^2}{cd} \cdot \dfrac{(d-a)^2}{da} \leqslant \dfrac{1}{16}. \qquad ①$$

注意到，

$$\dfrac{(a-b)^2}{ab} \leqslant \dfrac{1}{2} \Leftrightarrow 2(a-b)^2 \leqslant ab \Leftrightarrow 2\left(\dfrac{a}{b}\right)^2 - 5\left(\dfrac{a}{b}\right) + 2 \leqslant 0$$

$$\Leftrightarrow 2\left(\dfrac{a}{b} - 2\right)\left(\dfrac{a}{b} - \dfrac{1}{2}\right) \leqslant 0.$$

因为 $a, b \in [1, 2]$，所以，最后一个不等式成立.

类似地，$\dfrac{(b-c)^2}{bc} \leqslant \dfrac{1}{2}, \dfrac{(c-d)^2}{cd} \leqslant \dfrac{1}{2}, \dfrac{(d-a)^2}{da} \leqslant \dfrac{1}{2}.$

四式相乘，即得到所要证明的不等式 ①.

当 $(a, b, c, d) = (2, 1, 2, 1), (1, 2, 1, 2)$ 时，式 ① 的等号成立.

求所有的实数 $x \geqslant -1$，使得对于所有的 $a_i \geqslant 1 (i = 1, 2, \cdots, n,$ 且 $n \geqslant 2)$，均有

$$\prod_{i=1}^{n} \dfrac{a_i + x}{2} \leqslant \dfrac{a_1 a_2 \cdots a_n + x}{2}. \qquad ①$$

（2014，第 65 届白俄罗斯数学奥林匹克）

解　若 $x \geqslant -1$ 满足题目条件，可设 $a_1 = a_2 = \cdots = a_n = 1$.

由式 ①，得 $\left(\dfrac{1+x}{2}\right)^n \leqslant \dfrac{1+x}{2}.$

从而，$x \leqslant 1.$

下面证明：当 $n \geqslant 2$ 时，对 $x \in [-1, 1], a_i \geqslant 1 (i = 1, 2, \cdots, n)$，式 ① 均成立.

当 $n = 2$ 时，式 ① 为

$$\dfrac{a_1 + x}{2} \cdot \dfrac{a_2 + x}{2} \leqslant \dfrac{a_1 a_2 + x}{2} \qquad ②$$

$$\Leftrightarrow x^2 + (a_1 + a_2 - 2)x - a_1 a_2 \leqslant 0.$$

而 $x^2 + (a_1 + a_2 - 2)x - a_1 a_2 \leqslant 1 + (a_1 + a_2 - 2) - a_1 a_2$

$$= a_1 + a_2 - a_1 a_2 - 1 = -(a_1 - 1)(a_2 - 1) \leqslant 0.$$

故当 $n = 2$ 时，式 ① 成立.

假设式 ① 对于某个 $n \geqslant 2$ 成立.

由式 ①,②,有 $\prod\limits_{i=1}^{n+1} \dfrac{a_i + x}{2} \leqslant \dfrac{a_1 a_2 \cdots a_n + x}{2} \cdot \dfrac{a_{n+1} + x}{2} \leqslant \dfrac{a_1 a_2 \cdots a_{n+1} + x}{2}$.

于是,$x \in [-1, 1]$.

记 $a_1, a_2, \cdots, a_n$ 为实数,且满足 $0 < a_1 < a_2 < \cdots < a_n$. 证明:
$$\left(\dfrac{1}{1+a_1} + \dfrac{1}{1+a_2} + \cdots + \dfrac{1}{1+a_n} \right)^2 \leqslant \dfrac{1}{a_1} + \dfrac{1}{a_2 - a_1} + \dfrac{1}{a_3 - a_2} + \cdots + \dfrac{1}{a_n - a_{n-1}}.$$

(2014,新加坡数学奥林匹克)

证明 由柯西-施瓦兹不等式知

左边 $\leqslant \left(\dfrac{1}{a_1} + \dfrac{1}{a_2 - a_1} + \dfrac{1}{a_3 - a_2} + \cdots + \dfrac{1}{a_n - a_{n-1}} \right) \cdot \left(\dfrac{a_1}{(1+a_1)^2} + \dfrac{a_2 - a_1}{(1+a_2)^2} + \cdots + \dfrac{a_n - a_{n-1}}{(1+a_n)^2} \right)$.

当 $i = 1$ 时,$\dfrac{a_1}{(1+a_1)^2} \leqslant \dfrac{a_1}{1+a_1}$.

对 $i = 2, 3, \cdots, n$,均有 $\dfrac{a_i - a_{i-1}}{(1+a_i)^2} \leqslant \dfrac{a_i - a_{i-1}}{(1+a_{i-1})(1+a_i)} = \dfrac{1}{1+a_{i-1}} - \dfrac{1}{1+a_i}$.

则 $\dfrac{a_1}{(1+a_1)^2} + \dfrac{a_2 - a_1}{(1+a_2)^2} + \cdots + \dfrac{a_n - a_{n-1}}{(1+a_n)^2}$

$\leqslant \dfrac{a_1}{1+a_1} + \dfrac{1}{1+a_1} - \dfrac{1}{1+a_n} = 1 - \dfrac{1}{1+a_n} < 1$.

故所证不等式成立.

记 x, y, z 为正实数.求下述表达式的最大值:
$$P = \dfrac{x^3 y^4 z^3}{(x^4 + y^4)(xy + z^2)^3} + \dfrac{y^3 z^4 x^3}{(y^4 + z^4)(yz + x^2)^3} + \dfrac{z^3 x^4 y^3}{(z^4 + x^4)(zx + y^2)^3}.$$

(2014,越南数学奥林匹克)

解 最大值为 $\dfrac{3}{16}$.

事实上,由 $x^4 + y^4 \geqslant xy(x^2 + y^2)$ 及 $(xy + z^2)^2 \geqslant 4xyz^2$,得

$(x^4 + y^4)(xy + z^2)^3 \geqslant 4x^2 y^2 z^2 (x^2 + y^2)(xy + z^2)$

$\geqslant 4x^2 y^2 z^2 (z^2 x^2 + z^2 y^2 + 2x^2 y^2)$

$\Rightarrow \dfrac{x^3 y^4 z^3}{(x^4 + y^4)(xy + z^2)^3} \leqslant \dfrac{xy^2 z}{4(z^2 x^2 + z^2 y^2 + 2x^2 y^2)}$.

接下来证明 $\sum \dfrac{xy^2 z}{z^2 x^2 + z^2 y^2 + 2x^2 y^2} \leqslant \dfrac{3}{4}$.

令 $a = xy, b = yz, c = zx$. 即要证 $\sum \dfrac{ab}{2a^2 + b^2 + c^2} \leqslant \dfrac{3}{4}$.

若 $a \geqslant b \geqslant c$,则 $ab \geqslant ac \geqslant bc$,且 $\dfrac{1}{2c^2 + a^2 + b^2} \geqslant \dfrac{1}{2b^2 + c^2 + a^2} \geqslant \dfrac{1}{2a^2 + b^2 + c^2}$.

据排序不等式,知 $\displaystyle\sum \frac{ab}{2a^2+b^2+c^2} \leqslant \sum \frac{ab}{2c^2+a^2+b^2}$.

据均值不等式及柯西不等式知

$$4\sum \frac{ab}{2c^2+a^2+b^2} \leqslant \sum \frac{(a+b)^2}{2c^2+a^2+b^2} \leqslant \sum \left(\frac{a^2}{c^2+a^2}+\frac{b^2}{c^2+b^2}\right)=3.$$

其他情况可类似证明.

进而得到 $P \leqslant \dfrac{3}{16}$.

当且仅当 $x=y=z$ 时,上式等号成立.

求实数 k 的最大值,使得对于任意正数 a,b,c,均有

$$\left(k+\frac{a}{b}\right)\left(k+\frac{b}{c}\right)\left(k+\frac{c}{a}\right) \leqslant \left(\frac{a}{b}+\frac{b}{c}+\frac{c}{a}\right)\left(\frac{b}{a}+\frac{c}{b}+\frac{a}{c}\right).$$

(2014,泰国数学奥林匹克)

解 令 $a=b=c$. 得 $k \leqslant \sqrt[3]{9}-1$.

接下来证明: $\sqrt[3]{9}-1$ 为 k 的最大值.

设 $A=\dfrac{a}{b}+\dfrac{b}{c}+\dfrac{c}{a}, B=\dfrac{b}{a}+\dfrac{c}{b}+\dfrac{a}{c}$.

由均值不等式,得 $A \geqslant 3\sqrt[3]{\dfrac{a}{b}\cdot\dfrac{b}{c}\cdot\dfrac{c}{a}}=3, B \geqslant 3\sqrt[3]{\dfrac{b}{a}\cdot\dfrac{c}{b}\cdot\dfrac{a}{c}}=3$.

注意到,对于任意的 $k \geqslant 0$,均有

$$9(k^3+1) \leqslant (k^3+1)AB, 9k^2A \leqslant 3k^2AB, 9kB \leqslant 3kAB.$$

相加得 $9(k^3+1+k^2A+kB) \leqslant (k+1)^3AB$,即

$$9\left(k+\frac{a}{b}\right)\left(k+\frac{b}{c}\right)\left(k+\frac{c}{a}\right) \leqslant (k+1)^3AB.$$

将 $k=\sqrt[3]{9}-1$ 代入上式右边得 $9\left(k+\dfrac{a}{b}\right)\left(k+\dfrac{b}{c}\right)\left(k+\dfrac{c}{a}\right) \leqslant 9AB$.

此即为题中的限制条件.

综上,k 的最大值为 $\sqrt[3]{9}-1$.

设 $a_1,a_2,\cdots,a_m>0,m>1,\displaystyle\sum_{i=1}^{m}a_i=1$. 令 $b_i=\dfrac{a_i^2}{\displaystyle\sum_{j=1}^{m}a_j^2}(i=1,2,\cdots,m)$. 证明:

$$\sum_{i=1}^{m}\frac{a_i}{1-a_i} \leqslant \sum_{i=1}^{m}\frac{b_i}{1-b_i},$$

并指出取等条件.

(2014,爱尔兰数学奥林匹克)

证明 设实数 $p \geqslant 1$.

则 $F(x) = x^p$ 为区间 $[0, +\infty)$ 上的严格凸函数.

故对于 $x_i \geqslant 0, \alpha_i \geqslant 0, \sum\limits_i \alpha_i = 1$, 有 $\left(\sum\limits_i \alpha_i x_i\right)^p \leqslant \sum\limits_i \alpha_i x_i^p$.

特别地, 令 $x_i = \alpha_i = a_i, p = 2n - 1 (n \geqslant 1)$.

则 $\left(\sum\limits_i a_i^2\right)^{2n-1} \leqslant \sum\limits_i a_i^{2n} \Rightarrow \left(\sum\limits_i a_i^2\right)^n \leqslant \left(\sum\limits_i a_i^{2n}\right)^{\frac{n}{2n-1}}$.   ①

令 $x_i = a_i^{n-1}, \alpha_i = a_i, p = \dfrac{2n-1}{n-1}$. 则

$$\left(\sum\limits_i a_i^n\right)^{\frac{2n-1}{n-1}} \leqslant \sum\limits_i a_i^{2n} \Rightarrow \sum\limits_i a_i^n \leqslant \left(\sum\limits_i a_i^{2n}\right)^{\frac{n-1}{2n-1}}.$$ ②

结合式 ①, ②, 得 $\left(\sum\limits_i a_i^n\right)\left(\sum\limits_i a_i^2\right)^n \leqslant \sum\limits_i a_i^{2n}$.

而 $b_i = \dfrac{a_i^2}{\sum\limits_j a_j^2}$, 则上面的不等式即 $\sum\limits_i a_i^n \leqslant \sum\limits_i b_i^n (n \in \mathbf{Z}^+)$.

故 $\sum\limits_i \dfrac{a_i}{1 - a_i} = \sum\limits_{n=1}^{+\infty} \sum\limits_i a_i^n \leqslant \sum\limits_{n=1}^{+\infty} \sum\limits_i b_i^n = \sum\limits_i \dfrac{b_i}{1 - b_i}$.

由 $F(x)$ 的凸函数性质, 知取等条件为 $a_1 = a_2 = \cdots = a_m = \dfrac{1}{m}$.

注: 本题的结论同样适用于 $b_i = \dfrac{a_i^r}{\sum\limits_j a_j^r} (r > 1)$ 的情况.

已知实数 $t \geqslant \dfrac{1}{2}$. 证明: 对于所有的正实数 x, y, z, 均有

$$x(x-y)(tx-y) + y(y-z)(ty-z) + z(z-x)(tz-x) \geqslant 0.$$

(2014, 克罗地亚数学奥林匹克)

证明 所给不等式可改写为

$$t(x^3 + y^3 + z^3 - x^2y - y^2z - z^2x) \geqslant x^2y + y^2z + z^2x - xy^2 - yz^2 - zx^2.$$

由排序不等式, 知上式左边为非负数.

故只需对 $t = \dfrac{1}{2}$ 的情况进行证明, 即

$$x^3 + y^3 + z^3 + 2(xy^2 + yz^2 + zx^2) \geqslant 3(x^2y + y^2z + z^2x).$$ ①

由于所给不等式是轮换的, 不妨设 $z \leqslant x$, 且 $z \leqslant y$. 则存在实数 $a, b \geqslant 0$, 满足 $x = z + a, y = z + b$.

从而, 式 ① 可改写为 $a^3 - 3a^2b + 2ab^2 + b^3 + 2z(a^2 - ab + b^2) \geqslant 0$.

由均值不等式, 得 $a^2 - ab + b^2 \geqslant ab \geqslant 0$.

故 $a^3 + 2ab^2 + b^3 - 3a^2b \geqslant 0 \Leftrightarrow a^3 - 4a^2b + 4ab^2 + a^2b - 2ab^2 + b^3 \geqslant 0$

$$\Leftrightarrow a(a^2 - 4ab + 4b^2) + b(a^2 - 2ab + b^2) \geqslant 0 \Leftrightarrow a(a-2b)^2 + b(a-b)^2 \geqslant 0.$$

显然成立.

证明:对于任意的正实数 a, b, c,均有
$$\frac{1+ab}{c} + \frac{1+bc}{a} + \frac{1+ca}{b} > \sqrt{a^2+2} + \sqrt{b^2+2} + \sqrt{c^2+2}.$$

(2014,爱沙尼亚数学奥林匹克)

证明 由均值不等式得

$$\frac{1+ab}{c} + \frac{1+bc}{a} + \frac{1+ca}{b} = \frac{1}{a} + \frac{1}{b} + \frac{1}{c} + \frac{1}{2}\left(\frac{ab}{c} + \frac{ca}{b}\right) + \frac{1}{2}\left(\frac{ab}{c} + \frac{bc}{a}\right) + \frac{1}{2}\left(\frac{ca}{b} + \frac{bc}{a}\right)$$

$$\geqslant \frac{1}{a} + \frac{1}{b} + \frac{1}{c} + a + b + c.$$

而对于任意的正实数 x,均有 $\left(x + \frac{1}{x}\right)^2 = x^2 + 2 + \frac{1}{x^2} > x^2 + 2$,即

$$x + \frac{1}{x} > \sqrt{x^2 + 2}.$$

故 $\frac{1}{a} + \frac{1}{b} + \frac{1}{c} + a + b + c > \sqrt{a^2+2} + \sqrt{b^2+2} + \sqrt{c^2+2}.$

将以上两式相结合,即证明了本题.

求最大的正实数 k,使得对于任意满足 $a+b+c=1$ 的非负实数 a, b, c,均有
$$\sum \frac{a}{1+9bc+k(b-c)^2} \geqslant \frac{1}{2}.$$

(2014,第 24 届日本数学奥林匹克)

解 在所证不等式中,令 $a=0, b=c=\frac{1}{2}$.则

$$\frac{\frac{1}{2}}{1+\frac{1}{4}k} + \frac{\frac{1}{2}}{1+\frac{1}{4}k} \geqslant \frac{1}{2} \Rightarrow k \leqslant 4.$$

下面证明:当 $k=4$ 时,所证不等式恒成立.

据柯西不等式知

$$\left(\sum \frac{a}{1+9bc+4(b-c)^2}\right)\left(\sum a(1+9bc+4(b-c)^2)\right) \geqslant (a+b+c)^2 = 1. \quad ①$$

又 $\sum a(1+9bc+4(b-c)^2) = a+b+c+3abc+4\sum(a^2b+a^2c)$,且据舒尔不等式知

$$3abc + 4\sum(a^2b+a^2c) \leqslant 3abc + \left(\sum a^3 + 3abc\right) + 3\sum(a^2b+a^2c) = \left(\sum a\right)^3.$$

综合上述两方面知

$$\sum a(1+9bc+4(b-c)^2) \leqslant (a+b+c) + (a+b+c)^3 = 2. \quad ②$$

据式 ①,②,得 $\sum \dfrac{a}{1+9bc+4(b-c)^2} \geqslant \dfrac{1}{2}$.

综上,满足条件的正实数 k 的最大值为 4.

已知正实数 x,y,z 满足 $x+y+z=1$. 证明:

$$\dfrac{(1+xy+yz+zx)(1+3x^3+3y^3+3z^3)}{9(x+y)(y+z)(z+x)}$$

$$\geqslant \left[\dfrac{x\sqrt{1+x}}{\sqrt[4]{3+9x^2}} + \dfrac{y\sqrt{1+y}}{\sqrt[4]{3+9y^2}} + \dfrac{z\sqrt{1+z}}{\sqrt[4]{3+9z^2}}\right]^2. \qquad ①$$

(2014,第 27 届韩国数学奥林匹克)

证明 由 $x+y+z=1$,得

$1+xy+yz+zx=(x+y+z)^2+xy+yz+zx$

$=(x+y)(y+z)+(y+z)(z+x)+(z+x)(x+y)$.

故式 ① 的左边

$= \dfrac{1}{9}\left(\dfrac{1}{1-x}+\dfrac{1}{1-y}+\dfrac{1}{1-z}\right)(x+3x^3+y+3y^3+z+3z^3)$

$\geqslant \left(\sqrt{\dfrac{3x^3+x}{9(1-x)}}+\sqrt{\dfrac{3y^3+y}{9(1-y)}}+\sqrt{\dfrac{3z^3+z}{9(1-z)}}\right)^2,$

其中,后面的不等式用到的是柯西不等式.

从而,只要证明对于任意的实数 $s\in(0,1)$,均有

$$\dfrac{3s^3+s}{9(1-s)} \geqslant \left[\dfrac{s\sqrt{1+s}}{\sqrt[4]{3+9s^2}}\right]^2. \qquad ②$$

易验证式 ② 等价于 $(9s^2-1)^2 \geqslant 0$,且当 $x=y=z=\dfrac{1}{3}$ 时,等号成立.

设实数 a,b,c 满足 $a+b+c=1$,$abc>0$. 证明:

$$ab+bc+ca < \dfrac{\sqrt{abc}}{2}+\dfrac{1}{4}.$$

(2014,全国高中数学联合竞赛)

证明 若 $ab+bc+ca \leqslant \dfrac{1}{4}$,则命题已成立.

若 $ab+bc+ca > \dfrac{1}{4}$,不妨设 $a=\max\{a,b,c\}$.

则由 $a+b+c=1$. 知 $a \geqslant \dfrac{1}{3}$.

故 $ab+bc+ca-\dfrac{1}{4} \leqslant \dfrac{(a+b+c)^2}{3}-\dfrac{1}{4}=\dfrac{1}{12} \leqslant \dfrac{a}{4}. \qquad ①$

注意到，$ab + bc + ca - \dfrac{1}{4} = a(b + c) - \dfrac{1}{4} + bc = a(1 - a) - \dfrac{1}{4} + bc$

$$\leqslant \dfrac{1}{4} - \dfrac{1}{4} + bc = bc. \qquad\qquad ②$$

当 $a = \dfrac{1}{3}$ 时，式 ① 中的等号成立，当 $a = \dfrac{1}{2}$ 时，式 ② 中的等号成立.

因此，式 ①，② 中的等号不能同时成立.

由于 $ab + bc + ca - \dfrac{1}{4} > 0$，式 ①，② 相乘得

$$\left(ab + bc + ca - \dfrac{1}{4}\right)^2 < \dfrac{abc}{4} \Rightarrow ab + bc + ca - \dfrac{1}{4} < \dfrac{\sqrt{abc}}{2} \Rightarrow ab + bc + ca < \dfrac{\sqrt{abc}}{2} + \dfrac{1}{4}.$$

设 n 为正整数，非负实数 $x_1, x_2, \cdots, x_n$ 满足 $x_i x_j \leqslant 4^{-|i-j|}(1 \leqslant i, j \leqslant n)$. 证明：
$$x_1 + x_2 + \cdots + x_n < \dfrac{5}{3}.$$

（2014，第十一届中国东南地区数学奥林匹克）

证明　设 $\max\limits_{1 \leqslant i \leqslant n} x_i = M$.

先考虑 $0 \leqslant M \leqslant \dfrac{2}{3}$ 的情况.

只要证：对任意的 $s, k(1 \leqslant s \leqslant s + k \leqslant n)$，有 $\displaystyle\sum_{i=s}^{s+k} x_i \leqslant \dfrac{2}{3} + \sum_{i=1}^{k} \dfrac{1}{2^i}$, 　　　①

约定 $\displaystyle\sum_{i=1}^{0} \dfrac{1}{2^i} = 0$.

对 k 进行归纳.

当 $k = 0$ 时，对于任意的 $s(1 \leqslant s \leqslant n)$，均有 $x_s \leqslant M \leqslant \dfrac{2}{3}$.

假设 k 时结论已成立.

考虑 $k + 1$ 时的情况.

对于任意的 $s, k(1 \leqslant s \leqslant s + k + 1 \leqslant n)$，由条件知

$$\min\{x_s, x_{k+1+s}\} \leqslant \sqrt{x_s x_{k+1+s}} \leqslant \sqrt{4^{-|s-(k+1+s)|}} = \dfrac{1}{2^{k+1}}.$$

若 $x_{k+1+s} \leqslant \dfrac{1}{2^{k+1}}$，则结合归纳假设有

$$\sum_{i=s}^{s+k+1} x_i = \left(\sum_{i=s}^{s+k} x_i\right) + x_{s+k+1} \leqslant \left(\dfrac{2}{3} + \sum_{i=1}^{k} \dfrac{1}{2^i}\right) + \dfrac{1}{2^{k+1}} = \dfrac{2}{3} + \sum_{i=1}^{k+1} \dfrac{1}{2^i};$$

若 $x_s \leqslant \dfrac{1}{2^{k+1}}$，类似地，利用归纳假设有

$$\sum_{i=s}^{s+k+1} x_i = x_s + \left(\sum_{i=s+1}^{s+k+1} x_i\right) \leqslant \dfrac{1}{2^{k+1}} + \left(\dfrac{2}{3} + \sum_{i=1}^{k} \dfrac{1}{2^i}\right) = \dfrac{2}{3} + \sum_{i=1}^{k+1} \dfrac{1}{2^i}.$$

从而,$k+1$ 时结论也成立.

因此,式 ① 成立.

特别地,$x_1 + x_2 + \cdots + x_n \leqslant \dfrac{2}{3} + \displaystyle\sum_{i=1}^{n-1} \dfrac{1}{2^i} < \dfrac{2}{3} + 1 = \dfrac{5}{3}$.

再考虑 $M > \dfrac{2}{3}$ 的情况.不妨设 $x_t = M$.

由条件知 $M = \sqrt{x_t x_t} \leqslant \sqrt{4^{-|t-t|}} = 1$.

又 $x_i \leqslant \dfrac{4^{-|i-t|}}{x_i} = \dfrac{1}{4^{|i-t|}M}(1 \leqslant i \leqslant n, i \neq t)$,则

$$x_1 + x_2 + \cdots + x_n = x_t + \sum_{i=1}^{t-1} x_i + \sum_{i=t+1}^{n} x_i \leqslant M + \sum_{i=1}^{t-1} \dfrac{1}{4^{t-i}M} + \sum_{i=t+1}^{n} \dfrac{1}{4^{i-t}M}$$

$$= M + \sum_{j=1}^{t-1} \dfrac{1}{4^j M} + \sum_{j=1}^{n-t} \dfrac{1}{4^j M} < M + \dfrac{2}{M} \sum_{j=1}^{+\infty} \dfrac{1}{4^j} = M + \dfrac{2}{3M}. \qquad ②$$

注意到,当 $\dfrac{2}{3} < M \leqslant 1$ 时,$\left(M + \dfrac{2}{3M}\right) - \dfrac{5}{3} = \dfrac{(M-1)(3M-2)}{3M} \leqslant 0$.

因此,由式 ② 知 $x_1 + x_2 + \cdots + x_n < \dfrac{5}{3}$.

设 n 为大于 1 的整数,正实数 $x_1, x_2, \cdots, x_n$ 满足 $x_1 + x_2 + \cdots + x_n = 1$.证明:

$$\sum_{i=1}^{n} \dfrac{x_i}{x_{i+1} - x_{i+1}^3} \geqslant \dfrac{n^3}{n^2 - 1} \quad (x_{n+1} = x_1).$$

(2014,第十一届中国东南地区数学奥林匹克)

证明 显然,$0 < x_i < 1$($i = 1, 2, \cdots, n$).

由柯西不等式与均值不等式得

$$\left(\sum_{i=1}^{n} \dfrac{x_i}{x_{i+1} - x_{i+1}^3}\right)\left(\sum_{i=1}^{n}(1 - x_{i+1}^2)\right) \geqslant \left(\sum_{i=1}^{n} \sqrt{\dfrac{x_i}{x_{i+1} - x_{i+1}^3}} \cdot \sqrt{1 - x_{i+1}^2}\right)^2$$

$$= \left(\sum_{i=1}^{n} \sqrt{\dfrac{x_i}{x_{i+1}}}\right)^2 \geqslant \left(n\left(\prod_{i=1}^{n} \sqrt{\dfrac{x_i}{x_{i+1}}}\right)^{\frac{1}{n}}\right)^2 = n^2, \qquad ①$$

$$\sum_{i=1}^{n}(1 - x_{i+1}^2) = n - \sum_{i=1}^{n} x_i^2 \leqslant n - \dfrac{1}{n}\left(\sum_{i=1}^{n} x_i\right)^2 = \dfrac{n^2 - 1}{n}. \qquad ②$$

由式 ①,② 得 $\displaystyle\sum_{i=1}^{n} \dfrac{x_i}{x_{i+1} - x_{i+1}^3} \geqslant \dfrac{n^3}{n^2 - 1}$.

设 $0 < x_1 \leqslant x_2 \leqslant \cdots \leqslant x_n$($n \geqslant 3$).证明:

$$\dfrac{x_1 x_2}{x_3} + \dfrac{x_2 x_3}{x_4} + \cdots + \dfrac{x_{n-2} x_{n-1}}{x_n} + \dfrac{x_{n-1} x_n}{x_1} + \dfrac{x_n x_1}{x_2} \geqslant x_1 + x_2 + \cdots + x_n,$$

并给出等号成立的充分必要条件.

(2014,第五届陈省身杯全国高中数学奥林匹克)

证明 令 $f_n = \dfrac{x_1 x_2}{x_3} + \dfrac{x_2 x_3}{x_4} + \cdots + \dfrac{x_{n-2} x_{n-1}}{x_n} + \dfrac{x_{n-1} x_n}{x_1} + \dfrac{x_n x_1}{x_2} - x_1 - x_2 - \cdots - x_n$.

下面用数学归纳法证明：$f_n \geqslant 0$.

当 $n = 3$ 时，$f_3 = \dfrac{x_1 x_2}{x_3} + \dfrac{x_2 x_3}{x_1} + \dfrac{x_3 x_1}{x_2} - x_1 - x_2 - x_3$

$= \left(\dfrac{x_1 x_2}{2 x_3} + \dfrac{x_2 x_3}{2 x_1} \right) + \left(\dfrac{x_1 x_2}{2 x_3} + \dfrac{x_3 x_1}{2 x_2} \right) + \left(\dfrac{x_3 x_1}{2 x_2} + \dfrac{x_2 x_3}{2 x_1} \right) - x_1 - x_2 - x_3$

$= \dfrac{x_2}{2} \left(\dfrac{x_1}{x_3} + \dfrac{x_3}{x_1} - 2 \right) + \dfrac{x_1}{2} \left(\dfrac{x_2}{x_3} + \dfrac{x_3}{x_2} - 2 \right) + \dfrac{x_3}{2} \left(\dfrac{x_1}{x_2} + \dfrac{x_2}{x_1} - 2 \right) \geqslant 0$,

当且仅当 $x_1 = x_2 = x_3$ 时，上式中的等号成立.

假设当 $n = k$ 时，结论成立，即 $f_k = \dfrac{x_1 x_2}{x_3} + \dfrac{x_2 x_3}{x_4} + \cdots + \dfrac{x_k x_1}{x_2} - x_1 - x_2 - \cdots - x_k \geqslant 0$.

当 $n = k + 1$ 时，

$f_{k+1} = \dfrac{x_1 x_2}{x_3} + \dfrac{x_2 x_3}{x_4} + \cdots + \dfrac{x_{k+1} x_1}{x_2} - x_1 - x_2 - \cdots - x_{k+1}$

$= f_k + \dfrac{x_{k-1} x_k}{x_{k+1}} + \dfrac{x_k x_{k+1}}{x_1} + \dfrac{x_{k+1} x_1}{x_2} - \dfrac{x_{k-1} x_k}{x_1} - \dfrac{x_k x_1}{x_2} - x_{k+1}$

$= f_k + x_{k-1} x_k \left(\dfrac{1}{x_{k+1}} - \dfrac{1}{x_1} \right) + x_{k+1} \left(\dfrac{x_k}{x_1} - 1 \right) + \dfrac{x_1}{x_2} (x_{k+1} - x_k)$

$\geqslant f_k + x_k^2 \left(\dfrac{1}{x_{k+1}} - \dfrac{1}{x_1} \right) + x_{k+1} \left(\dfrac{x_k}{x_1} - 1 \right) + \dfrac{x_1}{x_k} (x_{k+1} - x_k)$

$= f_k + (x_{k+1} - x_k) \left(\dfrac{x_1}{x_k} + \dfrac{x_k}{x_1} - \dfrac{x_k + x_{k+1}}{x_{k+1}} \right) \geqslant 0$.

当且仅当 $x_{k+1} - x_k = 0$ 或 $\dfrac{x_1}{x_k} + \dfrac{x_k}{x_1} - \dfrac{x_k + x_{k+1}}{x_{k+1}} = 0$，且 $f_k = 0$ 时，上式中的等号成立，

即 $x_1 = x_2 = \cdots = x_n$.

已知对于任意的实数 $x, y, z \geqslant 0$，有 $x^3 + y^3 + z^3 - 3xyz \geqslant c \, | (x-y)(y-z)(z-x) |$.

求 c 的最大值.

（2014，第五届陈省身杯全国高中数学奥林匹克）

解 不等式左边 $= (x + y + z)(x^2 + y^2 + z^2 - xy - yz - xz)$

$= \dfrac{(x + y + z)((x - z)^2 + (y - z)^2 + (z - x)^2)}{2}$.

不妨设 $x \geqslant y \geqslant z \geqslant 0$.

若 $x = y$ 或 $y = z$，对于任意实数 c，不等式均成立.

若 $x > y > z \geqslant 0$，固定 $x - y$，$y - z$，则 $z - x$ 固定.

要使得 c 最大，应使左边最小，即 $x + y + z$ 最小.

因为 $x + y + z = (x - y) + 2(y - z) + 3z$，所以，当 $z = 0$ 时，左边最小.

下面讨论 $x > y > z = 0$ 的情况.

原式变为 $x^3 + y^3 \geqslant cxy(x - y)$.

令 $t = \dfrac{x}{y}(t > 1)$. 则 $t^3 + 1 \geqslant ct(t - 1)$.

故 $c_{\max} = f(t)_{\min}\left(f(t) = \dfrac{t^3 + 1}{t(t - 1)}\right)$.

设 $f(t)$ 在 t_0 处取得最小值. 则 $f'(t_0) = \dfrac{t_0^4 - 2t_0^3 - 2t_0 + 1}{t_0^2(t_0 - 1)^2} = 0$.

故 $\left(t_0 + \dfrac{1}{t_0}\right)^2 - 2\left(t_0 + \dfrac{1}{t_0}\right) - 2 = 0 \Rightarrow t_0 = \dfrac{1 + \sqrt{3} + \sqrt{2\sqrt{3}}}{2} \Rightarrow c_{\max} = f(t_0) = \left(\dfrac{\sqrt{6} + 3\sqrt{2}}{2}\right)^4 \sqrt{3}$.

已知 $\{a_n\}$ 为正数列，满足 $a_1 = 1, (n^2 + 1)a_{n-1}^2 = (n - 1)^2 a_n^2 (n \geqslant 2)$.

证明：$\dfrac{1}{a_1} + \dfrac{1}{2a_2} + \cdots + \dfrac{1}{na_n} \leqslant 1 + \sqrt{1 - \dfrac{n^2}{a_n^2}}$.

（第十届北方数学奥林匹克邀请赛）

证明 因为 $a_1 = 1$，所以，$\dfrac{1}{a_1} = 1$.

由柯西不等式得

$$\left(\dfrac{1}{2a_2} + \dfrac{1}{3a_3} + \cdots + \dfrac{1}{na_n}\right)^2 \leqslant \left(\dfrac{1}{2^2} + \dfrac{1}{3^2} + \cdots + \dfrac{1}{n^2}\right)\left(\dfrac{1}{a_2^2} + \dfrac{1}{a_3^2} + \cdots + \dfrac{1}{a_n^2}\right),$$

其中，$\dfrac{1}{2^2} + \dfrac{1}{3^2} + \cdots + \dfrac{1}{n^2} \leqslant \dfrac{1}{1 \times 2} + \dfrac{1}{2 \times 3} + \cdots + \dfrac{1}{(n - 1)n} = \left(1 - \dfrac{1}{2}\right) + \left(\dfrac{1}{2} - \dfrac{1}{3}\right) + \cdots + \left(\dfrac{1}{n - 1} - \dfrac{1}{n}\right) < 1$.

又 $(n^2 + 1)a_{n-1}^2 = (n - 1)^2 a_n^2 \Rightarrow \dfrac{1}{a_n^2} = \left(\dfrac{n - 1}{a_{n-1}}\right)^2 - \left(\dfrac{n}{a_n}\right)^2$

$\Rightarrow \displaystyle\sum_{i=2}^{n} \dfrac{1}{a_i^2} = \left(\dfrac{1}{a_1}\right)^2 - \left(\dfrac{n}{a_n}\right)^2 = 1 - \left(\dfrac{n}{a_n}\right)^2$

$\Rightarrow \left(\dfrac{1}{2a_2} + \dfrac{1}{3a_3} + \cdots + \dfrac{1}{na_n}\right)^2 \leqslant \left(\dfrac{1}{2^2} + \dfrac{1}{3^2} + \cdots + \dfrac{1}{n^2}\right)\left(\dfrac{1}{a_2^2} + \dfrac{1}{a_3^2} + \cdots + \dfrac{1}{a_n^2}\right) < 1 \times \left[1 - \left(\dfrac{n}{a_n}\right)^2\right] = 1 - \left(\dfrac{n}{a_n}\right)^2$

$\Rightarrow \dfrac{1}{2a_2} + \dfrac{1}{3a_3} + \cdots + \dfrac{1}{na_n} < \sqrt{1 - \left(\dfrac{n}{a_n}\right)^2}$.

综上，$\dfrac{1}{a_1} + \dfrac{1}{2a_2} + \cdots + \dfrac{1}{na_n} \leqslant 1 + \sqrt{1 - \dfrac{n^2}{a_n^2}}$.

已知 a,b,c 为正实数.证明：$3(a+b+c) \geqslant 8\sqrt[3]{abc} + \sqrt[3]{\dfrac{a^3+b^3+c^3}{3}}$.

（2014，中国台湾数学奥林匹克选训营）

证明　由赫尔德不等式得

$$\underbrace{(1+1+\cdots+1)}_{9\text{个}}^{\frac{2}{3}}\left(\underbrace{abc+abc+\cdots+abc}_{8\text{个}} + \frac{a^3+b^3+c^3}{3}\right)^{\frac{1}{3}}$$

$$\geqslant \underbrace{\sqrt[3]{abc}+\sqrt[3]{abc}+\cdots+\sqrt[3]{abc}}_{8\text{个}} + \sqrt[3]{\frac{a^3+b^3+c^3}{3}}$$

$$\Rightarrow 3\sqrt[3]{a^3+b^3+c^3+24abc} \geqslant 8\sqrt[3]{abc} + \sqrt[3]{\frac{a^3+b^3+c^3}{3}}.$$

接下来只要证明：$(a+b+c)^3 \geqslant a^3+b^3+c^3+24abc$，即
$a^2b+ab^2+b^2c+c^2b+c^2a+a^2c \geqslant 6abc$.

这可由六元均值不等式直接得到.

设 a,b,c 为三角形的三边长，对应的高线长分别为 h_a,h_b,h_c.证明：
$$\left(\frac{a}{h_a}\right)^2 + \left(\frac{b}{h_b}\right)^2 + \left(\frac{c}{h_c}\right)^2 \geqslant 4.$$

（2014，中国台湾数学奥林匹克选训营）

证明　设三角形的面积为 S.则 $ah_a = bh_b = ch_c = 2S$.
故只要证不等式 $\Leftrightarrow a^4+b^4+c^4 \geqslant 16S^2$.
由海伦公式知

$$a^4+b^4+c^4-16S^2 = a^4+b^4+c^4 - (a+b+c)(a+b-c)(a-b+c)(-a+b+c)$$
$$= 2a^4+2b^4+2c^4-2a^2b^2-2b^2c^2-2c^2a^2 = (a^2-b^2)^2+(b^2-c^2)^2+(c^2-a^2)^2 \geqslant 0.$$

已知正实数 $a_i(i=1,2,\cdots,n)$ 满足 $a_1+a_2+\cdots+a_n=1$.证明：对于任意的正整数 k，均有
$$\left(a_1^k+\frac{1}{a_1^k}\right)\left(a_2^k+\frac{1}{a_2^k}\right)\cdots\left(a_n^k+\frac{1}{a_n^k}\right) \geqslant \left(n^k+\frac{1}{n^k}\right)^n.$$

（2014，中国台湾数学奥林匹克选训营）

证明　由权方和不等式得

$$\left[\left(a_1^{\frac{k}{n}}\right)^n + \left(\frac{1}{a_1^{\frac{k}{n}}}\right)^n\right]\left[\left(a_2^{\frac{k}{n}}\right)^n + \left(\frac{1}{a_2^{\frac{k}{n}}}\right)^n\right]\cdots\left[\left(a_n^{\frac{k}{n}}\right)^n + \left(\frac{1}{a_n^{\frac{k}{n}}}\right)^n\right]$$

$$\geqslant \left[a_1^{\frac{k}{n}}a_2^{\frac{k}{n}}\cdots a_n^{\frac{k}{n}} + \frac{1}{a_1^{\frac{k}{n}}a_2^{\frac{k}{n}}\cdots a_n^{\frac{k}{n}}}\right]^n.$$

又 $\left(\sqrt[n]{a_1 a_2 \cdots a_n}\right)^k \leqslant \left(\dfrac{a_1 + a_2 + \cdots + a_n}{n}\right)^k = \dfrac{1}{n^k} < 1$，且 $x + \dfrac{1}{x}$ 在区间 $(0,1)$ 上单调

递减，故

$$\left(a_1^{\frac{k}{n}} a_2^{\frac{k}{n}} \cdots a_n^{\frac{k}{n}} + \dfrac{1}{a_1^{\frac{k}{n}} a_2^{\frac{k}{n}} \cdots a_n^{\frac{k}{n}}}\right)^n = \left(\left(\sqrt[n]{a_1 a_2 \cdots a_n}\right)^k + \dfrac{1}{\left(\sqrt[n]{a_1 a_2 \cdots a_n}\right)^k}\right)^n \geqslant \left(n^k + \dfrac{1}{n^k}\right)^n.$$

原命题得证.

设 x,y,z 为非负实数，满足 $2(xy + yz + zx) = x^2 + y^2 + z^2$. 证明：

$$\dfrac{x + y + z}{3} \geqslant \sqrt[3]{2xyz}. \qquad \textcircled{1}$$

(2014—2015,第 32 届伊朗数学奥林匹克)

证明 由对称性，不妨设 $x \geqslant y \geqslant z$.

由题设等式得 $x^2 - 2(y + z)x + y^2 + z^2 - 2yz = 0$.

据求根公式解得

$$x = (y + z) \pm \sqrt{(y + z)^2 - (y^2 + z^2 - 2yz)} = y + z \pm 2\sqrt{yz} = (\sqrt{y} \pm \sqrt{z})^2.$$

因为 x 是最大的，所以，$\sqrt{x} = \sqrt{y} + \sqrt{z} \Rightarrow x = y + z + 2\sqrt{yz}$.

则不等式 $\textcircled{1} \Leftrightarrow \dfrac{y + z + y + z + 2\sqrt{yz}}{3} \geqslant \sqrt[3]{2(y + z + 2\sqrt{yz})yz}. \qquad \textcircled{2}$

当 $y = 0$ 时，这是显然的.

当 $y \neq 0$ 时，令 $t = \dfrac{z}{y}$，代入式 $\textcircled{2}$ 得 $\dfrac{2t + 2\sqrt{t} + 2}{3} \geqslant \sqrt[3]{2(t + 1 + 2\sqrt{t})t}$.

而 $\dfrac{2t + 2\sqrt{t} + 2}{3} = \dfrac{(\sqrt{t} + 1) + (\sqrt{t} + 1) + 2t}{3} \geqslant \sqrt[3]{2(\sqrt{t} + 1)^2 t}$，这便完成了证明.

设非负实数 x,y 满足 $x + y \leqslant 1$. 证明：$8xy \leqslant 5x(1 - x) + 5y(1 - y)$，并指出等号成立的条件.

(2015,爱尔兰数学奥林匹克)

证明 注意到，

$$5x(1 - x) + 5y(1 - y) - 8xy = 5(x + y) - 5(x^2 + y^2) - 8xy$$
$$= 5(x + y) - 5(x + y)^2 + 2xy = 5(x + y)(1 - (x + y)) + 2xy \geqslant 0.$$

从而，$5x(1 - x) + 5y(1 - y) \geqslant 8xy$，仅当 $(x, y) = (0, 0), (0, 1), (1, 0)$ 时取等号.

已知 $j, n \in \mathbf{N}$. 证明：$\displaystyle\sum_{k=0}^{n} k^j \mathrm{C}_n^k \geqslant 2^{n-j} n^j$.

(2015,爱尔兰数学奥林匹克)

证明　注意到，$(1+x)^n = \sum_{k=0}^{n} x^k C_n^k.$　　　　　①

令 $x = 1$，得 $\sum_{k=0}^{n} C_n^k = 2^n.$

故当 $j = 0$ 时，原不等式取等号.

对式 ① 的两边求导，得 $n(1+x)^{n-1} = \sum_{k=1}^{n} kx^{k-1} C_n^k.$

令 $x = 1$，得 $2^{n-1} n = \sum_{k=1}^{n} k C_n^k = \sum_{k=0}^{n} k C_n^k.$

故当 $j = 1$ 时，原不等式也取等号.

当 $j \geqslant 2$ 时，令 $f(x) = x^j + (1-x)^j \, (0 \leqslant x \leqslant 1).$

由 $f'(x) = jx^{j-1} - j(1-x)^{j-1} = 0$，得 $x = \dfrac{1}{2}.$

易知，当 $x \in \left[0, \dfrac{1}{2}\right]$ 时，$f(x)$ 递减；当 $x \in \left[\dfrac{1}{2}, 1\right]$ 时，$f(x)$ 递增.

则 $f(x)_{\min} = f\left(\dfrac{1}{2}\right) = 2\left(\dfrac{1}{2}\right)^j = \dfrac{1}{2^{j-1}}.$

故 $\sum_{k=0}^{n} k^j C_n^k = \dfrac{1}{2} \sum_{k=0}^{n} (k^j + (n-k)^j) C_n^k = \dfrac{1}{2} n^j \sum_{k=0}^{n} \left(\left(\dfrac{k}{n}\right)^j + \left(1 - \dfrac{k}{n}\right)^j\right) C_n^k$

$\geqslant \dfrac{1}{2} n^j \sum_{k=0}^{n} \dfrac{1}{2^{j-1}} C_n^k = \dfrac{1}{2^j} n^j \sum_{k=0}^{n} C_n^k = \dfrac{1}{2^j} \cdot 2^n n^j = 2^{n-j} n^j.$

设 $a, b, c, d \geqslant 0, a + b + c + d = 1.$ 证明：

$$\sqrt{a + \dfrac{(b-c)^2}{6} + \dfrac{(c-d)^2}{6} + \dfrac{(d-b)^2}{6}} + \sqrt{b} + \sqrt{c} + \sqrt{d} \leqslant 2.$$

(2015，罗马尼亚数学奥林匹克)

证明　由 $\left(\sqrt{b} + \sqrt{c}\right)^2 = b + c + 2\sqrt{bc} \leqslant 2b + 2c \leqslant 2$

$\Rightarrow (b-c)^2 = \left(\sqrt{b} + \sqrt{c}\right)^2 \left(\sqrt{b} - \sqrt{c}\right)^2 \leqslant 2\left(\sqrt{b} - \sqrt{c}\right)^2$

$\Rightarrow a + \dfrac{(b-c)^2}{6} + \dfrac{(c-d)^2}{6} + \dfrac{(d-b)^2}{6}$

$\leqslant a + \dfrac{\left(\sqrt{b} - \sqrt{c}\right)^2}{3} + \dfrac{\left(\sqrt{c} - \sqrt{d}\right)^2}{3} + \dfrac{\left(\sqrt{d} - \sqrt{b}\right)^2}{3}$

$= 1 - \dfrac{1}{3} \left(\sqrt{b} + \sqrt{c} + \sqrt{d}\right)^2.$

记 $S = \sqrt{b} + \sqrt{c} + \sqrt{d}.$

对于原命题只要证 $S + \sqrt{1 - \dfrac{S^2}{3}} \leqslant 2.$　　　　　①

由柯西不等式，得 $S = \sqrt{b} + \sqrt{c} + \sqrt{d} \leqslant \sqrt{3(b+c+d)} \leqslant \sqrt{3} < 2.$

于是,式 ① 等价于 $1 - \dfrac{S^2}{3} \leqslant 4 - 4S + S^2 \Leftrightarrow (2S-3)^2 \geqslant 0.$

已知 $x, y, z \geqslant 0$. 证明:
$$\frac{x-y}{xy+2y+1} + \frac{y-z}{yz+2z+1} + \frac{z-x}{zx+2x+1} \geqslant 0.$$

(2015,塞尔维亚数学奥林匹克)

证明 设 $a = \dfrac{x-y}{xy+2y+1}, b = \dfrac{y-z}{yz+2z+1}, c = \dfrac{z-x}{zx+2x+1}.$

当 x, y, z 中有两数相等时,不妨设 $x = y$,则 $a = 0$.

故 $a + b + c = \dfrac{x-z}{xz+2z+1} + \dfrac{z-x}{zx+2x+1} = (x-z)\left(\dfrac{1}{xz+2z+1} - \dfrac{1}{zx+2x+1} \right)$

$= \dfrac{2(x-z)^2}{(xz+2z+1)(zx+2x+1)} \geqslant 0.$

当 x, y, z 互不相等时,$1 + \dfrac{1}{a} = \dfrac{xy+x+y+1}{x-y} = \dfrac{(x+1)(y+1)}{(x+1)-(y+1)}.$

故 $\dfrac{a}{a+1} = \dfrac{1}{y+1} - \dfrac{1}{x+1}.$

类似地,$\dfrac{b}{b+1} = \dfrac{1}{z+1} - \dfrac{1}{y+1}, \dfrac{c}{c+1} = \dfrac{1}{x+1} - \dfrac{1}{z+1}.$

于是,$\dfrac{a}{a+1} + \dfrac{b}{b+1} + \dfrac{c}{c+1} = 0 \Rightarrow \dfrac{1}{a+1} + \dfrac{1}{b+1} + \dfrac{1}{c+1} = 3.$

又 $0 < \dfrac{1}{x+1} \leqslant 1, 0 < \dfrac{1}{y+1} \leqslant 1 \Rightarrow -1 < \dfrac{1}{y+1} - \dfrac{1}{x+1} < 1$

$\Rightarrow -1 < \dfrac{a}{a+1} < 1 \Rightarrow 0 < \dfrac{1}{a+1} < 2.$

类似地,$0 < \dfrac{1}{b+1} < 2, 0 < \dfrac{1}{c+1} < 2.$

由柯西不等式得

$3((a+1) + (b+1) + (c+1))$

$= \left(\dfrac{1}{a+1} + \dfrac{1}{b+1} + \dfrac{1}{c+1} \right)((a+1) + (b+1) + (c+1)) \geqslant 9$

$\Rightarrow (a+1) + (b+1) + (c+1) \geqslant 3 \Rightarrow a + b + c \geqslant 0.$

已知正实数 a, b, c, d 满足 $\dfrac{1}{ab} + \dfrac{1}{bc} + \dfrac{1}{cd} + \dfrac{1}{da} = 1.$ 证明:

$$abcd + 16 \geqslant 8\sqrt{(a+c)\left(\frac{1}{a} + \frac{1}{c} \right)} + 8\sqrt{(b+d)\left(\frac{1}{b} + \frac{1}{d} \right)}.$$

(第 32 届伊朗国家队选拔考试)

证明　令 $x = \sqrt{\dfrac{c}{a}} + \sqrt{\dfrac{a}{c}}, y = \sqrt{\dfrac{d}{b}} + \sqrt{\dfrac{b}{d}}.$ 则

$$x^2 = \frac{c}{a} + \frac{a}{c} + 2 = \frac{c+a}{a} + \frac{c+a}{c} = (a+c)\left(\frac{1}{a} + \frac{1}{c}\right).$$

类似地, $y^2 = (b+d)\left(\dfrac{1}{b} + \dfrac{1}{d}\right).$

由 $\dfrac{1}{ab} + \dfrac{1}{bc} + \dfrac{1}{cd} + \dfrac{1}{da} = 1,$ 得

$$1 = \left(\frac{1}{a} + \frac{1}{c}\right)\frac{1}{b} + \left(\frac{1}{a} + \frac{1}{c}\right)\frac{1}{d} = \left(\frac{1}{a} + \frac{1}{c}\right)\left(\frac{1}{b} + \frac{1}{d}\right) = \frac{a+c}{ac} \cdot \frac{b+d}{bd}.$$

故 $abcd = (a+c)(b+d) = (a+c)(b+d)\left(\dfrac{1}{a} + \dfrac{1}{c}\right)\left(\dfrac{1}{b} + \dfrac{1}{d}\right) = x^2 y^2.$

则只要证 $x^2 y^2 + 16 \geqslant 8(x+y).$

由于 $x \geqslant 2, y \geqslant 2,$ 于是, $(x-1)(y-1) \geqslant 1, xy \geqslant x+y.$

因此, $x^2 y^2 + 16 \geqslant 8xy \geqslant 8x + 8y.$

已知正实数 a, b, c 满足 $a+b+c = abc.$ 证明:

$$\sum \frac{a}{a^2+1} \leqslant \frac{\sqrt{abc}}{3\sqrt{2}}\left(\sum \frac{\sqrt{a^3+b^3}}{ab+1}\right).$$

（第 32 届伊朗国家队选拔考试）

证明　由于 $a^3 + b^3 \geqslant ab(a+b),$ 则 $\dfrac{\sqrt{a^3+b^3}}{ab+1} \geqslant \dfrac{\sqrt{ab(a+b)}}{ab+1} = \dfrac{\sqrt{\dfrac{1}{a} + \dfrac{1}{b}}}{1 + \dfrac{1}{ab}}.$

作代换: $x = \dfrac{1}{a}, y = \dfrac{1}{b}, z = \dfrac{1}{c}.$

只需对满足 $xy + yz + zx = 1$ 的正实数 $x, y, z,$ 证明

$$\sum \frac{x}{1+x^2} \leqslant \frac{1}{3\sqrt{2xyz}}\left(\sum \frac{\sqrt{x+y}}{1+xy}\right).$$

因为 $xy + yz + zx = 1,$ 所以,

$$\frac{x}{x^2+1} = \frac{x}{x^2 + xy + yz + zx} = \frac{x}{(x+y)(z+x)} = \frac{x(y+z)}{(x+y)(y+z)(z+x)}.$$

故 $\sum \dfrac{x}{x^2+1} = \dfrac{2(xy+yz+zx)}{(x+y)(y+z)(z+x)} = \dfrac{2}{(x+y)(y+z)(z+x)}.$

由柯西不等式得

$$\frac{1}{3\sqrt{2xyz}}\left(\sum \frac{\sqrt{x+y}}{1+xy}\right) \geqslant \frac{1}{3\sqrt{2xyz}}\left(\sum \frac{\sqrt{x+y}}{\sqrt{(1+x^2)(1+y^2)}}\right)$$

$$= \frac{1}{3\sqrt{2xyz}}\left(\sum \frac{\sqrt{x+y}}{\sqrt{(x+y)^2(y+z)(z+x)}}\right) = \frac{1}{\sqrt{2xyz(x+y)(y+z)(z+x)}}$$

$$\geqslant \frac{2}{(x+y)(y+z)(z+x)}.$$

最后一步用到了均值不等式.

求最小正整数 n,使得存在 n 个实数 $a_1,a_2,\cdots,a_n$,满足:

(1) $a_1+a_2+\cdots+a_n>0$;

(2) $a_1^3+a_2^3+\cdots+a_n^3<0$;

(3) $a_1^5+a_2^5+\cdots+a_n^5>0$.

(2015,越南国家队选拔考试)

解 对 n 元实数组 $a=(a_1,a_2,\cdots,a_n)$ 和正整数 k,定义 $S_k(a)=a_1^k+a_2^k+\cdots+a_n^k$.

首先,证明存在一个五元数组满足题意.

先令 $a_1=2x,a_2=a_3=1,a_4=a_5=-(x+1)$.则 $S_1(a)=0$.

调整 x 使得

$S_3(a)=8x^3+2-2(x+1)^3<0$,且 $S_5(a)=32x^5+2-2(x+1)^5>0$.

不妨取 $x=\dfrac{3}{2}$.

随后,再稍加调整 a_4,a_5 得到 $a_1=3,a_2=a_3=1,a_4=a_5=-\dfrac{49}{20}$,即满足题意.

由题意,知若存在 m 元数组,则添加 0 即可得到符合题意的 $m+1$ 元数组.

接下来只需证明不存在符合题意的四元数组.

假设存在 $a=(a_1,a_2,a_3,a_4)$ 符合题意.

考虑以下三种情况.

(1) $a_1>0\geqslant\max\{a_2,a_3,a_4\}$.

记 $b_i=-a_i(i=2,3,4)$.则 $a_1>b_2+b_3+b_4$.

故 $a_1^3>(b_2+b_3+b_4)^3\geqslant b_2^3+b_3^3+b_4^3=-(a_2^3+a_3^3+a_4^3)$.矛盾.

(2) $\min\{a_1,a_2,a_3\}\geqslant0>a_4$.

记 $b_4=-a_4$.据假设有 $a_1+a_2+a_3>b_4,a_1^3+a_2^3+a_3^3<b_4^3,a_1^5+a_2^5+a_3^5>b_4^5$.

由第二个不等式有 $\max\{a_1,a_2,a_3\}<b_4$.

故 $a_1^5+a_2^5+a_3^5<a_1^3b_4^2+a_2^3b_4^2+a_3^3b_4^2=(a_1^3+a_2^3+a_3^3)b_4^2<b_4^5$.矛盾.

(3) 数组中有两个正数 x,y,两个负数 $-z,-t$.

不失一般性,令 $x\geqslant y,z\geqslant t$.

据假设有 $x+y>z+t,x^3+y^3<z^3+t^3,x^5+y^5>z^5+t^5$.

故 $x^2-xy+y^2<z^2-zt+t^2$

$\Rightarrow(z+t)^2+3(z-t)^2>(x+y)^2+3(x-y)^2\Rightarrow z-t>x-y$.

若 $z\leqslant x$,则 $y-t>x-z\geqslant0$.故 $x^3+y^3>z^3+t^3$,矛盾.从而,$z>x\geqslant y>t$.

据假设有 $z^3-x^3>y^3-t^3,y^5-t^5>z^5-x^5$.

则 $(y^4+y^3t+y^2t^2+yt^3+t^4)(z^2+zx+x^2)$

$$> (y^2 + yt + t^2)(z^4 + z^3 x + z^2 x^2 + zx^3 + x^4).$$

记 $X = z^2 + zx + x^2, Y = y^2 + yt + t^2$.

不等式变形为 $((y^2 + t^2)Y - y^2 t^2)X > ((z^2 + x^2)X - z^2 x^2)Y$.

故 $xyzt(xz - yt) > (x^2 - y^2)(XY - z^2 t^2) + (z^2 - t^2)(XY - x^2 y^2)$.

而这与 $x^2 - y^2 \geqslant 0, XY - z^2 t^2 > 0, z^2 - t^2 > zx - yt, XY - x^2 y^2 > xyzt$ 矛盾.

因此，满足题意的最小的 n 为 5.

设整数 $n > 1$，实数 a, b 满足 $a > b > 0$. 证明：
$$(a^n - b^n)\left(\frac{1}{b^{n-1}} - \frac{1}{a^{n-1}}\right) > 4n(n-1)(\sqrt{a} - \sqrt{b})^2.$$

（2015，爱沙尼亚国家队选拔考试）

证明 设 $x = \sqrt{a}, y = \sqrt{b}$.

则要证的不等式等价于 $(x^{2n} - y^{2n})\left(\dfrac{1}{y^{2n-2}} - \dfrac{1}{x^{2n-2}}\right) > 4n(n-1)(x-y)^2$.

利用因式分解 $x^{2n} - y^{2n} = (x-y)(x^{2n-1} + x^{2n-2}y + \cdots + y^{2n-1})$，得

$$\frac{1}{y^{2n-2}} - \frac{1}{x^{2n-2}} = \left(\frac{1}{y} - \frac{1}{x}\right)\left(\frac{1}{y^{2n-3}} + \frac{1}{y^{2n-4}x} + \cdots + \frac{1}{x^{2n-3}}\right).$$

由均值不等式得

$$\frac{x^{2n-1} + x^{2n-2}y + \cdots + y^{2n-1}}{2n} > \sqrt[2n]{x^{2n-1}x^{2n-2}y\cdots y^{2n-1}} = \sqrt[2n]{x^{\frac{(2n-1)2n}{2}}y^{\frac{(2n-1)2n}{2}}} = (xy)^{\frac{2n-1}{2}}.$$

其中，因为 $n > 0$，且 $x \neq y$，使得至少成对的 x^{2n-1}, y^{2n-1} 是不相等的，所以，此不等式是严格的.

类似地，

$$\frac{\dfrac{1}{y^{2n-3}} + \dfrac{1}{y^{2n-4}x} + \cdots + \dfrac{1}{x^{2n-3}}}{2n-2} > \sqrt[2n-2]{\frac{1}{y^{2n-3}} \cdot \frac{1}{y^{2n-4}x} \cdot \cdots \cdot \frac{1}{x^{2n-3}}}$$

$$= \sqrt[2n-2]{\frac{1}{y^{\frac{(2n-3)(2n-2)}{2}}} \cdot \frac{1}{x^{\frac{(2n-3)(2n-2)}{2}}}} = \frac{1}{(xy)^{\frac{2n-3}{2}}}.$$

因为 $\dfrac{1}{y} - \dfrac{1}{x} = \dfrac{1}{xy}(x-y)$，所以，

$$(x^{2n} - y^{2n})\left(\frac{1}{y^{2n-2}} - \frac{1}{x^{2n-2}}\right) > \frac{1}{xy}(x-y)^2 \cdot 2n(2n-2)(xy)^{\frac{2n-1}{2}}\frac{1}{(xy)^{\frac{2n-3}{2}}}$$

$$= 4n(n-1)(x-y)^2.$$

设 x, y, z 为正数，且 $x + y + z \geqslant 3$. 证明：
$$\frac{1}{x + y + z^2} + \frac{1}{y + z + x^2} + \frac{1}{z + x + y^2} \leqslant 1,$$
并说明等号成立的条件.

（2015，第 46 届奥地利数学竞赛）

证明 由柯西不等式得

$$(x + y + z^2)(x + y + 1) \geqslant (x + y + z)^2 \qquad ①$$

$$\Rightarrow \frac{1}{x + y + z^2} \leqslant \frac{x + y + 1}{(x + y + z)^2} \Rightarrow \sum \frac{x + y + 1}{(x + y + z)^2} = \frac{2(x + y + z) + 3}{(x + y + z)^2} \leqslant 1$$

$$\Leftrightarrow (x + y + z)^2 - 2(x + y + z) - 3 \geqslant 0.$$

当 $x + y + z \geqslant 3$ 时,上式显然成立.

式 ① 的等号成立 $\Leftrightarrow (x, y, z^2) = (x, y, 1) \Rightarrow z^2 = 1 \Rightarrow z = 1$.

由对称性,知不等式的等号成立当且仅当 $x = y = z = 1$.

证明:对于所有的正数 x, y, z,均有

$$\frac{x + y + z}{3} + \frac{3}{\frac{1}{x} + \frac{1}{y} + \frac{1}{z}} \geqslant 5\sqrt[3]{\frac{xyz}{16}}.$$

试确定等号能否取到?若可以,求出等号成立的条件.

(第 54 届德国数学奥林匹克)

解 不妨设 $xyz = 16$,$x = \max\{x, y, z\}$. 则 $x^3 \geqslant xyz = 16$.

故原不等式 $\Leftrightarrow x + y + z + \dfrac{9}{\frac{1}{x} + \frac{1}{y} + \frac{1}{z}} \geqslant 15$.

由 $x + y + z + \dfrac{9}{\frac{1}{x} + \frac{1}{y} + \frac{1}{z}} = x + y + z + \dfrac{9}{\frac{1}{x} + \frac{y + z}{yz}}$

$$= x + y + z + \frac{9}{\frac{1}{x} + \frac{x}{16}(y + z)} = x - \frac{16}{x^2} + \frac{16}{x^2} + y + z + \frac{9 \times \frac{16}{x}}{\frac{16}{x^2} + y + z}$$

$$\geqslant x - \frac{16}{x^2} + 2\sqrt{\frac{9 \times 16}{x}} = x + \frac{24}{\sqrt{x}} - \frac{16}{x^2},$$

故只需证 $x + \dfrac{24}{\sqrt{x}} - \dfrac{16}{x^2} - 15 \geqslant 0$. $\qquad ①$

设 $t = \sqrt{x}$. 则 $t^3 \geqslant 4$,即 $t \geqslant \sqrt[3]{4}$.

式 ① $\Leftrightarrow t^2 + \dfrac{24}{t} - \dfrac{16}{t^4} - 15 \geqslant 0 \Leftrightarrow t^6 - 15t^4 + 24t^3 - 16 \geqslant 0$.

设 $f(t) = t^6 - 15t^4 + 24t^3 - 16$. 则

$$f'(t) = 6t^5 - 60t^3 + 72t^2 = 6t^2(t^3 - 10t + 12) = 6t^2(t - 2)(t + 1 - \sqrt{7})(t + 1 + \sqrt{7}).$$

作出 $f(t)$ 在区间 $[\sqrt[3]{4}, +\infty)$ 内的示意图.

从而,$f(t) \geqslant \min\{f(\sqrt[3]{4}), f(2)\} \geqslant 0$.

计算知 $f(\sqrt[3]{4}) > 0$,$f(2) = 0$.

故当 $x = y = 4$,$f = 1$ 时,等号成立.

设 a,b,c,d 为实数,满足 $a^2+b^2+c^2+d^2=4$.证明:
$$(2+a)(2+b)\geqslant cd.$$

(2015,第 41 届俄罗斯数学奥林匹克)

证明 由均值不等式,知 $cd\leqslant|cd|=\sqrt{c^2d^2}\leqslant\dfrac{c^2+d^2}{2}=\dfrac{4-a^2-b^2}{2}$.

故只需证明 $(2+a)(2+b)\geqslant\dfrac{4-a^2-b^2}{2}$.

上式整理为 $4+4a+4b+2ab+a^2+b^2\geqslant0$. ①

而式 ① 的左边又可写为 $4+4(a+b)+(a+b)^2=(2+a+b)^2$,其值当然为非负.

设 $a,b,c,d\geqslant0,a+b+c+d=1$.证明:
$$\sqrt{a+\dfrac{(b-c)^2}{6}+\dfrac{(c-d)^2}{6}+\dfrac{(d-b)^2}{6}}+\sqrt{b}+\sqrt{c}+\sqrt{d}\leqslant2.$$

(2015,罗马尼亚数学奥林匹克)

证明 由 $(\sqrt{b}+\sqrt{c})^2=b+c+2\sqrt{bc}\leqslant2b+2c\leqslant2$,知
$$(b-c)^2=(\sqrt{b}+\sqrt{c})^2(\sqrt{b}-\sqrt{c})^2\leqslant2(\sqrt{b}-\sqrt{c})^2.$$

故 $a+\dfrac{(b-c)^2}{6}+\dfrac{(c-d)^2}{6}+\dfrac{(d-b)^2}{6}\leqslant a+\dfrac{(\sqrt{b}-\sqrt{c})^2}{3}+\dfrac{(\sqrt{c}-\sqrt{d})^2}{3}+\dfrac{(\sqrt{d}-\sqrt{b})^2}{3}$

$=1-\dfrac{1}{3}(\sqrt{b}+\sqrt{c}+\sqrt{d})^2$.

记 $S=\sqrt{b}+\sqrt{c}+\sqrt{d}$.

对于原命题只要证

$$S+\sqrt{1-\dfrac{S^2}{3}}\leqslant2.$$ ①

由柯西不等式得 $S=\sqrt{b}+\sqrt{c}+\sqrt{d}\leqslant\sqrt{3(b+c+d)}\leqslant\sqrt{3}<2$.

于是,式 ① $\Leftrightarrow1-\dfrac{S^2}{3}\leqslant4-4S+S^2\Leftrightarrow(2S-3)^2\geqslant0$.

设 a,b,c 为正数,满足 $ab+bc+ca=1$.证明:
$$\sqrt{a+\dfrac{1}{a}}+\sqrt{b+\dfrac{1}{b}}+\sqrt{c+\dfrac{1}{c}}\geqslant2(\sqrt{a}+\sqrt{b}+\sqrt{c}).$$

(2015,第 41 届俄罗斯数学奥林匹克)

证明 注意到,

$$a+\dfrac{1}{a}=a+\dfrac{ab+bc+ca}{a}=b+c+\left(a+\dfrac{bc}{a}\right)\geqslant b+c+2\sqrt{bc}=(\sqrt{b}+\sqrt{c})^2$$

代数部分

$$\Rightarrow \sqrt{a + \frac{1}{a}} \geqslant \sqrt{b} + \sqrt{c}.$$

类似地,$\sqrt{b + \frac{1}{b}} \geqslant \sqrt{a} + \sqrt{c}$,$\sqrt{c + \frac{1}{c}} \geqslant \sqrt{a} + \sqrt{b}$.

将所得的三个不等式相加即得所证.

已知 a, b, c 为正实数. 证明:
$$\sum a^3 b^6 + 3a^3 b^3 c^3 \geqslant abc \sum a^3 b^3 + a^2 b^2 c^2 \sum a^3.$$

(2015,第 32 届巴尔干地区数学奥林匹克)

证明 令 $x = ab^2$,$y = bc^2$,$z = ca^2$. 则原不等式改写为
$$\sum x^3 + 3xyz - \sum x^2 y - \sum x^2 z \geqslant 0 \Leftrightarrow \sum x(x - y)(x - z) \geqslant 0. \qquad ①$$

由舒尔不等式:对于 $x, y, z \geqslant 0$,$\alpha > 0$,有 $\sum x^\alpha (x - y)(x - z) \geqslant 0$,知式 ① 恰为 $\alpha = 1$ 的特殊情况.

已知正实数 x, y, z 满足 $x + y + z = 1$,$x^4 + y^4 + z^4 = \frac{1}{4}$. 证明:
$$x^3 + y^3 + z^3 + 3(x^5 + y^5 + z^5) \leqslant 1.$$

(2015,第 34 届哥伦比亚数学奥林匹克)

证明 注意到,$1 = 4(x^4 + y^4 + z^4)(x + y + z)$,
$(x^3 + y^3 + z^3)(x + y + z)^2 = x^3 + y^3 + z^3$.

故只需证
$$3(x^5 + y^5 + z^5) + (x + y + z)^2(x^3 + y^3 + z^3) \leqslant 4(x + y + z)(x^4 + y^4 + z^4). \qquad ①$$
展开式 ①,不等式变成
$$x^3 y^2 + y^3 x^2 + y^3 z^2 + z^3 y^2 + z^3 x^2 + x^3 z^2 + 2(x^3 yz + xy^3 z + xyz^3)$$
$$\leqslant 2(x^4 y + xy^4 + y^4 z + yz^4 + z^4 x + zx^4).$$

由米尔黑德(Muirhead)不等式,得 $\sum x^4 y \geqslant \sum x^3 y^2$,$\sum x^4 y \geqslant \sum x^3 yz$.

译者注:米尔黑德不等式 对于正实数 x, y, z 与实数 $a_1, a_2, a_3, b_1, b_2, b_3$,若
$a_1 \geqslant a_2 \geqslant a_3$,$b_1 \geqslant b_2 \geqslant b_3$,$a_1 \geqslant b_1$,$a_1 + a_2 \geqslant b_1 + b_2$,$a_1 + a_2 + a_3 = b_1 + b_2 + b_3$,
则 $\sum x^{a_1} y^{a_2} z^{a_3} \geqslant \sum x^{b_1} y^{b_2} z^{b_3}$.

设正实数 a, b, c 满足 $abc = 1$. 证明:$\dfrac{a^5}{a^3 + 1} + \dfrac{b^5}{b^3 + 1} + \dfrac{c^5}{c^3 + 1} \geqslant \dfrac{3}{2}$,并确定等号成立的条件.

(2015,泰国数学奥林匹克)

证明　注意到，$\dfrac{a^5}{a^3+1}=\dfrac{a^5}{a^3+abc}=\dfrac{a^4}{a^2+bc}$.

由柯西不等式得

$$\left(\sum\frac{a^4}{a^2+bc}\right)\left(\sum(a^2+bc)\right)\geqslant\left(\sum a^2\right)^2\Rightarrow\sum\frac{a^4}{a^2+bc}\geqslant\frac{\left(\sum a^2\right)^2}{\sum(a^2+bc)}.$$

由均值不等式，得 $\sum a^2\geqslant\sum ab$.

故 $\sum\dfrac{a^4}{a^2+bc}\geqslant\dfrac{1}{2}\sum a^2\geqslant\dfrac{3}{2}\sqrt[3]{a^2b^2c^2}=\dfrac{3}{2}$，当且仅当 $a=b=c=1$ 时，等号成立.

令 a,b,c 为非负实数. 证明：

$$3\sum a^2\geqslant\left(\sum a\right)\left(\sum\sqrt{ab}\right)+\sum(a-b)^2\geqslant\left(\sum a\right)^2. \qquad ①$$

（2015，越南数学奥林匹克）

证明　注意到，$3\sum a^2-\left(\sum a\right)^2=\sum(a-b)^2$.

则式 ① 的左端变为 $\left(\sum a\right)^2\geqslant\left(\sum a\right)\left(\sum\sqrt{ab}\right)$，即 $\sum a\geqslant\sum ab$，显然成立.

令 $x=\sqrt{a}$，$y=\sqrt{b}$，$z=\sqrt{c}$. 则式 ① 的右端变为

$$\sum x^4+xyz\sum x+\sum xy(x^2+y^2)\geqslant4\sum x^2y^2. \qquad ②$$

由舒尔不等式，得 $\sum x^4+xyz\sum x\geqslant\sum xy(x^2+y^2)$.

由均值不等式，得 $\sum xy(x^2+y^2)\geqslant\sum2x^2y^2$.

于是，式 ② 成立.

证明：$1+\dfrac{1}{2}+\dfrac{1}{3}+\cdots+\dfrac{1}{2015}>\dfrac{13}{2}$.

（2015，爱沙尼亚数学奥林匹克）

证明　定义 $H(k)=\dfrac{1}{2^k+1}+\dfrac{1}{2^k+2}+\cdots+\dfrac{1}{2^{k+1}}$.

当 $k\geqslant2$ 时，$H(k)>2^k\cdot\dfrac{1}{2^{k+1}}=\dfrac{1}{2}$.

故 $1+\dfrac{1}{2}+\dfrac{1}{3}+\cdots+\dfrac{1}{2015}=\left(1+\dfrac{1}{2}+\dfrac{1}{3}+\dfrac{1}{4}\right)+\sum_{k=2}^{10}H(k)-\sum_{i=2016}^{2048}\dfrac{1}{i}$

$>\left(4\times\dfrac{1}{2}+\dfrac{1}{12}\right)+9\times\dfrac{1}{2}-33\times\dfrac{1}{2016}=\dfrac{13}{2}+\dfrac{1}{12}-\dfrac{33}{2016}>\dfrac{13}{2}$.

代数部分

对于所有的正实数 x,y,z，证明：

$$\sum \frac{x^2}{xy+z} \geqslant \frac{\left(\sum x\right)^3}{3\sum x^2(y+1)}.$$

（2015，克罗地亚数学奥林匹克）

证明 由柯西-施瓦兹不等式，得 $\left(\sum \frac{x^2}{xy+z}\right)\left(\sum x(xy+z)\right) \geqslant \left(\sum x\sqrt{x}\right)^2$.

由幂均值不等式，得 $\left(\frac{1}{3}\sum x\sqrt{x}\right)^{\frac{2}{3}} \geqslant \frac{1}{3}\sum x$.

由均值不等式，得 $\sum x^2 = \sum \frac{x^2+y^2}{2} \geqslant \sum xy$.

由以上三式得

$$\sum \frac{x^2}{xy+z} \geqslant \frac{\left(\sum x\sqrt{x}\right)^2}{\sum(x^2y+zx)} \geqslant \frac{\left(\sum x\right)^3}{3\sum(x^2y+x^2)} \geqslant \frac{\left(\sum x\right)^3}{3\sum x^2(y+1)}.$$

代数部分

已知实数 $a,b,c \in [-1,1]$. 若 a,b,c 满足 $1+2abc \geqslant a^2+b^2+c^2$，证明：对于任意的正整数 n，均有 $1+2(abc)^n \geqslant a^{2n}+b^{2n}+c^{2n}$.

（2015，第23届朝鲜数学奥林匹克）

证明 条件中的不等式等价于 $(a-bc)^2 \leqslant (1-b^2)(1-c^2)$. ①

由柯西不等式得

$$\left(\sum_{i=0}^{n-1} a^{n-1-i}b^ic^i\right)^2 \leqslant \left(\sum_{i=0}^{n-1}|a|^{n-1-i}|bc|^i\right)^2 \leqslant \left(\sum_{i=0}^{n-1}|bc|^i\right)^2 \leqslant \left(\sum_{i=0}^{n-1}b^{2i}\right)\left(\sum_{i=0}^{n-1}c^{2i}\right). ②$$

结合式①，②得

$$(a-bc)^2\left(\sum_{i=0}^{n-1}a^{n-1-i}b^ic^i\right)^2 \leqslant (1-b^2)(1-c^2)\left(\sum_{i=0}^{n-1}b^{2i}\right)\left(\sum_{i=0}^{n-1}c^{2i}\right),$$

即 $(a^n-b^nc^n)^2 \leqslant (1-b^{2n})(1-c^{2n})$.

展开即得要证的不等式.

若实数 x,y,z 满足 $x+y \neq 1$，$y+z \neq 1$，$z+x \neq 1$，证明：

$$\sum \frac{(x^2+y)(x+y^2)}{(x+y-1)^2} \geqslant 2\sum x - \frac{3}{4},$$

并求所有的三元数组 (x,y,z)，使得上式的等号成立.

（2015，第23届土耳其数学奥林匹克）

证明 先证明：对于任意的实数 $x+y \neq 1$，均有

$$\frac{(x^2+y)(x+y^2)}{(x+y-1)^2} \geqslant x+y-\frac{1}{4}.$$ ①

设 $x+y=a$，$xy=b$．则式 ① 为 $4(b^2+b(1-3a)+a^3) \geqslant (a-1)^2(4a-1)$．

由 $4(b^2+b(1-3a)+a^3)-(a-1)^2(4a-1)=(2b-3a+1)^2 \geqslant 0$，则式 ① 成立，等号成立的条件为 $2b-3a+1=0$，即 $2xy-3(x+y)+1=0$．

在式 ① 中，将数对 (x,y)，(y,z)，(z,x) 对应的不等式求和可得原不等式成立，且等号成立的条件为

$$\begin{cases} 2xy-3(x+y)+1=0, \\ 2yz-3(y+z)+1=0, \\ 2zx-3(z+x)+1=0. \end{cases}$$
②
③

② $-$ ③ 得 $(x-z)(2y-3)=0$．

若 $y=\dfrac{3}{2}$，代入式 ③ 中的 $2yz$ 得 $y=\dfrac{1}{3}$，矛盾．

若 $y \neq \dfrac{3}{2}$，则 $x=z$．

类似地，$x=y=z \overset{\triangle}{=} u$．

则 $2u^2-6u+1=0$．

于是，$x=y=z=\dfrac{3+\sqrt{7}}{2}$ 或 $\dfrac{3-\sqrt{7}}{2}$．

已知实数 a,b,c 满足 $\begin{cases} |a-b| \geqslant |c|, \\ |b-c| \geqslant |a|, \\ |c-a| \geqslant |b|. \end{cases}$ 证明：a,b,c 中有一个数为另两个数之和．

（2015，第 54 届荷兰数学奥林匹克）

证明 由对称性，不妨设 $a \geqslant b \geqslant c$．

若 $c > 0$，则 $|b-c| \geqslant |a| \Rightarrow b-c \geqslant a \Rightarrow b \geqslant a+c > a$，矛盾．

从而，$c \leqslant 0$．

故 $|a|+|c|=|a|-c \geqslant a-c=(a-b)+(b-c)=|a-b|+|b-c| \geqslant |c|+|a|$．

从而，上式中的所有等号成立．

特别地，$a-b=|a-b|=|c|$．

又 $c \leqslant 0$，因此，$a+c=b$．

已知 a,b,c 为正实数，且 $a^2+b^2+c^2=3$．证明：$\sum \dfrac{a^4+3ab^3}{a^3+2b^3} \leqslant 4$．

（2015，克罗地亚数学竞赛）

证明 注意到，$\dfrac{a^4+3ab^3}{a^3+2b^3} = \dfrac{a(a^3+2b^3)+ab^3}{a^3+2b^3} = a + \dfrac{ab^3}{a^3+2b^3}$.

由均值不等式，得 $a^3+2b^3 \geqslant 3\sqrt[3]{a^3b^3b^3} = 3ab^2$.

故 $\dfrac{a^4+3ab^3}{a^3+2b^3} \leqslant a + \dfrac{ab^3}{3ab^2} = a + \dfrac{b}{3}$.

类似地，$\dfrac{b^4+3bc^3}{b^3+2c^3} \leqslant b + \dfrac{c}{3}, \dfrac{c^4+3ca^3}{c^3+2a^3} \leqslant c + \dfrac{a}{3}$.

上面三式相加，再由均值不等式得

$$\sum \frac{a^4+3ab^3}{a^3+2b^3} \leqslant \frac{4}{3}\sum a \leqslant 4\sqrt{\frac{a^2+b^2+c^2}{3}} = 4.$$

已知 a,b,c 为正实数，且 $a+b+c=1$. 证明：

$$\sum \frac{a}{a+b^2} \leqslant \frac{1}{4}\sum \frac{1}{a}.$$

（2015，克罗地亚数学竞赛）

证明 由已知及均值不等式得

$$\frac{a}{a+b^2} = \frac{a}{a(a+b+c)+b^2} = \frac{a}{a^2+b^2+ab+ac} \leqslant \frac{a}{2ab+ab+ac} = \frac{1}{3b+c}.$$

由算术–调和不等式得

$$\frac{4}{\dfrac{3}{b}+\dfrac{1}{c}} = \frac{4}{\dfrac{1}{b}+\dfrac{1}{b}+\dfrac{1}{b}+\dfrac{1}{c}} \leqslant \frac{b+b+b+c}{4} = \frac{3b+c}{4}.$$

故 $\dfrac{a}{a+b^2} \leqslant \dfrac{1}{3b+c} \leqslant \dfrac{1}{16}\left(\dfrac{3}{b}+\dfrac{1}{c}\right)$.

类似地，$\dfrac{b}{b+c^2} \leqslant \dfrac{1}{16}\left(\dfrac{3}{c}+\dfrac{1}{a}\right), \dfrac{c}{c+a^2} \leqslant \dfrac{1}{16}\left(\dfrac{3}{a}+\dfrac{1}{b}\right)$.

以上三式相加得

$$\frac{a}{a+b^2} + \frac{b}{b+c^2} + \frac{c}{c+a^2} \leqslant \frac{1}{16}\left(\frac{4}{a}+\frac{4}{b}+\frac{4}{c}\right) = \frac{1}{4}\left(\frac{1}{a}+\frac{1}{b}+\frac{1}{c}\right).$$

已知 a,b,c 为正实数，且 $a+b+c \geqslant 1$. 证明：$\sum \dfrac{a-bc}{a+bc} \leqslant \dfrac{3}{2}$.

（2015，克罗地亚数学竞赛）

证明 注意到，$\dfrac{a-bc}{a+bc} = \dfrac{a+bc-2bc}{a+bc} = 1 - 2 \cdot \dfrac{bc}{a+bc}$.

由 $a+b+c \geqslant 1$，得 $\dfrac{bc}{a+bc} \geqslant \dfrac{bc}{a(a+b+c)+bc} = \dfrac{bc}{(a+b)(c+a)}$.

故 $\sum \dfrac{a-bc}{a+bc} \leqslant 3 - \sum \dfrac{2bc}{(a+b)(c+a)}$.

于是,为了证明原不等式成立,可证明 $\sum \dfrac{2bc}{(a+b)(c+a)} \geqslant \dfrac{3}{2}$.

事实上,将上式两边乘以 $2\prod(a+b)$ 得

$$4\sum bc(b+c) \geqslant 3\prod(a+b) \Rightarrow \sum(b^2c+bc^2) \geqslant 6abc.$$

由均值不等式,知上式显然成立.

因此,原不等式得证.

设绝对值大于 1 的实数 a,b,c,d 满足 $abc+abd+acd+bcd+a+b+c+d=0$.

证明:$\dfrac{1}{a-1}+\dfrac{1}{b-1}+\dfrac{1}{c-1}+\dfrac{1}{d-1}>0$.

(第 41 届俄罗斯数学奥林匹克)

证明　令 $x=\dfrac{a+1}{a-1},y=\dfrac{b+1}{b-1},z=\dfrac{c+1}{c-1},t=\dfrac{d+1}{d-1}$.

由实数 a,b,c,d 的绝对值均大于 1,知 $x,y,z,t>0$,且不等于 1.

再由已知条件得 $xyzt=1$.

故原结论变为 $\dfrac{1}{a-1}+\dfrac{1}{b-1}+\dfrac{1}{c-1}+\dfrac{1}{d-1}=\dfrac{x+y+z+t-4}{2}>\dfrac{4\sqrt[4]{xyzt}-4}{2}=0$.

给定整数 $n \geqslant 2$,设 $x_1,x_2,\cdots,x_n$ 为单调不减的正数序列,并使 $x_1,\dfrac{x_2}{2},\cdots,\dfrac{x_n}{n}$ 构成一个单调不增的序列.证明:$\dfrac{A_n}{G_n} \leqslant \dfrac{n+1}{2\sqrt[n]{n!}}$,其中,$A_n$ 与 G_n 分别表示 $x_1,x_2,\cdots,x_n$ 的算术平均与几何平均.

(2015,中国国家集训队选拔考试)

证明　由条件知 $x_1 \leqslant x_2 \leqslant \cdots \leqslant x_n$,及 $x_1 \geqslant \dfrac{x_2}{2} \geqslant \cdots \geqslant \dfrac{x_n}{n} \Rightarrow \dfrac{1}{x_1} \leqslant \dfrac{2}{x_2} \leqslant \cdots \leqslant \dfrac{n}{x_n}$.

由切比雪夫不等式得

$$\left(\dfrac{1}{n}\sum_{i=1}^{n}x_i\right)\left(\dfrac{1}{n}\sum_{i=1}^{n}\dfrac{i}{x_i}\right) \leqslant \dfrac{1}{n}\sum_{i=1}^{n}x_i \cdot \dfrac{i}{x_i}=\dfrac{n+1}{2}. \quad\quad ①$$

又由均值不等式得

$$\dfrac{1}{n}\sum_{i=1}^{n}\dfrac{i}{x_i} \geqslant \sqrt[n]{\dfrac{n!}{x_1 x_2 \cdots x_n}}=\dfrac{\sqrt[n]{n!}}{G_n}. \quad\quad ②$$

结合式 ①,② 即得 $\dfrac{A_n}{G_n} \leqslant \dfrac{n+1}{2\sqrt[n]{n!}}$.

设 $a_1, a_2, \cdots, a_n (n \geqslant 2)$ 为实数,证明:可以选取 $\varepsilon_1, \varepsilon_2, \cdots, \varepsilon_n \in \{1, -1\}$,使得

$$\left(\sum_{i=1}^{n} a_i \right)^2 + \left(\sum_{i=1}^{n} \varepsilon_i a_i \right)^2 \leqslant (n+1) \left(\sum_{i=1}^{n} a_i^2 \right).$$

(2015,全国高中数学联合竞赛)

证明 首先,由 $a_1, a_2, \cdots, a_n$ 的对称性,可设 $a_1 \geqslant a_2 \geqslant \cdots \geqslant a_n$.

此外,若将 $a_1, a_2, \cdots, a_n$ 中的负数均改变符号,则问题中的不等式左边的 $\left(\sum_{i=1}^{n} a_i \right)^2$ 不减,而右边的 $\sum_{i=1}^{n} a_i^2$ 不变,并且这一改变不影响 $\varepsilon_i = \pm 1$ 的选取. 因此,可进一步设 $a_1 \geqslant a_2 \geqslant \cdots \geqslant a_n \geqslant 0$.

先证明一个引理.

引理 设 $a_1 \geqslant a_2 \geqslant \cdots \geqslant a_n \geqslant 0$. 则 $0 \leqslant \sum_{i=1}^{n} (-1)^{i-1} a_i \leqslant a_1$.

证明 注意到,$a_i \geqslant a_{i+1} (1 \leqslant i \leqslant n-1)$. 于是,当 $n = 2m (m \in \mathbf{Z})$ 时,

$$\sum_{i=1}^{n} (-1)^{i-1} a_i = \sum_{i=1}^{m} (a_{2i-1} - a_{2i}) \geqslant 0, \quad \sum_{i=1}^{n} (-1)^{i-1} a_i = a_1 - \sum_{i=1}^{m-1} (a_{2i} - a_{2i+1}) - a_n \leqslant a_i;$$

当 $n = 2m+1 (m \in \mathbf{Z}^+)$ 时,

$$\sum_{i=1}^{n} (-1)^{i-1} a_i = \sum_{i=1}^{m} (a_{2i-1} - a_{2i}) + a_n \geqslant 0,$$

$$\sum_{i=1}^{n} (-1)^{i-1} a_i = a_1 - \sum_{i=1}^{m} (a_{2i} - a_{2i+1}) \leqslant a_1.$$

引理得证.

由柯西不等式及引理知

$$\left(\sum_{i=1}^{n} a_i \right)^2 + \left(\sum_{i=1}^{n} (-1)^{i-1} a_i \right)^2 \leqslant n \left(\sum_{i=1}^{n} a_i^2 \right) + a_1^2 \leqslant (n+1) \left(\sum_{i=1}^{n} a_i^2 \right),$$

这就证明了结论.

设 $x_1, x_2, \cdots, x_n \in (0, 1), n \geqslant 2$. 证明:$\sum_{i=1}^{n} \dfrac{\sqrt{1-x_i}}{x_i} < \dfrac{\sqrt{n-1}}{x_1 x_2 \cdots x_n}$.

(2015,中国女子数学奥林匹克)

证明 对 n 用数学归纳法.

当 $n = 2$ 时,由柯西不等式得

$$\frac{\sqrt{1-x_1}}{x_1} + \frac{\sqrt{1-x_2}}{x_2} = \frac{x_2 \sqrt{1-x_1} + x_1 \sqrt{1-x_2}}{x_1 x_2} \leqslant \frac{\sqrt{1-x_1+x_1^2} \sqrt{1-x_2+x_2^2}}{x_1 x_2}$$

$$< \frac{1}{x_1 x_2}.$$

当 $n \geqslant 3$ 时,由归纳假设及柯西不等式得

$$\sum_{i=1}^n \frac{\sqrt{1-x_i}}{x_i} < \frac{\sqrt{n-2}}{x_1 x_2 \cdots x_{n-1}} + \frac{\sqrt{1-x_n}}{x_n} = \frac{\sqrt{n-2}\, x_n + x_1 x_2 \cdots x_{n-1}\, \sqrt{1-x_n}}{x_1 x_2 \cdots x_n} \leqslant$$

$$\frac{\sqrt{n-2+(x_1 x_2 \cdots x_{n-1})^2}\, \sqrt{1-x_n+x_n^2}}{x_1 x_2 \cdots x_n} < \frac{\sqrt{n-1}}{x_1 x_2 \cdots x_n}.$$

设整数 $n \geqslant 2$,正实数 $x_1, x_2, \cdots, x_n$ 满足 $\sum\limits_{i=1}^n x_i = 1$. 证明:

$$\left(\sum_{i=1}^n \frac{1}{1-x_i}\right)\left(\sum_{1 \leqslant i < j \leqslant n} x_i x_j\right) \leqslant \frac{n}{2}.$$

(2015,中国西部数学邀请赛)

证明 注意到,$2\sum\limits_{1 \leqslant i < j \leqslant n} x_i x_j = \sum\limits_{i=1}^n \left(x_i \sum\limits_{j \neq i} x_j\right) = \sum\limits_{i=1}^n x_i(1-x_i).$

故原不等式等价于 $\left(\sum\limits_{i=1}^n \frac{1}{1-x_i}\right)\left(\sum\limits_{i=1}^n x_i(1-x_i)\right) \leqslant n.$ ①

不妨设 $0 < x_1 \leqslant x_2 \leqslant \cdots \leqslant x_n \leqslant 1.$

由于对任意 $1 \leqslant i < j \leqslant n$,则

$x_i + x_j \leqslant 1, 0 < x_i < x_j \leqslant 1 \Rightarrow (x_i - x_j)(1-x_i-x_j) \leqslant 0 \Rightarrow x_i(1-x_1) \leqslant x_j(1-x_j) \Rightarrow x_1(1-x_1) \leqslant x_2(1-x_2) \leqslant \cdots \leqslant x_n(1-x_n).$

又 $\frac{1}{1-x_1} \leqslant \frac{1}{1-x_2} \leqslant \cdots \leqslant \frac{1}{1-x_n}$,由切比雪夫不等式得

$$\frac{1}{n}\left(\sum_{i=1}^n \frac{1}{1-x_i}\right)\left(\sum_{i=1}^n x_i(1-x_i)\right) \leqslant \sum_{i=1}^n \left(\frac{1}{1-x_i}\right)x_i(1-x_i) = 1.$$

从而,式 ① 成立. 因此,原不等式成立.

设 $0 < a_i \leqslant \frac{1}{2}(i = 1, 2, \cdots, n)$. 证明: $\dfrac{\sum\limits_{i=1}^n a_i^2}{\left(\sum\limits_{i=1}^n a_i\right)^2} \geqslant \dfrac{\sum\limits_{i=1}^n (1-a_i)^2}{\left(\sum\limits_{i=1}^n (1-a_i)\right)^2}.$

(2015,中国西部数学邀请赛预选题)

证明 原不等式等价于

$$\frac{n\sum\limits_{i=1}^n a_i^2}{\left(\sum\limits_{i=1}^n a_i\right)^2} - 1 \geqslant \frac{n\sum\limits_{i=1}^n (1-a_i)^2}{\left(\sum\limits_{i=1}^n (1-a_i)\right)^2} - 1$$

$$\Leftrightarrow \frac{\sum\limits_{i\leqslant i<j\leqslant n}(a_i-a_j)^2}{\left(\sum\limits_{i=1}^{n}a_i\right)^2} \geqslant \frac{\sum\limits_{1\leqslant i<j\leqslant n}((1-a_i)-(1-a_j))^2}{\left(\sum\limits_{i=1}^{n}(1-a_i)\right)^2}$$

$$\Leftrightarrow \left(\sum_{i=1}^{n}(1-a_i)\right)^2 \geqslant \left(\sum_{i=1}^{n}a_i\right)^2.$$

已知正实数 a,b,c 满足 $a^2+b^2+c^2=3$. 证明

$$\frac{1}{4-a^2}+\frac{1}{4-b^2}+\frac{1}{4-c^2} \leqslant \frac{9}{(a+b+c)^2}.$$

(2015,中国西部数学邀请赛预选题)

证明 由柯西不等式得 $(1+b^2+c^2)(a^2+1+1) \geqslant (a+b+c)^2$.

故 $\dfrac{1}{4-a^2}=\dfrac{1}{1+b^2+c^2} \leqslant \dfrac{a^2+2}{(a+b+c)^2}$.

类似地,

$$\frac{1}{4-b^2} \leqslant \frac{b^2+2}{(a+b+c)^2}, \frac{1}{4-c^2} \leqslant \frac{c^2+2}{(a+b+c)^2}.$$

以上三式相加得 $\dfrac{1}{4-a^2}+\dfrac{1}{4-b^2}+\dfrac{1}{4-c^2} \leqslant \dfrac{9}{(a+b+c)^2}$.

从而,命题得证.

给定正整数 $n \geqslant 3$. 求最小的实数 k,使得对于任意正实数 $a_1,a_2,\cdots,a_n$,均有

$$\sum_{i=1}^{n-1}\frac{a_i}{s-a_i}+\frac{ka_n}{s-a_n} \geqslant \frac{n-1}{n-2}(s=a_1+a_2+\cdots+a_n).$$

(第11届中国北方数学奥林匹克)

解 $k_{\min}=\left(\dfrac{n-1}{n-2}\right)^2$.

一方面,令 $a_1=a_2=\cdots=a_{n-1}=1,a_n=x>0$.

于是,$\dfrac{n-1}{n-2+x}+\dfrac{kx}{n-1} \geqslant \dfrac{n-1}{n-2}$.

故对于任意的 $x>0$,均有 $k \geqslant \dfrac{(n-1)^2}{(n-2)(n-2+x)}$. 从而,$k \geqslant \left(\dfrac{n-1}{n-2}\right)^2$.

另一方面,只要证明当 $k=\left(\dfrac{n-1}{n-2}\right)^2$ 时,原不等式成立.

记 $\sum\limits_{i=1}^{n-1}\dfrac{a_i}{s-a_i}+\dfrac{ka_n}{s-a_n}=A.$

由柯西不等式知

$$A \sum_{i=1}^{n} a_i(s-a_i) \geqslant \left(\sum_{i=1}^{n-1} a_i + \frac{n-1}{n-2}a_n\right)^2 \Rightarrow A \geqslant \frac{\left(t+\frac{n-1}{n-2}a_n\right)^2}{(t+a_n)^2 - a_1^2 - a_2^2 - \cdots - a_n^2} \quad (t = a_1$$

$+ a_2 + \cdots + a_{n-1})$.

又由柯西不等式得

$$a_1^2 + a_2^2 + \cdots + a_{n-1}^2 \geqslant \frac{t^2}{n-1}$$

$$\Rightarrow A \geqslant \frac{\left(t+\frac{n-1}{n-2}a_n\right)^2}{(t+a_n)^2 - a_1^2 - a_2^2 - \cdots - a_n^2} \geqslant \frac{\left(t+\frac{n-1}{n-2}a_n\right)^2}{(t+a_n)^2 - \frac{t^2}{n-1} - a_n^2} \geqslant \frac{t^2 + 2 \cdot \frac{n-1}{n-2}ta_n}{\frac{n-2}{n-1}t^2 + 2ta_n}$$

$$= \frac{n-1}{n-2}.$$

　　求最大的正整数 n,使得存在 n 个互不相等的正实数 $x_1, x_2, \cdots, x_n$,满足对于任意的 $1 \leqslant i, j \leqslant n$,均有 $(3x_i - x_j)(x_i - 3x_j) \geqslant (1 - x_i x_j)^2$.

（2015,中国香港代表队选拔考试）

解 注意到,

$(3x_i - x_j)(x_i - 3x_j) \geqslant (1 - x_i x_j)^2 \Leftrightarrow 3x_i^2 - 10x_i x_j + 3x_j^2 \geqslant 1 - 2x_i x_j + x_i^2 x_j^2$

$\Leftrightarrow 3x_i^2 - 6x_i x_j + 3x_j^2 \geqslant 1 + 2x_i x_j + x_i^2 x_j^2$

$\Leftrightarrow 3(x_i - x_j)^2 \geqslant (1 + x_i x_j)^2 \Leftrightarrow \left|\dfrac{x_i - x_j}{1 + x_i x_j}\right| \geqslant \dfrac{1}{\sqrt{3}}$.

不失一般性,可设 $x_1 < x_2 < \cdots < x_n$.

同时,对于任意的 $1 \leqslant i \leqslant n$,存在 θ_i 使得 $0 < \theta_i < \dfrac{\pi}{2}$,且 $x_i = \tan\theta_i$.

故对于任意的 $1 \leqslant i < j \leqslant n$,均有

$\left|\dfrac{x_i - x_j}{1 + x_i x_j}\right| \geqslant \dfrac{1}{\sqrt{3}} \Leftrightarrow \tan(\theta_j - \theta_i) \geqslant \dfrac{1}{\sqrt{3}} \Leftrightarrow \theta_j - \theta_i \geqslant \dfrac{\pi}{6}$.

当 $n \geqslant 4$ 时,据抽屉原理,知一定存在 $i \in \{1, 2, \cdots, n-1\}$,使得 $\theta_{i+1} - \theta_i < \dfrac{\pi}{6}$,不符合题意.

当 $n = 3$ 时,取 $x_1 = \dfrac{\pi}{12}, x_2 = \dfrac{3\pi}{12}, x_3 = \dfrac{5\pi}{12}$,即符合题意.

因此,n 的最大值为 3.

　　已知实数 a, b, c, d 满足 $\sum a = 0$. 证明:$1296\left(\sum a^7\right)^2 \leqslant 637\left(\sum a^2\right)^7$.

（2015,中国台湾数学奥林匹克选训营）

证明 由对称性,可设 $a \geqslant 0$ 最大,$d \leqslant 0$ 最小.

由 $d = -(a+b+c) \leqslant 0 \Rightarrow a+b+c \geqslant 0$.

令 $S_k = a^k + b^k + c^k + d^k (k \in \mathbf{Z}^+), S_7 = a^7 + b^7 + c^7 - (a+b+c)^7$.

首先,将 S_7 因式分解.

当 $a = -b$ 时,$S_7 = 0$. 从而,一定有因式 $a + b$.

类似地,S_7 也一定有因式 $b+c, c+a$.

由于 S_7 是关于 a, b, c 对称的齐次多项式,可设

$$S_7 = \left(\prod (a+b)\right)\left(x \sum a^4 + y \sum (a^3 b + ab^3) + z \sum a^2 b^2 + wabc \sum a\right). \qquad ①$$

分别取 $(a, b, c) = (1,1,0), (1,1,1), (1,1,2), (1,1,3)$,得

$$\begin{cases} 2x + 2y + z + 63 = 0, \\ x + 2y + z + w + 91 = 0, \\ 54x + 66y + 27z + 24w + 2709 = 0, \\ 332x + 248y + 76z + 60w + 9492 = 0. \end{cases}$$

解得 $x = -7, y = -14, z = -21, w = -35$.

代入式 ① 整理得 $S_7 = -7\left(\prod (a+b)\right)\left(\left(\sum a^2 + \sum ab\right)^2 + abc \sum a\right)$.

注意到,

$$S_2 = a^2 + b^2 + c^2 + (a+b+c)^2 = 2\left(\sum a^2 + \sum ab\right) = \sum (a+b)^2,$$

$$abc \sum a \leqslant \frac{1}{3}\left(\sum ab\right)^2.$$

则 $\sum ab \leqslant \sum a^2 \Rightarrow \sum ab \leqslant \dfrac{S_2}{4}$.

故 $1296 S_7^2 = 49\left(27 \prod (a+b)^2\right) \times 48\left(\left(\sum a^2 + \sum ab\right)^2 + abc \sum a\right)^2$

$$\leqslant 49 S_2^3 \times 48\left(\frac{S_2^2}{4} + \frac{1}{3}\left(\frac{S_2}{4}\right)^2\right)^2 \leqslant 637 S_2^7.$$

已知正实数 x, y 满足 $x + y = 1$. 对于 $n \geqslant 2, n \in \mathbf{Z}^+$,证明:

$$\frac{x^n}{x + y^3} + \frac{y^n}{x^3 + y} \geqslant \frac{2^{4-n}}{5}.$$

（2015,中国台湾数学奥林匹克选训营）

证明 由于幂函数 $z = t^m (m \in \mathbf{R}^+)$ 在区间 $(0, +\infty)$ 上为增函数,则

$$(x - y)(x^{n+3} - y^{n+3}) \geqslant 0, (x - y)(x^{n-1} - y^{n-1}) \geqslant 0.$$

故 $2\left(\dfrac{x^{n+1}}{x + y^3} + \dfrac{y^{n+1}}{x^3 + y}\right) - \left(\dfrac{x^n}{x + y^3} + \dfrac{y^n}{x^3 + y}\right) = \dfrac{2x^{n+1} - x^n(x+y)}{x + y^3} + \dfrac{2y^{n+1} - y^n(x+y)}{x^3 + y}$

$= \dfrac{x^n(x - y)}{x + y^3} - \dfrac{y^n(x - y)}{x^3 + y} = \dfrac{x - y}{(x + y^3)(x^3 + y)}\left((x^{n+3} - y^{n+3}) + xy(x^{n-1} - y^{n-1})\right)$

$\geqslant 0$

$$\Rightarrow \frac{x^{n+1}}{x+y^3} + \frac{y^{n+1}}{x^3+y} \geqslant \frac{1}{2}\left(\frac{x^n}{x+y^3} + \frac{y^n}{x^3+y}\right)$$

$$\Rightarrow \frac{x^n}{x+y^3} + \frac{y^n}{x^3+y} \geqslant 2^{2-n}\left(\frac{x^2}{x+y^3} + \frac{y^2}{x^3+y}\right).$$

令 $t=xy$. 则 $t \leqslant \left(\dfrac{x+y}{2}\right)^2 = \dfrac{1}{4}, x^4+y^4 = 1-4t+2t^2, x^5+y^5 = 1-5t+5t^2$.

故 $\dfrac{x^2}{x+y^3} + \dfrac{y^2}{x^3+y} \geqslant \dfrac{4}{5} \Leftrightarrow 5(x^2(x^3+y)+y^2(y^3+x)) \geqslant 4(x+y^3)(x^3+y)$

$\Leftrightarrow 5(x^5+y^5+t) \geqslant 4(x^4+y^4+t+t^3) \Leftrightarrow 5(1-4t+5t^2) \geqslant 4(1-3t+2t^2+t^3)$

$\Leftrightarrow 4t^3-17t^2+8t-1 \leqslant 0 \Leftrightarrow (1-4t)(t^2+(1-4t)) \geqslant 0$.

从而, 原不等式得证.

已知正实数列 $a_1, a_2, \cdots$ 满足对于每个正整数 k, 均有

$$a_{k+1} \geqslant \frac{ka_k}{a_k^2+k-1}. \qquad ①$$

证明: 对于每个正整数 $n \geqslant 2$, 均有 $a_1+a_2+\cdots+a_n \geqslant n$.

(第 56 届 IMO 预选题)

证明　由式 ①, 得 $\dfrac{k}{a_{k+1}} \leqslant \dfrac{a_k^2+k-1}{a_k} = a_k + \dfrac{k-1}{a_k}$.

则 $a_k \geqslant \dfrac{k}{a_{k+1}} - \dfrac{k-1}{a_k} \Rightarrow \displaystyle\sum_{k=1}^{m} a_k \geqslant \sum_{k=1}^{m}\left(\dfrac{k}{a_{k+1}} - \dfrac{k-1}{a_k}\right) = \dfrac{m}{a_{m+1}}.$ ②

下面对正整数 $n \geqslant 2$, 用数学归纳法证明: $a_1+a_2+\cdots+a_n \geqslant n$.

当 $n=2$ 时, 在式 ① 中令 $k=1$, 得 $a_2 \geqslant \dfrac{1}{a_1}$. 于是, $a_1+a_2 \geqslant a_1+\dfrac{1}{a_1} \geqslant 2$.

假设对于正整数 $n \geqslant 2$, 结论成立.

对于正整数 $n+1$, 若 $a_{n+1} \geqslant 1$, 则由归纳假设有 $a_1+a_2+\cdots+a_{n+1} \geqslant n+1$.

若 $a_{n+1} < 1$, 由式 ② 得

$$a_1+a_2+\cdots+a_{n+1} \geqslant \frac{n}{a_{n+1}} + a_{n+1} = \frac{n-1}{a_{n+1}} + \frac{1}{a_{n+1}} + a_{n+1} > n-1+2 = n+1.$$

设 x, y, z 为有理数, 满足 $xyz \geqslant xy+yz+zx$. 证明: $\sqrt{xyz} \geqslant \sqrt{x}+\sqrt{y}+\sqrt{z}$.

(2016, 第 42 届俄罗斯数学奥林匹克)

证明　由均值不等式得

$$xy+zx \geqslant 2\sqrt{xy \cdot zx}, xy+yz \geqslant 2\sqrt{xy \cdot yz}, zx+yz \geqslant 2\sqrt{zx \cdot yz}.$$

将这三个不等式相加, 两边同除以 2, 再结合题中条件得

$$xyz \geqslant xy+zx+yz \geqslant x\sqrt{yz}+y\sqrt{zx}+z\sqrt{xy}.$$

将该式两端同时除以 $\sqrt{xyz}$,即得所证.

设 $a,b,c \in \mathbf{R}^{+}, a+b+c=3$.证明:
$$\sqrt{\frac{b}{a^2+3}} + \sqrt{\frac{c}{b^2+3}} + \sqrt{\frac{a}{c^2+3}} \leqslant \frac{3}{2} \sqrt[4]{\frac{1}{abc}}.$$

(2016,第 19 届地中海地区数学奥林匹克)

证明 将 $u = \left(\frac{1}{\sqrt{a^2+3}}, \frac{1}{\sqrt{b^2+3}}, \frac{1}{\sqrt{c^2+3}} \right), v = (\sqrt{b}, \sqrt{c}, \sqrt{a})$,代入柯西-施瓦兹不等式得

$$\left(\sum \sqrt{\frac{b}{a^2+3}} \right)^2 \leqslant \left(\sum \frac{1}{a^2+3} \right) \left(\sum b \right) = 3 \sum \frac{1}{a^2+3}.$$

由均值不等式,得 $a^2+3 = a+1+1+1 \geqslant 4 \sqrt[4]{a^2} = 4\sqrt{a}$.

故 $\sum \frac{1}{a^2+3} \leqslant \frac{1}{4} \left(\sum \frac{1}{\sqrt{a}} \right) = \frac{\sum \sqrt{ab}}{4\sqrt{abc}} \leqslant \frac{\sum \frac{a+b}{2}}{4\sqrt{abc}} \leqslant \frac{\sum a}{4\sqrt{abc}}$

$$\Rightarrow \left(\sum \sqrt{\frac{b}{a^2+3}} \right)^2 \leqslant 3 \frac{\sum a}{4\sqrt{abc}} = \frac{9}{4\sqrt{abc}},$$

当 $a=b=c=1$ 时,上式的等号成立.

设实数 a,b,c 均不小于 -1,且 $a^3+b^3+c^3=1$.证明:
$$a+b+c+a^2+b^2+c^2 \leqslant 4,$$
并求出等号成立的条件.

(2016,第 47 届奥地利数学奥林匹克)

证明 注意到,当 $x \geqslant -1$ 时,
$$1-x-x^2+x^3 = (1-x)^2(1+x) \geqslant 0. \tag{①}$$
当且仅当 $x = \pm 1$ 时,式 ① 的等号成立.

由式 ①,知 $x+x^2 \leqslant 1+x^3$.

将 $x = a,b,c$ 代入上式得
$$a+a^2+b+b^2+c+c^2 \leqslant 1+a^3+1+b^3+1+c^3 = 4.$$

当且仅当 (a,b,c) 为 $(1,1,-1)$ 及其轮换时,上式的等号成立.

若存在实数 a,b,使得 $|x^2+ax+b| \leqslant m(x^2+1)$ 对于任意的 $x \in [-1,1]$ 恒成立,求实数 m 的最小值.

(2016,第 65 届捷克和斯洛伐克数学奥林匹克)

解 令 $f(x) = x^2+ax+b$.

则 $\begin{cases} |f(1)| \leqslant 2m, \\ |f(-1)| \leqslant 2m, \\ |f(0)| \leqslant m, \end{cases} \Rightarrow \begin{cases} |1+a+b| \leqslant 2m, \\ |1-a+b| \leqslant 2m, \\ |b| \leqslant m. \end{cases}$

由绝对值不等式得

$2m+2m \geqslant |1+a+b|+|1-a+b| \geqslant |(1+a+b)+(1-a+b)| = |2+2b|$

$\Rightarrow 2m \geqslant |1+b|.$

故 $m+2m \geqslant |b|+|1+b| \geqslant |(1+b)-b| = 1 \Rightarrow m \geqslant \dfrac{1}{3}.$

下面验证 $m = \dfrac{1}{3}$ 满足要求.

当 $m = \dfrac{1}{3}$ 时,由绝对值不等式等号成立的条件,知 $a=0, b=-\dfrac{1}{3}$. 此时,对于任意的

$x \in [-1,1]$,均有

$$\left| x^2 - \dfrac{1}{3} \right| \leqslant \dfrac{1}{3}(x^2+1) \Leftrightarrow -\dfrac{1}{3}(x^2+1) \leqslant x^2 - \dfrac{1}{3} \leqslant \dfrac{1}{3}(x^2+1) \Leftrightarrow 0 \leqslant x^2 \leqslant 1.$$

因此,实数 m 的最小值为 $\dfrac{1}{3}$.

对于任意正实数 a,b,c,d,证明:

$$\dfrac{a+\sqrt{ab}+\sqrt[3]{abc}+\sqrt[4]{abcd}}{4} \leqslant \sqrt[4]{a \cdot \dfrac{a+b}{2} \cdot \dfrac{a+b+c}{3} \cdot \dfrac{a+b+c+d}{4}}.$$

(2016,第 65 届保加利亚数学奥林匹克)

证明 设不等式的右边为 $4R$. 则 $R > 0$.

由均值不等式得

$$\dfrac{a}{R} \leqslant 1 + \dfrac{2a}{a+b} + \dfrac{3a}{a+b+c} + \dfrac{4a}{a+b+c+d},$$

$$\dfrac{\sqrt{ab}}{R} \leqslant 1 + \dfrac{2a}{a+b} + \dfrac{3b}{a+b+c} + \dfrac{4b}{a+b+c+d},$$

$$\dfrac{\sqrt[3]{abc}}{R} \leqslant \dfrac{\sqrt[4]{abc \cdot \dfrac{a+b+c}{3}}}{R} \leqslant 1 + 1 + \dfrac{2b}{a+b} + \dfrac{4c}{a+b+c+d},$$

$$\dfrac{\sqrt[4]{abcd}}{R} \leqslant 1 + \dfrac{2b}{a+b} + \dfrac{3c}{a+b+c} + \dfrac{4d}{a+b+c+d}.$$

将上述四个不等式相加,即得结论.

已知正实数 $a_1, a_2, \cdots, a_n (n \geqslant 3)$ 满足 $\dfrac{1}{1+a_1^4} + \dfrac{1}{1+a_2^4} + \cdots + \dfrac{1}{1+a_n^4} = 1$. 证明:

$$a_1 a_2 \cdots a_n \geqslant (n-1)^{\frac{n}{4}}.$$

(第 23 届马其顿数学奥林匹克)

证明 令 $a_i^2 = \tan x_i \left(x_i \in \left(0, \frac{\pi}{2} \right), i = 1, 2, \cdots, n \right)$. 则已知条件变为 $\sum\limits_{i=1}^{n} \cos^2 x_i = 1$.

由均值不等式,得 $\sin^2 x_i = 1 - \cos^2 x_i \geqslant (n-1) \left(\prod\limits_{\substack{j=1 \\ j \neq i}}^{n} \cos x_j \right)^{\frac{2}{n-1}}$ $(i = 1, 2, \cdots, n)$.

以上各式相乘得

$$\prod_{i=1}^{n} \sin^2 x_i \geqslant (n-1)^n \prod_{i=1}^{n} \cos^2 x_i \Rightarrow \prod_{i=1}^{n} \tan^2 x_i \geqslant (n-1)^n$$

$$\Rightarrow \prod_{i=1}^{n} a_i = \left(\prod_{i=1}^{n} \tan x_i \right)^{\frac{1}{2}} \geqslant (n-1)^{\frac{n}{4}}.$$

设 a, b, c 为实数,满足 $0 < a, b, c < \frac{1}{2}$,且 $a + b + c = 1$. 证明:对于任意的实数 x, y, z,均有

$$abc(x + y + z)^2 \geqslant ayz(1 - 2a) + bzx(1 - 2b) + cxy(1 - 2c).$$

(2016,新加坡数学奥林匹克)

证明 原式等价于

$$abc(x + y + z)^2 \geqslant \sum ayz(1 - 2a) = \sum ayz - \sum 2a^2 yz$$

$$\Leftrightarrow abc \sum x^2 + \sum 2yz(a^2 + abc) \geqslant \sum ayz$$

$$\Leftrightarrow abc \sum x^2 + \sum 2yz(a^2(a + b + c) + abc) \geqslant \sum ayz$$

$$\Leftrightarrow abc \sum x^2 + \sum 2ayz(a + c)(a + b) \geqslant \sum ayz$$

$$\Leftrightarrow abc \sum x^2 \geqslant \sum (a(a + b + c)^2 - 2a(a + b)(a + c))yz = \sum a(b^2 + c^2 - a^2)yz$$

$$\Leftrightarrow \sum x^2 \geqslant \sum \left(\frac{b^2 + c^2 - a^2}{2bc} \cdot 2yz \right).$$

注意到,$a + b = 1 - c > \frac{1}{2} > c, b + c = 1 - a > \frac{1}{2} > a, c + a = 1 - b > \frac{1}{2} > b$.

于是,a, b, c 可构成 $\triangle ABC$ 的三边长.

故原式 $\Leftrightarrow \sum x^2 \geqslant \sum 2yz \cos A$. 此为嵌入不等式,显然成立.

因此,原式得证.

设 $a_1, a_2, \cdots, a_m$ 为正整数,其中没有一项为 10,且 $\sum\limits_{k=1}^{m} a_k = 10m$. 证明:$\left(\prod\limits_{i=1}^{m} a_i \right)^{\frac{1}{m}} \leqslant 3\sqrt{11}$.

(2016,爱尔兰数学奥林匹克)

证明 当 $m = 2k$ 时,不妨设 $a_1 \leqslant a_2 \leqslant \cdots \leqslant a_m$. 令 $A_1 = \frac{1}{k} \sum\limits_{i=1}^{k} a_i, A_2 = \frac{1}{k} \sum\limits_{i=k+1}^{2k} a_i$.

显然,$A_1 \leqslant 10 \leqslant A_2$,若等号成立,则每一项均为 10,矛盾.

设 $A_1 = 10 - x$. 则 $A_2 = 10 + x$,且 $x > 0$.

假设 $x < 1$. 则 $A_1 > 9$,$A_2 < 11$.

于是,$a_k \geqslant 11$,$a_{k+1} > 11$. 从而,$A_2 \geqslant 11$,矛盾. 因此,$x \geqslant 1$.

由均值不等式,得 $\left(\prod\limits_{i=1}^{m} a_i \right)^{\frac{1}{m}} \leqslant ((A_1 A_2)^k)^{\frac{1}{m}} = (100 - x^2)^{\frac{1}{2}} \leqslant 99^{\frac{1}{2}} = 3\sqrt{11}$.

当 $m = 2k + 1$ 时,令 $a_{m+i} = a_i (i = 1, 2, \cdots, m)$.

由上面结论知 $\left(\prod\limits_{i=1}^{m} a_i \right)^{\frac{1}{m}} = \left(\prod\limits_{i=1}^{2m} a_i \right)^{\frac{1}{2m}} \leqslant 3\sqrt{11}$.

设 $x_1, x_2, \cdots, x_n$ 为正实数. 证明:

$$\left(\sum_{k=1}^{n} \frac{x_k}{k} \right) \left(\sum_{k=1}^{n} k x_k \right) \leqslant \frac{(n+1)^2}{4n} \left(\sum_{k=1}^{n} x_k \right)^2.$$

(2016,克罗地亚数学奥林匹克)

证明 对于 $1 \leqslant k \leqslant n(k \in \mathbf{Z}^+)$,显然,$\dfrac{n}{k} + k \leqslant n + 1$.

故 $\left(\sum\limits_{k=1}^{n} \dfrac{x_k}{k} \right) \left(\sum\limits_{k=1}^{n} k x_k \right) = \dfrac{1}{n} \left(\sum\limits_{k=1}^{n} \dfrac{n x_k}{k} \right) \left(\sum\limits_{k=1}^{n} k x_k \right)$

$\leqslant \dfrac{1}{n} \cdot \dfrac{1}{4} \left(\sum\limits_{k=1}^{n} \dfrac{n x_k}{k} + \sum\limits_{k=1}^{n} k x_k \right)^2 = \dfrac{1}{4n} \left(\sum\limits_{k=1}^{n} x_k \left(\dfrac{n}{k} + k \right) \right)^2$

$\leqslant \dfrac{(n+1)^2}{4n} \left(\sum\limits_{k=1}^{n} x_k \right)^2$.

对于正整数 $n \geqslant 2$,正实数 $a_1, a_2, \cdots, a_n$ 满足 $\sum\limits_{i=1}^{k-1} a_i \leqslant a_k (2 \leqslant k \leqslant n)$. 证明:$\sum\limits_{i=1}^{n-1}$

$\dfrac{a_i}{a_{i+1}} \leqslant \dfrac{n}{2}$,并求出等号成立的条件.

(2016,罗马尼亚数学奥林匹克)

证明 设 $x_1 = a_1$,$x_k = a_k - \sum\limits_{i=1}^{k-1} a_i (2 \leqslant k \leqslant n)$. 则

$x_{k+1} - x_k = a_{k+1} - 2a_k (1 \leqslant k \leqslant n-1)$

$\Rightarrow 2 \sum\limits_{i=1}^{n-1} \dfrac{a_i}{a_{i+1}} = \sum\limits_{i=1}^{n-1} \left(1 - \dfrac{x_{i+1} - x_i}{a_{i+1}} \right) = n - \dfrac{x_1}{a_1} - \sum\limits_{i=1}^{n-1} \dfrac{x_{i+1} - x_i}{a_{i+1}}$

$= n - \dfrac{x_n}{a_n} - \sum\limits_{i=1}^{n-1} x_i \left(\dfrac{1}{a_i} - \dfrac{1}{a_{i+1}} \right) \leqslant n$. ①

最后一步是因为 $x_i \geqslant 0 (1 \leqslant i \leqslant n)$,且 $a_i \leqslant a_{i+1} (1 \leqslant i \leqslant n-1)$.

当且仅当 $x_2 = x_3 = \cdots = x_n = 0$,即 $a_2 = a_1, a_3 = 2a_1, \cdots, a_n = 2^{n-2} a_1$ 时,式 ① 的

等号成立.

对于任意满足 $a^2+b^2+c^2 \leqslant 3$ 的非负实数 a,b,c,证明:
$$(a+b+c)(a+b+c-abc) \geqslant 2(a^2b+b^2c+c^2a).$$

(2016,土耳其国家队选拔考试)

证明 先证明三个引理.

引理 1 $a+bc \leqslant 2$.

引理 1 的证明 若 $bc > 2$,则 $3 \geqslant a^2+b^2+c^2 \geqslant b^2+c^2 \geqslant 2bc > 4$,矛盾.

从而,$bc \leqslant 2$.

原不等式可改写为 $a^2 \leqslant (2-bc)^2$.

由于 $a^2 \leqslant 3-b^2-c^2$,于是,只要证

$3-b^2-c^2 \leqslant (2-bc)^2 \Rightarrow (bc-1)^2+(b-c)^2 \geqslant 0$.

因此,原不等式成立.

引理 2 $\sqrt{(4-a^2)(4-c^2)} \geqslant ac+2b$.

引理 2 的证明 由引理 1,知 $a \leqslant 2$.

类似地,$c \leqslant 2$.

由均值不等式,得 $abc \leqslant \left(\dfrac{a^2+b^2+c^2}{3}\right)^{\frac{3}{2}} \leqslant 1$.

故 $(4-a^2)(4-c^2)-(ac+2b)^2 = 16-4(a^2+b^2+c^2+abc) \geqslant 16-4(3+1) = 0$.

因此,原不等式成立.

引理 3 $a^2+b^2+c^2 \geqslant a^2b+b^2c+c^2a$.

引理 3 的证明 由均值不等式得

$$a^2+\frac{1}{4}(ab+c^2)^2 \geqslant a^2b+c^2a. \qquad ①$$

由均值不等式及引理 2 得

$$\frac{1}{4}((4-a^2)b^2+(4-c^2)c^2) \geqslant \frac{1}{2}\sqrt{(4-a^2)(4-c^2)}\,bc$$

$$\geqslant \frac{1}{2}(ac+2b)bc = b^2c+\frac{1}{2}abc^2. \qquad ②$$

①+② 可得原不等式成立.

引理 1~3 得证.

由引理 1,得 $a^2b+ab^2c \leqslant 2ab$.

类似地,$b^2c+abc^2 \leqslant 2bc$,$c^2a+a^2bc \leqslant 2ca$.

将上述三个不等式相加得

$2(ab+bc+ca) \geqslant a^2b+b^2c+c^2a+abc(a+b+c)$.

由引理 3 得

$(a+b+c)^2 = a^2+b^2+c^2+2(ab+bc+ca)$

$\geqslant a^2b+b^2c+c^2a+(a^2b+b^2c+c^2a+abc(a+b+c))$

$$= 2(a^2b + b^2c + c^2a) + abc(a+b+c)$$

$$\Rightarrow (a+b+c)(a+b+c-abc) \geqslant 2(a^2b + b^2c + c^2a).$$

设 $a_1, a_2, \cdots, a_n$ 均为正实数，记 $a_{n+1} = a_1$. 证明：

$$\sum_{i=1}^{n} \frac{a_{i+1}}{a_i} \geqslant \sum_{i=1}^{n} \sqrt{\frac{a_{i+1}^2 + 1}{a_i^2 + 1}}.$$

（2016，朝鲜国家队选拔考试）

证明　令 $x_i = \sqrt{\dfrac{a_{i+1}^2 + 1}{a_i^2 + 1}}$, $y_i = \dfrac{\frac{a_{i+1}}{a_i}}{x_i}$ $(i = 1, 2, \cdots, n)$.

注意到，$x_i = \sqrt{\dfrac{a_{i+1}^2 + 1}{a_i^2 + 1}} \geqslant 1 \Leftrightarrow a_{i+1} \geqslant a_i$.

而 $y_i = \dfrac{\frac{a_{i+1}}{a_i}}{x_i} \geqslant 1 \Leftrightarrow \dfrac{a_{i+1}}{a_i} \geqslant \sqrt{\dfrac{a_{i+1}^2 + 1}{a_i^2 + 1}} \Leftrightarrow \dfrac{a_{i+1}^2}{a_i^2} \geqslant \dfrac{a_{i+1}^2 + 1}{a_i^2 + 1} \Leftrightarrow a_{i+1} \geqslant a_i$.

又 $(x_i - 1)(y_i - 1) \geqslant 0 \Rightarrow x_i(y_i - 1) \geqslant y_i - 1 (1 \leqslant i \leqslant n)$, 故

$$\sum_{i=1}^{n} \frac{a_{i+1}}{a_i} - \sum_{i=1}^{n} \sqrt{\frac{a_{i+1}^2 + 1}{a_i^2 + 1}} = \sum_{i=1}^{n} x_i y_i - \sum_{i=1}^{n} x_i = \sum_{i=1}^{n} x_i(y_i - 1)$$

$$\geqslant \sum_{i=1}^{n}(y_i - 1) = \sum_{i=1}^{n} y_i - n \geqslant 0.$$

当且仅当 $a_1 = a_2 = \cdots = a_n$ 时，以上各式的等号成立.

求最大的 λ，使得对于任意的正整数 n 和互异的正整数 $k_1, k_2, \cdots, k_n$，均有

$$\left(\sum_{i=1}^{n} \frac{1}{k_i}\right)\left(\sum_{i=1}^{n} \sqrt{k_i^6 + k_i^3}\right) - \left(\sum_{i=1}^{n} k_i\right)^2 \geqslant \lambda n^2(n^2 - 1).$$

（2016，朝鲜国家队选拔考试）

解　λ 的最大值为 $\dfrac{1}{3}$.

先证明 $\lambda = \dfrac{1}{3}$ 满足条件.

注意到，

$$A = \left(\sum_{i=1}^{n} \frac{1}{k_i}\right)\left(\sum_{i=1}^{n} k_i^3\right) - \left(\sum_{i=1}^{n} k_i\right)^2 = \sum_{i>j}\left(\frac{k_j^3}{k_i} + \frac{k_i^3}{k_j}\right) - \sum_{i>j} 2k_i k_j = \sum_{i>j} \frac{(k_i^2 - k_j^2)^2}{k_i k_j}$$

$$> 4\sum_{i>j}(k_i - k_j)^2 = B \geqslant 4\sum_{i=1}^{n-1} i^2(n-i) = 4n\sum_{i=1}^{n-1} i^2 - 4\sum_{i=1}^{n-1} i^3$$

$$= 4n \times \frac{(n-1)n(2n-1)}{6} - ((n-1)n)^2 = \frac{1}{3}n^2(n^2 - 1).$$

再证明 $\lambda \leqslant \dfrac{1}{3}$.

事实上,令 $k_1 = m+1, k_2 = m+2, \cdots, k_n = m+n(m \in \mathbf{Z}^+)$,得

$$\Big(\sum_{i=1}^{n} \frac{1}{k_i}\Big)\Big(\sum_{i=1}^{n} \sqrt{k_i^6 + k_i^3}\Big) - \Big(\sum_{i=1}^{n} k_i\Big)^2 - A = \Big(\sum_{i=1}^{n} \frac{1}{k_i}\Big)\Big(\sum_{i=1}^{n} (\sqrt{k_i^6 + k_i^3} - k_i^3)\Big)$$

$$< \Big(\sum_{i=1}^{n} \frac{1}{k_i}\Big)\Big(\sum_{i=1}^{n} \frac{1}{2}\Big) < \frac{n^2}{2m},$$

$$A - B = \sum_{i>j} \Big(\frac{(k_i^2 - k_j^2)^2}{k_i k_j} - 4(k_i - k_j)^2\Big) = \sum_{i>j} \frac{(k_i - k_j)^4}{k_i k_j} < \frac{\sum\limits_{i=1}^{n-1} i^4 (n-i)}{m^2}.$$

而 $B = \dfrac{1}{3}n^2(n^2-1)$,由 m,n 的任意性,知当 $m \to +\infty$ 时,

$$\Big(\sum_{i=1}^{n} \frac{1}{k_i}\Big)\Big(\sum_{i=1}^{n} \sqrt{k_i^6 + k_i^3}\Big) - \Big(\sum_{i=1}^{n} k_i\Big)^2 \to B.$$

因此,$\lambda \leqslant \dfrac{1}{3}$.

综上,λ 的最大值为 $\dfrac{1}{3}$.

已知 x, y, z 为正实数,满足 $x + y + z = \dfrac{1}{x} + \dfrac{1}{y} + \dfrac{1}{z}$. 证明:$xy + yz + zx \geqslant 3$.

(2016,爱沙尼亚国家队选拔考试)

证明 $xy + yz + zx = xyz\Big(\dfrac{1}{x} + \dfrac{1}{y} + \dfrac{1}{z}\Big) = \dfrac{xyz\Big(\dfrac{1}{x} + \dfrac{1}{y} + \dfrac{1}{z}\Big)^2}{x + y + z}$

$$= \frac{xyz\Big(\dfrac{1}{x^2} + \dfrac{1}{y^2} + \dfrac{1}{z^2}\Big) + 2x + 2y + 2z}{x + y + z} \geqslant \frac{xyz\Big(\dfrac{1}{xy} + \dfrac{1}{yz} + \dfrac{1}{zx}\Big)}{x + y + z} + 2 = 3.$$

证明:对于任意的正整数 n,均有 $2 \times \sqrt{3} \times \sqrt[3]{4} \times \cdots \times \sqrt[n-1]{n} > n$.

(2016,爱沙尼亚国家队选拔考试)

证明 对于 $2 \leqslant k \leqslant n$,由均值不等式得

$$k - 1 = \frac{(k-1)^2}{k-1} = \frac{k(k-2)+1}{k-1} > \sqrt[k-1]{k^{k-2}} = \sqrt[k-1]{\frac{k^{k-1}}{k}} = \frac{k}{\sqrt[k-1]{k}}$$

$$\Rightarrow \sqrt[k-1]{k} > \frac{k}{k-1} \Rightarrow 2 \times \sqrt{3} \times \sqrt[3]{4} \times \cdots \times \sqrt[n-1]{n} > \frac{2}{1} \times \frac{3}{2} \times \cdots \times \frac{n}{n-1} = n.$$

若正实数 a,b,c,d 满足 $\dfrac{1}{a+1}+\dfrac{1}{b+1}+\dfrac{1}{c+1}+\dfrac{1}{d+1}=2$，证明：

$$\sum \sqrt{\frac{a^2+1}{2}} \geqslant 3\sum \sqrt{a}-8.$$

（第 33 届伊朗国家队选拔考试）

证明 注意到，

$$\sum\left(\sqrt{\frac{a^2+1}{2}}-\sqrt{a}\right)=\sum \frac{\dfrac{a^2+1}{2}-a}{\sqrt{\dfrac{a^2+1}{2}}+\sqrt{a}}=\frac{1}{2}\sum \frac{(a-1)^2}{\sqrt{\dfrac{a^2+1}{2}}+\sqrt{a}}.$$

由柯西不等式，得 $\sqrt{\dfrac{a^2+1}{2}}+\sqrt{a}\leqslant \sqrt{2\left(\dfrac{a^2+1}{2}+a\right)}=a+1$.

故 $\dfrac{1}{2}\sum \dfrac{(a-1)^2}{\sqrt{\dfrac{a^2+1}{2}}+\sqrt{a}}\geqslant \dfrac{1}{2}\sum \dfrac{(a-1)^2}{a+1}=\dfrac{1}{2}\sum(a-3)+2\sum \dfrac{1}{a+1}=\dfrac{1}{2}\sum a-2$

$$=\sum \frac{2a}{a+1}+\sum \frac{a+1}{2}-8=\sum\left(\frac{2a}{a+1}+\frac{a+1}{2}\right)-8\geqslant 2\sum \sqrt{a}-8.$$

对于正整数 $m\geqslant 3$，令 $S(m)=1+\displaystyle\sum_{t=3}^{m}\frac{1}{t}$. 设整数 $n\geqslant 3,k\geqslant 3$. 比较 $S(nk)$ 与 $S(n)+S(k)$ 的大小.

（2016，第 33 届阿根廷数学奥林匹克）

解 注意到，$S(nk)=1+\displaystyle\sum_{t=3}^{nk}\frac{1}{t}$，$S(n)+S(k)=1+\displaystyle\sum_{t=3}^{n}\frac{1}{t}+1+\sum_{t=3}^{k}\frac{1}{t}$.

则 $S(n)+S(k)-S(nk)=\displaystyle\sum_{t=1}^{n}\frac{1}{t}-\sum_{t=k+1}^{nk}\frac{1}{t}-\frac{1}{2}$.

记 $A_j=\displaystyle\sum_{t=1}^{k}\frac{1}{jk+t}(j=1,2,\cdots,n-1)$.

对于 $j=1,2,\cdots,n-1$，令 $d_j=\dfrac{1}{j}-A_j=\dfrac{1}{j}-\displaystyle\sum_{t=1}^{k}\frac{1}{jk+t}$.

则 $d_j=\displaystyle\sum_{t=1}^{k}\left(\frac{1}{jk}-\frac{1}{jk+t}\right)=\sum_{t=1}^{k}\frac{t}{jk(jk+t)}$

$>\dfrac{1+2+\cdots+k}{jk(jk+k)}=\dfrac{k+1}{2k}\cdot \dfrac{1}{j(j+1)}>\dfrac{1}{2j}-\dfrac{1}{2(j+1)}$.

故 $\displaystyle\sum_{t=1}^{n}\frac{1}{t}-\sum_{t=k+1}^{nk}\frac{1}{t}-\frac{1}{2}=\sum_{j=1}^{n-1}d_j+\frac{1}{n}-\frac{1}{2}$

$>\displaystyle\sum_{j=1}^{n-1}\left(\frac{1}{2j}-\frac{1}{2(j+1)}\right)+\frac{1}{n}-\frac{1}{2}=\frac{1}{2n}>0$.

因此,$S(nk) < S(n) + S(k)$.

已知实数 a,b,c 满足 $a+2b+c > 0$,且 $a-2b+c < 0$. 证明:$b^2 > ac$.

（2016,克罗地亚数学竞赛）

证明 考虑 $f(x) = ax^2 + 2bx + c$.

由已知不等式,得 $\begin{cases} f(1) > 0, \\ f(-1) < 0. \end{cases}$

由零点存在定理,知 $f(x)$ 有一个根在 -1 与 1 之间.

因为 $f(x) = 0$ 为二次方程,所以,其有两个不等实根.

故 $4b^2 - 4ac > 0 \Rightarrow b^2 > ac$.

设 $a,b,c \in \mathbf{R}^+$. 证明:$a + \sqrt{ab} + \sqrt[3]{abc} \leqslant \dfrac{4}{3}(a+b+c)$.

（2016,第54届荷兰国家队选拔考试）

证明 由均值不等式得

$$\sqrt[3]{abc} = \sqrt[3]{\frac{a}{4} \cdot b \cdot 4c} \leqslant \frac{a}{12} + \frac{b}{3} + \frac{4c}{3}, \quad \sqrt{ab} = \sqrt{\frac{a}{2} \cdot 2b} < \frac{a}{4} + b.$$

故 $a + \sqrt{ab} + \sqrt[3]{abc} \leqslant \dfrac{4}{3}(a+b+c)$.

设 x,y,z 均为正实数,且 $xyz = 1$. 证明:$\displaystyle\sum \frac{x^6 + 2}{x^3} \geqslant 3\sum \frac{x}{y}$.

（2016,克罗地亚数学竞赛）

证明 由均值不等式,得 $\displaystyle\sum \frac{1}{x^3} \geqslant 3\sqrt[3]{\frac{1}{x^3 y^3 z^3}} = 3$.

故 $\displaystyle\sum \frac{x^6+2}{x^3} \geqslant \sum x^3 + \sum \frac{1}{x^3} + 3 = \sum \left(x^3 + \frac{1}{y^3} + 1\right) \geqslant \sum 3\sqrt[3]{\frac{x^3}{y^3}} = 3\sum \frac{x}{y}$.

设 a,b,c,d 是和为 3 的正实数. 证明:

$$\frac{1}{a^2} + \frac{1}{b^2} + \frac{1}{c^2} + \frac{1}{d^2} \leqslant \frac{1}{(abcd)^2}.$$

（2016,第42届俄罗斯数学奥林匹克）

证明 只需证明等价命题:$a^2 b^2 c^2 + a^2 b^2 d^2 + a^2 c^2 d^2 + b^2 c^2 d^2 \leqslant 1$.

不妨设 $a \geqslant b \geqslant c \geqslant d$.

由均值不等式知 $ab(c+d) \leqslant \left(\dfrac{a+b+(c+d)}{3} \right)^3 = 1$.

故 $a^2b^2c^2 + a^2b^2d^2 + a^2c^2d^2 + b^2c^2d^2 \leqslant a^2b^2(c+d)^2 \leqslant 1$.

设 a,b,c,d 是和为 3 的正实数. 证明: $\dfrac{1}{a^3} + \dfrac{1}{b^3} + \dfrac{1}{c^3} + \dfrac{1}{d^3} \leqslant \dfrac{1}{(abcd)^3}$.

(2016,第 42 届俄罗斯数学奥林匹克)

证明　只需证明其等价问题: $a^3b^3c^3 + a^3b^3d^3 + a^3c^3d^3 + b^3c^3d^3 \leqslant 1$.

不妨设 $a \geqslant b \geqslant c \geqslant d$.

由均值不等式知

$$ab(c+d) \leqslant \left(\frac{a+b+(c+d)}{3} \right)^3 = 1 \Rightarrow a^3b^3c^3 + a^3b^3d^3 + a^3c^3d^3 + b^3c^3d^3$$

$$\leqslant a^3b^3(c+d)^3 \leqslant 1.$$

设 n 为正奇数, $x_1, x_2, \cdots, x_n$ 为非负实数. 证明:
$$\min_{i=1,2,\cdots,n} \{x_i^2 + x_{i+1}^2\} \leqslant \max_{j=1,2,\cdots,n} \{2x_j x_{j+1}\} (x_{n+1} = x_1).$$

(2016,欧洲女子数学奥林匹克)

证明　解答中,所有的下标均按模 n 理解.

考虑 n 个差 $x_{k+1} - x_k (k = 1, 2, \cdots, n)$.

由 n 为奇数,知存在下标 j,使得 $(x_{j+1} - x_j)(x_{j+2} - x_{j+1}) \geqslant 0$.

不妨设上式左边的两个因式均是非负的,即 $x_j \leqslant x_{j+1} \leqslant x_{j+2}$.

故 $\min_{k=1,2,\cdots,n} \{x_k^2 + x_{k+1}^2\} \leqslant x_j^2 + x_{j+1}^2 \leqslant 2x_{j+1}^2 \leqslant 2x_{j+1}x_{j+2} \leqslant \max_{k=1,2,\cdots,n} \{2x_k x_{k+1}\}$.

从而,结论成立.

设正实数 x, y 满足 $x + y^{2016} \geqslant 1$. 证明: $x^{2016} + y > 1 - \dfrac{1}{100}$.

(2016,第八届罗马尼亚大师杯数学竞赛)

证明　(1) 当 $y > 1 - \dfrac{1}{100}$ 时,显然成立.

(2) 当 $y \leqslant 1 - \dfrac{1}{100}$ 时,由于 $x \geqslant 1 - y^{2016} \geqslant 1 - \left(1 - \dfrac{1}{100}\right)^{2016}$,于是,由伯努利不等式得 $x^{2016} \geqslant 1 - 2016\left(1 - \dfrac{1}{100}\right)^{2016}$.

故为证明结论只要证明:

$$1 - 2016\left(1 - \frac{1}{100}\right)^{2016} > 1 - \frac{1}{100} \Leftrightarrow \left(1 - \frac{1}{100}\right)^{2016} < \frac{1}{100 \times 2016}$$

代数部分

$$\Leftrightarrow \left(\frac{100}{99}\right)^{2016} > 100 \times 2016.$$

再次利用伯努利不等式有

$$\left(\frac{100}{99}\right)^{2016} > \left(\left(1+\frac{1}{99}\right)^{100}\right)^{20} \geqslant \left(1+\frac{100}{99}\right)^{20} > 2^{20} = 2^9 \times 2^{11} = 512 \times 2048$$

$$> 100 \times 2016.$$

设整数 $n>1$,实数 α 满足 $0<\alpha<2$,$a_1,a_2,\cdots,a_n,c_1,c_2,\cdots,c_n$ 均为正数. 对 $y>0$,设 $f(y)=\left(\sum_{a_i \leqslant y} c_i a_i^2\right)^{\frac{1}{2}} + \left(\sum_{a_i > y} c_i a_i^\alpha\right)^{\frac{1}{\alpha}}$.

证明:若正数 x 满足 $x \geqslant f(y)$(对某个 y),则 $f(x) \leqslant 8^{\frac{1}{\alpha}} x$.

(2016,中国国家集训队选拔考试)

证明 引理 对 $X,Y \geqslant 0,r>0$,有 $(X+Y)^r \leqslant 2^r(X^r + Y^r)$.

证明 事实上,$(X+Y)^r \leqslant (2\max\{X,Y\})^r = 2^r(\max\{X^r,Y^r\}) \leqslant 2^r(X^r + Y^r)$.

引理得证.

设正数 x,y 满足 $x \geqslant f(y)$.

当 $y \geqslant x$ 时,

$$f(x) = \left(\sum_{a_i \leqslant x} c_i a_i^2\right)^{\frac{1}{2}} + \left(\sum_{a_i > x} c_i a_i^\alpha\right)^{\frac{1}{\alpha}} \leqslant \left(\sum_{a_i \leqslant y} c_i a_i^2\right)^{\frac{1}{2}} + \left(\sum_{x < a_i \leqslant y} c_i a_i^\alpha + \sum_{a_i > y} c_i a_i^\alpha\right)^{\frac{1}{\alpha}}. \quad ①$$

据引理知

$$式①右边 \leqslant \left(\sum_{a_i \leqslant y} c_i a_i^2\right)^{\frac{1}{2}} + 2^{\frac{1}{\alpha}}\left(\sum_{x < a_i \leqslant y} c_i a_i^\alpha\right)^{\frac{1}{\alpha}} + 2^{\frac{1}{\alpha}}\left(\sum_{a_i > y} c_i a_i^\alpha\right)^{\frac{1}{\alpha}}$$

$$\leqslant 2^{\frac{1}{\alpha}} f(y) + 2^{\frac{1}{\alpha}}\left(\sum_{x < a_i \leqslant y} c_i a_i^\alpha\right)^{\frac{1}{\alpha}}. \quad ②$$

又 $\sum_{x < a_i \leqslant y} c_i a_i^\alpha = \sum_{x < a_i \leqslant y} c_i a_i^2 a_i^{\alpha-2} \leqslant x^{\alpha-2} \sum_{x < a_i \leqslant y} c_i a_i^2 \leqslant x^{\alpha-2} f^2(y) \leqslant x^\alpha$(利用了 $0<\alpha<2$ 及 $f(y) \leqslant x$),故 $f(x) \leqslant 2^{\frac{1}{\alpha}} f(y) + 2^{\frac{1}{\alpha}} x \leqslant 2^{\frac{1}{\alpha}} \cdot 2x \leqslant 8^{\frac{1}{\alpha}} x$.

类似地,当 $y<x$ 时,

$$f(x) = \left(\sum_{a_i \leqslant y} c_i a_i^2 + \sum_{y < a_i \leqslant x} c_i a_i^2\right)^{\frac{1}{2}} + \left(\sum_{a_i > x} c_i a_i^\alpha\right)^{\frac{1}{\alpha}}$$

$$\leqslant 2^{\frac{1}{2}}\left(\sum_{a_i \leqslant y} c_i a_i^2\right)^{\frac{1}{2}} + 2^{\frac{1}{2}}\left(\sum_{y < a_i \leqslant x} c_i a_i^2\right)^{\frac{1}{2}} + \left(\sum_{a_i > y} c_i a_i^\alpha\right)^{\frac{1}{\alpha}} \leqslant 2^{\frac{1}{2}} f(y) + 2^{\frac{1}{2}}\left(\sum_{y < a_i \leqslant x} c_i a_i^2\right)^{\frac{1}{2}}$$

$$\leqslant 2^{\frac{1}{2}} f(y) + 2^{\frac{1}{2}}\left(x^{2-\alpha} \sum_{y < a_i \leqslant x} c_i a_i^\alpha\right)^{\frac{1}{2}}$$

$$\leqslant 2^{\frac{1}{2}} f(y) + 2^{\frac{1}{2}}(x^{2-\alpha} f^\alpha(y))^{\frac{1}{2}} \leqslant 2^{\frac{1}{2}} x + 2^{\frac{1}{2}} x = 8^{\frac{1}{2}} x < 8^{\frac{1}{\alpha}} x.$$

设实数 $a_1, a_2, \cdots, a_{2016}$ 满足 $9a_i > 11a_{i+1}^2 (i=1,2,\cdots,2015)$. 求 $(a_1 - a_2^2)(a_2 - a_3^2)\cdots(a_{2015} - a_{2016}^2)(a_{2016} - a_1^2)$ 的最大值.

(2016,全国高中数学联合竞赛)

解 令 $P = \prod\limits_{i=1}^{2016}(a_i - a_{i+1}^2), a_{2017} = a_1$.

由已知得对 $i = 1, 2, \cdots, 2015$,均有 $a_i - a_{i+1}^2 > \dfrac{11}{9}a_{i+1}^2 - a_{i+1}^2 > 0$.

若 $a_{2016} - a_1^2 \leqslant 0$,则 $P \leqslant 0$.

以下考虑 $a_{2016} - a_1^2 > 0$ 的情况.

由均值不等式得

$$P^{\frac{1}{2016}} \leqslant \frac{1}{2016}\sum_{i=1}^{2016}(a_i - a_{i+1}^2) = \frac{1}{2016}\left(\sum_{i=1}^{2016}a_i - \sum_{i=1}^{2016}a_{i+1}^2\right) = \frac{1}{2016}\left(\sum_{i=1}^{2016}a_i - \sum_{i=1}^{2016}a_i^2\right)$$

$$= \frac{1}{2016}\sum_{i=1}^{2016}a_i(1 - a_i)$$

$$\leqslant \frac{1}{2016}\sum_{i=1}^{2016}\left(\frac{a_i + (1-a_i)}{2}\right)^2 = \frac{1}{2016}\times 2016 \times \frac{1}{4} = \frac{1}{4}$$

$$\Rightarrow P \leqslant \frac{1}{4^{2016}}.$$

当 $a_1 = a_2 = \cdots = a_{2016} = \dfrac{1}{2}$ 时,上述不等式的等号成立,且有 $9a_i > 11a_{i+1}^2 (i=1, 2, \cdots, 2015)$,此时,$P = \dfrac{1}{4^{2016}}$.

综上,所求最大值为 $\dfrac{1}{4^{2016}}$.

设 n 为正整数. 已知 n 个正数 $x_1, x_2, \cdots, x_n$ 的乘积为 1. 证明:

$$\sum_{i=1}^{n}\left(x_i \sqrt{x_1^2 + x_2^2 + \cdots + x_i^2}\right) \geqslant \frac{(n+1)\sqrt{n}}{2}.$$

(第 13 届中国东南地区数学奥林匹克)

证明 由条件知

$$\sum_{i=1}^{n}\left(x_i \sqrt{x_1^2 + x_2^2 + \cdots + x_i^2}\right) \geqslant \sum_{i=1}^{n}\left(x_i \cdot \frac{x_1 + x_2 + \cdots + x_i}{\sqrt{i}}\right) = \sum_{i=1}^{n}\sum_{j=1}^{i}\frac{x_i x_j}{\sqrt{i}}$$

$$\geqslant \frac{1}{\sqrt{n}}\sum_{i=1}^{n}\sum_{j=1}^{i}x_i x_j = \frac{1}{\sqrt{n}}\sum_{1 \leqslant j \leqslant i \leqslant n}x_i x_j \geqslant \frac{1}{\sqrt{n}}\left(n\sqrt[n]{x_1^2 x_2^2 \cdots x_n^2} + C_n^2 \sqrt[C_n^2]{x_1^{n-1} x_2^{n-1} \cdots x_n^{n-1}}\right)$$

$$= \frac{n + n^2}{2\sqrt{n}} = \frac{(n+1)\sqrt{n}}{2}.$$

设 $a_1, a_2, \cdots, a_n$ 为正实数,且 $a_1 + a_2 + \cdots + a_n = n$. 证明:

$$\sum_{m=1}^{n} \frac{a_m}{\prod_{k=1}^{m}(1+a_k)} \leqslant 1 - \frac{1}{2^n}.$$

(第 12 届中国北方数学奥林匹克)

证明 对任意正整数 $m(2 \leqslant m \leqslant n)$,有

$$\frac{a_m}{\prod_{k=1}^{m}(1+a_k)} = \frac{1+a_m}{\prod_{k=1}^{m}(1+a_k)} - \frac{1}{\prod_{k=1}^{m}(1+a_k)} = \frac{1}{\prod_{k=1}^{m-1}(1+a_k)} - \frac{1}{\prod_{k=1}^{m}(1+a_k)}.$$

当 $m = 1$ 时,$\dfrac{a_1}{1+a_1} = 1 - \dfrac{1}{1+a_1}$.

设 $b_m = \prod_{k=1}^{m}(1+a_k)$,裂项求和得 $\sum_{m=1}^{n} \dfrac{a_m}{\prod_{k=1}^{m}(1+a_k)} = 1 - \dfrac{1}{b_1} + \sum_{m=2}^{n}\left(\dfrac{1}{b_{m-1}} - \dfrac{1}{b_m}\right) = 1 - \dfrac{1}{b_n}$.

注意到,$b_n = \prod_{k=1}^{n}(1+a_k) \leqslant \left(\dfrac{n + a_1 + a_2 + \cdots + a_n}{n}\right)^n = 2^n$,当且仅当 $a_i = 1$ 时,上式的等号成立.

故 $1 - \dfrac{1}{b_n} \leqslant 1 - \dfrac{1}{2^n}$. 从而,$\sum_{m=1}^{n} \dfrac{a_m}{\prod_{k=1}^{m}(1+a_k)} \leqslant 1 - \dfrac{1}{2^n}$.

求非负实数 λ 的最小可能值,使得对于任意的正实数 a, b,均有

$$\frac{a+b}{2} \geqslant \lambda \sqrt{ab} + (1-\lambda)\sqrt{\frac{a^2+b^2}{2}}.$$

(2016,第 19 届中国香港数学奥林匹克)

解 若 $a = b$,不等式对于所有的 λ 均成立,假设 $a \neq b$,则

$$\frac{a+b}{2} \geqslant \lambda \sqrt{ab} + (1-\lambda)\sqrt{\frac{a^2+b^2}{2}} \Leftrightarrow a+b \geqslant 2\lambda \sqrt{ab} + (2-2\lambda)\sqrt{\frac{a^2+b^2}{2}}$$

$$\Leftrightarrow \lambda(\sqrt{2a^2+2b^2} - 2\sqrt{ab}) \geqslant \sqrt{2a^2+2b^2} - (a+b)$$

$$\Leftrightarrow \frac{2\lambda(a-b)^2}{\sqrt{2a^2+2b^2} + 2\sqrt{ab}} \geqslant \frac{(a-b)^2}{\sqrt{2a^2+2b^2} + (a+b)}$$

$$\Leftrightarrow 2\lambda \geqslant \frac{\sqrt{2a^2+2b^2} + 2\sqrt{ab}}{\sqrt{2a^2+2b^2} + (a+b)} = 1 - \frac{(a+b) - 2\sqrt{ab}}{\sqrt{2a^2+2b^2} + (a+b)}$$

$$\Leftrightarrow 2\lambda \geqslant 1 - \frac{(\sqrt{a} - \sqrt{b})^2}{\sqrt{2a^2+2b^2} + (a+b)}. \qquad ①$$

取 $\sqrt{a} = 1$,$\sqrt{b} = 1 + \varepsilon (\varepsilon > 0)$,则分母不小于 4. 故 $2\lambda \geqslant 1 - \dfrac{\varepsilon^2}{4}$.

又 $1 - \dfrac{\varepsilon^2}{4} \to 1$,从而,$\lambda \geqslant \dfrac{1}{2}$.

又当 $\lambda = \dfrac{1}{2}$ 时,式 ① 显然成立.

因此,所求的最小可能值为 $\lambda = \dfrac{1}{2}$.

已知正实数 x,y,z 满足 $x + y + z = 1$. 求使 $\dfrac{x^2 y^2}{1-z} + \dfrac{y^2 z^2}{1-x} + \dfrac{z^2 x^2}{1-y} \leqslant k - 3xyz$ 恒成立的实数 k 的最小值.

(2016,中国台湾数学奥林匹克选训营)

解 先令 $x = y = z = \dfrac{1}{3}$. 则 $k \geqslant \dfrac{1}{6}$.

下面证明:$\dfrac{x^2 y^2}{1-z} + \dfrac{y^2 z^2}{1-x} + \dfrac{z^2 x^2}{1-y} \leqslant \dfrac{1}{6} - 3xyz$. 　　　①

由 $x, y, z > 0$,$x + y + z = 1$,知

不等式 ① $\Leftrightarrow \dfrac{xy}{z(x+y)} + \dfrac{yz}{x(y+z)} + \dfrac{zx}{y(z+x)} + 3 \leqslant \dfrac{1}{6xyz}$

$\Leftrightarrow \dfrac{xyz}{z(x+y)} + \dfrac{xyz}{x(y+z)} + \dfrac{xyz}{y(z+x)} \leqslant \dfrac{1}{6(xy+yz+zx)}$

$\Leftrightarrow \dfrac{xy}{x+y} + \dfrac{yz}{y+z} + \dfrac{zx}{z+x} \leqslant \dfrac{1}{6(xy+yz+zx)}$. 　　　②

由 $1 = (x+y+z)^2 = x^2 + y^2 + z^2 + 2xy + 2yz + 2zx \geqslant 3(xy+yz+zx)$

$\Rightarrow \dfrac{1}{6(xy+yz+zx)} \geqslant \dfrac{1}{2}$.

又 $xy \leqslant \dfrac{1}{4}(x+y)^2$,则

$\dfrac{xy}{x+y} + \dfrac{yz}{y+z} + \dfrac{zx}{z+x} \leqslant \dfrac{1}{4}((x+y) + (y+z) + (z+x)) = \dfrac{1}{2}$.

故不等式 ② 成立. 进而,不等式 ① 成立.

当且仅当 $x = y = z = \dfrac{1}{3}$ 时,以上各式的等号成立.

从而,实数 k 取最小值 $\dfrac{1}{6}$.

已知正实数 x,y 满足 $x + y = 1$. 证明:

$$\dfrac{x}{x^2 + y^3} + \dfrac{y}{x^3 + y^2} \leqslant 2\left(\dfrac{x}{x+y^2} + \dfrac{y}{x^2+y}\right).$$

(2016,中国台湾数学奥林匹克选训营)

证明 令 $t = xy$. 则

代数部分

$x^2 + y^2 = 1 - 2t, x^3 + y^3 = 1 - 3t, x^4 + y^4 = 1 - 4t + 2t^2, x^5 + y^5 = 1 - 5t + 5t^2$.

又 $x^2 + y = y^2 + x$, 故原不等式等价于

$$\frac{x}{x^2 + y^3} + \frac{y}{x^3 + y^2} \leqslant \frac{2}{x + y^2} \Leftrightarrow \frac{x^4 + y^4 + xy}{(x^2 + y^3)(x^3 + y^2)} \leqslant \frac{4}{x + y + x^2 + y^2}$$

$$\Leftrightarrow (1 + x^2 + y^2)(x^4 + y^4 + xy) \leqslant 4(x^2 + y^3)(x^3 + y^2)$$

$$\Leftrightarrow (2 - 2t)(1 - 3t + 2t^2) \leqslant 4(1 - 5t + 6t^2 + t^3)$$

$$\Leftrightarrow (4t - 1)(t^2 + 2t - 1) \geqslant 0 \Leftrightarrow \left(t - \frac{1}{4}\right)(t - (\sqrt{2} - 1))(t + \sqrt{2} + 1) \geqslant 0.$$

又 $0 < t \leqslant \left(\frac{x + y}{2}\right)^2 = \frac{1}{4}$, 从而, 上述不等式得证.

设 $-5 \leqslant x, y, z \leqslant 3$. 证明: $\sum \sqrt{3x - 5y - xy + 15} \leqslant 12$.

(2016—2017, 匈牙利数学奥林匹克)

证明 由均值不等式得

$$\sqrt{3x - 5y - xy + 15} = \sqrt{(5 + x)(3 - y)} \leqslant \frac{1}{2}(5 + x + 3 - y) = 4 + \frac{x - y}{2}.$$

类似地, $\sqrt{3y - 5z - yz + 15} \leqslant 4 + \frac{y - z}{2}, \sqrt{3z - 5x - zx + 15} \leqslant 4 + \frac{z - x}{2}$.

三式相加即得所证不等式.

已知正整数 $a_i, b_i (i = 1, 2, \cdots, n)$ 满足 $0 < \frac{a_i}{b_i} < 1$. 若 $a_i \neq a_j$ 与 $b_i \neq b_j$ 中至少有一个成立, 则称 $\frac{a_i}{b_i}$ 与 $\frac{a_j}{b_j}$ 是 "形式互异的"; 若 $\frac{a_i}{b_i} \neq \frac{a_j}{b_j}$, 则称 $\frac{a_i}{b_i}$ 与 $\frac{a_j}{b_j}$ 是 "本质互异的". 证明:

(1) 若 $\frac{a_i}{b_i}$ 是两两形式互异的, 则 $\sum_{i=1}^{n} b_i \geqslant \frac{2\sqrt{2}}{3} n^{\frac{3}{2}}$;

(2) 若 $\frac{a_i}{b_i}$ 是两两本质互异的, 则 $\sum_{i=1}^{n} b_i \geqslant 2\left(\frac{2n}{3}\right)^{\frac{3}{2}}$.

(2016—2017, 匈牙利数学奥林匹克)

证明 (1) 对 n 进行归纳.

当 $n = 1$ 时, $b_1 \geqslant 2 > \frac{2\sqrt{2}}{3}$.

假设当 $n = k (k \geqslant 1)$ 时, 结论成立.

接下来考虑当 $n = k + 1$ 时的情况.

若对于任意的 i, 均有 $b_i \leqslant \sqrt{2k + 2}$, 记 $m = \left[\sqrt{2k + 2}\right]$.

则 $2 \leqslant b_i \leqslant m (i=1,2,\cdots,k+1)$.

由于 $\dfrac{a_i}{b_i} \in (0,1)$ 且两两形式互异,于是,对于任意的正整数 j,满足 $b_i = j$ 的下标 i 的个数不超过 $j-1$.从而,

$$k+1 \leqslant 1+2+\cdots+(m-1) = \frac{m(m-1)}{2} \Rightarrow 2k+2 \leqslant m(m-1) < m^2,$$

这与 $m \leqslant \sqrt{2k+2}$ 矛盾.

因此,必有某个 $i_0 (1 \leqslant i_0 \leqslant k+1)$,使得 $b_{i_0} > \sqrt{2k+2}$.

再对除 $\dfrac{a_{i_0}}{b_{i_0}}$ 外的其余 k 个分数应用归纳假设便得到

$$\sum_{i=1}^{k+1} b_i > \frac{2\sqrt{2}}{3} k^{\frac{3}{2}} + \sqrt{2k+2}.$$

注意到,

$$\frac{2\sqrt{2}}{3} k^{\frac{3}{2}} + \sqrt{2k+2} - \frac{2\sqrt{2}}{3}(k+1)^{\frac{3}{2}} = \frac{\sqrt{2}}{3}(\sqrt{k+1} - 2k\sqrt{k+1} + 2k\sqrt{k})$$

$$= \frac{\sqrt{2}}{3}\left(\sqrt{k+1} - \frac{2k}{\sqrt{k+1}+\sqrt{k}}\right) > \frac{\sqrt{2}}{3}\left(\sqrt{k+1} - \frac{2k}{2\sqrt{k}}\right)$$

$$= \frac{\sqrt{2}}{3}(\sqrt{k+1} - \sqrt{k}) > 0.$$

故 $\dfrac{2\sqrt{2}}{3} k^{\frac{3}{2}} + \sqrt{2k+2} > \dfrac{2\sqrt{2}}{3}(k+1)^{\frac{3}{2}}$,即当 $n=k+1$ 时,结论成立.归纳得证.

(2) 因为将 $\dfrac{a_i}{b_i}(i=1,2,\cdots,n)$ 中任一非既约分数用其既约形式替换后,全体 b_i 之和变小,所以,不妨假设所有的 $\dfrac{a_i}{b_i}$ 均是既约的.

对 n 进行归纳.

当 $n=1$ 时,有 $b_1 \geqslant 2 > 2\left(\dfrac{2}{3}\right)^{\frac{3}{2}}$.

现假设当 $n=k(k \geqslant 1)$ 时,结论成立.

接下来考虑当 $n=k+1$ 时的情况.

若对于任意的 i,均有 $b_i \leqslant \dfrac{2\sqrt{6}}{3}\sqrt{k+1}$,记 $m=\left[\dfrac{2\sqrt{6}}{3}\sqrt{k+1}\right]$.

则 $2 \leqslant b_i \leqslant m (i=1,2,\cdots,k+1)$.

而分母不超过 m 的全体真分数共有 $1+2+\cdots+(m-1) = \dfrac{m(m-1)}{2}$ 个,其中,分子和分母同为偶数的非既约分数与分母不超过 $\left[\dfrac{m}{2}\right]$ 的全体真分数一一对应

$\left[\text{共} \dfrac{\left[\dfrac{m}{2}\right]\left(\left[\dfrac{m}{2}\right]-1\right)}{2} \text{个}\right]$,故分母不超过 m 的既约真分数的个数至多为 $\dfrac{m(m-1)}{2}$

$$-\frac{\left[\frac{m}{2}\right]\left(\left[\frac{m}{2}\right]-1\right)}{2}.$$

故 $k+1\leqslant\dfrac{m(m-1)}{2}-\dfrac{\left[\frac{m}{2}\right]\left(\left[\frac{m}{2}\right]-1\right)}{2}$

$\leqslant\dfrac{1}{2}m(m-1)-\dfrac{1}{2}\times\dfrac{m-1}{2}\left(\dfrac{m-1}{2}-1\right)=\dfrac{3}{8}(m^2-1)<\dfrac{3m^2}{8}.$

但这与 $m\leqslant\dfrac{2\sqrt{6}}{3}\sqrt{k+1}$ 矛盾.

从而,必有某个 $i_0(1\leqslant i_0\leqslant k+1)$,使得 $b_{i_0}>\dfrac{2\sqrt{6}}{3}\sqrt{k+1}$.

再对除 $\dfrac{a_{i_0}}{b_{i_0}}$ 外的其余 k 个分数应用归纳假设便得到

$$\sum_{i=1}^{k+1}b_i>2\left(\frac{2k}{3}\right)^{\frac{3}{2}}+\frac{2\sqrt{6}}{3}\sqrt{k+1}.$$

注意到,

$2\left(\dfrac{2k}{3}\right)^{\frac{3}{2}}+\dfrac{2\sqrt{6}}{3}\sqrt{k+1}-2\left(\dfrac{2(k+1)}{3}\right)^{\frac{3}{2}}=\dfrac{2\sqrt{6}}{9}\left(\sqrt{k+1}-2k\sqrt{k+1}+2k\sqrt{k}\right)$

$=\dfrac{2\sqrt{6}}{9}\left(\sqrt{k+1}-\dfrac{2k}{\sqrt{k+1}+\sqrt{k}}\right)>\dfrac{2\sqrt{6}}{9}\left(\sqrt{k+1}-\dfrac{2k}{2\sqrt{k}}\right)$

$=\dfrac{2\sqrt{6}}{9}\left(\sqrt{k+1}-\sqrt{k}\right)>0.$

故 $2\left(\dfrac{2k}{3}\right)^{\frac{3}{2}}+\dfrac{2\sqrt{6}}{3}\sqrt{k+1}>2\left(\dfrac{2(k+1)}{3}\right)^{\frac{3}{2}}$,即当 $n=k+1$ 时,结论成立.归纳得证.

已知正实数 a,b,c 满足 $\min\{ab,bc,ca\}\geqslant1$.证明:

$$\sqrt[3]{(a^2+1)(b^2+1)(c^2+1)}\leqslant\left(\frac{a+b+c}{3}\right)^2+1.$$

(第 57 届 IMO 预选题)

证明 引理 若任意正实数 x,y 满足 $xy\geqslant1$,则 $(x^2+1)(y^2+1)\leqslant\left(\left(\dfrac{x+y}{2}\right)^2+1\right)^2.$

证明 由 $xy\geqslant1$,知 $\left(\dfrac{x+y}{2}\right)^2-1\geqslant xy-1\geqslant0.$

则 $(x^2+1)(y^2+1)=(xy-1)^2+(x+y)^2$

$\leqslant\left(\left(\dfrac{x+y}{2}\right)^2-1\right)^2+(x+y)^2=\left(\left(\dfrac{x+y}{2}\right)^2+1\right)^2.$

引理得证.

不妨设 $a\geqslant b\geqslant c$.这表明,$a\geqslant1.$

设 $d = \dfrac{a+b+c}{3}$. 则 $ad = \dfrac{a(a+b+c)}{3} \geqslant \dfrac{1+1+1}{3} = 1$.

对于数对 (a,d), (b,c), 由引理得

$$(a^2+1)(d^2+1)(b^2+1)(c^2+1) \leqslant \left(\left(\frac{a+d}{2}\right)^2+1\right)^2 \left(\left(\frac{b+c}{2}\right)^2+1\right)^2.$$

注意到, $\dfrac{a+d}{2} \cdot \dfrac{b+c}{2} \geqslant \sqrt{ad}\,\sqrt{bc} \geqslant 1$.

对于数对 $\left(\dfrac{a+d}{2}, \dfrac{b+c}{2}\right)$, 由引理得

$$(a^2+1)(d^2+1)(b^2+1)(c^2+1) \leqslant \left(\left(\frac{a+b+c+d}{4}\right)^2+1\right)^4 = (d^2+1)^4$$

$$\Rightarrow (a^2+1)(b^2+1)(c^2+1) \leqslant (d^2+1)^3.$$

上式两边同时开三次根号即得原不等式成立.

求最小的实数 C, 满足对于任意正实数 $a_1, a_2, \cdots, a_5$（可以相同）, 总可选择不同的下标 i, j, k, l, 使得 $\left|\dfrac{a_i}{a_j} - \dfrac{a_k}{a_l}\right| \leqslant C$.

（第 57 届 IMO 预选题）

解　最小的实数 $C = \dfrac{1}{2}$.

先证明：$C \leqslant \dfrac{1}{2}$.

对于正实数 $a_1, a_2, \cdots, a_5$, 不妨设 $a_1 \leqslant a_2 \leqslant a_3 \leqslant a_4 \leqslant a_5$.

考虑五个比值 $\dfrac{a_1}{a_2}, \dfrac{a_3}{a_4}, \dfrac{a_1}{a_5}, \dfrac{a_2}{a_3}, \dfrac{a_4}{a_5}$, 它们中的每一个均在区间 $(0,1]$ 中. 由抽屉原理, 知至少有三个比值同在区间 $\left(0, \dfrac{1}{2}\right]$ 或 $\left(\dfrac{1}{2}, 1\right]$ 中. 特别地, 一定有相邻的两个比值在一个长度为 $\dfrac{1}{2}$ 的区间内（规定 $\dfrac{a_1}{a_2}$ 与 $\dfrac{a_4}{a_5}$ 为相邻的）. 由此, 这两个比值的差的绝对值小于 $\dfrac{1}{2}$.

而相邻的两个比值中的所有下标互不相同, 于是, 可以选择 i, j, k, l 这四个下标.

从而, $C \leqslant \dfrac{1}{2}$.

再证明：最小的实数 $C = \dfrac{1}{2}$.

考虑实数 $1, 2, 2, 2, n$, 其中, n 为一个足够大的实数, 这五个数中的任意两个数的比值按递增的次序排列为 $\dfrac{1}{n}, \dfrac{2}{n}, \dfrac{1}{2}, \dfrac{2}{2}, \dfrac{2}{1}, \dfrac{n}{2}, \dfrac{n}{1}$.

由于 i, j, k, l 互不相同, 于是, $\dfrac{1}{n}$ 与 $\dfrac{2}{n}$ 不能被同时选出. 从而, 任意两个比值的差的绝对值的最小值为 $\dfrac{1}{2} - \dfrac{2}{n}$. 又 n 可以趋近于无穷大, 因此, $\dfrac{1}{2} - \dfrac{2}{n}$ 趋近于 $\dfrac{1}{2}$.

综上，最小的实数 $C = \dfrac{1}{2}$.

求所有正整数 $n(n \geqslant 3)$，满足：对于所有实数 $a_1, a_2, \cdots, a_n$ 及 $b_1, b_2, \cdots, b_n$，若对每个整数 $k(1 \leqslant k \leqslant n)$，均有 $|a_k| + |b_k| = 1$，则存在 $x_1, x_2, \cdots, x_n \in \{-1, 1\}$，使得 $\left| \displaystyle\sum_{k=1}^{n} x_k a_k \right| + \left| \displaystyle\sum_{k=1}^{n} x_k b_k \right| \leqslant 1$.

（第 57 届 IMO 预选题）

解 n 为任意不小于 3 的奇数.

若偶数 $n \geqslant 4$，考虑 $a_1 = a_2 = \cdots = a_{n-1} = b_n = 0, b_1 = b_2 = \cdots = b_{n-1} = a_n = 1$.

则对于每个整数 $k(1 \leqslant k \leqslant n)$，均有 $|a_k| + |b_k| = 1$.

无论怎样选择 $x_k(k = 1, 2, \cdots, n)$，$\displaystyle\sum_{k=1}^{n} x_k a_k$ 与 $\displaystyle\sum_{k=1}^{n} x_k b_k$ 均为奇数.

这表明，$\left| \displaystyle\sum_{k=1}^{n} x_k a_k \right| \geqslant 1, \left| \displaystyle\sum_{k=1}^{n} x_k b_k \right| \geqslant 1$.

故 $\left| \displaystyle\sum_{k=1}^{n} x_k a_k \right| + \left| \displaystyle\sum_{k=1}^{n} x_k b_k \right| \geqslant 2$，矛盾.

若奇数 $n \geqslant 3$，不妨假设对于每个整数 $k(1 \leqslant k \leqslant n)$，均有 $b_k \geqslant 0$（事实上，若有必要，可以用数对 $(-a_k, -b_k)$ 代替 (a_k, b_k)，用 $-x_k$ 代替 x_k），且

$$a_1 \geqslant a_2 \geqslant \cdots \geqslant a_m \geqslant 0 \geqslant a_{m+1} \geqslant \cdots \geqslant a_n.$$

对于每个整数 $k(1 \leqslant k \leqslant n)$，选择 $x_k = (-1)^{k+1}$.

定义 $s = \displaystyle\sum_{k=1}^{m} x_k a_k, t = -\displaystyle\sum_{k=m+1}^{n} x_k a_k$.

由 $a_1 \geqslant a_2 \geqslant \cdots \geqslant a_m$，知：

当 m 为偶数时，

$s = (a_1 - a_2) + (a_3 - a_4) + \cdots + (a_{m-1} - a_m) \geqslant 0$,

$s = a_1 - (a_2 - a_3) - (a_4 - a_5) - \cdots - (a_{m-2} - a_{m-1}) - a_m \leqslant a_1 \leqslant 1$;

当 m 为奇数时，

$s = (a_1 - a_2) + (a_3 - a_4) + \cdots + (a_{m-2} - a_{m-1}) + a_m \geqslant 0$,

$s = a_1 - (a_2 - a_3) - (a_4 - a_5) - \cdots - (a_{m-1} - a_m) \leqslant a_1 \leqslant 1$;

类似地，当 m 为奇数时，

$t = (-a_n + a_{n-1}) + (-a_{n-2} + a_{n-3}) + \cdots + (-a_{m+2} + a_{m+1}) \geqslant 0$,

$t = -a_n + (a_{n-1} - a_{n-2}) + (a_{n-3} - a_{n-4}) + \cdots + (a_{m+3} - a_{m+2}) + a_{m+1} \leqslant -a_n \leqslant 1$;

当 m 为偶数时，

$t = (-a_n + a_{n-1}) + (-a_{n-2} + a_{n-3}) + \cdots + (-a_{m+3} + a_{m+2}) - a_{m+1} \geqslant 0$,

$t = -a_n + (a_{n-1} - a_{n-2}) + (a_{n-3} - a_{n-4}) + \cdots + (a_{m+2} - a_{m+1}) \leqslant -a_n \leqslant 1$.

由已知条件得

$$a_k + b_k = 1(1 \leqslant k \leqslant m), -a_k + b_k = 1(m+1 \leqslant k \leqslant n).$$

则 $\sum\limits_{k=1}^{n} x_k a_k = s - t$,

$$\sum_{k=1}^{n} x_k b_k = \sum_{k=1}^{m} x_k(1-a_k) + \sum_{k=m+1}^{n} x_k(1+a_k)$$

$$= \sum_{k=1}^{n} x_k - \sum_{k=1}^{m} x_k a_k + \sum_{k=m+1}^{n} x_k a_k = 1 - s - t.$$

因此,只要证 $|s-t| + |1-s-t| \leqslant 1 (0 \leqslant s, t \leqslant 1)$.

由对称性,不妨设 $s \geqslant t$.

若 $1-s-t \geqslant 0$,则 $|s-t| + |1-s-t| = s-t+1-s-t = 1-2t \leqslant 1$;

若 $1-s-t \leqslant 0$,则 $|s-t| + |1-s-t| = s-t-1+s+t = 2s-1 \leqslant 1$.

综上,所有奇数 $n \geqslant 3$ 均满足条件.

求最大的实数 a,使得对于所有正整数 n 和所有实数 $x_0, x_1, \cdots, x_n (0 = x_0 < x_1 < \cdots < x_n)$,均有

$$\sum_{i=1}^{n} \frac{1}{x_i - x_{i-1}} \geqslant a \sum_{i=1}^{n} \frac{i+1}{x_i}. \qquad ①$$

(第 57 届 IMO 预选题)

解 最大的实数 $a = \dfrac{4}{9}$.

若 $a = \dfrac{4}{9}$,对于每个 $2 \leqslant k \leqslant n$,由柯西不等式得

$$\left(x_{k-1} + (x_k - x_{k-1})\right)\left(\frac{(k-1)^2}{x_{k-1}} + \frac{3^2}{x_k - x_{k-1}}\right) \geqslant (k-1+3)^2$$

$$\Rightarrow \frac{9}{x_k - x_{k-1}} \geqslant \frac{(k+2)^2}{x_k} - \frac{(k-1)^2}{x_{k-1}}. \qquad ②$$

对于 $k = 2, 3, \cdots, n$ 求和,并在上式两边加上 $\dfrac{9}{x_1}$ 得

$$9 \sum_{k=1}^{n} \frac{1}{x_k - x_{k-1}} \geqslant 4 \sum_{k=1}^{n} \frac{k+1}{x_k} + \frac{n^2}{x_n} > 4 \sum_{k=1}^{n} \frac{k+1}{x_k}.$$

这表明,当 $a = \dfrac{4}{9}$ 时,式 ① 成立.

定义数列 $x_0 = 0, x_k = x_{k-1} + k(k+1)(k \in \mathbf{Z}^+)$.

则 $x_k = \sum\limits_{i=1}^{k} i(i+1) = \dfrac{k(k+1)(k+2)}{3}$.

故式 ① 的左边 $= \sum\limits_{k=1}^{n} \dfrac{1}{k(k+1)} = \sum\limits_{k=1}^{n}\left(\dfrac{1}{k} - \dfrac{1}{k+1}\right) = 1 - \dfrac{1}{n+1}$;

式 ① 的右边 $= a \sum\limits_{k=1}^{n} \dfrac{k+1}{\dfrac{k(k+1)(k+2)}{3}} = a \sum\limits_{k=1}^{n} \dfrac{3}{k(k+2)}$

$= 3a \sum\limits_{k=1}^{n} \dfrac{1}{2}\left(\dfrac{1}{k} - \dfrac{1}{k+2}\right) = \dfrac{3}{2}\left(1 + \dfrac{1}{2} - \dfrac{1}{n+1} - \dfrac{1}{n+2}\right)a.$

当 $n \rightarrow \infty$ 时,式 ① 的左边 $\rightarrow 1$,式 ① 的右边 $\rightarrow \dfrac{9}{4}a.$

因此,a 的最大值为 $\dfrac{4}{9}$.

求最小实数 c,使得对于任意正实数 $a_1, a_2, \cdots, a_5$(可以相同),均存在两两不同的 $i, j, k, l \in \{1, 2, \cdots, 5\}$,满足 $\left|\dfrac{a_i}{a_j} - \dfrac{a_k}{a_l}\right| \leqslant c.$

(2017,第 68 届罗马尼亚国家队选拔考试)

解 $c_{\min} = \dfrac{1}{2}.$

令 $a_1 = 1, a_2 = a_3 = a_4 = 2, a_5 = t$($t$ 为充分大的正实数). 于是,比值 $\dfrac{a_i}{a_j}$ 只能取下列七个值:$\dfrac{1}{t} < \dfrac{2}{t} < \dfrac{1}{2} < \dfrac{2}{2} < \dfrac{2}{1} < \dfrac{t}{2} < \dfrac{t}{1}.$

此时,对于两两不同的下标 $i, j, k, l \in \{1, 2, \cdots, 5\}$,均有 $\left|\dfrac{a_i}{a_j} - \dfrac{a_k}{a_l}\right| \geqslant \dfrac{1}{2} - \dfrac{2}{t}.$

故 $c \geqslant \dfrac{1}{2}.$

下面证明:对于任意正实数 $a_1, a_2, \cdots, a_5$(可以相同),均存在两两不同的下标 $i, j, k, l \in \{1, 2, \cdots, 5\}$,满足 $\left|\dfrac{a_i}{a_j} - \dfrac{a_k}{a_l}\right| \leqslant \dfrac{1}{2}.$

反证法.

假设对一切两两不同的下标 $i, j, k, l \in \{1, 2, \cdots, 5\}$,均有 $\left|\dfrac{a_i}{a_j} - \dfrac{a_k}{a_l}\right| > \dfrac{1}{2}.$

不妨设 $a_1 \leqslant a_2 \leqslant \cdots \leqslant a_5$. 则 $\left|\dfrac{a_1}{a_2} - \dfrac{a_4}{a_5}\right| > \dfrac{1}{2}.$

又 $\dfrac{a_1}{a_2}, \dfrac{a_4}{a_5} \in (0, 1]$,故 $\dfrac{a_1}{a_2}$ 与 $\dfrac{a_4}{a_5}$ 一个大于 $\dfrac{1}{2}$,一个小于 $\dfrac{1}{2}$.

(1) 若 $\dfrac{a_1}{a_2} < \dfrac{1}{2}, \dfrac{a_4}{a_5} > \dfrac{1}{2}$,则 $\dfrac{a_4}{a_5} - \dfrac{a_1}{a_2} > \dfrac{1}{2}.$

而 $\left|\dfrac{a_4}{a_5} - \dfrac{a_2}{a_3}\right| > \dfrac{1}{2}, \dfrac{a_2}{a_3} \in (0, 1]$,有 $\dfrac{a_2}{a_3} < \dfrac{1}{2}.$

故 $\left|\dfrac{a_1}{a_3} - \dfrac{a_2}{a_4}\right| = \dfrac{a_2}{a_3}\left|\dfrac{a_1}{a_2} - \dfrac{a_3}{a_4}\right| < \dfrac{1}{2} \times 1 = \dfrac{1}{2}$,矛盾.

（2）若 $\dfrac{a_1}{a_2} > \dfrac{1}{2}$，$\dfrac{a_4}{a_5} < \dfrac{1}{2}$，则由 $\left|\dfrac{a_1}{a_2} - \dfrac{a_3}{a_4}\right| > \dfrac{1}{2} \Rightarrow \dfrac{a_3}{a_4} < \dfrac{1}{2}$.

故 $\left|\dfrac{a_2}{a_4} - \dfrac{a_3}{a_5}\right| = \dfrac{a_3}{a_4}\left|\dfrac{a_2}{a_3} - \dfrac{a_4}{a_5}\right| < \dfrac{1}{2} \times 1 = \dfrac{1}{2}$，矛盾.

于是，$c = \dfrac{1}{2}$ 符合要求.

综上，c 的最小值为 $\dfrac{1}{2}$.

求最小的实常数 c，使得对于所有的正实数 $a_1, a_2, \cdots, a_5$，总有四个不同的下标 i, j, k, l，满足 $\left|\dfrac{a_i}{a_j} - \dfrac{a_k}{a_l}\right| \leqslant c$.

（2017，瑞士国家队选拔考试）

解 不妨假设 $a_1 \leqslant a_2 \leqslant \cdots \leqslant a_5$.

注意到，区间 $(0,1]$ 中的五个分数 $\dfrac{a_1}{a_2}, \dfrac{a_3}{a_4}, \dfrac{a_1}{a_5}, \dfrac{a_2}{a_3}, \dfrac{a_4}{a_5}$ 必有三个落在同一个区间 $\left(0, \dfrac{1}{2}\right]$ 或 $\left(\dfrac{1}{2}, 1\right]$. 而这三个分数必有两个是相邻的（将 $\dfrac{a_1}{a_2}$ 和 $\dfrac{a_4}{a_5}$ 也看作相邻的数），选择这两个分数，得 $c \leqslant \dfrac{1}{2}$.

接下来考虑 $1, 2, 2, 2, n$.

易得 $\left|\dfrac{a_i}{a_j} - \dfrac{a_k}{a_l}\right|$ 的最小值为 $\dfrac{1}{2} - \dfrac{2}{n}$.

由 n 的任意性，知 $c \geqslant \dfrac{1}{2}$.

故最小的实常数 $c = \dfrac{1}{2}$.

设 $n \in \mathbf{Z}^+$，$x_1, x_2, \cdots, x_n$ 为正实数. 证明：可以选取 $a_1, a_2, \cdots, a_n \in \{-1, 1\}$，使得

$$\sum_{i=1}^{n} a_i x_i^2 \geqslant \left(\sum_{i=1}^{n} a_i x_i\right)^2.$$

（2017，瑞士国家队选拔考试）

证明 不妨假设 $x_1 \geqslant x_2 \geqslant \cdots \geqslant x_n$.

当 $n = 2m + 1$ 时，取 $a_i = (-1)^{i+1}$，则

$$\sum_{i=1}^{n} a_i x_i^2 - \left(\sum_{i=1}^{n} a_i x_i\right)^2 = 2\sum_{k=1}^{m}\sum_{l=k}^{m}(x_{2k-1} - x_{2k})(x_{2l} - x_{2l+1}) \geqslant 0.$$

当 $n = 2m + 2$ 时，仍取 $a_i = (-1)^{i+1}$，此时，

代数部分

$$\sum_{i=1}^{2m+1} a_i x_i - x_{2m+2} = (x_1 - x_2) + \cdots + (x_{2m+1} - x_{2m+2}) \geqslant 0.$$

故 $\sum_{i=1}^{n} a_i x_i^2 - \left[\sum_{i=1}^{n} a_i x_i\right]^2 = \sum_{i=1}^{2m+1} a_i x_i^2 - \left[\sum_{i=1}^{2m+1} a_i x_i\right]^2 + 2x_{2m+2} \left[\sum_{i=1}^{2m+1} a_i x_i - x_{2m+2}\right] \geqslant 0.$

综上,命题得证.

证明:对于所有的正实数 a,b,c,均有

$$\frac{a}{b+c} + \frac{b}{c+a} + \frac{c}{a+b} + \sqrt{\frac{ab+bc+ca}{a^2+b^2+c^2}} \geqslant \frac{5}{2}.$$

(2017,克罗地亚国家队选拔考试)

证明 令 $x = a^2 + b^2 + c^2$,$y = ab + bc + ca$.

由柯西-施瓦兹不等式得

$$\left(\sum \frac{a}{b+c}\right)\left(\sum a(b+c)\right) \geqslant \left(\sum a\right)^2 \Rightarrow \sum \frac{a}{b+c} \geqslant \frac{x+2y}{2y} = \frac{x}{2y} + 1$$

$$\Rightarrow \frac{a}{b+c} + \frac{b}{c+a} + \frac{c}{a+b} + \sqrt{\frac{ab+bc+ca}{a^2+b^2+c^2}} \geqslant \frac{x}{2y} + 1 + \sqrt{\frac{y}{x}}. \qquad ①$$

由均值不等式,得 $\dfrac{x}{2y} + \dfrac{1}{2}\sqrt{\dfrac{y}{x}} + \dfrac{1}{2}\sqrt{\dfrac{y}{x}} \geqslant 3\sqrt[3]{\dfrac{xy}{8yx}} = \dfrac{3}{2}.$

代入式①,知结论成立.

已知 a,b,c 为互不相等的正实数,且 $abc = 1$. 证明:

$$\sum \frac{a^6}{(a-b)(a-c)} > 15.$$

(2017,印度国家队选拔考试)

证明 记 $S_n = \sum \dfrac{a^n}{(a-b)(a-c)} = \sum \dfrac{(c-b)a^n}{(a-b)(b-c)(c-a)}.$

令 $p = \sum a, q = \sum bc, r = abc$. 则

$$S_1 = 0, S_2 = \frac{\sum a^2(c-b)}{(a-b)(b-c)(c-a)} = 1.$$

记 $P(x) = (x-a)(x-b)(x-c) = x^3 - px^2 + qx - r$. 则

$$P(a) = 0 \Rightarrow a^3 - pa^2 + qa - r = 0.$$

故 $\sum a^3(c-b) = \sum pa^2(c-b) - \sum qa(c-b) + \sum r(c-b).$

于是,$S_3 = pS_2 - qS_1 = p.$

类似地,$\sum a^n(c-b) = \sum pa^{n-1}(c-b) - \sum qa^{n-2}(c-b) + \sum ra^{n-3}(c-b).$

从而,对于任意的 $n \geqslant 4$,均有 $S_n = pS_{n-1} - qS_{n-2} + rS_{n-3}.$

故 $S_4 = pS_3 - qS_2 + rS_1 = p^2 - q$,

$S_5 = pS_4 - qS_3 + rS_2 = p^3 - 2pq + r$,

$S_6 = pS_5 - qS_4 + rS_3 = p^4 - 3p^2q + 2pr + q^2 = p^4 - 3p^2q + 2p + q^2$.

由 $p^2 - 3q = \left(\sum a\right)^2 - 3\sum bc = \dfrac{1}{2}\sum (b-c)^2 \geqslant 0$, 得

$$S_6 = p^2(p^2 - 3q) + 2p + q^2 \geqslant 2p + q^2 = 2\sum a + \left(\sum bc\right)^2$$

$$\geqslant 2 \times 3\sqrt[3]{abc} + (3\sqrt[3]{a^2b^2c^2})^2 = 6 + 9 = 15.$$

由 a, b, c 互不相等, 知上式严格不等.

故结论成立.

已知 x, y, z 为三个非负实数, 且满足 $x + y + z = 1$. 证明:

$$1 \leqslant \frac{x}{1-yz} + \frac{y}{1-zx} + \frac{z}{1-xy} \leqslant \frac{9}{8}.$$

(2017, 德国数学奥林匹克)

证明　由题意, 知 $0 < 1 - yz \leqslant 1 \Rightarrow \dfrac{x}{1-yz} \geqslant x$.

类似地, $\dfrac{y}{1-zx} \geqslant y$, $\dfrac{z}{1-xy} \geqslant z$.

从而, $\sum \dfrac{x}{1-yz} \geqslant \sum x = 1$.

对于所证不等式的右端, 因为

$$\sum \frac{x}{1-yz} = \sum \left(x + \frac{xyz}{1-yz}\right) = 1 + \sum \frac{xyz}{1-yz},$$

所以, 只要证 $xyz\sum \dfrac{1}{1-yz} \leqslant \dfrac{1}{8}$.

令 $xy + yz + zx = a$, $xyz = b$. 易知, $0 \leqslant a \leqslant \dfrac{1}{3}$, $0 \leqslant b \leqslant \dfrac{1}{27}$.

而 $xyz\sum \dfrac{1}{1-yz} = xyz \cdot \dfrac{\sum(1-xy)(1-yz)}{(1-xy)(1-yz)(1-zx)}$

$= xyz \cdot \dfrac{3 - 2\sum xy + xyz\sum x}{1 - \sum xy + xyz\sum x - x^2y^2z^2} = b \cdot \dfrac{3 - 2a + b}{1 - a + b - b^2}$,

则只要证 $\dfrac{3b - 2ab + b^2}{1 - a + b - b^2} \leqslant \dfrac{1}{8}$.　　　　　　　　　①

考虑到分母 $1 - a + b - b^2 > 0$.

从而, 式 ① $\Leftrightarrow a(1 - 16b) \leqslant -9b^2 - 23b + 1$.

事实上, 由于 $27b - 1 \leqslant 0$, 于是

$$-9b^2 - 23b + 1 - \frac{1}{3}(1 - 16b) = -\frac{1}{3}(27b - 1)(b + 2) \geqslant 0.$$

而 $a \leqslant \dfrac{1}{3}$，$1 - 16b \geqslant 0$，故 $-9b^2 - 23b + 1 \geqslant \dfrac{1}{3}(1 - 16b) \geqslant a(1 - 16b)$.

至此，所证不等式的右端成立.

设 a, b, c 为正实数，且 $\sum a = 1$. 证明：
$$\sum a \sqrt{2b + 1} \leqslant \sqrt{2 - (a^2 + b^2 + c^2)}.$$

（2017，塞尔维亚数学奥林匹克）

证明 由柯西不等式得
$$\left(\sum a \sqrt{2b + 1}\right)^2 = \sum(\sqrt{a} \sqrt{2ab + a}) \leqslant \left(\sum a\right)\left(\sum(2ab + a)\right)$$
$$= \sum 2ab + 1 = \left(\sum a\right)^2 - \sum a^2 + 1 = 2 - a^2 - b^2 - c^2.$$

故 $\sum a \sqrt{2b + 1} \leqslant \sqrt{2 - (a^2 + b^2 + c^2)}$.

证明：对于任意的非负实数 a, b，均有
$$1 + a^{2017} + b^{2017} \geqslant a^{10}b^7 + a^7b^{2000} + a^{2000}b^{10},$$
并求等号成立的条件.

（2017，爱尔兰数学奥林匹克）

证明 一方面，由均值不等式得
$$\frac{2000 \times 1^{2017} + 10a^{2017} + 7b^{2017}}{2017} \geqslant 1^{2000} \times a^{10}b^7,$$
$$\frac{10 \times 1^{2017} + 7a^{2017} + 2000b^{2017}}{2017} \geqslant 1^{10} \times a^7b^{2000},$$
$$\frac{7 \times 1^{2017} + 2000a^{2017} + 10b^{2017}}{2017} \geqslant 1^7 \times a^{2000}b^{10}.$$

三式相加即得要证的不等式.

另一方面，若原不等式中的等号成立，则上述三个不等式中的等号全部成立.

由均值不等式等号成立的条件，知 $a = b = 1$.

设实数 $a_1, a_2, \cdots, a_n$ 之和为 0，定义 $b_i = a_1 + a_2 + \cdots + a_i (1 \leqslant i \leqslant n)$. 对 $1 \leqslant i \leqslant j \leqslant n - 1$，均有 $b_i(a_{j+1} - a_{i+1}) \geqslant 0$. 证明：
$$\max_{1 \leqslant l \leqslant n} |a_l| \geqslant \max_{1 \leqslant m \leqslant n} |b_m|.$$

（2017，第 55 届荷兰国家队选拔考试）

证明 显然，$b_n = 0$.

假设存在 $i \leqslant n-1$，使得 $b_i > 0$，且 $a_{i+1} \geqslant 0$.

则对于任意的 $i \leqslant j \leqslant n-1$，由

$$b_i(a_{j+1} - a_{i+1}) \geqslant 0 \Rightarrow a_{j+1} \geqslant a_{i+1} \geqslant 0 \Rightarrow b_n = b_i + a_{i+1} + a_{i+2} + \cdots + a_n \geqslant b_i > 0,$$

矛盾.

因此，若 $b_i > 0$，则 $a_{i+1} < 0$.

类似地，若 $b_i < 0$，则 $a_{i+1} > 0$.

设存在 k，使得 $|b_k| = \max\limits_{1 \leqslant m \leqslant n} |b_m|$.

不妨设 $b_k > 0$（若 $b_k < 0$，可将全部 a_i 乘以 -1）.

若 $k = 1$，则 $b_k = a_1 \Rightarrow |b_k| = |a_1| \leqslant \max\limits_{1 \leqslant l \leqslant n} |a_l|$，结论成立.

假设 $k > 1$. 若 $b_{k-1} > 0$，则由上知 $a_k < 0$.

但由 b_k 为最大值知 $a_k = b_k - b_{k-1} \geqslant 0$，矛盾.

故 $a_k = b_k - b_{k-1} = b_k + |b_{k-1}| \geqslant b_k$.

因此，$|b_k| \leqslant |a_k| \leqslant \max\limits_{1 \leqslant l \leqslant n} |a_l|$.

设 x, y, z 为正实数且 $xy + yz + zx = 1$. 证明：

$$\frac{4}{x+y+z} \leqslant (x+y)(\sqrt{3}z + 1).$$

(2017，瑞士数学奥林匹克)

证明　令 $x + y = s, xy = 1 - t$.

由均值不等式及正实数条件，得 $1 - \dfrac{s^2}{4} \leqslant t < 1$.

易知，$z = \dfrac{t}{s}$. 于是，$t > 0$.

代入 s 和 t，需证不等式等价于 $f(t) = \sqrt{3}t^2 + (s + \sqrt{3}s^2)t + s^3 - 4s \geqslant 0$.

若 $s^2 \geqslant 4$，则 $f(t)_{\min} > f(0) = s^3 - 4s \geqslant 0$；

若 $s^2 < 4$，则 $f(t)_{\min} = f\left(1 - \dfrac{s^2}{4}\right) = \sqrt{3}\left(1 - \dfrac{s^2}{4}\right)\left(\dfrac{\sqrt{3}}{2}s - 1\right)^2 \geqslant 0$.

原不等式得证.

设 $a_1, a_2, \cdots, a_n, b_1, b_2, \cdots, b_n, p(p > -1)$ 为实数. 证明：

$$\sum_{i=1}^{n}(a_i - b_i)\left(a_i\left(\sum_{j=1}^{n}a_j^2\right)^{\frac{p}{2}} - b_i\left(\sum_{j=1}^{n}b_j^2\right)^{\frac{p}{2}}\right) \geqslant 0. \qquad ①$$

(2017，新加坡数学奥林匹克)

证明　设 $A = \left(\sum\limits_{j=1}^{n}a_j^2\right)^{\frac{1}{2}}, B = \left(\sum\limits_{j=1}^{n}b_j^2\right)^{\frac{1}{2}}$.

则式 ① 的左边可改写为 $A^{p+2} + B^{p+2} - \sum_{i=1}^{n} a_i b_i (A^p + B^p)$.

由 $\sum_{i=1}^{n} a_i b_i \leqslant AB$,结合排序不等式知 $A^{p+2} + B^{p+2} \geqslant BA^{p+1} + AB^{p+1}$.

设 $x, y, z \in \mathbf{R}^+$, $xyz = 1$. 证明:

$$\left(x^4 + \frac{z^2}{y^2}\right)\left(y^4 + \frac{x^2}{z^2}\right)\left(z^4 + \frac{y^2}{x^2}\right) \geqslant \left(\frac{x^2}{y} + 1\right)\left(\frac{y^2}{z} + 1\right)\left(\frac{z^2}{x} + 1\right).$$

(第24届马其顿数学奥林匹克)

证明 由柯西-施瓦兹不等式得

$$\sqrt{(x^2)^2 + \left(\frac{z}{y}\right)^2}\sqrt{(y^2)^2 + \left(\frac{x}{z}\right)^2} \geqslant x^2 y^2 + \frac{z}{y} \cdot \frac{x}{z} = x^2\left(y^2 + \frac{1}{xy}\right),$$

$$\sqrt{(y^2)^2 + \left(\frac{x}{z}\right)^2}\sqrt{(z^2)^2 + \left(\frac{y}{x}\right)^2} \geqslant y^2 z^2 + \frac{x}{z} \cdot \frac{y}{x} = y^2\left(z^2 + \frac{1}{yz}\right),$$

$$\sqrt{(z^2)^2 + \left(\frac{y}{x}\right)^2}\sqrt{(x^2)^2 + \left(\frac{z}{y}\right)^2} \geqslant z^2 x^2 + \frac{y}{x} \cdot \frac{z}{y} = z^2\left(x^2 + \frac{1}{zx}\right).$$

以上三式相乘得

$$\left(x^4 + \frac{z^2}{y^2}\right)\left(y^4 + \frac{x^2}{z^2}\right)\left(z^4 + \frac{y^2}{x^2}\right) \geqslant x^2 y^2 z^2 \left(y^2 + \frac{1}{xy}\right)\left(z^2 + \frac{1}{yz}\right)\left(x^2 + \frac{1}{zx}\right)$$

$$= (xyz)^3\left(\frac{y^2}{z} + 1\right)\left(\frac{z^2}{x} + 1\right)\left(\frac{x^2}{y} + 1\right) = \left(\frac{x^2}{y} + 1\right)\left(\frac{y^2}{z} + 1\right)\left(\frac{z^2}{x} + 1\right).$$

从而,命题得证.

求最小正整数 n,使得存在整数 $x_1, x_2, \cdots, x_n$ 和正整数 $a_1, a_2, \cdots, a_n$,满足:

$$\sum_{i=1}^{n} x_i = 0, \sum_{i=1}^{n} a_i x_i > 0, \sum_{i=1}^{n} a_i^2 x_i < 0.$$

(2017,第20届地中海地区数学奥林匹克)

解 $n = 3$.

满足条件的一个例子为:$x_1 = 2, x_2 = x_3 = -1, a_1 = 4, a_2 = 1, a_3 = 6$.

当 $n = 1$ 时,第一个约束条件为 $x_1 = 0$,与其他两个约束条件矛盾.

当 $n = 2$ 时,第一个约束条件为 $x_2 = -x_1$.

而第二个约束条件等价于 $a_1 x_1 - a_2 x_1 > 0$.

上式乘以 $a_1 + a_2$ 得 $a_1^2 x_1 - a_2^2 x_1 > 0$,即 $a_1^2 x_1 + a_2^2 x_2 > 0$,与第三个约束条件矛盾.

设 a,b,c 为正实数,且 $a+b+c=1$.证明:对于所有的正实数 x,y,z,均有

$$(x^2+y^2+z^2)\left(\frac{a^3}{x^2+2y^2}+\frac{b^3}{y^2+2z^2}+\frac{c^3}{z^2+2x^2}\right)\geqslant\frac{1}{9}. \qquad ①$$

(2017,第 20 届地中海地区数学奥林匹克)

证明 由题设条件知

式 ① $\Leftrightarrow (x^2+y^2+z^2)\left(\dfrac{a^3}{x^2+2y^2}+\dfrac{b^3}{y^2+2z^2}+\dfrac{c^3}{z^2+2x^2}\right)\geqslant\dfrac{(a+b+c)^3}{9}.$

事实上,对于所有的正实数 a_i,b_i,c_i $(1\leqslant i\leqslant 3)$,据赫尔德不等式有

$$\prod_{i=1}^{3}(a_i^3+b_i^3+c_i^3)^{\frac{1}{3}}\geqslant a_1a_2a_3+b_1b_2b_3+c_1c_2c_3.$$

将 $(a_1,a_2,a_3)=\left(\dfrac{a}{\sqrt[3]{x^2+2y^2}},1,\sqrt[3]{x^2+2y^2}\right),(b_1,b_2,b_3)=\left(\dfrac{b}{\sqrt[3]{y^2+2z^2}},1,\sqrt[3]{y^2+2z^2}\right),$

$(c_1,c_2,c_3)=\left(\dfrac{c}{\sqrt[3]{z^2+2x^2}},1,\sqrt[3]{z^2+2x^2}\right),$

代入赫尔德不等式得

$$\left(\frac{a^3}{x^2+2y^2}+\frac{b^3}{y^2+2z^2}+\frac{c^3}{z^2+2x^2}\right)^{\frac{1}{3}}3^{\frac{1}{3}}(3x^2+3y^2+3z^2)^{\frac{1}{3}}\geqslant a+b+c.$$

上式两边立方后再除以 9,即得要证明的不等式.

已知 $a,b,c\in\mathbf{R}^+$.证明:

$$\sum\frac{(a-b)^2}{ab}+\sum\frac{a}{b}\geqslant\sum\frac{3bc+ca-ab}{2ab+ca}.$$

(2017,第 57 届乌克兰数学奥林匹克)

证明 注意到,$\sum\dfrac{(a-b)^2}{ab}+\sum\dfrac{a}{b}=\sum\left(\dfrac{2a}{b}+\dfrac{b}{a}\right)-6,$

$$\sum\left(\frac{3bc+ca-ab}{2ab+ca}+2\right)=\sum\frac{3(ab+bc+ca)}{2ab+ca}.$$

只需证明 $\sum\left(\dfrac{2a}{b}+\dfrac{b}{a}\right)\geqslant\sum\dfrac{3(ab+bc+ca)}{2ab+ca}.$ ①

由 $\left(\dfrac{a}{b}+\dfrac{b}{a}+\dfrac{c}{a}\right)(ab+ab+ca)\geqslant(a+b+c)^2\geqslant 3(ab+bc+ca)$

$\Rightarrow\dfrac{a}{b}+\dfrac{b}{a}+\dfrac{c}{a}\geqslant\dfrac{3(ab+bc+ca)}{2ab+ca}.$

类似地,$\dfrac{b}{c}+\dfrac{c}{b}+\dfrac{a}{b}\geqslant\dfrac{3(ab+bc+ca)}{2bc+ab},\dfrac{a}{c}+\dfrac{c}{a}+\dfrac{b}{c}\geqslant\dfrac{3(ab+bc+ca)}{2ca+bc}.$

三式相加即为式 ①.

证明:对于任意的正实数 x,y,z,t,均有

$$\frac{xyzt}{(x+y)(z+t)} \leqslant \frac{(x+z)^2(y+t)^2}{4(x+y+z+t)^2}. \qquad ①$$

(2017,第67届白俄罗斯数学奥林匹克)

证明 式① $\Leftrightarrow \dfrac{(x+y)(z+t)}{xyzt} \geqslant \dfrac{4(x+y+z+t)^2}{(x+z)^2(y+t)^2}.$ ②

注意到,$\dfrac{2(x+y+z+t)}{(x+z)(y+t)} = \dfrac{2}{x+z} + \dfrac{2}{y+t}.$

由均值不等式,知 $\dfrac{2}{x+z} \leqslant \dfrac{1}{\sqrt{xz}},\dfrac{2}{y+t} \leqslant \dfrac{1}{\sqrt{yt}}.$

则 $\dfrac{4(x+y+z+t)^2}{(x+z)^2(y+t)^2} \leqslant \left(\dfrac{1}{\sqrt{xz}} + \dfrac{1}{\sqrt{yt}}\right)^2.$ ③

又 $\dfrac{(x+y)(z+t)}{xyzt} = \dfrac{xz+xt+yz+yt}{xyzt}$

$\geqslant \dfrac{xz + 2\sqrt{zxyt} + yt}{xyzt} = \dfrac{(\sqrt{xz} + \sqrt{yt})^2}{(\sqrt{xyzt})^2} = \left(\dfrac{1}{\sqrt{xz}} + \dfrac{1}{\sqrt{yt}}\right)^2,$ ④

结合式③,④即知式②成立.

已知 $a,b,c,d \in \mathbf{R}^+ \cup \{0\}$,且 $a+b+c+d = 4$. 求 $\dfrac{a}{b^3+4} + \dfrac{b}{c^3+4} + \dfrac{c}{d^3+4} + \dfrac{d}{a^3+4}$ 的最小值.

(2017,第46届美国数学奥林匹克)

解 注意到,$b^3 + 4 = \dfrac{b^3}{2} + \dfrac{b^3}{2} + 4 \geqslant 3b^2.$

于是,$\dfrac{4a}{b^3+4} = a - \dfrac{ab^3}{b^3+4} \geqslant a - \dfrac{ab}{3}.$

则 $\dfrac{a}{b^3+4} + \dfrac{b}{c^3+4} + \dfrac{c}{d^3+4} + \dfrac{d}{a^3+4} \geqslant \dfrac{a+b+c+d}{4} - \dfrac{ab+bc+cd+da}{12}.$

由 $a+b+c+d = 4$,有

$4(ab+bc+cd+da) = 4(a+c)(b+d) \leqslant (a+b+c+d)^2 = 16.$

故 $\dfrac{a}{b^3+4} + \dfrac{b}{c^3+4} + \dfrac{c}{d^3+4} + \dfrac{d}{a^3+4} \geqslant 1 - \dfrac{4}{12} = \dfrac{2}{3}.$

当 $a = b = 2$ 且 $c = d = 0$ 时,即可取到 $\dfrac{2}{3}.$

因此,所求的最小值为 $\dfrac{2}{3}.$

设 a,b 为正实数，且 $a+b=1$. 证明：$\sqrt{1+5a^2}+5\sqrt{2+b^2} \geqslant 9$.

(2017，第 53 届蒙古数学奥林匹克)

证明　注意到，

$$\sqrt{1+5a^2} \geqslant \frac{5}{3}\left(a-\frac{1}{2}\right)+\frac{3}{2} \Leftrightarrow \frac{5(2a-1)^2}{9} \geqslant 0,$$

$$5\sqrt{2+b^2} \geqslant \frac{5}{3}\left(b-\frac{1}{2}\right)+\frac{15}{2} \Leftrightarrow \frac{50(2b-1)^2}{9} \geqslant 0.$$

故 $\sqrt{1+5a^2}+5\sqrt{2+b^2} \geqslant \frac{5}{3}\left(a-\frac{1}{2}\right)+\frac{5}{3}\left(b-\frac{1}{2}\right)+9 = 9$.

设 $a,b,c,d \in \mathbf{R}^+$，满足 $a+b+c+d=4$. 证明：$\sum a\sqrt{a+8} \geqslant 12$.

(2017，第 53 届蒙古数学奥林匹克)

证明　考虑函数 $f(x) = x\sqrt{x+8}$. 易知，

$$f'(x) = \sqrt{x+8}+\frac{x}{2\sqrt{x+8}},$$

$$f''(x) = \frac{1}{2\sqrt{x+8}}+\frac{2\sqrt{x+8}-\dfrac{x}{\sqrt{x+8}}}{4(x+8)} = \frac{1}{2\sqrt{x+8}}+\frac{x+16}{4(x+8)^{\frac{3}{2}}}.$$

易知，当 $x>0$ 时，$f''(x)>0$，于是，$f(x)$ 为下凸函数.

由琴生不等式得

$$f(a)+f(b)+f(c)+f(d) \geqslant 4f\left(\frac{a+b+c+d}{4}\right) = 4f(1) = 12.$$

在黑板上写有正数 $a_1,a_2,\cdots,a_n$，对于每个 $i=1,2,\cdots,n$，维萨亚想要写出一个数 $b_i(b_i \geqslant a_i)$，使得对于任意的 $i,j \in \{1,2,\cdots,n\}$，$\dfrac{b_i}{b_j}$ 与 $\dfrac{b_j}{b_i}$ 至少有一个为整数. 证明：维萨亚可写出 $b_1,b_2,\cdots,b_n$，使得 $b_1b_2\cdots b_n \leqslant 2^{\frac{n-1}{2}}a_1a_2\cdots a_n$.

(第 43 届俄罗斯数学奥林匹克)

证明　对于一切 $k \in \{1,2,\cdots,n\}$，均写出一组 $b_{k1},b_{k2},\cdots,b_{kn}$，$b_{ki}=2^{x_{ki}}a_k$，其中，$x_{ki} \in \mathbf{Z}$，且满足 $a_i \leqslant b_{ki} = 2^{x_{ki}}a_k < 2a_i$.

则对于任意的 $i,j \in \{1,2,\cdots,n\}$，$\dfrac{b_{ki}}{b_{kj}} = 2^{x_{ki}-x_{kj}}$，$\dfrac{b_{kj}}{b_{ki}} = 2^{x_{kj}-x_{ki}}$ 中必有一个为整数. 由此，得到了 n 组满足条件的 $b_1,b_2,\cdots,b_n$.

下面只需证明：$\prod\limits_{k=1}^{n} b_{k1}b_{k2}\cdots b_{kn} \leqslant 2^{\frac{n(n-1)}{2}}\prod\limits_{i=1}^{n} a_i^n$.

事实上，由 $b_{kk}=a_k$，得

$$\prod_{i=1}^{n} b_{k1}b_{k2}\cdots b_{kn} = \left(\prod_{i=1}^{n} b_{ii}\right)\left(\prod_{1\leq i<j\leq n} b_{ij}b_{ji}\right) = \left(\prod_{i=1}^{n} a_i\right)\left(\prod_{1\leq i<j\leq n} b_{ij}b_{ji}\right).$$

对于任意的 $i,j\in\{1,2,\cdots,n\}$，由 x_{ij},x_{ji} 的定义，知

$$\frac{a_i}{a_j}\leq 2^{x_{ij}}<\frac{2a_i}{a_j}, \frac{a_j}{a_i}\leq 2^{x_{ji}}<\frac{2a_j}{a_i}.$$

则 $x_{ij}=\left\lceil \log_2\frac{a_i}{a_j}\right\rceil, x_{ji}=\left\lceil -\log_2\frac{a_i}{a_j}\right\rceil$.

进而，$x_{ij}+x_{ji}=0$ 或 1.

于是，$b_{ij}b_{ji}=2^{x_{ij}+x_{ji}}a_ia_j\leq 2a_ia_j$.

故 $\prod_{k=1}^{n} b_{k1}b_{k2}\cdots b_{kn}$

$$= \left(\prod_{i=1}^{n} a_i\right)\left(\prod_{1\leq i<j\leq n} b_{ij}b_{ji}\right)2^{\frac{n(n-1)}{2}}\prod_{i=1}^{n}a_i^n.$$

已知 $n,k(n>k)$ 为正整数. 给定实数 $a_1,a_2,\cdots,a_n\in(k-1,k)$. 设正实数 $x_1,x_2,\cdots,x_n$ 满足对于 $\{1,2,\cdots,n\}$ 的任意 k 元子集 I，均有 $\sum_{i\in I}x_i\leq\sum_{i\in I}a_i$. 求 $x_1x_2\cdots x_n$ 的最大值.

（第 33 届中国数学奥林匹克）

解 最大值为 $a_1a_2\cdots a_n$.

若 $x_i=a_i(1\leq i\leq n)$，则 $x_1,x_2,\cdots,x_n$ 满足条件，且 $x_1x_2\cdots x_n=a_1a_2\cdots a_n$.

接下来证明：$x_1x_2\cdots x_n\leq a_1a_2\cdots a_n$.

当 $k=1$ 时，结论显然. 由条件即得 $x_i\leq a_i(1\leq i\leq n)$.

下面假设 $k\geq 2$.

不失一般性，设 $a_1-x_1\leq a_2-x_2\leq\cdots\leq a_n-x_n$.

若 $a_1-x_1\geq 0$，则 $a_i\geq x_i(1\leq i\leq n)$，结论显然成立.

以下假设 $a_1-x_1<0$.

取 $I=\{1,2,\cdots,k\}$.

由条件，知 $\sum_{i=1}^{k}(a_i-x_i)\geq 0$. ①

故 $a_k-x_k\geq 0$.

于是，存在 $s(1\leq s<k)$，使得

$$a_1-x_1\leq\cdots\leq a_s-x_s<0\leq a_{s+1}-x_{s+1}\leq\cdots\leq a_k-x_k\leq\cdots\leq a_n-x_n.$$

记 $d_i=|a_i-x_i|(1\leq i\leq n)$. 则

$$d_1\geq d_2\geq\cdots\geq d_s>0, 0\leq d_{s+1}\leq\cdots\leq d_k\leq\cdots\leq d_n.$$

由式①，知 $-\sum_{i=1}^{s}d_i+\sum_{i=s+1}^{k}d_i\geq 0\Rightarrow\sum_{i=s+1}^{k}d_i\geq\sum_{i=1}^{s}d_i$.

记 $M = \sum_{i=1}^{s} d_i, N = \sum_{i=s+1}^{n} d_i.$ 则 $\dfrac{N}{n-s} = \dfrac{\sum_{i=s+1}^{n} d_i}{n-s} \geqslant \dfrac{\sum_{i=s+1}^{k} d_i}{k-s} \geqslant \dfrac{M}{k-s}.$

注意到,对于 $j > s$,有 $d_j < a_j < k.$

利用均值不等式得

$$\prod_{i=1}^{n} \frac{x_i}{a_i} = \left(\prod_{i=1}^{s}\left(1+\frac{d_i}{a_i}\right)\right)\left(\prod_{j=s+1}^{n}\left(1-\frac{d_j}{a_j}\right)\right) \leqslant \left(\prod_{i=1}^{s}\left(1+\frac{d_i}{k-1}\right)\right)\left(\prod_{j=s+1}^{n}\left(1-\frac{d_j}{k}\right)\right)$$

$$\leqslant \left(\frac{1}{n}\left(\sum_{i=1}^{s}\left(1+\frac{d_i}{k-1}\right)+\sum_{i=s+1}^{n}\left(1-\frac{d_i}{k}\right)\right)\right)^{n} = \left(1+\frac{M}{n(k-1)}-\frac{N}{nk}\right)^{n}$$

$$\leqslant \left(1+\frac{M}{n(k-1)}-\frac{(n-s)M}{nk(k-s)}\right)^{n} \leqslant \left(1+\frac{M}{n(k-1)}-\frac{(k+1-s)M}{nk(k-s)}\right)^{n}$$

$$= \left(1+\frac{M}{nk}\left(\frac{k}{k-1}-\frac{k-s+1}{k-s}\right)\right)^{n} \leqslant 1.$$

从而,结论得证.

　　求最大的实数 C,使得对于任意的正整数 n 和满足 $0 = x_0 < x_1 < x_2 < \cdots < x_n = 1$ 的数列 $\{x_k\}$,均有

$$\sum_{k=1}^{n} x_k^2 (x_k - x_{k-1}) > C.$$

(第 16 届中国女子数学奥林匹克)

解　首先证明: $C \geqslant \dfrac{1}{3}.$

由 $x_k \geqslant x_{k-1} \geqslant 0$,得

$$3\sum_{k=1}^{n} x_k^2(x_k - x_{k-1}) = \sum_{k=1}^{n}(x_k^2 + x_k^2 + x_k^2)(x_k - x_{k-1})$$

$$> \sum_{k=1}^{n}(x_k^2 + x_k x_{k-1} + x_{k-1}^2)(x_k - x_{k-1}) = \sum_{k=1}^{n}(x_k^3 - x_{k-1}^3) = x_n^3 - x_0^3 = 1 - 0 = 1.$$

再证明:若 $C > \dfrac{1}{3}$,则存在 $0 = x_0 < x_1 < x_2 < \cdots < x_n = 1$,使得

$$\sum_{k=1}^{n} x_k^2(x_k - x_{k-1}) < C.$$

设 $x_k = \dfrac{k}{n}(k = 0, 1, \cdots, n).$

当 $n > 3$ 且 $\dfrac{1}{n} < C - \dfrac{1}{3}$ 时,

$$\sum_{k=1}^{n} x_k^2(x_k - x_{k-1}) = \frac{1}{n^3}\sum_{k=1}^{n}k^2 = \frac{n(n+1)(2n+1)}{6n^3} = \frac{1}{3} + \frac{1}{2n}\left(1+\frac{3}{n}\right) < \frac{1}{3} + \frac{1}{n} < C.$$

因此, $C = \dfrac{1}{3}.$

已知整数 $n \geqslant 2$. 证明：对于任意正实数 $a_1, a_2, \cdots, a_n$，均有

$$\sum_{i=1}^{n} (\max_{1 \leqslant j \leqslant i} a_j)(\min_{i \leqslant j \leqslant n} a_j) \leqslant \frac{n}{2\sqrt{n-1}} \sum_{i=1}^{n} a_i^2. \qquad ①$$

（2017，中国西部数学邀请赛）

证明 对 n 用第二数学归纳法.

当 $n = 2$ 时，式 ① 的左边 $= a_1 \min\{a_1, a_2\} + a_2 \max\{a_1, a_2\}$.

若 $a_1 \geqslant a_2$，则式 ① $\Leftrightarrow 2a_1 a_2 \leqslant a_1^2 + a_2^2$，命题成立；

若 $a_1 \leqslant a_2$，则式 ① $\Leftrightarrow a_1^2 + a_2^2 \leqslant a_1^2 + a_2^2$，命题成立.

假设命题对于所有正整数 $k(2 \leqslant k < n)$ 均成立，考虑 n 时的情况.

对于 $2 \leqslant i \leqslant n$，记 $c_i = \dfrac{i}{2\sqrt{i-1}}$，定义 $c_1 = 1$.

容易验证 $c_1 = c_2 < c_3 < \cdots < c_n$.

记 $M = \max_{1 \leqslant j \leqslant n} a_j$，并设 $a_k = M$.

当 $k = 1$ 时，式 ① 的左边 $= M \sum_{i=1}^{n} \min_{i \leqslant j \leqslant n} a_j$.

由 $\min_{1 \leqslant j \leqslant n} a_j = \min_{2 \leqslant j \leqslant n} a_j \leqslant \dfrac{1}{n-1} \sum_{i=2}^{n} a_i$，且当 $2 \leqslant i \leqslant n$ 时，有 $\max_{i \leqslant j \leqslant n} \leqslant a_i$.

故 $\sum_{i=1}^{n} \min_{i \leqslant j \leqslant n} a_j \leqslant \dfrac{1}{n-1} \sum_{i=2}^{n} a_i + \sum_{i=2}^{n} a_i = \dfrac{n}{n-1} \sum_{i=2}^{n} a_i$.

由均值不等式得式 ① 的左边 $\leqslant \dfrac{n}{n-1} M \sum_{i=2}^{n} a_i \leqslant \dfrac{n}{2\sqrt{n-1}} \left(M^2 + \dfrac{1}{n-1} \left(\sum_{i=2}^{n} a_i \right)^2 \right)$

$\leqslant \dfrac{n}{2\sqrt{n-1}} \left(M^2 + \sum_{i=2}^{n} a_i^2 \right) = \dfrac{n}{2\sqrt{n-1}} \sum_{i=1}^{n} a_i^2$.

当 $k = n$ 时，$\min_{i \leqslant j \leqslant n} a_j = \min_{i \leqslant j \leqslant n-1} a_j$.

则式 ① 的左边 $= \sum_{i=1}^{n-1} (\max_{1 \leqslant j \leqslant i} a_j)(\min_{i \leqslant j \leqslant n-1} a_j) + M^2$.

由归纳假设得

$$\sum_{i=1}^{n-1} (\max_{1 \leqslant j \leqslant i} a_j)(\min_{i \leqslant j \leqslant n-1} a_j) \leqslant c_{n-1} \sum_{i=1}^{n-1} a_i^2.$$

故式 ① 的左边 $\leqslant c_{n-1} \sum_{i=1}^{n-1} a_i^2 + M^2 < \dfrac{n}{2\sqrt{n-1}} \left(\sum_{i=1}^{n-1} a_i^2 + M^2 \right)$

$= \dfrac{n}{2\sqrt{n-1}} \sum_{i=1}^{n} a_i^2$.

当 $2 \leqslant k \leqslant n-1$ 时，结合 $k = 1$ 和 $k = n$ 时的证明得

式 ① 的左边 $= \sum_{i=1}^{k-1} (\max_{1 \leqslant j \leqslant i} a_j)(\min_{i \leqslant j \leqslant n} a_j) + M \sum_{i=k}^{n} \min_{i \leqslant j \leqslant n} a_j$

$\leqslant \sum_{i=1}^{k-1} (\max_{1 \leqslant j \leqslant i} a_j)(\min_{i \leqslant j \leqslant k-1} a_j) + \dfrac{n-k+1}{n-k} M \sum_{i=k+1}^{n} a_i$

$$\leqslant c_{k-1}\sum_{i=1}^{k-1}a_i^2+\frac{n-k+1}{2\sqrt{n-k}}\Big(M^2+\sum_{i=k+1}^{n}a_i^2\Big)=c_{k-1}\sum_{i=1}^{k-1}a_i^2+c_{n-k+1}\sum_{i=k}^{n}a_i^2$$

$$<\frac{n}{2\sqrt{n-1}}\sum_{i=1}^{n}a_i^2.$$

综上，命题得证.

【注】取 $a_1=\sqrt{n-1}$，$a_2=a_3=\cdots=a_n=1$，知常数 $\dfrac{n}{2\sqrt{n-1}}$ 为最佳.

设 $a_1,a_2,\cdots,a_{n+1}$ 为正实数. 证明：

$$\Big(\sum_{i=1}^{n}a_i\Big)\Big(\sum_{i=1}^{n}a_{i+1}\Big)\geqslant\Big(\sum_{i=1}^{n}\frac{a_ia_{i+1}}{a_i+a_{i+1}}\Big)\Big(\sum_{i=1}^{n}(a_i+a_{i+1})\Big).\qquad①$$

（第 14 届中国东南地区数学奥林匹克）

证明　注意到，

$$\Big(\sum_{i=1}^{n}a_i\Big)\Big(\sum_{i=1}^{n}a_{i+1}\Big)=\Bigg[\frac{\sum_{i=1}^{n}a_i+\sum_{i=1}^{n}a_{i+1}}{2}\Bigg]^2-\Bigg[\frac{\sum_{i=1}^{n}a_{i+1}-\sum_{i=1}^{n}a_i}{2}\Bigg]^2$$

$$=\frac{\Big(\sum_{i=1}^{n}(a_1+a_{i+1})\Big)^2}{4}-\frac{{a_{n+1}-a_1}^2}{2},$$

$$4\sum_{i=1}^{n}\frac{a_ia_{i+1}}{a_i+a_{i+1}}=\sum_{i=1}^{n}\Big((a_i+a_{i+1})-\frac{(a_i-a_{i+1})^2}{a_i+a_{i+1}}\Big)$$

$$=\sum_{i=1}^{n}(a_i+a_{i+1})-\sum_{i=1}^{n}\frac{(a_i-a_{i+1})^2}{a_i+a_{i+1}}.$$

式 ① $\Longleftrightarrow\dfrac{\Big(\sum_{i=1}^{n}(a_i+a_{i+1})\Big)^2}{4}-\dfrac{(a_{n+1}-a_1)^2}{4}$

$$\geqslant\frac{1}{4}\Big(\sum_{i=1}^{n}(a_i+a_{i+1})-\sum_{i=1}^{n}\frac{(a_i-a_{i+1})^2}{a_i+a_{i+1}}\Big)\Big(\sum_{i=1}^{n}(a_i+a_{i+1})\Big)$$

$$\Longleftrightarrow\Big(\sum_{i=1}^{n}\frac{(a_i-a_{i+1})^2}{a_i+a_{i+1}}\Big)\Big(\sum_{i=1}^{n}(a_i+a_{i+1})\Big)\geqslant(a_{n+1}-a_1)^2.$$

由柯西不等式，知最后不等式成立.

从而，命题成立.

在 $\triangle ABC$ 中，a,b,c 为三边长. 证明：

$$\frac{a}{b+c-a}+\frac{b}{c+a-b}+\frac{c}{a+b-c}\geqslant\frac{b+c-a}{a}+\frac{c+a-b}{b}+\frac{a+b-c}{c}\geqslant 3.$$

（第八届陈省身杯全国高中数学奥林匹克）

证明 先证左端不等式成立.

设 $b+c-a=2x, c+a-b=2y, a+b-c=2z$.

于是, $x,y,z \in \mathbf{R}^+$, 且 $a=y+z, b=z+x, c=x+y$.

则左端不等式 $\Leftrightarrow \sum \dfrac{y+z}{2x} \geqslant \sum \dfrac{2x}{y+z} \Leftrightarrow \sum \dfrac{y+z}{x} \geqslant \sum \dfrac{4x}{y+z}$.

由柯西不等式得 $\left(\dfrac{x}{y}+\dfrac{x}{z}\right)\left(\dfrac{y}{x}+\dfrac{z}{x}\right) \geqslant 4$.

因此, $\dfrac{x}{y}+\dfrac{x}{z} \geqslant \dfrac{4}{\dfrac{y}{x}+\dfrac{z}{x}} = \dfrac{4x}{y+z}$.

类似地, $\dfrac{y}{x}+\dfrac{y}{z} \geqslant \dfrac{4y}{x+z}, \dfrac{z}{x}+\dfrac{z}{y} \geqslant \dfrac{4z}{x+y}$.

三式相加得 $\sum \dfrac{y+z}{x} \geqslant \sum \dfrac{4x}{y+z}$.

再证右端不等式成立.

注意到, $\dfrac{b+c-a}{a} = \dfrac{b+c+a}{a}-2$,

$\dfrac{c+a-b}{b} = \dfrac{c+a+b}{b}-2, \dfrac{a+b-c}{c} = \dfrac{a+b+c}{c}-2$.

故 $\dfrac{b+c-a}{a}+\dfrac{c+a-b}{b}+\dfrac{a+b-c}{c} = (a+b+c)\left(\dfrac{1}{a}+\dfrac{1}{b}+\dfrac{1}{c}\right)-6$

$\geqslant (1+1+1)^2-6 = 3$.

综上,原命题成立.

设 $n \geqslant 3, x_1, x_2, \cdots, x_n \leqslant 1$, 且 $\displaystyle\sum_{i=1}^{n} x_i = 0$. 证明: $\displaystyle\sum_{i=1}^{n} x_i^5 < \dfrac{n}{3}$.

(第八届陈省身杯全国高中数学奥林匹克)

证明 设辅助函数 $f(x) = x^5 - \dfrac{2}{3}x - \dfrac{1}{3}$.

引理 当 $x \in (-\infty, 1]$ 时,函数 $f(x) \leqslant 0$. 当且仅当 $x=1$ 时,等号成立.

证明 易知, $f'(x) = 5x^4 - \dfrac{2}{3}$.

令 $f'(x) = 0$. 则 $x_1 = -\sqrt[4]{\dfrac{2}{15}}, x_2 = \sqrt[4]{\dfrac{2}{15}}$.

当 $x \in (-\infty, x_1)$ 时, $f'(x) > 0, f(x)$ 严格单调递增;

当 $x \in (x_1, x_2)$ 时, $f'(x) < 0, f(x)$ 严格单调递减;

当 $x \in (x_2, 1)$ 时, $f'(x) > 0, f(x)$ 严格单调递增.

又 $f(1) = 0$, 故只需证 $f(x_1) < 0$, 即

$f(x_1) = x_1^5 - \dfrac{2}{3}x_1 - \dfrac{1}{3} = x_1 x_1^4 - \dfrac{2}{3}x_1 - \dfrac{1}{3} = \dfrac{2}{15}x_1 - \dfrac{2}{3}x_1 - \dfrac{1}{3} = -\dfrac{8}{15}x_1 - \dfrac{1}{3}$

$= \dfrac{8}{15}\left(\sqrt[4]{\dfrac{2}{15}}\right) - \dfrac{1}{3} < 0 \Leftrightarrow \dfrac{2}{15} < \left(\dfrac{5}{8}\right)^4 = \dfrac{5^4}{2^{12}} \Leftrightarrow 2^{13} < 5^5 \times 3 \Leftrightarrow 8192 < 9375.$

显然成立.

引理得证.

当 $x_1, x_2, \cdots, x_n \leqslant 1$ 时,$x_i^5 - \dfrac{2}{3} x_i - \dfrac{1}{3} \leqslant 0.$

故 $x_i^5 \leqslant \dfrac{2}{3} x_i + \dfrac{1}{3}$,当且仅当 $x_i = 1$ 时,等号成立.

于是,$\displaystyle\sum_{i=1}^{n} x_i^5 \leqslant \dfrac{2}{3} \sum_{i=1}^{n} x_i + \dfrac{n}{3}$,当且仅当 $x_1 = x_2 = \cdots = x_n = 1$ 时,等号成立.

由于 $\displaystyle\sum_{i=1}^{n} x_i = 0$,从而,$\displaystyle\sum_{i=1}^{n} x_i^5 \leqslant \dfrac{n}{3}.$

此时,$x_1 = x_2 = \cdots = x_n = 1$,显然不成立.

故 $\displaystyle\sum_{i=1}^{n} x_i^5 < \dfrac{n}{3}.$

已知正实数 a,b,c,d 满足 $a+b+c+d=4$.证明:
$$\dfrac{a^2}{b} + \dfrac{b^2}{c} + \dfrac{c^2}{d} + \dfrac{d^2}{a} \geqslant 4 + (a-d)^2.$$

(2017,中国台湾数学奥林匹克选训营)

证明 只需证明:$\displaystyle\sum \left(\dfrac{a^2}{b} + b - 2a\right) \geqslant (a-d)^2$,即证 $\displaystyle\sum \dfrac{a^2 + b^2 - 2ab}{b} \geqslant (a-d)^2.$

事实上,由柯西不等式得

$$\left(\sum \dfrac{(a-b)^2}{b}\right)\left(\sum b\right) \geqslant \left(\sum |(a-b)|\right)^2$$

$$\geqslant ((a-b)+(b-c)+(c-d)+(a-d))^2 = (2a-2d)^2$$

$$\Rightarrow \sum \dfrac{a^2 + b^2 - 2ab}{b} \geqslant \dfrac{(2a-2d)^2}{a+b+c+d} = (a-d)^2.$$

已知 $a,b,c,d > 0$.证明:
$$\sum \dfrac{c}{a+2b} + \sum \dfrac{a+2b}{c} \geqslant 8\left(\dfrac{(a+b+c+d)^2}{ab+ac+ad+bc+bd+cd} - 1\right).$$

(2017,中国台湾数学奥林匹克选训营)

证明 注意到,$\dfrac{c}{a+2b} = \dfrac{a+2b+c}{a+2b} - 1$,$\dfrac{a+2b}{c} = \dfrac{a+2b+c}{c} - 1.$

则 $\displaystyle\sum \dfrac{c}{a+2b} + \sum \dfrac{a+2b}{c} = \sum (a+2b+c)\left(\dfrac{1}{a+2b} + \dfrac{1}{c}\right) - 8$

$$= \sum \frac{(a+2b+c)^2}{c(a+2b)} - 8.$$

由柯西不等式,得 $\left(\sum c(a+2b)\right)\left(\sum \frac{(a+2b+c)^2}{c(a+2b)}\right) \geqslant 16(a+b+c+d)^2.$

故 $\sum \frac{(a+2b+c)^2}{c(a+2b)} - 8 \geqslant 8\left(\frac{2(a+b+c+d)^2}{\sum c(a+2b)} - 1\right)$

$$= 8\left(\frac{(a+b+c+d)^2}{ab+ac+ad+bc+bd+cd} - 1\right).$$

设正整数 $n \geqslant 2$, $S = \sum_{i=1}^{m} x_i (x_i \geqslant 0 (i = 1,2,\cdots,m))$. 证明: $\sum_{i=1}^{m} \sqrt[n]{\frac{x_i}{S-x_i}} \geqslant 2$,

当且仅当 x_i 中有两个数相等且不为 0,但其他的均为 0 时,等号成立.

(2017,中国台湾数学奥林匹克选训营)

证明 先用数学归纳法证明一个引理.

引理 当 $x,y \geqslant 0$,正整数 $n \geqslant 2$ 时,$(x^n + y^n)^2 \leqslant (x^2 + y^2)^n$. ①

证明 当 $n = 2$ 时,显然成立.

假设当 $n = k \geqslant 2$ 时,结论成立,即 $(x^k + y^k)^2 \leqslant (x^2 + y^2)^k$.

则当 $n = k+1$ 时,

$(x^2 + y^2)^{k+1} = (x^2 + y^2)(x^2 + y^2)^k$

$\geqslant (x^2 + y^2)(x^k + y^k)^2 = (x^2 + y^2)(x^{2k} + y^{2k} + 2x^k y^k)$

$\geqslant x^{2k+2} + y^{2k+2} + 2x^{k+2}y^k + 2x^k y^{k+2} \geqslant x^{2k+2} + y^{2k+2} + 2x^{k+1}y^{k+1} = (x^{k+1} + y^{k+1})^2.$

故当 $n = k+1$ 时,结论成立.

引理得证.

在式 ① 中,令 $x = \sqrt[n]{b}$, $y = \sqrt[n]{c}$. 化简得 $(\sqrt[n]{b+c})^2 \leqslant (\sqrt[n]{b})^2 + (\sqrt[n]{c})^2.$

再由数学归纳法将上式推广为 $\left(\sqrt[n]{\sum_{i=1}^{m} x_i}\right)^2 \leqslant \sum_{i=1}^{m} (\sqrt[n]{x_i})^2 (n \geqslant 2, m \in \mathbf{Z}^+).$

则 $\sqrt[n]{\frac{x_1}{S-x_1}} = \frac{\sqrt[n]{x_1}}{\sqrt[n]{S-x_1}} = \frac{2(\sqrt[n]{x_1})^2}{2\sqrt[n]{x_1}\sqrt[n]{S-x_1}} \geqslant \frac{2(\sqrt[n]{x_1})^2}{(\sqrt[n]{x_1})^2 + (\sqrt[n]{S-x_1})^2} \geqslant \frac{2(\sqrt[n]{x_1})^2}{\sum_{i=1}^{m} (\sqrt[n]{x_i})^2}.$

类似地,$\sqrt[n]{\frac{x_j}{S-x_j}} \geqslant \frac{2(\sqrt[n]{x_j})^2}{\sum_{i=1}^{m} (\sqrt[n]{x_i})^2} (j = 1,2,\cdots,m).$

以上不等式相加便得到了原不等式.

在证明的过程中,知当且仅当 x_i 中有两个数相等且不为 0,但其他的均为 0 时,等号成立.

十　　三角函数

已知实数 a,b,c,d 满足：对于任意实数 x，均有 $a\cos x + b\cos 2x + c\cos 3x + d\cos 4x \leqslant 1$.

求 $a+b-c+d$ 的最大值及此时实数 a,b,c,d 的值.

（第九届中国东南地区数学奥林匹克）

解　记 $f(x) = a\cos x + b\cos 2x + c\cos 3x + d\cos 4x$.

由 $f(0) = a+b+c+d$，$f(\pi) = -a+b-c+d$，$f\left(\dfrac{\pi}{3}\right) = \dfrac{a}{2} - \dfrac{b}{2} - c - \dfrac{d}{2}$，则

$$a+b-c+d = f(0) + \frac{2}{3}f(\pi) + \frac{4}{3}f\left(\frac{\pi}{3}\right) \leqslant 3.$$

当且仅当 $f(0) = f(\pi) = f\left(\dfrac{\pi}{3}\right) = 1$，即当 $a=1$，$b+d=1$，$c=-1$ 时取等号.

此时，令 $t = \cos x(-1 \leqslant t \leqslant 1)$. 则

$$f(x) - 1 = \cos x + b\cos 2x - \cos 3x + d\cos 4x - 1$$

$$= t + (1-d)(2t^2-1) - (4t^3-3t) + d(8t^4-8t^2+1) - 1$$

$$= 2(t-1)(t+1)(2t-1)(2dt-(1-d)) \leqslant 0$$

对任意实数 $t \in [-1,1]$ 成立.

于是，$d > 0$，且 $\dfrac{2d}{2} = \dfrac{1-d}{1}$，即 $d = \dfrac{1}{2}$.

从而，$a+b-c+d$ 的最大值为 3，且此时 $(a,b,c,d) = \left(1, \dfrac{1}{2}, -1, \dfrac{1}{2}\right)$.

解方程：$2^{\sin^4 x - \cos^2 x} - 2^{\cos^4 x - \sin^2 x} = \cos 2x$.

（2013，第 64 届罗马尼亚数学奥林匹克）

解　方程两边同乘以 2 得 $2^{\sin^4 x + \sin^2 x} - 2^{\cos^4 x + \cos^2 x} = 2\cos 2x$.

由 $\cos^4 x + \cos^2 x - \sin^4 x - \sin^2 x$

$$= (\cos^2 x + \sin^2 x)(\cos^2 x - \sin^2 x) + \cos^2 x - \sin^2 x$$

$$= 2(\cos^2 x - \sin^2 x) = 2\cos 2x,$$

则原方程即为

$$2^{\sin^4 x + \sin^2 x} - 2^{\cos^4 x + \cos^2 x} = \cos^4 x + \cos^2 x - (\sin^4 x + \sin^2 x)$$

$$\Rightarrow 2^{\sin^4 x + \sin^2 x} + \sin^4 x + \sin^2 x = 2^{\cos^4 x + \cos^2 x} + \cos^4 x + \cos^2 x.$$

考虑函数 $f(t) = 2^t + t$. 易知, $f(x)$ 严格递增.

从而, $\sin^4 x + \sin^2 x = \cos^4 x + \cos^2 x \Rightarrow \cos 2x = 0$

$\Rightarrow x \in \left\{ \dfrac{(2k+1)\pi}{4} \,\middle|\, k \in \mathbf{Z} \right\}.$

求关于 x 的不等式 $\min\{\sin x, \cos x\} < \min\{1 - \sin x, 1 - \cos x\}$ 的解集.

(2013,第 53 届乌克兰数学奥林匹克)

解 由题意,知条件中的不等式等价于 $\begin{cases} \sin x < 1 - \sin x, \\ \sin x < 1 - \cos x \end{cases}$ 或 $\begin{cases} \cos x < 1 - \sin x, \\ \cos x < 1 - \cos x. \end{cases}$

解集为 $\left\{ x \,\middle|\, -\dfrac{3\pi}{2} + 2n\pi < x < 2n\pi, n \in \mathbf{Z} \right\}.$

求关于 x 的不等式 $\min\{\sin x, \cos x\} < \min\{\tan x, \cot x\}$ 的解集.

(2013,第 53 届乌克兰数学奥林匹克)

解 由周期性,知只要在区间 $\left(0, \dfrac{\pi}{2}\right) \cup \left(\dfrac{\pi}{2}, \pi\right) \cup \left(\pi, \dfrac{3\pi}{2}\right) \cup \left(\dfrac{3\pi}{2}, 2\pi\right)$ 上研究.

分五种情况研究.

(1) 若 $x \in \left(0, \dfrac{\pi}{4}\right]$,则 $0 < \sin x \leqslant \cos x$,且 $0 < \tan x < \cot x$.

所求不等式等价于 $\sin x < \tan x$,其解为 $x \in \left(0, \dfrac{\pi}{4}\right].$

(2) 若 $x \in \left(\dfrac{\pi}{4}, \dfrac{\pi}{2}\right)$,则 $0 < \cos x < \sin x$,且 $0 < \cot x < \tan x$.

所求不等式等价于 $\cos x < \cot x$,其解为 $x \in \left(\dfrac{\pi}{4}, \dfrac{\pi}{2}\right).$

(3) 若 $x \in \left(\dfrac{\pi}{2}, \pi\right)$,则 $\min\{\sin x, \cos x\} > -1, \min\{\tan x, \cot x\} \leqslant -1.$

所求不等式无解.

(4) 若 $x \in \left(\pi, \dfrac{3\pi}{2}\right)$,则 $\min\{\sin x, \cos x\} < 0 < \min\{\tan x, \cot x\}.$

所求不等式恒成立.

(5) 若 $x \in \left(\dfrac{3\pi}{2}, 2\pi\right)$,则 $\min\{\sin x, \cos x\} > -1, \min\{\tan x, \cot x\} \leqslant -1.$

所求不等式无解.

综上,所求不等式的解集为 $\left\{ x \,\middle|\, n\pi < x < \dfrac{\pi}{2} + n\pi, n \in \mathbf{Z} \right\}.$

在实数范围内解方程组:

$$\begin{cases} \sqrt{\sin^2 x + \dfrac{1}{\sin^2 x}} + \sqrt{\cos^2 y + \dfrac{1}{\cos^2 y}} = \sqrt{\dfrac{20x}{x+y}}, \\ \sqrt{\sin^2 y + \dfrac{1}{\sin^2 y}} + \sqrt{\cos^2 x + \dfrac{1}{\cos^2 x}} = \sqrt{\dfrac{20y}{x+y}}. \end{cases}$$

(2013,越南数学奥林匹克)

解 将两式相乘得

$$\left(\sqrt{\sin^2 x + \dfrac{1}{\sin^2 x}} + \sqrt{\cos^2 y + \dfrac{1}{\cos^2 y}}\right)\left(\sqrt{\sin^2 y + \dfrac{1}{\sin^2 y}} + \sqrt{\cos^2 x + \dfrac{1}{\cos^2 x}}\right)$$

$$= 20\sqrt{\dfrac{xy}{(x+y)^2}}. \qquad ①$$

由柯西-施瓦兹不等式得

$$\left(\sin^2 x + \dfrac{1}{\sin^2 x}\right)\left(\cos^2 x + \dfrac{1}{\cos^2 x}\right) \geqslant \left(|\sin x \cdot \cos x| + \dfrac{1}{|\sin x \cdot \cos x|}\right)^2$$

$$= \left(\dfrac{|\sin 2x|}{2} + \dfrac{1}{2|\sin 2x|} + \dfrac{3}{2|\sin 2x|}\right)^2 \geqslant \left(1 + \dfrac{3}{2}\right)^2 = \dfrac{25}{4}.$$

类似地,$\left(\sin^2 y + \dfrac{1}{\sin^2 y}\right)\left(\cos^2 y + \dfrac{1}{\cos^2 y}\right) \geqslant \dfrac{25}{4}.$

由均值不等式得式 ① 等号前面

$$\geqslant 2\sqrt{\sqrt{\sin^2 x + \dfrac{1}{\sin^2 x}} \cdot \sqrt{\cos^2 y + \dfrac{1}{\cos^2 y}}} \cdot 2\sqrt{\sqrt{\sin^2 y + \dfrac{1}{\sin^2 y}} \cdot \sqrt{\cos^2 x + \dfrac{1}{\cos^2 x}}}$$

$$= 4\sqrt[4]{\left(\sin^2 x + \dfrac{1}{\sin^2 x}\right)\left(\cos^2 x + \dfrac{1}{\cos^2 x}\right)\left(\sin^2 y + \dfrac{1}{\sin^2 y}\right)\left(\cos^2 y + \dfrac{1}{\cos^2 y}\right)}$$

$$\geqslant 4\sqrt[4]{\left(\dfrac{25}{4}\right)^2} = 10 \geqslant 20\sqrt{\dfrac{xy}{(x+y)^2}},$$

当且仅当 $x = y$,$|\sin 2x| = |\sin 2y| = 1$,即当 $x = y = \dfrac{\pi}{4} + \dfrac{k\pi}{2}$ 时,上式等号成立.

代入原方程组,知 $x = y = \dfrac{\pi}{4} + \dfrac{k\pi}{2}\ (k \in \mathbf{Z})$ 是已知方程组的全部解.

已知 n 为正整数,$x_1, x_2, \cdots, x_n$ 为正实数. 证明:

$$\min\left\{x_1, \dfrac{1}{x_1} + x_2, \cdots, \dfrac{1}{x_{n-1}} + x_n, \dfrac{1}{x_n}\right\} \leqslant 2\cos\dfrac{\pi}{n+2}$$

$$\leqslant \max\left\{x_1, \dfrac{1}{x_1} + x_2, \cdots, \dfrac{1}{x_{n-1}} + x_n, \dfrac{1}{x_n}\right\}.$$

(2013,罗马尼亚国家队选拔考试)

证明 事实上,可证明

代数部分

$$\max_{x_1>0,\cdots,x_n>0} \min\left\{x_1, \frac{1}{x_1}+x_2, \cdots, \frac{1}{x_{n-1}}+x_n, \frac{1}{x_n}\right\} = 2\cos\frac{\pi}{n+2}$$

$$= \min_{x_1>0,\cdots,x_n>0} \max\left\{x_1, \frac{1}{x_1}+x_2, \cdots, \frac{1}{x_{n-1}}+x_n, \frac{1}{x_n}\right\}.$$

用 U 表示所有 n 维正实数的数组.

对于 $X = (x_1, x_2, \cdots, x_n) \in U$，令

$$m(X) = \min\left\{x_1, \frac{1}{x_1}+x_2, \cdots, \frac{1}{x_{n-1}}+x_n, \frac{1}{x_n}\right\},$$

$$M(X) = \max\left\{x_1, \frac{1}{x_1}+x_2, \cdots, \frac{1}{x_{n-1}}+x_n, \frac{1}{x_n}\right\}.$$

首先证明：若存在 $A = (a_1, a_2, \cdots, a_n) \in U$，使 $m(A) = M(A)$，则对于任意的 $X \in U$，有 $m(X) \leqslant m(A) = M(A) \leqslant M(X)$.

由于 $m(A) = M(A)$，这等价于 $a_1 = \frac{1}{a_1}+a_2 = \cdots = \frac{1}{a_{n-1}}+a_n = \frac{1}{a_n}$.

若 $m(X) > m(A) (X \in U)$，则

$$x_1 \geqslant m(X) > m(A) = a_1,$$

$$\frac{1}{x_k}+x_{k+1} \geqslant m(X) > m(A) = \frac{1}{a_k}+a_{k+1}(k=1,2,\cdots,n-1),$$

$$\frac{1}{x_n} \geqslant m(X) > m(A) = \frac{1}{a_n}.$$

前 n 个不等式可递推地得到 $x_k > a_k(k=1,2,\cdots,n)$.

特别地，$x_n > a_n$，这与最后一个不等式矛盾.

类似地，可证明对于任意的 $X \in U$，均有 $M(X) \geqslant M(A)$.

其次证明：满足 $m(A) = M(A)$ 的数组 A 是存在的.

令 $s = m(A) = M(A)$，记 $a_k = \frac{b_k}{b_{k-1}}(k=1,2,\cdots,n)$，$b_k$ 满足递推数列

$$b_0 = 1, b_1 = s, b_k = sb_{k-1} - b_{k-2}.$$

因为 $\frac{1}{a_n} = s$，所以，$b_{n-1} = sb_n \Leftrightarrow b_{n+1} = 0$.

先证 $s < 2$. 否则，$a_1 = s \geqslant 2$，$a_k = s - \frac{1}{a_{k-1}}(k=2,3,\cdots,n)$.

通过递推得 $a_k \geqslant 1 + \frac{1}{k}(k=1,2,\cdots,n)$.

特别地，$a_n \geqslant 1 + \frac{1}{n}$，这与 $\frac{1}{a_n} = s \geqslant 2$，矛盾.

于是，记 $s = 2\cos\alpha\left(\alpha \in \left(0, \frac{\pi}{2}\right)\right)$.

从而，递推数列 $\{b_n\}$ 的通项为 $b_k = \frac{\sin(k+1)\alpha}{\sin\alpha}(b_1, b_2, \cdots, b_n \in \mathbf{R}^+)$.

而 $b_{n+1} = 0$，故 $\alpha = \frac{\pi}{n+2}$.

证明:在区间 $\left(0,\dfrac{\pi}{2}\right)$ 内的任意四个数中,存在两个数 x,y 使得

$$8\cos x \cdot \cos y \cdot \cos(x-y) + 1 > 4(\cos^2 x + \cos^2 y).$$

(2013,克罗地亚数学竞赛)

证明 原不等式

$\Leftrightarrow 8\cos x \cdot \cos y(\cos x \cdot \cos y + \sin x \cdot \sin y) + 1 > 4\cos^2 x + 4\cos^2 y$

$\Leftrightarrow 8\cos^2 x \cdot \cos^2 y - 4\cos^2 x - 4\cos^2 y + 2\sin 2x \cdot \sin 2y + 1 > 0$

$\Leftrightarrow 2(2\cos^2 x - 1)(2\cos^2 y - 1) + 2\sin 2x \cdot \sin 2y - 1 > 0$

$\Leftrightarrow \cos 2x \cdot \cos 2y + \sin 2x \cdot \sin 2y > \dfrac{1}{2}$

$\Leftrightarrow \cos(2x - 2y) > \dfrac{1}{2}.$

由抽屉原理,知所给的四个数中选出两个在 $\left(0,\dfrac{\pi}{6}\right)$,$\left[\dfrac{\pi}{6},\dfrac{\pi}{3}\right)$,$\left[\dfrac{\pi}{3},\dfrac{\pi}{2}\right)$ 中的一个区间内,设为 x 和 y,则

$$|2x - 2y| < \dfrac{\pi}{3}, \text{且} \cos(2x - 2y) > \dfrac{1}{2}.$$

结论成立.

给定一个凸七边形.任选其四个内角并算出这四个角的正弦值,再算出其余三个内角的余弦值.已知无论怎样选取开头的四个内角,所得的七个三角函数值的和均相同.证明:该七边形中至少有四个内角相等.

(2014,第 40 届俄罗斯数学奥林匹克)

证明 任取题中所说的一个和数,随意交换该和中的一对角的正弦和余弦(即将某 $\sin\alpha,\cos\beta$ 换为 $\cos\alpha,\sin\beta$),于是,该和数的改变量为

$$(\cos\alpha + \sin\beta) - (\sin\alpha + \cos\beta) = \sqrt{2}\left(\sin\left(\beta - \dfrac{\pi}{4}\right) - \sin\left(\alpha - \dfrac{\pi}{4}\right)\right).$$

由题设条件知改变量为 0,则 $\sin\left(\beta - \dfrac{\pi}{4}\right) = \sin\left(\alpha - \dfrac{\pi}{4}\right)$.

因为 $\alpha,\beta \in (0,\pi)$,所以,

$$\beta - \dfrac{\pi}{4} = \alpha - \dfrac{\pi}{4} \text{ 或 } \beta - \dfrac{\pi}{4} = \pi - \left(\alpha - \dfrac{\pi}{4}\right) \Rightarrow \beta = \alpha \text{ 或 } \beta = \dfrac{3\pi}{2} - \alpha.$$

于是,对于该七边形中的任意一个角 α,其余各个角要么均等于 α,要么均等于 $\dfrac{3\pi}{2} - \alpha$.

从而,七个内角只有两种不同的可能值.

由抽屉原理,知其中至少有四个角相等.

代数部分

求最小的实数 c,使得对所有的 $0 \leqslant \alpha \leqslant \beta \leqslant \frac{\pi}{2}$,均有

$$\cos\alpha + \cos\beta + 3\cos\alpha \cdot \cos\beta \leqslant 2\cos^2\alpha + \cos^2\beta + c. \qquad ①$$

(2014,第 54 届乌克兰数学奥林匹克)

解 当 $\alpha = \beta = 0$ 时,有 $5 \leqslant 3 + c \Rightarrow c \geqslant 2$.

下面证明:当 $c = 2$ 时,总有式 ① 成立.

设 $\sqrt{x} = \cos\alpha$,$\sqrt{y} = \cos\beta$. 于是,$0 \leqslant y \leqslant x \leqslant 1$.

因为 $x \leqslant 1$,$y \leqslant 1$,所以,$2 - \sqrt{x} - \sqrt{y} \geqslant 0$.

由均值不等式,得 $x + y - 2\sqrt{xy} \geqslant 0$.

又 $y \leqslant x$,有 $\sqrt{x}(\sqrt{x} - \sqrt{y}) \geqslant 0$.

故 $(2 - \sqrt{x} - \sqrt{y}) + (x + y - 2\sqrt{xy}) + \sqrt{x}(\sqrt{x} - \sqrt{y}) \geqslant 0$,即

$$\cos\alpha + \cos\beta + 3\cos\alpha \cdot \cos\beta \leqslant 2\cos^2\alpha + \cos^2\beta + 2.$$

求满足下列方程组的所有实数对 (x,y):
$$\begin{cases} x + \sin x = y, \\ y + \sin y = x. \end{cases}$$

(2014,爱沙尼亚数学奥林匹克)

解 所有满足条件的实数对为 $(x,y) = (k\pi, k\pi)(k \in \mathbf{Z})$.

显然,函数 $f(z) = z + \sin z$ 为严格单调函数,这是因为其导数 $f'(z) = 1 + \cos z$ 在除了某些孤立点外均是正的.

若 $x < y$,则 $x = y + \sin y > x + \sin x = y$. 矛盾.

类似地,若 $x > y$,也可得到矛盾.

故 $x = y$,且 $\sin x = 0$,即 $x = y = k\pi(k \in \mathbf{Z})$.

是否存在正实数 a,使得不等式 $|\cos x| + |\cos ax| > \sin x + \sin ax$ 恒成立?

(第 40 届俄罗斯数学奥林匹克)

解 不存在.

当 $0 < a \leqslant 1$ 时,不等式对于 $x = \frac{\pi}{2}$ 不成立.

当 $a > 1$ 时,令 $ax = t$,$b = \frac{1}{a}$. 则原不等式变为 $|\cos bt| + |\cos t| > \sin bt + \sin t$.

转化为前面的情况. 从而,不存在正实数 a.

设 $\triangle ABC$ 与 $\triangle XYZ$ 均为锐角三角形. 证明：$\cot A \cdot (\cot Y + \cot Z)$，$\cot B \cdot (\cot Z + \cot X)$，$\cot C \cdot (\cot X + \cot Y)$ 三数的最大值不小于 $\dfrac{2}{3}$.

（2014，第 11 届中国东南地区数学奥林匹克）

证明 将 $\cot A, \cot B, \cot C, \cot X, \cot Y, \cot Z$ 分别记为 a, b, c, x, y, z. 则 $ab + bc + ca = xy + yz + zx = 1 (a, b, c, x, y, z > 0)$.

由柯西不等式得

$$(a+b+c)^2 (x+y+z)^2 = (a^2+b^2+c^2+2)(x^2+y^2+z^2+2) \geqslant (ax+by+cz+2)^2$$
$$\Rightarrow (a+b+c)(x+y+z) \geqslant ax+by+cz+2 \Rightarrow a(y+z)+b(z+x)+c(x+y) \geqslant 2$$
$$\Rightarrow \max\{a(y+z), b(z+x), c(x+y)\} \geqslant \dfrac{2}{3}.$$

在 $\triangle ABC$ 中，$BC + AC = 2AB$，$\angle BAC - \angle CBA = 90°$. 求 $\cos\angle ACB$ 的值.

（2015，克罗地亚数学竞赛）

解 如图 6 所示，过点 A 作 $AD \perp AC$，与 BC 交于点 D.
设 $\angle CDA = \alpha, CD = x$.
则 $\cos\angle ACB = \sin\alpha$
$\Rightarrow AC = x\sin\alpha, BD = AD = x\cos\alpha$
$\Rightarrow \angle BAD = \dfrac{\alpha}{2}, AB = 2x\cos\alpha \cdot \cos\dfrac{\alpha}{2}.$

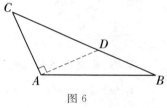

图 6

由 $BC + AC = 2AB$，得 $1 + \cos\alpha + \sin\alpha = 4\cos\alpha \cdot \cos\dfrac{\alpha}{2}$.

将上式两边平方并注意到 α 为锐角得

$$1 + \cos^2\alpha + \sin^2\alpha + 2\cos\alpha + 2\sin\alpha + 2\sin\alpha \cdot \cos\alpha = 16\cos^2\alpha \cdot \cos^2\dfrac{\alpha}{2}$$
$$\Rightarrow 2(1+\cos\alpha)(1+\sin\alpha) = 8\cos^2\alpha(1+\cos\alpha)$$
$$\Rightarrow 1 + \sin\alpha = 4(1-\sin^2\alpha)$$
$$\Rightarrow (4\sin\alpha - 3)(\sin\alpha + 1) = 0$$
$$\Rightarrow \sin\alpha = \dfrac{3}{4} \Rightarrow \cos\angle ACB = \dfrac{3}{4}.$$

设 $\theta_i \in \left(0, \dfrac{\pi}{2}\right) (i = 1, 2, \cdots, n)$. 证明：

$$\left(\sum_{i=1}^{n} \tan\theta_i\right)\left(\sum_{i=1}^{n} \cot\theta_i\right) \geqslant \left(\sum_{i=1}^{n} \sin\theta_i\right)^2 + \left(\sum_{i=1}^{n} \cos\theta_i\right)^2.$$

（第 12 届中国北方数学奥林匹克）

证明 由柯西不等式知

$$\left(\sum_{i=1}^{n}\tan\theta_i\right)\left(\sum_{i=1}^{n}\cot\theta_i\right)\geqslant\left(\sum_{i=1}^{n}\sqrt{\tan\theta_i}\,\sqrt{\cot\theta_i}\right)^2=n^2,$$

$$\left(\sum_{i=1}^{n}\sin\theta_i\right)^2+\left(\sum_{i=1}^{n}\cos\theta_i\right)^2\leqslant n\sum_{i=1}^{n}\sin^2\theta_i+n\sum_{i=1}^{n}\cos^2\theta_i=n^2.$$

因此,原结论成立.

对于任意实数 $a_1,a_2,\cdots,a_{2016}$,试求

$$\frac{7+23\displaystyle\sum_{1\leqslant i<j\leqslant 2016}\sin^2(a_i-a_j)}{7+24\displaystyle\sum_{1\leqslant i<j\leqslant 2016}\cos^2(a_i-a_j)}$$

的取值范围.

(2016,第七届陈省身杯全国高中数学奥林匹克)

证明 记原式为 S,$\displaystyle\sum_{1\leqslant i<j\leqslant 2016}\sin^2(a_i-a_j)=x$.

则 $\displaystyle\sum_{1\leqslant i<j\leqslant 2016}\cos^2(a_i-a_j)=\sum_{1\leqslant i<j\leqslant 2016}(1-\sin^2(a_i-a_j))=C_{2016}^2-x$.

于是,$S=\dfrac{7+23x}{7+24(C_{2016}^2-x)}$.

显然,此函数连续,且单调递增.

易知,当 $a_1=a_2=\cdots=a_{2016}$ 时,S 取得最小值 $\dfrac{7}{7+24C_{2016}^2}=\dfrac{7}{48746887}=\dfrac{1}{6963841}$.

注意到,

$$\sum_{1\leqslant i<j\leqslant 2016}\sin^2(a_i-a_j)=\frac{1}{2}\sum_{1\leqslant i<j\leqslant 2016}(1-\cos(2a_i-2a_j))$$

$$=\frac{1}{2}C_{2016}^2-\frac{1}{2}\sum_{1\leqslant i<j\leqslant 2016}(\cos2a_i\cdot\cos2a_j+\sin2a_i\cdot\sin2a_j)$$

$$=\frac{2016\times2015}{4}-\frac{1}{4}\left(\left(\sum_{i=1}^{2016}\cos2a_i\right)^2+\left(\sum_{i=1}^{2016}\sin2a_i\right)^2-\left(\sum_{i=1}^{2016}\cos^22a_i+\sum_{i=1}^{2016}\sin^22a_i\right)\right)$$

$$=\frac{2016\times2015}{4}-\frac{1}{4}\left(\left(\sum_{i=1}^{2016}\cos2a_i\right)^2+\left(\sum_{i=1}^{2016}\sin2a_i\right)^2-2016\right)$$

$$=\frac{2016^2}{4}-\frac{1}{4}\left(\left(\sum_{i=1}^{2016}\cos2a_i\right)^2+\left(\sum_{i=1}^{2016}\sin2a_i\right)^2\right)\leqslant\frac{2016^2}{4}=1016064.$$

则 $\displaystyle\sum_{1\leqslant i<j\leqslant 2016}\cos^2(a_i-a_j)$

$$=C_{2016}^2-\sum_{1\leqslant i<j\leqslant 2016}\sin^2(a_i-a_j)$$

$$\geqslant\frac{2016\times2015}{2}-1016064=1015056.$$

故 $S\leqslant\dfrac{7+23\times1016064}{7+24\times1015056}=\dfrac{3338497}{3480193}$,

当 $a_i = \dfrac{i\pi}{2016}(i = 1, 2, \cdots, 2016)$ 时,上式的等号成立.

因此,S 的最大值为 $\dfrac{3338497}{3480193}$.

综上,S 的取值范围是 $\left[\dfrac{1}{6963841}, \dfrac{3338497}{3480193}\right]$.

求 $\sin x \cdot \sin y \cdot \sin z + \cos x \cdot \cos y \cdot \cos z (x, y, z \in \mathbf{R})$ 的最大值.

(2017,克罗地亚数学竞赛)

解 由 $|\sin z| \leqslant 1$,$|\cos z| \leqslant 1$ 及绝对值不等式得

$\sin x \cdot \sin y \cdot \sin z + \cos x \cdot \cos y \cdot \cos z$

$\leqslant |\sin x \cdot \sin y \cdot \sin z + \cos x \cdot \cos y \cdot \cos z|$

$\leqslant |\sin x| |\sin y| |\sin z| + |\cos x| |\cos y| |\cos z|$

$\leqslant |\sin x| |\sin y| + |\cos x| |\cos y|. \qquad ①$

注意到,存在实数 x', y' 使得

$\sin x' = |\sin x|, \sin y' = |\sin y|, \cos x' = |\cos x|, \cos y' = |\cos y|.$

代入式 ① 得

$\sin x \cdot \sin y \cdot \sin z + \cos x \cdot \cos y \cdot \cos z$

$\leqslant \sin x' \cdot \sin y' + \cos x' \cdot \cos y' = \cos(x' - y') \leqslant 1.$

当 $x = y = z = 0$ 时,上式的等号成立.

故 $\sin x \cdot \sin y \cdot \sin z + \cos x \cdot \cos y \cdot \cos z$ 的最大值为 1.

对一切 $n \in \mathbf{Z}^+$,证明:$\sin \dfrac{\pi}{4n} \geqslant \dfrac{\sqrt{2}}{2n}$.

(2017,罗马尼亚数学奥林匹克)

证明 令复数 $z = \cos \dfrac{\pi}{2n} + \mathrm{i} \sin \dfrac{\pi}{2n}$.则 $|z| = 1, z^n = \mathrm{i}.$

故 $\mathrm{i} - 1 = z^n - 1 = (z - 1) \displaystyle\sum_{j=0}^{n-1} z^j \Rightarrow \sqrt{2} = |z - 1| \left| \displaystyle\sum_{j=0}^{n-1} z^j \right| \leqslant |z - 1| n$

$\Rightarrow |z - 1| \geqslant \dfrac{\sqrt{2}}{n}.$

而 $|z - 1| = \left| -2\sin^2 \dfrac{\pi}{4n} + 2\mathrm{i} \sin \dfrac{\pi}{4n} \cdot \cos \dfrac{\pi}{4n} \right| = 2\sin \dfrac{\pi}{4n}$,因此,

$2\sin \dfrac{\pi}{4n} \geqslant \dfrac{\sqrt{2}}{n}$,即 $\sin \dfrac{\pi}{4n} \geqslant \dfrac{\sqrt{2}}{2n}.$

代数部分

设实数 x 使得 $s=\sin 64x+\sin 65x$ 与 $t=\cos 64x+\cos 65x$ 均为有理数.证明：这两个和式之一的右边两项均为有理数.

(第 43 届俄罗斯数学奥林匹克)

证明 注意到，

$$s^2+t^2=(\sin^2 64x+\cos^2 64x)+(\sin^2 65x+\cos^2 65x)+2(\sin 64x\cdot\sin 65x+\cos 64x\cdot\cos 65x)$$

$$=2+2\cos(65x-64x)=2+2\cos x(\text{有理数}).$$

于是，$\cos x$ 为有理数.

由公式 $\cos 2a=2\cos^2 a-1$ 及数学归纳法，易知对于任意正整数 k，$\cos 2^k x$ 为有理数.

特别地，$\cos 64x$ 为有理数.

因此，构成和式 t 的两项均为有理数.

设 $a_i\geqslant 0,x_i\in\mathbf{R}(i=1,2,\cdots,n)$. 证明：

$$\left(\left(1-\sum_{i=1}^n a_i\cos x_i\right)^2+\left(1-\sum_{i=1}^n a_i\sin x_i\right)^2\right)^2\geqslant 4\left(1-\sum_{i=1}^n a_i\right)^3.$$

(第 16 届中国女子数学奥林匹克)

解 若 $1-\sum_{i=1}^n a_i\leqslant 0$，则命题成立.

若 $1-\sum_{i=1}^n a_i\geqslant 0$，则

$$\left(1-\sum_{i=1}^n a_i\sin x_i\right)^2\geqslant\left(1-\sum_{i=1}^n a_i\right)\left(1-\sum_{i=1}^n a_i\sin^2 x_i\right),$$

$$\left(1-\sum_{i=1}^n a_i\cos x_i\right)^2\geqslant\left(1-\sum_{i=1}^n a_i\right)\left(1-\sum_{i=1}^n a_i\cos^2 x_i\right).$$

故 $\left(\left(1-\sum_{i=1}^n a_i\cos x_i\right)^2+\left(1-\sum_{i=1}^n a_i\sin x_i\right)^2\right)^2\geqslant\left(\left(1-\sum_{i=1}^n a_i\right)\left(2-\sum_{i=1}^n a_i\right)\right)^2$

$$\geqslant 4\left(1-\sum_{i=1}^n a_i\right)^3.$$

十一　复数

已知复数 a,b,c,d. 证明下面两个命题等价：

(1) 对于任意的 $z\in\mathbf{C}$，均有 $|z-a|+|z-b|\geqslant|z-c|+|z-d|$；

(2) 存在 $t\in(0,1)$，使得 $c=ta+(1-t)b$，且 $d=(1-t)a+tb$.

（2013，第 64 届罗马尼亚数学奥林匹克）

证明　$(2)\Rightarrow(1)$.

将等式代入得 $|z-c|=|z-ta-(1-t)b|\leqslant t|z-a|+(1-t)|z-b|$.

类似地，$|z-d|\leqslant(1-t)|z-a|+t|z-b|$.

两不等式相加得 $|z-a|+|z-b|\geqslant|z-c|+|z-d|$.

$(1)\Rightarrow(2)$.

分别令 $z=a$，$z=b$，得

$|a-b|\geqslant|a-c|+|a-d|$，$|a-b|\geqslant|b-c|+|b-d|$.

两式相加得 $2|a-b|\geqslant|a-c|+|a-d|+|b-c|+|b-d|$.

但 $|a-c|+|b-c|\geqslant|a-b|$，$|a-d|+|b-d|\geqslant|a-b|$，故

$2|a-b|\leqslant|a-c|+|a-d|+|b-c|+|b-d|$.

从而，上述不等式均取到等号.

于是，$|a-c|+|b-c|=|a-b|$.

故存在 $t_1\in(0,1)$ 使得 $c=t_1a+(1-t_1)b$.

类似地，存在 $t_2\in(0,1)$ 使得 $d=t_2a+(1-t_2)b$.

最后只要证 $t_1+t_2=1$.

事实上，由 $|a-c|+|b-c|=|a-b|=|b-c|+|b-d|$，得

$|a-c|=|b-d|$.

故 $(1-t_1)|a-b|=t_2|a-b|\Rightarrow t_1+t_2=1$.

已知 a 为满足方程 $a^5+a+1=0$ 的复数. 求代数式 $a^2(a-1)$ 的值.

（2013，克罗地亚数学竞赛）

解　由题意知

$a^5+a+1=(a^5-a^4)+(a^4-a^3)+(a^3-a^2)+a^2+a+1$

$=(a^2+a+1)(a^3-a^2+1)=0$.

(1) 若 $a^2+a+1=0$，则 $a^2(a-1)=-(a+1)(a-1)=1-a^2=a+2$.

由 $a = -\dfrac{1}{2} \pm \dfrac{\sqrt{3}}{2}\mathrm{i}$，得 $a^2(a-1) = \dfrac{3}{2} \pm \dfrac{\sqrt{3}}{2}\mathrm{i}$．

(2) 若 $a^3 - a^2 + 1 = 0$，则 $a^2(a-1) = a^3 - a^2 = -1$．

因此，所求代数式的值为 -1，$\dfrac{3}{2} + \dfrac{\sqrt{3}}{2}\mathrm{i}$ 和 $\dfrac{3}{2} - \dfrac{\sqrt{3}}{2}\mathrm{i}$．

设 $n(n \geqslant 2)$ 为整数，$a_0, a_1, \cdots, a_n$ 为复数，且 $a_n \neq 0$．证明下列命题等价：

命题 P：对满足 $|z|=1$ 的复数 z，有 $|a_n z^n + a_{n-1} z^{n-1} + \cdots + a_1 z + a_0| \leqslant |a_n + a_0|$；

命题 Q：$a_1 = a_2 = \cdots = a_{n-1} = 0$，且 $\dfrac{a_0}{a_n} \in [0, +\infty)$．

（2014，罗马尼亚数学奥林匹克）

证明 (1) 命题 $Q \Rightarrow$ 命题 P．

若 $a_1 = a_2 = \cdots = a_{n-1} = 0$，且 $\dfrac{a_0}{a_n} \in [0, +\infty)$，则

$|a_n z^n + a_{n-1} z^{n-1} + \cdots + a_1 z + a_0| = |a_n z^n + a_0|$

$\leqslant |a_n z^n| + |a_0| = |a_n| + |a_0| = |a_n + a_0|$．

(2) 命题 $P \Rightarrow$ 命题 Q．

令 $g(z) = a_{n-1} z^{n-1} + \cdots + a_1 z (z \in \mathbf{C})$，$w = a_0 + a_n$．

对于任意的 $\varepsilon \in U_n = \{z \in \mathbf{C} \mid z^n = 1\}$，均有

$|a_n + g(\varepsilon) + a_0| \leqslant |a_n + a_0| \Rightarrow |w + g(\varepsilon)| \leqslant |w|$．

则 $|g(\varepsilon)|^2 + w\,\overline{g(\varepsilon)} + \overline{w} g(\varepsilon) \leqslant 0$．

因为 $\displaystyle\sum_{\varepsilon \in U_n} \varepsilon^k = 0 (k = 1, 2, \cdots, n-1)$，所以，$\displaystyle\sum_{\varepsilon \in U_n} g(\varepsilon) = 0$．

故 $\displaystyle\sum_{\varepsilon \in U_n}(|g(\varepsilon)|^2 + w\,\overline{g(\varepsilon)} + \overline{w} g(\varepsilon)) = \sum_{\varepsilon \in U_n} |g(\varepsilon)|^2 \leqslant 0$．

于是，$g(\varepsilon) = 0$（任意的 $\varepsilon \in U_n$）．

从而，$a_k = \dfrac{1}{n} \displaystyle\sum_{\varepsilon \in U_n} \dfrac{g(\varepsilon)}{\varepsilon^k} = 0 (k = 1, 2, \cdots, n-1)$．

因此，$|a_n z^n + a_0| \leqslant |a_n + a_0|$（任意的 $|z|=1$）．

令 $c = \dfrac{a_0}{a_n}$，$t = z^n$．则 $|t + c| \leqslant |1 + c|$．

设 P, M, A 分别为 $t, -c, 1$ 在复平面上对应的点．则 $PM \leqslant MA$ 对于单位圆上的任意点 P 均成立．

于是，单位圆在以 M 为圆心、MA 为半径的圆的内部．

而点 A 也在单位圆上，则两圆内切于点 A．故 M, O, A 三点共线，且 $MA \geqslant OA = 1$，即 $-c \leqslant 0 \Rightarrow c \in [0, +\infty)$．

給定实数 $r \in (0,1)$. 证明:若 n 个复数 $z_1, z_2, \cdots, z_n$ 满足 $|z_k - 1| \leqslant r(k = 1, 2, \cdots, n)$,则

$$|z_1 + z_2 + \cdots + z_n|\left|\frac{1}{z_1} + \frac{1}{z_2} + \cdots + \frac{1}{z_n}\right| \geqslant n^2(1 - r^2).$$

(2014,第 30 届中国数学奥林匹克)

证明 设 $z_k = x_k + y_k \mathrm{i}(x_k, y_k \in \mathbf{R}, k = 1, 2, \cdots, n)$.

先证明:$\dfrac{x_k^2}{x_k^2 + y_k^2} \geqslant 1 - r^2 (k = 1, 2, \cdots, n)$. ①

记 $u = \dfrac{x_k^2}{x_k^2 + y_k^2}$. 由 $|x_k - 1| \leqslant r < 1$,知 $x_k > 0$.

则 $u > 0$,且 $y_k^2 = \left(\dfrac{1}{u} - 1\right)x_k^2$.

故 $r^2 \geqslant |z_k - 1|^2 = (x_k - 1)^2 + \left(\dfrac{1}{u} - 1\right)x_k^2 = \dfrac{1}{u}(x_k - u)^2 + 1 - u \geqslant 1 - u$.

从而,$u \geqslant 1 - r^2$,即式 ① 成立.

注意到,$|z_1 + z_2 + \cdots + z_n| \geqslant |\operatorname{Re}(z_1 + z_2 + \cdots + z_n)| = \sum_{k=1}^{n} x_k$.

又 $\dfrac{1}{z_k} = \dfrac{x_k - y_k \mathrm{i}}{x_k^2 + y_k^2}(k = 1, 2, \cdots, n)$,故

$$\left|\frac{1}{z_1} + \frac{1}{z_2} + \cdots + \frac{1}{z_n}\right| \geqslant \left|\operatorname{Re}\left(\frac{1}{z_1} + \frac{1}{z_2} + \cdots + \frac{1}{z_n}\right)\right| = \sum_{k=1}^{n} \frac{x_k}{x_k^2 + y_k^2}.$$

因为 $x_k > 0(k = 1, 2, \cdots, n)$,所以,由柯西不等式得

$$|z_1 + z_2 + \cdots + z_n|\left|\frac{1}{z_1} + \frac{1}{z_2} + \cdots + \frac{1}{z_n}\right| \geqslant \left(\sum_{k=1}^{n} x_k\right)\left(\sum_{k=1}^{n} \frac{x_k}{x_k^2 + y_k^2}\right)$$

$$\geqslant \left(\sum_{k=1}^{n} \sqrt{\frac{x_k^2}{x_k^2 + y_k^2}}\right)^2 \geqslant (n\sqrt{1 - r^2})^2 = n^2(1 - r^2).$$

设 $n(n > 1)$ 为给定的整数. 求最大的常数 $\lambda(n)$,使得对于任意 n 个非零复数 $z_1, z_2, \cdots, z_n$,均有

$$\sum_{k=1}^{n} |z_k|^2 \geqslant \lambda(n) \min_{1 \leqslant k \leqslant n}\{|z_{k+1} - z_k|^2\}(z_{n+1} = z_1).$$

(2014,中国国家集训队选拔考试)

解 令 $\lambda_0(n) = \begin{cases} \dfrac{n}{4}, & n \text{ 为偶数}; \\[3mm] \dfrac{n}{4\cos^2 \dfrac{\pi}{2n}}, & n \text{ 为奇数}. \end{cases}$

接下来证明:$\lambda_0(n)$ 为所求的最大常数值.

若存在正整数 $k(1 \leqslant k \leqslant n)$ 使得 $|z_{k+1} - z_k| = 0$,则原不等式显然成立.

以下不妨设 $\min\limits_{1 \leqslant k \leqslant n}\{|z_{k+1} - z_k|^2\} = 1$. ①

在此条件下,只需证明: $\sum\limits_{k=1}^{n} |z_k|^2$ 的最小值为 $\lambda_0(n)$.

当 n 为偶数时,由于

$$\sum_{k=1}^{n} |z_k|^2 = \frac{1}{2} \sum_{k=1}^{n} (|z_k|^2 + |z_{k+1}|^2) \geqslant \frac{1}{4} \sum_{k=1}^{n} |z_{k+1} - z_k|^2$$

$$\geqslant \frac{n}{4} \min_{1 \leqslant k \leqslant n}\{|z_{k+1} - z_k|^2\} = \frac{n}{4},$$

当 $(z_1, z_2, \cdots, z_n) = \left(\frac{1}{2}, -\frac{1}{2}, \cdots, \frac{1}{2}, -\frac{1}{2}\right)$ 时,上式的等号成立.

于是, $\sum\limits_{k=1}^{n} |z_k|^2$ 的最小值为 $\dfrac{n}{4} = \lambda_0(n)$.

当 n 为奇数时,令 $\theta_k = \arg\dfrac{z_{k+1}}{z_k} \in [0, 2\pi)(k=1,2,\cdots,n)$.

对于每个 $k(k=1,2,\cdots,n)$,若 $\theta_k \leqslant \dfrac{\pi}{2}$ 或 $\theta_k \geqslant \dfrac{3\pi}{2}$,则由式 ① 得

$$|z_k|^2 + |z_{k+1}|^2 = |z_k - z_{k+1}|^2 + 2|z_k||z_{k+1}|\cos\theta_k \geqslant |z_k - z_{k+1}|^2 \geqslant 1. \quad ②$$

若 $\theta_k \in \left(\dfrac{\pi}{2}, \dfrac{3\pi}{2}\right)$,则由 $\cos\theta_k < 0$ 及式 ① 知

$$1 \leqslant |z_k - z_{k+1}|^2 = |z_k|^2 + |z_{k+1}|^2 - 2|z_k||z_{k+1}|\cos\theta_k$$

$$\leqslant (|z_k|^2 + |z_{k+1}|^2)(1 + (-2\cos\theta_k)) = (|z_k|^2 + |z_{k+1}|^2)2\sin^2\frac{\theta_k}{2}.$$

故 $|z_k|^2 + |z_{k+1}|^2 \geqslant \dfrac{1}{2\sin^2\dfrac{\theta_k}{2}}.$ ③

考虑两种情况.

(1) 若对于所有的 $k(1 \leqslant k \leqslant n)$,有 $\theta_k \in \left(\dfrac{\pi}{2}, \dfrac{3\pi}{2}\right)$.

由式 ③ 得 $\sum\limits_{k=1}^{n} |z_k|^2 = \dfrac{1}{2} \sum\limits_{k=1}^{n} (|z_k|^2 + |z_{k+1}|^2) \geqslant \dfrac{1}{4} \sum\limits_{k=1}^{n} \dfrac{1}{\sin^2\dfrac{\theta_k}{2}}.$ ④

因为 $\prod\limits_{k=1}^{n} \dfrac{z_{k+1}}{z_k} = \dfrac{z_{n+1}}{z_1} = 1$,所以,

$$\sum_{k=1}^{n} \theta_k = \arg\left(\prod_{k=1}^{n} \frac{z_{k+1}}{z_k}\right) + 2m\pi = 2m\pi(m \text{ 为某个正整数,且 } m < n). \quad ⑤$$

注意到,n 为奇数.

故 $0 < \sin\dfrac{m\pi}{n} \leqslant \sin\dfrac{(n-1)\pi}{2n} = \cos\dfrac{\pi}{2n}.$ ⑥

令 $f(x) = \dfrac{1}{\sin^2 x}\left(x \in \left[\dfrac{\pi}{4}, \dfrac{3\pi}{4}\right]\right)$. 易见,$f(x)$ 为下凸函数.

由式 ④ 及琴生不等式,并结合式 ⑤,⑥ 得

$$\sum_{k=1}^{n} |z_k|^2 \geqslant \frac{1}{4} \sum_{k=1}^{n} \frac{1}{\sin^2 \frac{\theta_k}{2}} \geqslant \frac{n}{4} \cdot \frac{1}{\sin^2 \left(\frac{1}{n} \sum_{k=1}^{n} \frac{\theta_k}{2}\right)} = \frac{n}{4} \cdot \frac{1}{\sin^2 \frac{m\pi}{n}} \geqslant \frac{n}{4} \cdot \frac{1}{\cos^2 \frac{\pi}{2n}} = \lambda_0(n).$$

(2) 若存在 $j(1 \leqslant j \leqslant n)$,使 $\theta_j \notin \left(\frac{\pi}{2}, \frac{3\pi}{2}\right)$. 记 $I = \left\{ j \mid \theta_j \notin \left(\frac{\pi}{2}, \frac{3\pi}{2}\right), j = 1, 2, \cdots, n \right\}$.

由式 ②,知对于 $j \in I$,有 $|z_j|^2 + |z_{j+1}|^2 \geqslant 1$;

由式 ③,知对于 $j \notin I$,有 $|z_j|^2 + |z_{j+1}|^2 \geqslant \frac{1}{2 \sin^2 \frac{\theta_j}{2}} \geqslant \frac{1}{2}$.

故 $\sum_{k=1}^{n} |z_k|^2 = \frac{1}{2} \left(\sum_{j \in I} (|z_j|^2 + |z_{j+1}|^2) + \sum_{j \notin I} (|z_j|^2 + |z_{j+1}|^2) \right)$

$$\geqslant \frac{1}{2} |I| + \frac{1}{4} (n - |I|) = \frac{1}{4} (n + |I|) \geqslant \frac{n+1}{4}. \qquad ⑦$$

注意到,$\dfrac{n+1}{4} \geqslant \dfrac{n}{4} \cdot \dfrac{1}{\cos^2 \frac{\pi}{2n}} \Leftrightarrow \cos^2 \dfrac{\pi}{2n} \geqslant \dfrac{n}{n+1}$

$$\Leftrightarrow \sin^2 \frac{\pi}{2n} \leqslant 1 - \frac{n}{n+1} = \frac{1}{n+1}. \qquad ⑧$$

当 $n = 3$ 时,式 ⑧ 成立.

当 $n \geqslant 5$ 时,$\sin^2 \dfrac{\pi}{2n} < \left(\dfrac{\pi}{2n}\right)^2 < \dfrac{\pi^2}{2n} \cdot \dfrac{1}{n+1} < \dfrac{1}{n+1}$.

故式 ⑧ 也成立.

从而,对于一切奇数 $n \geqslant 3$,有 $\dfrac{n+1}{4} \geqslant \dfrac{n}{4} \cdot \dfrac{1}{\cos^2 \frac{\pi}{2n}}$.

结合式 ⑦ 知 $\sum_{k=1}^{n} |z_k|^2 \geqslant \dfrac{n}{4} \cdot \dfrac{1}{\cos^2 \frac{\pi}{2n}} = \lambda_0(n)$.

又当 $z_k = \dfrac{1}{2\cos \frac{\pi}{2n}} \cdot \mathrm{e}^{\frac{\mathrm{i}(n-1)k\pi}{n}}$ $(k = 1, 2, \cdots, n)$ 时,有

$|z_k - z_{k+1}| = 1 (k = 1, 2, \cdots, n)$.

此时,$\sum_{k=1}^{n} |z_k|^2$ 可取到最小值 $\lambda_0(n)$.

综上,$\lambda(n)$ 的最大值为 $\lambda_0(n) = \begin{cases} \dfrac{n}{4}, & n \text{ 为偶数}; \\[3mm] \dfrac{n}{4\cos^2 \frac{\pi}{2n}}, & n \text{ 为奇数}. \end{cases}$

求所有的非零三元复数对 (a,b,c),它们的模长相等,且满足

$$\frac{a}{b}+\frac{b}{c}+\frac{c}{a}+1=0.$$

(2015,罗马尼亚数学奥林匹克)

解 由于 $|a|=|b|$,则 $a\bar{a}=b\bar{b}$.故 $\overline{\left(\dfrac{a}{b}\right)}=\dfrac{b}{a}$.

对原式两边取共轭得 $\dfrac{b}{a}+\dfrac{c}{b}+\dfrac{a}{c}+1=0$.

将上式与原式去分母后相加得

$a^2b+b^2c+c^2a+ab^2+bc^2+ca^2+2abc=0\Rightarrow(a+b)(b+c)(c+a)=0$.

从而,a,b,c 中有两个数之和为 0.不妨设 $a+b=0$.

代入原式得 $c=a$ 或 $c=b$.

因此,所求为 $(a,a,-a)$(及其排列),其中,$a\in\mathbf{C}\backslash\{0\}$.

设 $a\in(0,1)$,$f(z)=z^2-z+a(z\in\mathbf{C})$.证明:对于任意满足 $|z|\geqslant1$ 的复数 z,存在满足 $|z_0|=1$ 的复数 z_0,使得 $|f(z_0)|\leqslant|f(z)|$.

(2015,中国西部数学邀请赛)

证明 **引理** 若复数 z 在单位圆外,则存在模为 1 的复数 z_0,对于单位圆内的任意复数 ω,均有 $|z_0-\omega|<|z-\omega|$.

证明 令 $z_0=\dfrac{z}{|z|}$.则 Z_0 为点 Z 与圆心 O 所连线段与

圆的交点,如图 7 所示.注意到,点 W 在圆的内部,则 $|\omega|<1=|z_0|$.故 $\angle OZ_0W<90°$,$\angle WZ_0Z>90°$.

因此,$|z_0-\omega|<|z-\omega|$.

引理得证.

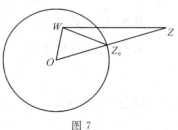

图 7

先证明 $f(z)$ 的两个根在单位圆内.

下面分两种情况.

(1) 当 $0<a\leqslant\dfrac{1}{4}$ 时,因为 $\Delta=1-4a\geqslant0$,所以,z_1,z_2 均为实数.由韦达定理知 z_1,$z_2\in(0,1)$.

(2) 当 $\dfrac{1}{4}<a<1$ 时,因为 $\Delta=1-4a<0$,所以,z_1,z_2 互为共轭复数.

由韦达定理知 $|z_1|^2=|z_2|^2=z_1z_2=a\in(0,1)$.

由情况(1)、(2),知 $f(z)$ 的两个根 z_1,z_2 均在单位圆内.

又 $|f(z)|=|z^2-z+a|=|(z-z_1)(z-z_2)|=|z-z_1||z-z_2|$,

当 $|z|=1$ 时,取 $z_0=z$,则 $|f(z)|=|f(z_0)|$;

当 $|z|>1$ 时，由引理知存在 $z_0 = \dfrac{z}{|z|}$，有

$|z_0 - z_1| < |z - z_1|$，$|z_0 - z_2| < |z - z_2|$.

于是，$|f(z_0)| < |f(z)|$.

综上，原题成立.

（1）已知 O 为复平面的坐标原点. 考虑点 A,B，复坐标分别为 a,b. 证明：

$$S_{\triangle OAB} = \frac{1}{4}|\bar{a}b - a\bar{b}|.$$

（2）已知正 $\triangle ABC$ 的外接圆为 $\odot O$. 若点 P 在 $\odot O$ 的内部，用 $S(P)$ 表示以点 P 到 $\triangle ABC$ 的三顶点距离为边长的三角形面积. 对于 $\odot O$ 内的两个不同点 P_1,P_2，证明：$S(P_1) = S(P_2)$ 当且仅当 $OP_1 = OP_2$.

（2016，罗马尼亚数学奥林匹克）

证明 （1）若 $\triangle OAB$ 的顶点按递时针排序，则 $\angle AOB = \arg\dfrac{b}{a}$，不然，$\angle AOB = \arg\dfrac{a}{b}$.

故 $\sin\angle AOB = \left|\dfrac{|a|}{2|b|}\left(\dfrac{b}{a} - \dfrac{\bar{b}}{\bar{a}}\right)\right| = \dfrac{|\bar{a}b - a\bar{b}|}{2|a||b|}$

$\Rightarrow S_{\triangle OAB} = \dfrac{1}{2}OA \cdot OB\sin\angle AOB = \dfrac{1}{4}|\bar{a}b - a\bar{b}|$.

（2）记 $\varepsilon = \cos\dfrac{2\pi}{3} + \mathrm{i}\sin\dfrac{2\pi}{3}$.

假设复平面上的点 A,B,C 的坐标分别为 $1,\varepsilon,\varepsilon^2$，点 P 的坐标为 p.

在 $\odot O$ 内，由旋转全等知 $(p-1) + \varepsilon(p-\varepsilon) + \varepsilon^2(p-\varepsilon^2) = 0$.

考虑点 $D(p-1)$，$E(\varepsilon(p-\varepsilon))$，$F(\varepsilon^2(p-\varepsilon^2))$.

观察知 $OD = PA$，$OE = PB$，$OF = PC$.

记 J 为使得四边形 $ODJF$ 为平行四边形的点. 则 $\triangle ODJ$ 的三边为 PA,PB,PC.

而 $S_{\triangle ODJ} = S_{\triangle ODE} = \dfrac{1}{4}|(\bar{p}-1)\varepsilon(p-\varepsilon) - (p-1)\bar{\varepsilon}(\bar{p}-\bar{\varepsilon})|$

$= \dfrac{1}{4}|(\varepsilon-\varepsilon^2)|p|^2 - (\varepsilon-\varepsilon^2)| = \dfrac{\sqrt{3}}{4}||p|^2 - 1|$,

且 $|p| < 1$.

因此，$S_{\triangle ODE} = S(P) = \dfrac{\sqrt{3}}{4}(1-|p|^2)$.

这便得到结论.

注：本题中三角形的存在性源于罗马尼亚著名数学家 Dimitrie Pompeiu（迪米特里·蓬佩尤）的 Pompeiu 定理.

设常数 α 满足 $0 < \alpha \leqslant 1$. 证明:

(1) 存在仅依赖于 α 的常数 $C(\alpha) > 0$,使得对于所有的 $x \geqslant 0$,均有

$$\ln(1+x) \leqslant C(\alpha)x^{\alpha}; \qquad ①$$

(2) 对于任意两个非零复数 z_1, z_2,均有 $\left| \ln \left| \dfrac{z_1}{z_2} \right| \right| \leqslant C(\alpha) \left(\left| \dfrac{z_1 - z_2}{z_2} \right|^{\alpha} + \left| \dfrac{z_2 - z_1}{z_1} \right|^{\alpha} \right)$,

其中,$C(\alpha)$ 是第(1)问中所给出的常数.

(第 13 届中国东南地区数学奥林匹克)

证明 (1) 令 $f(x) = C(\alpha)x^{\alpha} - \ln(1+x)$.

则当 $x > 0$ 时,

$$f'(x) = \alpha C(\alpha)x^{\alpha-1} - \frac{1}{1+x} = \frac{\alpha C(\alpha)x^{\alpha}(1+x) - x}{x(1+x)}. \qquad ②$$

注意到,$0 < \alpha \leqslant 1 < 1 + \alpha$.

则 $x^{\alpha}(1+x) = x^{\alpha} + x^{1+\alpha} \geqslant \max\{x^{\alpha}, x^{1+\alpha}\} \geqslant x$.

从而,取 $C(\alpha)$ 满足 $\alpha C(\alpha) = 1$.

据式 ② 知 $f'(x) \geqslant 0 \Rightarrow f(x) \geqslant f(0) = 0 (x \geqslant 0)$.

这表明,存在常数 $C(\alpha) = \dfrac{1}{\alpha}$,使得对于所有 $x \geqslant 0$,式 ① 成立.

(2) 应用(1)的结论知

$$\ln \left| \frac{z_1}{z_2} \right| = \ln \left| 1 + \frac{z_1 - z_2}{z_2} \right| \leqslant \ln \left(1 + \left| \frac{z_1 - z_2}{z_2} \right| \right) \leqslant C(\alpha) \left| \frac{z_1 - z_2}{z_2} \right|^{\alpha}.$$

类似地,$-\ln \left| \dfrac{z_1}{z_2} \right| = \ln \left| \dfrac{z_2}{z_1} \right| \leqslant C(\alpha) \left| \dfrac{z_2 - z_1}{z_1} \right|^{\alpha}$.

故 $\left| \ln \left| \dfrac{z_1}{z_2} \right| \right| = \max \left\{ \ln \left| \dfrac{z_1}{z_2} \right|, -\ln \left| \dfrac{z_1}{z_2} \right| \right\} \leqslant C(\alpha) \left(\left| \dfrac{z_1 - z_2}{z_2} \right|^{\alpha} + \left| \dfrac{z_2 - z_1}{z_1} \right|^{\alpha} \right)$.

给定整数 $n \geqslant 2$.求最小的正实数 c,使得对于任意复数 $z_1, z_2, \cdots, z_n$,均有

$$\left| \sum_{i=1}^{n} z_i \right| + c \sum_{1 \leqslant i < j \leqslant n} |z_i - z_j| \geqslant \sum_{i=1}^{n} |z_i|.$$

(2017,中国西部数学邀请赛预选题)

证明 当 $n = 2m$ 时,取

$$z_1 = z_2 = \cdots = z_m = 1, z_{m+1} = z_{m+2} = \cdots = z_{2m} = -1;$$

当 $n = 2m + 1$ 时,取

$$z_1 = z_2 = \cdots = z_m = 1, z_{m+1} = z_{m+2} = \cdots = z_{2m+1} = -\frac{m}{m+1}.$$

以上两种情况均有 $c \geqslant \dfrac{2}{n}$.

下面证明:对于任意复数 $z_1, z_2, \cdots, z_n$,均有

$$\left| \sum_{i=1}^{n} z_i \right| + \frac{2}{n} \sum_{1 \leqslant i < j \leqslant n} |z_i - z_j| \geqslant \sum_{i=1}^{n} |z_i|.$$

事实上,对于 $1 \leqslant k \leqslant n$,有

$$\left| \sum_{i=1}^{n} z_i \right| + \sum_{j=1}^{n} |z_k - z_j| \geqslant \left| \sum_{i=1}^{n} z_i + \sum_{j=1}^{n} (z_k - z_j) \right| = n |z_k|.$$

对 k 从 $1 \sim n$ 求和,即得 $n \left| \sum_{i=1}^{n} z_i \right| + 2 \sum_{1 \leqslant k < j \leqslant n} |z_k - z_j| \geqslant n \sum_{k=1}^{n} |z_k|.$

综上,所求的最小正实数为 $\dfrac{2}{n}$.